本书系国家社会科学基金重大项目
"德国古典哲学与德意志文化深度研究"
（批准号12&ZD126）成果之一

邓晓芒作品 · 句读系列

第六卷 黑格尔
《精神现象学》句读

邓晓芒 著

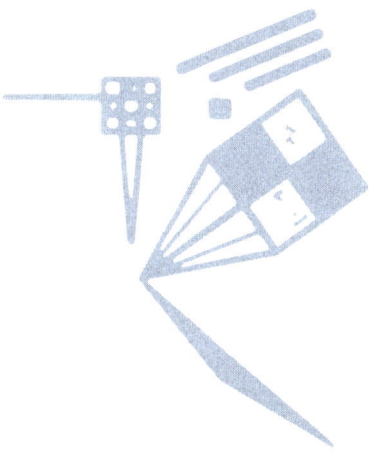

人民出版社

目　　录

第三篇 （BB）精神[1]

第六章　精神

　　我们今天开始讲下卷。下卷我们先看这个目录。这个目录贺、王译本标为"丙（乙）、精神"，实际上德文版是"（BB）精神"。它跟前面是相应的，前面理性是（AA），所谓（BB）和（AA）是德文版的一种标记的方法，一种习惯的标记方法，一个 A 就是大 A，两个 A 就是小 A，就是 A 底下的 A。那么 A 底下的 B 就是"（BB）"。（BB）就是精神。精神这一部分呢，实际上就是第六章了，整个第六章就是精神。那么精神以后呢，第七章就是宗教，第八章就是绝对认知。所以下卷实际上是第六、七、八三章，精神、宗教和绝对认知。精神里面包括客观精神，宗教和绝对认知实际上是属于绝对精神。后来黑格尔在《哲学百科全书》里面是这样划分的，就是这里第六章前面都是主观精神的内容，第六章"精神"则划入了客观精神，最后七、八章是绝对精神。前面讲过，这就是按照"精

---

① 以下凡引黑格尔的原文，以及拉松本所加的带方括号的标题，第一次出现时均加下划线以示区分。另，所注边码大括号 {} 中为德文考订版页码；方括号 [] 中为贺麟、王玖兴中译本 1979 年版下卷的页码。

神"来看精神现象学的三大阶段；但在《精神现象学》这本书的标题中，是按照"理性"来分三阶段的，就是下卷的精神三章 [贺、王译本标为"丙（乙）、丙（丙）、丙（丁）"] 其实都属于上卷最后部分（第三篇）"理性"[标为"丙""丙（甲）"] 的扩展。这体现了黑格尔的双重眼光，即到底是用理性（逻各斯）还是用精神（努斯）来划分，他举棋不定。那么整个第三篇底下的"精神"包括客观精神和绝对精神，客观精神包含伦理、伦理的异化和道德，实际上包含伦理和道德两个方面，后面的绝对精神包含宗教和绝对知识。宗教里面把艺术也包括进来了，在《百科全书》里面则是艺术、宗教和哲学，三者构成绝对精神，绝对认知就是哲学。但在《精神现象学》里面没有划分得那么清晰。《精神现象学》里面有很多东西都还没有分出来，还是比较模糊。但是有一点是清楚的，就是说，这个第六章的精神里面首先是伦理，伦理以后有一个教化，"自身异化了的精神；教化"，教化以后，接下来是道德，是这三部分，伦理、教化和道德。伦理相当于古希腊，我们前面举了《安提戈涅》的例子，就是古希腊的伦理实体的状态。而教化，是中世纪，基督教的异化状态；以及近代的启蒙精神。最后是道德，道德就是从康德开始的道德意识。这是他的一个大致的划分。我们现在进入到文本。第三篇，(BB) 精神，第六章。第六章的标题也是精神。所以专门讲精神的这一部分呢，它就是一章，就是讲精神本身的。

①由于理性之确信自身即是一切实在性这一确定性已被提升为真理性，并且理性意识到它的自身即是它的世界、而世界即是它的自身，理性就成了精神。

这是紧接着我们刚才讲的上卷的结尾而来的。上卷的结尾我们已经讲到了，所谓的精神就是天人合一，就是自我意识，理性。理性不再是个

① 凡是原文换行分段之处，本书中均空一行。

人的意识中的自我意识的理性，而是一种伦理实体。什么是伦理实体，就是一种客观精神。精神跟意识的区别就在这里，精神跟理性的区别也在这里。意识、自我意识和理性，其实都还是停留在人的主体之中，精神现象学是意识的经验科学，都还停留在意识的经验之中，属于主观精神，也就是潜在的精神。那么到了精神，它就是一种客观精神。如果说前面的还带有一种心理学的维度的话，那么精神这一部分就开始带有了一种社会性的维度，或者社会科学的维度。我们今天讲社会科学，人文科学，带有一种客观精神的维度。前面讲的，不管是观察的理性啊，还是实践的理性啊，还是意识和自我意识，都带有一种心理学的维度，当然它不是心理学，它是精神现象学，但至少它是一种停留在主观中、主体中的东西。而精神，它是一种客观的东西，是一种客观精神，或者说它是一种社会性的、社会化了的精神。所以他讲，"由于理性之确信自身即是一切实在性这一确定性已被提升为真理性"，理性确信它自身就是一切实在性。理性跟实在性本来是相对立的，特别是观察的理性，我要用理性去观察一个实在的对象，但是我发现那个实在的对象其实就是理性本身。理性确信它自身就是一切实在性，这样一个确定性，已被提升为真理性。原来我在客观实在的东西里面发现理性，这好像是一个偶然事件，或者说即算它确定下来，它也只是我的一种确定；但现在呢，已经被提升为真理性了。就是说我的立场已经从我的主观的理性转移到客观的精神上面了。它是一种真理，它不是你所确定下来的、你认为的东西，而是客观上确实是这样，确实那个客观精神就是理性，你在社会现实中所看到的就是理性。虽然一般来说这个社会现实对于人、对于个体来说是一种外在的、异己的东西，人不可能跟现实相对抗，人必须顺应现实，必须适应现实，我们通常都是这样讲，你这个人要现实一点。所谓现实一点，就是说你要服从一些异己的规范。但是理性又确信这些异己的规范都是人自己建立起来的啊，这些规范，这些法则，这些法律，这些伦理条规，不都是人所建立起来的吗？它确信这一点，当然那只是它的一种确信。当这样一种确定性已经被提升为真理性，就是说你要换个角度来看，你不要老是执着于你的主体，而要把角度立足于客观的实体，你就会发现，这就是真理性。真的是这样的，事实就是这样的，事实的本质就是这样的。"并且理性意识到它的自身即是它的世界、而世界即是它的自身"，这就是天人合一了。理性意识到它的自身就是它的世界，理性本身就是理性的世界。并不是说这个世界上都反映出理性，而是这个世界本身就是理性，世界即是理性自身。他说，"理性就成了精神"。当理性确信自身即是一切实在性的这样一个确定性被提升为真理性的时候，理性就成了精神。"由于理性之确信自身即是一切实在性这一确定性已被提升为真理性"，这句话，我们可以参看上卷第157页，小标题"范畴"下面的第一句话："理性就是确信自己是全部实在性这一确定性"。那么第157页那里讲的是什么呢？就是理性的实在性的确定性；而现在则提升为真理性了。从这里就可以显示出它的层次来了。理性的出发点就是确信自己是全部实在性这样一个确定性；但是理性的这样一个确定性还没有成为真理性。整个理性的发展就是为了确立这样一个真理性。那么现在，它已经被提升为真理性了，确定性已经被提升为真理性了，那它就成了精神。理性的确定性还是主观的，当它被确定为真理性的时候，它就成了客观的了，客观理性就是精神。整个世界都是理性的，整个世界都是逻辑的。黑格尔的逻辑学就是一种理性的世界观嘛，把整个世界都看作是按照理性在运作。那么在这里呢，当你把整个世界看作都是理性，把理性看作就是它自己的世界，这个时候，理性就把自己的实在性提升到真理性，它就成了精神。

    ①——这个精神的形成过程曾经显示出前面刚刚过去的那个运动，在其中，意识的对象，即纯粹范畴，已上升为理性的概念。

    这句话我们还可以参看上卷第157页。157页的上面第1行，他说，

---

①   为了读起来醒目，原文每一整句在本书中都另起一行，带起对它的解释也另起一行。

"这种**直接出现**"，这种直接出现是什么出现呢，也就是理性作为真理而出现，前面讲的是理性作为真理出现了，那么这种直接出现，"乃是对真理的**现成存在**的抽象，而此现成存在的**本质**和**自在存在**是一个绝对的概念，即是说，是**这概念形成起来的运动**。——意识将以各种不同的方式规定它对他在或对它的对象的关系，依照它正处在逐步意识到自身的世界精神的哪个阶段而定"。也就是说，前面已经讲了，理性作为真理性出现，是一种直接的出现，这种直接的出现是对真理的现成存在的抽象，也就是康德的这样一种纯粹理性批判，把理性的真理性作为一种现成存在加以抽象，比如说先验的自我意识的统觉，要素论，他的各个范畴，范畴体系等等。在那里，现成存在的本质和自在存在是一个绝对的概念，绝对的概念也就是康德所谓的统觉的综合统一这个概念。即是说，是这概念形成起来的运动。统觉的综合统一是一种形成起来的运动，使得知识得以可能的运动。那么意识将以各种不同的方式规定它对他在或对它的对象的关系，这就是讲的范畴，意识以十二种范畴的方式来规定对他在或对它的对象的关系，规定主体和对象的关系。康德这样一种所谓的纯粹知性范畴的先验演绎就是这样引入了范畴，展开了范畴的认识作用。那么我们回到这一段，他说，"这个精神的形成过程曾经显示出前面刚刚过去的那个运动"，前面刚刚过去的那个运动就是那个理性的运动，理性上升为真理性的那个运动。"在其中，意识的对象，即纯粹范畴，已上升为理性的概念"。意识的对象就是纯粹的范畴，这个前面已经讲到过了，就是意识以范畴作为它的对象，这在康德的纯粹理性批判里面已经做到了。康德的范畴就是自我意识用来形成客观知识的一整套概念体系。所以它把范畴当作意识的对象。"在其中，意识的对象，即纯粹范畴，已上升为理性的概念"，这些范畴就是理性的概念。原来我们也在使用范畴，但是，日用而不知，我们知道有这些范畴，但是我们没有把它当作理性的概念。我们用了一些实体性，因果性等等，我们在自然科学里面都在用，但是没有把这些范畴单独提出来当作一种理性的概念。那么在康德那里呢，已经开始把这样一种纯粹范畴上升为理性的概念了。这是前面刚刚过去的那个运动，它的起点就在这里。从理性到精神的这样一个形成过程显示出来的那个运动是这样一个运动，它的起点就是康德，就是康德纯粹理性批判，他的范畴论。在其中范畴已上升为理性的概念，这个确定性首先是由康德所定下来的。在康德那里已经有了先验逻辑的确定性，但是还没有真理性。因为康德所谓的客观性就是普遍必然性，而真理性在康德那里被解体了，因为自在之物不可知嘛，自在之物既然不可知，那还有什么真理性。你的所有真理都是关于现象的，它上升不到真理性。所以理性要经历一个漫长的过程才能够提升为真理性，下面就是回顾这个过程了。

在进行观察的理性中，自我与存在、自为存在与自在存在的这种纯粹统一，被规定为自在或存在，而理性的意识则发现了这种统一。

这是讲的它的第一个阶段，理性的第一个阶段就是观察的理性。我们前面已经讲了，理性进入到第一个阶段，首先就是观察的理性。什么是观察的理性呢，就是把自我与存在、自为存在与自在存在的这种纯粹统一，规定为自在或存在。自我与存在、自为存在与自在存在的这种纯粹统一，也就是笛卡尔讲的我思故我在，我思和我在的这样一种纯粹的统一，在观察的理性里面被规定为自在或存在，也就是被规定为一个对象。我思故我在被规定为一个对象，康德就是这样做的。在笛卡尔那里还是出自本能地说：我思故我在，那么康德就把它当作一个对象来看，我思怎么样成了我在，思维怎么样成了存在，他对它进行了一种考察。那么在这种考察中，理性的意识发现了这种统一。理性的意识在它的一切知识里面，在它的一切存在的对象里面，发现了主观和客观的统一，发现了"人为自然立法"这一能动的统一活动。自然界的一切客观知识都是由理性自己建立起来的，是由理性的法则所建立起来的。观察的理性最开始是一种纯粹、完全客观的观察，但是随着观察的进展，理性在它的观察中发现了它自己的这种能动性。理性在对象中达到了自我意识，在它

的观察中达到了自我意识,这就进入了到了实践的理性。所以下面讲,

但是,这观察的真理毋宁说是对这个直接进行发现的本能、对理性的这种无意识的定在的扬弃。

这观察的真理,观察在它的观察过程中,从它的确定性进入到真理性,观察的真理性。观察的真理性是什么呢?"毋宁说是对这个直接进行发现的本能、对理性的这种无意识的定在的扬弃",也就是对这种观察的态度的扬弃。这种观察的态度虽然在对象中发现了理性,但是,它凭借的是一种发现的理性本能,这个我们前面已经降到过了,观察的理性,它是出自于一种直接发现的理性本能,是理性的一种无意识的定在。我在对象上进行发现,但是它是无意识的,不知道是谁规定的,反正我只能这样看。这是一种理性的本能。但是观察的真理呢,把这种本能,把这种无意识的定在扬弃了。就是意识到这不是什么本能,这是主体自觉地把自己置入到对象之中。那么这种理性的本能就被扬弃了。在康德那里,理性的本能使得我们拼命要去探讨自在之物,但是又探索不到,自在之物不可知。那么这种情况呢,在观察的理性里面就被扬弃了。扬弃了就怎么样呢,就进入到实践理性。

被直观的范畴,被发现的事物,是作为自我的**自为存在**而进入意识里的,这个自我现在知道自己在对象的本质中就是**自身**。

"**被直观的范畴**",范畴在康德那里是不可直观的,如果范畴能够被直观,那就是理智直观了,那就是知性直观了。人是不可能有知性直观的,这是康德的一个前提。但实际上呢,观察的理性在它的真理性中,它已经直观到了范畴,已经发现了事物。"**被发现的事物,是作为自我的自为存在**而进入意识里的",也就是说在自我的自为存在里面,已经实现了康德所认为不可能有的知性直观。知性直观实际上就是一种自我的能动性,实践的能动性。康德始终不承认这一点,但是在费希特和谢林一直到黑格尔,就把这一点打破了。在黑格尔那里这个不成问题的,就是能够直观到范畴。通过什么直观到范畴,通过实践,通过一种活生生的实践。

作为自我的自为存在，这样一个范畴进入到意识里面。"这个自我现在知道自己在对象的本质中就是**自身**"，自我已经知道了，自己在对象的本质中就是自身，或者说自在之物就是为我之物。我在对象的本质中看到了自己，这个只有在实践的关联中才能做到。在单纯的观察的理性这个阶段呢，是做不到的。观察的理性，旁观者的理性，现在就进入到了对象之中，通过一种实践的能动性，我们进入到了对象之中。所以这样一个被发现的事物，原先是理性凭借本能发现的，现在就作为自我的自为存在而进入到意识里面来了。我发现了它，但是我发现它恰好是我自己自为地做出来的，它是我造出来的，它是我建立起来的，它是我实践出来的。那么作为这样一种自为存在进入到我的意识里面，它就在对象的本质中看到了它自身，这就打破了康德的自在之物不可知的界限。这是从观察的理性进入到实践的理性，还是在回顾前面讲的整个理性的过程。

　　但是，范畴这样被规定为与自在存在相对立的自为存在，同样也是片面的，是一个自身扬弃着的环节。①

　　也就是说，实践的理性这样一种自为存在的环节，同样是片面的。被直观的范畴，尽管是一种实践的范畴，但是，跟自在存在仍然是相对立的。由它去创造、去建立一个自在存在，由自我去建立非我，自我和非我相对立，像费希特所讲的，自我建立非我，自我又和非我相对立。那么这样一个实践的主体，这样一个实践理性，也同样是片面的。它是主观主义的实践，像费希特那种主观的实践，一切都由自己来建立，建立起来与自己相对立的自在存在，这样一种观点也同样是片面的，"是一个自身扬弃着的环节"。就是说，理论理性进入到实践理性，实践理性又扬弃自身。实践理性扬弃自身进入到什么呢，进入到理论与实践的统一，进入到了一种客观的实践。费希特的实践是一种主观的实践，主观的实践扬弃自

---

① 从上面的破折号到这里，黑格尔吸收了康德在他的表述中所提供的例证的那些本质规定。参看《实践理性批判》第49—50页（载《康德全集》第五卷第27页以下）：§4.注释。——丛书版编者

身的片面性,进入到一种客观的实践。什么是客观的实践,客观的实践就是一种伦理的、集体的、群体的实践,就是一个历史的实践,一个社会的实践,不是我自己主观的一种实践,而是客观精神的一种实践。这就实际上已经进入到精神了。

因此,范畴对意识而言,就像它在自己的普遍真理中那样被规定为**自在自为**存在着的本质。

"因此,范畴对意识而言,就像它在自己的普遍真理中那样被规定为**自在自为**存在着的本质",它就不再像原来,范畴只是意识本身的一种直观,直观的范畴,只是知性直观。知性直观在费希特那里被当作一种想象力,被当作一种行动的实践,主体的行动。行动当然是很直观的了,直接采取行动。那么现在的这个范畴,对于意识而言呢,就像它在自己的普遍真理中那样。范畴在自己的普遍真理中,范畴本身是一种普遍性的东西,它不是一种主观性的东西,它具有一种普遍的真理性。那么现在呢,对于意识而言,就像它在自己的普遍真理中那样被规定为自在自为存在着的本质,一种客观存在着的本质,一种客观普遍性的本质。你要讲实践的话,这个时候就是社会实践。整个社会的实践,不是你个人的实践。整个社会的实践,那当然就是进入到伦理了,整个社会的实践就是伦理实体。

这种还是**抽象的**、构成着**事情本身**的规定,才刚刚是**精神性的本质**,而关于精神本质的意识,则是关于精神本质的一种形式的认知,这种形式的认知伴随着精神本质的各种不同的内容一起游走; [2]

我们先看这半句。"这种还是**抽象的**、构成着**事情本身**的规定,才刚刚是**精神性的本质**",也就是这样一种客观的实践,这样一种社会实践,它还是抽象的,在它的最初的阶段,它还是抽象的。我们说它是伦理实体,这个时候还不是,这个时候还仅仅是抽象的,我们前面讲到,主体间性。构成着事情本身的规定,事情本身是什么,这个概念这时还是非常抽象的。就是说我们所看到的事情,它后面还有一个事情本身,那个事情本身是隐藏着的，是抽象的。"才刚刚是精神性的本质"，它已经进入到了精神性的本质了，但还是刚刚够上精神性的本质，就是说它在起步阶段，是一种初步的精神。我们前面也讲到事情本身，它刚刚是一种初步的精神，精神性的本质在这个地方有一种限定性，就是说，它是精神性的本质，但是它还不是现实性的精神，它还没有把精神实现出来，但是它已经初步具有了精神的本质。"而关于精神本质的意识，则是关于精神本质的一种形式的认知"，关于这个精神本质，有一种意识了，但这种意识是完全形式化的，是关于精神本质的一种形式的认知，或者说一种抽象的认知。"这种形式的认知伴随着精神本质的各种不同的内容一起游走"，这个前面我们已经讲到过了，"游走"这个概念我们也已经讲到了，游移不定，一会儿坚持这个环节，一会儿坚持那个环节，一会儿把这个环节看作精神的本质，一会儿把那个环节看作是精神的本质，随着它的内容不断地变动。而精神的本质本身是一个类，它的各种内容的环节都是它的种，这个类就高高凌驾于它的各个种之上，但是，又进入到各种内容之中，伴随着它的各种内容一起游走。这个类就成为它的各个环节的一个宾词。什么东西都是精神，这也是精神，那也是精神，这个环节是精神，那个环节也是精神，游移不定。到底什么是精神？游移不定，受到内容的局限。内容都是个别的，它的各个环节都是个别的，但是精神的本质呢，它是普遍的抽象，是共相。这是我们前面已经讲到的情况，整个这里他都是在回顾，精神这一章一开始这一大段都是在回顾，从理性到精神是怎么形成起来的。

实际上，这种精神本质作为个别的东西与实体还是有区别的，它要么任意地立法，要么以为在自己的认知本身中就把这些法则像它们自在自为的那样拥有了；并把自己视为鉴定这些法则的权威。

这也是我们上一次课讲到过的，"实际上，这种精神本质作为个别的东西"，作为个别的精神，作为它的内容中的某一个环节的精神，"与实体还是有区别的"。它的种和它的类还是有区别的，它的具体的个别的精神和实体的精神还是有区别的。有什么区别呢？他说，"它要么任意地立法"，我们前面讲到任意地立法，任意地立法就是专制了，出口成宪，出口成法，为所欲为。"要么以为在自己的认知本身中就把这些法则像它们自在自为的那样拥有了"，这就是我们前面讲的，康德的这样一种形式逻辑的认知，在形式逻辑的不矛盾律本身中就拥有了绝对的法则。"并把自己视为鉴定这些法则的权威"，这就是对法则的审核，形式逻辑把自己看作是一个权威。我手里拿着形式逻辑的同一律、不矛盾律，用来鉴定、审核这些法则。这也是我们上次已经讲到过，这种审核是徒劳的，任何命题都可以无矛盾地通过这种审核，只要它保持同义反复。

　　——或者，从实体这方面来看，那么实体就是还没有**意识到**其自身的那种**自在自为地存在着的**精神本质。

　　前面是从个别性、个别的精神方面来看，这里是从实体这方面来看，从实体的精神这方面来看。实体就是精神的本质，从它的内容上来说，它是一些个别的精神，从它的类来说，从它的形式来说，它是实体的精神。"从实体这方面来看，那么实体就是还没有**意识到**其自身的那种**自在自为地存在着的**精神本质"，也就是从实体这方面来看呢，它还没有意识到自身。实体还是盲目的，哪怕在康德的形式逻辑的审核里面，实体本身还是没有意识到自身的。我们前面讲了，康德撇开实体的内容，撇开伦理的既定存在，而从形式化的、形式逻辑的方面去决定哪件事情是正义的、合法的，哪件事情是不正义不合法的。所以实体作为那种自在自为地存在着的精神本质，还没有意识到其自身。实体在康德那里被当作一个没有精神的对象，可以由他的形式逻辑来加以定性的那样一个对象；但是实体本身其实是有一种自在自为的精神本质的。但是它还没意识到这种精神本质。

　　——而同时把自己现实地表象为意识并自己表象自己的那种**自在自为地存在着的**本质，就是**精神**。

　　前面一直在回顾，回顾到这个地方，最后得出了这样一个结论："而同时把自己现实地表象为意识并自己表象自己的那种**自在自为地**存在着的本质，就是**精神**"。什么是精神？我们现在已经从理性进到精神了，经过了漫长的征途，我们现在走到这一步了。那么，同时要把自己现实地表象为意识并自己表象自己，一方面是把自己现实地表象为意识，把自己客观地表象为意识，把自己作为一种伦理实体，作为一种客观精神表象出来，这就是现实地表象为意识；另方面是自己表象自己，它自己表象自己，不用你去表象它了，它自己会把自己表象出来。社会伦理实体，它有它自己的规律，有它自己的历史过程。这就是一种自在自为地存在着的本质，自在，也就是现实地表象为意识，自为，也就是自己表象自己，这两者都包含在内了。另一方面，它把自己表象为现实的意识，表象为自在的意识，它是自己存在的，这个精神，它是自己存在的啊，它在伦理实体中，它不是哪个造出来的，它自古以来就在那里，它就是一个现实。所以它要现实地表象为意识，这个现实不是物质的现实，是社会意识的现实，人同此心，心同此理，大家都这样认为。另一方面呢，它自己表象自己，不是你人为地从外面去把它表象出来，它自己就会表象它自己是什么样子。这是一种自在自为地存在着的本质，它就是精神。所以，所谓的精神就是一种客观精神，是一种客观的、自己把自己表象出来的理性，并且是一种现实的理性。它有组织，有实体，有国家形态，有社会规范，有一整套的规矩制约。人就在这样一个实体里面生活，这是非常现实的。这样一种客观的理性就是精神，自我意识到的理性的实体就是精神。在此之前，这个实体还没有自我意识到，现在这个实体自我意识到了这一点，意识到自身了，那么它就是精神了。这就是从理性到精神的过渡。休息一下吧。

好，我们再往下讲。前面已经通过这样一种回顾，讲了精神它的形成过程，它的形成过程就是从理性里面形成起来的。前面追溯了从理性的出发点，一直到最后的终结，最后的结果。最后的结果得出来的就是精神。就是当理性在客观现实中达到了它的自我意识的时候，它就是精神。那么现在下面我们来考察这个精神了。

意识的精神本质，在前面已被标为伦理实体；但精神则是伦理的现实性。

"意识的精神本质，在前面已被标为**伦理实体**"，整个精神现象学都是讲的意识的经验科学，那么意识它已经有精神的本质了，这个本质在前面已经表明为伦理实体了，又叫作事情本身，就是在一切现象背后所隐藏的那个实体，那个实体就是伦理实体。"但精神则是**伦理的现实性**"。伦理实体在前面呢，还只是一种本质，只是一种隐藏在后面的东西，你要通过追究才能把它挖出来；但是你即算把它挖出来，它还是一种空洞的抽象的东西，一种形式化的东西，一种高高在上的、凌驾于它的种之上的类。那么这个伦理实体，它还不是现实的。而精神则是伦理的现实性。精神就不再是隐藏在后面的东西了，它是明摆出来的，在现实中现身了的东西，这就是精神。伦理如果作为实体，它在现实中现身了，那么它就是精神。这就把精神和伦理的关系，把它挑明了，或者说，精神就是伦理的现实性。所以后面讲的精神，一开始就是讲伦理。

精神就是它所面对的现实意识的自身，或者不如说，是现实意识自己作为对象性的现实世界所面对的现实意识的自身，不过现实世界对这个自身来说正如这个自身也丧失了与现实世界相分离的一切独立或非独立的自为存在的含义一样，也已经丧失了一个异己之物的一切含义。 {239}

"精神就是它所面对的现实意识的**自身**"，这句话很别扭。前面讲精神是一种伦理的现实性，那么精神跟现实性有关，精神，面对面地，有一种现实意识，它意识到精神的现实性了；而这种现实意识的自身就是精神。当你意识到这种现实性的时候，虽然你是在精神的对面意识到的，但是精神就是这个现实意识自身，你的这种现实意识就是精神，你的现实意识，比如你在现实生活中必须遵守的那些规矩，那就是精神。在这里天人合一，主客合一，主观就是客观，你所遵守的客观的规矩，就是主观的规矩，就是精神的规矩，就是精神自身。"或者不如说"，下面一句话更加刷新一下，"**是现实意识自己作为对象性的现实世界所面对的现实意识的自身**"。现实意识作为对象性的现实世界，或者说现实意识的对象化，用我们的话来说，现实意识对象化为一个现实世界，这个现实世界反过来呢，又和这个现实意识相对立，相面对。那么这个现实意识自身，也就是精神。这句话更别扭了。或者不如说，是现实意识自己作为对象性的现实世界所面对的现实意识的自身：主观，客观，又主观，又客观。主观是现实意识，客观就是作为对象性的现实世界；又回到主观：所面对的现实意识；又回到客观："的自身"。他转来转去，在里头来来回回，来回振荡。"不过现实世界对这个自身来说正如这个自身也丧失了与现实世界相分离的一切独立或非独立的自为存在的含义一样，也已经丧失了一个异己之物的一切含义"，缩短一下这个句子：不过，现实世界对这个自身来说也丧失了一个异己之物的含义。现实世界既然就是现实意识自身，它对于这个自身来说也就丧失了异己之物的含义。它对于这个自我来说不再是异己之物，就是说，这个现实世界并不是异己的，它就是意识自身嘛。伦理的实体，伦理的现实性，不就是自身吗？我们就是这个伦理实体，就是这个伦理现实性。前面讲到了，我们自己，我们的自我意识，就是这个伦理实体的定在，就是它的表现。传统在哪里？传统不在书本里，传统就在我们身上，我们就是传统，我们自己就是传统。所以他讲，现实世界对这个自身来说丧失了一个异己之物的一切含义，它不再是异己之物了。"正如这个自身也丧失了与现实世界相分离的一切独立或非独立的自为存在的含义一样"，正如这个自我，这个自身，丧失了与现实世界相分离的含义。这个自我跟现实世界也不是相分离的，跟这个伦理实体也不是相分离的。我们今天讲传统文化，好像我们站在传统文化之外去评价这个传统文化一样，其实我们就是传统文化。我们丧失了与现实世界的相分离的含义，相分离的什么含义呢，相分离的一切独立或非独立的自为存在的含义。独立或非独立的自为存在，不管是独立的还是非独立的，作为自为存在，我们似乎可以为所欲为，我们可以对传统任意加以评价，加以褒贬，对这个现实世界，对这个伦理实体，我可以随便地去对它加以处理，或者抛弃他，或者批判它，或者遵守它，或者服从它。这些独立的和非独立的自为存在的含义都失去了。我们就是传统，我们就是现实世界，我们无法抛弃自己，我们要批判传统可以，那就只能是自我批判。

这个**实体**和普遍的、自身等同的、持久的本质——如果精神是一切人的行为的不可动摇和不可取消的**根据**和**出发点**的话，——以及一切人的**目的**和**目标**，作为一切人所思考的**自在**都是自我意识。①

这句话语法上不太好追究。你要追究语法，简直是没办法通了，不合德语语法。从意思上看这里应该是漏掉了一个 ist（都是），我们只能从含义上面把它打通一下。"这个**实体**"，"实体"打了着重号，"和普遍的、自身等同的、持久的本质"，这个实体也就是精神的本质，前面讲这个精神本质就标为伦理实体，所以这里是同位语。这个实体，也就是普遍的、自身等同的、持久的本质，破折号，这里两个破折号中间是一个插入语，它是用来解释这个持久的本质的。"如果精神是一切人的行为的不可动摇和不可取消的**根据**和**出发点**的话"，意思就是说，普遍的、自身等同的、持久的本质为什么说它是普遍的、自身等同的、持久的呢？因为精神是一切人的行为的不可动摇和不可取消的根据和出发点。一切人的行为，它的不可动摇和不可取消的根据和出发点，那当然就是普遍的、自身等同的、持久的本质了。它的理由就在这里。"以及一切人的**目的**和**目标**"，"目的"和"目标"都打了着重号。这还是同位语，就是说，所谓普遍的、自身等同的、持久的本质，所谓一切人的行为的不可动摇和不可取消的根据和出发点，也就是一切人的目的和目标。你在伦理实体里面，你的目标，其实最后都要以伦理实体为归宿，以那样一个本质为归宿，你必须

① 此句在 1986 年袖珍版中没有第二个破折号，且最后的"自我意识"是复数。此处依考证版。——中译者

15

要以它为目的,以它为目标。下面,"作为一切人所思考的**自在**都是自我意识"。前面所有那些都是同位语,它们作为一切人所思考的自在,"自在"打了着重号。一切人所思考的自在,所有的人都把它当作一个自在之物,自在的对象,已经存在着的对象,当作一个自古以来已经如此的一个对象。就像上卷最后引《安提戈涅》中那句诗说的:"可以说,/它不是今天和昨天,而是从来和永远/生活在那里,没有人知道,它从何时开始出现。"所有这些作为这样一个对象,它们都是自我意识。所有这些东西都是自我意识,也就是说,这个现实世界已经不再是异己的了,已经丧失了异己之物的一切含义,这是前面一句讲的。那么这一句话顺着来,所有这些作为一切人所思考的自在都不过是自我意识。这一句话就是说明上一句话的,就是说,既然现实世界对于现实意识并不是异己的,失去了异己之物的一切含义,那么接下来就是实体啊,普遍的、自身等同的、持久的本质,一切人的行为的不可动摇和不可取消的根据和出发点,一切人的目的和目标,作为一切人所思考的自在,都是自我意识。为什么它不再是异己的了呢? 因为它们都是自我意识啊!

　　——这个实体同样也是通过一切人和每个人的**行为**作为他们的统一性和同一性而生产出来的那种普遍的**作品**,因为它就是**自为存在**,是自身,是行为。

　　前面讲的那个实体已经不再是异己的了。那么这里讲"这个实体同样也是通过一切人和每个人的**行为**作为他们的统一性和同一性而生产出来的那种普遍的**作品**",这个实体同样也是,为什么讲"同样也是"呢,就是说,这跟前面讲的相对照。前面讲的是所有的这些实体,本质,根据,出发点,目标,都是自我意识,它们都是自我意识,都不是异己的。但另一方面呢,它们同样又是通过一切人和每个人的"行为"作为他们的统一性和同一性而生产出来的那种普遍的作品。虽然它不是异己的,但是也不只是主观的,它是作品,它是客观的,是通过行为,作为他们的统一性和同一性而生产出来的那种普遍的作品。也就是说,虽然这个实体,它就是自我意识，但是它不是哪一个人的自我意识，而是作为每一个人的共同的统一性和同一性而生产出来的普遍的作品，所以对于每一个人来说，它又是客观的。虽然它不是陌生的，它不是异己的，但是，它还是客观的，不能像费希特那样完全陷入到一种主观主义。它是一种客观的作品，摆在那里的。你可以说它不是异己的，它就是我的作品，但是我的作品已经不是我了，你已经把自己外化出去了，你已经把自己对象化出去了。通过你的行为，"行为"打了着重号，"作品"也打了着重号。这里强调的就是说，你通过你的行动已经把自己外化出去，使它成为了作品，成为了客观的。前面的就是说，一切客观的都是主观的，都是自我意识，这里就是说，一切主观的都是客观的作品。所以他讲这个实体"同样也是"，为什么同样也是，就是说这两方面并行不悖，既是主观的，同样也是客观的。正面和反面，一个是讲客观实体就是自我意识，另外一个是讲自我意识实际上创造出了客观的作品，这两方面是不一样的，甚至是相反的。"因为它就是自为存在，是自身，是行为"。因为它，也就是这个实体，实体是什么呢，实体是自为存在，是自身，是行为。这个前面已经讲了，这个实体，它不再是一个隐藏在后面的事情本身，它是一种现实性，它是一种自我表象，自己表象自己，是一个活的东西了。这个伦理实体是一个活的东西，你不要以为它是一个死的对象在那里，你可以对它为所欲为的，它是自为存在，它自己可以活起来，可以用行为规定自己，可以创造出自己的作品。当然是由每一个人创造出来的，但是，是由所有的人和每一个人共同创造出来的。这个实体就是一种共同创造的作品。实体有实体的行为，一个国家有国家的行为，什么是国家的行为？国家并不行为，是国家中的人在行为，但是国家中的人的行为，它是代表一种共同的行为，所以在这种意义上，可以说它也是国家行为。所以国家是一个自为存在，是自身，是行为。

作为**实体**，精神是坚定的正义的**自身等同性**；但作为**自为存在**，实体是解体了的、自我牺牲的善良本质，每一个人都凭这个善良本质而完成 [3]

着它自己的作品，撕裂这个普遍存在，并从中分得他自己的一份。

精神作为实体，前面讲了，精神是伦理的现实性，这样一种伦理的现实性、这样一种精神，"是坚定的、正义的**自身等同性**"。坚定的自身等同性，并且是正义的自身等同性。它是正义的，它是正当的，它是一贯的，它自身等同。"但作为**自为存在**"，前面讲，精神它还要创造自己啊，尽管它是坚定的正义的自身等同性，但是，它还要创造自己的作品，它要行为，要行动。作为自为存在，那么实体又是解体了的、自我牺牲的善良本质。实体作为正义的存在，它当然是一种善良本质。它是正义存在嘛，伦理实体是一种善良本质。但是，它是解体了的、自我牺牲的善良本质，或者说它是一种自我否定的善良本质。它自己要否定自己，它有自身的矛盾，这个矛盾不是形式逻辑的矛盾，而是自在的事物本身的矛盾。作为自为存在，实体是解体了的、自我牺牲的善良本质。实体，它自我分裂，自我牺牲，它的那些法则、那些规矩，都是自相冲突的。实体在它的内部有它的自我牺牲的善良本质。我们在伦理实体里面，在历史上留下来的那些传说，那些记载，那些历史人物，那些悲剧性的人物，都是一些自我牺牲的善良本质，都是要牺牲自己，成全某种原则，同时在成全某种原则的时候，又牺牲了另外一个原则，如同安提戈涅那样。他说，"每一个人都凭这个善良本质而完成着它自己的作品，撕裂这个普遍存在，并从中分得他自己的一份"，在伦理实体里面经常有这种情况，并且这种情况是必然的，是这个伦理实体的生命力之表现。比如我们中国人经常讲到的就是忠孝不能两全，你要忠就不能孝，你要孝就不能忠。经常有这样一些冲突。忠也好，孝也好，每一个人都是凭他的善良本质来完成他自己的作品的。这就撕裂了这个普遍存在，这个普遍存在就是伦理实体本身，在中国传统里就是忠孝统一，才使得这样一个实体能够普遍存在。但是，它的内部的矛盾把这个普遍存在撕裂了。"并从中分得他自己的一份"，某某人是一个大孝子，但是他不忠，某某人是一个忠臣，但是他又不孝。每个人从中分得他自己的一份，你可以说他是一个忠臣，但是他不是一个孝子，你可以说他是一个孝子，但是他不是一个忠臣。他有他自己的一份，他代表了一种伦理的原则。

本质的这种解体和个别化，正是一切人的行为和自身这个**环节**；该环节是实体的运动和灵魂，是被造成的普遍本质。

也就是说本质的这种解体和个别化，忠孝不能两全，岂不是个别化了，岂不是解体了吗？每个人执着一方，那岂不是解体了吗？但它"正是一切人的行为和自身这个**环节**"。它是实体的一个环节，实体还少不了它，少不了这种冲突、这种个别化。一个伦理实体里面少不了它的自身解体，这种自身个别化、自身分化，恰好是它的一个必要的环节。我们历史上留下来的那么多可歌可泣的伦理道德的楷模，那些英雄故事，不就是讲这些东西吗？如果是能够统一的，那反而流传不下来了。恰好由于它不能统一，解体，个别化，每个人创造的只是他自己的作品，从中分得自己的一份，有冲突，那么才有故事。有内心矛盾，有选择，才能够体现出一个人的伦理的本质。所以它是一切人的行为和自身这个环节。它既然是一切人的行为，一切人的自身，那么它就必然要使伦理实体解体。人和人是不一样的，是个别化的，个别化导致了伦理实体的解体，解体也是伦理实体本身的一个环节；但是，通过牺牲，通过主人公的牺牲，伦理实体又重新恢复了。所以他下面讲，"该环节是实体的运动和灵魂，是被造成的普遍本质"。这样一个环节，虽然是伦理实体的解体和个别化，但是，它又是实体的运动和灵魂，实体的运动和灵魂就在这种伦理实体要被解体了的情况下发生。伦理实体的内在的矛盾贯通一切，它的普遍本质不是摆在那里的，它是被造成的，是产生出来的。它是怎么产生出来的？就是从这样一些矛盾冲突中产生出来的。正因为有这些矛盾冲突，矛盾的双方才构成了伦理实体的普遍本质。比如说忠孝不能两全，比如说《安提戈涅》里面讲的家族的习惯和国家法律的冲突，家族的神法和国家的人为法相互之间冲突，两方面都是很有道理的，这个后面黑格尔还要提到，他多次提到这样一个悲剧。两方面都很有道理，但是就是发生冲突，就是不能调和。那么最后怎么办呢？最后只有主人公、当事人牺牲自己的生命，来维护自己的原则。那么主人公牺牲了，这些原则就没有冲突了，人都死了嘛。但是这些原则都保存下来了，共同构成了伦理实体的原则。它们都是伦理实体的原则。一个伦理实体没有习惯法，那就不叫伦理实体；但是没有人为法，也不行。两方面都是需要的，但是两方面都有片面性。两方面的片面性通过主人公、当事人的牺牲而都得到了保全，甚至于都成为普遍本质，被产生出来了。所以这个环节是实体的运动和灵魂。就是通过这样一些悲剧，希腊人开始形成了他们的伦理实体，他们的这样一些原始的法则，神圣不可侵犯。由此证明神的法和人的法都是不可侵犯的，都是必须要树立起来的。

　　恰恰因为这个实体是在自身中解体了的存在，它就不是僵死的本质，而是现实的和活生生的。

　　恰好因为这个实体在自身中解体，它就不是僵死的本质，它是面对死亡的，它不怕死，它不怕解体，它能够在解体中重生。它能够不断地在解体中重生，所以它是现实的和活生生的。抽象的道理当然很和谐，既要忠也要孝，既要遵守习惯的伦理规矩，同时又要有国家的法律，抽象地说一说很容易，但是在现实中，是充满着痛苦、充满着牺牲的。这就是现实的和活生生的，注入了活力，要以生死相拼，要为了捍卫自己所坚持的法律而杀身成仁。安提戈涅就是杀身成仁，国王其实也是杀身成仁，他为了维护国家的法律嘛，宁可自己的儿子都死了，自己的妻子皇后也死了，全家都死了，来维护自己国家的法律。当然后来他也觉得自己做得太过分了，导致了一种悲剧。但事实上国家法律是得到维持了，伦理习惯也得到了维持，两方面都有它的合理性，都是很光荣的。所以这是现实的和活生生的伦理本质，实体性在这个里头获得了它的生命力。所以不要怕解体，不要怕冲突，就是在冲突中，伦理实体的那些法则才突显出来了，才成为了普遍的本质。再看下面一段。

　　这样，精神就是自我承担的那种绝对实在的本质。

　　精神就是自我承担，承担什么呢？承担它的自己的内在矛盾。在所有这些内在矛盾冲突和牺牲的背后，有精神在承担着它，有这种绝对实在的本质在承担着它。承担它所有这些解体，这些牺牲。主人公都死了，但是精神留下来了。这个精神一直流传几千年，保持下来。所以精神就是自我承担的那种绝对实在的本质。

　　意识迄今为止的一切形态都是这本质的一些抽象；它们是这样的意识，即意识到精神在分析自己，在区别自己的各环节并停留于那些个别环节之上。

　　这个又是回顾了。意识迄今为止的一切形态，也就是精神现象学中精神的各种形态，意识的经验科学中意识的各种形态，它的一切形态都是这本质的一些抽象。我们站在精神这样一个高度，回顾我们精神现象学从开头一直到迄今为止所经过的各种形态，我们都可以看出来，所有那些都是这样一个本质的一些抽象，它的各种形态都是精神的这个绝对本质的一些抽象，是这个绝对本质的一种形成过程，即从抽象到具体的形成过程。到了精神这里，跟前面相比，精神是最具体的。前面的都是一些抽象的环节，都是一些片面的环节。"它们是这样的意识"，它们，也就是这样一些形态了，"即意识到精神在分析自己，在区别自己的各环节并停留于那些个别环节之上"。所有前面那些形态都是这样一些意识，什么意识呢？就是意识到精神在分析自己。是精神在分析自己，它们背后是精神的绝对的承担者，是精神在自我承担。精神就是自我承担的那种绝对本质，后面是精神在起作用。精神把自己分析成一个一个环节，这个分析不是我们通常讲的分析，不是我们通常讲的分析和综合的方法，而是精神把自己分析开来，在分解自己，在分辨自己。意识到那个统一的精神在分析自己，在区别自己的各环节。我们从这个角度来看可以看出来，所有那些环节都是精神在区别自己的各环节，都是精神的各个环节的一种区别。"并停留于那些个别环节之上"，所有的那些形态都是有限的，都是要被扬弃的，为什么呢，因为它停留于那些个别环节之上。唯有精神是整体，你要停留在个别环节之上，那你就止不住要从一个环节到另外一个环节不断地运动，不断地推移，而整体就是精神。精神，当它停留于个别环节之上的时候，它就停不住，它就变成有限的东西而自我否定，它就要从一个环节到另外各个环节推移，树欲静而风不止，不断地推移。

对这些环节的这种孤立，是以精神本身为**前提**的，并因精神本身而**持存**，或者说，它只是在精神就是实存时才实存起来。

"对这些环节的这种孤立"，这种孤立也就是停留在这些个别环节之上了，这样孤立起来，每一个环节孤立起来，停留在这个环节之上，是以精神的本质为前提的。当然你可以把它们孤立，但是有一个前提，就是它们是作为精神的各个环节，是精神的孤立环节。所以它"是以精神本身为**前提**的"。精神在背后起作用，当时没有意识到，当时只知道意识，自我意识，理性，感性确定性，知觉，知性等等。但是所有这些都是以精神本身为前提，"并因精神本身而**持存**"。它们之所以能够持存，那些环节之所以能够孤立，还是因为精神本身，精神本身需要在每一个环节上逗留，以便形成一个过程。当然逗留以后，它又被自己否定，但是它毕竟要逗留一下，它不能跳过某个环节。它要把每个环节穷尽了以后，才能过渡到另外一个环节，在它没有穷尽之前，它必须在这个环节上逗留，必须在这个环节上持存。"或者说，它只是在精神就是实存时才实存起来"，它，它就是对这些环节的这种孤立，只是在精神就是实存时才实存起来，精神本身是实存 (Existenz) 的时候，这种孤立才能够实存 (existieren)起来。

这些环节在孤立中有这样的假象，仿佛它们**真是**些孤立的环节；但它们向其根据和本质的前进和回归，表明它们只不过是一些环节或消逝着的量；而且恰好这个本质就是这些环节的这一运动和解体。

这些环节在孤立中，你把这些环节孤立起来，那么在孤立中有这样一种假象,仿佛它们真的是些孤立的环节一样。"但它们向其根据和本质的前进和回归",向其根据和本质的前进,前进和回归是一回事情,这个黑格尔在别的地方也讲到过,前进就是回归,前进就是前进到它的根据嘛,前进到它的本质嘛。发展到它的本质,就是回归到它的本质。从感性确定性经过一系列的阶段,一直到今天,我们到了精神,这是前进,但其实是回归啊,其实是回到感性确定性的根据,回到它的本质。那么背后是精神在起作用。我们开始的时候没有意识到,后来越来越意识到了,后面有东西。但是是什么东西,一时还找不出来。经过一个漫长的历程,我们现在发现,背后其实就是精神。"向其根据和本质的前进和回归,表明它们只不过是一些环节或消逝着的量",表明这些环节只不过是一些环节,只不过是一些环节意味着它们是消逝着的量。环节就是必然会要过去的,必然会要向另一个环节前进,所以这些环节是一种消逝着的量,这个量,Größen,我们前面也把它翻译成大小,但在这个地方呢,就是每个环节,它有它的分量,它有它的大小,它有它的合理性。但是这样一个量,它是消逝着的。你过渡到下一个环节,它就消逝了嘛。"而且恰好这个本质就是这些环节的这一运动和解体",恰好这个本质,这个实体,这个精神,是什么呢,就是这些环节的这一运动和解体。这些环节不断地在运动,不断地在解体,不断地在否定自己,不断地在动摇,在怀疑,在走向自己的反面,这样一个过程就是实体,就是本质。

在这里,在精神或者对这些环节的反思已在自身中建立起来的地方,我们对这些环节的反思就可以按照这一方面做一个简短的回顾了:它们曾经是意识、自我意识和理性。

这个回顾是对全书的回顾了,是对整个《精神现象学》,整本书的回顾。最开始是意识,然后是自我意识,然后是理性。他说,"在这里,在精神或者对这些环节的反思已在自身中建立起来的地方",也就是在精神这样一个高度上面,我们已经完成了对这些环节的反思,在这个高度上面我们可以作一个回顾了。"我们对这些环节的反思就可以按照这一方面做一个简短的回顾了",按照哪一方面呢？就是按照它们作为一种运动和解体,这些环节是消逝着的量,这些方面,按照它们的运动和解体这些方面。这个本质恰好就是这些环节的运动和解体嘛,按照这一方面,我们来对它们加以简短回顾,看它们是怎么运动、怎么解体的,这样来回顾以往所走过的路程。"它们曾经是意识、自我意识和理性"。这里用的是过去式。它们曾经是意识、自我意识和理性,这就是我们前面走过的三个阶段,意识、自我意识和理性。下面接着就来追溯了。

因此,当精神在对它自身的分析中执着于这样一个环节,即它自己是**对象性地存在着**的现实性,而不考虑这种现实性就是它自己的自为存在时,精神就是本身包含着感性确定性、知觉和知性的一般**意识**。

这是对第一个环节的回顾,"意识"。意识怎么来的,我们现在反思一下。"当精神在对它自身的分析中执着于这样一个环节,即它自己是对象性地存在着的现实性"。精神在对它自身的分析中执着于这样一个环节,哪个环节呢？它自己、精神自己就是对象性地存在着的现实性。这是最起码的环节,存在着的现实性的环节。"而不考虑这种现实性就是它自己的自为存在",这个时候现实性跟自己没关系,把自己撇开了,我们客观地、原原本本地来考察一下对象性地存在着的现实性。这个时候我们就要从感性确定性出发,进到知觉再进到知性。不考虑这种现实性就是它自己的自为存在,也就是没有从对象上反过来意识到自身,而是把对象看作是一种不以人的意识为转移的客观存在。这样的态度呢,就导致了"精神就是本身包含着感性确定性、知觉和知性的一般**意识**"。一般意识可以看作是一种朴素的意识,朴素的意识我们通常把它归结为唯物主义的那种意识,就是把对象看作一个客观存在,感性确定性、知觉和知性,都是在把精神当作一个对象来加以规定,这就是一般意识,在意识阶段就是这样的。

反之,当精神执着于分析的另一环节,即它的对象就是它的**自为存在**时,那么精神就是**自我意识**。

　　这就到自我意识了，"自我意识"打了着重号。就是当精神执着于分析的另一环节，精神自己在分析自己，自我分析。精神现象学实际上整个是精神的自我分析的历程。最开始是意识的经验科学，是通过经验一步一步走过来的，但是走到精神这个层次，我们回过头来反思的时候，我们可以反过来把精神现象学看作是精神的自我分析的一个历程，或者说一门科学。"反之，当精神执着于分析的另一环节，即它的对象就是它的自为存在时"。到了另外一个环节，它的对象就是它的自为存在，或者说它的对象就是它自己建立起来的，它的对象就是它自己的活动，就是它的自为存在，它自己怎么样，它的对象就怎么样，反过来，它的对象怎么样，完全是因为它自己怎么样。"那么精神就是自我意识"，在这种意义上，精神就达到了自我意识，它把自己分析出了第二个环节，就是自我意识。

　　但作为对自在自为的存在的直接意识，作为意识与自我意识的统一体，精神就是拥有理性的意识，这意识正如这个拥有所表明的，把对象作为自在地被理性所规定或具有范畴价值的来拥有，但却使得这个对象对精神的意识而言尚不拥有范畴价值。　　　　　　　　[4]

　　第三个环节就是理性了。他说，"但作为对**自在自为的存在**的直接意识"，自在自为的存在，就是这个存在既是自在的，又是自为的，既是客观存在的，又有它自己的自为的运动的。"作为意识与自我意识的统一体"，意识就是对象意识，自我意识跟对象意识是对立的，但又作为自我意识与对象意识的统一体，那么"精神就是**拥有理性**的意识"了。这个理性已经是一种客观理性了，不再只是人的一种主观能力，而且是为自然立法的客观规律了。"拥有理性"打了着重号，为什么要打着重号，也就是这个理性是精神所拥有的，就像拥有一件工具一样。精神拥有了理性，但是精神还不是理性，它把理性当作一种工具来拥有。理性阶段最开始是被拥有的，我用理性去观察去实践，这理性是我们精神所拥有的一种先天能力，精神拥有这种理性能力来为自然立法，来构成一个有规律的对象世界。"这意识正如这个**拥有**所表明的"，"拥有"也打了着重号。我拥有这个理性，于是我"把对象作为**自在地**被理性所规定或具有范畴价值的来拥有"，自在地也就是客观地了，对象客观地被理性所规定，使它具有范畴价值。康德就是这样说的，我拥有理性能力，我也就拥有了对象，对象被看作自在地被理性所规定而具有了范畴价值的，因为对象其实就是由范畴建立起来的，那么我从对象里面可以分析出我们加到对象里面去的那个范畴，那个范畴就是我的自我意识所拥有的一种工具，用来建立我们的客观知识。所以范畴是我们的自我意识的统觉所拥有的一种工具，一种手段。那么它所建立起来的这个对象呢，当然它对意识就具有范畴价值了。"但却使得这个对象对精神的意识而言尚不拥有范畴价值"，也就是对于精神而言，对象本身还不是范畴。范畴只是意识的一个工具，但是对"精神的意识"而言，对象这时还不具有范畴价值。对象本身如果在精神看来要具有范畴价值，那范畴就不应该是你放进去的，而是对象本身所固有的，不是你为自然立法，而是对象自己为自己立法，那么对象本身就会自己运动起来，自己建立自己了。在康德那里，人拥有十二个范畴才能够为自然界立法。你在自然界里面可以找到法，找到十二个范畴，但是这些范畴还是你加给它的，自然界本身还不拥有它们。所以这个对象对精神的意识而言尚不拥有范畴价值，就是说范畴还没有真正地成为世界本身的一种能动的概念，一种自我构成的概念，它只是人为的，是你加给它的一种概念，其实只是主体拥有的一种能力。这是康德所达到的理性。

　　精神就是我们刚刚从对它的考察中走出来的那种意识。

　　我们现在讲的精神，就是我们刚刚从对它的考察中走出来的那种意识，那种意识我们刚刚对它进行了考察，前面所有的从意识到自我意识到理性，我们都在对它进行考察，那么现在呢，我们刚刚从对它的考察中走出来了。那么精神就是意识从我们刚刚考察的那个层次、那个水平里面走出来，它就成了精神。"我们"在这里就是旁观者、回顾者，意识从我们这种考察中走出来以后，它就成了精神。

当精神所**拥有**的这个理性最后作为这样一种理性而为精神所直观时，当这理性**存在着**，或者说当它在精神中是**现实**的并且就是精神世界时，那么精神就存在于它的真理中了；它**就是**精神，它就是**现实的伦理本质**。

"当精神所**拥有**的这个理性最后作为这样一种理性而为精神所直观时"，精神所拥有的这个理性，拥有这个理性还是抽象的，当作一种工具性的范畴，像康德的十二个范畴都是抽象的，这种抽象的形式加在经验的对象身上，那就是精神所拥有的理性了。当这个理性最后作为这样一种理性而为精神所"直观"时，也就是理性直观，这是康德所反对的。什么叫达到理性直观呢？就是说，这个理性已经不再是精神所拥有的一套抽象的工具、抽象的规范，而是在对象上可以直观到的理性，一种客观的理性。也就是说，精神所拥有的这个理性，最后，它不再仅仅是精神所拥有的了，而且是直观中客观存在的了。这个理性已经成为直观中客观存在的，已经成为了一种理性直观。康德不承认这个，他觉得理性怎么能够直观呢？但是理性直观的意思就是说，理性成为了一种客观存在，不再是你的主观精神所采用的一种抽象的法则，而是一种现实的客观法则。所以下面有两个并列语，"当这理性**存在着**"，"存在着"打了着重号。理性已经存在着了，存在着你当然就可以去直观它了，你可以把它当作自在的对象来直观。"或者说当它在精神中是**现实**的并且就是精神世界时"，当它在精神中是现实的。理性如何成为现实的呢？它在精神中才是现实的，并且就是精神世界。这个时候，"理性就存在于它的真理中了"，精神就具有了真理性了，精神就真实地现身了。理性在精神中不再只是一种主观的精神，它就是一个客观的精神世界，是现实的精神世界，也就是前面讲的社会历史、伦理实体。这时候精神就存在于它的真理中了，这就是真正的精神，真正的精神就是在真理中的精神。"它**就是**精神"，"就是"打了着重号，也就是它就是存在着的精神。"它就是**现实的**

伦理本质"。伦理本质当它是现实的时候就是精神。前面已经讲了，伦理本质还是抽象的，事情本身还是抽象的，躲在后面的。但是现实的伦理本质，那就是精神，那就已经是精神了。这些说法在前面都可以找到痕迹，我们可以对照，前面都讲到过了。这里是回顾了从感性确定性开始，意识、自我意识、理性，最后怎么样走到了精神，描述了精神的发展史。这是第二次描述。第一次描述是开头，在这一章"精神"一开头，就描述了精神怎么样从理性这个小环节中形成起来的。那么这里是一个大的回顾，就是精神从本书的开始，意识、自我意识和理性，怎么样走了这样一个形成的历程，最后到达了精神。总而言之，前面整个都是精神的这一部分的一个导言。这个导言一方面最重要的是追溯精神的形成过程，它怎么来的，这就追溯了理性，乃至于最后追溯了整个精神现象学，它是怎么走过来的。再一个，就是展望。精神，我们已经达到了这样一个阶段，我们下面这几段，就是展望，就是从精神起步展望未来，我们要经过的哪些阶段，在后面都提到了，包括启蒙，教化，信仰，等等。所有这些，乃至于到最后的这个宗教和绝对认知，都在这个展望中。所以这个导言就是，一方面是回顾过去，一方面是展望未来，以精神为核心。这就是导言所要讲的。今天讲的只是回顾，就讲到这里吧。

＊ ＊ ＊①

我们今天继续讲精神。精神是整个下卷的主题，但是它的起点就是所谓的伦理。我们上次讲了精神前面的导言，讲到了一开始精神是怎么来的，回顾了精神形成的历史。从第一卷一开始，全书的开端"感性确定性"，到"知觉"，到"知性"，到"自我意识""理性"，一直在追溯怎么样逐渐逐渐的进入到了精神。今天讲的是：我们到了精神这个阶段以后，精神这个阶段又怎么发展，整个精神在它的发展过程中，走过了一些什

---

① 以上是一次课所讲的内容。为了区分课程顺序，书中用"＊"隔开。

么样的阶段，要做一个展望。精神的导言的下面一部分就专门讲这个。这个导言很清晰，前面一部分就是回顾，回顾了以后，就是展望。这本书下面要谈的就是精神将要走的历程，当然这个历程主要是涉及所谓的客观精神，就是首先是伦理，然后是教化，然后是启蒙，然后是道德。到道德为止，到伦理的解体，就是所谓的客观精神。最后还有两部分就是宗教和绝对认知，也就是宗教和哲学这两部分，按照黑格尔最后的划分就是绝对精神，那就跟上帝的精神直接相通了。这个序言里所展望的主要是前面客观精神这一段。

就精神**是直接的真理**而言，它就是一个**民族的伦理生活**；这个个体就是一个世界。　{240}

"就精神**是直接的真理**而言"，也就是说，我们现在形成精神了，我们经过了漫长的旅程，现在到达了精神。但是精神在它开始的时候，在它的起点上面，它是直接性的真理。这是黑格尔通常的做法：谈一个问题，首先谈它的直接性。"就精神**是直接的真理**而言，它就是一个**民族的伦理生活**"，"民族的伦理生活"打了着重号，这就是精神的直接性。精神的直接性体现在民族的伦理生活中。"这个个体就是一个世界"，这个个体还是指的精神，把这个精神又称为个体；精神是一个个体，一个整体，这个整体就是一个世界，一个个体就是一个世界。这个世界，我们前面已经提到过，Welt 这个词的意思，它既有我们通常讲的"世界"的意思，同时又有"世俗生活"的意思，"人世""人世间""尘世生活""人间生活"这么个意思。精神这样一个个体，它就是一个世界。这就从直接性、从此岸的生活世界开始起步了，我们由此展望未来。他接下来讲：

精神必须继续前进到对它直接所是的东西的意识，必须扬弃美好的伦理生活并通过一系列的形态达到对它自身的认知。

第二句就开始起步了。"精神必须继续前进到"什么地方呢？"对它直接所是的东西的意识"，它直接所是，就是一个民族的伦理生活。但是，它必须继续前进到对它直接所是的伦理生活的意识，它要有意识，要意识到这一点，而不能光是直接的伦理生活，那不是精神。精神是能动的，精神当它是什么的时候，它马上就要意识到自己是什么，所以它是一种继续前进，继续前进到对它直接所是的东西的意识。那么当它意识到这一点的时候，它的直接性就丧失了。所以他讲，"必须扬弃美好的伦理生活"，一个民族的伦理生活，当它处于直接状态的时候，它是美好的，它是不自觉的。我们讲以往过去的"黄金时代"，黄金时代都是一种不自觉的时代，现在回想起来是美好的，但它已经一去不复返了。而这种否定是必须的，远古的伦理生活再美好，也必须遭到扬弃，"并通过一系列的形态达到对它自身的认知"。意识到自身了，但是是否认知自身？那还不一定。意识到自身了，又产生了一种要认识自身的冲动，所以它不但要扬弃美好的伦理生活，还要通过一系列的形态达到对它自身的认知，这是它的目的。意识到自身已经开始有了意识，但是还没有知识，还没有认知，还必须要通过一系列的形态才能够认知。

不过这些形态与以往经过的那些形态的区别在于，它们都是些实在的精神，是真正的现实性，并且不仅仅是意识的诸形态，而且是一个世界的诸形态。

它经过一系列的形态来达到对它自身的认知，这些形态就是后面要展望的形态了。那么这些形态与以前经过的那些形态，也就是在精神形成的过程中所经过的一系列的形态，有何不同呢？"区别在于，它们都是些实在的精神，是真正的现实性，并且不仅仅是意识的诸形态，而且是一个世界的诸形态"。前面那些都是意识的诸形态，包括意识、自我意识和理性，在精神之前，那些形态都还在意识之中，所以我们可以把它们看作是主观精神。而现在是"一个世界"的诸形态，那么我们就可以把它看作客观精神。一个主观精神，一个客观精神，而最后的绝对精神就来自这两方面的统一。绝对精神是另外一回事，我们现在是从主观精神进入到了客观精神。这句话就把交接点的区别点出来了，我们现在从主观精神的意识形态转入了客观精神、世界的诸形态。现在要考察的是，世界，作为实在的精神，作为真正的现实性，它经历了哪些形态？精神在一种客观的形式中是怎样走过来的？或者说前面那些都是意识形态，现在我们开始进入了社会形态，社会形态也就是客观精神。当然前面的意识也涉及社会，但它们本身是意识形态，是主观的；而现在我们讲客观精神，虽然它也涉及主观意识，但是它的立足点已经是客观的社会形态了。

活的伦理世界就是在其**真理**中的精神；当精神最初抽象地**认知**自己的本质时，伦理就在法权的形式普遍性中沉沦了。

"活的伦理"打了着重号，现在这个世界，作为一个客观精神，就是一个活的伦理世界。伦理世界我们前面已经达到了，伦理实体这个概念已经出现了，那么这个伦理世界是活的，它不是钉在那里死的，是要活动的。"**活的伦理**世界就是在其**真理**中的精神"，活的伦理世界已经是精神了，我们前面进入到精神就是从伦理世界进来的，那么这个伦理世界，当它是活的时候，它是在其真理中的，也就是说，真正的精神就是活的伦理、活的伦理世界。精神，它的确定性，我们已经在伦理实体中把它确定下来了；但是它的真理性，那还要看这个伦理世界是怎么样处于生命之中，处于现实生活之中，所以他这里强调是活的伦理世界。你要追究真正的精神，那么你就必须要用一种动态的、生命的眼光来看这个世界。伦理世界它不会停在那里不动的，它肯定会走一条自我扬弃的道路。接下来讲，"当精神最初抽象地**认知**自己的本质时，伦理就在法权的形式普遍性中沉沦了"，这个活的伦理世界还没有达到它的认知，而当它一旦达到对自己的本质的认知，它就进入到了下一个法权阶段，而它自身就沉沦了，这就是后面讲到的伦理本质的消亡并进入到法权状态。当然这种认识还只是抽象的，还有待于从抽象到具体，一步一步地继续发展。那么精神在伦理世界中抽象地认知自己的本质，为什么就沉沦了呢？因为伦理要以抽象的法权形式的普遍性认知自己，这就不再是以伦理的方式维系这个社会，而必须进入法制状态。伦理最初不是法律，因此也不是认知，而只是习惯，它没有道理可讲，自古以来就是如此。但是当伦理成为精神，它首先要立法，要变成法，而这个法权的普遍性是一种形式的普遍性。法律、成文法订在那里，它是一种形式的普遍性，如果真的按照形式的普遍性来做的话，那么伦理就沉沦了，伦理就没话说了，我们就依法来办事。伦理世界如果一旦变成法权的形式，那么伦理就沉沦了。当然古代的伦理世界也有法律，人的法律和神的法律，但这些法律还不具有认知的普遍性形式，人的法律是任意制定的，神的法律是传下来的，都不是建立在每个人的普遍权利、法权之上的。成文法就是伦理沉沦的第一个信号，如古希腊梭伦的改革，把法律定下来，当然在他之前已经有成文法了。法律定下来是一场巨大的努力，以后我们就按这个法律来做事，其他具体的内容，如亲情、孝道，那些东西不是普遍的，我们就不去管它了，它们就没有发言权了，我们就依法办事。而依法办事是个形式的问题，我们今天叫程序正义，按程序办事，至于它具体有些什么内容，我们先不去管它，只要它是合法的、合程序的，那么我们就要照这样去做。成文法最发达的时候就是罗马帝国时代的罗马法，那是真正第一次把伦理世界系统地在每个细节上全面地规定为法权的形式、民法的形式。在社会中人与人之间的关系怎么处理，尤其是财产关系、继承关系，这些关系最终怎么处理，都有法可依，都规定好了，没有例外，那么你就按照这些去做就是了，伦理的具体内容就不管了，只要不违法，你就是合理的，就是合法的。世界由此从伦理状态进入到了法权状态，这是以罗马法为代表。当然这样的精神不是从罗马帝国开始才产生出来的，在古希腊就已经有萌芽了，它经历了一个很长的发展过程。精神在伦理中抽象地认知自己的本质，这就进入了法权状态，这个伦理抽象地来看，它应该是有法可依的；但在没有成文法以前，它只有规矩，所谓伦理无非就是规矩。Sitten 这个词它本来的意思也就是规矩、得体、合乎惯例、合乎习惯，这些通常都是潜规则。当它上升到明规则，就是可以抽象地加以认知、可以按照理性法则普遍化的，那就是法权，那就是法制，或者那就是法律，这是法权的形式普遍性，是明规则。但是一旦完全依照它，那伦理就沉沦了。一个社会按照伦理规矩、习惯还是按照法律来运作，这是一个漫长的转型期。

那从此将自身分裂开来的精神，在自己的对象性元素、即某种坚硬的现实性中，描绘了它的诸世界之一，即**教化的王国**，而与这世界相反，在思想的元素中，则描绘了一个**信仰的世界**，即**本质的王国**。

伦理在法权的形式普遍性中沉沦之后，它带来了什么后果呢？"那从此将自身分裂开来的精神"，从法权的形式普遍性中，伦理已经把自己分裂开来了，分裂成什么呢？一个形式，一个内容。很明显。内容已经沉沦了，没有发言权了，那么我们一切按照形式的普遍性来办，这就是一种分裂。这种分裂的精神，"在自己的对象性元素、即某种坚硬的现实性中，描绘了它的诸世界之一，即**教化的王国**"，这个精神分裂成两部分，一部分是对象性元素，即坚硬的现实性元素，按照这样一种要素来描述的话，精神就描绘出了一个教化王国，这是它所描绘的诸世界之一。精神把自己分裂成两个世界，其中一个是教化的王国。Bildung，教化、教养，这个词我们在前面的导言中已经遇到过很多次了。黑格尔特别强调教化，人是教化出来的，人要有教养。我们通常说这个人没有教养，这个人野蛮，野蛮的极端就是动物性，就是畜生。从小没教养，没受到过教化，那么人就是野蛮人。人类社会，有的是野蛮的社会，有的是经受过教化的社会。那么这个教化的王国，它立足于对象性元素或坚硬的现实性之上。教化靠什么？靠坚硬的现实性，我们甚至可以说，靠残酷的现实性。现实是残酷的，未受教化的人在现实中往往会碰得头破血流；碰得头破血流了，一方面当然是遏制了人的自由，但另一方面使人受到了教化。我们中国人讲，不打不成才，孩子从小就要有教养，怎么教养？棍棒底下出孝子，那教出来的孩子长大后就有孝心，对长辈、父母毕恭毕敬，我们就说这个人有教养，"家教很好"。那么这个家教是怎么来的？是打出来的。所以这个教养的基础是坚硬的现实性，它没有什么温情，你要碰得头破血流你才能够回头，你才能够反思，你才能够想想自己应该怎么做，残酷的现实可以对人产生一种教化，这是一个方面。"而与这世界相反，在思想的元素中，则描绘了一个**信仰的世界**，即**本质的王国**"，在残酷的现实中，我受到了教化，受到了教育，我形成了这么一个人，形成了这样一种民族性或国民性，但是在思想方面，在思想的元素中，则描绘了一个信仰的世界，即本质的王国。前面是坚硬的现实性，现在是思想元素，思想的元素就不那么坚硬了，比较软性了，比较自由了。我在思想中可以自由地超越，于是描绘了一个信仰的世界，即本质的王国，因为我超越现实性，思想到达彼岸，看到了这个世界的本质。坚硬的现实性再怎么坚硬，我们可以把它看成是现象，这个现实生活只是现象，我在现实中生活，人人都在现实中生活，都是来去匆匆的过客，都是现象。但现象后面还有它的本质，那就是死后彼岸世界的生活，那就是信仰，这是另外一个王国、另外一个世界。这就有两个世界了，诸世界之一就是教化，诸世界的另外一个王国就是信仰，就是本质的王国。那么还有没有第三个世界呢？也有，后面讲到一个王国是第三个世界。所以这个地方只能翻译成"诸世界"，不能翻译成"两个世界"。从教化的王国走向本质的王国或信仰的世界，这是西方精神发展所走的历程，这是比较特别的，是一种分裂的精神，分裂成此岸和彼岸，用我们中国人的话来说就是"天人相分"。我们中国是"天人合一"，当然中国也有"天人相分"，但最终归于"天人合一"。那么西方人的精神特点一开始就是"天人相分"，从精神最初就开始了，从伦理的法权的普遍形式中，伦理就沉沦了。怎么沉沦了？分裂成两个世界了，一个是现实的世界，一个是本质中的世界，这两个世界不相干，甚至相互对立。这是西方精神起步时候的两个阶段，我们特别要注意考察这一方面。西方人讲的精神是怎么来的？黑格尔在谈精神的时候，特别是在它的起点上面，它是怎么来的？我们要把它与中国文化、中国传统加以比较，才能更深入更准确地把握西方精神的真谛。为什么西方人信宗教？不信行不行？能不能像中国人一样，就是唯物主义者，或者就是天人合一，就是混沌？他不行，为什么不行？后面有具体的阐述，在这方面黑格尔的一些论述非常有意思的，应该说是非常深刻的，对西方精神深层次的理解就算在西方人中也是少见的。

然而这两个世界，在由这种自身在自身中的失落里走出来的那个精神、即由概念来把握时，却被明见及其传播、被启蒙搅混了，并被推向了革命，

我们先看这半句。前面讲到了一个教化的王国，一个信仰的世界；教化的王国和信仰的世界，凡是打了着重号的，都是后面要讲的小标题。这里的"明见""启蒙"也是如此，后面讲具体内容的时候就是展示这样一个过程，就是要讲法权世界、教化世界、信仰世界，然后还有明见、启蒙，也是后面的标题。"然而这两个世界"，一个教化王国，一个信仰世界。这两个世界在基督教里面叫作"恺撒的世界"和"上帝的世界"、世俗的世界和彼岸的世界。"这两个世界在由这种自身在自身中的失落里走出来的那个精神、即由概念来把握时"，这两个世界在由概念来把握时，"概念"打了着重号，是什么样的概念呢？是这种自身在自身的失落里走出来的那个精神，那个精神就是概念。那么如何把这两个世界用概念、用精神来加以把握？这就是西方式的天人合一了，西方式的天人合一就是概念的把握，它不是直接的天人合一。我们中国人讲的天人合一都是直接的，最后归结为"混沌"，不可能有概念把握；或者归结为"天人未分"，天人合一归根到底是天人未分，未分那就更谈不上概念了。西方人讲到天人合一就是概念的把握，从这种自身在自身的失落里走出来的那个精神，那个精神自己在自己里面失落了，也就是伦理通过它自身的分裂而沉沦了，这是前面讲的，在这样一种形式的普遍性中沉沦了、失落了，也叫人文精神失落。人文精神在现实中失落了，但并没有完全失落，它保留在彼岸，寄托在彼岸，而在现实世界却是一派腐败现象。罗马世界包括中世纪，它的现实生活是一片腐败，甚至是一片野蛮。当然由于有彼岸，所以这个野蛮里面还是有教化，但毕竟是一种坚硬的现实性，在冷酷的现实中精神就失落了。在世俗生活中你不要谈什么精神，你要谈精神你就到教堂里面去，你跟神父谈去，你不要跟我谈什么精神，我跟你只有利益关系，现实世界就是这样。但现实世界是这样，也给人带来一种教化，什么教化？你要遵守现实世界的规矩。而你要想有思想、有精神的话，你只有到上帝那里去寻求；或者死后你把你的精神寄托在彼岸，寄托在上帝那里。这就逼着人向彼岸、向上帝超升，这也是一种教化。在现实生活中，你不得不遵守那些冷酷的规则，那些唯物主义的规则，没有任何精神生活的容身之地；而人总是要追求精神的，那就逼着你的精神追求向彼岸世界超升，这个就是教化。那么从这种自身在自身的失落里走出来的那个精神，也就是走出了那个物质化的现实世界的精神，那就是概念了。在被这种概念把握时，这两个世界"却被**明见**及其传播、被**启蒙**搅混了，并被推向了革命"。明见，Einsicht，又译作识见、洞见，我们前面讲到了，后面也作为一个标题出现了，反正这里打了着重号的很多都是后面的标题。有了概念就有了明见，有了洞见，概念是用来明见的；那么明见传播开来就是启蒙，概念的洞见传播开来就是启蒙。两个世界被启蒙搅混了，彼岸和此岸不分了，这就把它们推向了革命。革命就是在此岸看见了彼岸，要在人间实现天国，它的前提就是概念的把握和明见，即在现象中把握到了本质；而这种明见的传播则导致了启蒙。这本来是一个历史进步，尤其我们以前常说，启蒙运动和法国大革命是人类历史上一个了不起的事件，黑格尔当年也为之欢呼，据说跟谢林和荷尔德林跑到公园里去种了一棵"自由树"来庆祝这个事件。但黑格尔同时也看到，这样一种明见、这样一种启蒙导致了精神的两个世界的混淆，并且导致了革命。在19世纪初法国大革命以后，人们就开始反思法国革命的意义，在康德那里就已经在反思，就已经是喜忧参半，一方面他认为这场革命太残酷，整个社会都混乱了，动不动就把人送上断头台。但另一方面，他认为法国革命的精神、启蒙运动的精神还是有价值的。黑格尔基本上也是抱这种态度，认为法国革命一方面有它的负面效应，另一方面它又是历史的进步，是历史必经的阶段。所以法国革命的精神就是提升到了概念的把握，也就是把信仰和教化、思想的王国和现实的王国合为一体，作为概念的两个环节来把握。在思想中那些理想的原则必须在现实中实现出来，你不能死守着两个世界的分裂，你不能说我们把这些原则推到彼岸去，我们现在就要实现它们。比如说在上帝面前人人平等，那么我们就要追求自由、平等、博爱，这是符合上帝的精神的，自由平等博爱是符合基督教精神的，只不过基督教把它推到彼岸，当作一种信仰，我们现在就要把它在现实世界中实现出来，要当作一种社会制度。这就是法国革命的精神，这就是洞见，所谓洞见就是在现实生活中洞见到了它的本质，这就是概念。本来现实生活只是一种教化，坚硬的现实，残酷的现实，不管你同意不同意，反正你得服从；但是法国革命使我们洞见到了现实生活的本质，既然基督教讲人人平等，爱你的邻人，那么我们在现实生活中就应该按照这一套把它实现出来，这样一套洞见就是启蒙了。洞见、明见传播开来就是启蒙，它必将导致社会革命。

　　而分化并扩展成**此岸**与**彼岸**的那个王国则返回到自我意识，这个自我意识现在就在**道德**中将自己理解为本质性，并将本质理解为现实的自身，不再把它的**世界**及其**根据**从自身中推出去，而是让一切都熄灭于自身内，并且，作为**良知**，它就是**自己对自己有确知的**精神。　[5]

　　前面讲到此岸与彼岸的分化，那个王国已经分化了，一个是教化的王国，一个是信仰的王国，但在启蒙中作为一种概念的把握，这种主客观的合一却把整个精神带入了革命。"而分化并扩张成彼岸的那个王国则返回到自我意识"，就是在主观上，此岸和彼岸都返回到了自我意识。本来是同一个伦理世界分化为此岸与彼岸，现在在概念中我们已经把它们合并了，那么在思想上我们又使它们在自我意识里面达到了统一。"这个自我意识现在就在**道德**中将自己理解为本质性"，这个自我意识现在就归结到道德了。"道德"打了着重号，这也是后面的一个环节，是客观精神的最后一个环节。自我意识在道德中将自己理解为本质性，就是说本质的王国原来是在彼岸，此岸彼岸相分裂，彼岸世界是信仰的世界，是一个本质的王国。而现在，我们在道德中把自己理解为本质性，或者说这个本质的王国在道德中回到了自我意识里面，不再要到彼岸去寻求了，就在你自身的道德中来寻求。特别是新教道德，路德教、加尔文教，强调上帝在我心中，彼岸就在你心中，你不要等待耶稣基督从天上下降来拯救这个世界，就在你内心的道德中就有基督复活，这就是本质性。原来这个本质性在彼岸，现实世界的生活都是尔虞我诈，都是弱肉强食的，我们不去管它，这个世界的本质反正在上帝那里，上帝会作最后的审判。现在我们不期待彼岸和来世的上帝了，我们期望于自己的道德，在道德中我们把自己的内心理解为本质性，也就是圣灵，这个本质性在道德中可以立住脚，可以从这个角度把此岸与彼岸统一起来。我们做一个道德的人，清教徒特别强调这个，美国的加尔文教清教徒就是要把自己的道德在现实世界中实现出来，把道德当作自己现实生活中的天职。我们按道德来生活，当然还是按基督教的道德来生活，但是是在此岸中把彼岸拉进来，此岸和彼岸合一。自我意识在道德中将自己理解为本质性，"并将本质理解为现实自身"，这个本质性就是我自己现实的自身，不再是高高在上悬在彼岸，而就在我的现实生活中，在我的劳动中，在我的服务中，这就是道德。"不再把它的**世界**及其**根据**从自身中推出去，而是让一切都熄灭于自身内"，不再把世界及其根据推出到自身之外，而是将它们都熄灭于自身之内，就是说外在的世界、这些业绩、这些作品，本身都无关紧要，我做的这些事最终是要做一个道德的人，我回到道德的内心，立足于这个本质性，那么外部世界都是过眼烟云。这跟基督教此岸与彼岸相分有一脉相承的地方，但是不同的是，它已经把彼岸的东西纳入到此岸自身的现实生活之中，作为一种本质性的东西来看待。这个世界的客观的根据我们不必去关心了，你遇到世界上任何现实性，你都可以把它纳入到自身之内，把它熄灭于自身，它们的意义仅仅在于，它们是道德评价的对象。所以他讲，"并且，作为**良知**，它就是**自己对自己有确知的**精神"，

"良知"（Gewissen）和确知（gewisse）这两个词是有联系的，"确知"有时候也翻译成"确定性"，良知这个词就是从（gewiß）来的，意为"确切的知"，那就是良知。良知也叫良心，是一个很确定的东西，每个人手拍胸膛都会发现，它就在那里。自我意识现在就在道德中将自己理解为本质性，这样一种道德的自我意识就是良知，这是精神的一个发展阶段。在前面的精神都是无所适从，它分裂成好几个世界，一个是此岸的世界，一个是彼岸的世界，还有一个是此岸和彼岸的统一，就是明见、启蒙和革命。启蒙和革命在现实世界中最后失败了，但在自我意识中它有了成果，那就是达到了道德和良知。启蒙的精神并没有丧失，自由平等博爱还是原则，虽然在现实世界中效果不好，但是在内心世界中导致了良知。近现代西方人的良知就是从这里头建立起来的，这种确定的知是通过启蒙建立起来的。我们已经认识到了人性的本质，人的道德应该是这样的，这个时候精神就对自己有了确知，精神在道德自我意识中就有了确定性了。精神在前面都还没有确知，在法权的形式中它是抽象的，它落实不下来；在坚硬的现实性中，它是教化，它是手段，它是必修的一门功课；在信仰世界里，它是彼岸的，也确定不下来；在启蒙中虽然能够确定下来，但是导致了混乱和恐怖。那么回到内心的道德，精神才开始对自己有了确知。什么是精神？现在就是道德。我们讲"人文精神失落"，无非就是讲伦理精神的失落；如何重建精神呢？就是要重建道德！一个社会如果道德建立起来，那就有了精神。

　　所以，<u>伦理世界，撕裂成此岸与彼岸的那个世界，以及道德的世界观，都是这样一些精神：它们的运动、以及向精神的单纯的、自为存在着的自身的返回，将会展示出自身，而将要走上前台来的是作为它们的目标和结果的、绝对精神的现实的自我意识。</u>

　　这是继续展示精神后面的进程。"伦理世界，撕裂成此岸与彼岸的那个世界，以及道德的世界观，都是这样一些精神"，前面列举了这样一些阶段，一个是伦理世界，一个是撕裂成此岸与彼岸的那个世界，那就是通过法权的形式普遍性而撕裂成了教化的世界和信仰的世界。那个世界被撕裂成两半了，一个是此岸，一个是彼岸。以及道德的世界观。前面是两个世界，后面是道德的世界观，也就是说，道德的世界它不是一个世界，它是一个世界观，是一个内心的世界观。前面所经过的这样一些阶段，都是这样一些精神。什么精神呢？"它们的运动、以及向精神的单纯的、自为存在着的自身的返回，将会展示出自身"。所有这些精神，都是一些形态，这些形态一个接一个的运动，最后是要向精神的单纯的、自为存在着的自身的返回。所有这些形态、种种形态，都不单纯，最后都要向一个单纯的、自为存在着的自身返回。这种单纯的、自为存在着的精神自身的返回，将会展示出自身，这里用的是将来时，将要展示出自身，预示了后面我们将要展开的这样一个过程。"而将要走上前台来的是作为它们的目标和结果的、绝对精神的现实性的自我意识"，这样一个过程，它的最后结果和目的，就是绝对精神的现实的自我意识，它将会走上前台，得到显露。就是说，这样一个由伦理世界到此岸和彼岸分裂的世界、再到道德的世界不断前进的过程，它的目的就是要把绝对精神的自我意识实现出来。最后是要实现绝对精神的自我意识。实现了绝对精神的自我意识，也就进入到宗教和绝对认知了，这就是最后两个部分所要探讨的问题了，这就为最后整个精神现象学的归宿奠定了基础。这就是"精神"这个部分的导言，它分两个部分，一个是回顾以往精神的形成过程，一个是展望未来精神自身的发展进程。下面我们进入到第一个大标题。

一、真实的精神，伦理

第一个大标题是"真实的精神，伦理"，第二个大标题是"自我异化了的精神，教化"，第三个大标题是"对自身具有确定性的精神，道德"，这是第六章"精神"的三个阶段。一个是伦理，一个是教化，一个是道德，它们都属于客观精神。而伦理是它的初级阶段，这个阶段基本上就是古希腊的阶段，教化的阶段就是古罗马、乃至中世纪的阶段，道德阶段就是宗教改革以后的阶段。当然教化的阶段不光包括中世纪，也包括在中世纪的黑暗中的觉醒，最后打破了此岸和彼岸的界限，闹得整个现实世界混乱不堪。最后，道德也不光是讲宗教改革，也包括近代人的道德精神的觉醒，包括在启蒙以后，特别是康德的道德反思，最后确立起了道德世界观。这就是精神所划分的一些阶段，属于客观精神。后面还有两个部分，第七、八两章，就是宗教和绝对认知，属于绝对精神。大致的划分就是这样的。所以我们现在看精神的第一个阶段，真实的精神部分，就是伦理。我们要记住，一个是伦理，一个是教化，一个是道德，这是它的三阶段。我们可以把这三个阶段跟黑格尔的《法哲学原理》里面的划分做一个简单的比较，《法哲学原理》里面是抽象法、道德和伦理，是这样来排的。在《法哲学原理》里面，伦理是最后一个环节；而在这里，伦理是第一个环节，伦理的最后阶段才是法权状态，法以后是教化和信仰，最后才是道德。所以这个地方的排列顺序是伦理、法和道德，而《法哲学原理》里面是法、道德和伦理，排列的方式不一样。为什么会不一样？应该说是由于立足点不同，《精神现象学》中是立足于精神的历史顺序，其伦理指古希腊的城邦；《法哲学原理》中是立足于逻辑层次，其伦理是指近代市民社会和国家。

精神在其单纯的真理性中就是意识，并且拆散开了各环节。

这是第一句话。"精神在其单纯的真理性中就是意识，并且拆散开了自己的各环节"。因为精神是意识。精神为什么就是意识呢？在其单纯的真理中就是意识，或者说精神在最单纯的真理性中，也就是在它的最初的起点上面、在出发点上面就是意识，而作为意识，它只能是主观精神，和现在要讲的客观精神还不一样。这个意识在这个地方我们要点一下，整个精神现象学的起点就是意识，也就是主观精神。前面讲感性确定性，就是意识的第一个环节。为什么精神在其单纯的真理性中就是意识呢？就是说我们在精神的起点上面，我们要首先把它看成意识，意识是它的单纯的真理性。由于意识是它单纯的真理性，所以意识要把自己分散开来。所以他讲：并且拆散开了自己的各环节。单纯的真理性，首先就是把自己拆散开来，它是真理性，它已经不是确定性了。确定性是摆在那里的，你首先要把它接受下来；但是，如果你要追求它的真理性，最初的单纯的真理性，那就是它把自己拆散开，自我分裂。感性确定性就是这样的，"这一个"和"那一个"，就开始把自己分裂开来。"这一个"作为"这"，作为个别性，作为独一无二性，和作为一个共相，就开始分裂开来了。所以意识最开始在其真理性中就是分裂，它拆散开了自己的各环节。怎么拆散开来？下面讲：

这行动将它分离为实体以及对实体的意识；并且既分离了实体，又分离了意识。

"**这行动**"就是拆散的行动，精神在它的真理性中就是意识，并且拆散开了自己的各环节，这一拆散的行动是怎么拆散的呢？"将它"，将精神，"分离为实体以及对实体的意识"。我们前面讲了伦理实体以及对伦理实体的意识，对象和对对象的意识；而在前面讲意识的时候，一开始就是这样的，感性确定性就是感性对象和对感性对象的意识。意识从感性意识开始，从感性确定性开始，感性确定性就是对于感性所感受到的那个对象的意识。这里也是，这个行动，将它分离为实体与对实体的意识。首先，分离是这样分离，有了实体，有了"这"，然后有了共相的"这一个"，那就是对实体的意识。"并且既分离了实体，又分离了意识"，把实体本身也分离开来了，把意识本身也分离开来了，又再细分。这个分化是不断细分的，首先分成两部分，然后每一部分又分成两部分，不断分下去。

实体作为普遍的**本质**和**目的**，而与作为**个别化了的**现实性的自己对立起来了，其无限的中项是自我意识，这个自我意识**自在地**成为了它自

{241}

42

己与实体的统一体，而现在则**自为地**成了这样，使得普遍本质及其个别化了的现实性合一了，把后者提升到前者，而合乎伦理地行动，——并使前者下降到后者，而将那个目的、即仅仅被思维的实体付诸实行；

先看这半句。"实体作为普遍的**本质和目的**"，这里"本质"和"目的"打了着重号，"而与作为**个别化了的**现实性的自己对立起来了"，"个别化了的"也打了着重号。前面讲，既分离了实体，又分离了意识，那么实体是怎么分离的呢？实体作为普遍的本质和目的，而与作为个别化了的现实性的自己对立起来了。实体就是这样分离的，它一方面是普遍的本质和目的，另一方面是个别化了的现实性，这两方面对立起来了。本质和目的可以说是普遍性，另外有个别化了的现实，它是个别性。普遍作为本质，个别作为现实，这两方面在实体中，它们都是实体，但是对立的。同一个实体它有它的本质和目的，另一方面，在现实中它是个别的。这是实体性的分裂。这样一个分裂在普遍的本质和现实的个别之间有一个中介，这个"无限的中介"就是自我意识；自我意识在这两者之间，它把双方结合起来、沟通起来，它们不是绝对对立的，而是通过自我意识成为一体的。"这个自我意识**自在地**成为了它自己与实体的统一体，而现在则**自为地**成了这样"，本来它是自在的统一体，那就是沟通了前一个方面，实体作为普遍的本质和目的，体现为这个自我意识自在地成为了它自己和实体的统一体。就是说这个实体的统一体现在什么地方呢？首先就体现在这个实体和目的是统一的，自我意识就是这个实体的本质或者目的，在这一方面，自我意识把实体拉在一起，自我意识和实体是统一的，实体的本质就是自我意识。本来实体的本质和实体的现实性相对立，那么实体的本质是什么？实体的本质就是自我意识，是自我意识自在地成为了它自己与实体的统一。在这方面把实体的本质拉到自我意识里面来了。而现在则自为地成为了这样，自我意识自己把这种本质实现出来了。也就是说，实体的现实性体现了自我意识的自为，实体的本质体现了自我意识的自在。为什么自我意识是中介和中项呢？就是说实体这两个方面，一个是本质，一个是现实，或者一个是普遍性，一个是个别性，这两方面都在自我意识身上体现出来了。从它的本质方面来说，自我意识自在地成为它自己与实体的统一体；而从现实性方面来说，自我意识现在自为地成了这样，使得普遍本质及其个别化了的现实性合一了。所谓自在地成为自己与实体的统一体，就是体现了普遍的本质；而自为地成了自己与实体的统一体，就是体现为个别化了现实性。所以他讲，自我意识使这两方面合一了，一方面是普遍本质，一方面是个别化了的现实性，这两方面都是自我意识。这个合为一体不是单纯的、静止的摆在那里的东西，而是在两个相反的过程中体现出来的，那就是一方面，"把后者提升到前者，而合乎伦理地行动"，"把后者"，个别化了的现实性，"提升到前者"，提升到普遍的本质；使个别化的现实行动成为合乎伦理的行动。自我意识自为的行动被提升到了普遍的本质，自我意识自为的行动是合乎普遍的本质的，那么它就是伦理行动，个别化了的现实性不再是为所欲为，而是按照普遍本质来行动，那就是一种伦理行动。而另一方面，"并使前者下降到后者，而将那个目的、即仅仅被思维的实体付诸实行"，一方面是把后者提升到前者，另一方面使前者下降到后者，将那个目的即仅仅被思维的实体，把它付诸实行。那个目的、那个普遍的本质高高在上，仅仅在思想中被想到，如果不下降到个别化了的现实性，那也是空的；但是这个统一性就在于，自我意识使得前者下降到后者，使那个停留在空谈之中、停留在思维之中的实体、那个目的能够付诸实行。自我意识自为的行动使它实现出来，使这样一个思维中的实体变成了现实的事情，这是个双向的过程，自我意识在里面起一个中介、一个中项的作用，一方面把这个提升到那个，另一方面把那个下降到这个，是双向的。

它把它的自身与实体的统一体作为**自己的作品**、因而作为**现实性**创造出来了。

"它"，也就是这个自我意识，"把它的自身与实体的统一体"，这个自我意识自身与实体的统一体最初还只是一个思想物，是高高在上的，但它把这个统一体"作为**自己的作品**、因而作为**现实性**创造出来了",它就把思想物变成现实物、下降到现实性了。自我意识把这个统一体作为自己的作品,因而作为现实性创造出来,作品就有了现实性,它就是实现了的目的,而不再是高高在上的思想物了。自我意识把这个双向的统一体在自己的作品上完成了,它是一个能动的过程,一个创造的过程。

　　通过意识的这种分解,单纯的实体,一方面保持住了与自我意识的对立,另一方面,它因此在它自己身上也同样显现着意识在其自身中区别自身这种本性,即显现为一个划分成实体的各种聚合体的世界。

　　"通过意识的这种分解",前面讲了,精神在其单纯的真理性中就是意识,它把自己分解为各个环节,"通过意识的这种分解,单纯的实体,一方面保持住了与自我意识的对立",它跟自我意识已经不是一回事了,已经是自我意识的对象了,它跟自我意识相对立,这是一方面,保持住了;"另一方面,它因此在它自己身上也同样显现着意识在其自身中区别自身这种本性"。一方面它与自我意识对立,另一方面它自己也具有了自我意识的这种本性,即意识在自身中区别自己,这就是自我意识的本质结构。前面我们讲自我意识的时候,多次提到这样一个结构,就是意识把自己区别开来,同时又意识到这种区别不是区别,这就是自我意识的结构。那么这种结构在实体身上也显现着,一方面实体跟自我意识对立的,另一方面实体自身也是自我意识,虽然它跟自我意识是对立的,自我意识把它当作对象来看待,但这个对象自己也变成了与自我意识一样的结构。"即显现为一个划分成实体的各种聚合体的世界",单纯的实体现在显现为这样一个复杂的世界,单纯的实体不再单纯,它具有了自我意识的结构以后,它就显现为一个划分成实体的各种聚合体(Massen)的世界。实体它自身分成了各种聚合体,伦理实体,这也是伦理,那也是伦理,它们各有自己的聚合体。单纯的伦理世界就分裂了,就分裂成了几个不同聚合体的伦理世界。哪几个伦理聚合体?

45

因此实体分化为一种有区别的伦理本质，分化为人的法则和神的法则。

首先是这样一种分裂，"因此实体分化为一种有区别的伦理本质"，分成两种不同的伦理本质，伦理实体在本质上就有这样的区别，这就是本质的区别。双方都是本质，一种是人的法则，一种是神的法则，这两方面都是从伦理实体的本质中分化出来的。

[6]　同样，与实体对立着的自我意识，也按其本质而被分配给这两种力量之一，并作为认知而将自己分化为对自己所做的事的无知和对这事的有知，而这有知因此是一种被欺骗的认知。

"同样，与实体对立着的自我意识，也按其本质而分配给这两种力量之一"，既然有区别的伦理本质就是人的法则和神的法则，那么，与实体对立着的自我意识也按照这样一种本质被分配给这两种力量之一，这两种力量每一个都分配了自我意识，这就是自我意识的分裂。前面讲，精神拆散了自己的各环节，把它分化为实体以及对实体的意识，而且既分化了实体，又分化了意识；前面整个都是讲的分化了实体，但在这里就讲到，又分化了意识。实体分化了，分化为人的法则和神的法则，那么意识又怎么分化的呢？与实体对立着的自我意识也按其本质而被分配给这两种力量之一。"并作为认知而将自己分化为对自己所作的事的无知和对这事的有知"，也就是说人的法则和神的法则每一个都分有了自我意识，并且自我意识作为认知也将自己分化为对自己所作的事的无知和对这事的有知。自我意识作为认知而被分化为无知和有知，对人的法则来说是有知，对神的法则来说则是无知。这两种自我意识都是知，但是在神的法则方面我意识到自己的无知，而在人的法则方面，我意识到自己有知。人的法则是人自己建立起来的，当然是有知的；神的法则不是人建立起来的，所以人在它面前是无知的。所以自我意识也分化成两方面，它体现为无知和有知，自我意识就是要认知的，但是它一方面有知，它是自我意识，另一方面它无知，它也有自我意识，它意识到自己的无知，就像苏格拉底讲的，"自知其无知"。所以这两方面都体现为自我意识。"而这种有知因此是一种被欺骗的有知"，作为认知而将自己分裂为对自己所做的事的无知和对这事的有知，那么这种有知其实还是无知，因此就是一种被欺骗的认知。你以为自己认知了，但实际上没有。所以苏格拉底的自知其无知是最高的智慧、最高的知，如果你还没有达到自知无知，那么你还不是最高智慧，而是一种被欺骗了的智慧。你以为自己对神的事情也有知，但是你是被欺骗的，这个里头被骗的有知隐含着后面要讲的俄狄浦斯的神话。俄狄浦斯觉得自己有知，他从神谕中知道了自己的命运是杀父娶母，为了避免神的法则，他离家出走，在路上遇到一个陌生人发生口角，失手将他打死了，却不知道对方正是他生身的父亲；后来又因为破解了斯芬克斯之谜而娶了底比斯王后，却又不知道对方正是自己生身的母亲。他完全是按照自己的认知来行事的，但他被骗了，他是无知的；而当他无知的时候，他却以为自己有知，他正是为了回避这样一个已知的命运才做了这些事情，结果那些事情恰好使他落入了圈套，实现了神的预言。这里头有这样一个吊诡。既然有两种法则，一个是人的法则，一个是神的法则，那么就有无知和有知这种吊诡，而有知归结为无知，归结为神的法则不可知，所以这种有知是一种被欺骗的认知。

这样，自我意识就在自己的行为业绩中既经验到实体所分裂成的**那两种力量**的矛盾以及它们的相互摧毁，也经验到它关于自己的行动的伦理性的认知与伦理上自在自为地存在的东西之间的矛盾，并看到了**它自己的**末日。

既然它的认知和它的无知相互之间有这么一种关系，自我意识分裂为对自己的所作的事情的无知和对这些事情的有知，那么它到底对自己是有知还是无知呢？他说，"这样，自我意识就在自己的行为业绩中既经验到了实体所分裂成的**那两种力量**的矛盾以及它们的相互摧毁"，两种力量，即神的法则和人的法则，这两种力量的矛盾冲突，以及它们的相互摧毁，人的法则摧毁神的法则，神的法则也摧毁人的法则。当然摧毁的是坚持这种法则的人，而不是法则本身。这个相互摧毁可以在索福克勒斯的悲剧《安提戈涅》里面得到体现，安提戈涅所遵守的是神的法则，而国王克瑞翁所遵守的是人的法则，这是一个悲剧，这个悲剧就在于，双方都互相摧毁，双方都做出了巨大的牺牲，都奉献了自己的生命。自我意识在这样的悲剧中经历到了两种力量的矛盾以及它们的相互摧毁，"也经验到它关于自己的行动的伦理性的认知与伦理上自在自为地存在的东西之间的矛盾"。关于自己行动的伦理性的认知，在神话中，俄狄浦斯也好，克瑞翁也好，都认为自己的行动是合乎伦理的，并且自己明知这一点；但是这恰好与伦理上自在自为地存在的东西相矛盾。自在自为的就是客观的，伦理上客观存在的东西，比如那个人恰好就是你的父亲，那个女人恰好就是你的母亲，在伦理上自在自为的规定就是不允许杀父娶母，这是罪大恶极的。你自以为你在做着不违背伦理的行动，但实际上犯了弥天大罪。自我意识经验到了这两者之间的矛盾，"并看到了**它自己的**末日"，看到了自己的毁灭。在《安提戈涅》里面，矛盾的双方都走向了毁灭，那么在俄狄浦斯神话里面，他最后放逐了自己，弄瞎了自己的双眼。为什么弄瞎了眼睛？因为你是一个凡人，凡人的肉眼怎么能够看穿神定下的命运呢？所以他弄瞎了自己的双眼，到处去流浪。他本来已经当上了底比斯的国王，作为一个王者，他把自己变成了一个乞丐，看到了自己的末日。

但实际上，伦理实体通过这种运动已成为**现实的自我意识**，或者说，**这个**自我已成为了**自在自为**存在着的东西，但正是在这里，伦理就走向了灭亡。

"但实际上，伦理实体通过这种运动已成为了**现实的自我意识**"，伦理的实体通过这种矛盾、冲突的经验，就成为了现实的自我意识，也就是人们经验到的伦理实体使人的自我意识现实化了，如果没有这样一些矛盾和冲突，那人们的自我意识还停留在抽象中，也许对这个伦理实体视而不见、日用而不知。伦理实体恰好通过这样一些矛盾，如安提戈涅的故事、俄狄浦斯的神话故事，使人们意识到了现实的伦理实体是怎样的，伦理实体通过这种运动，已经成为了现实存在着的自我意识。古希腊人对伦理有了深刻的意识，有了明确的把握，不是靠一些教条，不是靠一些说教，就是靠这些伦理悲剧，使人意识到自己的有限性和命运的不可知性，他开始真正地"认识你自己"。"或者说，**这个**自我已成为了**自在自为**存在着的东西"，这个自我，也就是这个自我意识，已经成了一种客观存在着的东西。当人们确切地意识到和经验到这样一种伦理实体的时候，他的自我意识就成了自在自为地存在着的东西，它就独立了，开始认识它自己了，"但正是在这里，伦理就走向了灭亡"。正是在人们意识到伦理，深刻地看出了伦理的内在矛盾性，这个时候，虽然他对伦理有了自我意识，但是从此伦理就走向了灭亡。为什么走向了灭亡？它就被自我意识的另外一个环节所取代了，这就是法权和道德。就是说，当他意识到伦理实体的时候，他跟伦理实体之间就有了距离，他就会想到怎么样使自己的行为合乎伦理，合乎规范，首先就是要把这些规范作为法、法权，把它制定下来，作为一些成文法把它制定下来；成文法一旦制定下来，伦理就走向了灭亡。因为伦理本来是一种习惯，一种传统，一种风俗，一种未经反思的规矩，你把它作为法律条文规定下来，固然体现了你对伦理的一种自我意识，但是同时，这种抽象的法跟伦理之间就分裂了，它凌驾于伦理之上了，所以法权意识即是伦理意识的消亡。前面讲到罗马法，一旦它制定下来了以后，罗马就进入到了伦理上堕落的时代；罗马法时代恰好是罗马伦理精神滑坡的时代，伦理失效了，人们只能靠法来维系人与人之间的关系，腐败堕落是当时普遍的社会风气，在这里伦理就走向了灭亡。当然这里面最后产生了道德，取代了伦理的作用。伦理跟道德是不一样的，伦理是一种不自觉的行为，当然也可是说是一种道德行为，所以人们常常把伦理和道德混为一谈，但伦理只是遵守习惯，没有道理可讲；而道德是内心自觉的，是凭借理性和自由意志建立起来的，它取代了伦理的地位。我们一般分不清伦理和道德的区别，当然一般分不清没什么关系，但是一旦真正的细究起来，我们中国的传统道德其实只是伦理。它是一种古老的规范，是由圣人定下来的，是天经地义、不容置疑的，但是没有从根本上分析它里面的原理、它的基础，没有建立在人的自我意识这样一个基础之上，所以只能说是伦理。当然伦理和道德在西方也是直到黑格尔才明确区分开来，在康德那里还不是很明确的。他这里讲伦理走向了灭亡，主要是讲古代的习惯性的伦理实体走向了解体。

a. 伦理世界；人的法则和神的法则，男人和女人

我们现在进入到伦理世界，第一个小标题"a. 伦理世界"，它属于"真实的伦理"。真实的伦理的第一个小标题就是伦理世界，第二个是"伦理行动"，我们看第 20 页："b. 伦理行动；人的认知与神的认知；罪过与命运"。前一个是伦理世界，伦理世界是一个自在的、现存的世界；到了伦理行动，这就比较自觉了。第三个，第 33 页，"c. 法权状态"。这就是伦理已经开始解体了，被扬弃了，然后就进入到自身异化了的精神、教化（第 38 页）。① 我们现在看伦理世界，就是说我们这个世界是伦理的，我们出生就遇到了这样一个伦理世界；这个伦理世界中有两种法则，一个是人的法则，一个是神的法则；人的法则由男人体现出来，父权制社会，就是说男人有制定法则的权力，人的法则是由男人体现出来的，那么女人呢，体现了神的法则。女人不是制定法则的，但是她体现神的法则。我们来看他怎么样来说明这个关系。下面就是编者加上的标题了，第一个大标题：

［I. 民族和家庭；白日的法则和黑夜的法则］

民族和家庭，这两个是对立的，这是一对矛盾，白日的法则和黑夜的

---

① 　这里页码都是指贺麟、王玖兴译本 1979 年版下卷的页码。

法则,这是相应的,民族对应白日的法则,而家庭的法则是夜晚的法则;这里头都是一对一对的,当他提出两个概念的时候,它们都有对应关系。我们先看第一句:

　　精神的单纯实体是作为意识而划分开来的。

　　这句话就是前面的那句话,"真实的精神;伦理"这第一个大部分的标题下面的第一句话:"精神在其单纯的真理性中就是意识,并且拆散开了自己的各环节"。这是我们刚才读过的,这是一个意思。精神的单纯实体也就是在其单纯的真理性中,是作为意识而划分开来的。精神的单纯实体是最直接的,还没有拆散或分离开来,还是一个原始的单纯实体;但是作为意识它就划分开来了。

　　或者正如关于抽象存在、感性存在的意识转化为知觉那样,关于实在的伦理存在的直接确定性也转化为知觉;而且正如对感性知觉而言,单纯的存在成了一个具有许多属性的事物那样,对伦理的知觉而言,采取这行动也是一个具有许多伦理联系的现实性。

　　从这个单纯的精神实体起步,黑格尔把它同当初感性存在的意识、也就是感性确定性的意识相提并论,在感性确定性那里,怎么样从感性确定性进展到知觉,那么现在我们从单纯的伦理实体也是怎么样开始起步,转化为知觉,转化为伦理关系的现实性的。所以他说,"正如关于抽象存在、感性存在的意识转化为知觉那样",感性存在就是抽象存在。前面我们讲了,感性在黑格尔心目中是最抽象的,我们通常认为感性是最具体的,概念才是抽象的,但在黑格尔看来,感性存在的意识是最抽象的,是抽象存在。关于抽象感性存在的意识转化为知觉,知觉就比较具体了。那么同理,"关于实在的伦理存在的直接确定性也转化为知觉",最初是最抽象的伦理存在的直接性也转化为知觉了,开始对伦理实体有了知觉了。"而且正如对感性知觉而言,单纯的存在成了一个具有许多属性的事物那样",这在感性确定性那里已经体现出来了,感性到了知觉就有了许许多多的属性，单纯的存在就分裂了，分裂成了许多属性的事物。我们之所以知道有这样一个感性存在，是因为我们接触到了一个对象有很多的属性，这就是知觉；知觉是凭借这样一些属性来把握对象、事物的。那么同理，"对伦理的知觉而言，采取这行动也是一个具有许多伦理联系的现实性"，采取这行动，什么行动？就是这样一个分化的行动，把自己分化为各个方面、各种聚合体，采取这行动是一个具有许多伦理关系的现实性。你把自己分离开来，这就是一种现实性，现实的伦理就是分裂的，抽象的伦理当然是单纯的。现实的伦理具有许多关系，相互之间交织着，互相冲突，伦理的知觉就意识到了这种现实冲突。

不过，对于前一种知觉而言，各种属性的徒然的多数性归结为个别性与普遍性的本质上的对立；而对于后一种知觉、即这种被纯化了的实体性意识而言，伦理诸环节的多数性就更进一步成了一种个别性法则和一种普遍性法则的二重性。

前面讲了，伦理实体与感性确定性和知觉有一种对应，但是与感性确定性和知觉也有区别。"不过，对于前一种知觉而言"，前一种知觉，就是由感性确定性生发出来的知觉。"各种属性的徒然的多数性"，就是杂多，知觉所知觉到的那些属性都是杂然纷呈，都是说明不了问题的，所以是徒然的多数性。你问这个对象到底是什么？是红的还是黄的？是热的还是冷的？各种各样的多数性都不能够确定这个对象，"归结为个别性与普遍性的本质对立"。而这就到了知性了，从感性确定性到知觉、到知性，就开始归结为个别性与普遍性的本质对立了。前面的意识阶段最后归结为个别性与普遍性的本质对立。"而对于后一种知觉，即这种被纯化了的实体性意识而言"，后一种知觉，就是伦理的知觉，伦理知觉是一种被纯化了的实体性的意识，这跟感性确定性的那个意识已经不一样了，感性确定性和知觉的那种意识是杂多的，杂乱无章的，而现在这样一种伦理的意识，它是一种被纯化了的实体性意识，它已经早就把感性的那种杂多超越了，跟对感性对象的那个意识已经大不一样了。在什么方面不一样了呢？"伦理诸环节的多数性就更进一步成了一种个别性法则和一种普遍性法则的二重性"。它还是个别性与普遍性，但是它是一种法则的二重性，它不是那种单纯的个别性与普遍性的本质对立，而是一种个别性的法则和普遍性的法则的二重性，因为它是纯化了的实体，所以它的个别性与普遍性不是体现在徒然的多数性那样的杂多上。各种各样的属性，应该把它们归结为两个层次，一个是个别的，一个是普遍的，那是感性确定性所做到的；那么现在所做到的，是更高一个层次，那就是一种个别性法则和一种普遍性法则的二重性，这种二重性就导致了伦理世界的二重性，伦理世界的两种不同的聚合体，一种是个别性的聚合体，一种是普遍性的聚合体。这就是家庭和国家。

　　但实体的这两个聚合体中的每一个都仍然是整个的精神；如果说在感性知觉中事物所拥有的实体不是别的，不过是个别性和普遍性这两种规定，那么在这里，这两种规定仅仅表现出相互反对的双方的表面对立而已。 {242}

　　"但实体中的这两个聚合体中的每一个都仍然是整个的精神"，个别性的法则和普遍性的法则，这是两个不同的聚合体，虽然是同一个伦理实体的二重性，但二重性之中的每一方、每一个聚合体，都仍然是整个的精神。我们可以从这个角度来看，认为这就是整个的伦理了；我们也可以从那个聚合体来看，那也是整个的伦理。比如家和国就是同一个伦理的二重性，它不是两个伦理，而是对同一个伦理的两个不同视角。不是说有两个东西在那里，家庭是一个集团，国家、民族是另外一个集团，而是两个聚合体中的每一个仍然是整个精神。"如果说在感性知觉中事物所拥有的实体不是别的，不过是个别性与普遍性这两种规定"，在知觉中的事物也被看作实体，但它只是个别实体和普遍实体这两种规定。而在伦理实体中则不同，"那么在这里，这两种规定仅只表现出相互对立的双方之间的表面对立而已"。在这里与在感性确定性那里已经不同了，这种对立是表面的，实际上双方各自都有个别和普遍两个环节，个别性有

53

个别和普遍的环节，普遍性也有个别和普遍的环节。你把它简单地划分成个别性和普遍性这两种规定的对立，这种对立是表面的，当然也有这种对立，但是这是从表层上来看的，大体上你可以这样说，有一方是代表个别性的，另一方是代表普遍性的。但是更仔细的考察你就会发现，在个别性的那一方，里面有普遍性；在普遍性的这一方，也有个别性。所以这种对立只是表面的，实际上双方互相渗透，它们就是同一个东西，国家本身无非就是许多家庭的聚合体，每一个都是整个的精神。

[1. 人的法则] 个别性在我们此处所考察的本质中，具有一般**自我意识**的含义，而不具有个别的偶然意识的含义。

这一小节先讲"人的法则"，人的法则也可以译作"人的法律"，与后面的"神的法则"（神的法律）相对。人的法律就是人为法或者实证法，神的法律就是习惯法。人根据现实生活的需要建立起来的人为法，和老祖宗留下来的规矩、"祖宗之法"，显然是不一样的，或者说，人的法则是国法，神的法则是家法。这里讲的人的法则，是建立在个别人的自我意识之上的，"个别性在我们此处所考察的本质中，具有一般**自我意识**的含义，而不具有个别的偶然意识的含义"。个别的偶然意识的含义，那是在感性确定性里面，当时是这样的，个别性就是偶然的"这一个"。那么在我们此处所考察的本质中，在伦理的本质中，它已经具有一般自我意识的含义，它的这个个别性已经是自我意识的个别性了。人的法则，它首先是由个别性建立起来的，但是这个个别性不是某一个人的为所欲为，不是某个人的个别意识的偶然性的含义，它不具有这种含义，而是具有一般自我意识的含义。所以所谓的个体主义不等于自私自利，从这里头我们可以引申出这么个意思，因为人的法则，人要建立起法则，靠自私自利那是不行的，靠那种偶然的意识是建立不起来的。它当然是个别意识，但是这个个别意识已经是一般自我意识的含义，这个意义上的个别意识，要在这个层面上来谈个别性，首先要把个别性建立在这个意义上。西方人讲的个人主义，我们通常理解为那就是为所欲为，想干什么就干什么，那样一种个人主义是建立不起人的法则的，那是没法则，是无法无天。我们通常就把个人主义等同于无法无天，所以黑格尔一开始就把这点排除了。个别性，在人的法则方面，它具有一般自我意识的含义，而不具有一种特别的偶然意识的含义。

因此，伦理实体在这一规定中就是**现实的**实体，是在定在着的**意识**[7]的多数性中**实现着**的绝对精神；绝对精神就是这种**共同体**，这共同体在进入一般理性的实践形态时，**对我们来说**曾经是绝对本质，而在这里，在它的真理性中，**对它自己**来说，则是作为有意识的伦理本质、作为**对于这个**我们当成对象的意识来说的**本质**而走上前台的。

"因此，伦理实体在这一规定中就是**现实的**实体"，在这一规定中，在什么规定中？就是它具有一般意识的含义，而不具有个别的偶然意识的含义，只具有个别的偶然意识的含义的话，那么伦理实体就没有现实性了。作为个别性这样的环节，它是具有一般自我意识的含义的，所以它才是一个现实的实体。伦理实体由于它是一般自我意识的含义，所以在个别性中它才是现实性的实体，"是在定在着的**意识**的多数性中**实现着**的绝对精神"，定在着的意识的多数性，意识打了着重号。定在着的意识也是个别的，但不是个别的事物，而是个别的意识，在这样一种多数性中，它不是唯一的，不是唯我独尊的，不是自私自利的，而是在定在着的多数性中实现着的绝对精神。注意这个地方用了绝对精神，当然这个绝对精神还是自在的，还是没有意识到的，但它在个别的意识中实现着。它实际上已经实现了，已经把这个绝对精神作为一种客观精神实现了，但是它还是在定在着的多数性中实现的，在人的意识中实现的。你是一个自我意识，人家也有自我意识，有许许多多的定在的意识，有许许多多的个人，在它们的伦理关系中实现了绝对精神。那么"绝对精神就是这种**共同体**"，就是说很多很多的人在一起，通过他们的共同点即自我意识而结成一体，实现出来，这样一个实体就是共同体。"这共同体在进入一般理性的实践形态时，**对我们来说**曾经是绝对本质"，"对我们来说"打了着重号，对我们旁观者来说、对我们研究精神现象学的人来说，曾经是绝对的本质。这个共同体进入一般理性的实践形态的时候，它曾经是绝对本质，这个"曾经是"，他这里用的过去时。因为我们前面讲实践理性时已经讲到过，我们可以参考上册第233页，中间这一部分讲道："因为，伦理只不过是在各个个体各自独立的**现实性**中它们的本质的绝对精神的**统一**；是一个自在地普遍的自我意识，它本身在另一个意识里是如此的现实，以至于它具有了完全的独立性"。这里说得很明确，就是说，一个自我意识和另外一个自我意识，它们本身是完全独立的，它们意识到与另外一个自我意识的统一，它们在相互关系中意识到它们是一体，由此才现实地形成了一个伦理实体。伦理只不过是在各个个体各自独立的现实性中，它们的本质的绝对的精神统一，各个个体各自独立的现实性，就是每个个体它都是独立的，但是它们本质上又是具有绝对的精神统一的。这是在进入到实践理性的时候，进入到第二个大标题"理性的自我意识通过自己本身而实现"时说的，这代表着黑格尔从观察的理性开始进入到实践理性，就已经意识到这一点了。那么参考这个地方来看，这句话就好理解了。绝对精神就是这种共同体，这共同体在进入到"一般理性的实践形态"时，也就是进入到实践理性时，对我们旁观者来说，曾经它已经是绝对本质了。为什么是"对我们来说"呢？就是说它自己还没有意识到，只是对我们旁观者来说，客观地来看，它曾经已经是绝对本质了，在人类的社会实践中，这样一种共同体已经是绝对本质了。这个绝对本质是如何建立起来的？就是通过每个个体在各自独立的现实性中实现了它们的本质的绝对精神的统一，是这样建立起来的。他说，"而在这里，在它的真理性中，**对它自己**来说，则是作为有意识的伦理本质、作为**对于这个我们当成对象的意识来说的本质**而走上前台的"。前面是对我们来说，那么在这里，在它的真理性中，是对它自己来说。对我们旁观者来说，它早就已经是绝对本质了；但对它自己来说，它所意识到的还不是绝对本质,它是有意识的伦理本质。就是说这个伦理本质已经意识到了,它已经是对于这个我们当成对象的意识来说的本质而走上前台的。伦理本质是什么呢？是对于这个我们当成对象的意识来说的本质。**"对于这个"**打了着重号,为什么打着重号？就是对于它自己来说、对于这个个别意识来说才是本质,虽然我们把它当成对象,但是那是很受局限的,那是作为有限的、受局限的、个别的本质而出现的。对"我们"来说那就是绝对本质了,但是对它自己来说,还不是绝对的,只是以这一个意识的本质而走上前台的。古希腊的城邦虽然实际上是建立在普遍的自我意识之上的,但是对于个体自己来说,它还是由自己偶然的个别意识建立起来的。我们知道古希腊的城邦,每个人都是为了谋财、做生意而聚集到这个地方来的,于是这地方就成了城邦,就成了一个共同体。当然他们之所以能够结为城邦,是因为这些人都有自我意识,你也是个人,我也是个人,那么我们互相之间可以建立一种法则,那就是城邦。这个里头已经涉及了城邦的起源。这样一个现实的实体,是在定在着的多数性意识中实现着的绝对精神,只是当时的人并没有意识到这是一种绝对精神,而是把它看成是大家建立起来的一个城邦,我们可以随时再去建立一个城邦。比如希腊的殖民者到一个地方,就把那个地方变成一个港口,这就成了一个城邦,成了一个国家,大家都在这里做生意,开港口,把城墙筑起来,我们在里面一起发财,这就是城邦。这就是商品社会、市场经济的特点,他们的城邦,伦理实体、人的法则,就是这样建立起来的,或者他们的国家就是这样建立起来的。这个同我们通常所理解的国家是不一样的,我们中国人理解的国是一个大家、国家,西方人眼里的国家是城邦,严格说不能够翻译成"国家"这两个字的,它不是家,它是城邦,它是建立在个别性原则之上的。当然从旁观者的眼光来看,它已经是一个共同体,已经是一个绝对精神了,但就他们自己来说,还不是。它每一个人都是很受局限的这样一种本质,但是它又是作为有意识的伦理本质,是通过人的意识和自我意识自觉地建立起来的一个共同体。一个城邦是人的法则,每个城邦都由人来制定一套法律。我们经常看到希腊罗马的城邦请某哲学家去为他们的城邦制定法律，直到近代，卢梭还应邀为科西嘉和波兰制定过宪法。为什么邀请哲学家去制定法律？因为哲学家才能够搞得清这些关系，才能够制定一个有普遍性的不自相冲突法律，一般人来制定可能前一款跟后一款自相矛盾，那就不成为法律了。你要能够使它们不自相矛盾，能够放之四海而皆准，不能让人钻法律的空子，那就必须要由哲学家来做。哲学家也不是他个人的意见，他是按照一种普遍的自我意识，按照每个人可能会怎么样来摆平，这个摆平就表现出一般自我意识的普遍性含义。当然也是个别性，每个人都是为了自己，没有谁舍己为人，但是对每个人为自己又是一样地适用，一套法律对每一个自私自利的人都是一样适用，这才是良法。

它是**自为**存在着的精神，因为它在那些**个体的互相反映**中保持自身，——它又是**自在**存在的，或者说是实体，因为它把这些个体保持在自身。

这两句话，一个是自为的，"它是自为存在着的精神"，这样一个共同体，它是自为存在着的自身。为什么呢？"因为它在那些**个体的互相反映**中保持自身"，"个体的互相反映"都打了着重号。也就是说城邦中那些个体是互相反映的，自我意识嘛，就是互相反思；自我意识要求每一个都考虑别人，每一个都把别人当自己、把自己当别人来考虑，换位思考。我们通常讲换位思考，我们中国人最缺的就是换位思考，虽然将心比心，但是是在自己家族之内，在自己的亲朋好友熟人之内将心比心，换了别人那就对不起了，就不能够换位思考。那么这里是在个体的互相反映中保持自身，所以它是自为的精神，就是说在它保持自身的时候，它里面的那些个体都是互相反映的，都是自觉的，都是意识到自己就是他人，他人就是自己，在自己身上看到他人，在他人身上看到自己，这是自为的精神。那么"它又是**自在**存在的"，自在的怎么说呢？他说，"或者说是实体，因为它把这些个体保持在自身"，这些个体都在实体中，逃不出实体本身的范围，这正是共同体的自在存在。那些个体互相反映，那就是自觉，那就是自觉到了，每一个人都在对方身上看自己。那么这样一个共同体才能够自为地存在，它是靠每一个人互相反映和互相换位的自为的过程来保持自己；那么他又是自在的，虽然这些个体在互相反映，但是毕竟所有这些个体都在它自身中，保持于自身。前面是"保持自身"，后面是"保持于自身"，即这些个体都在自身中，都是一个整体。我们都是共同体，我们都在共同体中，当然在共同体中是因为我们互相反映，所以才保持在共同体中，保持自身，这就是自为的，但是我们毕竟都在其中生活，这就是自在的，自在自为的，也就是自觉的，但又是客观存在的。

作为现实的实体，精神就是**一个民族**，作为**现实的意识**，它就是民族的**公民**。

"作为**现实的实体**，精神就是**一个民族**"，这样一个共同体的精神，它实现出来就是一个民族（Volk），最开始是城邦，后来城邦又联合起来，城邦的联盟，就成了民族，如希腊民族。但是一个城邦也可以说是民族，雅典、斯巴达，他们都具有一种民族意识。这个民族跟我们通常所理解的民族也不一样。我们通常所理解的民族，所谓民族主义，就是爱国主义，现在的极端民族主义，狭隘爱国主义，特别是愤青所表现的那种民族主义，其实那不是民族，不知道要叫什么，或者那可以叫做家族，——我们的爱国主义是"爱家主义"，我们的国其实是"家"，爱"国家"。我们的民族主义其实也是家族主义，所以我们跟外面打交道的时候，我们就是一家，"我们都有一个家，名字叫中国"，我们其实没有民族主义。西方人早就看出我们中国并没有民族主义，只有家族主义，为什么中国人一盘散沙？就算拢起来了，实际上还是家族主义，它不是民族主义。民族主义要有一个前提，每个人要独立，每个人要是公民，你才是民族主义。西方人理解的民族主义是一个政治概念，它不是一个血缘的概念，不是一个家族的概念。我们中国人理解的民族主义是一个血缘概念，一个家族概念；即算我们有很多民族，我们也是以汉族为主，其他都是附庸，在我们的观念里面不可能有平等性的，我们就是黄皮肤、黑眼睛、黑头发，这就是我们的民族概念。那么维吾尔人就不是"中华民族"了？维吾尔人是白皮肤嘛！你把他们开除出中华民族吗？香港回归的时候我们唱的主题歌是："永不改变我黄色的脸"，很自豪，但是维吾尔族不是黄色的脸，还有哈萨克族、还有俄罗斯族，都属于白种人，不属于"炎黄子孙"，那他们都不属于我们中华民族了？所以我们的民族主义实际上是家族主义、血族主义，是血缘主义。而西方的民族主义是这样一个意思，作为一个民族，作为现实的实体，作为现实的意识，它就是民族的公民。要有公民意识，才有民族主义，才有民族意识。中国人没有公民意识，所以他没有政治意义上的民族意识，只有血缘意义上的家族意识和血族意识，这是很重要的一个区别。

这种意识，在单纯的精神中拥有自己的**本质**，而在这种精神的**现实性**中，即在整个民族中拥有它自己的确定性，并且，直接在这里面、因而不是在某种没有现实性的东西里、而是在一种**实存着的**和**有效的**精神中拥有自己的**真理性**。

"这种意识"，就是前面那种公民的意识，作为公民的现实的意识，它"在单纯的精神中拥有自己的**本质**"。什么是公民意识？公民意识在单纯的精神中拥有自己的本质，公民意识是一种单纯精神的意识，在精神中具有自己的本质的意识，它要超越于物质、超越于自然、超越于血缘关系之上。在单纯的精神中，也就是说在这样一种共同体中，它的公民意识是建立在精神之上的，要有精神的维度，是靠精神来维系的，不是靠血缘、不是靠家庭家族来维系的。这种意识在单纯的精神中拥有自己的本质，而在这种精神的现实性中，也就是在民族中拥有它自己的确定性。"本质"和"现实性"都打了着重号，表示对照。单纯的精神还很虚无缥缈，但是在这种精神的现实性中，这种本质被实现出来了，在什么地方实现出来了？就是在整个民族中实现出来，拥有了它自己的确定性。西方的城邦当然是建立在商品经济之上的，但是它不仅仅是在商品经济的基础之上, 而是有它精神的根基的, 有它超越性的本质的。西方的这种共同体从古希腊的城邦开始, 就有这种精神在里头, 这种精神是超物质的、超血缘的, 是靠它来维系一个城邦、一个社会。那么这种精神它的现实性就是民族, 所以它的民族也具有超越性, 它的城邦也具有超越性, 它的共同体国家也具有超越性, 你不能够简单地看这一帮人从哪里来的。最初是从北方来的阿卡亚人, 他们占领了希腊这块地方, 但是不是他们这样就成为一个民族了? 不是的, 四面八方的人都可以来, 埃及、腓尼基, 因为他们是商业民族, 四面八方的人都可以来这里做生意。你在这里住久了, 取得了公民权, 你就是这个城邦的公民, 有一种精神把这个城邦维系起来。我们中国人缺的就是这种精神。我们当然也有精神, 但我们的精神, 它的根基是物质, 是血缘, 所以不是"单纯的精神"。而在城邦精神的现实性中, 也就是在整个民族中, 这种公民意识拥有了它自身的确定性。这种精神在每个人心里都有, 但是平时你看不出来, 只有在他们从事城邦活动时你才看得出来, 比如说选举、投票、从军打仗, 他们的精神就体现在城邦、整个国家的事务上, 就有了确定性。"并且直接在这里面、因而不是在某种没有现实性的东西里、而是在一种**实存着的**和**有效的**精神中拥有自己的**真理性**", 不光是有了确定性, 而且直接就在这个民族的公共生活里面, 因而不是在某种没有现实性的东西里, 不是在某种虚无缥缈的或者在某种单纯思想中的、想象中的东西里面, 而是在一种实存着的和有效的精神里面, 拥有自己的真理性。不光是拥有确定性, 而且拥有真理性; 主观上确定了, 在现实生活中马上就可以证实, 看它是不是真理。他们的精神实际上是怎么样的, 就从他们城邦生活中的有效性里面可以看出来, 从中可以拥有自己的主客观的统一性, 也就是真理性。

　　这种精神可以称为人的法则, 因为它本质上是以**这些个体的自我意识到的那种现实性**的形式而存在的。

　　"这种精神可以称之为人的法则", 为什么称为人的法则? "因为它本质上是以**这些个体的自我意识到的那种现实性**的形式而存在的"。"这些个体的自我意识到的那种现实性"打了着重号，这些个体意识到了自身的现实性，而精神就是这种现实性的形式，这就是人的法则。为什么叫人的法则？因为它是人自我意识到的现实性的形式，也就是说，它是人为建立的，是人为了自己的现实性而建立起来的一套形式法则，这样一种精神本质上是一种意识到自身的现实性。自我意识在每个人心里，但是它通过自己的立法就体现出了它的现实性，所以说人的法则是自我意识的现实性形式。你有自我意识，体现在什么地方？体现在你可以跟所有其他公民一起制定一个法则，大家共同遵守，这就说明你达到了自我意识。你要立不起法来，那就还达不到自我意识；或者你立了个法形同虚设，没有人执行，那也还没有达到自我意识；或者你立一个法，朝令夕改，今天这样明天那样，成不了法，那也说明你没有自我意识。人的法则才使自我意识建立起来，成为了精神。

在普遍性的形式下，它是**众所周知的**法则和**现成的**伦常；在个别性的形式下，它是在一般**个体**中对其自身的现实确定性，而被它作为**单纯的个体性**的那种确定性，就是作为政府的精神；它的真理性就是公开袒露在白日之下的**有效性**；它是为了直接确定性而进入到自由放任的定在的形式中的**实存**。

"在普遍性的形式下，它是**众所周知的**法则和**现成的**伦常"，前面讲的都是精神的个别性，但这种个别性并非偶然性，而是具有一般自我意识的含义，里面已经包含了普遍性，那么这里就展示了它的普遍性和个别性之间的一种关系。我们前面讲了，普遍性和个别性在一般的伦理实体中是互相包含的，你不能把一个当作普遍性，把另一个当作个别性，当然表面上这样说也可以，但实际上每一个都有双方的环节。那么这种人的法则，虽然是由个别性建立起来的，但在普遍性的形式下，它又是众所周知的法则和现存的伦常（Sitte）。人的法则一旦制定下来，它就是伦理，在普遍性的形式下，这种伦理体现为众所周知的法则，大家都知道，早就是这样了，成了"现成的伦常"。"众所周知的"和"现成的"都打了着重号，它是既定的，是一代一代传下来的，很少修改。每个人从生下来就在这种法则中生活，大家已经习惯了，它是一种现成的伦常，它有悠久的传统。最初当然是人为建立起来的，但形成了自己的传统，这种传统虽然也基于个体性，但已经被寄托于神，比如说宙斯就是法律之神，一切法律的制定都打着宙斯的旗号，都说这是宙斯要我们制定的。其实当然还是人制定的，但是他们也打宙斯的旗号，表明这个法律是不可更改的，具有普遍性的形式。所以，"在个别性的形式下，它是在一般**个体**中对其自身的现实确定性"，在个别性的形式下，它是在一般个体中，一般个体，所有的个体，对其自身的现实确定性。人的法则在个别性的形式下，就是每一个个体对它自身的现实确定性，也就是说这个法则是基于个体而建立起来的，每一个个体，他对自己的现实的确定性就体现在他所立的法上面。所以这个法，它是保护个人的，同时也是规范个人的，法律建立起来你就要按它去办嘛。保护个人说明它是基于个人的现实确定性而建立起来的；规范个人，就是这种规范是一种"确定性"，你必须要合乎规范，你的现实的确定性就体现在法律上面。这是在它的个别性形式下它是这样的，虽然它也有传统，但是这个传统是基于个体的，基于个体的利益、个体的意志、个体的需要、个体的现实确定性而建立起来的。"而被它作为**单纯的个体性**的那种确定性，就是作为政府的精神"，前面讲个体对其自身现实的确定性，那么还有一种确定性，就是对它作为"单纯的个体性"的那种确定性，那种确定性就是作为政府的精神。就是说还有一种确定性，就是人的法则，作为单纯的个体性的那种确定性，因为一般个体性是很多的，一个城邦有几万人、十几万人，那么作为单纯的个体性，有一个个体性，大家都要听他的。立法嘛，人的法则、人的法律建立起来，那么立法这样一个个体性，那就是政府；由政府召集公民大会，由选出的立法者来制定，但是作为单纯的个体性的那种个体性，就是作为政府的精神，也就是国家。国家是一个单纯的个体，国家底下的那些公民，都是一般的个体，公民形形色色的，每一个人都有不同的意见，但是总要有一个人作为国家的代表来统一各方，来平衡各方，那个个体就是一个单纯的个体，它的那个确定性就在政府上面确定下来，就是作为政府的精神把这一个单纯的精神确定下来。比如说某个城邦，它已经确定了这部法律，那么它的政府就按照这部法律来运作了，它就作为一个单纯的个体性在运作这部法律。"它的真理性就是公开祖露在白日之下的**有效性**"，它的真理性，也就是政府这个单纯的个体性，政府是什么？就是公开祖露在白日之下的有效性，这就是所谓的白日的法律，就是政府的公开的法则。这个法则是公开祖露在白日之下的，为什么叫白日的法则？就是因为它是公开的、透明的。公开性、透明性，这是政府的本质，政府的真理，它的真理就是公开祖露在白日之下的有效性，它的执行都是公开的，法庭是公开的。苏格拉底被判刑的时候，法庭也是公开的，可以在法庭上辩论，苏格拉底在法庭上申辩，人家指控他，苏格拉底在那里滔滔不绝，人家把它记下来了，就是《苏格拉底的申辩》，当时是很多人去旁听的。法院没门，是敞开的，大家都可以进去，不像独裁社会中，一搞就是秘密审判，只准某几个人进去，甚至任何人都不准进去，那叫什么法律？那就没有公开性了。政府的真理性就是公开祖露在白日之下的有效性，法律审判了就有效，苏格拉底判了就判了，我就去死，它是有效的，当然你可以逃跑，那就是非法的，结果苏格拉底不愿意做非法的公民，他愿意守住他公民的义务，表明法律判了就是有效的。下面，"它是为了这直接确定性而进入到自由放任的定在形式中的**实存**"，"它"，还是讲这个政府，这个单纯的个体性，它是为了直接确定性，为了每个个体的现实的确定性，而进入到自由放任的定在形式中的实存。白日的、公开的这样一种有效性，那就是自由放任的，谁都可以参与，但它又不是被解体的，而恰好是在这样一种定在形式中运作的。"实存"打了着重号，实际的存在，它现实的有效，它不是纸上谈兵的，它日常就是这样运作的。这是人的法则，我们再看下面一段，下面是神的法则。

[2. 神的法则]

我们这里要注意一点,在黑格尔讲到伦理的时候,他是先讲人的法则,再讲神的法则,这跟我们中国人的理解完全相反。我们中国人是先讲家庭,也就是祖先神的法则,再讲国家,国家就是大家,家天下嘛。自从大禹把王位传给他的儿子启,就有了真正的国家,在大禹之前,没什么国家,那是部落联盟,大家选出来、推出来的,只是家天下才有了国家。我们是把国家放到了家庭中,所以我们要谈国家,首先要把家弄清楚,家怎么样,国家就怎么样。孔子《论语》中也是这样讲的,你有了孝悌,你才能够不犯上作乱,才能维护国家。后来宋儒讲,修身齐家,然后才能治国平天下,首先要齐家。但西方人不是这样,西方伦理首先把公民社会放在前面,把公民的政府摆在前面,首先形成了这样一个共同体,然后再讲家庭,讲家庭的时候再讲神的法则。神的法则这一部分主要是讲家庭的,既然先讲国家再讲家庭,那国家就不带有家的色彩,它是城邦。柏拉图的《理想国》实际上应译作《城邦篇》,我们把它翻译成《国家篇》,那肯定是不对的,它不谈“家”;翻成《理想国》也有点勉强,属于意译。其实它就是《城邦篇》,跟家没有关系,家是由国来安排的。柏拉图的《理想国》里面,对家庭也有安排,那是在城邦的这个前提下来安排的。不过因为城邦是后来庞大国家(英、法、德、美等)的雏形,我们还只能用“国家”来称呼城邦,但要先讲国家,再讲家庭,看这个家庭在国家里面是个什么地位。国有国法,家有家法,这个家法就是神的法则。

　　但与这种伦理力量和这种公开性对立的却是另一种力量,即:神的法则。

“与这种伦理力量和这种公开性对立的”,前面那种伦理力量,公民社会,当然是一种公开性,自由开放的公开性。这里“力量”(Macht)也可以译作“权力”。和它对立的是另一种力量,另一种权力,即神的法则。神的法则就没有公开性,它是每个家庭内部秘传的,适合于该家庭的成员，但不能拿到社会上去公开讨论，因为别的家庭可能有另外的保护神。人的法则还是可以公开讨论的，可以放在光天化日之下。

[8] 　　**因为国家这一伦理力量**，作为自己**有意识的行为**的**活动**，把伦理的**单纯的**和**直接的本质**当作自己的对立面；作为**现实的普遍性**，国家权力是对个体的自为存在的一种强制力；而作为一般的现实性，它在**内在的**本质中还拥有一个不同于它所是的他者。

　　前面讲与这种伦理力量相对立的另外一种力量，就是神的法则。为什么这样说呢？"因为**国家**这一伦理**力量**，作为自己**有意识的行为**的**活动**"，国家的这个伦理力量，"力量"打了着重号，"国家"也打了着重号。那国家的力量何在呢？它是作为国家自己有意识的行为活动，国家的力量也可以翻译成国家权力，国家的权力是什么呢？国家权力是有意识的行为实现的，是国家自己一种有意识的行为的活动。"把伦理的**单纯的**和**直接的本质**当作自己的对立面"，国家的权力是有意识的行为的活动，而它的对立面则是伦理的单纯的和直接的本质，也就是那种直接单纯的、还没有意识到的本质，那就是神的法则。神的法则是一种伦理的单纯直接的本质，它是无意识的。前面讲国家的力量是有意识的行为，有意识的行为体现为国家的权力，国家是有意识的，它就不是单纯的了，它是自我意识所支配的，是人为制定的法则；而神的法则是伦理的单纯的和直接的本质，它是未经意识和自我意识处理的，是自古以来就在那里，天经地义，直接要你服从，没有什么道理。那么这个直接的本质跟这个国家的力量是对立的。"作为**现实的普遍性**"，"现实的普遍性"打了着重号，"国家权力"，这个地方翻译成"权力"了，这个地方没有办法完全统一，"是对个体自为存在的一种强制力"。国家权力是一种现实的普遍性，没人能够逃得过去，每个人都要受到它的强制，它是对个体自为存在的一种强制力，不管你是苏格拉底也好，还是安提戈涅也好，都要受到这种强制。它是一种现实的普遍性，人人在国家面前一视同仁，这是它的权力。"而作为一般的现实性，它在**内在的**本质中还拥有一个不同于它所是的他者",作为一般的现实性,前面讲的是作为现实的普遍性,它要把自己现实的力量普遍地、一视同仁地实现出来;那么作为一般的现实性,国家既然现实地存在于世,管控一切,肯定就是一般的现实性,但它在自己的内在的本质中还拥有一个不同于它所是的他者,就是这样一个对立面,就是神的法则,就是家庭。家法是神的立法,是神法,它是国家内在本质中的一个对立面。我们这里要注意,家庭在黑格尔看来,是由国家在它的内在本质中拥有的一个对立面,是在国家的内在本质中的一种自我分裂,是国家本身的自身分裂。一般的现实里面也包括家庭的现实,家庭现实与国家是对立的,但是家庭是在国家内在的本质中对立的,它不是外在的,不是有一个国家,然后有个家庭,而是在国家里面,在它的内在的本质中作为对立面,那就是家庭。它是国家的对立面,它就可以抗拒国家,抗拒国家法律,人可以用神的法律来对抗人的法律,但是这个神的法律它是作为国家的内在本质自身的一个环节。家庭是国家的一环,而不是相反,不是把国家看作"大家庭"或家庭的一环。这国家是在先的,当然在历史上家庭是在先的,但是只有在进入到国家以后,家庭才是家庭,在进入国家以前,在得到国家法律保障以前,家庭还不是家庭。所以黑格尔这个家庭的概念是个法律概念,超越血缘之上的概念,当然它是有血缘的,作为一般现实性,但是它是国家的一环,国家在先。国家在先意味着精神在先,人的法则在先,家庭是国家的一环,意味着物质、自然、血缘是精神的一环,它没有独立的意义。

前面已经提到,伦理实体借以实存的两种对立方式中的每一种都包含着整个伦理实体,包含着它的内容的全部环节。

"前面已经提到",我们可以翻到前面第 6 页倒数第 6 行:"但实体的这两个聚合体中的每一个都仍然是整个的精神",所以这里也讲,"伦理实体借以实存的两种对立方式中的每一种都包含着整个伦理实体,包含着它的内容的全部环节"。两种对立方式中的每一种,国家也好,家庭也好，每个都是全体，都包含着整个伦理实体。

所以，如果共同体作为自己有意识的现实行为而是伦理实体，那么另外一方就拥有直接的或存在着的实体的形式。

"如果共同体作为自己有意识的现实行为而是伦理实体"，就是共同体，也就是国家、政府，作为自己有意识的现实行为，政府是伦理实体作为有意识的一方。"那么另外一方就拥有直接的或存在着的实体的形式"，另外一方就家庭，它是直接的、存在着的实体形式。事实上，国家建立之前已经是有家庭了，已经是一家一家的了，所以国家建立起来以后，所面对的家庭是直接的和存在着的实体，它具有这样的形式，这是另外一方。国家建立起来以后，它把这一方当作对象，当作它的对立面，而这个对立面呢，它本来就是这样的，这个家庭有它本来的直接性和现实性。

这实体尽管一方面是一般伦理的内在概念或普遍可能性，但另一方面，它在自身同样也拥有自我意识的环节。

"这实体"，也就是直接的和存在着的实体，它"尽管一方面是一般伦理的内在概念或普遍可能性"，家庭是一般伦理的内在概念，它是国家作为一般现实性的内在本质中的一个他者。家庭它不是一种法律制度，它是种内在概念，是没有成文的，家庭的伦常和国家的法律是不一样的。家庭伦常是一种内在的概念，你认不认你父亲，认不认你母亲，这是一种很内在的概念。要证明"你妈是你妈"，这个没法证明，即使能够证明也没用，仍然可能是假证明。它有一种普遍可能性，但是还不是普遍现实性。我们知道所有人都有一个家庭，都是父母生的，那么这里头有一种普遍的可能性，包括家庭伦常，包括孝悌，包括爱自己父母等等。"但另一方面，它在自身同样也拥有自我意识的环节"，它也具有自我意识环节，你不能说它就是完全无意识的，家庭它也有自我意识环节，尽管家法从哪里来的，这个是不知道的，但是，它也意识到自己是一个家。当然这个环节还是内在的，是内在的概念和普遍可能性，但它自身同样也具有自我意识环节。那么这个环节是怎么样的呢？

　　这一环节在这个直接性元素或存在元素中表现着伦理，或者说，它是**一个在他者中对于自己既是本质又是自身的直接意识**，也就是说，它是**一个自然的伦理共同体**——这个环节就是**家庭**。　　{243}

　　"家庭"（Familie）这一术语在这里才第一次出现，前面我们已经多次提到了，但是这个时候才第一次出现。这里严格界定了家庭，它是伦理实体的一个"环节"，什么环节呢？　"这一环节在这个**直接性**元素或**存在**元素中表现着伦理"，"直接性"打了着重号，"存在"也打了着重号。家庭的元素是伦理的直接性元素或者存在的元素。应该说，按照黑格尔的一般做法，他应该是从直接性出发，应该把家庭放在前面来讲，而把人的法律放在后面来讲，因为人的法律通过自我意识它已经是间接性了，它是人为的。但是在这里，他就是要把家庭放在国家之后来讲，他也有他的道理。就是说讲到伦理的时候，它已经不是像感性确定性那样从最直接的东西开始了，当然总的来说还是从直接的东西开始，但是在讲到伦理、讲到真实的精神的时候，它的基点已经不同了。整个社会现实、客观精神都是建立在一种自觉的自我意识之上的，那么，从自我意识本身的这种直接性来说，那就是人的法律；而伦理的直接性对自我意识的直接性来说，反倒是一种间接性，要颠倒过来看。所以对于西方的这个文化发展来说，最开始这个起点就已经是一种普遍性的东西，是人为立法的伦理，而家庭这个直接性的东西反倒要放在第二位。当然他也承认，它是一种直接性的元素或存在的元素，在这些元素中表现着伦理；或者说，它是一个在他者中对于自己既是本质又是自身的直接意识，也就是说，这种意识同样也有自我意识的环节。表现在什么地方呢？　它在他者中对于自己既是本质又是自身，也就是一种人我不分的直接意识。自我意识就是在他者中看到自己，但是在家庭里面的自我意识，在他者中看到自己，有一种直接的意识，它直接看到自己。母亲把儿子看作是自己身上的一块肉，儿子就是她自己呀，是她身上掉下来的一块肉嘛，那就是她自己嘛。家庭是这样一种意识，它有自我意识，但是它是这样看待自己的；它为什么在他人身上看到自己？因为他跟他人在肉体上是相连的，兄弟、姐妹、父母等等这些关系，血肉相连，分不开的，他人就是我的本质，但我同时又是自身；他人就是我的延伸，我的儿子将来成家立业，安邦治国、光宗耀祖等等，那都是我的业绩，我为此感到自豪，那就是我。"也就是说，它是一个**自然的伦理**共同体——这个环节就是**家庭**"，家庭是一个自然血缘的伦理共同体，这是与国家、与政府的共同体不同的。

　　家庭作为无意识的、仍然是内在的概念，它与概念自身的有意识的现实性相对立，作为民族的现实性**元素**，而与民族本身相对立，作为**直接的伦理存在**，而与通过为共相而**劳动**来教养自身和维持自身的那种伦理相对立，——家神 (Penaten) 与普遍的精神相对立。

　　这就是一种对立了。前面已经提到这种对立了，国家自身包含它的对立面，这个对立面就是家庭，那么这是种什么样的对立呢？"家庭作为**无意识的**、仍然是内在的概念"，这里"无意识"打了着重号。家庭虽然有意识和自我意识，但是对于自己的概念，它是无意识的。国家是人为的法律，它的概念是人为建立起来的，而家庭的概念不是人建立起来的，所以对人来说是无意识的，它是血缘的、情感的。家庭是一个内在的概念，不能说出来去用概念加以把握的。我身为这个家庭的人，那么我不需要去意识到我这个家庭的概念，它是一种内在的下意识的概念，它不需要说出来。"它与概念自身的有意识的现实性相对立"，这就是国家了，国家是一种有意识的现实性，是按照国家的、民族自己的概念把它实现出来、把这种人为的法则实现出来，这是一种概念自身的有意识的现实性，是和家庭的那种无意识的概念相对立的。下面，家庭"作为民族的现实性**元素**"，"元素"打了着重号，"而与民族本身相对立"，家庭是民族的现实性元素，一个民族，从现实性来看当然是由诸多家庭组成的，但是它只是民族的现实性元素，它是组成这个国家的元素，但是它还只是一盘散沙，还不具有民族的现实性的形式，而形式比元素更加本质，更加根本，形式才是民族本身。所以他讲，作为这个元素，家庭与民族本身相对立。我们不要奇怪，既然它是民族的元素，怎么就不是民族本身呢？在黑格尔看来，仅仅作为一种现实性的元素，那还不是民族本身，民族本身应该是概念，本身是超越的，本身是一种精神，而家庭还不是精神，家庭还只是一种物质元素。民族本身是一种精神，只有精神才能够说是伦理，当然家庭作为元素它也是伦理，它是伦理的质料，但是它还不是伦理的形式，而民族的形式才是民族本身。下面，"作为**直接的**伦理**存在**，而与通过为共相而**劳动**来教养自身和维持自身的那种伦理相对立"，家庭只是一种直接的伦理存在，它就在那里，直接凭借生殖形成了家庭。而社会共同体则是"通过为共相而**劳动**"，这个"劳动"打了着重号，并且通过劳动来教养自身和维持自身，这样才间接存在的。人是通过劳动而教养起来并且维持自身的，维持自身好理解，维持自身就是维持他的生命嘛；"而教养自身"，这个教养自身也可以翻译成形成自身，"bildend"，这个地方我特地把它翻译成"教养"，以便跟黑格尔在很多其他地方采用的这个词相呼应。劳动是一种教养，为了共相而劳动，劳动是为了共相，为了全社会。劳动为什么是教养？因为通过劳动你不光是养家糊口，你满足了整个社会的需要，在你满足的自己的需要的同时，你也满足了他人的需要，尤其在商品经济中，你只有满足了他人、社会的需要，你才能满足自己的需要。那么劳动就成了教养，你就具有了社会的眼光，你不再是自食其力、谋生这么狭隘的眼光，劳动是一种社会活动，为了共相的活动，所以它对人来说是一种教养。为了共相而劳动，那么就必须有国家的法律，比如说做生意，你种地种出来东西，你要去卖呀，那就必须要有民法，要有成文法。古希腊已经有这方面的萌芽，罗马法则确定了这种共相的劳动关系和财产关系。而这种关系、这种共相是单凭家庭产生不出来的，所以家庭就与为了共相而劳动所教养和维持起来的那种国家伦理相对立，与人为法相对立。最后，"家神与普遍的精神相对立"，家神在某种意义上你也可以说是一种精神，但实际上它还不是真正的精神，真正的精神是具有普遍性的。国家可以说才是真正的精神,这一章的标题就是"真实的精神,伦理",什么是真实的精神? 就是国家。国家作为一种真实的精神它是普遍的,而家庭是它的一个环节,作为家神,它是个别的,不能与别的家神沟通,在这方面它的个别性也是与国家的普遍精神对立的。当然国家这种普遍精神也是建立在个别性之上的,我们前面讲国家的形成是以公民意识为基础的,但公民意识是自觉地与普遍性相统一的。那么这里第二个环节就是家庭,家庭跟国家的对立关系是更深层次的个别和普遍的关系。对这种关系我们要好好琢磨,这在中国传统的伦理观念里面是找不到这样一些道理的,我们要理解西方人的伦理精神,这些东西是必修课。你要知道西方人的家是什么意思,国是什么意思,公民又是什么意思,家庭的原则是什么原则,他们把它放在一个什么地位,这些东西你如果搞清楚了,你对西方精神的根本就把握了。

＊　　　　　＊　　　　　＊

我们接着讲。上次已经讲到伦理世界的两个环节,一个是民族,民族也是国家,民族国家,另一个是家庭。民族这个概念 Volk,它的本来的意思是大众的、公民、民众、或者群众这个意思,在德文里面没有"族"的意思,但是把它翻译过来,翻译成"民族"当然也不能说完全错。在德文里面"大众"的意思客观上是以族群的方式存在的,像德意志民族,它是按照血统、血缘关系存在的。但是这个词本身不具有种族的意思,它是个政治概念。所以翻译经常会误导,我们一讲民族就是炎黄子孙,其实不见得是那么回事,讲到西方的民族概念,它就是一个大众的概念、群众的概念,也可以翻译成人民。那么另一方面与之对应的就是家庭,就是血缘关系,家庭、家族,这是有种族的意思在里头的。所以这两方面是对立的,一个是民族、大众,它的体现方式就是国家;国家也不是"家",国家是一个城邦,一个政治共同体。所以翻译方面很多事情是无奈的,按照中国人的眼光去看,所有的东西都带上了中国特色,在翻译中它就已经带上了，所以我们要特别小心，遇到关键词的时候要查原文，看原文究竟包含一些什么意思，我们才能揣摩到这个作者到底想表达什么样的意思。那么这里头有一个对立，一个是民族国家，一个是家庭，家庭是血缘的，民族国家是非血缘的，是政治的。所以上一次我们讲到家神与普遍精神相对立，家庭和国家政府的对立。那么今天我们要讲的这一段就是家庭。国家那一方面我们前面已经讲过了，在第一个小标题"人的法则"里面已经讲过了，国家怎么形成的，虽然他讲得很简单，但是我们可以从里面看出西方的城邦制国家的形成过程跟我们中国是不一样的，它是人的法则，是由人所建立起来的，人为的，不是自然形成的。那么家庭它属于神的法则，首先是家神，家庭里面有个神保佑，家庭的守护神，所以它有神的法则。那么我们首先来看看家庭它本身的这个伦理含义。作为伦理的一个环节，家庭应该具有什么样的含义。

虽然家庭的**伦理存在**把自己规定为**直接的存在**，但**只要**它是它的成员们的**自然本性的**关系，或者说它的成员之间的联系是**个别的现实性的**自然本性的**直接**联系，它就不存在于自己的**伦理**本质之内；因为伦理的东西本身就是**普遍的**，而自然本性的这种关系本质上同样是一种精神，并且只有作为精神本质才是伦理的。

这是对家庭的伦理存在作了个规定。"虽然家庭的**伦理存在**把自己规定为**直接的存在**"，"伦理存在"打了着重号，他强调家庭的伦理存在，就在伦理的意义上来看家庭。我们中国人可能会感到奇怪，家庭不在伦理的意义上来谈，又能在什么意义上来谈呢？应该说我们前面虽然没有直接谈家庭，但是已经涉及了，那就是前面我们多次提到过的"类"，在人类的意义上，在类的意义上，在类的群体这个意义上面我们谈家庭，那就不是在伦理意义上；在伦理意义上是经过了一系列的理性的发展阶段，尤其是理性的最后阶段立法的理性、审核法律的理性，经过了这个阶段以后才有伦理。这个伦理概念和我们中国人讲的伦理概念是不一样的，这个伦理概念是的理性的概念，是建立在理性法则基础之上的概念。而我们中国人的伦理概念，它就跟家庭概念是一个概念，就是血缘的概念，自然的概念。但是黑格尔在这里特别要把这点区分出来，如果是自然的概念，那就只是类，那还谈不上伦理，当然也有家庭，但是没有家庭的伦理意识，它只有一种血缘关系，自然而然形成的，世世代代在这里生息繁衍，那就是类。但是你要把家庭当作一种伦理关系来对待，那是另外一回事了。所以他讲，"虽然家庭的**伦理存在**把自己规定为**直接的存在**"，"直接的存在"打了着重号，家庭是伦理存在里面的直接性的存在，或者家庭是直接的伦理存在。但是为什么谈这个伦理世界的时候不从家庭开始呢？家庭既然是直接的，为什么不从家庭开始，要从民族开始，要从政府开始呢？这个我们前面已经讲到了，黑格尔有他的理由。家庭把自己规定为直接性的存在，但是实际上它已经有前提了，这个家庭本身作为血缘关系来说是直接的，所以它的伦理存在把它规定为直接的存在；但是既然它已经是伦理存在，它就已经是有前提的了。所以下面接下来马上就讲："但**只要**它是它的成员们的**自然本性的**关系，或者说它的成员之间的联系是**个别的现实性**的自然本性的**直接**联系，它就不存在于自己的**伦理**本质之内"。前面是个让步句：虽然家庭的伦理存在把自己规定为直接的存在，但只要它，也就是家庭，只要它是家庭成员们的自然本性的关系，自然本性那就是类了，那就是血缘关系。只要它停留在自然本性的血缘的关系，"或者说它的成员之间的联系是**个别的现实性**的自然本性的**直接**联系"，"个别的现实性的"打了着重号，"自然本质的**直接**联系"，"直接"也打了着重号。也就是说，如果它是停留在一种个别性之间自然繁衍的关系，类的关系，它就不存在于直接的伦理关系之内。如果家庭停留在一种血缘的、自然的本性联系之中，那它就还不是伦理。家庭作为伦理，离不开一种普遍的精神。上一次讲的那一段最后一句话，"家神与普遍精神相对立"，家神与普遍精神对立，那么它代表着什么呢？代表着个别的东西，家神代表一种个别性。这种个别性如果是一种自然本性的关系，如果是个别的现实的自然本性的直接联系，那它就还不属于伦理。个别和个别，直接发生一种现实的联系，比如说生育，这是一种直接的关系，一个母亲生了一个孩子，一个人生了另外一个人，这是一种非常直接的关系，那么它就不存在于自己的伦理本质之内，也就是说它的存在就不属于伦理本质了，它在本质上就不是伦理了，它只是自然。所以家庭虽然出自于自然关系，但是它本质上并非自然的，你如果从自然的关系、仅仅从这个角度来看，那么它就不存在于自己的伦理本质之内，它的伦理本质就显不出来，或者它还没有进入到伦理本质，仅仅停在血缘关系之上。这个对我们中国人来说是非常具有震撼力的。下面是分号，"因为伦理的东西本身就是**普遍的**"，"普遍的"打了着重号，"而自然本性的这种关系本质上同样是一种精神，并且只有作为精神本质才是伦理的"。自然本质的这种家庭关系，本质上同样也是一种精神，你如果仅仅从自然本性的血缘关系来理解家庭，那就没有把握到家庭的本质。家庭的本质是什么？家庭的本质也是一种精神，它只不过跟国家的普遍精神相对立，它是一种家神、家的精神，家的精神跟国的精神相对立，但它本质上同样也是一种精神，并且只有作为精神本质才是伦理的；如果没有精神本质，那就不是伦理的，仅仅是那种血缘关系、亲属关系，一种自然情感，亲情，那就不是伦理的，真正的伦理应该是种精神。中国人在家庭关系中缺乏精神，这点很多敏锐之士看出来了，像王朔就曾经讲过，中国人哪有什么精神？哪有什么精神痛苦？一切痛苦都是物质的。中国人没有精神，什么是精神？中国人一般来说不懂，不知道。当然他会认为这就是精神了，血缘关系、血缘亲情，这就是精神了，但是这是出于自然的，自然产生的东西，属于自然本性，Natur，我们可以译作自然，也可译作本性，我们这里翻译成自然本性，Natur 就是自然本性。自然本性就意味着一种血缘关系、亲情关系，那么这种关系它并非伦理的，只有作为精神的本质才是伦理的，因为它是一种婚姻关系、合法的关系。所以家庭为什么要放在第二个环节，就是这个意思。你首先要把普遍精神阐明，从上册最后的立法的理性和审核法则的理性，那就是种普遍精神；普遍精神所形成的一方面是政府，是国家的立法，另一方面我们用合法性来看这个家庭，我们把它看作是"神的法则"或者"神的法律"。所以家庭原来是作为类的状态、生命繁殖的状态而存在的，还没有成为伦理，但是你用一种精神上的立法的观点来看这种类的状态、生命的状态，家庭就成为了伦理的，婚姻就成了合法的，这种合法性是政府的"人的法则"也承认的，子女的继承权也就有了民法上的合法依据。可见黑格尔讲的这个伦理，已经不同于通常我们讲的伦常、风俗、习惯，因为我们通常并不把它理解为里头包含着法的意识，而只理解为类，不遵守伦常并不是违背什么"神的法则"，而是"无君无父禽兽也"。黑格尔则认为，风俗习惯这些东西必须要成为法，至少是"神的法则"，它们才是伦理；如果只是一种自然血缘关系，那就还不是伦理。

　　<u>需要考查的是，这种关系特有的伦理性究竟何在。</u>

　　下面要考察的就是家庭关系的伦理性究竟何在。家庭的自然性我们早就知道了，人类作为生命繁衍下来就形成了类，当然类就有类意识，我们互相是同类，我们都是一个祖先、一个种群的，我们都是一个部落的，这种类意识我们已经都有了。那么，家庭作为一种伦理的关系又体现在什么地方呢？这个还要加以考究，家庭"特有的伦理性"，就是说有伦理性的不光是家庭，还有国家、城邦、政府，这也是伦理，那么家庭它有其特有的伦理性，它跟国家普遍精神的伦理性不一样，甚至是相对立的。前面已经讲了国家的伦理性，现在开始讨论家庭特有的伦理性。

　　<u>——首先，因为伦理的东西是自在的共相，家庭成员之间的伦理联系不是情感联系或爱的关系。</u>

　　"首先，因为伦理的东西是自在的共相"，伦理的东西是共相，伦理当然是共相，是法嘛，我们前面讲过，它是由立法的理性和审核法则的理性建立起来的，所以它是一种共相。但是伦理的东西是种"自在的"共相，还没意识到。伦理已经有法了，但它还没意识到。在家庭里面，实际上风俗、习惯这些东西已经是自在的共相了，但是在家庭中的人还是把它

体会成一种非法的东西,体会成一种只可意会不可言传的东西,比如说家庭的情感、亲情这些东西,从小就是这样的,没有人用法、用共相来规定什么是亲情。你必须爱你的父母,这个当然从小就规定了,叫作孝,礼,但是如何规定孝? 只是举了些例子,树立了些榜样或楷模,这还不是立法的理性,更加没有审核法则的理性,它只是一种风俗、一种传统、一种习惯。小孩子你不用跟他讲什么道理,不听话就打,打成习惯了,棍棒底下出孝子,他就是孝子了,就好像有伦理了,但是实际上这只是一种自在的共相,它的共相还没有出来,还不知道。"所以家庭成员之间的伦理联系不是情感联系或爱的关系",这句话说得很绝呀,把情感和爱的关系全都排除了。你要讲这些东西,那你就不是以伦理的眼光看问题,只有把这些东西排除了再来看看有什么内容,那你才是伦理的眼光。这就把中国的伦理一笔抹杀了,中国就没有伦理关系了,中国的这种家庭伦理就不是伦理了。我们通常讲的伦常,认为是天经地义、至高无上的东西,在黑格尔眼里,这不算伦理,这只算类,你是人类。黑格尔当然承认中国人也是人类,所有的人都是人类,这点他承认,也承认有家庭,但是没有作为伦理的家庭,没有立法,更没有对法律的审核。这个在我们看来是非常极端的一种说法,已经把情感关系和爱的关系全部排除了。我们讲"仁者爱人",当然爱有差等,但是必须要有爱,必须要有情感;情感是维系家庭和社会的最重要的纽带,但在黑格尔看来这些东西都还没上升到伦理。连伦理都没上升到,这是很极端的。所以我看到有些人写文章,把黑格尔的话拿来为中国的家庭伦理辩护,这完全找错了对象。你要找,也不能找黑格尔,找别的人说不定还可以,但是找黑格尔完全找错了人。黑格尔是个理性主义者,在他的家庭里面,他也不否认情感和爱,但是爱是没有地位的,没有达到伦理的层次。黑格尔后来在《法哲学原理》中的说法有所松动,他在那里谈到"家庭"时说:"爱是精神对自身统一的**感觉**","爱是一种最不可思议的矛盾……作为矛盾的解决,爱就是伦理性的统一",并且把婚姻规定为"婚姻是具有法的意义的伦理性的爱"。① 不过这里的爱不是一般的爱，而是特指两性之间的爱情，而这恰好又是中国人的家庭观念所不看重的。

[9]　　现在，伦理的东西似乎必须被置于**个别的**家庭成员对作为实体的**整个**家庭的关系之中；以至于个别家庭成员的行为和现实性仅仅把整个家庭作为其目的和内容。

在前面这些已经讲过的前提之下，现在我们来看，"伦理的东西似乎"，(scheint)，看起来好像是，"必须被置于**个别的**家庭成员对作为实体的**整个**家庭的关系之中"。看起来好像是这样，你谈家庭，就必须涉及个别成员与整个家庭的关系，个别成员必须服从家庭的整体，家庭观念强的人在家庭中必须要维护这个家庭，要献身于这个家庭，为了这个家庭，自己牺牲一点没什么。"以至于个别家庭成员的行为和现实性仅仅把整个家庭作为其目的和内容"，通常都是这样认为的。一个有家庭观念的人，他可以为家庭付出一切。但是黑格尔说"似乎"是这样的，这里有一个质疑的口气，他下面马上反过来了，他说：

但是，这个整体的**行为**所具有的有意识的目的，就其针对整体自身而言，本身却是个别的东西。

前面是讲好像牺牲了个体，"但是，这个整体的**行为**"，就是把整个家庭作为其目的和内容的行为，这个叫作整体的行为，"行为"打了着重号。作为一个行为实现出来的时候，它所具有的有意识的目的，"就其针对整体其自身而言，本身却是个别的的东西"。就是他的行为，虽然是为家庭这个集体作牺牲，但是，就它的有意识的目的而言，就它有意识的、有目地针对着这个整体自身而言，那么这样一个行为呢，本身却是个别的东西。就是说，家庭的成员为整个家庭作出了牺牲，是不是他就变成了共相了呢？不是，他本身还是个别的东西，还不是共相。前面讲了，伦理的东西是自在的共相，还不是自为的共相，所以作为它的有意识、有目的

---

① 《法哲学原理》，范扬、张企泰译，商务印书馆1979年版，第175、177页。

的行为，它还不是共相，它还是个别的。看起来好像个别成员为整个家庭付出一切，好像他就是共相了，但实际上还不是，就他自己的意识而言，他为家庭付出一切，就是为自己付出一切，因为这个家庭是他的，这个家庭是他自己的。我为我自己的家庭付出一切，这谈不上共相。现在这么多贪官，他们都是为了自己的家庭。有的人称赞说，虽然他很贪，但是他很孝顺，贪了钱首先为自己的父母置一套别墅，这个贪官很孝顺父母，这一点还是美德。其实这种孝顺是很自私的，他只孝顺自己的父母，他只孝顺自己的家庭，对别人的家庭，他是无情摧毁的。所以这还是一种个别的东西，不是一种真正的共相。

权力和财富的争得和保持，一方面只是针对需要，并且是属于欲望的；另一方面，在它们更高的规定中，它们就成了某种只是中介性的东西。

"权力和财富的争得和保持"，一个是升官，一个是发财，人生的目标嘛，升官发财这种目标，"一方面只是针对需要，并且是属于欲望的"，这就说明它是人的自然本性。升官发财是自然本性，是为了满足人的需要，这是一个方面。为了整个家庭的目的而努力去做的行为，无非就是增加权力和财富，它是自然本性。那么"另一方面，在它们的更高的规定中，它们就成了某种只是中介性的东西"，这个"它们"还是权力和财富的争得和保持，那么在更高的规定中，升官发财就成了某种只是中介性的东西，就成了一种手段，就不是目的了。黑格尔并没有否定升官发财，人的自然本性就是要提高自己的地位，就是要掌握权力，就是要掌握财富，但是在更高的规定中，这些东西成了只是一种手段。那么它有什么样的更高的规定呢？下面就讲了：

这种更高的规定，并不属于家庭自身，而是针对那真正的共相、即共同体的；这种规定毋宁对家庭是否定性的，其内容在于将个别者置身于家庭之外，征服他的自然性和个别性，并将他引向**德行**，引向在共相中和为了共相的生活。

　　这句话就很关键了，前面是讲，这些追求升官发财，追求权力和财富的冲动，它一方面只是种需要并且属于欲望，也就是说，这只是属于自然本性的。在家庭里面，你如果从家庭的血缘关系、自然关系来看的话，那就只看到这些方面。一个家庭要繁衍，要争取社会地位，我们中国人讲光宗耀祖，那就只是出于血缘和自然的关系来看待的。这只是一方面，家庭有这一方面。但是家庭还有另外一方面，升官也好，发财也好，它都有另外一方面；在另一方面中，升官发财只是手段，不是什么直接的、光宗耀祖的东西。"这种更高的规定，并不属于家庭自身，而是针对那真正的共相、即共同体的"，就是说你努力地去提高家庭的地位，提高自己家庭的财富积累，这是一种手段，它更高的目的是针对真正的共相，也就是针对着社会，针对着民族，针对着国家。你的这个争权、争财富，最后的目的是为了国家。当然中国人也讲修身齐家治国平天下；修身齐家是一个起点，治国平天下是他的最终目的，但是我们没有人说齐家是手段。修身齐家治国平天下，这不是说那一个是手段，不是说这个是目的，那个是手段。那么在黑格尔这里，更高的规定是国家，国家是不属于家庭自身的，不是说你齐了家你就可以平天下的。中国人认为家就是天下，国家就是家天下嘛，国家就是大家。而在黑格尔看来，更高的规定不属于家庭自身，而是针对更高的共相，即共同体、社会，国家就是社会，是在家庭之外的。所以，"这种规定毋宁对家庭是否定性的，其内容在于将个别者置身于家庭之外，征服他的自然性和个别性，并将他引向**德行**，引向在共相中和为了共相的生活"，这就把家庭和社会分割开来、对立起来了，这种更高的规定对家庭是否定性的。当然这更高的规定也是在家庭的行为之中，包含在里面的，家庭生活本身就是为更高的规定作准备的，一方面它是自然性的，它满足人的需要和欲望，另一方面它包含着更高的规定，服从于更高的规定。这更高的规定也是家庭中更高的规定，但是它是否定家庭的，或者说，它是家庭本身的自我否定，只有从这个角度来看，家庭才真正是伦理的。你要不否定家庭，你这个家庭就不是伦理的，就是自然的，那就还称不上作为一种伦理形态的家庭，还称不上真正的家庭。真正的家庭是伦理的，而伦理的家庭就意味着家庭必须否定自身，"其内容在于将个别者置身于家庭之外"。它的内容是什么呢？是把个别者置身于家庭之外，使个体独立于家庭之外，使个体走出家庭进入到社会。你积累财富也好，你掌握权力也好，你都是为社会服务，而对家庭来说，它就是否定性。当然也满足了家庭的需要，在这方面还有肯定性；在另一方面它又不是仅仅为了家庭，是为社会服务的。同样一个行为作为家庭成员的行为，它就有两方面的含义，一方面是为了家庭的自然延续，另一方面是走出家庭进入社会。个体置身于家庭之外，个体就独立于家庭了。既然他置身于家庭之外，他就不再受家庭的约束，他就是一个独立的个人了。中国人在 20 年代，30 年代、40 年代，也在鼓吹走出家庭，特别是妇女，要独立于社会。鲁迅写了一篇文章，《娜拉出走后怎么样》，走出家庭以后又怎么样呢？走出家庭你掉进了另外一个家庭，"革命的大家庭"，你还是走不出去，你独立不起来。要真正走出家庭，就要把个体置身于家庭之外，征服它的自然性和个别性。家庭就是个别性嘛，狭隘的、自然的，那你就要走向广阔的社会，把你的自然性或者自然情感抛开，并将自己引向德行 (Tugend)，引向在共相中和为了共相的生活，也就是说要建立并服从社会公德。中国人当然也不能说没有公德，但是它是建立在私德之上的。梁启超就讲到，中国人没有公德，只有私德，后来晚年他又修改了，说中国人的公德是建立在私德之上的。反过来，西方的私德是建立在公德之上的。西方人是以公德作为根基，而中国人是以私德作为根基。不能说中国人完全没有公德，但是中国人的公德也是私德，因为中国没有社会，只有家国，皇帝的"天下"。"天下"跟社会是不一样的，天下是家天下，是个大家族。大家族里面的德性，我们就可以把它看成公德，但是它实际上还是私德。你忠于皇上，忠于大家长，保持整个大家庭的和谐，骨子里是私德，但是以公德的面目出现，却没有共相。这里讲"引向在共相中为了共相的生活"，共相就是普遍的法，法治。法律制定下来，就制定了一种在共相中的生活。而在家庭中首先就是要培养这种能够走出家庭、进入社会过共同生活的公民，有公德、遵守社会秩序、遵守公共的法律，过一种具有共相的生活，那就成了公民。

家庭所特有的**肯定的**目的是个别者本身。

"家庭所特有的**肯定的**目的是个别者本身"，刚才讲的是属于家庭里面的一种自我否定，自我否定的倾向就是要把个体置身于家庭之外，个体走出家庭，置身于家庭之外，征服自己的自然性和个别性，将自己引向德行，引向共同的生活。这种更高的规定对于家庭是一种否定性的目的。那么反过来，家庭所特有的肯定性的目的是什么呢？是个别者本身。家庭是个别性的原则，它跟社会、跟国家、跟一种普遍性的公开的生活是不同的，是具有私密性的。那么家庭所特有的肯定的目的，"肯定的"打了着重号，是个别者本身。这个肯定跟前面的否定是相对照、相呼应的，前面讲的更高的规定对家庭是否定性的，而这里讲的家庭所特有的肯定的目的，它是个别性本身，是个体本身。

现在假如这种联系是伦理的，这位个别者，无论他是行动的个别者，还是行动与之相联系的个别者，他都不能按照某种**偶然性**而出场，例如在某次出手相助或替人服务时那样。

"现在假如这种联系是伦理的"，我们假定，我们做一个题目，先假定，就是反证法。我们假定它的联系是伦理的，那会怎么样？那就会这样，"这位个别者，无论他是行动的个别者，还是行动与之相联系的个别者"，无论是行动的个体，就是行为者，还是行动与之相联系的个体，就是行为所针对的对象，也就是主动的个体和被动的个体，不管是怎样的个别者，"他们都不能按照某种**偶然性**而出场"，"偶然性"打了着重号。就是说家庭中的个别者，如果处在伦理的关系中的话，那么他不是以一种偶然性而出场的，他在行动中不是随心所欲的、偶然的。"例如在某次出手相助或替人服务时那样"，偶然的，本来就是一次性的，心血来潮的，它不会是永远这样的。例如在某次出手相助时，比如说，路见不平一声吼，该出手时就出手,偶然的拔刀相助;或替人服务,在路上碰到一个情况,我们做好事,去扶起一个摔倒的老人,等等,这都是偶然的,就是所谓的侠义精神。我们中国人讲的行侠仗义就是一种偶然性,碰到一种机会或者什么情况,比如看见大欺小,强凌弱,众暴寡,那我就要帮下,你在还不明白他们中间相互关系的情况之下,特别是在不明白他们之间的法律关系的情况之下,你就出手了。现在很多网上发帖,一件冲突,先是激起了群情激愤,但过了几天,把内情摆出来,事情又发生了逆转。以前"文革"中社会情况混乱,无法无天,也发生过很多无厘头的事件,各色人等完全按照偶然性出场,甚至当街动用私刑。但是,假如处在伦理联系中,处在有法可依的情况下,就不应该这样。像这样一种临时碰上的服务,哪怕是做好事,帮助别人,这个都不是一种伦理的关系,而是一种偶然的关系。伦理的关系必须要有规律,要有法则,要有普遍性。所以在伦理的联系中,在法制状态下,个别者是不能按照某种偶然性出场的,他的行动必须符合普遍性法则,他的个别性可以在家庭内部表现,但不能在社会上去表现。这是举反例来反证上面一句话,即家庭的肯定的目的是个别者本身,伦理的目的却不是个别者。

　　这伦理行动的内容必须是实体性的,或者说必须是整体的和普遍的;因而伦理行动只能与**全体**个别者、或作为普遍个别者的那种个别者相联系。

　　"这伦理行动的内容必须是实体性的",也就是说必须具有普遍原则。所谓实体就是变中之不变,偶然的情况可能变来变去,但是那个实体的东西是不变的,那就是实体性。伦理的行动必须是实体性的,"或者说必须是整体的和普遍的"。在伦理的联系中什么是实体性的呢? 就是对于伦理事件中整体上或普遍地到处适用的行动。"因而伦理行动只能与**全体**个别者、或作为普遍个别者的那种个别者相联系",伦理行动只能与全体个别者相联系,什么是全体个别者? 那就是伦理共同体本身。或者与作为普遍个别者的那种个别者相联系,也就是与那种有代表性的个别者相联系。我的行动牵一发而动全身，一举一动都要考虑对整个社会怎么样，即使与我打交道的是个别者，我也要着眼于他是一种普遍的个别者，他是整个社会的代表的个别者，我要着眼于他身上的普遍性去跟他打交道，去跟他相联系。这就是我们通常讲的普遍的人性。你的行动要符合一种普遍的人性，如果是偶然性，那就不是普遍的人性了。你不是心血来潮，看着他可怜，出于恻隐之心才去帮他一把，而是凡是人都有互相帮助的普遍义务，这叫社会公德。这样一种伦理行动的内容才会是实体性的，才有普遍的法则。所以实体性的这个行动不能是偶然的，不能是限于个别者的偶然性的，而是必须要立足于一种社会公认的价值，一种普遍的价值，要把个别者当作一种普遍的个别者来发生联系。否则家庭内部的个别者就还没有走出家庭，还停留在一种很低的水平上，就是属于我的亲戚熟人我就去帮他，不属于我的亲戚熟人我就"视同路人"，那就没有社会公德了。

　　而这种情况又不能是这样，例如只被**表象**为好像**替人服务**就会促进个别者的整个幸福似的，其实这种服务当它是直接的或现实的行动时，在个别者身上，只不过是某种个别的行为而已；

　　我们来看这半句。"而这种情况又不能是这样"，就是说你把个别者当作一种普遍的个别者，与他发生的联系不能是这样，"例如只被**表象**为好像**替人服务**就会促进个别者的整个幸福似的"，"表象"打了着重号。就是说你去帮他一把，就会对他本带人来幸福，这当然是你帮他的一个直接的目的，或者是表象的目的。为什么"表象"打了着重号？就是说这只是用一种表象的眼光来看待伦理实体。后面第14页的第1行也讲到，"它就只是精神的**表象和形象**"，不是现实的精神本身。表象是一种很表面、很形象的眼光，很直接的眼光，一个叫花子我资助他几百块钱，那他就能过一个好年了，不能仅仅着眼于这样一种很具体的目的去帮人，去为他人服务。"其实这种服务，当它是直接的或现实的行动时，在个别者身上，只不过是某种个别的行为而已"，就是说如果仅仅从这个角度来看待你的服务,那么这种行为,它只是直接的看得见效果的行动,你资助他钱,你发现他的生活改善了,你心满意足了,那只是在个别者身上,只不过是某种个别的行为而已。也就是说,他上升不到更高的规定,上升不到一种社会伦理。你要上升到一种社会伦理,怎么上升呢? 就是说,我资助他不是因为仅仅看到他生活困难,我出于同情心,而是因为这是一种原则。要上升到一种实体精神,而不仅仅是一种实体的表象,那样看起来好像是一个实体了,大家互相帮助,但是你骨子里着眼的都是那些很具体的人,我帮了他他就会感谢我,他就会改善自己的生活等等。这样一些很具体的目的即使实现了,也没有提高到一个伦理实体的精神的原则、精神的法则。比如我们今天讲人道主义,建立红十字会,红十字会扶危济困仅仅是为了功利的目的吗? 不是的,它是一种精神,人人互相帮助,这是一种伦理的原则。但是如果你怀着那样一种很具体的目的去做好事的话,那它就会是一次性的,不过是一种个别的行为而已。这是很偶然的,看见个叫花子,你突然恻隐之心上来了,你多给他些钱;下一次你却视而不见,因为你心情不好,你正在跟你的女朋友逛街,碰到一个乞丐上来讨钱,那多讨厌啦,赶快走! 这取决于偶然性,你当时是什么心情,你就可以做好事,换一个心情你就不会做好事,如果仅仅着眼于这样一种表象的后果或效果,那就只是一种个别行为。

　　——再者,伦理行动甚至在现实中,也是作为**一系列**努力的教育过程才把作为整体的个别者当作对象来拥有,并作为作品创作出来的;在这里,除了那对家庭是否定性的目的之外,**现实的行动**只有一点有限的内容;

　　前面讲的就是,这种服务当它是一种直接的或者现实的行动时,在个别者身上只不过是种个别的行为而已;虽然是个别行为,但是它还是现实的行为,是直接的现实的行为。那么下面就更进一步了,"再者",你说它是个别行为,我们来看,"伦理行动甚至在现实中,也是作为**一系列**努力的教育过程才把作为整体的个别者当作对象来拥有,并作为作品创作出来的"。甚至在现实性中，他讲的是现实的行为嘛，现实行为作为伦理行为，不能够太直接了，也不能太现实。你去帮他就是为了让他过个好年，这个目的就太狭窄了，那过完年以后，明年又怎么样呢？以后会不会再帮他呢？你不会包他一辈子吧。这种现实行为是一次性的、非常个别的行为。那么我们再来看，伦理的行动甚至在现实中，也是作为一系列努力的教育过程，它不是说你临时突发奇想，一下子就大发慈悲，你就去资助一个乞丐，也资助别人，而是一系列努力教育过程的结果。"一系列"打了着重号，不是一次性的，而是不断努力教育的过程，才能是面对整个社会做好事。我做好事不是说一次性的，而是一贯的，对整个社会都有教育意义，本身也是通过一种社会教育而形成的。这样才是"把作为整体的个别者当作对象来拥有"，才把个别者作为代表整体的个别者来拥有，就是不是一次性地对这个个别者，而是作为整体的个别者，凡是遇到个别者，你都把它当作对象，或者作为普遍的个别者。我们也可以把它理解为人格，人格就是作为普遍的个别者，哪怕你在资助一个叫花子，你也是把叫花子当作一个独立人格来尊重的。而不是说叫花子我现在比你阔，我在你面前摆显一下，我出手大方，因为你需要资助，你就是一个落魄者，我就可以不尊重你的人格，不是这样的。这样一种服务的行为，这样一种伦理的行为，在现实中是作为一系列努力的教育过程，才能把这个个别者的人格当作对象来拥有。作为一个人道主义的原则，每天在做这件事情，它不是偶然的出于一种同情心，或者出于一种好情绪、大发慈悲，而是一种教育过程的结果，这个教育过程首先是在家庭里面进行的。这里谈的这个伦理、伦理行为，都是在家庭中教育出来的。当然在家庭中这个伦理行为有另一方面，出于同情心，出于自然情感，有那一方面，但是更高的规定应该是这一方面。所以它不是停留于一种内在的情感，而是要"把作为整体的个别者当作对象，并作为作品创作出来"。就是这种独立的人格，作为整体的个别者，它不是自然天生的，不是你生下来就有独立人格，生下来就懂得尊重人的独立人格，这个不是的。而是要长期的教育, 在家庭中就得培养, 要尊重人格, 尊重他人的人格, 也尊重你自己的人格。在家庭教育里面就有这两方面, 一方面是对个体性本身的肯定的方面, 另一方面是为了更高的目的, 当我们把家庭看作一种伦理的东西, 把家庭联系看作是一种伦理的联系, 那么, 它就有这一方面。这方面不是偶然的, 不是一种天生的倾向, 而是通过长期的教育。我们通常讲这个人有家教, 家庭教育是什么呢? 家庭教育在黑格尔看来就是培养出合格的社会人, 具有社会性的人, 具有普遍的人格和人道主义原则的人, 这是家庭教育的一种作品, 是创作出来、造就出来的。天生不会有, 天生出来的那种人是自然人, 是动物性, 但经过家庭的伦理教育, 那他就有一个作品产生出来, 就是独立的个人, 作为整体的个别者, 作为普遍个别者的个别者, 这是一个作品。他说, "在这里, 除了那对家庭是否定性的目的之外, 现实的行动只有一点有限的内容", 就是说, 在这样一种教育过程中, 现实的行动大部分都对家庭有否定性的目的, 剩下一小部分只是一点有限的内容, 就是维系家庭的和睦, 这有利于家庭中财富的积累, 满足了家庭成员的需要, 这个是很有限的。但更高的目的就是对家庭的否定, 那些内容要多得多。家庭教育的主要内容是培养能够进入社会的独立个人, 什么叫家教? 如果你教出来的人只顾自己的家庭, 那叫没有家教。有家教的人它能够牺牲自己的家庭, 能够对自己家庭有限的目的有所自觉, 在必要的时候能够放弃自己家庭有限的目的, 这就是有家教, 这样的家庭就是有家教的家庭, 就是不把家庭看作是唯一的目的, 而把更高的、整个社会的目的看作是自己的目的。这句话的意思, 跟前面相比就进了一步。前面讲, 这种情况不能是这样, 例如, "只表象为好像替人服务就会促进个别者的整个幸福似的, 那么这是一种个别行为"; 而这里进一步讲, 这样一种家庭的联系, 如果要是伦理行动的话, 那么它必须是普遍的, 必须是把普遍的个别者当作对象, 而这是通过长期教育的结果。这不是天生的, 而是通过教育形成起来、创造出来的, 成为了一种展示于全社会的作品。这样的关系是对于普遍的社会人格的一种拥有，体现了家庭自身有一种自否定性，家庭必然要自我扬弃、自我否定，走出家庭，走进社会，这是第二点。第一点是，家庭的伦理行为必须是普遍的，不能是一种个别行为；第二点是，它必须有一种自我否定性，这就是"再者"。下面还有"最后"。我们特别要注意这些小词，"再者"接下来是"最后"，凡是黑格尔应用这些小词的时候，他就有三点，三个层次。前面两点是把家庭伦理关系引向社会，家庭教育的重要内容就是扬弃家庭，走进社会，是一种社会教育。我们通常讲，家庭教育是家庭教育，社会教育到了进入社会再说，所以小孩子从小学中学一直到大学，他还是家里的人，不具有社会性，那么一进入社会就要碰得鼻青脸肿，这就是社会教育。但是黑格尔认为这种教育在家里就应该开始，在家里首先就应该把他的个体人格塑造出来，以便他投入社会，应该是这样个过程。

　　——最后，同样也不能说，伦理行动是用来在真理性中把整个个别者拯救出来的应急手段；因为应急行为本身是一种完全偶然的行为，其时机是一种普通的现实性，可以有，也可以没有。

{244}

　　"最后"，这是第三点，"同样也不能说，伦理行动是用来在真理性中把整个个别者拯救出来的应急手段"，一个家庭的伦理行动，也不能看作是在真理性中把个别者拯救出来的应急手段。也就是个别者在现实性中本身成了普遍的人格，而在真理性中可以说丧失了个别者，他已经是国家的人、社会的人了；而当他作为社会的人完全服从社会的普遍法则时，可不可以把家庭伦理看作一种应急手段，来把它的完整的个别性拯救出来呢？这就是上卷最后讲到的家庭和国家的冲突，家庭是个别者的出生地，国家是个别者作为普遍人格的归宿，也是个别者的真理性；那么，当个别性在普遍性中遭到否定时，家庭是否可以把个别性从这种普遍性中拯救出来呢？这种情况是国法所不能容的，也是作为普遍人格的个别性所不允许的，这叫作"开后门""腐败"。虽然实际上免不了有人这样做，但"应急行为本身是一种完全偶然的行为，其时机是一种普通的现实性，可以有，也可以没有"。也就是说，这是一种完全偶然的行为，完全偶然的行为业绩。Tat 我们前面翻译成"业绩"，或者"行为业绩"，其实它就是行为、tun 的名词形式，做出来了的行为。"时机"，Gelegenheit，机会、机遇，虽然是现实的，会有人这样做；但却是"普通的"（gemeine，有平庸的、下流的、卑鄙的之意）现实性，可有可无，当然不能作为普遍法则。在自己家里人被法办时，肯定会有亲人想办法到"局子里"去"捞人"，但在法制社会中想这样做，一个是不容易找到机会，再者是见不得人，只能偷偷地做。明知这样不合法，但却想作为一种偶然的救急手段，下不为例，这样来把个别者从普遍国法中拯救出来，这种机会在现实中可能会有，但也可能不会有，不能当成惯例和法则。这是第三点，就是说，伦理行为不是一种权宜之计，不可能是成为普遍人格的个别者偶然摆脱自己的社会普遍性回归到家庭，把家庭当作暂时的避风港。第一点是说它不是一种个别的直接现实性，不是为了个别人的幸福而采取一种个别的行动；第二点就是说，它们必须是一种长期的教育过程，要打造那种普遍的个别性，打造完整的个别性；第三点就是承认前两者，但却主张通过一种权宜之计来拯救个别者。第三点跟第一点非常接近，也是着眼于个别性，但是普遍性中的"例外"的个别性，相当于法律上的"紧急避险权"。康德曾说，紧急避险并不是"合法的"，不是什么权利，而只是法律上"无法惩罚的"[①]。黑格尔这里也不承认这种应急手段是一种伦理行为。不过，他唯一给这种行为留下的一个口子，就是在当事人死后维护其名誉上的个别性，他认为这不失为一种伦理行为，这就是下面要讲的情况。他在这里想到的，肯定是上卷结束时提到的那个《安提戈涅》的案子。

　　因此，如果这种行动所包括的是血缘亲属的整个实存，如果它当作自己的对象和内容的是个别者——不是公民，因为公民不属于家庭，也 [10] 不是那个应该成为公民从而**不再被视为这样一种个别**的个别者，而是**这**

---

① 参看康德：《道德形而上学》，张荣、李秋零译，载于李秋零主编：《康德著作全集》，中国人民大学出版社 2007 年版，第 243—244 页。

个属于家庭的个别者，作为摆脱了感性的现实性、即摆脱了个别现实性的某种**普遍**本质的个别者——那么这样一种行动就不再涉及**活着的人**，而是涉及**死了的人**，

我们先看这半句。"因此，如果这种行动所包括的是血缘亲属的整个实存，如果它当作自己的对象和内容的是个别者"，下面破折号，后面还有个破折号，两个破折号之间是说明这个个别者的，这个个别者"不是公民，因为公民不属于家庭"，就是说它是属于家庭的个别者，而公民则已经不属于家庭了。所以"也不是那个应该成为公民从而**不再被视为这样一种个别**的个别者，而是**这个**属于家庭的个别者，作为摆脱了感性的现实性，即摆脱了个别现实性的某种**普遍**本质的个别者"。这种家庭中的个别者不但不是公民，而且不应该成为公民，不再是公民这样一种个别者，这只有在一种情况下才能发生，就是这一个别者现在摆脱了感性的现实性，也摆脱了个别现实性的某种普遍本质，换言之，也就是死了。这就是在两个破折号中间所限定的个别者，也就是在家庭中死去了的个别者。那么现在再来看这句话。"因此，如果这种行动所包括的是血缘亲属的整个实存，如果它作为自己的对象和内容是个别者"，也就是伦理行动只从血缘关系出发并且只针对在家庭中死去了的个别者，而不再属于现实社会中的公民，"那么这样一种行动就不再涉及**活着的人**，而只涉及**死了的人**"。就是说，如果家里有人死了，从社会现实的公民生活中退出来了，那么我们从单纯血缘关系出发对他采取的行动可以是伦理的，只不过那与活着的人已经没有关系了。在其他的情况下，如果这种行动所包括的是血缘亲属的整个实存，想把自己的亲人的个别性从普遍公民的法则中活着捞出来，那就不是伦理的行为，而将受到法律的严惩。至于死了以后，那么你尽可以按照家庭和家族的规矩去办理丧事，那个就和法律没有关系了，而且也是应该的，它遵循的不是人的法律，而是神的法律。人的法则管着的人，神的法则管死了的人，各有自己不同的普遍本质，井水不犯河水。这条规矩不仅古希腊是如此，直到现在还是如此，

例如纳粹军官魏德曼是希特勒的坦克部队王牌指挥官,在盟军诺曼底登陆中战死,遗骸埋在当地一个葬有两万多名德军尸骨的墓园中,他的遗孀和子女来献花凭吊,没有人说不应该。日本的靖国神社则由于有"靖国"二字,混淆了国家政治和家庭私事,至今还遭到各方面质疑。① 前面讲过,家庭所特有的、肯定的目的是个体本身,但它的自否定的目的是培养普遍的公民,最后当公民因为死亡而从国家政治生活中退出来,作为特殊的个别性仍然还要回到家庭中,由亲人们来料理后事。所以这件后事就不再涉及活着的人,而只涉及死了的人。而在活着的时候,孩子从小就应该在家庭中培养公民意识,告诉他你不只是血缘家庭关系的一分子,你将来要成为独立的公民。他将不再被视为仅仅是家庭的一部分,不能把他或她当作只是母亲身上的一块肉,或者是父亲母亲的一份财产,不是一个独立的个人。只有当他死了,他才又回归到家庭中作为血缘世系中的一环而得到安葬。在这个意义上,你就是走到天涯海角,叶落归根,你还是这个家庭的儿子或女儿,例如死在异乡的美军飞行员,最后还要由他的后人寻回去安葬,这是另外一种普遍本质,家神的本质。中国人在临死之前总是要把所有的子女都召回来,见最后一面,西方人淡一点,但也要由家族来埋葬亲人,这都是活着的人对死者不可摆脱的义务,为什么? 因为你们有血缘关系。但这种血缘的家庭义务不再涉及活着的人,只涉及死了的人。如果涉及活着的人,把家族原则用到社会上去,那就麻烦了,就和国家法律纠缠不清了,就容易滋生腐败了。

　　死人把自己一长串散漫的定在归结成完整的一个形态,并从偶然生活的喧嚣中把自己提升为单纯普遍性的宁静。

　　这就是"盖棺论定"的意思。"死人把自己一长串散漫的定在归结成完整的一个形态",死者的一生,漫长的一生,他的定在,各种各样的生

━━━━━━━━━━━━━━━━━━━━

① 中国传统中历来有"挖祖坟""鞭尸"一说,常常和政治相关,也是国事与家事不分的体现。一般来说,东方民族的传统未能形成单纯以"人的法则"组织起来的公民社会。

活场景、他的业绩、他的功劳、罪过，等等等等，所有这一切，都归结为完整的一个形态，"一个"打了着重号，他就是"这一个"了。他在没死之前你还不知道他是个什么人，他死的时候就可以盖棺论定了，他就是这么个人了，我们可以为他写悼词了。写悼词就是作总结嘛，他这一生怎么怎么样。当然我们的悼词不一定反映出他的一生，悼词里面通常尽说好话，但是毕竟最后大家心里有个总结，这个人一辈子就这样了，我们可以为他作总结了。"并从偶然生活的喧嚣中把自己提升为单纯普遍性的宁静"，他长眠于地下，他退出了偶然生活中的喧嚣，但是他反而把自己提升了，也就是提升为一种普遍性了。人都是要死的，他去了他最后该去的地方，普遍性的宁静，这世俗的喧嚣已经与他无关了，他已经超然物外了。所以死人的脸上往往表现出一种非常宁静放松的表情，哪怕是一辈子干坏事的人，死的时候，那一刻也显得不那么坏了，他显得很平静，再也没有欲望，再也没有贪婪，世俗的喧嚣都离他而去，他已经安静下来了。

　　——因为个别者只有作为公民才是**现实的**和**实体性的**，所以个别者当他不是公民、而是属于家庭的时候，他就只是一个**非现实的**没有活力的阴影。

　　"个别者只有作为公民才是**现实的**和**实体性的**"，这是黑格尔的一个很重要的观点。黑格尔很具有现实感，他的现实感不是局限于狭隘的家庭，而是体现在广阔的社会生活中，个别人只有作为公民才具有现实性和实体性。人只有在公民生活中，在跟其他公民打交道的社会生活中，他才能够把握自己的实体性。人的本性就是社会性的，你究竟是一个什么样的人，究竟是个什么样的实体，只有作为公民才能现实地把握到，你要投入到现实生活中，才有实体性。"所以个别者当他不是公民、而是属于家庭的时候"，这是种什么情况？比如说中国的情况就是这样，当然他没有提到中国的情况。如果不是一个公民，而是属于家庭的，这在西方只是属于未成年的暂时状态，要么就是死亡降临的时候。而一个成年人则有双重身份，他既是公民，又是家庭的，而且他的实体性是在公民里面,当他作为家庭成员的时候,则是作为当公民的一个准备阶段,或者一个休整阶段。所以西方人心目中的这个成年人、个别者,从实体性来说,他是公民,而不是家庭。但是当他不是一个公民,而是属于家庭的时候,"他就只是一个**非现实**的没有活力的阴影",没有活力的,marklos,这个词的意思是"无力的","没有活力"的意思,但是它的词根 mark 是骨髓,所以最开始我想把它翻译成"没有骨头的",或者是"没有骨气的"。如果你仅仅属于家庭,这个人是没有骨头的,男人是"妻管严",小孩子是光听话,乖,但老实不中用,都是没有活力的、死气沉沉的。你走不出家庭,一辈子待在父母身边,或者把孩子一辈子束缚在自己身边,所谓四世同堂,这个家庭就是死气沉沉的。我们每个人在青少年的时候大概都有这种体会,当他没有走出家庭的时候,被父母逼得在家里用功的时候,那是没有活力的,而且没有骨气,除了个别的叛逆者,那种学校里面的"差生",那是有骨气的,喜欢跑到外面去跟黑社会搞在一起。但是一般的老实的孩子,唯唯诺诺,你只能听话,你只能做奴才,老师要你干什么你就干什么,不然就叫你父母来收拾你;而父母要你干什么,你只能听父母的。那你就只是属于家庭的,不属于公民,那就只是一个非现实、非实体性的阴影。为什么青少年孩子一天到晚沉溺于网络呢? 因为他的生活就是非现实的阴影嘛,又不要他赚钱,又不承担社会责任,他只要听父母的安排就够了,他自己的生活只是父母的一个影子。没有走出家庭的人的生活,是没有现实性的生活,如果他不想走出家庭,为当一个公民作准备的话,那么他的生活是没有活力的。所以这不光是一个死后回归家庭的问题,也是一个从家庭走进社会的问题。休息一下。

[3. 个体的权利]

前面我们已经走了两个小标题了,第一个是人的法则,第二个是神的法则,这都是属于前面讲的"民族和家庭,白日的法则和黑夜的法则"这个大标题之下。但不管是人的法则,还是神的法则,都涉及个别者或个体，但是这种个体有两种不同的意义，在人的法则下的个体，就是政府、国家是建立在个别性或者个别者之上，建立在个体的自我意识之上，它使个别者成为了公民；作为神的法则就是家庭，它是个别者离开现实的国家而返回自身个别性的地方，是个别性死后的归宿。一个是出发点，一个是归宿，但归宿并不是简单地回复到出发点，而是把个别性提升到了一个更高的层次，虽然是在非现实的阴影的王国中，但却具有超现实的普遍性。这就是个体的权利，也就是通常讲的"人权"的概念。一般人以为权利嘛，无非就是一些世俗的利益，但家庭以神的法则的名义所维护的并不是什么利益，而是个人的尊严，它具有超世俗超功利、甚至超越国家政治之上的神圣性，虽然没有什么现实意义，只具有象征意义。如安提戈涅为兄弟撒上一把土也算是安葬了，但至少将国王克瑞翁"不得安葬"的人格羞辱破除了，维护了死者起码的人权。所以，正是从这种没有现实意义、只有超越意义的神的法则中，个别者开始意识到了自己的更高贵的不可侵犯的权利，这是哪怕以性命相拼也要维护的。正如前面讲，人只有通过生死斗争才能意识到自己的自由一样，这里讲的是人只有通过维护死亡时以及死后的尊严，才能伸张自己超越现实利益之上的权利。从这种眼光来反观人的法则或世俗法律，就使这些原则带上了双重含义。例如平等不是为了平均财产、利益均沾，而是为了个体人格的尊严；自由不是为所欲为、满足欲望，而是维护和捍卫自己的法权；法治不只是为了安居乐业、保障安全，而是为了普遍公正；宪政和民主不只是一种治国的技术方略或谋求幸福生活的手段，而是人性的自然。所有这些都是建立在人权这一概念上的，这就是人的自然权利或自然法，而自然法的超越性只有当人死后、也就是从人法返回到神法的时候才能看得最清楚。所以第三个小标题就是"个体的权利"。

　　个别者作为**个别者**所达到的这种普遍性，是**纯粹存在**，是**死亡**；这是**直接地、自然地形成的**，不是一种**意识**的**行为**。

"个别者作为**个别者**",后面的"个别者"打了着重号,后面这个个别者特别强调,个别者是作为个别者而"达到的这种普遍性",而不是在国家意识中达到的普遍性,不是个别者献身于国家所达到的普遍性。当然,这样一种非国家意识的普遍性是一种非现实的、没有活力的阴影,它不是公民的普遍性,而是属于家庭、属于家庭中以往死去的世代,这种普遍性"是**纯粹存在**,是**死亡**",它是一种纯粹存在,又是死亡。为什么说是纯粹存在?死亡我们通常说它是非存在、无,但它恰好是一种纯存在,一种没有任何内容的存在。因为人虽然不存在了,但他的名字还存在,他还是被作为家族世系中的一个环节而被后人纪念,他还有他作为个别者的权利,即被埋葬的权利。这在现实性上相当于黑格尔《逻辑学》中的第一个环节:"存在,纯存在——没有任何进一步规定"。个别者死后摆脱了偶然生活的喧嚣,并在家庭中获得了一种普遍的宁静,把自己提升为一种作为死人而存在的纯粹存在。黑格尔的纯粹存在就等于虚无,因为纯粹的存在什么内容都没有,当然就是虚无,那就是死亡。但又是一个最抽象、最普遍的存在本身,纯粹的存在本身,因为人固有一死,没有人逃得了,人就是"有死者",死就是普遍的存在,人都是作为有死者而存在的,或者如海德格尔所说的,人只有"向死而在"才能存在。"这是**直接地、自然地形成的**",就是家族的每个成员固有一死,人在家庭中生下来自然就要考虑这一点,就是上要对得起死去的祖先,我死了,下要对得起我的后代,让家族世代繁荣昌盛。这是不用脑子想的,是直接地、自然地形成的,"不是一种**意识**的**行为**","意识""行为"都打了着重号。就是它不像国家意识那样是一种有意识的行为,而是无意识的,比如尊老爱幼就是如同孟子说的"不虑而知、不学而能"的"良知良能"。但显然,光凭这种非意识、非反思的天生良知是不足以形成伦理行为的。

因此,家庭成员的义务就是把这一方面添加进去,以便使他的最后的**存在**、**普遍的**存在不仅只属于自然,也不停留于某种非理性的东西,而将是一种做出来的行为,并将在其中主张意识的权利。

　　前面讲了，家庭，它的自然血缘的这一方面，它是面对死亡的。神的法则的管辖区就是管人死后，以及按照人固有一死所制定的法则。那么人固有一死，这是自然直接形成的一个普遍的事实，它不是一种有意识的行为。"因此，家庭成员的义务就是把这一方面添加进去"，把哪一方面呢？就是把有意识的行为添加进去。家庭作为一个伦理的实体有这样一种义务，就是把这种意识行为添加进去，使每个人的死成为一种有意识的行为。人的死亡本来不是一个行为，他自然就要死嘛，哪有什么策划好了的呢？但是家庭成员的义务就是要把死亡变成一种行为，一种有意识的安排。就是说，你的亲人死了，你对他的死法必须加以策划，这是你作为家庭成员的义务，"以便使他的最后的**存在、普遍的**存在不仅只属于自然，也不停留于某种非理性的东西，而将是一种**做出来的**行为，并将在其中主张意识的权利"。家庭成员的义务就在这里，人人都会死的，这是每个家庭成员的普遍的存在，但要使这个普遍的存在不仅仅是属于自然的。死当然是属于自然的，但是我要使它具有超出自然死亡的意义，让他在家庭中加上某种身份，使他的死变成一个有意识的行为。当然死于非命那是没办法，但活着的人有义务去为他善后，以便使他的这个最后的普遍的存在不仅是属于自然，也不只是某种非理性的东西，而是一种做出来的行为，这就让死亡成了有意识的行动了。这就在这种死亡的仪式中主张了意识的权利，其实就是个体的权利，就是人死了，你也不能像对待一个自然物那样对待他，而要体面地安葬他，像对一个睡着了的人那样小心地安顿他，这属于意识的权利。

　　或者说，这行动的意义，由于这意义的自我意识到的本质的静止和普遍性在真理中并不属于自然，所以它毋宁说在于那自然自以为拥有的、对这样一种行为的假象将被撤销，而真理将被恢复。

　　这里用另外一句话说，"这行动的意义，由于这意义的自我意识到的本质的静止和普遍性在真理中并不属于自然"，就是人死了以后，他具有了一种静止的普遍的本质，这个前面已经讲到了，他已经是一种单纯的普遍性的宁静,这种本质表面看起来属于自然,但是真正说来、也就是在真理中并不属于自然。表面看起来,自然死亡,人像任何动物一样,都是要自然死亡的,但是人的死亡的意义其实并不属于自然,因为它是自我意识到的本质,是这本质的静止和普遍性。就是说你把意识的权利加进去了以后,你的行为就具有自我意识到的本质了。人的死亡跟动物的死亡意义是不一样的,不一样在什么地方呢? 它是人的一种有意识的行动,这个行动的意义"毋宁说就在于那自然自以为拥有的、对这样一种行为的假象将被撤销,而真理将被恢复"。这个行动的意义就在于去掉假象,恢复真理;什么假象呢? 那自然自以为拥有的、对这样一种行为的假象,这种自然过程的假象将被撤销。自然自以为拥有对这样一种行为的假象,这个假象,Schein,前面多次遇到这个词,有时候又译成"映像",它还有一个意思叫作"证件""证明"。自然自以为拥有对这样一种行为的证明,这种行为的证明就在自然那里:你看,他明明死了嘛,现在叫脑死亡,以前叫停止了心跳和呼吸,通过自然的表征,我们就可以确定、就可以有证据说这个人已经死了。但这只是一种假象,自然自以为拥有的,并不是对这样一种"行为"的证明,而只是对这一自然过程的证明,人的有意识的"行为"并不属于自然。所以这个"假象"在这里有双重含义,自然自以为是证据,但实际上只是假象。而这一假象将被撤销,真相将显露出来,真理将被恢复,这行动的意义就在这里。真相是什么呢? 真相就是这是一种意识行为,人的死亡是一件有意识的行为,当我们把意识的权利加进去以后,死亡就变成一种意识的行为,而不再是一个单纯自然过程,它的意义的真理就被恢复了。

——自然在个别者身上所做的是这方面的事:使个别者之成为共相体现为一个**存在者**的运动。

人的死亡作为一个有意识的行为是不属于自然的;但是从另一方面来说,自然在这一过程中还是有它的作用的,人的死亡在这方面当然还是一个自然现象,那么自然在其中有什么样的作用呢? "自然在个别者身上所作的是这方面的事：使个别者之成为共相体现为一个**存在者**的运动"，"存在者"打了着重号。就是说，个别者还是一个存在者嘛，所谓存在者就是在现实中一个实存着的个别者，一个有血有肉的个体；但个别者要成为共相，前面多次讲到了，个别者要提升到共相，成为普遍的个别者、普遍的人格，要过一种共相的生活，在共相中并且是为了共相而生活。那么这样一个个别者成为共相的过程，在自然中就体现为一个存在者的运动。就是说个别者成为共相，这是由一个个别者从生到死的自然过程体现出来的，正如前面讲自我意识要得到另一个自我意识的承认必须经历生死斗争一样，这不是在脑子里想一想就可以提升得起来的。一个存在者的运动，这里包括个别者的一生，以及他最后的自然死亡，都体现为一个自然的过程，如果离开了自然这一运动是不现实的。哪怕死亡变成了一种有意识的行为，一种意识行为，那么这种意识行为也要体现为一种存在者的运动，一个自然过程。这是自然在形成个别者对自己的普遍意识中所起的作用。

[11] 　　这一运动虽然本身属于伦理共同体之内，并且以此伦理共同体为目的；而死亡就是完结，就是个体作为个体而为共同体所承担的最高工作。

　　"这一运动虽然本身属于伦理共同体之内"，这里整个这一句都是让步句，一直到句号。这一存在者的运动是由自然所体现出来的，但它本身属于伦理共同体之内，这样一个运动已经是一种意识行为了，体现了意识的权利了，那它就是属于伦理共同体之内了，它本身就不再是自然的了，它不再是个别存在者的那种个别的行为，它属于伦理共同体之内，"并且以此伦理共同体为目的"。个别者的死亡是以此伦理共同体为目的，例如安提戈涅的兄弟玻吕尼刻斯就是为了争夺权力而遭到杀身之祸的，他在反叛国家时就已经意识到可能会有这种结局，因此这是一种设计好了的有意识的行为，它是着眼于这个伦理共同体的。所以这种死亡有一种较高的规定性，它已经提升到把伦理共同体作为它的目的了，而不只是人为财死鸟为食亡。所以"死亡就是完结，就是个体作为个体而为共同体所承担的最高工作"，他既然冒着死亡的危险而以伦理共同体为目的，那么死亡就是他整个一生目的的完结，不论他是否达到了自己的目的，他已经完全献身于这个目的了。完结就是这个目的完成，他以伦理共同体为目的，死亡变成了为共同体的目的而奋斗这样一个过程的完结，成了个体作为个体为共同体所能承担的最高工作。"工作"Arbeit，也可以翻成"劳动"，你也可以把死亡看成是劳动过程的一个终结、一个完成，完成了你的一生，这件工作陶冶了你的一生。你是自觉地把自己的死亡设计成这样的，这样一件工作是他一生最高的工作。奥斯特洛夫斯基讲，人的生命是有限的，要把有限的生命投入到为共同体而奋斗终生，为自己的理想而死，这是个体作为个体为共同体所承担的最高工作。

但是，就个体本质上是个别者而言，当初他的死亡与他为共相所做的工作有直接关联，以及他的死亡是他的这一工作的结局，这是偶然的；

我们先看这个分句。"但是"，这个"但是"就是转折，前面讲的是"虽然"，虽然这样个存在者的运动属于伦理共同体之内，并且以此共同体为目的，那么按照这种观点就是说，它不是完全自然的，而是设计好了的，有目的有预谋的，所以你还不能把它看成一个单纯自然过程的体现。而这里这个"但是"就是反过来讲，说这一过程毕竟还是自然过程的体现。当然，这样一种自然的体现它还是属于伦理共同体的。"但是，就个体本质上是**个别者**而言，当初他的死亡与他为共相所做的工作有直接关联，以及他的死亡是他的这一工作的结局，这是偶然的"，就是说，整个这件事都是偶然的，因为这个个体本质上是个别者，"个别者"打了着重号。你为伦理共同体而奉献终身，但是你只是一个个别者，你当初选定这一终生抱负是偶然的，你最终为此而牺牲了生命也是偶然的。虽然你估计到有可能死，但你还是寄希望于成功，只不过人算不如天算，历史的偶然性使你只能抱恨而死。据说奥斯特洛夫斯基临死时也说，我们造就的东西和我们当初为之奋斗的完全不同。这种偶然性正是由过程的自然性质带来的，自然过程总是在你的意识控制之外。玻吕尼刻斯献身于整个共同体，这个没有伦理的必然性，只是因为他生为王子，这种自然出身使他去追求王位，而自然也没有必然保证他一定成功。所以在自然中这个存在者的运动跟这个伦理的共同体发生关系，以及最终导致死亡的结局，这都完全是偶然的。从伦理共同体来看这个行为，他必死无疑，因为这属于叛国罪；但从自然过程来看，他不过是算计不精，或者力量不够，失败了而已，成者为王败则寇，哪有什么绝对的正义。那么这就有两方面，一方面就他是属于自然的存在者而言，另一方面是就他属于伦理共同体而言。下面就来讲这两方面。

一方面，如果他的死亡当初就是这样，那么死亡就是**自然的**否定性，就是作为**存在者**的个别者之运动，在这种运动中，意识并不返回自身，并未成为自我意识；

这又是一个分号，我们来看这个分句。"一方面，如果他的死亡当初就是这样"，也就是根据上面讲的，他的死亡与他的工作只有偶然的联系，导致这样的结局也是偶然的，一开始就是这样。"那么死亡就是**自然的**否定性，就是作为**存在者**的个别者之运动"，"自然的"和"存在者"打了着重号。就是说，如果你仅仅从这个自然本身的存在者的运动来看待这样一个把个别提升为共相、为共相服务的行为，那么死亡就是自然的否定性，自然否定了这个行为，使这一行为终止了、完结了。人死了就不能够复活了，那么自然的偶然性终止了他的这个向共相提升、为共同体服务的行为，这行为不过就是个别者作为存在者的运动而已。玻吕尼刻斯不过是一个自然的存在者，能力有限，所以在争夺王位时失败了，这只是一个力量对比问题，纯属偶然。"在这种运动中，意识并不返回自身，并未成为自我意识"，就是说，他的行为是被自然所终止的，不是意识所能控制的，那么在这种运动和终止中，意识并不返回自身，在这种死亡上面并没有达成自我意识。他知道自己会死，但是他并没有把这个死归结为自身，他可以推到自然身上，并未成为自我意识，这是一个方面。也就是说，一方面行动只是一个自然过程，它行动的否定性也只是一种自然的否定性,还没有在这上面达到自我意识,这是从自然的方面来看的。

或者,另一方面,由于**存在者**的运动就是存在者被扬弃并达到**自为存在**的运动,死亡就是分裂的一方,在其中,存在者所达到的自为存在是一种别的东西,已不同于当初进入运动的那个存在者了。

前一方面是自然的,从自然的方面来看,那么人到死了,就是自然终止了,那没办法,有什么遗憾的那也只有推到自然身上去。但是"另一方面,由于**存在者**的运动就是存在被扬弃并达到**自为存在**的运动","存在者"和"自为存在"都打了着重号,这是表示对照和区别。前面是存在者的运动,现在变成了自为存在的运动,也就是变成了自觉自愿的行动。前面一句中的存在者是自在的存在,现在达到了自为的存在。存在者的运动把自身扬弃了,他自我扬弃,变成了自为存在,他是一个自觉的能动的过程了。在这种情况下,"死亡就是分裂的一方,在其中,存在者所达到的自为存在是一种别的东西,已不同于当初进入运动那个存在者了"。死亡就是分裂的一方,死亡在这样一个运动过程中,并不单纯是一个结果,一种完结,而是一种分裂。分裂什么呢?分裂存在者,把自然的存在者一分为二。本来是自然的存在者,存在者的运动是一个自然过程,人都是要死的,人死了就没办法了,那就归于自然了。而现在,死亡是分裂的一方,在其中,存在者已经进入到了自为存在,这是一种另外的东西,而不再是自然的东西了。自为存在是一种更高的东西,不同于当初进入运动的那个存在者。当初进入运动的是一种自然的存在者,是个自然过程,但死亡在生和死之间作出了一个分裂,使得存在者提升到了自为存在,使得存在者自身自我扬弃,达到了自为存在,而这个自为存在必定是一种别的东西。所谓别的东西,就是不同于自然的存在者,人已经不是自然物了。人都是要死的,但是人的死亡跟动物的死亡已经不一样了,人的死亡是一种自为存在的死亡,他可以"杀身成仁,舍生取义"。那么死亡在这里就有两个方面的意义,一方面它还具有自然的含义,另一方面,它把存在者提升为自为的存在,它使存在者自身分出一个高级阶段,除了自然的存在之外，还有一个自为的存在，一个自我意识到的存在。这样，经过死亡的分裂，意识提升为自我意识，存在者达到了自为存在。

　　——因为伦理是精神在其**直接的**真理性中，所以精神的意识分化而来的那两个方面也具有这种**直接性**的形式，而个别性就转变为这样一种**抽象的**否定性，这否定性**在自己本身**没有任何安慰与和解，**本质上必须借助于一种现实的和外在的行动**才得以和解。

　　"因为伦理是精神在其**直接的**真理性中"，"直接的"打了着重号，或者说，因为伦理是在真理性中直接的精神。伦理是一种精神，是精神的一个直接阶段。"所以由精神的意识分化而来的那两个方面也具有这种**直接性**的形式"，由精神的意识分化而来的两个方面，就是人的法则和神的法则，国家意识和家庭意识；而在家庭意识中则体现为刚才讲的个别者的那两方面，一方面，它是自然的，另一方面，它是自为的。自然的也好，自为的也好，这两个方面都具有这种直接性的形式，自然的是直接的，自为的也还是直接的；直接的形式是什么样的呢？"个别性就转变为这样一种**抽象的**否定性，这否定性**在自己本身**没有任何安慰与和解"。个别性方面，在这里就是自然的这样一种存在者的方面，因为家庭首先是以个别性作为它的内容、作为它肯定的对象的，那么这种个别性在家庭里面就转变为这种抽象的否定性。个别人死了，死了就没了，存在成了非存在，所以这死亡是一种抽象的否定性，一种自然的否定性，人死万事空，它是一种虚无。这否定性自身没有任何安慰与和解，在自然状态下，个别者是完全孤独的，他自己的肉体死亡本身是没有安慰与和解的，一旦他的肉体已经不在了，那就什么都没有了。所以，他"**本质上必须借助于一种现实的和外在的行动**才得以和解"。也就是说你的这种死，你只有借助外在的他人，你在这个家庭中还有你的亲人，你还有你的同胞，所以你要得到本质上的安慰与和解，只有借助他们的现实的和外在的行动，由还活着的人从你的外面来对你的死进行善后，这才是对死者的一种安慰。死亡本身谈不上什么安慰，作为自然过程是个别者不能接受的，但是可以由留在世上活着的人来对死者加以安慰,在这个层面上让死者与死亡达成和解。他不能从自然中得到安慰,但是可以从家庭中世俗的、现实的人那里得到安慰、得到和解。

　　——因此,血亲关系就这样来补充抽象的自然运动,即它把意识的　{245}
运动添加进来,把自然的工作打断,把血缘亲属从毁灭中救出来,或者不
如说,由于毁灭、亦即变成纯粹存在是必然的,于是血亲关系就自己把毁
灭的行为业绩承担起来。

　　"因此血亲关系就这样来补充抽象的自然运动",那种抽象的否定性,我们刚才讲了,是自然的否定性,自然的否定性是没有安慰的。人生不满百嘛,有几个人能活过一百岁呢?这个没有安慰的。于是血亲关系就这样来补充抽象的自然运动,也就是,"它把意识的运动添加进来"。这个我们刚才已经讲了,在自然的过程里面加入了人的意识,加入人的意识运动,首先是由血亲、由你的亲人把这种意识加入进来。死者着眼于我还有亲人在世上,他们会为我安排后事,我跟他们交代后事,我死后你们要把我怎么样,不要把我怎么样。总而言之,血亲关系把意识运动添加进自然运动中来,"把自然的工作打断"。自然它本身有它的工作,自然过程就是死了就死了,扔在那里,野狗就会来吃他,老鹰就会来啄他,虫子就会来咬他,这都是自然过程。但是,亲人们把这种自然的过程打断,"把血缘亲属从毁灭中救出来",也就是说把他埋葬,给他一口棺材,你再没有办法,至少你也得给他一床席子,包起来埋掉。最悲惨的,就是连一床席子都没有,这个是要不得的,人死了丢在野外喂野狗,那怎么行呢?至少他的亲属是不答应的,你得把亲属从毁灭中救出来。"或者不如说,由于毁灭、亦即变成纯粹存在是必然的,于是血亲关系就自己把毁灭的行为业绩承担起来"。血亲关系把这个毁灭的行为业绩承担起来,人肯定是要死的,这个没办法,毁灭,变成纯粹存在,这是必然的,是逃不了的,那么怎么办呢?血亲关系就自己来承担这个毁灭的行为业绩,即算他要毁灭,他要怎么毁灭,这也是后人来安排的事,不能把他完全交给自然,

交给野兽，要把它承担起来，给他一口棺材。他要腐烂，就在棺材里面腐烂，不能够曝尸野外，要把它承担起来，这是我们的责任。他的毁灭过程是我们的责任，我们要承担这件工作，这是我们的工作，这不是自然的工作，要把自然进程打断。尸体放了几天，开始有气味了，那么我们要赶快把他埋掉，要中断自然的过程。虽然他的死不是我们的责任，但是他死亡的毁灭过程是我们的责任，是我们的义务。

——由此所造成的是，就连**死去的**、普遍的**存在**，也成了一种返回自身的东西，一种**自为存在**，或者说，那种无力的和纯粹**个别的**个别性被提升到了**普遍的个体性**。

"由此所造成的是"这样一个后果，"就连**死去的**、普遍的**存在**"，"死去的""存在"打了着重号。也就是人皆有一死这个普遍的抽象的存在，"也成了一种返回自身的东西，一种**自为存在**"。死去的存在现在成了返回自身的自为存在，一种自觉的、被意识所控制的存在。当然死了就没有意识了，但在死前可以预作安排，让后人去实行，所以死的过程和死后事宜仍然是由自己的意识所控制着的。家族的介入，使得死了的人也提升成为自为的存在，也许他遭遇死亡是一个自然过程，也许他是偶然的意外，但是他活着的时候就知道，万一他死了，总会有后人来安排善后，因为他还有家人。他的亲属使得他的死提升为一种自为存在，使他从自然的毁灭中摆脱出来，或者说，维护了死者的尊严。死者在不由他支配的死亡上面借此成为了一种返回自身的东西，因为我们埋葬他，是按照他的意愿，维护他的尊严，使他的死也成了一种自为存在。"或者说，无力的和纯粹**个别的**个别性就被提升为**普遍的个体性**"，纯粹个别的个别性是无力的，在自然面前、在死亡面前是无力的，但是由于他的亲属关系，所以他就被提升为普遍的个体性了。个体性（Individualität）与个别性（Einzelnheit）相比，层次更高，因为个别性它本来的意义只是逻辑上的、抽象自然的，而个体性则是现实的、具体的，本身是精神性的；个别性有可能是"个别的个别性"，而个体性本身就是有普遍性、精神性的。我们前面讲过,个体性、个体主义者不等于自私自利,自私自利完全是个别的,是自然的。所以,当个别者从个别性提升为普遍的个体性,那他就具有了人的尊严,就具有人性的尊严,不是可以由自然随便摆布的了。

由于死者已把他的**存在**从他的**行为**或否定的一中释放出来,所以死者是空洞的个别性,只是一种被动地**为他的存在**,听任一切卑鄙的无理性的个体性和抽象物质的力所支配,因此,无理性的个体性,由于它所具有的生命,而抽象物质的力,由于它们的否定的自然,现在都比死者更有力量。

这句话是讲死者属于一种什么样的状况,"由于死者已把他的**存在**从他的**行为**或否定的一中释放出来",把他的存在释放出来,"存在"打了着重号。死者已把他的存在释放出来,从什么地方释放出来呢?从他的行为,或者是从他"否定的一"中释放出来。什么是"否定的一"?就是他作为一个个体,有权说"不"。什么叫释放出来?就是死者已经控制不了他的存在了,他的存在已经不受他控制了,已经不受他的行为、不受他的否定的一所控制了,他的存在就在那里,但是这个存在不是受他的行为控制的,也不是他能够说"不"的,他已经死了,他不能说我不想死,死者已把他的存在从他的行为或者说从他的否定的一中释放出来了。"所以死者是空洞的个别性",死者还是一个个别性,是他死了,不是别人死了,但是这个他,这个个别性是空洞的,他再也不能控制了。他"只是一种被动地**为他的存在**",死了以后就是为他的存在,死者是被动的存在了,人家要把他怎么样就能把他怎么样了,你一点办法也没有,哪怕你生前身为帝王,贵为王者,死了以后你也只能放在棺材里头,供人观赏,供人瞻仰,你还能怎么样?你死前可能说,我死后要怎么怎么样,但是已经死了那就由别人来摆布了。你说我死了以后不要留尸骨,要烧掉,但是死了以后人们把你装在水晶棺材里面向外人展览,那你也无可奈何呀,你还能怎么样?别人违背他的遗愿,那他也没办法。他完全是被动地为他存在了,"听任一切卑鄙的无理性的个体性和抽象物质的力所支配"。

卑鄙的无理性的个体性，也就是那些心怀怨恨的人，比如说克瑞翁，假借国法的名义，命令将不再有危害性的玻吕尼刻斯的尸体丢弃野外，不得收尸，这种命令完全是无理性的。抽象物质的力，自然界的野兽呀，雨雪呀、风霜呀、阳光暴晒呀，都足以支配死者的遗体。死者自己对这两方面的侵害都无可奈何了。因此，"无理性的个体性，由于他所具有的生命"，无理性的个体性，由于他还有生命，他还活着，对死者占有绝对的优势，能够任意处置他的遗体。"而抽象物质的力，由于它们的否定的自然"，抽象物质的力对于有机体来说是一种否定的自然，或者说有一种否定的本性，要解构、要瓦解这样一个有机物。所以这两方面"现在都比死者更有力量"。现在这些东西，无理性的个体性，以及抽象物质的力，都比死者更有力量，死者只能够听任他们去摆布了，一点办法都没有了。

[12]　　那些无意识欲望和抽象本质的这样一种玷污死者的行为，被死者的家庭所阻挡，家庭以自己的行为取代了它，让这位亲属与大地怀抱这个始基性的永恒的个体性结缘；家庭由此而使这位亲属成为一个共同体的同侪，这个共同体毋宁说把曾想对死者为所欲为和毁灭死者的那些个别物质的力和低级的生命活动保持在受控制和受约束的状态。

　　这个是讲的埋葬。"那些无意识欲望和抽象本质的这样一种玷污死者的行为"，为什么叫玷污死者的行为？就是把死者当成一个毫无反抗能力的、完全被动的存在而肆意的、任意的来处置、来瓦解，这是对死者尊严的一种玷污，这是无理性的个体性的"无意识的欲望"为了泄愤而干出来的事；再就是大自然的"抽象本质"，当你把死者交给大自然的抽象本质去听凭处理，任凭野狗呀、老鹰呀、苍蝇呀，以及风霜雨雪去处理，让他和所有其他的自然物没有什么两样，人死了变成土了嘛，人就是一抔黄土，那还有什么尊严呢？这也是一种玷污。但是在亲人的心目中，他还是一个个别者，还是一个个体，还是个人，在他们的回忆中，在他们的纪念中，他还是一个人，所以这样一种玷污行为，"被死者的家庭所阻挡"，不能让他受到这种玷污，要把他加以埋葬，要以规矩的方式，合乎礼仪的方式,对死者加以尊重。所以"家庭以自己的行为取代了它,让这位亲属与大地怀抱这个始基性的永恒的个体性结缘",结缘,vermählen,本意为"结婚",他用结婚这样一个比喻,形容把亲人埋葬在大地怀抱里面,是跟大地母亲结婚。大地是一个"始基性的永恒的个体性",始基性的,elementarisch,也可以译作"元素的",在希腊神话里面,大地之神就是盖亚,是最古老的神,为众神之母;而希腊哲学中宇宙的四大元素是水、火、土(地)、气,它们分别被不同的哲学家当成宇宙的"始基"(arche)。人类当然来自于土,并且复归于土,但不是随意丢弃和瓦解,而是安眠在大地之神的怀抱,跟大地这个始基性的永恒的个体性结缘。大地也被当作了一个个体性、一个神,被当作一个有意识的对象,当然它所代表的是阴间的、神的法则。"家庭由此而使这位亲属成为一个共同体的同侪,这个共同体毋宁说把曾想对死者为所欲为和毁灭死者的那些个别物质的力和低级的生命活动保持在受控制和受约束的状态",家庭由此而使这位死去的亲属仍然保持在共同体内部,不让他毁灭于大自然之中,不让他毁灭在那些无理性的心怀恶意的人手中,而是成为一个共同体的同侪。Genossen,本意是同志、伙伴的意思,中文"同侪",是同类、同辈人的意思。我曾经想把它翻译成"同胞",但是同胞是有血缘关系的,"同志"则没有血缘关系。但真要译作"同志",它又含有别的意思,即共同的志向和目标,在这里是多余的。所以还是译作"同侪"比较好,血缘的意思很淡,也没有多余的意思。家庭使死者成为一个共同体的同侪,这是一种提升,也就是提升到血缘关系之上了,它谈化了血缘关系,不再仅仅是一种自然血缘关系,而是成为了一个阴间的共同体的同侪,可以与阳间的共同体即国家的公民相对立了。虽然他死了,但是,他作为一个人格,他仍然是我们的同侪,仍然是我们的伙伴。虽然肉体上他已经消灭了,但是通过家庭伦理精神的维系,他作为一个人格成为了某种共同体的同侪。而这共同体的法则,也就是大地之神的法则,对那些想对死者为所欲为和毁灭死者的行为加以阻挡,或者使它们保持在受控制和受约束的状态。死者肯定是要受到自然力的瓦解的，但必须有法则来制约，让这一过程进行得慢一些，有条件的，如古代帝王，还要采取防腐措施，使尸体能够保留得尽可能长久，并且埋在人家挖不到的深处。所以这体现了人的一种意识的作用，不能像动物一样，人死了以后就被食腐动物吃了，那是不行的，要控制这一点。所以家庭的作用在这一点超越了自然，虽然它本身是自然的，但是尽量要超越自然的作用，要使自己作为一个伦理共同体，能够凌驾于自然之上。

这最后的义务于是就构成了完全的神的法则，或者说构成了对个别者的肯定的伦理行动。

"这最后的义务"，就是善后，人死了以后如何善后，这是家庭成员对他最后的义务，"于是就构成了完全的**神的**法则"。前面已经讲了，人的法则是对待生者的，神的法则是对待死者的。怎么处理死者遗体，要按照神的法则，这个跟现实生活没有关系。现实生活中可能有好人也有坏人，有的人作恶多端，但是人死了以后你总得有另外一套法律，所以西方人一般来说，人死了以后，就不去追究了。当然也有追究的，像墨索里尼，法西斯头子，死了以后被人曝尸街头，后来西方人发现这是不对的。不管他生前做了什么样的恶，你不能把他曝尸街头，他有神的法律管着，这就是神的完全的法则，是人的法则管不着、完全应该由神来管的事。西方人信基督教，相信不管什么人，都有一种法律管着，你可以说不让他埋进教堂墓地，埋在什么地方都可以，但是你要埋他，你不能像处理自然物，像死了一条狗一样把他扔到大街上或野地里，那是不对的，他这个时候要由神的法律来管。"或者说构成了对个别者的肯定的**伦理**行动"，个别者死了，这是他的必然性，人都是要死的，但是你要按照神的法则来处理他，这才是一种肯定的伦理行动。他是一个人，尽管他生前做的事情不像人事，甚至不人道，但是你还是要肯定他是一个人，你的行动才是一个伦理行动，"伦理"打了着重号。所以最后由他的家人来给他收尸，这是一个伦理的行动，不管他是一个什么样的人。在他家人眼睛里面，他毕竟是一个人，我看着他出生的，他跟我一起长大的，他是我的亲人，那么我有义务为他收尸，这是合乎伦理的行动。

　　对于个别者的一切其他的、不是止步于爱，而是伦理性的关系，都属于人的法则，都有否定的含义，即要把个别者提升到超出他作为现实的个别者所隶属的那个自然共同体的封闭性之上。

　　对照上面完全是神的法则，"对于个别者一切其他的、不是止步于爱，而是伦理性的关系，都属于人的法则"。刚才讲了埋葬亲人，这是一种完全属于神的法则的伦理行动；那么对个别者还有其他的伦理关系，只要不是止步于爱，而是伦理性的关系，那都属于人的法则。这里又把爱和伦理性的关系区别开来了，止步于爱那还不是伦理性的关系，仅仅是由于爱他你才去埋葬他，那么如果你不爱他，你也就可以不埋葬他了。如果你们两兄弟感情不好，难道你就可以不埋葬他吗？你跟你的父母关系不好，长期以来对立，难道你父母死了就可以不埋葬了？所以这个伦理关系它不是属于爱的，如果仅仅是止步于爱，那就不是伦理关系了，那仅仅是一种自然关系、情感关系。而这里讲的是超出爱的情感之上的一切其他的伦理关系，不限于埋葬亲人这种伦理关系，那么这方面的一切其他的伦理关系都属于人的法则。神的法则只管埋葬死者，对于个别性的其他那些伦理关系，都是人所立的法则，是人法而不是神法。这些人法"都有否定的含义"，有什么样的否定含义？就是前面讲的，对家庭具有一种否定的含义，对人的自然本性具有一种否定的含义，这就是"要把个别者提升到超出他作为**现实的**个别者所隶属的那个自然共同体的封闭性之上"。要使个别者提升于封闭性之上，要打破个别者的封闭性，这就是人法的否定的涵义。什么封闭性呢？他作为现实的个别者所隶属的那个自然共同体的封闭性，要打破个别者所属的家庭的封闭性。家庭作为自然共同体它是封闭的，当然家庭作为伦理实体它又是开放的。我们前面讲了，家庭自我否定，在家庭内部就培养出适合于社会生活的公民，所以它是开放的；但是作为自然共同体，它是封闭的，是由血缘维系的关系。我跟家庭之外的人没有血缘关系，那我跟他之间就没有任何关系，这种状态现在要发生改变、要遭到否定了。这就是恩格斯在《家庭、私有制和国家的起源》中所说的，古希腊奥列斯特神话反映出私有制的法权关系"炸毁"了原始氏族公社血缘关系的纽带，人类开始进入到阶级社会的情况。在此之前，个别者是作为"现实的个别者"而隶属于自然共同体，并且封闭于其中的，而不是在法律意义上隶属于家庭的。希腊神话中说，奥列斯特的母亲与人通奸，杀害了他的父亲，于是奥列斯特为父报仇，谋杀了自己的母亲，被告上法庭。控诉人在法庭上依据血缘关系说，他母亲与他有血缘关系，而他母亲与他父亲没有血缘关系，所以虽然都是杀人犯，他比他母亲的罪更重，应判有罪；辩护人则依据法律关系说，他只杀了一位家庭成员，而他母亲不但杀了自己的丈夫，而且杀了自己儿子的父亲，相当于双重谋杀罪，两相抵消，奥列斯特不但无罪，而且是正义的。控辩双方相持不下，最后由主审法官雅典娜裁定，辩护有效，奥列斯特无罪，从此家庭血缘关系的现实性就让位于法律关系的普遍性了。奥列斯特是他母亲生的，这是一种自然事实，但现在城邦法律介入进来，不再按照家庭的自然的现实性，而是按照法律、按照刑法和民法来处理家庭关系了。这就是我们今天在比较中西社会历史和文化差异时最需要关注的、最重要的关键之处，也就是人的法则具有一种否定性，它能够把个别者、个体从这种禁锢在自然现实性中的家庭关系里面超拔出来，提升到血缘关系的封闭性之上。没有这一文化转型，所谓依法治国、法律至上，所谓把权力关进笼子，所谓建立起让官员不敢腐、不能腐的制度，都是难以实现的。

但既然人的权利当作自己的内容、当作力量来拥有的已经是现实的、意识到这力量的伦理实体，即整个民族，而神的权利和法则所拥有的却是在现实性的彼岸的个别者，所以个别者并不是没有力量的；

我们先看这半句。"但既然人的权利"，为什么说"但"呢？前面讲的都是法则,神的法则,人的法则,人都必须按这些法则去做;但在权利方面呢,这种权利"当作自己的内容、当作力量来拥有的已经是现实的、意识到这力量的伦理实体,即整个民族",权利 Recht,前面翻译成法权,这个地方翻译成权利,小标题就是"个体的权利"嘛。人的权利已经把现实的意识到力量的伦理实体、也就是整个民族当作自己的内容与力量来拥有了,这个"力量"Macht,本来也可以翻译成"权力",如政治权力、行政权力,但是我们在这里翻译成力量,因为他讲的是人的权利,权利与权力是不一样的,"利益"的"利"与"权力"的"力"是不一样的,不要搞混了。人的权利现在是以整个民族为其内容与力量了,也就是作为国家的公民,他的权利是国家法律所承认所保障的,所以能够把整个伦理实体当作自己的内容和力量来拥有。个人的合法权利谁也不允许损害,否则就是伤害了整个民族,会受到公权力的惩罚和制裁。这样的民族已经是意识到自己的权力是保护公民的人权的,而每个公民也意识到自己所属的伦理实体是"权为民所用"的。另一方面呢,"而神的权利和法则所拥有的却是在现实性的彼岸的个别者",神的"权利"这里是和上面人的权利对照的,其实也可以译作神的正义,Recht 也有正义、公正的意思。也就是神的正义的法则保障了个别者超越于一切现实性之上的彼岸性,不会受到现实关系变化的干扰,因此使这种个别者带上了神圣性。而这两者是同一个伦理实体的两个不可分割的方面,其中的个别性在现实生活中体现为个体人权,而在彼岸神的法则中体现为不可侵犯的超越性。"所以个别者并不是没有力量的",个别者在现实的城邦社会生活中由人的法则有力地保障了他的权利,而在神的法则那里则获得了自身的神圣性。比如我们说私有制的基本原则就是"私有财产神圣不可侵犯",私有财产不允许侵犯就行了,为什么还要加上"神圣"二字? 正是为了标明它对现实的超越性。我维护我的财产不只是维护我的现实利益,而且是维护我的人权,我的神圣的权利,我的尊严。所以神的法则虽然不直接管现实社会生活的事,而只维护死后的个别者的尊严,看起来好像对现实生活没有影响，其实它正是人的法则的终极保障。西方法治社会一系列普遍原则如自由、平等、独立、人权、公平、正义等等的后面，其实都有宗教的背景、最终是神的正义在作支撑，不是单纯作为治国的技术手段可以解释的。

他的力量就是**抽象的**纯粹**共相**，是那种始基性的个体，这种个体把从元素中挣脱出来并构成着民族的自身意识到的现实性的那种个体性，拉回到作为个体之本质的纯粹抽象之中，正如这本质是那个体性的根据那样。

既然个别者在这两方面都体现出他的力量，那么他的力量是什么呢？"他的力量就是**抽象的**纯粹**共相**，是那种始基性的个体"，一个是抽象的纯粹共相，"抽象的"打了着重号，个体的、个别者的力量是抽象的纯粹共相。具体来说，它分成一个是人的法则，一个是神的法则，但是合起来看，它是抽象的纯粹共相，也就是那种"始基性的"个体。elementarisch，前面也译作始基性的，就是基本元素、基本要素的概念，是最抽象、最根本的个体。"这种个体把从元素中挣脱出来并构成着民族的自身意识到的现实性的那种个体性，拉回到作为个体之本质的纯粹抽象之中"，抽象的个体把那种在民族中实现出来的个体性拉回到纯粹抽象中，拉回到个体的本质中。这种现实的个体性本来已挣脱了自己的抽象元素（Element）或者说始基，而下降到构成民族的自身意识到的现实性，在城邦中表现为人的法则所规定的个体性即人的权利，具有了人的现实的世俗力量，就是前面讲的，作为现实的个别者，由人的法则所赋予的权利以整个民族为其内容和力量。但现在，始基性的个体把这样的个体性重又拉回到作为个体本质的纯粹抽象之中，拉回到神的法则的那种抽象之中。神的法则是一种纯粹抽象，是彼岸的纯粹的存在，是只有在死人那里才超越于任何内容之上的永恒静止的存在，是纯粹个别性的本质。那么人的力量这时就把人的现实的个体性拉回到作为其本质的纯粹抽象之中，拉回到那种抽象的个体之中，所有这些个体性的力量最终都只有在这种抽象个体的本质之中才能立得住脚,抽象的个体就是人作为一个有死者,他是一个独立的个体,有死者是人的本质,人都是要死的。"正如这本质是那个体性的根据那样",有死者是人能够在世界上作为个体行动的根据,神的法则是人的法则的根据,神的法则最后把人拉回到你是一个有死者,因为这本质就是你的个体性的根据。在神的法则中,个别的人被规定为个体,而在人的法则中,他体现出他的个体性。他在现实生活中把他个体的个体性体现出来了,体现为人的权利,体现为人是一个公民,体现为人的财产关系、法权关系等等,这些东西都是他的个体性的体现;那么最终他是有死者,他在世上走了一遭,活了一辈子,最后盖棺论定,我们对他进行评价,才能把他当作一个完整的个体。这时我们是立足于神的法则来评价他在这个世界上的生活、他的个体性的表现,并将这些表现归于他的个体。所以在人世的生活呢,它还不是个体,它还没完,它只是表现为个体性;只有死了以后,他才回归到一个完整的个体,我们才可能完整地评价他这个个体,他的一生。

　　——至于这种力量在民族自己身上如何体现出来,后面还将进一步得到展示。

　　"至于这种力量",这种力量也就是个体的这样一种力量,"在民族自己身上如何体现出来",就是在民族的生活中,在民族自己的现实生活中,这种力量怎么体现出来? 个人的力量、人的权利如何在公权力、在国家权利身上体现出来? 这就是下一个标题所要讨论的问题。这将显现为两种规律的交互运动,人的法则和神的法则,它们之间相互依赖,相互转化,相互渗透,相互作用,由此体现出个体的力量在民族的社会生活中所激发出来的矛盾和冲突。今天要讲的就到这里。

＊　　　　　＊　　　　　＊

　　上次讲到了人的法则和神的法则,它们分别体现为一个政府、一个家庭,这两个环节。这两个环节的法则本身并不是隔绝的,而是互相纠缠的，交互作用的，上次的最后那一句话已经提示了，个人的力量在民族自己身上如何体现出来？家庭和神的法则作为个别者的归宿，一方面这种个体的力量在国家权力上如何体现出来，另一方面国家民族的力量又如何在家庭里面得到支持，这就是下面要进一步展示的。为此编者加上了一个标题，叫作"两种法则的运动"，就是人的法则和神的法则的交互作用的运动，要在它们的运动中去考察它们的关系。

［Ⅱ. 两种法则的运动］ 在这两种法则的任何一种里，现在也都有一种**区别**和**阶段**。

要讲两种法则的运动，那么在运动中肯定是能够划分出一些阶段来的，由于有这些阶段，肯定也有一些区别。下面讲的就是在这两种法则运动中它们的阶段划分，阶段划分的根据是什么呢？就是这两种运动各自的内在的"区别"。

由于两种本质在它们本身都有意识的环节，所以在它们自己内部就展开着这种区别，而这就构成了它们的运动和它们特有的生命。

"由于两种本质在它们本身都有意识的环节"，每一种本质，无论是家庭、神的法则，还是民族、国家，人的法则，它们都是自我意识，因此它们都拥有意识的环节，那么，每一方在它们自己的内部就展开着这种区别。我们知道意识本身就是一种区别的原则，意识就是把自己与对象区别开来，自我意识就是把自己跟自己区别开来，都有区别的环节。那么，在这两种法则内部就各自都展开着这种区别，"而这就构成了它们的运动和它们特有的生命"。由于有这些区别，有意识和自我意识的内在区别，这就构成了它们的运动。这种区别在它们里面发生冲突，发生交互作用，使它们焕发出各自特有的生命。特有的生命，就是每一方它都有它自己的生命。

对这些区别的考察，显示出伦理世界这两种**普遍本质**的**运作**方式与**自我意识**方式，以及它们之间的相互**关联**和**过渡**。

"对这些区别的考察"，这是下面要做的考察，下面要做的就是对这些区别的考察，"显示出伦理世界这两种**普遍本质**的**运作**方式与**自我意识**方式"，这两种法则是伦理世界的两种普遍本质，法则就是本质，这两种法则的运作方式与自我意识方式，其实它们的运作方式就是它们的自我意识方式，因为它们是靠自我意识内部的区别来运作的。"以及它们之间的相互**关联**和**过渡**"，一方面它们的本质各自都有自己的运作方式和自我意识方式，另一方面，它们相互之间又有一种相互的关联和过渡。下面有几个小标题：第一个小标题是 [1.政府，战争；否定力量]；第二个小标题是 [2.作为兄弟与姐妹的男性与女性之间的伦理关系]；第三个小标题，第16页，[3.神的法则与人的法则双方互相过渡]。刚开始这句话就把这三个小标题的内容都概括了，也就是说，首先我们谈政府这方面，它的区别，它的运作方式和自我意识方式；接下来我们谈家庭，它内部的普遍本质的运作，以及自我意识的方式；那么第三个小标题就是神的法则和人的法则双方互相过渡。我们先看下面第一个小标题：

[1.政府，战争；否定力量]

从政府、从国家这方面来看，国家是第一的，我们前面讲了，谈伦理首先谈国家，谈政府，然后再谈家庭，这是黑格尔伦理观的一个特色。这跟我们中国人讲的很不一样的。我们中国人是从家庭开始，而黑格尔是从政府开始。我们知道西方的国家的概念，首先是古希腊城邦概念。城邦的概念绝对不是家庭，城邦跟家庭是两种对立的原则。所以首先要谈政府，这是他们社会的根基。家庭当然也是，在政府中作为成员也是一家一家的，并不是说西方的社会就完全是单子了，也是一家一家组成的，但是那个上不了档次。如果没有政府的话，那些一家一家的就仅仅停留在"类"的层次，我们上次也提到这一点，如果没有政府，没有人建立的法则，仅仅是自然的法则，那就只是类，而不是伦理。对于类的自我意识，前面讲自我意识的时候已经讲过了，那当然是个基础，但是那没有上升到伦理，还是自然血缘关系，那跟动物没有很大区别，唯一有区别的是，类已经有自我意识，使得这种关系成为了类。但是光有自我意识，它还没有成为伦理呀，没有成为社会规范，要成为社会规范，那必须首先要有政府。这是我们要紧扣的黑格尔的伦理观的一个特点，凡是他谈家庭的时候，都力争把家庭提升到伦理的水平。靠什么来提升呢？靠一种法则，这个法则在前面"立法的理性"和"审核法的理性"那里已经作了准备。所以家庭也好，政府也好，都是立法的，都是一种法则，而不是情感，他把情感放到了一个比较低的层次，情感和一般的爱这些东西都是附属的，不是本质性的。我们上次讲到，第八页的最后一行：家庭成员之间的伦理联系不是情感联系或爱的关系。情感联系和爱的关系有，但是它不是伦理的联系，它是自然的联系，或者它是类的联系，家庭成员之间真正的伦理联系只能是合法的关系。所以我们要理解黑格尔的话，我们首先要把从中国传统中带来的这样一种先入之见先放在一边，来看看他是怎么说的。

{246}　　**共同体**，作为在日光下公开有效的地上的法则，在**政府**中有自己现实的生命活力，因为它在这里面就是个体。

　　"**共同性**"（Gemeinwesen）是共相，是普遍性的存在者，它是"在日光下公开有效的地上的法则"，是在日光下白天的法则。前面讲到白天的法则和黑夜的法则，那么政府作为共同体，它是白天的法则，政府是在日光下公开有效的，它具有公开性。古希腊城邦作为一个典型的例证，城邦民主制，它是公开的。我们今天也讲要公开、公平、公正，这最早就是古希腊的原则。"公开有效的地上的法则"，地上的法则也就是人世的法则，人间的法则，它跟地下的法则、阴间的法则是对立的。后面讲到了地下的法则，神的法则是地下的法则，而人的法则是地上的法则，是管人间的事情的。"在**政府**中有自己现实的生命活力"，"政府"打了着重号。那么共同体要体现为政府，一个国家、一个共同体必须要有个政府，没有政府不行，只有在政府中它才有自己现实的生命活力，只有有了个政府，它才有了活力。近现代以来无政府主义想要取消政府,但取消了政府,那共同体就没有活力了。谁来担责任呢? 谁来主政呢? 所以政府是体现了共同体现实的生命活力的。"因为它在政府中就是个体",共同体在政府中它是个体,虽然它本来是共相,但是如果没有政府,这个共相是空的,大家都是共同体,但是如果没有政府的话,各种力量互相抵消,它就没有活力。为什么没有活力,因为它不成其为一个个体。所以有了政府它就成了一个个体,它就有了主权。我们今天讲人权和主权,主权是这样来的,政府是一个个体,这个个体就像一个人一样,人有人权,那么政府个体它也有主权,因为它在政府中就是个体。

政府是自身反思的现实的精神,是整个伦理实体的单纯自身。

政府是什么? "政府是**自身反思的现实的**精神"。黑格尔后来在历史哲学里面讲,国家是地上的神,国家是地上的绝对精神,那么这个思想在这里也有,政府是自身反思的现实的精神,现实的,也就是在地上的精神,但是它是自身反思的。为什么是自身反思的? 它本来是共同体,但是它又是个体;共同体要成为一个个体,它就必须自身反思,有自我意识,有自我意识才成为一个个体。所以政府是具有自我意识的、地上的一种精神,通过自身反思,它从共同体形成为一个个体。"是整个伦理实体的单纯**自身**",整个伦理实体就是共同体,单纯自身,它是个体嘛,那它就是单纯的。个体它不是一个一个部分组成的,它是不可分割的,就像一个人一样,你不能说这个人是这一部分那一部分组成的,他就是单纯的自身。也可以翻译成的单纯的自我,Selbst,我们前面有时也把它翻译成自身。

这种单纯的力,虽然允许本质把自己扩展到它的划分之中,并给每一部分赋予持存和特别的自为存在。

[13]

这里打了个句号,其实这是半句话,让步句。"这种单纯的力,虽然允许本质把自己扩展到它的划分之中",这种单纯的力,单纯的个体,单纯的自身,在政府那里体现为单纯的力,他这个地方用的"力"是 Kraft。

这个词也翻译为"力量"，但是这里黑格尔是有意跟他前面讲的"力和知性"相呼应，因为黑格尔其实谈的是哲学，所以要体现他的哲学层次，我们把它翻译成"单纯的力"，即知性层次的力。"虽然允许本质把自己扩展到它的划分之中"，它是一个个体，是一个单纯的本质，但是允许它把自己扩展到它的划分之中，也就是把它的本质渗透到它的各个部分，在把它的各个部分划分开来的时候就渗透了这样一种本质。"并给每一部分赋予持存和特别的自为存在"，每一部分，我们知道政府是一种组织的力，是一种权力结构，它既然是组织，它就有各个部分。政府是具有组织能力的，那么把每一部分组织起来的时候，就要由它的本质给每一部分赋予持存，并且要赋予它们特别的自为存在，自为存在也就是独立性，它们为自己而存在，要有自己的独立性。我们现代人所讲的分权，或者三权分立，分权制，在这个里头已经包涵着了。就是说政府虽然是一个个体，但是它要把自己的本质扩展到它的划分之中，那么它的每一部分好像也是一个个体，都有它的独立存在，但是又是由政府组织起来的。这个"虽然"这里打的是句号，但实际上是逗号，就是说"虽然"它把自己分化，扩展到自己的划分之中，每一部分都是自为存在的，接下来：

精神借此拥有自己的实在性或定在，而家庭就是这种实在性的元素。

这是接着上一句话来讲的，仍然属于"虽然"。"精神借此拥有自己的**实在性**或**定在**"，就是说精神它真的要有实在性或定在的话，它就必须由政府把自己划分开，必须要分权。政府的权力不可能让一个人独揽大权，肯定要组织一批人，你干这个，他干那个，让每个人自行其是，但是都要向我负责。你们要干好，至于怎么干你们自己决定，因为你们有定在呀，不然政府存在不起来。如果它高高在上，发号施令，没人听它的，或者说你没有那么多精力，哪怕是当皇帝，你日理万机，你也管不了那么多事情，肯定是要把权力分散到底下大大小小的这些办事人员。当然黑格尔并不赞成三权分立，不赞成互相制衡这一套，他讲的分权仍然是有机的分工,体现出来仍然是一个单纯的力、单纯的自身。"而家庭就是这种实在性的**元素**",家庭在某种意义上是自治的,你政府不可能管家庭,清官难断家务事,家庭的事务还是由家庭去管,但家庭体现了政府的实在性的元素,Element,也就是最基本的要素。那么家庭既然是最基本的要素,是不是伦理关系就能够从家庭开始呢?不行,还必须从政府开始。家庭是最基本的要素,但并不是最高的精神原则,政府、国家和民族才是最高原则,家庭作为伦理关系,只不过体现了政府、国家和民族的实在性和定在而已。但民族不是家庭,不是家族,民族是人民,Volk,是民众,它跟家庭是两个概念。Volk翻译成民"族",我们上次讲了,也不太恰当,它没有"族"的意思,不同于家族和种族的概念,它就是民众的概念,公民的概念。但它肯定容纳了家庭和家族的概念,作为它的实在性的元素,但是我们现在还不能谈它,我们先要谈政府的事情,然后再来看家庭。

　　<u>但是,精神同时又是这个整体的力,它把这些部分重新联合为否定的一,使它们感到自己的不独立性,并把它们保持在这种意识中,即只有在整体中,它们才有生命。</u>

　　前面两句话都是属于"虽然"句,这里才转到了"但是"。为什么说"但是"?就是说虽然政府为了成为实在性的定在,作为一种精神要把自己划分开来,让所划分出来的这些环节都有独立性,包括家庭这一最终的元素;"但是精神同时又是这个整体的力",是它把自己扩展开来渗透到它的每一部分,但同时它又是这个整体的力,不是三权分立、互相制衡的对立关系,而是有机整合的关系。所以这种力,"它把这些部分重新联合为否定的一",它是一种单纯的力,这个力对于所有这些部分的分离倾向都具有否定权,都可以说不,以便将它们联合为一。否定的一可以对于它的每一部分进行否定,通过这种否定而把它们重新联合起来,所谓"重新"就是说,原来也是它把它们划分开来的,现在又把它们重新联合起来了,由此而使它们成为了一个具体的一,"使它们感到自己的不独立

性"。各个部分都感到自己的不独立性,虽然看起来好像是独立地行使自己的权力,但是最终必须服从中央。它们都意识到自己是为国家在行使这些权力,"并把它们保持在这种意识中,即只有在整体中,它们才有生命"。每一部分都要保持在这种意识中,都要具有这样一种意识,什么意识呢? 只有在整体中它们才有生命,它们的生命是国家、是全体人民给的,它们不能够独行其是,虽然它们独立的行使自己的权力,但是只是在为整体服务。如果整体瓦解了,如果政府垮台了,那么它们就失去了生命。你独立性是有限度的,要受到政府的一的统一,国家、政府是一个有机体。黑格尔的国家主义正是借助于这种整体主义的有机观点而建立起来的。

　　因此,共同体一方面可以把自己组织为有关人格独立性和财产、有关人身权和物权的制度,同样也可以把首先是为了个别的目的——获利或享受——的各式劳动,划分为各个特别的行会,并使它们独立起来。

　　这里有两个方面。"共同体一方面可以把自己组织为有关人格独立性和财产、有关人身权和物权的制度",这是国家政治制度得以立足的个人法权体制,特别是财产私有制,这是一方面;另一方面,"同样也可以把首先是为了个别的目的——获利或享受——的各式劳动,划分为各个特别的行会,并使它们独立起来",行会,各行各业,这个就不是国家体制了,这是社会的划分,社会的组织,它们的各个劳动部门。一个政府,除了有一套法律制度,一套现行的国家体制以外,还按照行业组织起了一些部门,有些是有关农业的,有的是有关工商业的,有的是有关交通运输的,等等,也就是把有关民生的各种劳动划分为各个特别的行会。首先是为了个别的目的,获利或享受,各种各样的劳动,劳动就是为了获利或享受嘛,政府虽然不直接干涉它,但是政府有责任把这些行业的从业者、各种劳动者组织起来,这种组织不是一种政治方面的权力组织,而是社会秩序方面的安排,要把这些行会组织起来,并使它们独立起来。在黑格尔的《法哲学原理》里面讲得更详细,在讲"市民社会"这一章时,首先讲需要和满足的方式，然后讲劳动方式，讲财富和社会等级，再讲市民社会的民法和刑法，最后是警察和同业公会，这一切组成了市民社会的日常生活。市民社会是很有势力的，在西方，从古希腊开始，在西方人心目中的城邦或国家是大社会，小政府，就是不是什么东西都由政府来控制的，甚至警察和司法都不是由政府来运作的，而是由市民社会自己来组织的。为什么先要谈社会后才能谈司法和警察？西方的警察不是由当权者自上而下地派到下面去的，而是由市民社会自然而然地产生出来的。大家在一起进行经济活动，做生意，交换，自然就需要一些警察，同业公会甚至就已经承担了某种警察的任务，就是我们里面要有一些人来维持商业秩序，避免欺行霸市、假冒伪劣，负责市场治安，什么小偷、坑蒙拐骗这样一些人，由市民社会自己来处理。当然最后还是由政府来安排的，但是没有政府安排，市民社会自己也可以独立承担。例如有的城市共和国，如16世纪的日内瓦共和国，其实就是一个独立的商业共和国，不属于任何国家，完全自治。前些年卢森堡政府破产，政府机关发不出工资，没有人上班，但市内秩序井然，一切经济活动照常运行。当然政府和国家保有司法权，但是具体的司法，还是由市民社会自己来操作，比如西方现在普遍实行的陪审员制度，陪审员是从市民社会里面随机抽来的，由他们来断定是有罪还是无罪。当然程序是由法院、司法部门来组织，但实际上民法和刑法都是市民社会自己的事情。所以西方是大社会小政府，这跟我们的理解有些不一样。所以这里要分成两个部分来谈，一个部分是把自己组织为有关个人独立性和财产、有关人身独立性和物权的制度，这样一个基本的制度肯定要由国家来组织，宪法、法律、保护人身权和物权，保护个人财产，个人财产不可侵犯，这样一些制度和原则都是国家来制定的；另一方面，各种各样的劳动，由各种各样的行会、同业公会来组织社会的生产，政府不要直接插手干预，要把它们组织起来并且让它们独立，这才是政府的责任。这是两个方面，它都涉及国家和个人之间的关系。

　　那<u>普遍行会的精神</u>，就是这些自身孤立的制度的**单纯性**和**否定的**

本质。

"那普遍行会的精神"，普遍行会，前面那个"行会"用的复数，这里的"普遍行会"用的单数。普遍行会的精神是什么呢？"就是这些孤立的制度的**单纯性**和**否定的**本质"，"单纯性"打了着重号，"否定的"也打了着重号。就是说每个行会都有一种本位主义和排外主义，它自身都是孤立的、封闭的，只看到本行会的利益，对外部来的侵犯是否定性的。行会本来是各式各样的，按照劳动的方式而组成各种特别的行会；而单数的"普遍的行会"则体现出一种精神，这种精神具有一种孤立的狭隘的本质，这是每个行会都免不了的共同特点。我们通常讲的"行会主义"就是指这种孤立性和狭隘性，如果所有的行会都坚持这种精神，那整个国家都要解体了，国家必须有一种东西来将这种行会精神打破一下。

<u>为了不让这些制度根深蒂固地固定化在这样的孤立中，由此而导致整体的瓦解，精神的涣散，政府不得不每隔一定时期通过战争从内部来震动它们，由此侵犯和打乱它们已经安排好了的秩序和独立的权利，</u>

我们先看这半句。这是黑格尔的一个很著名的观点，"为了不让这些制度根深蒂固地固定化在这样的孤立中"，这些行会制度，你让它们孤立起来，依自己的本位主义自行其是，久而久之，就会形成它们的一些根深蒂固的规矩、一些传统，就固定化在这样一些孤立之中，与其他部分不相容了，那你要动摇它们就很难了。行会都是根据自己的利益行事，如果让它们坐大，久而久之就形成了一些盘根错节的关系，对社会整体甚至整个国家都有一种离心离德的作用，"由此而导致整体的瓦解，精神的涣散"。政府都管不着你了，你们一个行当、一个行业的这些人员的权力太大了，你们为了自己狭隘的物质利益，抱成一团，失去了全局观念和整体精神，整个国家就没有凝聚力了，这就很危险。那怎么办呢？"政府不得不每隔一定时期通过战争从内部来震动它们"，这是黑格尔的战争观，战争是一个政府维持自己生命活力的必要的手段，是一个国家的内部凝聚力的来源。这个战争当然是对外战争，绝对不是对内战争，不是内战。

对外发动战争在古希腊的时候是很经常的, 有时是为了掠夺, 有时是为了殖民。当然殖民有时候是和平的, 就是当内部矛盾得不到解决, 比如说政治斗争, 有一方胜利了, 另一方落败了, 那些失败了的政敌们何去何从？他们最好是出去, 另外去建一个城邦。希腊的殖民主义就有这样的政府规划, 比如你到某某地方去开辟一块殖民地, 政府给你一笔资金, 资助你到那个地方去建立一个新的城邦。很多城邦都是这样建立起来的, 这是西方殖民主义的起源。殖民主义和殖民战争最初就是用来解决内部的分裂所带来的问题, 虽然这种分裂并不一定是由行会的各自为政引起的。但黑格尔把这种古老的模式用来解释近代民族国家形成以后的战争, 认为是国家所必不可少的一项策略, 也就是国家必须要通过战争从内部来震动这样一些固化了的部门、这些制度, 人为地搅动起这一潭死水, 以保持国家和民族的活力。"由此侵犯和打乱它们已经安排好了的秩序和独立的权利", 战争来了, 那么大家都不要争吵了, 现在是特别时期, 为了打赢战争, 每一个公民都必须要有牺牲, 各行各业都必须要为国家作出牺牲。这个时候不要讲你的小团体的权利了, 人被打碎成了个体化的原子, 一切服从国家, 没有可以与国家相抗衡的力量了。

但对于那些深陷其中而脱离了整体、并追求着不可侵犯的**自为存在**和个人安全的个体, 政府必须让他们在交给他们承担的工作中感受到他们的主人, 即死亡。

"对于那些深陷其中而脱离了整体", 深陷其中, 深陷于既定的秩序之中, 而脱离了整体, 不顾整体的需要。这些个体还是坚持过去习惯了的那一套僵化的本位主义制度。"并追求着不可侵犯的**自为存在**和个人安全", 每个人都还是执着地追求不可侵犯的自为存在, 比如说私有财产不可侵犯, 个人安全要得到保障。战争的时候你还谈个人安全, 不想上战场。对这些个体, "政府必须让他们在交给他们承担的工作中", 那就是战争, 政府让老百姓承担打仗的"工作", 说得很委婉啊, 但也很残酷："感受到他们的主人, 即死亡"。这里又谈到了死亡, 生死斗争, 主奴关系,但这里没有现实的主人，死亡本身成了主人。国家通过战争打破了他们赖以谋生的行会制度，使他们游离为个体原子，于是每个人都意识到，他们真正的主人就是死亡。死亡把他们从世俗生活中提升到神的法则，提升到"主"那里，使他们避免了精神上的堕落和沉沦。前面我们讲自我意识、主人和奴隶的时候已经讲到，如果没有经过死亡的恐惧，没有经过生死斗争，那么人是意识不到自己的自由的。现代的公民也是如此，如果你忘记了你的主人——死亡，那你就会腐化堕落，你就会成为动物，成为自然物。动物就是不知生死，但是人是知道自己会死的，通过战争提醒你，你是要死的，那么你在人世间所追求的那些东西究竟有什么意义？有什么价值？那你就得考虑了。这个地方是跟前面讲的生死斗争和主奴关系相呼应的，但是现在不是一种自然的生死斗争，而是政府必须让人民感受到他们的主人即死亡，为了国家，你必须勇于牺牲，通过牺牲，你才会意识到自己真正的自由和独立。不是说你在自由地谋生、赚钱、享受，你就成为自由独立的了，那其实跟动物没有什么两样。真正意识到自由独立，就是你随时准备把自己的生命奉献给国家，奉献给更高的精神原则，这才是一种独立的人格。这是人的法则通过神的法则对个体的提升。

　　精神就是通过使持存的形式这样解体来防止从伦理的定在沉没到自然的定在中，把它的意识的自身保持住，并提升到**自由**和自己的**力**。

　　"精神就是通过使持存的形式这样解体"，持存的形式就是那一套制度，那一套已经定型了的系统。在政府所发动的对外战争中，通过使这些持存的形式解体，精神就能够"防止从伦理的定在沉没到自然的定在中"。我们可以设想一下，如果这些持存的形式一直持存下来，政府也安于现状，为了老百姓的民生、为了老百姓的安居乐业而维持这样一些僵化了的制度和规章，不让它们经受震撼，那么在这种和平环境中人会就越来越世俗化，这个社会就是一个越来越庸俗的社会。我们成天谈的是怎么生活、怎么打扮、怎么饮食，那这个社会就成了一个物欲横流的动物性的社会。但是政府它必须要防止从伦理的定在沉沦到自然的定在，如果这些持存的形式不在强烈的震动中解体的话,那么整个社会就会沉沦。要防止这种沉沦,我们以前是通过抓"阶级斗争",搞内斗和内战;黑格尔则主张通过对外战争来防止人变成动物,这是黑格尔一个很特别的设想,好像除此以外没有第二个人这样提。要通过对外战争来防止社会的堕落和腐败,也不能说完全没有道理,我们知道实际上通过战争可以解决很多问题,所以很多国家的政府都希望通过对外战争,哪怕只是一种战争威胁,来解决国内的一些困难,转移国内矛盾。战争在某些宣传中是很崇高的,是伟大的事业,因为有那么多人牺牲,放弃自己的生命、放弃自己日常的生活去为了某个目标而献身。这就使战争的参与者"把它的意识的自身保持住,并提升到**自由**和自己的**力**",把精神的意识的自身,或者说意识的自我保持住,避免沉沦到自然的定在中,而使精神提升到自由和自己的力。"自由"打了着重号,"力"也打了着重号,一个强有力的社会,有凝聚力的社会,有行动力的社会,这就是一个健康的社会,一个超越日常俗务的自由的社会。一个社会如果腐败堕落,那就没有力了,什么事都做不成,就像一滩稀泥,谁也没办法。这就是战争的作用。

　　——这个否定的本质表明自己是共同体所固有的**力量**和它的自我保存的**力**;所以共同体就在**神的法则**的本质和**地下王国**中拥有自己的真理性和自己力量的确认。

　　"这个否定的本质",否定的本质就是上述体现在普遍行会的精神中的否定的本质,它本身来自于精神共同体的自我组织的力,从而"表明自己是共同体所固有的**力量**和它的自我保存的**力**"。这个地方的"力量"(Macht)有权力的意思,带有政治性;而"力"(Kraft)则没有政治的含义,作为自我保存的力,它是超政治、超世俗的。普遍行会的精神体现为两个方面,一方面它是共同体所固有的力量或权力,具有政治性;另方面它通过在战争中的自我牺牲而把自我作为精神的力保存在另一个世界,所谓"永垂不朽"。后一方面是前一方面的根源,"所以共同体就在**神的法则**的本质和**地下王国**中拥有自己的真理性和自己力量的确认","神的

125

法则"和"地下王国"都打了着重号。也就是说政府的权力本来是地上的王国，但是它在地下的王国中拥有了自己的真理性，并且确证了自己的力量，人的法则以神的法则为前提。这已经涉及这两个王国或者这两种法则之间的相互关系了，政府作为一种人的法则的否定的力量，它在必要的时候可以把你置身于死亡面前，死亡就是面对地下的王国，在阴间的神的法则面前，自我已脱离了一切世俗生活的束缚而展示了纯粹精神的超越的力，由此而获得了永恒的自我保存。而国家正是通过人民的前赴后继、自我牺牲，而彰显了自己这个共同体的巨大的力量，那岂不是它要依靠神的法则来确认自己的权力吗？庸俗的人民它的国家也是软弱无力的，而由超世俗的、神圣的精神力量所鼓舞着的人民则使共同体焕发出强大的生命活力。所以这两种法则、人的法则和神的法则就打通了。地上的人的法则，它的权威性归根结底来自地下的神的法则，国家权力在神的法则那里得到了确证。通常鼓吹的"君权神授"也正是想要确定这种关系，想使地上的权力神圣化，在宗教那里找到自己合法性的根据。而这种关系只有在战争中，在人民面对死亡时，才能现实地建立起来，一般的时候你感受不到。当战争到来的时候，政府的威力就显出来了，大家都必须为国家献出自己的生命。所以在"政府、战争；否定的力量"这一部分里面，他最后落实在战争上面，正是为了从政府的人的法则引向地下的神的法则，这在最后一句中就点出来了。"两种法则的运动"，首先我们在政府这里看到了，它是地上的王国向着地下的王国而运动。那么第二个环节"作为兄弟与姐妹的男性与女性之间的伦理关系"，这就是讲家庭了，家庭是相反的运动，是地下的王国向着地上的王国而运动，政府和家庭双方相向而行。

　　[2. 作为兄弟与姐妹的男性与女性之间的伦理关系] 统治着家庭的神的法则，在它这一方面同样也有自身中的区别，这些区别的联系构成了这法则的现实性的活的运动。

前面讲两种法则各自都有自身的内部区别，并由此构成了它们各自的运动；而上面刚刚讲过了政府或人的法则这方面的自身区别，它是向着神的法则运动的。现在讲另一方面，就是"统治着家庭的神的法则，在它这一方面同样也有自身中的区别"。家庭是由家神来统治的，在它这一方面跟前面讲的政府那方面相对应的，同样也把自身区别开来。政府共同体中的区别是把自己划分为各个环节、各种制度、各种行会，同时又联结为一个整体，让每个公民为国家牺牲，由此过渡到神的法则；那么家庭也有自身中的区别，"这些区别的联系构成了现实的活的运动"。家庭中也是既有区别又有联系的，这些区别之间的联系构成了神的法则的现实性，成为活的运动。在现实的家庭中，有各种各样的区别，父母呀、兄弟姐妹呀，它们相互间的关系就是现实家庭的活的运动。

但在丈夫与妻子、父母与孩子、兄弟与姐妹这三种关系中，首先，**夫与妻**的**关系**，是一个意识在另一个意识中的**直接地**认识自己，和对这种相互承认的认识。

"但在丈夫与妻子、父母与孩子、兄弟与姐妹这三种关系中"，在一个家庭里面，有这样一些区别，即丈夫与妻子、父母与孩子、兄弟与姐妹三种关系，但三种关系还有所区别。这里的"但"，就是要把夫妻关系从其他两种关系中区别开来，它不属于严格意义上的家庭伦理关系，而是在自然中首次发生的关系。"首先，**夫与妻**的**关系**，是一个意识在另一个意识中的**直接地**认识自己"，一个意识在另一个意识中的直接地认识自己，这个在前面讲到类意识的时候已经提到了。类意识就是这样的，一个意识在另一个意识中的直接的自我认识，夫妻关系属于这样一种类意识，我就是我们，我们就是我，夫妻之间最适用于这句话。我们是两个人，我们又是一个人，我就是我们，我们就是我，由此形成类的意识是一种直接的自我意识。"和对这种相互承认的认识"，在夫妻之间是最初的、最早的相互承认，类意识最直接地体现在这上面。我们都是一类人，我们是同类，在夫妻之间体现出这样一种自然的、互相承认的认识，它是一种直接的认识。

[14] 　　由于这是**自然地**认识自己，不是伦理地认识自己，它就只是精神的**表象**和**形象**，不是现实的精神本身。

　　"由于这是**自然地**认识自己，不是伦理地认识自己"，这个地方特别要注意，前面是强调直接的，那就是自然地，在自然中，夫妻关系是怎么形成的呢？当然是由欲望、本能，异性在一起结成了夫妻，组成家庭，那么这是自然而然的，在类中就已经是这样，甚至在动物中就已经是这样了。所以它本身是一种自然的结果，虽然由于类意识，它已经和动物不同了，已经是自我认识了，但是还是停留在直接性的层次，还是自然的，而不是伦理的。要怎么才是伦理的呢？必须有法，必须经过立法的理性和审核法的理性才是伦理，在此之前只是类。所以"它就只是精神的**表象和形象**"，表象（Vostellung）和形象（Bild），我们前面已经讲到了，精神在表象的层次，它是以形象的方式、以外在的方式出现的，外表是你看得见摸得着的。这样一种关系还不是一种伦理的关系，不是一种内在的关系，而是一种自然的外在的关系。夫妻之间通过一种本能的欲望结合在一起了，虽然他们具有一种直接的相互承认的认识，已经有自我意识，但是还是非常直接的、自然的，它不是伦理的，"不是现实的精神本身"。它有了精神的表象和形象，人的夫妻跟动物的两性关系已经不一样了，但它不是一种伦理的关系，还是一种自然的关系。

　　——但**表象**或**形象**，是在一个不同于它所是的他者中拥有自己的现实性的，所以夫妻关系不是在它自身中，而是在孩子身上拥有它的现实性，——孩子是一个他者，夫妻关系是这个他者的形成，并本身消失在此形成之中；而且这种滚动性的世代交替在民族中有它的持存。

　　"但**表象和形象**，是在一个不同于它所是的他者中拥有自己的现实性的"，"表象"和"形象"前面打了着重号，这里又打了着重号。表象和形象是一种什么样的情况呢？表象和形象是在一个他者中才拥有自己的现实性，这个他者不同于表象形象自身，它必须是外在的，在一个对象上面，在另外一个东西上面才拥有自己的现实性，表象自己体现不出它的现实性。要有一个活生生的他者摆在面前，才能证实你们这样的关系，必须要有一个外在的东西来体现。本来夫妻关系是一种很内在的关系，自我意识嘛，我在他身上看见了我自己，我们两个人是一个人，本来这是一种很内在的东西，但是必须体现为一个外在的东西，这个外在的东西就是我们的孩子。我们两个人是一个人，这种意识只是一种意味，是说不出来的，只可意会不可言传的；那么我们现在有了孩子，在孩子身上凝聚了我们两个人互相的认同，这个孩子既是你也是我。我们把他生出来了，他就在那里，这就是一个表象，一个形象，在孩子身上拥有了自己的现实性。这个孩子的形象，既像妈又像爸，在形象上就可以看出来，他们俩个其实是一个人。但表象和形象，是在一个不同于它所是的他者、不同于他们两个、不同于夫妻的一个他者中拥有自己的现实性。"所以夫妻关系不是在它自身中，而是在孩子身上拥有它的现实性"，这就说得更明确了，夫妻关系不是在它自身中，不是在这种关系自身里面，在自身中就是只可意会不可言传的，它确定不了的，如果两夫妻没有孩子，那是很难确定的。有了孩子就稳定了，没有孩子他们可以聚也可以散，可以是夫妻，也可以不是夫妻，扯不扯结婚证无所谓，扯了结婚证也可以不是夫妻，因为没有孩子。有了孩子那就不一样的，一个家庭有了孩子，这种夫妻关系就确证了，就定下来了。"孩子是一个他者，夫妻关系是这个他者的形成，并本身消失在此形成之中"，孩子是一个他者，孩子他既不是爸爸也不是妈妈，夫妻关系是这个他者的形成，孩子是爸爸妈妈生的嘛。夫妻结婚以后，这个他者就在形成过程中，最后形成了，生下来了，他是由夫妻所生。"并本身消失在此形成之中"，夫妻关系消失在这个形成之中，有了孩子以后，夫妻关系本身就慢慢消失了，消失在这个形成过程中。生了孩子，夫妻的使命就完成了，如果仅仅是夫妻关系的话，那么孩子生下来，夫妻就可以不存在了，夫妻逐渐消失，走向衰老，走向死亡。"而且这种滚动性的世代交替在民族中有它的持存"，这种滚动式的世代交替，生下孩子，孩子又结婚，又形成夫妻关系，又生下孩子，世代交替，子子孙孙延续下去，在民族中持续不断。这个又涉及民族了，民族是人的法则，家庭是神的法则，那么这个地方有一种相通性。正是夫妻关系世代相继而形成了民族，当然反过来，民族也是夫妻关系最终的目标和前提，这是后话。

{247}　　——因此，夫与妻的相互尊重（Pietät）就与自然的联系和情感混杂在一起了，而且夫妻关系在其自身并不具有它的自我返回；

我们先看这半句："因此，夫与妻的相互尊重（Pietät）就与自然的联系和情感混杂在一起了"。相互尊重 Pietät（piety）这个词来自拉丁文，在词典里面，不管是德文还是英文，它的意思就是宗教上的"虔敬、敬重"，没有所谓的"怜爱"的意思。贺、王中译本把它翻译成互相"怜爱"，这是不对的，① 它不是怜爱，也不是恩爱，它就是尊敬、尊重、虔敬，所以我们把它翻译成"尊重"，有点类似于我们中国人讲"相敬如宾"的意思。因此这种夫妻的相互尊重与自然的联系和情感混杂在一起，为什么"因此"呢？"因此"是接着上面来讲的，上面讲夫妻关系的互相承认是自然地认识自己，而不是伦理地认识自己，与孩子的关系也是世代交替的关系，停留于表象和形象中，因此，即使在夫妻的互相尊重中有种伦理关系的意思，也是和自然联系及情感交织在一起的。"混杂"这个词在这里很关键，也就是说，在夫妻关系里面我们可以看到自然的联系和情感跟伦理的尊重是混杂在一起的。伦理的相互尊重它不是一种自然的联系，也不是一种情感，但它是混杂在自然的联系和情感里面的，比如说夫妻感情、爱、欲望，这些自然的联系和情感都混杂在互相尊重之中。因为夫妻关系本来就是从类意识提升上来的，提升上来以后，它还带有自然的联系和情感，虽然它已经是伦理的了，但还没有伦理性地认识自己。这里的相互"尊重"如果把它翻译成相互"怜爱"或"恩爱"，那这句话就读不

---

① 2013 年先刚先生的新译本译作"恩爱"，同样不妥。

通了, 相互怜爱和恩爱难道不是情感吗? 那它就不是"混杂"在情感中, 它本身就是情感。但是相互尊重就不能说是一种自然的情感, 对对方人格的尊重不是一种情感, 而是一种伦理的法则。所以这里才有一种"混杂"。夫妻关系很复杂, 它混有情感的因素, 包括怜爱、恩爱, 恩爱里面有感激的因素, 但是也有非情感的因素, 因为已经有伦理的法则在里头了, 这就是不但有夫妻感情, 而且有夫妻之间的尊重。只是它在其自身并不具有它的自我返回, "夫妻关系在其自身并不具有它的自我返回", 因为在这种伦理中还混杂有自然的联系的情感。它必须要寄托在一个孩子身上, 寄托在第三者身上, 它才能够自我返回。孩子是夫妻关系的一面镜子, 在孩子身上我们看到了我们两个人就是一个人, 而如果没有孩子的话, 那么夫妻关系还不具有它的自我返回, 双方都没有归宿, 都不能够返回到自身。那么在孩子身上我们可以看出来, 我们两个都爱这个孩子, 他是我的孩子, 也是我们的孩子, 这就有返回了。所以没有孩子的话, 夫妻关系就没有归宿, 没有它的自我返回。

第二种关系, **父母**与**孩子**的相互**尊重**, 情况也是这样。

这里又是尊重, Pietät, 贺、王和先刚的中译本都译成"怜爱", "父母与孩子的相互怜爱", 这话不通的。在现实中, 父母对孩子有怜爱, 但是孩子对父母谈不上怜爱。当然父母老了, 孩子有可能觉得父母很可怜, 但是那跟怜爱又不是一回事。所以应该是父母与孩子相互尊重, 父母尊重孩子, 孩子也尊重父母, 这是可以说得通的。这里的情况和上面一样, 也是混杂有自然的联系和情感在内, 但也有点不同, 怎么讲? 下面就来分析了。

父母对自己孩子的尊重, 是由这种感动激发起来的, 即: 正是由于在他者中拥有了对自己现实性的意识, 并在他者中看到了自为存在的形成而不将之收回来, 相反, 这自为存在一直是一种异己的、独自的现实性, 于是受到了感动;

"父母对自己孩子的尊重, 是这样激发起来的", 既然是相互尊重, 那么首先我们来看父母对孩子的尊重，下面再谈孩子对父母的尊重。父母对孩子尊重，这个我们中国人很难理解，父母怎么对孩子要尊重呢？所以贺、王的中译本在这里又把它翻译成"父母对孩子的慈爱"，这是我们中国人理解的，父慈子孝嘛。同一个 Pietät，刚才译作"怜爱"，这里译作"慈爱"，一词多译了。其实不是慈爱，是尊重，大人要尊重孩子，孩子有他的人格，这是西方人的观点。当然西方人也不否认慈爱，但是那个慈爱是一种自然情感，恰好相反，尊重却不是自然情感，你把自然情感搞进来就搞混了。自然情感是有，但是跟这里讲的不是一回事。"父母对自己孩子的尊重，是这样激发起来的"，怎么激发起来的呢？"即：正是由于在他者中拥有了对自己现实性的意识"，父母在他者中，在孩子中，在另一个现实中，拥有了对自己现实性的意识。通俗地讲，我们的爱情在孩子身上结出了果实，这就有了现实性嘛，我们的爱情由什么来证实呢？你看我们有了孩子，孩子就是爱情的证明，没有爱情能有孩子吗？有了孩子就可以证明，我们确实是夫妻关系了。"并在他者中看到自为存在的形成而不将之收回来"，这句话很关键，在他者中、在孩子中看到自为存在的形成，看到孩子在形成他的自为存在，而并不将之收回来。孩子形成了他的自为存在，你不要去把它收回来。我们中国人老是想把它收回来，你的自为存在是我给你的，所以我随时可以把它收回来，你是我身上的一块肉，你没有你的独立性。我们中国人通常是这样的，不允许孩子的自我独立，要把它控制起来，收回来，不尊重孩子的独立人格。但是在黑格尔这里，父母在他者中看到了自为存在的形成，看到了这个孩子的成长，成长为一个独立的小男子汉，你得尊重他，你不尊重他，他怎么成为男子汉呢？所以在中国的家庭里面成长的男孩都不像男子汉，往往是孤儿，或者父母死得早，才更显得像个男子汉，因为父母容不得孩子自为存在的形成。"这自为存在反而是一种异己的、独自的现实性"，父母要让这个孩子的自为存在成为一种异己的、独自的现实性，而且要为此感到欣喜，感到欣慰。他是异己的，他跟父母相抗衡，他可以对你说不，你要他做什么事你要征求他的同意，这方面西方人的父母认为是很正常的事，不这样才不正常了。孩子开始学习独立生活的本领了，父母"于是受到了感动"，乐见并尊重孩子的这种成长。这个感动 Rührung，也可以翻译成同情，感动跟尊重是不一样的，尊重是一种法则，而感动是一种情感，所以父母对自己孩子的尊重里面也混杂着感动，在这方面和夫妻相互的尊重是同样的。但激发起尊重的感动有所不同。我看到一个孩子形成起来、长大成人的过程，我自己也经历过这个过程，我在他身上又亲眼目睹了他是怎么长大起来的，于是受到了感动，有种同情的理解，所谓"知子莫若父"。由此激发起来一种尊重，我尊重他也就是尊重自己，他就像我，但他又不是我，他是他。这样一种尊重是由一种自然情感即同情所激发起来的，但一旦激发起来，这种尊重也就进入到伦理关系中了。中国父母对孩子通常只有爱而没有尊重，这就未能上升到真正的伦理关系，而只是一种自然关系。自然的和伦理的是两个不同的层次，虽然在父母和孩子的关系中两者是混杂的，但我们仍然要把它们区分开来，有意识地把自然的东西提升到伦理。这是父母对孩子的关系。

　　——而孩子对父母的尊重却反过来带有这种感动：他们自己之所以得以成长，并在一个他者的消失中拥有自在，之所以达到自为存在和自己的自我意识，仅仅是由于他们与根源相分离，——而根源经此分离就枯萎了。

　　父母对孩子要尊重，那么孩子对父母呢？这是第二种关系里面的第二种情况。"而孩子对父母的尊重"，这个地方贺、王中译本又把 Pietät 译成"孝敬"，这就完全把它中国化了，而且同一个词在同一页上换了三个译法，怜爱、慈爱、孝敬，明显不妥。这是黑格尔主义的中国化，马克思主义中国化也是这样来的。当然德汉词典上 Pietät 也有"孝敬"的词义，但正因此可以看出西方的孝敬和中国的孝敬不同，它不是一种情感，而是一种抽象法则，甚至是理性的明智法则。① 而且既然是同一个词，你总得和上面两处用法统一起来，才知道黑格尔这里是一贯的意思，"孝敬"显然不能用在夫妻之间和父母对孩子的关系上，只能用于孩子对父母（"孝"的另一个德文词是 Kinderpflicht，即"孩子的义务"）。而"尊重"可以适用于所有这三种关系，只是中国人不好理解而已，但我们正好可以由此深入把握西方人家庭关系的特点。孩子为什么尊重父母？当然也混杂有情感和感动，即"他们自己之所以得以成长，并在一个他者的消失中拥有自在"，他们自己之所以得以成长，父母把他们抚养大，父母一天天老了，最后衰老去世了，在这个消失过程中，孩子拥有了自在，拥有了另外的存在。"之所以达到自为存在和自己的自我意识，仅仅是由于他们与根源相分离"，他们从母体中脱离开来，然后在父母的抚养之下，越来越独立，最开始抱在手上，然后牵在手里，然后放开手让他自己走，然后让他走向社会。他们的独立存在，他们的自我意识，一开始就是在与根源相分离中形成起来的，"而根源经此分离就枯萎了"。孩子被父母养大，走向了社会，然后父母就衰老了，就枯萎了，孩子对父母的感动就是在这个地方。在这方面你可以说他有一种怜悯，父母真可怜，辛苦一辈子，把我养大，送我上大学，拼死拼命的为了啥？不就为了我有出息嘛？这是一种感动，但这还不是所谓的"孝"，西方人不因为这种感动，就守在父母跟前尽孝，而是激起了对父母的尊重。尊重父母不等于要感恩，不等于要报答父母的养育之恩，而是要把父母当作一个独立的个体来尊重。我们现在的孩子都不懂得尊重父母，是因为父母从小就没有尊重过他，他可以对父母产生一种怜悯，或者一种报恩的感动，想尽孝心，但是这种怜悯或报恩的感动乃至于尽孝都不等于尊重，要区分开来。黑格尔的区分是说，这两种关系，夫妻关系、父母和孩子之间的相互关系，都体

① 古希腊人对"孝敬"的理解，参看色诺芬：《回忆苏格拉底》，吴永泉译，商务印书馆1984年版，第55页，以及拙著：《儒家伦理新批判》，重庆大学出版社2010年版，第151—152页。

现为一种伦理上的尊重,但是又都掺杂有不同的感动。既然是掺杂或混杂,就意味着层次上是有不同的,不能混为一谈。我们先休息一下。

　　我们刚才讲了夫妻关系以及父母和孩子的关系。夫妻关系应该是家庭的一个起点,首先组成家庭就是以夫妻关系为起点,然后生孩子,才有了父母和孩子的关系,有了兄弟姐妹的关系,但首先是家庭夫妻关系。那么夫妻关系黑格尔在这里强调的是,它里面混杂有尊重以及自然的联系的情感。爱的情感他这里提都没提,夫妻之爱、两性之爱,提都没提,也就是说,在黑格尔的《精神现象学》里面,他是比较忽视爱情的,忽视夫妻之爱这种自然之爱的,虽然自然情感中已经包含有这个,却没有特别挑出来讲。反之,他在前面第八页最后一行甚至说,"家庭成员之间的伦理联系不是情感关系或爱的关系",这就已经把爱完全撇开了,只要讲伦理关系,那就不是爱的关系。只是到了后来,在《法哲学原理》里面他讲家庭的时候,第158节第一句话就讲:"作为精神的直接实体性的家庭,以爱为其规定,而爱是精神对自身统一的感觉",接下来讲"爱是具有自然形式的伦理"。也就是说在《法哲学原理》里面他倒是把爱突出地讲了一下,并且归入了伦理。家庭的情感就是爱,就是靠爱来维系的。市民社会是靠诚信,国家则是靠英勇,这都是一些情感纽带。但是在《精神现象学》里面,爱的地位好像更低一些,当然他也没有彻底否定爱,只不过他认为这都属于自然情感,不属于伦理。在《法哲学原理》里面强调了爱,但是你要看下去的话,你会发现他在强调爱的前提下,还是力图把爱提升到一种抽象的、普遍的关系,不是仅仅作为一男一女两个人之间的自然情感,而是带有一种法律意义的情感,带有婚姻的义务。虽然是从自然的爱出发,但是他力图把这个爱提升到一种普遍的伦理法则。在这点上《精神现象学》和《法哲学》是一致的。那么我们下面再看第三种关系。

　　上述两种关系仍然停留在双方所分别承担的两者相互过渡而又不平

衡的范围内部。

"上述两种关系"，一个是夫妻关系，一个是父母和子女的关系；父母和子女和关系又分为父母对子女、子女对父母。总而言之，"上述两种关系仍然停留在双方所分别承担的两者相互过渡而又不平衡的范围内部"，它们仍然停留在一个什么样的范围之内呢？双方相互过渡而又不平衡的范围。夫妻关系，双方互相过渡，但是又不平衡，为什么不平衡？因为他们需要一个第三者、需要一个孩子来证明他们双方的互相承认。所以他们双方达不成平衡，他们不能够在自身中自我返回，必须在第三者身上才返回自身。那么父母和子女的关系也是这样，总是不平衡的，父母对子女、子女对父母，他们的感动是不同的。父母尊重孩子是出于这样的感动，孩子尊重父母是出于另外一种感动。父母尊重孩子是因为他将长大成人，而孩子对父母的尊重是出于对父母奉献自己之后将要消失的感动。一方面是长大，另一方面是消失，这也是不平衡的，在这个范围之内互相过渡而总是不平衡。虽然世世代代滚动式地延续下去，但是每一代都不是原来的人了，在不平衡中被替换了。这是上述两种关系的特点，总是局限在关系双方所分别承担的这样一种互相过渡和不平衡里面，跳不出循环圈之外。

——但在**兄弟**和**姐妹**之间则发生着一种毫无混淆的关系。

兄弟和姐妹之间则和上面讲的都不同了，这里"发生着一种毫无混淆的关系"。我们前面讲了，"混淆"是一个很关键的词，就是说，伦理的东西和自然的东西混在一起，在夫妻关系和父母与子女的关系中都存在这种混淆。而现在，在兄弟姐妹之间产生了一种毫无混淆的关系，虽然同是家庭关系，但在他们之间的关系是没有混淆的了，也就是说是真正伦理的，而不是自然的了。或者说有自然的关系，但是自然的和伦理的关系不再混在一起了。

他们是同一个血缘，但这同一血缘在他们中却达到了自己的**安静**和**平衡**。

兄弟和姐妹当然同属一个血缘,同一家人嘛,"但这同一血缘在他们中却达到了自己的**安静和平衡**",不再是一种感动了。夫妻之间可以是一种感动,他们在孩子身上造成了双方血缘的一种共同体现的感动;父母和孩子之间也有一种感动,父母盼望孩子长大,孩子感叹父母的老去,都是基于他们的血缘关系。而在兄弟和姐妹之间,他们的血缘关系不再造成感动,而是很平静的关系。我们属于同一个家庭,同一个血缘,我们长得都挺像,但是这谈不上什么感动,因此他们有一种平衡,不再有一种不平衡的、一种单向的冲动。一方面他们不需要在第三者身上来体现他们的血缘关系;再一个他们也不需要一方看到另一方成长,一方看到另一方消亡,引起这样一种不平衡的感动。在他们之间血缘情感是很平衡的,我们兄弟姐妹们无非就是出于同一个血缘嘛,在血缘这方面我们都是一样的,我们都是平辈的,不存在上一辈对下一辈或者下一辈对上一辈的感动,所以相互之间的关系就比较平稳,不像父母与孩子或者夫妻之间那样不平衡、那样激动,而是很平静的。兄弟姐妹之间嘛,当然有的也很密切,但是这种密切也是一种很平静的关系。

因此他们并不互相欲求,而且他们并没有把一方的自为存在给予另一方,也不是接受了这种自为存在,相反他们彼此都是自由的个体。

"因此他们并不互相欲求",也就是夫妻之间的那种性的欲望,并不存在于在兄弟和姐妹之间。"而且他们并没有把一方的自为存在给予另一方",他们不像父母那样把自己的自为存在给予孩子,使孩子也成为一个自为存在。"也不是接受了这种自为存在",也不像孩子从父母身上接受了自为存在。总之就是说,兄弟姐妹并不像夫妻之间那样,也不像父母和孩子之间的关系那样,他们跟这三种情况都不一样。"相反他们彼此都是自由的个体",在兄弟和姐妹之间,他们彼此都是自由的个体,他们都是独立的,血缘关系在里面并不影响他们作为自由的个体性。

因此，作为姐妹的女性对伦理本质具有最高的**预感**；① 她并没有达到对它的**意识**、达到它的现实性，因为家庭的法则是**自在**存在着的**内在的**本质，并不袒露于意识的白日之下，而是保持着内在的感情和摆脱了现实性的神祇。

"因此，作为姐妹的女性"，他先从姐妹开始讲起。为什么先从姐妹讲起？兄弟和姐妹之间相比，姐妹是属于更加接近自然的那一层次，兄弟则更加接近伦理的那一层次，这里有个层次划分。这里先讲女性，"对伦理本质具有最高的**预感**"；预感，Ahnung，这个词很微妙，就是说它不是一种意识，它是一种对伦理的本质的预感。女性是凭预感、直觉在生活，她不是凭法则，但是你说她没有法则，她对法则又有预感。"她并没有达到对它的**意识**"，后面这个"它"是伦理本质，前一个是女性的她，并没有达到对伦理本质的意识、"达到它的现实性"。如果你真的意识到伦理本质，那你就已经达到了伦理本质的现实性，但是女性还没有，女性只是具有最高的预感，已经预感到伦理的本质。但是这个预感跟原来把自然和伦理混淆不分已经不同了，跟夫妻、父母和孩子之间已经不同了，她已经对伦理的本质具有最高的预感了。这个"最高的"是相对于前面两种关系而言的，前面都是混杂的，现在虽然还只是预感，但比两种混杂状态都要高。这预感也就是说现在还不现实，还没有发生，但是我冥冥之中已经似乎感到了。但是它又不是感性，也不是情感，也不是感觉，而是预感、猜测、预见，已经有了预见，但是还不现实，所以讲并没有达到对伦理本质的意识。"预感"和"意识"打了着重号，就是突出它们的区别。预感还不是意识，并没有达到意识中的伦理本质的现实性。"因为家庭的法则是**自在**存在着的**内在的**本质，并不袒露于意识的白日之下"，白天的法则和夜晚的法则，家庭的法则应该说是一种夜晚的法则。白天我们在外面奔波、在打

---

① Ahnung（预感）德文考证版及丛书版误皆印为 Ahndung（惩罚），兹据 1986 年袖珍版改正。——中译者

拼、谋生、从政、干一些社会的事情，到了夜晚我们回到家里，团聚在家里，所以在家里的法则是夜晚的法则，在社会上的法则是白天的法则。而家庭的法则是自在存在着的内在的本质，它是自在的，还没有达到自为，它不能够在现实生活中、在外在的方面对自己进行规定的。家庭的法则不能通过外在的方面对它加以规定，清官难断家务事，旁人对于一个家庭的事务是没有权力干涉的，也不知道它究竟是怎么样的情况。它只是一种内在的本质，并不袒露于意识的白日之下，不能够公开，那是家庭的隐私，家丑不可外扬。"而是保持着内在的感情和摆脱了现实性的神祇"，它保持着内在的感情，这个"感情"在这里用的是 Gefühl，和摆脱了现实性的"神祇"（Göttliche），脱离了现实性的神、家神。家庭的法则是家神，它是没有现实性的，它晚上关起门来在屋里能够成为法则，有规矩、家规，但是它摆脱了外面的现实世界，而只是保持着内在的感情和家庭内部的神祇。所以为什么说作为姐妹的女性对伦理本质具有最高的预感，但是没有达到对它的意识和它的现实性，就是因为这个原因，她有预感，因为她有家神在守护她，所以她有预感。通常只有先知才有预感，接受了神谕才有预感，那么姐妹在家里她也有预感，因为她是属于家庭和家神的。

<u>女性就是依赖于这些家神的，她在这些神中一方面直观到自己的普遍实体，一方面却又直观到自己的个别性，然而这种个别性联系并不会同时是自然的快感。</u>

"女性就是依赖于这些家神的"，为什么说她有预感呢？就像巫师、先知能够作预言，他依赖于神谕；那么女性就有点类似于这个，女性就是依赖于家神的，她与家神直接发生联系，所以她对家庭的伦理本质具有最高的预感。"她在这些神中一方面直观到自己的普遍实体，一方面却又直观到自己的个别性"，女性是凭借直观和神联系的，她在这些神中直观到自己的普遍实体，家神嘛，他代表普遍的伦理原则，女性从中预感到了伦理的本质，也就是直观到自己普遍的实体；但另一方面又将之直观为自己的个别性，也就是唯独女性是守护这个家神的，这是她个别的、特

别的义务，所以她又把这种普遍实体看成是自己的个别性。"然而这种个别性联系并不会同时是自然的快感"，这些个别性的联系并不是为了自己的享受，并不是追求自己的快乐，而是当作自己个别的义务，是女性独立承担的独特的义务。女性一般都是顾家的，但是在顾家的过程中并不同时享受到自然的快乐，也许搞得很累，也许搞得很烦，但是她必须这样做，这就是她的使命。

[15]　　——作为**女儿**，现在女性不能不带着自然的感动和伦理的平静眼看着父母消失，因为只有以这种关系为代价，她才能达到她所能达到的**自为存在**，因此她从她父母身上并不是以积极的方式看到了自己的自为存在。

"作为**女儿**"，"女儿"打了着重号，为什么"女儿"要打着重号呢？因为下面还要讲到作为妻子和母亲，这是女性的三个主题。女性在家庭里有三个身份：一个是作为女儿、一个是作为母亲，一个是作为妻子。当然还有作为姐妹，这是与前三种都不同的。首先我们看作为女儿是怎么样的情况。作为女儿，"现在女性不能不带着自然的感动和伦理的平静，眼看着父母消失"，前面已经讲了子女对父母的关系，它是混杂的，现在，女性不能不带着自然的感动和伦理的平静对待父母的消逝，一个是自然的感动、女儿对父母的感情，和伦理的平静，也就是那种尊重，这两者混杂在一起，"眼看着父母消失"，父母衰老，然后逐渐的老去。在她眼睁睁地看着父母老去的过程中，她带有双重的关系，一个是自然的感动，一个是伦理的平静，这两种都混杂在一起。"因为只有以这种关系为代价，她才能达到她所能达到的自为存在"，就是说父母如果不消失的话，她怎么能够自为存在呢？怎么能够成长起来呢？只有以父母的消失为代价，她才能成长起来。在家庭里面，女儿长大了，她逐渐承担了家庭里面的家务，在她嫁出去成为别人的妻子之前，她看到父母越来越老了，她感叹这是她长大成人的代价。只有以父母的老去为代价，女儿才能达到她所能达到的自为存在，才能长大成人、嫁为人妇。"因此她从她父母身上并不是以积极的方式看到了自己的自为存在"，而是以一种消极的方式看到她自己的自为存在,就是父母必须老去,她才能够成长起来。"并不是以积极地方式",这个是有所指的,就是说,作为姐妹与作为女儿相比是不一样的,作为女儿她在父母身上不是以积极地方式看到自己的自为存在,那么作为姐妹,她在兄弟身上才是以积极的方式看到自己的自为存在。

　　——但**母亲**的关系和**妻子**的关系所拥有的,部分是作为属于快乐的某种自然的东西的个别性,部分是作为某种在其中只看到自己的消失的否定的东西的个别性,正因为如此,这种个别性部分又是可以由一个另外的个别性替代的某种偶然的东西。

　　"但**母亲**的关系和**妻子**的关系所拥有的","母亲"和"妻子"打了着重号,前面讲的是女儿。都是讲女性,为了引出姐妹,先讲女儿,然后讲母亲,然后讲妻子。那么母亲和妻子所拥有的个别性和女儿所拥有的是不同的,这种个别性,"部分是作为属于快乐的某种自然的东西的个别性"。前面讲,女儿拥有的个别性不会同时是自然的快感,而这里讲母亲的关系和妻子的关系所拥有的个别性,有一部分是作为属于快乐的某种自然的东西的个别性。比如说母亲,她所拥有的母性的个别性就是生育孩子的天伦之乐,这一部分是属于快乐的自然的东西;而妻子在夫妻关系中也拥有一种属于自然的东西的个别性,这就是爱情,爱情当然是属于快乐的某种自然的东西。但同时又混杂有非自然的伦理的东西,只不过是以否定的方式表现出来的:"部分是作为某种在其中只看到自己的消失的否定的东西的个别性"。比如说母亲,母亲是作为某种在其中只看到自己消失的否定的东西的个别性,就是要否定自己,这方面体现了她的伦理意识。怎么否定? 母亲生下孩子,所以她的全部心思都在孩子身上,她对自己抱有否定的态度,只要孩子好,我自己不算什么。母亲的自我牺牲精神很伟大,一切都是为了孩子,所以在其中只看到自己消失的否定的东西的个别性,这是讲的母亲的责任意识。又比如说妻子,妻子在夫妻关系中同样也只看到自己的消失的否定的东西的个别性,她把自己看作丈夫事业的帮手,所谓相夫教子,在家庭里面自我奉献是自己的责任。"正因为如此，这种个别性部分又是可以由一个另外的个别性替代的某种偶然的东西"，也就是说，母亲的和妻子的这种个别性和都是可以由一个另外的个别性来替代的，是某种偶然的东西，也就是说母亲的个别性体现为她对子女的奉献的关系，妻子的个别性体现为她对丈夫的爱的关系，那么这种个别性部分可以由一个另外的个别性来替代。这句话很费解。我们可以在下一页的一个中译本注释里面找到答案，这个注释是用来解释本段最后一句话的。那句话是说："所以兄弟的丧亡对于姐妹来说是无可替代的损失，而姐妹对兄弟的义务乃是最高的义务。"后面是贺、王译本的译者注："参看索福克勒斯的悲剧《安提戈涅》，第910行。'一个丈夫死了，可以另嫁一个，一个儿子死了，别人能让我再生第二个，但我的父母已长眠于地下，我不能希望再有一个兄弟降生人世'。"① 就是说，母亲和妻子的个别性关系都是可以替代的，比如说，一个丈夫死了，可以另外嫁一个；一个儿子死了，还可以生一个，虽然很悲伤，在情感上不可替代，但在伦理上是可以替代的。而我的兄弟死了，由于我的父母已经不在了，到哪里再去找一个兄弟呢？不可能再有一个兄弟了，伦理上就无法补偿了。所以姐妹对兄弟的关系更是伦理性的，它是不可取代的，它是必然性的；而女性对丈夫和子女的关系，它是可以取代的，它是偶然的。当然不能够完全代替，这个丈夫死了，你再嫁一个，这个不可能跟原先那个完全一样，但是她毕竟可以嫁一个；她死了一个孩子，又生一个孩子，也不能代替原来的孩子，但伦理上这一"部分"是可以代替的，具有偶然性。黑格尔从《安提戈涅》悲剧里看出了这么一个关系，就是古希腊人对家庭的观念，父母和妻子固然是女性的最重要的角色，但是，从伦理性这个角度来看，它们不如姐妹，姐妹更带有伦理性，姐妹跟兄弟的关系更带有伦理的普遍性。因为父母和妻子的角色都是可以由另外的个别性来部分替代的某种偶然的东西，唯独与兄弟的关系是

---

① 楷体部分在贺、王译本中缺，兹根据原剧本补上。

不能替代的, 这个地方还没有讲到兄弟, 但是已经预示了, 这种关系不是偶然的, 而已经是有必然性的。

在伦理的家中, 这种偶然的东西, 并不是**这一个丈夫、这一个孩子**, 而是**某一个丈夫, 一般的孩子们**——不是情感, 而是女性的这两种关系基于其上的共相。

"在伦理的家中", 这个"家"用的是 Hause（房子）, 不是 Familie（家庭、家族）, 前者比后者更加具有社会含义而不是血缘含义。在伦理的家中, "这种偶然的东西, 并不是**这一个**丈夫、**这一个**孩子", 这是我们刚才讲的, 这一个丈夫, "这一个"是感性确定性, 现在家庭关系已经从感性确定性的"这一个"超越出来了; 它不是这个丈夫、这个孩子这种偶然的东西, "而是**某一个丈夫, 一般的孩子们**"。某一个, 有一个就可以了, 女人嫁一个丈夫就可以了, 就有了丈夫了, 不一定非要嫁这一个丈夫; 一般的孩子们, 不一定是这一个孩子, 只要有孩子, 孩子们, 孩子们是复数, 多多益善, 那就可以了。满足了这两个要素, 女人作为母亲和妻子就完善了, 这件事就已经符合伦理了, 伦理的要求就是这样的。当然还有自然的要求; 自然的要求就有爱情呀、对孩子的特定的感情呀, 那就不是伦理的要求, 而是自然的要求了。"——不是情感, 而是女性的这两种关系基于其上的共相", 在伦理的家中偶然的东西不是情感, 情感是自然的家庭中偶然的东西, 而在伦理的家中, 这种偶然的东西不是情感, 既不是夫妇之爱, 也不是母子之爱, 不是家庭之爱, 而是女性的这两种关系的基础即共相。偶然的东西是作为夫妻和母子（女）这两种关系的基础, 就是共相, "这一个"成了共相。在伦理的家庭里面, 应该把与丈夫和孩子的关系都提升到共相, 不是停留在情感之上。当然肯定有情感, 但是应该把这个东西分开来, 在妻子和母亲的角色里面这是混杂的, 所以共相还显得是一种偶然的东西, 只有到姐妹的层次才开始把它们分开。

女性伦理跟男性伦理之区别正在于: 女性在其为个别性所作的规定中, 在其快乐中, 直接保持为普遍的, 保持为异于欲望的个别性的; 与此相反,在男性那里,这两个方面是互相分离的,而且由于男性作为公民,**具有普遍性**的那种**自我意识到的**力,他就以此为本钱去为自己谋求**欲望**的权利,同时对欲望又保持着自己的自由。

"女性伦理跟男性伦理之区别正在于",女性伦理跟男性伦理是不同的,区别在什么地方呢?"女性在其为个别性所作的规定中,在其快乐中,直接保持为普遍的,保持为异于欲望的个别性的",就是上面讲的,女性的个别性就是她的快乐、她的爱情、她的天伦之乐,而她在这种个别性的快乐中直接保持为普遍的。也就是说她的个别性和普遍性直接同一,她的这种快乐直接就是普遍性,比如说对丈夫、对孩子,女性是从直接普遍性中来感受她的快乐的,她为丈夫、为孩子献身,她的伟大母爱,就是这样一种普遍性,也就是她的个别性。她为这种献身感到快乐,这种自我否定就是她自己的实现,同时也是她的义务。所以,除了姐妹在与兄弟的关系中开始意识到偶然的个别性与必然的普遍性的区别之外,女性的个别和普遍是同一件事情,她在普遍中感到快乐,她只有在为神的法则服务时才感到快乐,结婚、养育孩子是她人生最快乐的事,也是她必须完成的伦理义务。所以人们说,每一个成功的男人后面都有一个默默奉献的女人,而女性在默默奉献的时候她心甘情愿,她感到很高兴。男人要为别人作牺牲就觉得不高兴了,但女人觉得很高兴,这就是她的使命啊,她完成了她的使命。所以她的快乐不是单纯感官之乐,而是伦理性的,"保持为异于欲望的个别性的"。女性在家里面也不能说没有欲望,她也想吃这个、想吃那个,但是她不吃,她排斥这个东西,儿女不懂事的,就以为妈妈不爱吃这个东西,实际上她是留给他们吃,哪里是不爱吃呢?所以她是对欲望的个别性保持一种陌生性,保持一种异己性,她牺牲自己来成全整个家,这是女性的伦理。"与此相反,在男性那里,这两个方面是互相分离的",也就是说个别的快乐和普遍性的精神是分离的。"而且由于男性作为公民,具有普遍性的那种**自我意识到的**力,他就以此为本钱去为自己谋求**欲望**的权利,同时对欲望又保持着自己的自由",男性的个别性和普遍性的义务是分离的,对他来说快乐就是快乐,义务则是另一回事,因为男性作为公民,他拥有普遍性的那种"自我意识到的力",不像女性的尽义务几乎是本能的,而是作为一种自我意识到的权利,作为公民的公民权、私有财产权,这些普遍的权利,他就以此为本钱去为自己谋求欲望的满足。他的欲望是一种权利,其根据或本钱是建立在自我意识的普遍性之上的,他以这种普遍性的公民权利、公民身份,去为自己谋取欲望的权利。他是作为一个公民而在他的权利范围之内去为自己谋取欲望的满足的,因而同时对此欲望他又保持着自己的自由,不会沉溺于欲望、被欲望所支配,而会按照法权原则来实现欲望,自觉保持自己欲望的界限。他可以自由地满足自己的欲望或者克制自己的欲望,也可以自由地为公共事务献身,为了普遍的义务而放弃自己的欲望,在这方面他很自由。可见男人的伦理在于普遍和个别是分离的,他可以用普遍作为手段、作为本钱去谋取他的个别的欲望,也可以为了普遍而放弃自己的个别性。这是男人的分离性所导致的,跟女人是不一样的。

　　所以,由于在女人的这种关系中混杂有个别性,她的伦理性就不是纯粹的;但只要伦理性是这种关系,个别性就是**漠不相干**的,而女人所缺乏的环节就是把自己在他者中作为**这一个**自己而认出来。 {248}

　　这里用的"女人"(Frau)这个词,前面都译为妻子,它本来有这两个意思,但前面是和女儿、母亲相并列,只能译作"妻子",这里则是笼而统之地谈,是一般"女人"的意思。"所以,由于女人的这种关系中混杂有个别性",我们前面讲了母亲、妻子和女儿的这种家庭关系是混杂有个别性、混杂有自然情感这些东西在内的,"她的伦理性就不是纯粹的"。她的伦理应该体现在"尊重"上,但是由于混杂了个别性,所以她的伦理性就不纯粹了。"但只要伦理是这种关系,个别性就是**漠不相干**的",女人的这种关系,从伦理上看它不是纯粹的,只要是这种关系,当然它还是伦理性的,但是个别性在这里面是漠不相干的。比如妻子对丈夫的爱情,母亲对子女的感情,所有这些个别性在伦理的关系中都是漠不相干的;

真正的伦理性还是她对丈夫的尊重,对子女的尊重,这些都是普遍的。"而女人所缺乏的环节就是把自己在他者中作为**这一个**自己认出来",在他者中认出自己的个别性,这在女人那里是缺乏的环节。前面讲的母亲、妻子的这种关系,她虽然也可以在对方身上认出自己,例如她在孩子们身上认出自己,在丈夫的成功上看到自己的价值;但是她不是把自己在他者中作为"这一个"自己认出来,她在他者中认出自己的时候,她自己的个别性就丧失了,她把自己都牺牲在丈夫孩子身上了,她是不能够返回的这样一种关系。她在他者中认出来的不是她的"这一个",而是一个普遍性的东西,她的个别性在他者中已经被否定掉了。所以妻子缺乏的环节就是这样一个在他者中仍然看到"这一个"自己的环节。在他者中看到"这一个"自己应该是在朋友关系中才具有的,而妻子是缺乏朋友关系的,妻子在家庭里面的伦理关系缺乏一种打得开的朋友关系,它是一种比较封闭的关系。她在自己的孩子身上认出自己的时候她已经不独立了,已经丧失了自身的独立性了,她把孩子培养起来,孩子具有了独立性,她反而没有独立性了。这种独立性只有在朋友关系中才有,虽然朋友是独立的,我也是独立的,我们俩关系好,我在你身上看出了我自己,但我还是我,妻子缺乏这样一个环节。所以我们通常觉得妻子在家里面就是顾家的,没有一种朋友关系。妻子是没有朋友的,以前有朋友,结了婚以后就没有了,以前的朋友都疏远了,不来往了,中外都是这样,缺乏朋友关系。那么只要它是伦理的,它的个别性就漠不相干。

　　——但是兄弟对姐妹来说,是一种宁静的等同的一般本质,姐妹对他们的承认是纯粹的、不与自然的联系相混杂的;因此,在这种关系中,个别性的漠不相干及其在伦理上的偶然性并不是现成在手的;相反,承认者和被承认者的**个别自我**这一环节在这里可以坚持自己的权利,因为它是以血缘上的平衡和无欲望的联系结合着的。

　　下面这个破折号后面就开始回到我们的主题了。主题本来就是要谈姐妹对兄弟的关系,谈了半天谈的是女儿、母亲、妻子这样一些关系,都还没有谈到主题。但是是作为一个衬托，就是在女儿、母亲和妻子的关系中，女人的自然的关系和伦理的关系是混杂在一起的，而在姐妹对兄弟的关系中已经不是了。"但是兄弟对姐妹来说，是一种宁静的等同的一般本质"，姐妹心目中的兄弟是一种宁静的等同的一般本质，也就是说，自然的血缘关系在他们的关系里面已经不起一种扰动作用了，已经不再是一种 Rührung，已经不是一种感动作用了，已经是宁静的（ruhig）等同的（gleich）一般本质。我们是一般本质，我们都是同一个血缘，没错；但并不因此感动得要死要活。"姐妹对他们的承认是纯粹的、不与自然的联系相混杂的"，姐妹对兄弟承认，我们是一家人，我们是兄弟姐妹，这种承认是纯粹的，不与自然的联系相混杂的。自然联系当然没有否认，从小在一起长大，还是有感情的。但是姐妹对兄弟的承认与这种自然的联系不相混杂，它是一种纯伦理的联系，我们既然是一家人，我们就应该怎么怎么样，就有一套法则，就有一整套行为规范，一套规矩。这是以血缘为基础，但是本身是非血缘的，不与自然联系相混杂的。"因此，在这种关系中，个别性的漠不相干及其在伦理上的偶然性并不是现成在手的"，在这里个别性的漠不相干及其在伦理上的偶然性并不是现成摆在那里的。这种偶然性在夫妻关系和母女母子关系中是摆在那里的，例如夫妻关系，我偶然碰到一个人结了婚，这个是很偶然的，在这种关系中，个别性漠不相干，我跟他是偶然结成的夫妻，我偶然怀孕了，生了儿子或者生了女儿，那都是很偶然的。这种关系中个别性的漠不相干及其在伦理上的偶然性都是现成的，都是既定的既成事实，我们称之为"缘分"。已经这样了，那就嫁鸡随鸡嫁狗随狗，已经生了几个女儿，想要个儿子，但再生还是个女儿，命里不该有儿子。怎么办呢？那就只好这样了，不管怎样总归是个家嘛。以前都是这样的，但是在兄弟姐妹的关系中并不是这样的。是什么样的呢？"相反，承认者和被承认者的个别自我这一环节在这里可以坚持自己的权利"，承认者就是姐妹，被承认者就是兄弟，他们的个别自我环节在此可以保持自己的权利，就是说，姐妹对兄弟的承认，或者兄弟被姐妹所承认，双方都有自己的个别自我环节，都是作为个别自我而承认和被承认的，都可以在这一环节中保持自己的权利。"权利"在这里已经是法权了，已经是一种伦理法则了，兄弟姐妹之间是一种平等的权利，"因为它是以血缘上的平衡和无欲的联系结合着的"，这些个别性自我在血缘上是平衡的，我们都是来自同一个血缘，这方面没什么等级差异，没什么话可说，既不是我生的你，也不是你生的我，我们也不是来自两个不同的血缘，所以在血缘上面我们是平等的。我们相互之间也无所欲求，我们相互之间互相并没有欲望，按照家庭伦理，姐妹和兄弟之间不可能结婚的。一方面在血缘上是平衡的、平等的，我们都是兄弟姐妹，在辈分上是一样的；我们的联系是一种无欲的联系，我们没有相互的欲望；而在这种条件下，我们的联系又非常紧密，兄弟姐妹联系在一起，互相帮衬。那显然，这种联系就是一种纯粹伦理的联系了。

[16]   <u>所以，兄弟的丧亡对姐妹来说是无可替代的损失，而姐妹对兄弟的义务乃是最高的义务。</u>[①]

  兄弟的丧亡，兄弟的死亡，对姐妹来说是无可替代的损失，这就用到《安提戈涅》的那句话了：一个丈夫死了可以另嫁一个，一个儿子死了可以再生，但我的父母已长眠于地下，我不能希望再有一个兄弟降生人世了。就是说，虽然我们兄弟姐妹有血缘关系，但是我们的关系已经超越了偶然的血缘关系，我对兄弟的义务是一种纯粹伦理的义务。这就是《安提戈涅》里面讲的，按照古希腊的传统，家庭有它的义务，兄弟死了，家人有义务去埋葬他，把他从大自然的任意支配中拯救出来，保持他的尊严。我们前面已经讲了，埋葬兄弟，是为了保持他的人格尊严。为什么要保持他的人格尊严？因为姐妹对兄弟的关系是两个独立人格之间的一种相互的关系。虽然最初是由血缘关系把他们联系起来，但是他们之

[①] 参看索福克勒斯的悲剧《安提戈涅》，第 910 行："一个丈夫死了，可以另嫁一个，一个儿子死了，别人能让我再生第二个，但我的父母已长眠于地下，我不能希望再有一个兄弟降生人世"。——贺、王译本 [按：楷体字为译者所加]

间的关系已经不是血缘关系了,是一种伦理关系,所以我有义务埋葬他。姐妹对兄弟的义务在这方面是最高的义务,就是埋葬死去的兄弟,维护死者的人格。对其他家庭成员也有义务,但还不是最高的,比如说儿女,儿女当然也有义务要埋葬死去的父母,但是对儿女来说这一义务还不是最高的,或者说他们主要不是出于义务做这件事,而是出于情感。夫妻之间也有这个义务,但是夫妻的这一义务也不是最高的,它也和自然情感混杂在一起。唯有对姐妹来说这是最高义务,因为这是纯粹伦理的义务。整个家庭对于人死了都有义务来埋葬他,但是唯独对于姐妹来说,姐妹对兄弟的这一义务已经达到了家庭伦理的最后界限了,超出这个界限就不光是家庭义务了,那就属于社会义务了,所以下面的小标题是:

[3.神的法则与人的法则双方互相过渡] 这种关系同时又是一条界限,越过这条界限,自身封闭着的家庭就自我解体而走出自身之外了。

在超出姐妹对兄弟的关系的义务之上,那就属于神的法则向人的法则的过渡了。"这是一条界限",姐妹对兄弟的义务已经是家庭中的最高义务了,所以它设立了一条界限。"越过这条界限,自身封闭着的家庭就自我解体而走出自身之外了",例如姐妹的最高义务是埋葬兄弟,兄弟的最高义务却并非埋葬姐妹,而是指向了社会政治生活、人的法则,这就打破家庭的这种封闭性了,不再仅仅是家庭中的事情,而是家庭和社会之间的互动了。

兄弟是这样一方,家庭精神据此而成为个体性,这个体性转向他者,并过渡为普遍性的意识。

前面讲了姐妹,姐妹对兄弟负责;那么现在讲到兄弟,兄弟是不是又对姐妹负责呢? 不是,兄弟是对社会负责。"兄弟是这样一方,家庭精神据此而成为个体性",家庭精神本来在家庭内部它是普遍性,但是在兄弟身上它体现为一种个体性,为什么体现个体性呢? 他说,"这个体性转向他者,并过渡为普遍性的意识"。这个体性转向他者,这个他者不是姐妹了，而是其他家庭的兄弟。那么对于他者，对于其他家庭的兄弟，这就显示出家庭是一种个体性了。你是来自于这个家庭，他是来自于那个家庭，西方社会就是由个体家庭组成的，家庭精神在兄弟身上体现为一种向外的个体性，他是来自于这个家庭的，他以个体性的身份和来自于其他家庭的某个个体打交道，也就是转向另外一个家庭的兄弟，于是就过渡为普遍性的意识，就是人人皆兄弟。人人皆兄弟那就是社会了，孔夫子也讲"四海之内皆兄弟"，那就进入社会了。所以兄弟是一个从家庭向社会过渡的界标。我们讲四海之内皆兄弟，我们不讲四海之内皆父母，我们也不讲四海之内皆姐妹。因为只有兄弟、男性，他是从家庭里面走向社会的一个普遍性的意识。当然这是指传统社会、也就是父权制的社会了，今天的女权主义者不会承认的。

兄弟抛弃了家庭的这种直接的、始基性的因而真正说来是**否定性的**伦理性，以便取得和创造出它的自我意识到的现实的伦理性。

"兄弟抛弃了这种**直接的、始基性的**因而真正说来是**否定性的**伦理性"，这个"始基性的"，也就是 elementarisch（Element 我们前面翻译成元素），也可以把它翻译成原始的。原始家庭是以直接自然的血缘为基础的，它的伦理性真正说来是以否定性的方式体现出来的，也就是通过否定个别者来成全整体。那么兄弟关系则是抛弃了这种直接的否定性的伦理性，"以便取得和创造出它的自我意识到的现实的伦理性"，现实的伦理性是什么伦理性？就是现实社会生活中的人的法则，社会的法则。通过人人皆兄弟，家庭走向了社会，它的伦理性才具有了自我意识，才成为了现实的。孔夫子也是通过"四海之内皆兄弟"使得家庭的原则放大成社会的法则的，但这里有个区别，当西方人、特别是基督教讲"人人皆兄弟"的时候，"兄弟"这个词在西文里面是没有区分的，英文的 brother、德文的 Bruder，你分不清他是兄还是弟的，它就是同一个词；但是中文里头是分得很清楚。所以当我们用汉语讲"人人皆兄弟"的时候，你不要以为是人人平等的意思，不是人人平等，而是指在社会上人人皆有一种等级关系。因为"兄"和"弟"在汉语里面是不平等的,"兄"是"兄长","弟"是"小弟"。"兄"是跟"父"联系在一起的,"父兄";"弟"是跟"子"联系在一起的,"弟子"。所以"兄"和"弟"是有等级关系的。我们讲"兄弟"的时候要注意,这跟西方人讲"兄弟"这个词的语感是不一样的。在国际关系里面,我们也经常这样讲,我们要跟周边的邻居做好邻居、好兄弟,外国人一听很高兴,好兄弟很平等呀! 其实我们的意思是说,我是兄你是弟,有等级关系的。原来我们向苏联一边倒的时候,尊苏联为"老大哥",所以虽然我们是"兄弟党",但并不平等;后来跟他们关系不好了,就说他们是"老子党"。所以"人人皆兄弟"用不同语言说出来意思是不一样的,赛珍珠把《水浒传》翻译成《四海之内皆兄弟》,让西方人觉得"水浒"里头是个自由的天地,其实不是的,梁山泊要排座次,有严格等级规范的。

兄弟是从他本来生活于其圈子中的神的法则向着人的法则过渡。但姐妹将成为的、或者妻子一直坚持着的则是家庭主妇和神的法则的守护者。

在家庭中,兄弟在神的法则的圈子中成长起来,就是为了向神的法则的圈子即市民社会过渡;而姐妹跟兄弟不一样,她们不会向外部人的法则的世界过渡。"但姐妹将成为的、或者妻子一直坚持着的则是家庭主妇和神的法则的守护者"。这很明确,兄弟是向社会过渡、要走向社会的,而姐妹是守在家庭里的,从娘家嫁出去了,仍然是守在婆家。

以这样的方式,男女两性就克服了他们自然的本质,并在自己的伦理含义中以这样的差异性出场,这些差异性把自己分成由伦理实体给自己提供的两种区别。

"以这样的方式,男女两性就克服了他们自然的本质",也就是说,前面讲的这种划分,即兄弟是从神的法则向人的法则过渡,而姐妹是守着神的法则,这样就使男女两性都克服了他们自然的本质。如果按照自然的本质，那就有情感呀、有爱呀、有种种感动呀、还有欲望呀，等等；但是现在，男人的伦理和女人的伦理不按那种东西来划分，不按自然的本质来划分，我们按伦理的法则来划分。那就很简单，兄弟就是从神的法则向人的法则过渡，而姐妹和妻子是守着神的法则。男女两性由此就克服了他们自然的本性，"并在自己的伦理含义中以这样的差异性出场"，男女两性的伦理含义表现为这样的差异性。什么差异性？ "这些差异性把自己分成由伦理实体给自己提供的两种区别"。就是说，现在男女的差异性不再是身体上的自然差异，而是伦理实体中的差异，是具有伦理含义的两种区别，一种是人的法则，一种是神的法则。那么家庭中兄弟和姐妹这样的差异，在自身中就划分成了伦理实体的这两种区别，兄弟是从神的法则过渡到人的法则，而姐妹是守着神的法则。

伦理世界的这两种**普遍的**本质之所以把**自然本质**上区别开来的两种自我意识当作自己特定的**个体性**，是因为伦理精神是实体与自我意识的**直接的统一**；——是这样一种**直接性**，以至于按照实在性和区别的方面来看，它同时又显现为一种自然区别的定在。

"伦理实体这两种**普遍的**本质"，也就是神的法则和人的法则，"之所以把**自然本质**上区别开来的两种自我意识当作自己特定的**个体性**"，伦理实体这两种本质本来是普遍的本质，法则嘛，人的法则也好，神的法则也好，都是普遍的本质，但现在却把自然本质上区别开来的两种自我意识当作自己特定的个体性，"自然本质"和"个体性"都打了着重号。就是它们虽然都是"普遍本质"，但却从"自然本质"上把自己的"个体性"区别开来，这是为什么？ 男人和女人、兄弟和姐妹，本来是在自然本质上有区别的两种自我意识，是把男女自然差异当作自己特点的个体性，那么伦理世界的普遍本质为什么一定要以这种自然本质的差异来体现自己的个体性呢？ 两种普遍本质为什么要有男女之分，一种体现在男人身上，一种体现在女人身上，要在特定的个体性上体现为男人的伦理和女人的伦理？ 之所以要这样，"是因为伦理精神是实体与自我意识的**直接的统**

一"，"直接的"打了着重号。为什么伦理世界的普遍本质要在自然本性的区别上表现自己的个体性，是因为实体与自我意识的统一性还处在伦理精神的"直接性"阶段，还必须以自然的本性这样一种方式来体现。它是实体与自我意识直接的统一，所以它还要借助于自然本性的区别来体现它的个体性，虽然它已经是普遍的个体性法则了，但是还要以男女这样一种自然的划分来体现，就因为它是处在直接性的阶段。我们知道，在黑格尔那里，伦理有三个阶段：家庭、市民社会和国家。家庭是第一阶段，是直接性的阶段，所以家庭还带上自然本性，家庭的伦理法则中混杂有自然性。家庭只有到了兄弟这个阶段才开始超出这种自然性，走出家庭，进入社会；进入到市民社会就进入到了国家，那就没有自然性了。但是在它最初阶段的时候，它是实体和自我意识的直接统一，这是伦理精神的初级阶段。"是这样一种**直接性**，以至于按照实在性和区别的方面来看，它同时又显现为一种自然区别的定在"，这种直接性，你如果按照实在性和区别来看这样一种伦理精神的话，那么它同时又显现为一种自然区别的定在，即男人的伦理和女人的伦理。这是一种自然区别，必须通过这种自然的方式来体现伦理精神的直接性。

　　——这就是前面讨论自身实在的个体性那一形态时在精神本质的概念中把自己显示为**原始的、规定了的自然**的那个方面。

　　上一句说伦理世界"按照实在性和区别方面来看"显现为自然区别的定在，这一句则指出这就是前面曾提到过的那个方面，即"前面讨论自身实在的个体性那一形态时在精神本质的概念中把自己显示为**原始的、规定了的自然**的那个方面"。前面在哪里提到？我们看贺、王译本第16页的注释②："指'精神动物的王国和欺骗或事情本身'那一形态而言，参看本书中译本上卷第262页以下各页"。这个注释是根据德文版编者的提示做的。前面已经讲到"精神的动物王国"的情况，就是在法制建立的过程初期，人的本能还在起着"事情本身"的作用，这时个体性的概念作为实在的个体性，"就作为一种原始地被规定了本性而出场，——之所以是**原始**的本性，乃因为它**自在地存在着**"（上册第 262 页）；"因此最初，个体性的原始规定的本性，它的直接的本质还没有作为行为者建立起来，它被称之为极其**特殊的**才具、才能、性格等等"（上册第 264 页）。所谓"原始规定的本性"也就是原始的自然（Natur）。当然，前面是作为一个建立法则的过程来讲的，这里则是分析伦理实体的结构，但都是讲普遍法则要得到起码的体现，一开始必须依赖自然的方面。那个方面就是显现为一种自然的区别的定在，显现为一种原始的、规定了的自然。我们前面把它解释为本能，包括男女的本能，男女的自然情感，家庭亲属的自然血缘关系，这都属于原始的、规定了的自然那一方面。但随后这一方面就被淡化了。

这个环节失去了在那里它还具有的无规定性和禀赋与才具上的偶然差异性。

"这个环节"，也就是前面讲的那样一个原始的、规定了的自然本性方面，现在我们又提到它，但是在伦理世界的这个层面上来重提的时候，它已经被提升了。这个环节"失去了在那里它还具有的无规定性和禀赋与才具上的偶然差异性"，前面我们提到原始的规定了的自然的时候，它是无规定性的，本能、自然欲望、自然情感等等，还没有规定，还是一种说不出来的东西，一种内在的东西。如前面提到的禀赋和才具、能力等等，这是每个个人都不一样的，这些偶然的差异性、每个人原始规定的自然本性都是不一样的。天生有才，某人是个天才，这些都属于偶然的东西，所以它具有无规定性，它没有定规，不成其为法则。而现在，这个环节已经失去了这样一种无规定性，失去了这种偶然的差异。在伦理的阶段我们重新把它提起来，这个时候它已经处在更高的阶段，跟它在低层次上面大不一样了，已经进入到规定性和必然普遍性了。

它现在是两性的确定的对立，而两性的自然性同时又获得了其伦理规定的含义。

"它现在是两性的确定的对立"，男女两性被确定了的对立，已经规定好了，男人就是这样，女人就是那样，不再是那种无规定性了，不再是混沌的、原始规定了的自然，自然情感呀、自然血缘呀、自然关系呀，现在两性都有了确定的分工，男主外，女主内。我们把男性放在外面，女性放在里面，确定下来了，凭什么确定下来？不是凭自然的规定，而是凭伦理的法则把它规定下来的。因为男性是从家庭向社会过渡，女性是守着家庭的，是这样一种对立关系。"而两性的自然性同时又获得了其伦理规定的含义"，两性本来是自然性，很难对它做一个法则的规定，没有什么法则，自然的偶然性嘛，男性恰好就这样，女性也恰好就那样，所具有的那些规定都是偶然的差异。而现在要成为一种必然的、普遍的法则，这种法则使得两性确定的对立起来；男人的伦理和女人的伦理是不一样的，在伦理上有规定的，于是两性的自然性就被提升到了伦理的规定层次上来了。原来在前面讨论精神动物王国的时候还没有得到这样一种伦理的规定，而现在，我们赋予了它伦理的规定。

＊　　　　　＊　　　　　＊

上次讲到了神的法则与人的法则互相过渡，讲到了兄弟情谊。从家庭向社会过渡，兄弟之间是一个关键的转折点，家庭关系到了兄弟关系这个层次，那就已经开始向社会过渡了。所以男女之间在家庭里面的关系不仅仅是一种自然的差别，同时也是伦理的差别，这是黑格尔要强调的。那么这个伦理的差别为什么还要用男女之别来加以区分？特别是讲到个体性的时候，在伦理世界里面讲到个体就要涉及男女，就要涉及家庭。这是因为伦理实体在它的最初的阶段是以一种直接性的方式出现的，那就是体现在家庭中的男女之别，它是一种自然区别，自然的区别是最直接的。你讲国家也好、市民社会也好，它们最终还是要立足于直接性，那就是立足于家庭。所以家庭这样一种关系通过两性的区别延伸到伦理中。但伦理不能归结到自然。我们上次也讲到了，在中国人的观念里面，伦理关系基本上就是立足于自然的，最后归结为自然，天理天道就是自

155

然，就是自然的规律。但是黑格尔认为，两性的自然区别被延伸到伦理之中，但不归结为自然，就是说摆脱了自然之后它才是真正的伦理关系。当然它在自然里面有它的实存的根据，这是毫无疑问的，它是从自然里面生长出来的，家庭就是自然的繁衍的过程；但是光有这个过程，家庭就还只是类的关系，不是伦理关系。必须要提升到一种社会的关系，这才是伦理关系。我们今天要讲的这一段就是最后点出了家庭和社会两种法则交互作用。

但两性的区别以及两性在伦理内容上的区别却仍然在实体的统一性中持续，而这内容的运动正是这实体的持续形成过程。

"两性的区别以及两性在伦理内容上的区别"，两性的区别我们从伦理的角度来考察的时候，它就是伦理的内容。两性形成了伦理内容上的区别，形式上是人的法则，在内容上却属于神的法则。所以两性的这种伦理内容上的区别"却仍然在实体的统一性中持续"，统一的伦理实体肯定要包含有家庭两性关系在内，当然它不是一个个的家庭，而是从家庭到社会、从社会到家庭的这种循环往复，这才形成一个实体的统一性，这才是完整的伦理。如果说仅仅是由一些家庭组成这个社会，那这个社会是一盘散沙，它不能构成一个实体。反之，如果没有一个个家庭，这个社会是架空的，也不能形成一个伦理实体。所以，"这内容的运动正是这实体的持续形成过程"，只有从这内容的运动中，从家庭里男人和女人之间分工的关系所构成的区别和它们的相互运动中，才是这个完整的伦理实体的持续形成过程。我们前面已经讲到了各种各样的层次，夫妻关系、父母和子女的关系、兄弟和姐妹的关系，兄弟姐妹的分工最后走向社会，世世代代维持着这个社会的生存。社会、国家都要靠家庭的这种运作来维持，作为伦理实体的共同体就是这样形成起来的。

[17]　　男人被家庭精神派出到共同体里面去，并在那里找到自己自我意识到的本质；而正如家庭借此在共同体中拥有自己的普遍实体和持存那样，共同体则反过来在家庭身上拥有自己的现实性之形式元素，在神的

<u>法则上拥有自己的力和验证。</u>

这就是伦理实体的具体形成过程。伦理实体是怎么形成的？就是通过这样一个循环过程，他这里讲了一个派出的过程，一个收回的过程。首先是"男人被家庭精神派出到共同体里面去"，共同体的成员、包括那些政治人物都是由家庭里面派出的，家庭就是为国家培养这样一些人，国家的栋梁在家庭里面形成，从小就培养他具有人的尊严，具有社会公德，长成了以后我们把他派到共同体里面去，支撑起这个国家。贺先生他们不知道为什么要翻成"赶到共同体里面去"，不是赶出去，而是派出去（hinausschicken），这就是家庭的使命，家庭和社会相互之间是互相依赖的，这种依赖就体现在这里。共同体里面从事社会、国家、政治活动的，就是家庭里面被派出来的男人，男人在家庭里面已经成长起来了，"并在那里找到自己自我意识到的本质"，男人在共同体那里找到的是自己的自我意识到的本质。并不是说在共同体里面他还是家庭的本质，那已经不是的了，而是社会的本质，是共同体的本质；男人的本质是要奉献给社会的，而不是守在家庭里的，家庭只是他的自然性，社会性才是他的本质。家庭把男人派到共同体里面去，男人就意识到，我的本质就是过社会生活，就是过一种政治生活，就是参与政府的运作。至于家庭，则是作准备的，人从自然中产生出来是为社会生活作准备的。当然人离不开自然，他是自然的产物，但那是作准备的，在家庭里面就要培养这种社会公共精神，这才是自我意识到的本质，或者说是自觉到的本质。我的本质在家庭里面还没有自觉到的，那是自在的，是潜在的，潜在的有社会公共的本质，要多加培养教育。教养成了以后，派出到共同体里面去，这个本质才向自我意识呈现出来，人们才意识到这就是我的本质，所以亚里士多德讲，人是政治的动物。"而正如家庭借此在共同体中拥有自己的普遍实体和持存那样"，家庭把自己的男人派到共同体里面去，承担政府的职能，不但使共同体、政府得以持存，而且家庭本身也由此而得以作为实体持存，它在共同体里面拥有了自己普遍持存的实体，它就是作为培养一

代又一代社会公民的场所而持续下去的。而"共同体则反过来在家庭身上拥有自己的现实性之形式元素,在神的法则上拥有自己的力和验证",前面是"正如……那样",后面是"共同体则反过来……",这是个对照的并列句。一方面,家庭在共同体中拥有自己的实体,另一方面,共同体反过来在家庭中拥有自己的现实性之形式元素。什么叫"现实性的形式元素"? 共用体是靠各个家庭派出的男人维持它现实运作的,那么它就在家庭身上拥有了自己现实性的形式元素,并不是内容上的。内容上它是社会活动和政府的政治活动,但是要采取一种家庭成员的形式元素才能够有现实的载体,这些从事公共活动的人都是来自各个家庭的。基本要素是由家庭里面的成员构成的,所以那些政治人物到讲台上一站,大家都知道这个人是来自于哪个家庭的,从他姓什么就看出来了。他姓什么,这个是很重要的,涉及他自己家庭的荣誉,而政府就是靠这些来维系的。所以家庭在政府活动里面它是现实性的元素,但是它是现实性里面的形式元素。而内容上当然是人为的法则,人所建立起来的一套社会活动政治活动的法则。但这套法则却必须在神的法则上拥有自己的力和验证,因为家庭是属于神的法则,既然家庭是共同体的现实性的形式元素,那么共同体就在神的法则上面拥有自己的力和验证。一个是力,共同体的力量来自于何处? 政府之所以强有力,就是因为有各个不同的家庭培养出来的政治人物来献身于共同体的事业,所以它力量的源泉来自于家庭,来自于良好的家教,来自于良好的家庭传统。一个是验证,共同体在家庭身上有了自己的验证,就是它的力既然从家庭而来,那么它就是家庭的神的法则的一种验证,共同体中人的法则的力量就是神的法则的力量的验证。所以古希腊人特别重视家庭教育,斯巴达人从小培养孩子的勇武的精神、勇敢的精神,雅典人从小培养孩子的全面的教育、文化的教养。所以家庭的这种教育是共同体的一种验证,从教育家庭就可以看出一个国家的命运和前途如何。所以这是人的法则和神的法则交互作用。前面小标题是"人的法则和神的法则互相过渡",怎么过渡的? 这里就讲得很清楚了：一方面，家庭在共同体里面拥有自己的实体，另一方面，共同体反过来在家庭身上拥有自己现实性的形式元素，在神的法则上拥有自己的力和验证。

　　两种法则的任何一种独自都不是自在自为的；人的法则在自己生气　{249}
勃勃的活动中，是从神的法则出发的，地上有效的法则是从地下的法则
出发的，有意识的法则是从无意识的法则出发的，间接性是从直接性出
发的，而且它们同样都要返回到自己出发的地方。

　　"两种法则的任何一种独自都不是自在自为的"，独自都不能够自立，不能够单独存在，那么它们如何相互过渡呢？首先从回溯的方向看，"人的法则在自己生气勃勃的活动中，是从神的法则出发的"，下面几个排比句都是这个意思。这个方向上有四层，即从人的法则追溯到神的法则，或者"地上有效的法则是从地下有效地法则出发的，有意识的法则是从无意识的法则出发的，间接性是从直接性出发的"。这都是同一个意思，遵守社会公共法则的人是从遵守家庭法则中、由家庭培养出来的；当然家庭有自己的法则，但是家庭的法则是社会公共的人的法则的发源地，家庭就是要培养有社会公德的公民。"而且它们同样都要返回到自己出发的地方"，这句包括了前面四句。既然是从神的法则出发的，那么所有这一切人的法则、地上有效的法则、有意识的法则或间接性法则都同样要回溯到它们自己的出发地，回到神的法则。这是相互过渡的第一个方向，即人的法则首先要追溯、返回到神的法则。返回到神的法则不但意味着追溯其根源，而且意味着最后都要回到家庭，社会的人死了以后要由家庭来埋葬，来料理他的后事，这是每个家庭的义务，表明这个人是由这个家庭培养出来的，叶落归根的意思。当然如果你对国家立了大功，也可以举行国葬，但一般来说，一个人死了，埋葬他、给他料理后事都是家庭中他亲人的事情，不管你有多大功劳，正如你不管有多大罪恶一样，死了以后你就回到你原来的地方，回到你家乡，葬在你父母的旁边。所有的人从家庭出发走向社会，最后要回到家庭，返回到他原来出发的地方，这是回溯的方面。

与此相反，地下的力量却在地上有自己的**现实性**；它通过意识而成为定在和能动性。

"与此相反"，这是另一方面、即前进的方面，也就是说神的法则要走向人的法则。前面讲的是人的法则要回溯到神的法则，它是从神的法则出发的，那么它都要回归到神的法则，回归到家庭。那么相反，"地下的力量却在地上有自己的**现实性**"，也就是说，不但社会要追溯到、回复到家庭，反过来家庭也要前进到社会，地下的力量在地上有自己的现实性。地下的力量，也就是神的法则，它的现实性体现在什么地方呢？就体现在它在社会生活中所发生的实效上，你按照神的法则培养了能够适应这个社会的公民，这就是你的现实性了，地下的力量在地上就实现了。你的神的法则究竟起了作用没有？就看你在人的法则底下有什么样的成就，否则的话你实现不了，只是一句空话。你说你家教多么好，但是你没有培养出对社会有用的人才，那么你这就是空话，地下的力量没有结出它应有的成果。所以它必须在地上有自己的现实性，也只有在地上才有它的现实性。"它通过意识而成为定在和能动性"，通过意识，这种地下的力量才成为了定在和能动性，而不再是无意识的自然本能或情感冲动了。这也就是从内在的习惯或眼光变成了一种有意识的外在能动的社会效果。我们刚才讲，男人在共同体里面找到了自己自我意识到的本质，所以它是通过意识和自我意识的能动性而成为定在的。地下的力量，在没有走向社会之前，它还只是潜在的，还没有实现出来，只有一些神秘的规矩，在家庭之外无效。神的法则要成为定在，那就是培养出人的法则底下的合格的公民，如果这个目的没有达到，那神的法则就没有实现，就体现不出它的能动性。它的能动性要在哪里发挥出来呢？要在社会上，走向社会，走向共同体，才能发挥出来。所以地下的力量是在地上才有自己的现实性，才成为定在和能动性，它是一种积极的力量。这就是它们双方的过渡，这个小标题"神的法则和人的法则双方互相过渡"，这一段里面讲得非常的具体,怎么过渡的,从这一方过渡到那一方,又从那一方过渡到这一方,它们是一种不可分离的关系;那么从这种不可分的关系,我们就可以把这样一个伦理世界看成一个整体了。所以接下来第三个大标题是:

［Ⅲ.伦理世界之为无限或整体］

"伦理世界之为无限或整体",所谓无限就是打破了界限,本来它有区别、有界限,神的法则和人的法则,各管一方;现在把这个限制打破了,它们是互相过渡的,互相过渡就已经互相打破界限了。那么你把这些界限、这些区分把它拆除,我们从整体上来看伦理世界,看它是个什么样子? 下面就是讲这样一个话题,就是伦理世界作为无限或整体。最主要的是作为整体。第 12 页的第 2 个大标题是"两种法则的运动",一个是政府,一个是家庭,这两种法则如何运动,最后达到了相互过渡了;现在我们在这个运动中将它当作一个整体来考察。

　　所以,这两种普遍的伦理本质就是作为普遍意识的实体和作为个别意识的实体;它们把民族和家庭当作自己普遍的现实性,但却把男人和女人当作自己自然的自身和能动的个体性。

这一句话基本上是回顾前面的。"这两种普遍的伦理本质就是作为普遍意识的实体和作为个别意识的实体",我们把这个伦理实体分成两种伦理本质,一个是政府,一个是家庭,它们都有自己的普遍性,但是它们相对来说又分别属于普遍性和个别性,就是政府是作为普遍意识的实体,家庭则是作为个别意识的实体。实体的两方面,一方面是普遍意识,一方面是个别意识;普遍意识以政府为代表,当然政府本身也有普遍性和个别性,家庭也有自身的普遍性和个别性,但是普遍实体以政府为代表;个别意识以家庭为代表,个人最后归属于家庭,所以家庭的实体是作为个别意识的实体。"它们以民族和家庭作为自己普遍的现实性",民族和家庭对双方来说都是一种普遍的原则，人的法则和神的法则都是普遍法则，现实地体现在民族和家庭身上。"但却以男人和女人当作自己自然的自身和能动的个体性"，民族和家庭体现了两种普遍的法则，但是不管是民族也好，家庭也好，它们的自然载体都是由男人和女人所构成的。家庭主要是女人在维持，政府工作主要是男人在从事，那么男人和女人在这里是作为民族和家庭的"自然的自身和能动的个体性"。自然的自身，就是他们作为自然的存在，政府是什么？政府就是一批男人组成的；家庭是什么？家庭就是由家庭主妇操持的，政治家和家庭主妇都具有能动性，都具有主动性，都是要干活的。所以这个普遍和个别的关系是多层次的，它不是固定地一个是个别，一个是普遍，不是那样的；普遍里面有普遍和个别，个别里面有个别和普遍，是这样一种交错的关系。

在伦理世界的这种内容里，我们看到意识的以前那些无实体的形态为自己制定的目的实现了；以前理性只是作为对象来统握的东西已变成了自我意识，而以前自我意识只在它自身中拥有的东西，则作为真正的现实性而现成在手了。

"在伦理世界的这种内容里"，伦理世界的这种内容就是上面讲的民族和家庭、男人和女人之间的这些复杂的关系。在这些内容里"我们看到意识的以前那些无实体的形态为自己制定的目的实现了"，就是说在此以前意识的形态都是些没有实体的形态，具体来说就是没有伦理实体的形态，是些空洞的形态，只是制定了一些空洞的目的而不能实行。而现在，在伦理世界的上述内容里，意识的以前那些形态的目的实现了。当初那些目的还是空的，还只是一个意向，没有办法去实现它，现在实现了。这是"我们看到"的情况，就是我们旁观者从旁看到了，实际上现在是把以前的那些目的实现出来了。以前的目的是什么？下面将要系统地追溯，在这里又有一个回顾，回顾我以前的那些目的。黑格尔这个地方又要把伦理世界这一部分跟以前所讲的那些阶段联系起来，当作一个整体来看待。他说，"以前理性只是作为对象来统握的东西已变成了自我意识"，只是作为对象来统握，那就是"观察的理性"，观察的理性所观察到的东西，包括自然和人自身，现在已经变成了自我意识。或者说对象意识在伦理世界里面已经变成了自我意识，对象变成了自我。"而以前自我意识只在它自身中拥有的东西，则作为真正的现实性而现成在手了"，对象意识成了自我意识，那么自我意识呢？成了对象。所以自我意识内部的东西已作为真正的现实性而现成在手了，已经把它实现出来了，成为伦理世界的现实性了。在理性的阶段还没有，理性的阶段还只是理性，还不是真正的现实性，还只是自我意识在其本身以内所拥有的东西。无论是自然界也好，人自身也好，包括实践理性，甚至包括实在的个体性、理论理性和实践理性的统一，都还只是在自我意识内部所拥有的东西。那么现在呢，它们都作为真正的现实性而现成在手了。什么是真正的现实性？那就是精神，那就是客观精神，也就是伦理世界，伦理实体。真正的现实性就是伦理世界，伦理的世俗生活。这个"世界"（Welt），在德文里面也有世俗生活、现实生活的意思，它是现成在手的。本来只是在自我意识的本身以内拥有的东西，在精神以前整个理性的阶段，意识、自我意识和理性，或者说整个《精神现象学》到"精神"以前所发展、所走过的那些阶段，都是自我意识在它自身以内所拥有的东西；那么现在它们都作为真正的现实性而现成在手了，已经变成了客观精神，变成了伦理世界。所以这是对象变成了自我，而自我意识把自己实现为对象，实现为伦理世界，把自己内部所拥有的东西全都实现出来了，实现在伦理世界中了，看得见摸得着了。不信你到社会上去走一圈，去办点事，你就知道，那是很现实的，你非得按照某些法则去办，人的法则，包括神的法则，你都要到现实的伦理世界里面去做。停留在自我意识本身内部的那些东西只是空洞的东西，它必须在现实中实现出来。下面就是回顾了，首先是观察的理性。

　　——观察曾经作为未经自身参与的、**被发现的东西**来认知的，在这里就是所发现的伦常，但这同时是一种作为发现者的行为业绩和作品的现实性。

　　"观察作为未经自身参与的、**被发现的东西**来认知的，在这里就是被发现的伦常"，这里"被发现的"（Vorgefungdene）前面译作"碰见的"，就是偶然碰上的、遭遇到的、发现的，所以它带有偶然性。观察的理性具有客观性和偶然性，你去观察，你不要带进先入之见，自己不要参与进去，你去调查一下，那么你将碰见什么东西呢？这个你没法预先知道，你预先知道那就不叫观察了，那就叫验证。所以观察是一个发现过程，你预先不知道你会碰见什么，前面讲的观察就是这样。观察就是要获得这样的知识，你碰到什么就把它记录下来，这就是前面讲的观察的理性。但是这种观察的理性现在所认知的"在这里就是所发现的伦常"，这时情况就有所不同了。虽然我也不知道我将会碰见什么，但是我碰见了伦常（Sitte）。观察的理性没有带任何先入之见，是一片白纸，准备接受任何观察到的经验。那么我生在中国人家庭，我从小成了一个中国人，这个是没法拒绝的，我碰上的，我已经碰上了。在这种情况下我还得观察，我碰见这个伦常，那么我就要撇开先入之见来客观地观察它。但是这个观察跟观察的理性已经不一样了，"但这同时是一种作为发现者的行为业绩和作品的现实性"。我要观察的现在是伦常，它和所有其他东西不一样。为什么不一样？它不是你从旁观察的事情，你必须要参与其中，所谓"格物致知"，因为它同时是作为发现者的行为业绩和作品的现实性，它是你参与做出来的，你自己就是这个伦常的传承者或者传人。你这个发现者实际上发现的是你自己的行为业绩，你自己的所作所为，你自己的作品，你不是发现别人，你是发现自己。对伦理、伦常的观察是一种知行合一的观察，当然也要观察，在做人的时候你要反思，你要看看我自己是怎么做人的，但是你不能站在旁边去观察，你只能够一边做人一边观察。格物致知并不像王阳明那样整天坐在那里"格竹子"，"格物"其实是"待人接物"，格物致知就是学做人。但你所接受的教育已经把你打造成了这样一个人，你要跳出来不容易，甚至原则上你是不可能跳出来的，你从小就已经铸就了,你想摆脱这种伦常几乎是不可能的,所以它是你碰见的命运。但是你还是可以观察它,观察自己的行为、自己的作品,对这个观察的理性来说,它已经具有了伦理世界的内容,这个内容的特点就在于它的知行合一,它是主客统一的,不是站在旁边去观察,它是参与到里面去行动。我们通常讲做人,人是"做"出来的,人不是观察出来的,但你可以一边做人,一边观察自己怎么做人。这是观察的理性。

——个别者在寻求**他的个别性享受的**快乐时,发现这种快乐是在家庭之中,而失去这种快乐的必然性,就是他对他自己作为自己民族的公民的自我意识;——或者说,这是这样一种自我意识,即把这**本心的规律**作为一切本心的规律来认知,把对**自身**的意识作为普遍被承认的秩序来 [18]
认知;

先看着半句。这里已经从观察的理性进入到实践的理性了,首先涉及快乐。我们前面看到观察的理性接下来就是实践的理性,实践的理性首先就是快乐和必然性,但那种快乐还只是浮士德式的个人享乐。那么快乐和必然性在伦理世界里是什么状况呢?他说,"个别者在寻求**他的个别性享受的**快乐时,发现这种快乐是在家庭之中"。快乐和必然性在前面出现时是泛泛的,快乐就是寻欢作乐,那是一种动物性的本能、动物性的欲望。但是现在进入到这个伦理世界,虽然还在寻求快乐,但是这种快乐已经是在家庭中的,我们通常叫作"天伦之乐"。家庭的快乐是一种天伦之乐,我们中国人把它看作是最高的快乐。快乐在这里一开始也是以个别者的形式、个体的形式出现的,只不过现在保障这个别性的伦理实体是家庭。那么必然性呢?"而失去这种快乐的必然性,就是他对他自己作为自己民族的公民的自我意识",浮士德失去快乐的必然性是他的命运,所谓乐极生悲,必然会失去快乐,在寻求满足自己本能的欲望的时候,必然要到处碰壁,逃不出命运;而现在必然性不在于无意识的命运,而在于他对他自己作为自己民族的公民有了自我意识。就是作为一个公民来说,他的自我意识必然是要排除这种快乐的,在家庭里面就已经有了这种萌芽，在家庭里面虽然混杂有快乐，但是它的目的是要培养出有社会公德的公民，那就要把这种混杂的东西逐步清除掉。当然家庭里面肯定有情感，有天伦之乐，夫妻之间的情感，父母和子女之间的情感，以及兄弟姐妹之间的情感，这些由血缘关系带来的情感都会激发起快乐；但是要把这种快乐和家庭的伦理关系区分开来。所以有 Pietät 和这种感动之间的一种区分，在爱情亲情之外要有一种互相尊重，夫妻之间互相尊重，父母和子女之间互相尊重，父母尊重子女，子女尊重父母。为什么要尊重呢？为成为一个合格公民作准备。这种尊重就已经不是快乐了，而是快乐的丧失，失去你的天伦之乐，从家庭的天伦之乐里面走出来，意识到自己要成为民族的公民，成为国家的公民。在家庭关系里面，家庭关系作为伦理关系不是一种情感关系，不是爱的关系，当然有情感和爱的关系，但是那是作为自然的关系，作为类的关系。而作为伦理的关系应该通过尊重而造就合格的公民，使个体的人格独立起来，具有社会公德，将来到社会上去才能够遵守人的法则，成为这个社会的公民，你必须要预先作好这方面的准备。那么破折号下面，涉及了前面讲的"本心的规律和自大狂"。"或者说，这是这样一种自我意识，即把这本心的规律作为一切本心的规律来认知，把对自身的意识作为普遍被承认的秩序来认知"，前面讲本心的规律的时候，我们是把它和"自大狂"联系起来讲的，就是自以为唯独我的本心能够拯救这个世界，我按我的本心的规律就可以重整乾坤、匡正时世，这个世界已经彻底败坏了，要靠我来重新收拾。那么这个就很自大了，你怎么知道只有你一个人掌握了规律，人家就没有呢？别人都没有本心吗？哈姆雷特一个人孤军奋战，一个人在策划，连他最亲密的爱人都不能帮他，反而成了他的障碍，那不是自大狂吗？那么现在不同了，在伦理世界里面，自我意识把自己本心的规律作为一切本心的规律来认知，人同此心，心同此理，大家都是同一个规律，是同一个"人的法则"。所以他把对自身的意识作为普遍被承认的秩序来认知，他的自我意识被他人所承认，它是个普遍的秩序，而不是你自己一意孤行,要按照你的理想来整顿这个世界。这是一种大家公认的普遍秩序,伦理世界的秩序,是由每个人的自我意识制定下来的,是人所建立的客观法则。这种人的法则每个人都知道,每个人的本心中都具有这种法则。Gesetze 我们前面翻译成规律,这里翻译成法则,实际上是一个词,"本心的规律"或者说"本心的法则"现在是客观普遍的法则,是被他人承认的法则。

　　——这种对自身的意识就是**德行**,德行享受着自己牺牲的成果;它所实现出来的就是它所企求的,即是说,把本质凸显为当下的现实,而德行的享受就是这种普遍的生活。

　　"这种对自身的意识就是**德行**",现在回到前面讲的"德行与世界精神"了。那么上述对自身的意识就是德行,在伦理世界里面我们所建立起来的对自身的意识,也就是人的法则,是普遍被承认的秩序,它就是德行,伦理世界里面人的法则就是德行。我们前面讲到,家庭培养出来的那些人,就是具有社会公德的公民,这种社会公德就是德行。"德性享受着自己牺牲的成果",有德行就有牺牲,前面讲过堂·吉诃德牺牲自己,奋不顾身,有自我牺牲的精神,去实现他心目中的德行,但是他没有建立起人的法则,反倒处处在破坏人们所公认的社会秩序。所以在堂·吉诃德那里,他的那个德行是纯粹的牺牲,他享受不了自己牺牲的成果,最后是忿忿不平,郁闷而死,人家都说他发疯了,他的理想无法实现。那么现在这种自我牺牲的德行能够享受到自己牺牲的成果,"它所实现出来的就是它所企求的",堂·吉诃德的那种德行是实现不了的,反而事与愿违,而在伦理世界里面的德行是可以实现的,只要你愿意就可以实现,它建立起来的是一种普遍秩序,而不是个人理想。所以这种德行行为是有现实性的,是适合于每个人所企求的安定生活的,"即是说,把本质凸显为当下的现实",你所实现的正是你的本质,也是他人的本质,因此它能够被凸显为当下的现实,一个法治社会具有当下的可行性,不存在条件是否成熟的问题。"而德行的享受就是这种普遍的生活",这种德行就是建立起人的法则，建立起公共秩序，在一种法治状态下人们才能够安居乐业，过一种大家共同谋生的有序的生活，这难道不是一种享受吗？这跟堂·吉诃德的那种单枪匹马去挑战整个社会已经不同了，虽然还是德行和世界精神，但是这个世界精神就是普遍的生活，就是每个公民享受自己的权利，这跟世界精神不是对立的，德行跟世界精神在伦理世界里面就是一回事，有德行的人遵纪守法，享受着这种普遍的生活。

——最后，**事情本身**的意识，就在以肯定的方式包含着和保持着那种空洞范畴的抽象环节的实在实体中得到了满足。

这句对应于前面讲的"精神的动物王国和欺骗，事情本身"。前面讲事情本身的时候已经讲到了伦理实体，但是，怎么事情本身就是伦理实体？在那个地方还是讲得比较空洞的，现在在伦理世界里面就是比较具体的了。"**事情本身**的意识，就在以肯定的方式包含着和保持着那种空洞范畴的抽象环节的实在实体中获得满足"，原先是意识到事情本身了，但是这种意识还没有得到满足，还是一种空洞的范畴、实体范畴，是实体范畴的抽象环节；但是现在呢，已经是以肯定的方式包含着和保持着那种空洞范畴的抽象环节的实在实体，所以事情本身的意识现在是在实在的实体中获得满足了。原来那个事情本身因为只是一个空洞的范畴，是作为抽象环节的实体，而不是实在的实体，所以总是以否定的方式表现出来的，人们由于自己的行为总是被它所否定而意识到它的存在。当时我们已经意识到事情本身应该是一个实体，但是那只是一个实体范畴，它到底是一个怎样的实在的实体还不清楚。现在这个实在实体以肯定的方式实现出来了，它把那种空洞范畴的抽象环节包含在自身内，扬弃了它的抽象性，但是它本身已经是一个实在的实体，于是事情本身的意识就获得了满足。

事情本身在那些伦理的力量上拥有了一种真正的内容，一种足以取代健全理性本来想给出和认知的那些无实体的诫命的内容；——同时还由此拥有了一种内容丰富的、即在内容本身上规定了的审核的尺度，不是对法则的审核, 而是审核行为所做出来的东西。

　　这是进一步解释事情本身。"事情本身在那些伦理的力量上拥有了一种真正的内容, 一种足以取代健全理性本来想给出和认知的那些无实体的诫命的内容", 事情本身现在在伦理力量上拥有了真正内容, 它就是实在的实体, 已经具有了伦理的力量 (Mächten), 也可译作伦理的威力、伦理的权力。伦理的力量具体来说有两种, 一种是人的法则, 一种是神的法则, 它们都有权力来要求人, 那么这就具有了真正的内容了。前面讲实体还没有具体到究竟是一种什么样的实体, 现在我们清楚了, 所谓实体就是伦理实体。伦理实体有两种, 神的法则和人的法则, 它们都各自有自身的权力, 有自身的力量。在这样的伦理力量上有一种真正的内容, 它足以取代健全理性本来想给出和认知的那些无实体的诫命。健全的理性我们前面讲到了, 它提出了两种诫命: "不要说谎, 要说真话", 这是一种; "要爱你的邻人", 这是另一种, 都是由健全理性提出来的, 但是很空洞。"要说真话", 什么叫说真话? "爱你的邻人", 怎么爱? 这都是问题。当初提出这些诫命的时候是没有实体根据的, 没有立足于神的法则和人的法则之上的。健全理性本来想给出和认知这些诫命, 给出 (geben) 这些诫命、给出这些法则, 也就是立法, 那就是立法的理性, 立法就是给出法则 (gesetzgeben); 认知这些诫命呢, 那就是审核法则了。但由于这都是些无实体的诫命, 所以健全理性既不能立法, 也不能审核法则。那么现在呢? 伦理的力量足以取代这样一些诫命, 事情本身现在拥有了一种真正的内容, 或者说, 它使得健全理性的那些诫命具有了实体性的内容。你可以说它取代了那些诫命, 也可以说它赋予了那些诫命以具体的内容, 无非是人的法则和神的法则, 无非是伦理世界的法则。所以立法的理性和审核法则的理性都被取代了。"同时还由此而拥有了一种内容丰富的、即在内容本身上规定了的审核的尺度", 不仅立法的理性被赋予了内容, 或者说用一种丰富的内容取代了它, 现在审核法则的理性, 我们也规定了它的尺度。审核法则的理性在前面因为在内容上是无规定的,所谓审核的尺度就完全是一种形式的尺度，在那里黑格尔曾批评康德的道德命令、定言命令，认为那完全是一种形式逻辑的不矛盾律、同义反复，所以它是没有内容的，或者说它可以塞进任何内容，包括不道德的内容。而现在呢，它拥有了一种内容丰富的、即在内容本身上规定了的审核的尺度，现在这个审核的尺度已经在内容上规定了，不再只是形式逻辑上空洞的同一律、不矛盾律，而是很具体的人的法则和神的法则，那就是伦理的世界的法则。所以这种审核"不是对法则的审核，而是审核行为所做出的东西"。对法则审来审去，只是形式上的工作，那个没什么意义，要审核就审核具体的行为。你做了什么事？怎样做的？那么我可以用神的法则和人的法则来对你的行为加以审核。

　　整体是所有部分的一个静止的平衡，而每一部分都是一个本土的精神，这精神不向自己的彼岸寻求满足，而在本身即有满足，因为它自己就处在这种与整体的平衡之中。

　　现在要讲整体了，第三个标题就是"伦理世界之为无限或整体"。前面一部分是回顾，伦理世界现在已经具有了这样的能力，就是把前面观察的理性、实践的理性等等曾经空洞地提出来的原则赋予具体的内容，赋予伦理世界的内容。所以那是一个铺垫，就是说伦理世界它已经是个整体，这个整体把前面所有的东西都凝聚起来、落实下来了，前面的那些空洞的环节都有一些目的，但是都实现不了。直到伦理世界里面，才把所有这些目的都实现出来了，都把它们统一起来、凝聚起来了，用具体的内容把它们充实起来了。那么现在我们就可以从整体上来看这个伦理世界了。"整体是所有部分的一个静止的平衡"，伦理世界有它的各个部分，所有部分在整体上达到了一个静止的平衡，都被充实起来、落实下来了，落实到了伦理世界的具体丰富的内容上来了。"每一部分都是一个本土的精神"，每一部分，这里归结为两个部分，一个是神的法则，一个是人的法则；人的法则和神的法则各自都是本土的精神，它们都是有根有据的, 都不是外来的。这里用了一个"本土的" (einheimisch), 和下面"彼岸的" (jenseits) 相对照,"本土的"就是在自身中有根有据的, 不管是人的法则也好, 还是神的法则也好, 它都有它自身的根据, 不用再到彼岸去求根据了。"这精神不向自己的彼岸寻求满足, 而在本身即有满足, 因为它自己就处在这种与整体的平衡之中", 每一部分都是一个本土的精神, 这个精神不向自己的彼岸寻求满足, 不是到另外一个地方去寻求满足, 而是在它本身就有满足, 因为它自己就处在这种与整体的平衡之中。也就是说, 每一部分虽然只是一个部分, 但是它与另外一个部分的关系并不是与彼岸的关系, 神的法则对人的法则来说, 反过来, 人的法则对神的法则来说, 都不是一个此岸和彼岸的关系, 而是同一个整体的平衡的关系。每一方、每一部分, 它的精神在它本身就有满足, 因为它自己本身就处在这种平衡之中, 也就是说, 它本身就包含着它的对立面, 包含着另一部分, 因此它虽然是整体的一部分, 但它同时又是整体, 每一部分都是整体。所以它不必要到彼岸去寻求它的满足, 每一部分都是本土的, 有它自身的根据。在这样一种观点下, 整体是一种静止的平衡, 不再向外躁动了, 不再向外去不断突破自己、到彼岸寻求满足, 它已经达到了一个整体。

——虽然这个平衡之所以能够是有生命的, 仅仅是由于在它里面产生着不平等, 并且由**正义**使之复归于平等。

"虽然这个平衡之所以能够是有生命的", 这个平衡虽然是静止的平衡, 但是不是僵死的, 它是有生命的。它之所以能够是有生命的,"仅仅是由于在它里面产生着不平等, 并且由**正义**使之复归于平等", 它是一种动态的平衡。所谓动态的平衡, 就是说它不断地产生不平等, 而同时呢, 又有正义使之复归于平等, 在里面起支配作用的是正义 (Gerechtigkeit), 整个伦理世界是由正义来支配并保持平衡的。这里让人想起阿那克西曼德的名言:"万物由之产生的东西, 万物又消灭而复归于它, 这是命运规定了的。因为万物在时间的秩序中不公正, 所以受到惩罚, 并且彼此互相补足。"① 当然黑格尔完全是从伦理世界来理解阿那克西曼德自然哲学中的"正义"的，你这方面做得太过了，就要遭到报应，就有正义使之复归于平等。平等（Gleichheit）和平衡（Gleichgewicht）出自同一个词。正是由于产生了不平等，而又有正义使之复归于平等，这就使这种平衡能够是有生命的。整个这一句是个让步句：虽然是这样。

{250}　　但是，正义既不是一种处于彼岸的异己的本质，也不是尔虞我诈、背信弃义、忘恩负义等等不配称为正义的那种现实性，哪怕这现实性作为一种未经理解的关联和一种无意识的行为举止以不经意的偶然的方式行使了公正判决也罢；

　　我们先看这半句。前面讲"虽然"伦理世界整体上是一种动态的有生命的平衡，"但是，正义既不是一种出于彼岸的异己的本质，也不是尔虞我诈、背信弃义、忘恩负义等等不配称为正义的那种现实性"。对这种正义有两种可能的误解，一种是超验的理解，正义是彼岸的、异己的本质；另外一种是经验的现实性，等同于现实的偶然性。从现实的经验看，生活中到处都是尔虞我诈、背信弃义、忘恩负义，它们都不配称之为正义。所以正义一方面不是彼岸的、超验的，另一方面也不是现实中的那种经验的偶然性。当然黑格尔还是认为正义是具有现实性的，但并不是现实性中的那种偶然性，"哪怕这现实性作为一种未经理解的关联和一种无意识的行为举止以不经意的偶然性行使了公正判决也罢"，这里用的虚拟式，所以译"哪怕"。我们在现实中经常也会遇到这样的情况，机关算尽反误了卿卿性命，坏人遭到了现世的报应，大家都拍手称快，认为这行使了公正的判决，在不经意之间，"老天有眼呀！"这就是偶然性。但是黑格尔认为，正义不是这种偶然性，你不能靠这个，你不能靠现世报，这太偶然了，真正的正义不是这样的。所以在现实中的这种偶然性不是正义，那么超验彼岸的正义，比如我们期待上帝最后的审判，也不是这里讲的

---

① 《古希腊罗马哲学》，商务印书馆 1961 年版，第 7 页。

正义。

　　相反，作为**人的**法权的正义，使走出平衡的自为存在、也使各个等级的和个体的独立性返回到共相，这种正义就是这个民族的政府，它就是普遍本质的亲自在场的个体性和一切人自己的、自我意识到的意志。

　　正义是什么？这就是他的正面观点了。"相反，作为**人的**法权的正义"，"人的"打了着重号，法权（Rechts）即权利，它不是彼岸的、异己的，它还是现实的、作为人的权利的正义。"使走出平衡的自为存在、也使各个等级的和个体的独立性返回到共相"，也就是说，自为存在有种打破平衡的倾向，往往会做出格的事情。一个人一意孤行，打破平衡，他做了别人不敢做的事情，做了违法的事情，让别人的权利受到损害。这时人的权利就通过正义来使他返回到共相。"也使各个等级和个体的独立性返回到共相"，各个等级都要维护自己等级的利益，每个个体也都要强调自己的利益，那么正义就是使各个等级和个体都返回到共相，返回到依法办事。个人的利益、等级的利益不能够无限膨胀，不能打破平衡，那么靠什么来维持平衡呢？靠共相。正义就是共相，这种共相的正义"就是这个民族的政府"。政府是主持正义、主持公道的，"它就是普遍本质的亲自在场的个体性"。个体性有它的普遍本质，但是在政府那里，它就是这种普遍本质亲自在场的个体性，政府是一个个体性，例如说一位国王，但是他代表普遍本质的亲自在场。你不要以为政府就是跟你作对的，其实政府是你的普遍本质，当你受到别人侵犯的时候，你的利益就会在政府那里得到维护，而当你违背了你的本质、干了违法的事情的时候，也会在政府那里得到惩罚，这就是你自己的普遍本质。所以政府代表了你的个体性亲自在场，除了政府以外，你的普遍的本质不能亲自在场，你的个人的在场只能体现你的个别性。你如果用私刑，那能体现你的本质吗？你为了讨还债务，用私刑非法拘禁，你把一个人关起来讨还债务，那不行的。只有靠政府，政府才是你的个体性的普遍本质的亲自在场，才是每个个体的普遍本质的亲自在场。他这里的政府，不是指特定的某个政府，

173

而是一般的政府。一个民族总是需要它的政府的。所以我们经常讲，黑格尔为普鲁士专制政府辩护，这个有些不太公平，黑格尔讲的这个政府，代表正义，代表公道，它不是特指普鲁士政府，它就是一般的政府。一个社会总要有政府，不管是什么政府，政府是共相的代表，这里的共相类似于卢梭所讲的"公意"。"众意"和公意是不一样的，众意是众说纷纭的，每个人都有每个人的意见，有时是多数意见有时是少数意见；但是不管你有多少不同的意见，有一个意见是每个人都共同的，就是：要有一个政府。哪怕是无政府主义者，其实也承认要有个政府，不然的话活不了，无政府主义者也不希望弱肉强食，你要维持你的言论自由，你就还是需要个政府。不管这个政府是个什么政府，这个大家可以各抒己见，这个政府不好我们换一个，要推翻它，要改良它，都可以，但是你的目的还是要有个政府呀，你不能说我推翻它以后就不要政府了，那个是不可能的，一个社会，一个共同体总是要有个政府来代表它的普遍本质。如果没有政府了，那每个个体的普遍本质就无法亲自在场，那就是弱肉强食的自然状态，那是活不下去的。所以这种正义就是一个民族的政府，它就是普遍本质的亲自在场的个体性，"和一切人自己的、自我意识到的意志"。一切人自己的意志，那就是公意，公共意志，共同的意志，它是一切人自我意识到的意志。每个人只要想想自己本质上的普遍共相，就会有种自我意识，意识到政府的作用就是自己本质性的需要，就要返回到政府，使个体的独立性返回到共相。作为人的法权的正义是通过政府体现出来的，每个个人都要到政府这个共相上面去寻求正义，寻求公正。这是一个方面，但还有另一方面。

　　——但是，正义将那对个别者日益占优势的共相带回到平衡，它就同样是那承受不公正的个别者的单纯的精神——而不是分裂成一个承受

[19] 不公正的个别者和一个彼岸的本质；

　　我们先看这半句。"但是"，这个"但是"是个转折，前面是讲的人的法权和正义必须要返回到共相，返回到政府，个体性必须要到政府那里

寻求公道，寻求正义，"但是，正义将那对个别者日益占优势的共相带回到平衡"，这是反过来了，要把共相带回到平衡。就是说你什么东西都依靠共相，都依靠政府，那个人呢？政府与个人岂不是失去平衡了吗？所以过分强调个体固然不对，但你过分强调政府、强调共相也不行。前面讲，你要寻求人的法权和正义，必须要回到政府，但是，政府的力量太大也不行。我们今天都是小政府大社会，政府是个人的公仆，是大家的公仆，民主社会就是这样一种理念。当然在黑格尔那里，他还是大政府，但是他也意识到了，对个别者日益占优势的共相、政府太强势了也会失去平衡。所以他讲，真正的正义在里面起作用，它就会把强势的共相带回到平衡，带回到平衡是什么意思呢？就是要返回到个体性。"它就同样是那承受不公正的个别者的单纯的精神"，就是说正义，前面是以政府为代表的，那么这里讲，它同样是承受不公正的个别者的单纯的精神，承受不公正的个别者，当个别者是不公正的承受者，那么在这个承受者的心里面他就有正义，他就意识到这是不公正的，那么正义就是个别者承受不公正的时候，他的单纯的精神。正义一方面由政府来代表，另一方面也由那些承受不公正的个人来代表。什么时候不公正，那么个别者的单纯的精神就会认为应该有正义，他就意识到正义了。当他没有受到不公正待遇的时候，他是意识不到正义的。如果一个人生活在绝对和谐的社会里面，没有不公正，或者他自己没有意识到不公正，他就意识不到正义；只有当他承受到了不公正的时候，他就意识到正义了。他就有一种精神，这种精神很单纯，他甚至还没有想到政府，政府太复杂了，政府是一套体制，但是在每个人心里面，当他受到不公正待遇的时候，他都有种正义的精神，那么他就需要摆平。"而不是分裂成一个承受不公正的个别者和一个彼岸的本质"，正义在这种情况下并不是分裂的，例如一方面是承受不公正的个别者，另一方面，有个彼岸来帮他恢复正义。当然也有，人们受到不公正待遇的时候就想到上帝，就呼喊上帝来拯救了，但那是在宗教阶段的情况，而这里还只是伦理阶段。在这个阶段上，真正的正义它是一个单纯的精神，每一个人受到不公正待遇的时候，他本身就有正义，而不是分裂为此岸和彼岸。所以伦理阶段的正义的精神就是，我受到不公正待遇，我内心里面就有正义，这个时候还没有返回到政府，只是个人内心单纯的一种精神，那么这个时候他也要摆平，怎么办呢？

　　个别者本身就是阴间的力量，进行复仇的正是**他的**哀伦妮，因为他的个体性、他的血缘在家里继续活着；他的实体有一个持续不断的现实性。

　　他心中有正义，他又受到不正义的对待，那他怎么办？他就要用这种正义去解决问题，那就是复仇。当然国家是可以替他摆平的，但是作为个体来说，他首先想到的还不是国家，国家固然是正义的一种普遍本质的代表，但是正义首先是从个体心目中产生出来的一种单纯的精神，当他受到不公正对待的时候，他就有一种正义的精神，这种正义的精神促使他去复仇。复仇是出于正义感，在没有政府的情况下，首先想到的就是复仇；或者天高皇帝远，要告状时间来不及，我当时就要复仇。你打了我一巴掌，我就要回你一巴掌，这是很本能的正义感，只有受过基督教训练的人，才会被打了左边的脸，又把右边的脸也送去打，让上帝惩罚你，我不来惩罚你，基督徒受过这种教养，原始人和希腊人不会这样。那么，最初作为个别者的这种个人，他"本身就是阴间的力量"，阴间的，unterirdisch，前面也译作地下的，如讲到地下的力量在地上有它的现实性；也可以译作地狱的，地狱的力量很厉害的，要你死，我们一起下地狱，让你也不得好死，这是地狱的力量。"个别者本身就是地狱的力量，进行复仇的正是**他的**哀伦妮"，哀伦妮 Erinnye 用英语发音就是伊里逆斯，就是复仇女神。希腊神话里的复仇女神是地狱的力量，也就是说，它按照阴间正义的神的法则进行复仇，这个神的法则还不是一神论的上帝，而是家神的法则。前面讲的奥列斯特杀母的神话就是受到伊里逆斯的追究，他犯了血亲相残的大罪。家神的法则也是一种正义的力量，正义的代表有两个,一个是政府,管人世间权利的公平;另外一个就是家神,管家族复仇。奥列斯特神话中恰好两种正义发生了碰撞,演成了著名的悲剧。家庭也是一种正义的力量,家庭成员作为个体,他受到了侮辱,受到了不公正待遇,受到欺负的时候,他首先是想到的是个人复仇,那就是以他的家族血缘关系作他的后盾,有时候盘根错节,纠缠不清,这是一种地狱的力量。"因为他的个体性、他的血缘在家里继续活着;他的实体有一个持续不断的现实性",我死了,我还有家人,我儿子、孙子会替我报仇的,家族实体有一个持续不断的现实性。比如说俄狄浦斯神话,俄狄浦斯杀父娶母,过了十几年才发现,原来他杀死的是他父亲,他娶的是他母亲,然后他的儿子们也知道了这个事情,就把他放逐到城外的一个偏僻的地方科罗诺斯,等于把他赶出去了,让他到处流浪,只有他的女儿安提戈涅陪伴着他。他自己也把自己的双眼都弄瞎了,但是他认为儿子们这样对他是不公正的,于是他死前发出了诅咒,说你们不得好死。结果诅咒生效了,这两个儿子果然不得好死,就是两个儿子争王位,其中一个从外面引入军队来攻打本邦,这就是《七将攻忒拜》的故事。最后两败俱伤,两个人都死了。他们的舅舅当了国王,就把来攻打底比斯的兄弟曝尸野外,因为按照国家的法律,叛国者要曝尸野外,不得收尸。安提戈涅就是这个兄弟的姐妹,从家族的原则出发,她认为这个是不公正的,就去给他收尸,于是就触犯了国法,这就是《安提戈涅》的故事。这都是连个来的,所有这一切都是出于父亲的诅咒,在家族里面讨公道。从城邦的法律来说,应该说对俄狄浦斯并没有什么不公正的,他杀父娶母,然后他自己的儿子把他赶出去,也是合乎城邦的法律的,他罪有应得嘛。但是作为家庭的原则来看,儿子们犯了连逆之罪,把自己的父亲赶出去,所以父亲就诅咒儿子;最后这个诅咒就在下一代身上应验了,使得后人遭殃。这个诅咒后来终止在什么地方呢? 就是妹妹把哥哥的尸体埋了,然后妹妹也自杀身亡,到此为止,各自入土为安。这一连串古希腊悲剧,都表现了血缘冲突以及血缘法则和国法的冲突,表现了家族血缘的实体"有一个持续不断的现实性"。

在伦理王国里可能被施加于个别者身上的那种不公正，只是那种纯粹让他**遭受到**的事件。

"在伦理王国里可能被施加于个别者身上的那种不公正"，比如说俄狄浦斯，他认为自己受到了不公正待遇。但是他为什么受到不公正待遇呢？这是事出有因啦，由于他无意之中杀父娶母。当然他是无意的，所以是种"纯粹让他**遭受到**的事件"，所谓遭受到的当然就是偶然的事件，不是他有意的，他完全是被动的，他并不是想杀父娶母，倒是想逃避杀父娶母的命运，结果反而中了命运的圈套，这个是没办法的事。所以那种不公正是被施加于个别者身上的，只是纯粹让他遭受到的事件。

对意识造成这种不公正、使之成为纯粹事物的那种力量，乃是自然，这不是**共同体**的普遍性，而是**存在**的**抽象的**普遍性；并且个别性在消除所承受的不公正时，反对的不是前者，而是后者，因为意识并没有承受前者的不公正。

"对意识造成这种不公正、使之成为纯粹事物的那种力量，乃是自然"，对意识造成这种不公正，使意识成为了纯粹事物，成了物，使人成了物，就是说，好像这个人完全成了物，被玩弄于股掌之间，这样一种力量就是自然。这里的自然包括家庭血缘关系，属于神的法则，他是一个凡人，无法追究神的法则，只能盲目服从。"这不是**共同体**的普遍性，而是**存在**的**抽象的**普遍性"，这种自然的力量有它的普遍性，但不是共同体的普遍性，不是政府的普遍性，不是公开的国家法律上的普遍性，而是存在的抽象的普遍性，即首先他是一个自然的人，一个肉身。肉身它就有它的局限性，它就有它的受蒙蔽性，你就是物，就是被作弄的，就是被当作物来玩弄的。所以他不是受到法律上的不公正的对待，而是受到存在上的抽象的不公正对待，谁叫他是他孩子们的父亲呢？他觉得他自己不应该受到这样的对待，但是别人、忒拜（底比斯）城的人民从法律出发认为他应该受到这种惩罚，不管你是不是有意识的，你的存在就是你的局限性,就是你的罪,那么就应该受法律的惩罚,也应该受到神的法则惩罚。"并且个别性在消除所承受的不公正时,反对的不是前者,而是后者",前者就是共同体的普遍性,他不是反对共同体的普遍性,不是反对国家法律;而是后者,后者就是存在的抽象的普遍性,我们也可以看作是自然的偶然普遍性,命运的普遍性。你生而为人,或者你生在这个家庭,你就有你的局限性,有你的自然人的局限性。而个别性在消除所承受的不公正时,不是要反对国家法律,而是要反对你的自然人的局限性所加给你的不公正。俄狄浦斯也好,安提戈涅也好,都不是有意要对抗国家法律,而是要消除家庭中的不公正,要抗议自然的偶然性命运加在他身上的不公正。凡是存在的人都有他的具体的局限性,为什么神恰好选择了俄狄浦斯这样一个人,给予他这样的命运? 那就是因为他的自然的、家庭出身的偶然性嘛,他想尽一切办法要逃脱落到他身上的这种命运,但没有能够逃掉,所以他要发出诅咒。但加给他不公正的并不是国家、不是政府,也不是法律,而是他的家庭成员,这是他们的家务事。所以他的这种反抗是在家庭内部的反抗,反抗家庭里面的这样一种抽象的普遍性,"因为意识并没有承受前者的不公正",意识没有遭受共同体的不公正,而是遭受了家庭的不公正。所以他的诅咒在家庭内部能够起作用。

正如我们看到的,个体的血缘意识是这样来消除这种不公正的,即让所**遭受到**的事反倒成为一件**工作**,这样一来,那个**存在**,那件**临终的事**也就会是一件**心甘情愿的事**,因而乐意去做了。

"正如我们看到的",也就是我们回顾一下我们前面所看到的,"个体的血缘意识是这样来消除不公正的",个体的血缘意识在这种情况下,有不公正发生了,怎么摆平? 在家庭里面,俄狄浦斯发出了诅咒,导致了两兄弟的自相残杀,而一个兄弟又被禁止埋葬,那么怎么样摆平这样一种不公正? 兄弟之间相互残杀本来也是不公正,有一个是叛国罪,叛国罪是违反国家法律的,那是一种不公正;但是,由于国家法律而判这个人曝尸野外，国家法律是公正了，但却是家庭的不公正。那么对于这种家庭的不公正如何能够消除？从个体的血缘意识出发，必须这样消除不公正，"即让所**遭受到**的事反倒成为一件**工作**"，"遭受到的"和"工作"都打了着重号，一个被动，一个主动，作为对照。工作，Werk，前面也译为"作品"。他被曝尸野外，虽然按照国法是罪有应得，但按照家庭伦理，这是他遭受到的一件不公正的事情。那么让它成为一件工作，也就是有亲人去埋葬他，家族有人去埋葬他，这就让曝尸野外这件事情变成了一件有人安排的工作，即曝尸—收尸成为了家族的一件工作，成为了一件料理后事的工作，而不再是听凭自然界去支配了。"这样一来，那个**存在**，那件**临终的事**也就会是一件**心甘情愿的事**，因而乐意去做了"，这样一来，通过埋葬的仪式，死者的遗体最终的后事处理就是活着的人愿意去做的工作，也是让死者死而无憾的工作，不是这样一来就被迫把他交给自然界了，就把他变成一件事物了，不是这样的，他还是能够在家族中维持自己的人的尊严。"那个存在"就是前面讲的"存在的抽象的普遍性"，就是那使人成为物的自然力量，现在也被纳入了那件临终的事，临终的事就是料理后事，就是埋葬，这也是符合死者的意愿的。你去争夺王位，当然可能会死，不是你死就是我活。那么现在死了，死了有人埋，这是死者心甘情愿的，因而是乐意去做的，是不违背他的意愿的。

我们再看下面这一段。前面这一段是比较晦涩的，尽管我们利用希腊神话来理解，但是还是比较含糊，大体上的结构可以琢磨得到。前面是讲的公正，可以追索到政府，这是人的法则的公正；那么后面这里讲的就是神的法则的公正，复仇女神、家神、自然血缘，也有一种公正。这个公正与前面那个公正是不一样的，前面那种公正是在国家法律里来摆平，后面这种公正就是在家庭里面可以摆平，特别是通过最后埋葬家庭成员这样一种仪式，由家庭成员来料理后事，这样来摆平家庭里面的这种不公正。

以这样的方式，伦理王国在它的**持存**里就是一个无瑕疵的、未受任何分裂污染的世界。

"以这样的方式，伦理王国在它的**持存**里就是一个无瑕疵的、未受任何分裂污染的世界"，明明有那么多的分裂和悲剧发生，为什么说无瑕疵、无分裂？但这里强调的是在伦理王国的"持存"中，就是说，并不是完全无分裂，而是所有的分裂在其进程中都将被克服，恢复到平衡和正义，正如阿那克西曼德所说的，所有的不公正在时间中都会受到惩罚，并且彼此互相补足。这种互相补足不仅发生于人的法则和神的法则各自的内部，而且发生在双方之间。伦理王国有两部分，一部分是由政府所代表的人的法权的正义，另一方面是由家庭所代表的血缘关系中的公正，各自有各自的账，各自在自己的内部来处理自己的不公正；但与此同时，两种法则拥有一种互相转化的整体机制，一方有利于另一方、甚至以另一方为前提和基础，有时一方做得太过分了，另一方就加以弥补。在这种情况下，伦理王国在它的持存里可以持存下去，良性循环，表现为一个无瑕疵的、未受任何分裂污染的世界。国家有国家的职责，家庭有家庭的职责，它们互相补充，天衣无缝。

同样，它的运动也是由它的一种力量向另一种力量平静地变化，以至于每一种力量本身都包含着和产生着另一种力量。

"同样"，前面是讲它的"持存"，持存打了着重号，那么这里就是讲它的运动变化。不光是持存，而且这个伦理王国的两种力量也互相运动变化，前面讲互相过渡。"它的运动也是由它的一种力量向另一种力量平静地变化"，所谓平静的变化，就是说两种力量并不互相混杂，并不互相干扰。国有国法，家有家法，平时看起来井水不犯河水，但实际上有内在的贯通，从家法到国法、从国法到家法的运动是一种平静的过渡，有时候也发生冲突，但最终也会达到和解。"以至于每一种力量本身都包含着和产生着另一种力量"，国家的正义本身就包含着另外一方面的力量，它在家庭里面会造成影响，支持着每个家庭兴旺发达；家庭里面的力量也会对国家造成影响，为国家培养出大批合格的公民。这种互相的影响力通常都包含在每一种力量的内部，还没有产生一种外部冲突，而是一种平静的转换，所以这两方面各得其所，互不干扰。

我们虽然看到这些力量划分成为两种本质和它们的现实性；但它们的相互对立毋宁说是一个通过另一个经受验证，而在这种验证中，它们作为现实的力量而直接地触动着自身，它们的中项和元素就是它们的直接贯通。

"我们虽然看到这些力量划分成为两种本质和它们的现实性"，国家和家庭，它们各自的力量划分成为两种本质和它们的现实性，国家有它的本质和现实性，家庭也有它的本质和现实性。"但它们的相互对立毋宁说是一个通过另一个经受验证"，它们的相互对立，其实呢，是一个通过另一个经受验证，就是说它们的对立实际上是统一的，如何统一？一个通过另一个经受验证。这个我们前面已经讲了，它们相互过渡：国家力量在家庭那里得到验证，每个家庭成员都必须服从国法；家庭把自己的成员派出到国家，也在国家这里得到自己的力量的验证。它们一个通过另一个而经受验证，因此国家和家庭还是一体的。"而且在这种验证中，它们作为现实的力量而直接地触动着自身，它们的中项和元素就是它们的直接贯通"，在这种双方互相验证中，它们作为现实的力量而具有直接性，这种验证是直接的验证，因此直接触动着自身。如何直接？就是通过它们的中项和元素来直接贯通，它们的中项和元素是什么呢？那就是男人和女人，男人和女人是一种直接性。我们前面讲了，男人和女人是一种自然的区分，伦理的世界在它的最初阶段是直接性的阶段，所以摆脱不了男人和女人的直接性，必须要由男人和女人直接体现出来；女人是家庭主妇，男人是国家栋梁，以这种方式来直接触动自身，男人和女人就是它们的中项、它们的元素，男女代表着国家和家庭、通过男人和女人的职能而直接相通。如何贯通呢？有两个三段式，各自以男人和女人为中项。

　　其中的一端，即普遍地意识到自己的精神，与它的另一端，即与它的
力和它的元素、与那**无意识的**精神，通过**男人的个体性**而联合在一起。

　　这是一种联合方式，它组成以男人为中项的三段式。"其中的一端，
即普遍地意识到自己的精神，与它的另一端，即与它的力和它的元素、与
那**无意识的**精神通过**男人的个体性**而联合在一起"，也就是说，男人的
个体性在这种方式中充当了中项和元素。这也就是我们刚才讲到的，家
庭把自己的男人派出到共同体里面去，那么男人就充当了中项，是连接
政府共同体和家庭之间的中项。这两端，一端是普遍的意识到自身的精
神，那就是以政府为代表的共同体，它是个体性的普遍的本质。这个前
面已经讲到了，在政府里面，个体性意识到自身普遍的本质。"与它的另
一端，即与它的力和它的元素"，这就是另一端了。力是男人体现出来
的，男人就体现出力嘛；它的元素就是它的自然元素，它的男性，它的性
别。"与那**无意识的**精神"，男人的力和他的元素都是无意识的，自然生
成的，男女的自然分工就建立在这上面，但是他又是一种精神，无意识的
精神。男人凭借自己天生的力和元素加入到政府和政治生活里面，所以
他是一种无意识的精神。"通过**男人的个体性**而联合在一起"，一端和另
一端、国家普遍原则和家庭自然元素、人的法则和神的法则，通过男人的
个体性而联合在一起。男人的个体性就是一个中项，那么一端和另一端
呢，就是大前提和小前提，国家和家庭，男人作为它们的中项而将其联系
在一起。他在这里有意使用了逻辑术语，"一端""另一端""中项"，实际
上是构成了一个推论，后面要讲到推论，这里预先提出来了。有这么一
个推论，一端是政府，另一端是家庭，通过男人的个体性联合在一起。就
是说：政府是由男人承担起来的，而男人呢，是属于家庭的，所以政府是
由家庭所支撑的。在这个三段论式中，政府充当了大前提的主词，家庭
充当了小前提的谓词，男人充当了中项，这就构成一个推论。

　　与此相反，**神的**法则之拥有其个体化，或者说个别者的**无意识的精
神**之拥有它的定在，则是凭借女性。以女性为**中项**，无意识的精神就从

非现实性升入到现实性,从无知也不被知晓的状态升入到有意识的王国。

　　这是第二个三段式了,前面一个三段式是通过男人建立起来的,后面这个三段式是通过女人建立起来的。"与此相反,**神的**法则之拥有其个体化",神的法则是阴间的法则,它也是种普遍的法则,但是它也要个体化。它的个体化体现在什么身上呢? 体现在女人身上。"或者说个别者的无意识的精神之拥有它的定在",神的法则是个别者的无意识的精神,神的法则冥冥中要拥有它的定在,"则是凭借女性"。神的法则要体现为一种个体化的现实、一个特殊的定在,都必须凭借女性。所以讲,女性把神的法则和地上的现实的定在结合起来,把神的地下的法则带到地上来了。神的法则本来在地下,现在通过女性把它带到地上,成为家庭中的现实的、起作用的法则,它就是体现在女性身上的。"以女性为**中项**,无意识的精神就从非现实性升入到现实性",无意识的精神、或者说地下的法则,以女性为中项,就从非现实性上升到了现实性,提升到了现实性,从地下上升到了地上。现实的家庭体现地下的神的法则,那么神的法则就变成了现实的了。"从无知也不被知晓的状态升入到有意识的王国",神的法则是一种无知的也不被知晓的状态,就是说女性维护家庭,她不是靠知识,她是靠一种伦常,一种传统。不必知道它为什么,我们历来都是这样的,我不知道它从哪来的,但是我是有意识地在维护它。女性是有意识地在维护家庭的原则,维护家神,这个原则从哪来的我不知道,但是它是神圣的,是家神的原则。我们这里看到两个三段式了,一个是男人所带来的,把国家的人的法则和家庭联系起来;一个是女人所带来的,把家庭的现实性和定在与神的法则、地下的法则联系起来。

　　男性与女性的结合,构成了整体的活动中项,并且在分裂为神的法则和人的法则的两端时,构成了同样也是两者直接结合的那种元素,

[20]

　　我们先看这半句。"男性与女性的结合",男性与女性在家庭里面结合起来,家庭主妇虽然是女性,但是男性也是由家庭培养出来的,所以他们的结合"构成了整体的活动中项"。整体,就是伦理世界的整体。

我们前面讲到,伦理世界的整体是各个部分的一个静止的平衡,那么在活动中,它以男性与女性的结合构成了中项,这个就不单纯是一种静止的平衡了,而是一种活动的平衡。这个整体本来有两个三段式,男人充当第一个三段式的中项,女人充当第二个三段式的中项,但是男女的结合就成了整体的活动中项。"并且在分裂为神的法则和人的法则的两端时,构成了同样也是两者直接结合的那种元素",就是说,男性与女性的结合不光构成了整个伦理世界的中项,而且构成了神的法则与人的法则直接结合的元素。神的法则和人的法则直接的结合的元素就是靠男性和女性的结合而提供的,男女结合是最基本最直接的元素。神的法则和人的法则既分裂为两端,又在男女结合的家庭这个元素中直接结合起来。

这种结合使前面那两个推论成为同一个推论,并把那对立的运动结合为*同一个运动*:一个是从现实性下降为非现实性,——使本身有机地组织为独立环节的人的法则堕入到死亡的危险和验证之中;——另一个是从阴间的法则上升到日光下的现实性,上升到有意识的定在,——前一个运动是属于男性的,后一个运动是属于女性的。 {251}

这就是从整体上来看了。前面我们分别从男人和女人他们所起的不同作用来看,男人作为中项,把家庭和国家联系在一起;女人作为中项,把家庭的现实性和阴间的法则联系在一起,那么这两个三段式或推论在男人和女人结合起来的时候就变成了一个三段式或推论。"这种结合使前面那两个推论成为同一个推论",男女结合使那两个推论成为同一个推论,这个推论的中项就是男女结合、家庭。"并把那对立的运动结合为*同一个运动*",同一个推论把对立的运动结合为同一个运动,在这个推论里面,两个运动的方向是相反的,但是它们是同一个运动,正如赫拉克利特说的,上升的路和下降的路是同一条路。同一个运动,但方向相反:"一个是从现实性下降为非现实性,——使本身有机地组织为独立环节的人的法则堕入到死亡的危险和验证之中",这就是下降的路,从现实性下降为非现实性，下降到死亡的危险和验证之中。男人们现实地为国家服务，最后为国牺牲，或者在人的法则之下失足堕入到死亡，验证了法律的强大；但死了以后终归要回到家庭，由家人来料理后事。人的法则本身是有机地组织为独立环节或者现实性环节的，organisieren，我译作"有机地组织为"，人的法则是有机地组织成了独立环节，每一个人的权利都是按照人的法则组织成的，但是走了一条下降的路，最后走到了死亡的危险中，人的法则在神的法则那里得到验证。那么，另一条路是上升的路："——另一个是从阴间的法则上升到日光下的现实性"，阴间的法则，黑夜的法则，上升到了白天的法则。黑夜的法则在白天它怎么体现出来？它的现实性如何体现出来？那就是通过女人。在女人身上它"上升到有意识的定在"，本来是家庭的无意识的自然的原则，现在女人把它提升到了有意识的定在，像安提戈涅那样，意识到自己有义务埋葬自己的兄弟。这是一种有意识的定在，是从阴间的法则上升到日光下的现实性。上述两个反向的运动联合为同一个循环往复的运动，从上到下，又从下到上。"前一个运动是属于男性的，后一个运动是属于女性的"，合起来就构成了伦理世界的整体。

b. 伦理行动；人的认知与神的认知；罪过与命运

前面讲的都是伦理整体在一种静止的平衡之中我们对它进行的分析，也就是说，不管怎么样，政府也好，家庭也好，它们都各有各的不公正，各有各的不平衡，但是它们各自都能够把自己摆平。在摆平自身的不公正、摆平自身矛盾过程中，它们相互过渡，政府、人的法则，和家庭、神的法则，整体上看是一种平静的转换，两种力量，一种力量向另一种力量平静的变化。这个里头还没有考虑"伦理行动"，也就是说还没有考虑人作为一个独立的个体在里面起什么样的作用。一个是从政府的角度、一个是从家庭的角度看，男人和女人在里面只是作为一个中项，起一种联结的作用；但是没有考虑另一种情况，就是这个中项它不是起一种联结的作用,它起一种破坏作用,而且在起这种破坏作用的时候,它是一个独立的个体,而不是作为一种义务载体在行动。那么这个时候伦理的行动就会产生一种罪过,并且受到一种报应,也就是命运的惩罚。所以这个标题已经体现了从一个视野向另一个视野的过渡,从一个静止的伦理整体向一个动态的、一个分裂的伦理活动的眼光的过渡。下面就是讲这个过渡,前面是静态地分析伦理世界的内部关系,其中的矛盾如何在内部解决,下面讲的是伦理行动如何把矛盾冲突产生出来。

[I.伦理本质在个体行动中的内在矛盾]

贺、王译本根据拉松本所列的这个标题原来是"伦理本质与个体性之间的矛盾",但我仔细推敲,发现整个这一部分并没有谈及伦理本质和个体性之间的矛盾,而是谈伦理本质由于个体性的行为而引发的自身内部的矛盾,因为这个时候个体性作为与伦理本质相对抗的环节尚未出现。所有的矛盾冲突都不是在伦理实体与个体性之间发生的,而是在伦理实体自身的两个环节即家庭和国家之间发生的,个体只不过是引起这种冲突工具或冲突的牺牲品而已。独立的、能够对伦理本质构成冲突和威胁的个体性,只是在后面的"c.法权状态"阶段中才开始出现的,而在这里则是个体被蒙蔽和受到命运玩弄的阶段,这与贡斯当认为古希腊人还没有个体自由的意识,而只有"以集体为本位的自由"的观点也是相吻合的。①

但正如在这样一个对立王国里的情况那样,自我意识尚未在自己的权利中作为**个别的个体性**而出场;个体性在自我意识中,一方面只被看作**普遍的意志**,另一方面则被看作家庭的**血缘**;这样的个别者只被看作**非现实的阴影**。

---

① 参看本杰明·贡斯当:《古代人的自由和现代人的自由》,阎克文、刘满贵译,上海人民出版社 2003 年版。

　　这就是刚才说的这个意思。"但",这个"但"是一种转折,就是我们现在换个角度,跟前面讲的都不同。"正如在这样一个对立王国里的情况那样",这样一个伦理王国是一个对立的王国,它有两个对立面,一个是政府,一个是家庭,或者一个是人的法则,一个是神的法则,它们是相互对立的。当然也是平静地在转换,但它毕竟有两个对立面。在这个王国里,"自我意识尚未在自己的权利中作为**个别的个体性**而出场",这两个王国对立,那么个体性在里面只是作为中项起作用,尚未在自己的个体权利中,像现代人那样,作为个别的个体性而出现。自我意识作为个体性只起了一种中介作用,它一会儿代表国家义务,一会儿代表家庭义务,总而言之,它代表义务;但是它是不是代表自己的权利呢? 这个时候还没有。当你把个别的男人和女人仅仅当作中项来看待的时候,那么他们只是两种义务的承担者,而没有单独被看作个别的个体性。"个体性在自我意识中,一方面只被看作**普遍的意志**,另一方面则被看作家庭的**血缘;这样的个别者**只被看作**非现实的阴影**",就是个别才的自我意识一方面作为国家公民,我们刚才讲的公意,每一个个别者都有它的普遍意志,那就是要有政府,在政府上才能体现他们普遍的意志,这是一方面。另一方面则被看作家庭的血缘,不管你出自于哪个家庭,你总是有个家的,你不是石头缝里蹦出来的,要受到家庭的血缘义务的束缚。那么,这样的个别者只被看作非现实的阴影,而不是现实性的个体性。或者说一个国家,一个家庭,只有这两个是现实的,而个体在这个里头单独来看什么也不是,只是个影子,是由国家和家庭双方投射的一个阴影。个体这时还没有它的独立性,或者说个体性还没有表现出它的独立性。如果你以为这就是个体性的话,那么这个个体性就是非现实的。

　　——自我意识**还没有**做出**任何行为业绩**(Tat);但行为业绩才是**现实的自我**。

　　在前面这种观点中,"自我意识**还没有**做出**任何行为业绩**",当然它作了很多业绩,但是这些业绩不是他自己要做的,他是被各种义务所要求去做的,"但行为业绩才是**现实的自我**",你只有从自我的自主行动出发来做事情,不是为了这种义务、那种义务,而是为了自己,那这种行为业绩才是现实的自我。"行为业绩"这里用的是 die Tat。

——行为业绩干扰了伦理世界的平静的组织结构和运行。

"行为业绩干扰了伦理世界的平静的组织结构和运行",在前面讲的伦理世界的平静的组织结构和运行中,在这种永恒的自我循环过程中,一旦有自我意识的行为业绩加入进来,就会干扰和打破这个伦理世界的结构和运行。这句跟上一句相比层次高了一级,上一句是讲在最初的伦理世界中自我意识还没有自己的作为,而这里讲一旦有作为,这种行为就会对原先的静止的伦理实体构成干扰。如果你出于自己私人的考虑做一件事情,不考虑对家庭的义务或者对国家的义务,那你就会干扰伦理世界的稳定的结构和运行。个人行为业绩的加入,使得这样一个平静的伦理世界整体上发生着改变。

凡是在这个伦理世界里显现为它的两个互相验证和互相补足的本质之间的秩序和协调一致的东西,都通过这种行为业绩在过渡时成为了**互相反对的**本质,在其中,每一本质与其说证明自己经受住了验证,倒不如说证明了它自己的虚妄和另一本质的虚妄;

我们先看这半句。"凡是在这个伦理世界里显现为它的两个互相验证和互相补足的本质之间的秩序和协调一致的东西",上一段我们已经讲过,在这个伦理世界里面,它的双重本质互相验证,互相补充,有一种秩序,有一种协调一致。国有国法,家有家法,互相之间各司其职,互不干扰,互相之间又可以转化和互补,在家庭里面培养出来的人可以去从事合法的社会活动,为国家服务;而在从事公共事务中牺牲了的那些人呢,又有家庭来妥善安排他们的后事,这是非常和谐、非常协调一致的一个整体。但是,由于个体行为业绩的加入,这种本来协调一致的关系"都通过这种行为业绩在过渡时成为了**互相反对的本质**"。原来是互相协调的一种平静的过渡,现在成了两个互相反对的本质,"在其中,每一本质

189

与其说证明自己经受住了验证，倒不如说证明了它自己的虚妄和另一本质的虚妄"。这就跟前面平静的过渡大不一样了，每一本质不再像以前那样在对方上证明自己经受住了验证，反而是证明了它自己的虚妄和另一本质的虚妄。每一本质在过渡到另一本质时，是因为发现了自己的虚妄，觉得自己是假的，或者是受到欺骗的，于是不愿意再停留在这个本质上，而过渡到另外一个本质；但没想到对方也是同样的虚妄，所以它实际上是用自己的行动证明了双方的虚妄，这个就大不一样了。本来双方都是平静过渡的，现在成了双方互相毁灭，一方毁灭另一方，同样也毁灭它自身，使双方都成了一种虚妄的东西。

——凡是这种东西，都变成了可怕**命运**的否定运动或永恒必然性，这种运动或必然性使神的法则、人的法则以及这两种力量以之为其定在的自我意识，统统被吞没于命运的**单纯性**的无底深渊之中——而在我们看来，这就是向着纯粹个别自我意识的**绝对自为存在**的过渡。

"凡是这种东西"，这里原文只是一个代词 es，也就是代前一句的主语，即凡是这种表现为秩序和协调一致的东西。现在这个破折号后面还是讲这个东西，就是原来在平静过渡中表现为一种和谐秩序的东西，"都变成了可怕**命运**的否定运动或永恒必然性"。凡是原来平静过渡的东西，现在由于个体行为业绩的加入，却变成了可怕命运的否定运动，个体在行动中受到可怕命运的否定，受到永恒必然性的支配。例如在俄狄浦斯的神话中，俄狄浦斯正是想通过个人行为业绩的介入，来避免杀父娶母的神谕，于是就从他的养父母家里逃出去，这是他个人违抗神谕的一种行为，他不是要促成神谕，而是要逃避神谕；但是恰好这个违抗神谕的行为在冥冥之中实现了神的预言，果然杀父娶母。这都是由于他个人的行为业绩所导致的，他想要违抗神命，神谕要他这样做，他偏不这样做，但是他恰好因此落入了神规定的命运。所以原来显现为秩序的和谐一致的东西，现在变成了可怕命运的否定运动以及永恒的必然性，他的行为逃不出这样一种必然性的命运。"这种运动或必然性使神的法则、人的法则以及这两种力量以之为其定在的自我意识，统统被吞没于命运的**单纯性**的无底深渊之中"，神的法则也好，人的法则也好，在自我意识中统统被吞没于命运的无底深渊，这都是命呀！本来我知道了神给我规定的命运以后，我想逃避命运，我不愿意干这样一种既违背神的法则又违背人的法则的事，结果我不但没有维护这两种法则，反而落入了命运的陷阱。所以这行为和神的法则、人的法则的关系就说不清了，只有归结为一个单纯的无底深渊，就是命运。所谓单纯的无底深渊，就是没有什么道理可讲，就一个字：这一切都是"命"。你想逃避，你想自己个人采取行动来逃避命运以遵守神的法则和人的法则，但是你恰好破坏了两种法则而落入了命运的掌握。命运就没什么法则可言了，那就是单纯性，命运的单纯性是个无底深渊，你探不到底的，你想通过自己的行为业绩去把握底线，那是徒劳的，你完全被命运掌握和任意抛掷了。"而在我们看来"，这个"我们"就是旁观者，我们站在一边看，我们研究《精神现象学》的人可以看出，"这就是向着纯粹个别自我意识的**绝对自为存在**的过渡"。就是说当一个人，把神的法则也好、人的法则也好，所加给人的义务全部都抛开，仅仅以自己的纯粹自为存在作为他自己的行动，干出他的一番业绩来，那么尽管他要受到命运的支配，像俄狄浦斯那样受到命运的捉弄，但是恰好在这里面，已经体现了向自我意识的绝对自为存在的过渡了。俄狄浦斯神话说明的就是这个道理，这个我们后面还要详细分析，为什么从这个神话里面可以产生出人的绝对自为存在的观念。绝对自为存在也可以理解为个体的绝对自由，就是连神谕我都可以逃避，那我岂不是有绝对自由吗？我可以选择，我当然最后没有逃得了，受到了命运的惩罚，但当时我这个选择是自由的，我是不能够推脱我的责任的。所以俄狄浦斯后来自己把自己的双眼弄瞎了，按道理他是不应该有责任的，因为他正是为了逃避这样一种罪，才犯下了杀父娶母的罪，他的主观意图并没有责任。但他为什么要弄瞎自己的双眼，要惩罚自己呢？他惩罚自己说明他愿意为自己承担责任，说明他认为自己是个自由人，哪怕他是出于无知干出来的事情，他也不推脱责任。他不说我不知道呀，不知道那就可以不负责任啦，他要负责任，因为这是他的行为业绩。所以他的行为业绩不是建立在他知道还是不知道上面，而是建立在他这个事情是不是他自由地干出来的，这恰好说明他已经意识到自己是一个自由人，意识到自己可以违背神意，可以去作自己的选择，并且愿意为自己的这种选择承担后果，承担责任，这就是一个自由人的觉醒。所以在这个里头，在我们读《精神现象学》的人看来，这就向着纯粹自我意识的绝对自为存在的过渡了。这实际上是俄狄浦斯神话给我们作出的启示，当然他这里没有点明，但在后面的继续讨论中我们可以看到，这里实际上是以这个神话为模本在讨论这个问题。今天就讲到这里。

＊　　　　＊　　　　＊

我们上次讲到了伦理行动，"b. 伦理行动；人的认知与神的认知，罪过与命运"，讲了第一个小标题，"I. 伦理本质在个体行动中的内在矛盾"。我们上次最后讲的一段，第 20 页的下面这个小标题下的第一段，它是个概述，概括了整个"b. 伦理行动"这一节的发展过程，也就是个体的权利最初并没有出现，但在个体的行为业绩中开始萌芽，于是就干扰了伦理世界的稳定结构和运行，最后向着纯粹自我意识的绝对自为存在的过渡，也就是向着个体权利过渡，这时本质就开始消亡了，它就开始进入到了下一个环节"c. 法权状态"。这个过程从本节的三个小标题也可以看出来，一是"伦理本质在个体行动中的内在矛盾"，下一个是"伦理行为的分裂和罪过"（原来标为"伦理行为中的对立"），最后是"伦理本质的消亡"，从而向下一节"法权状态"过渡。我们上次讲到的最后这一段实际上是把 b 节将要经过的这些内容作了一个大概的描述。那么我们今天接下来要讲的就是，这样一个运动过程是怎样发动起来的？或者说伦理世界中的矛盾冲突是怎样引起的？总的来说，是因为伦理本质必须体现为它的行动，必须作出自己的决定，这个是它的绝对权利，不需要事先考虑好的；但由于在这样一种行动过程中，人的知识和神的知识的对立，以及由此导致的有知和无知的对立，这就使得伦理本质发生了分裂，导致行动者的罪过以及命运的惩罚。

这种运动由以出发和它在其上发生的**基础**是伦理的王国；但是这个 [21] 运动的**能动性**则是自我意识。

"这种运动"，这种运动就是上一段讲的最后一句话："在我们看来，这就是向着纯粹自我意识的绝对自为存在的过渡"，也就是"这样一种可怕命运的否定运动，使得神的法则和人的法则都统统被吞没于命运的单纯性的无底深渊之中"的运动。但是这种运动，"由以出发和它在其上发生的**基础**"是什么呢？"是伦理的王国"。这样一个运动是在伦理王国的基础之上发生的，是伦理王国的内部运动。这一点要强调，就是说它不是一般的意识和自我意识的运动，它已经是在伦理王国这样一个基础之上发生的运动了。"但是这个运动的**能动性**则是自我意识"，就是在伦理王国的基础之上，由于它有伦理的自我意识，所以它具有能动性。作为基础的伦理王国并不是静止不动的。前面描述的伦理王国是静止不动的，我们首先从它的静止状态对它进行描述、对它进行分析，它有哪些环节，伦理的王国有神的法则、有人的法则、有男人和女人、有国家和家庭，等等。但是这都是基础，这还没有动起来。当然这是我们的分析，在现实中它是一开始就动起来了的，不是说先准备好了个基础，然后再在基础之上来发动，不是这样的。贺、王译本这里有个注释，说原来是很和谐的，然后有了伦理行动就打乱了这个秩序，不是这样的。一开始就有伦理行动，没有伦理行动哪里有什么相生相成呢？伦理行动不是后来才加入，才打破了伦理王国的和谐，而是我们对伦理王国采取一种静态的考察方式的时候，我们把它各个要素分析出来单独考察；而现在我们在这个基础上来探讨的是伦理王国具体的运作方式，考察这个运动中的能动性，就是它的自我意识，看它的自我意识如何推动了伦理王国的运动。所以这样一个划分只是我们读《精神现象学》的人从旁边对它加以划分，先把它的基础搞清楚，然后我们再来描述它的运作过程、它的活动、它的能动性。

自我意识作为**伦理的**意识乃是趋向于伦理的本质性的那种**单纯的纯粹志向**，或者说，乃是义务。

"自我意识作为**伦理的**意识"，伦理打了着重号，我们现在是在伦理王国这个基础上面来谈自我意识的，不是在之前一般的、泛泛地谈自我意识，那个谈法又不一样了；现在我们是在伦理意识的基础之上谈自我意识，那它是什么呢？"乃是趋向于伦理的本质性的那种**单纯的纯粹志向**"，这个"志向"，Richtung，也可以翻译成"方向""倾向"。那么伦理的自我意识是一种单纯的志向，它是类似于康德讲的纯粹实践理性，是要行动的，它是趋向于伦理本质性的行动意志，以伦理本质性作为自己的行动目标。这种运动的目标是单纯的纯粹志向，不是一般带有经验目的和感性对象的目标，不是为了功利和利害关系，所以它"乃是义务"，纯粹是为了义务，如同康德所谓的"为义务而义务"。就是说我们要把这样一种伦理的自我意识看作是单纯的志向，看作义务，而撇开一切不纯粹的想法。那么这样一种志向，这样一种义务它有什么样的特点呢？下面马上要谈了。

在它那里没有任意，同样也没有斗争，没有犹豫不决，因为立法和对法则的审核已被放弃，相反，对它来说伦理的本质是直接的、毫不动摇的、无矛盾的东西。

这就是单纯的纯粹志向的含义。为什么要说单纯的纯粹志向呢？"在它那里没有任意"，不是说你想这样想那样，你随意去决定自己，那不是的。它早就立志了，立了志以后呢，就不是你想怎么样就怎么样的。"同样也没有斗争"，已经立志了，那就没有内心矛盾，没有思想斗争了，就铁了心了。"也没有犹豫不决"，不再犹豫了，我就以此为志向坚定地去做了。"因为立法和对法则的审核已被放弃"，立法和对法则的审核那是早先的事情，现在再来考虑立法是怎么立的，再来审核这个法则的合法性根据，已经迟了。我现在不再立法，不再对法则进行审核，我立志按照已经立下的人的法则也好、神的法则也好，来采取行动。"相反，对它来说伦理的本质是直接的、毫不动摇的、无矛盾的东西"，这几乎是一种信念，其实是一种决心，就是直接的、不假思索的、毫不动摇的、绝无矛盾的、不再犹豫的这样一种本质性。这样一种本质性是我已经选定的，我已经坚定不移地趋向于它的本质性，这是自我意识趋向于伦理的本质性，一种单纯的纯粹志向。也就是说伦理自我意识的出发点是没有矛盾的，是一种决心，已经下定了的决心。

　　因此，这里既没有在情欲与义务的冲突中发生的糟糕场面，也没有在义务与义务的冲突中发生的可笑场面，——从内容上来说，义务与义务的冲突跟情欲与义务之间的冲突是一回事；因为情欲也同样可以被表象为义务，这是因为当意识从义务的直接的实体性的本质性中退回到自身，义务就成了形式上的共相，任何内容都可以同样适合于它，像我们前面曾表明过的那样。 {252}

　　糟糕场面，das schlechte Schauspiel，其中，Schauspiel 可以翻译成"戏剧"，也可以翻译"场面"，schlechte 是"糟糕的""坏的""不好的"这么个意思。喜剧场面则是 Komische，直译为"可笑的东西"，与"糟糕场面"对应则译为"可笑场面"。贺先生他们把这里翻译成"悲剧场面""喜剧场面"，当然跟悲剧和喜剧是有关系的，但是这里还没有到讲悲剧和喜剧的时候。悲剧喜剧是后面要讲的，这里只是提到形成悲剧和喜剧的种子或素材，就是糟糕场面和可笑场面，目前连这些素材都还没有。因为要形成这些素材，必须在情欲与义务、甚至义务与义务之间发生冲突，而在这个起步阶段，这些冲突还谈不上。"从内容上来说，义务与义务的冲突跟情欲与义务的冲突是一回事"，也就是说一旦你把内容套进这种形式里面，不论悲剧的素材还是喜剧的素材，那么它们都是冲突，而且本身没有什么区别。为什么说是一回事？"因为情欲也同样可以被表象为义务，这是因为当意识从义务的直接的实体性的本质性中退回到自身，义务就成了形式上的共相，任何内容都可以同样适合于它，像我们前面曾表明过的那样"，这是说，如果把义务像康德那样纯粹当作形式上的东西，那么它的内容是义务还是情欲就是完全没有区别的，这个道理在前面"审核法则的理性"中批评康德的"为义务而义务"时就阐明了。在上卷的第 284 页下面倒数第三行："出于这个理由，这种审核是行之不远的，正是由于审核的尺度是同语反复，而对于内容则漠不相干，这尺度就对于接受这个内容和接受相反的内容一视同仁"。同义反复的命题可以接受完全相反的内容，你说我把替人家保管的财产据为己有，或者我把它不据为己有，这两者都不违背同一律，问题只是你把设定为你的义务的东西看作是什么东西，你如果仅仅从它的同一律、不矛盾律来考虑的话，那么情欲同样可以被表现为不矛盾的，因而表现为义务。我想要它，那我就把它据为己有，我把它看作是我的就是了，这有什么矛盾呢？所以这个时候，当意识从义务的直接的实体性的本质中退回到自身的时候，义务就成了形式上的共相，任何内容都可以同样适合于它，这在上卷的最后部分，已经把这个道理说得很透彻了。但这两种冲突在这个起步阶段都还没有发生，义务还没有成为形式上的共相，还完全等于这个行动本身，这时伦理实体刚刚借助于自我意识而投身于运动，刚刚离开了它的直接的实体性的本质性，而自我意识作为单纯的能动性而义无反顾地行动起来。或者可以说，行动才是义务，不行动就是违背义务，在决定自己行动的时候并没有考虑这一行动是出于情欲还是出于义务，而是单纯的行动或决断，因此既没有情欲和义务的冲突，也没有义务和义务的冲突。如果意识到了情欲和义务的冲突，那是可悲的，希腊悲剧都是由此而形成的；如果意识到义务和义务的冲突呢，那就是可笑的。当然按照康德，义务和义务不会有冲突，为义务而义务是符合不矛盾律的；但是根据黑格尔前面的分析，是会有义务与义务的冲突的，因为做任何事情都可以解释成义务，包括满足自己的情欲都可以振振有词地说我这是为了义务。这样一来，义务和义务的冲突就成了一种可笑的场面，其实是情欲对义务概念的玩弄,所谓的"揣着明白装糊涂",类似于王朔笔下的"顽主"。这种可笑的场面就导致了后面黑格尔所谈的喜剧性。如果想要预先了解可悲和可笑这两种场面如何构成了悲剧和喜剧,我们可以参看后面的讨论。悲剧性是在这本书下册的 218 页以下,喜剧性是在 225 页以下,是在谈艺术宗教的时候,里面也提到了糟糕的场面和可笑的场面,但是他是用 Tragödie 和 Komödie,即悲剧和喜剧。在黑格尔那里,喜剧甚至比悲剧更要高级,当然黑格尔已经非常推崇悲剧,但是喜剧比黑格尔所谈的悲剧思想层面更高,它是向天启宗教过渡的。而现在这里甚至连这种场面都还没有出现,不管是激情与义务的冲突的糟糕的场面,还是义务与义务的冲突的可笑场面,都还没有被考虑到。在以伦理本质性为志向的伦理过程里,自我意识是毫不动摇的、绝无矛盾的投身于行动,一旦选定,义无反顾。意识还没有从义务性的直接的实体性的本质性中退回到自身时,还没有使义务成为形式上的共相,而是单纯朴素地以义务的直接的实体性的本质自命,去采取正义的行动。

但可笑的是诸义务的冲突,因为它表现的是矛盾,也就是与一个**相反的绝对者**的矛盾,因而就既表现了绝对者,又直接表现了这个所谓绝对者的虚妄,或直接表现了义务。

这还是接着上面的破折号后面讲的,是这里尚未发生的情况。"但可笑的是",前面讲到了情欲和义务的冲突与义务和义务的冲突是一回事情,但是可笑的是什么呢? "诸义务的冲突",也就是义务和义务的冲突是可笑的。前面讲了,义务和义务的冲突是可笑的,情欲和义务的冲突是糟糕的、也可以说是可悲的。一个是可悲的,一个是可笑的,但其实都是可笑的,因为情欲和义务的冲突也可以看成是义务和义务的冲突。那么可笑在哪里? "因为它表现的是矛盾"。前面还不是矛盾,情欲与义务的冲突它是冲突,但还不是矛盾。冲突跟矛盾不一样,矛盾是要违背同一律,义务跟义务的冲突那就是违背同一律的,它不仅仅是冲突,而且是矛盾。什么矛盾? "也就是与一个**相反的绝对者**的矛盾","相反的绝对者"

197

打了着重号。两方面都是绝对者，义务和义务嘛，但是一个绝对者跟另一个绝对者相反，这不是可笑嘛！绝对者怎么会跟绝对者相冲突呢？其中必有一个是假的，甚至两个都是假的。但双方都煞有介事，这就可笑了。"因而就既表现了绝对者，又直接表现了这个所谓绝对者的虚妄，或直接表现了义务"，什么矛盾？它把义务作为绝对者表现出来了，但是又直接表现了这个所谓绝对者的虚妄，也就是绝对者的自相矛盾。一方面表现绝对者，另一方面又同时表现出这个绝对者的虚妄，这个绝对者是假的，不是绝对者，是一点都不绝对的绝对者。"或直接表现了义务"，这个短语挂在这后面很不好理解。① 我的理解就是说，既表现了绝对者，也就是表现了这个"相反的绝对者"，因为他前面讲了，与一个相反的绝对者的矛盾，那么它当然就表现了这个相反的绝对者；但是同时又直接表现了这个绝对者的虚妄，这个与义务相反的绝对者是虚妄的，那么这就是直接表现义务了。这个相反的绝对者是跟义务相反的，但是它是虚妄的，那你岂不就是表现了义务吗？你把这个相反的绝对者表现为一种虚妄的东西，那么你就实际上直接表现了义务，是由冲突来直接表现义务本身，那个抽象的义务如果没有冲突的话，还表现不出来。下面接下来又是破折号，这两个破折号中间就是解释前面讲的情感和义务的冲突、义务与义务的冲突的情况，一个是可悲的，一个是可笑的；但是这种情况跟这里要讲的这个伦理的意识是不同的，它现在尚未发生。

　　——但伦理的意识知道它应该做什么；并且它已经决定了，要么隶属于神的法则，要么隶属于人的法则。

　　"但"，这个语气一转，就是把两个破折号中间的内容都否定了。"但伦理的意识知道它应该做什么"，它现在还没有矛盾，前面都是讲矛盾，可悲也好，可笑也好，都发生了冲突。但是伦理的意识现在知道自己应

———————————

① 贺、王译本和先刚译本都把这里的"义务"视为"绝对者"的同位语，但语法上是说不过去的。

该做什么，它已经立志了，已经立定了坚定的信仰，它的目标。"并且它已经决定了，要么隶属于神的法则，要么隶属于人的法则"，神的法则人的法则早就已经立过法了，它现在已经不需要去立法了，它现在就是决定我选择神的法则还是人的法则，直接决定，义无反顾。

它的决定性的这种直接性是一种**自在**存在，因而同时有一种自然存在的含义，正如我们已看到的那样；是自然本性而不是偶然情况或偶然选择把一种性别分配给了一种法则，而把另一性别分配给了另一种法则，——或者反过来说，这两种伦理力量本身在这两种性别上赋予了自己以其个别的定在和实现。

"它的决定性的这种直接性是一种**自在**存在"，前面讲伦理意识已经作出了决定，要么属于神的法则，要么属于人的法则；那么是谁让它属于神的法则或属于人的法则的呢？这个它自己不知道。所以它的这种直接的决定性是一种自在的存在，它已经这样了。"因而同时有一种自然存在的含义"，也就是说，他决定了要属于神的法则或者要属于人的法则，但是它没有反思它为什么要选择神的法则或人的法则，只认为是一种自在的存在，因而有一种自然存在的含义。所谓自然存在的含义就是，看它自然属于什么样的人，它就会选择什么样的法则。换言之，看它是男人还是女人，如果它是男人，它就选择属于人的法则，如果它是女人，它就选择属于神的法则，这个不是由它决定的，这个是由自然决定的。例如安提戈涅她就选择了神的法则，那么克瑞翁他所选择的就是人的法则。所以这是一种直接性，是不由它选择的，它不能选择是做男人或者做女人；但是它既然是男人，或者既然是女人，它就可以有它的选择。"正如我们已看到的那样"，我们在哪里看到的？在第 8 页上中间这段话，他说："这一环节在这个**直接性**元素或**存在**元素中表现着伦理，或者说，它是一个在他者中对于自己既是本质又是自身的**直接**意识，也就是说，它是一个**自然的伦理**共同体，——这个环节就是家庭"。所谓自然存在就是家庭，而家庭是男人和女人的结合，是一个既是自然的又是伦理的共同体。

所以他这里讲有一种自然存在的含义，就是说在一个家庭里面，它选择神的法则还是选择人的法则，取决于个体在这个家庭里面的位置，它是男人还是女人。"是自然本性而不是偶然情况或偶然选择把一种性别分配给了一种法则，而把另一性别分配给了另一种法则"，是自然本性而不是偶然情况、偶然选择，就是说它选择了神的法则或者选择了人的法则，这不是随便选择的，这不是由它的任意来选择的，这是早就定好了的，由什么定好了的？由它的自然存在的本性定好了的。男人和女人分别遵守不同的法则，人的法则或者神的法则，"或者反过来说，这两种伦理力量本身在这两种性别上赋予了自己以其个别的定在和实现"。前面就是说自然选择把一种性别分配给了某种法则，那么反过来说，这两种伦理力量本身，或者说这两种法则，借这两种性别而赋予了自己个别的定在和实现，也就是借此使自己实现出来。这是反过来说，把这两种伦理力量的法则当作主语，它们借助于两种性别而实现了自身。伦理意识的决定性义无反顾，不假思索，当然背后它是由自然本性所决定的，但就伦理意识来说，它是不假思索的，它是伦理意识的起点，是伦理行动的起点。你要追究它的自然本性，那就不是伦理的事情了，这是个男人，那是个女人，这种考察就不是伦理意识，那是类意识。我们现在是在伦理意识这个王国、这个平台、这个基础上面来谈问题，那么它的起点就是这种决定性或决断。伦理意识以这种决定性为起点，它不是以它背后的自然本性为起点。当然你可以追索到它的自然本性，但是就伦理意识本身来说，它已经决定了，它知道自己应该做什么，要么属于神的法则，要么属于人的发展，你决定了，那么你就去做，这个不包含矛盾，也不存在动摇的。

[22] 现在，由于一方面，伦理本质上就在于这种直接的**决定性**，因而对意识而言只有一*种*法则是本质，而另一方面，这两种伦理力量在意识的**自身**中都是现实的，它们获得了相互**排斥**和相互**反对**的含义；——它们在自我意识中是**自为的**，就像它们在伦理王国中仅仅是**自在的**一样。

这一段就开始从无矛盾的起点进入到矛盾冲突中来了。"现在，由于一方面，伦理本质上就在于这种直接的**决定性**"，这是重申起点，就是现在我们把这方面确定了，伦理本质上就在于这种直接的决定性。我们要谈伦理的运动，那么我们就要从这种直接的决定性谈起。"因而对意识而言只有一*种*法则的本质"，既然它是直接的决定性，那么，对意识而言只有"一"种法则的本质，不可能是分裂的。直接的决定性，它的志向、它所服从的义务、它的决心，只能体现为以"一"种法则作为它的本质。我决定了，决定性就是把它决断下来，你到底是选择神的法则还是人的法则？那么我选择一种，那就有决定了；如果还是有两种，那你就决定不下来。"而另一方面"，这个地方又转折了，"这两种伦理力量在意识的**自身**中都是现实的，它们获得了相互**排斥**、相互**反对**的含义"。一方面，伦理本质上就在于这种直接的决定性，所以它必须要抓住一种法则；但是另一方面，两种伦理的力量，就是两种法则，它们在意识的自身中都是现实的，"自身"打了着重号。在意识自身中，并不是说有一个在彼岸，有一个在此岸，而是两种法则都在同一个人身上起作用，都是现实的。你选定了一种法则，但是有两种法则在你身上起作用，它们都是现实的。人生活在伦理中，一方面你是作为国家的人，另一方面你是作为家庭的人，这两者都很现实。国家生活和家庭生活都是分不开的，没有国就没有家，没有家也就没有国。你既要在家庭里面过生活，也要在社会上生活，所以两种伦理力量在意识的自身中都是现实的，但是它们获得了相互排斥和相互反对的含义。为什么又相排斥和相反对？因为你只选择了一种，但是这两种又都是现实的，那这两种力量岂不是相排斥和相反对吗？你只选一种，那么你就要排斥另一种，甚至要反对另一种。它们本来不是相排斥和相反对的，但是既然对意识而言，你只选择了一种法则而排除了另外一种法则，那么它们就获得了相排斥和相反对的含义。"它们在自我意识中是**自为的**，就像它们在伦理王国中仅仅是自在的一样"，它们在自我意识中是自为的，而在伦理王国中只是自在的。但现在我们要谈的是自我意识，伦理的行动，伦理行动是由自我意识产生出来的，在自我意识中伦理力量是自为的。但既然每一个都是自为的，那么它们就要相互排斥、相互反对了，两种伦理力量各自为政，那就会发生冲突了。在自在的情况之下它不会显示出它们的冲突，但是现在由自我意识把它发动起来了，是自为的，它们就有冲突了。而在伦理王国中它们却只是自在的。"王国"打了着重号，这是强调伦理王国是它们活动或冲突的平台，因为前面讲了，这一运动由以发生和它在其上发生的基础是伦理的王国，我们从静态方面对它进行分析，发现它是一切冲突的自在的基础。两种伦理力量都有了，都已经被分析出来了，但是在伦理王国中这些伦理力量是自在地在起作用，通过自然在起作用的。你身为男人、或身为女人，那么你就有人的法则和神的法则，在这种情况下它们是自在的。

伦理意识由于已**决定**选择了两种法则之一，它本质上就是**个性**；对它来说，并不存在两种法则的相同的**本质性**，因此这对立显现为义务仅仅与法外的**现实性**的一种**不幸的**冲突。

"伦理意识由于已**决定**选择了两种法则之一"，两种法则也就是两种伦理的力量，从中选择了一种，"它本质上就是**个性**"。个性 Charakter，我们前面曾经把它翻译成"特性"，有的人把它翻译成"性格"，可能在后面谈到美学的时候我们要把它翻译成"性格"，总之就是那种独特性。伦理意识的个性，它选择两种法则中的一种，而不选择另外一种，体现了它的一种个性。"对它来说，并不存在两种法则的相同的**本质性**"，它既然是一种个性，它并不认为存在两种法则的相同的本质性，否则它的选择就没有意义了。正因为这两种法则的本质性是不相同的，所以它只选择适合自己的一种，把它当作自己的本质。比如说女人，她就选择神的法则，这是她们的本质性；至于国家的法则对女人来说那是非常浅薄的东西，那是微不足道的，我违反法律也无所谓的，我要维护家庭的荣誉，我要维护我兄弟的尊严，这是神命令我的，这才是具有本质性的。而对于国王克瑞翁来说，那国家法则是至高无上的，那是本质性的，至于家庭，那你是家庭的私事,每一个家庭都有它的私事,这跟国家有什么关系?所以每一方都是把自己所选择的这一方看作是本质性的,而另一方决不能有相同的本质性。"因此这对立显现为义务仅仅与法外的**现实性**的一种**不幸的**冲突",这种对立是因为两种法则相互排斥、相互反对,每种法则对于另一种都属于法外的(rechtlos),所以它们的冲突也就是法外的现实性。而与法外的现实性之间的冲突是一种"不幸的冲突",它导致不幸的意识,之所以不幸,是因为它是法外的,是无法以某种法则来摆平的。如果是在法内的冲突,那还有可能通过人的法则或者神的法则来摆平,违法者受罚也会心平气和。但如果受到的是法外的陌生力量的处罚,那只能归结为"不幸",心中不服气而又没有办法。前面讲的"不幸的意识"也是这种情况(可参见贺、王译本上卷第140页)。你如果立足于国家的法,那么家法是非法的;如果你立足于神的法,那么国家的法又是非法的,但家庭也好国家也好,又都是现实的。其实这是两种合法的法则的冲突,但它显现为义务与法外的现实性之间的一种冲突;或者说,实际上它是义务和义务的冲突,但显现为义务和情欲的冲突。而这就有可能产生一种可悲的场面和一种的可笑场面,从原先那种单纯的决断走向一种更为复杂的局面了。

　　<u>伦理意识作为自我意识而处于这种对立之中,作为这样的自我意识,它同时致力于以暴力使这种对立的现实性屈服于它自己所隶属的法则之下,或是对之加以欺骗。</u>

　　"伦理意识作为自我意识而处于这种对立之中",这是伦理意识作为自我意识自己跟自己的对立,它不是一个意识和一个对象的对立,但表面上看好像是这样。这种对立显现为、也就是显得好像是义务仅仅与法外的现实性之间的一种不幸的冲突,但实际上是伦理意识作为自我意识而自我冲突。"作为这样的自我意识,它同时致力于以暴力使这种对立的现实性屈服于它自己所隶属的法则之下",自我意识必须要使这种现实性屈服于它自己所隶属的法则之下,就是这个现实性它是非法的,它

是法外的，那么我必须要把它变成法内的，必须要用暴力来摆平它，使这种非法的现实性屈服于自我意识所选择的法律之下。在《安提戈涅》的悲剧里，克瑞翁所采取的就是暴力，他严令所有的人不许埋葬叛国者，谁违反谁就得死。但是安提戈涅不听警告，违背法律而埋葬了她的兄弟，于是他就用暴力把她关起来，逼迫她自杀，以正国法。"或是对之加以欺骗"，这里可以举俄狄浦斯杀父娶母的故事，俄狄浦斯听信神谕，逃避自己的命运，但却恰好上了神谕的圈套，使他不自觉地完成了神所规定的法则。总之是要么用暴力，要么用欺骗，使这种现实性屈服于伦理自我意识所选定的法则之下。当然它所选定的法则是片面的，但尽管是片面的，它却要想使它变成普遍的，要把所有的不合乎它的东西都干掉，使之屈服于选定的法则之下。正因为这种伦理意识是自我意识，它要把对象和它自己所选定的法律合而为一，那么当它在对象上看到与它自己所选定的法则不合的时候呢，它就要改变这个现实，要迫使这个现实性屈服于这个法则，这才能保持住自我意识。如果它不是自我意识，仅仅是意识，那它就可以听之任之，它就可以把不合法的东西看作是既成事实，现实就这样了，我没办法，这是一般的意识，和对象是分裂的。但自我意识跟对象意识必须要统一，所以它就必须采取暴力或者欺骗，来使得现实性服从于同一法则，使对象世界和自我本身合而为一。

由于它只在自己这方面看到公正，却在另一方看到不公正，所以双方中属于神的法则的伦理意识就在另一方看到人的偶然的**暴力活动**；而分配给人的法则的伦理意识则在另一方看到内在自为存在的桀骜**不驯**；因为政府的命令都是普遍公开展示于白昼中的意思；而另一法则的意志则是冥冥中封锁于内心的意思，后者在其定在中作为个别的意志而显现出来，它在与前者的矛盾中就是无法无天。

"由于它只在自己这方面看到公正，却在另一方看到不公正"，这样一种伦理的自我意识只在自己所选定的这一方看到公正，在对立的另一方则看到不公正，要加以改造，视为一种非法的现实性，于是跟它发生一种不幸的冲突。因为对方不公正，那么你就要使它和自己统一起来，"所以双方中属于神的法则的伦理意识就在另一方看到人的偶然的**暴力活动**"，比如说安提戈涅就在另一方中、在克瑞翁对她依法惩处中，看到人为的偶然的暴力活动。克瑞翁制定了这个法律，他掌握了国家机器，就可以对违法者施加暴力。尽管克瑞翁并不是任意地为所欲为，他是依法办事，但是在安提戈涅眼中那就是为所欲为，你把我的兄弟曝尸野外，连埋都不让人埋，这种法律有何道理？所以她只在另一方中看到人的偶然的暴力活动，认为这是不讲道理的，你利用你的权力来颁布的一种毫无道理的法律，那有什么不可违反的呢？我违反它，在我这方的神的法律里面是公正的。"而分配给人的法则的伦理意识则在另一方看到内在自为存在的桀骜**不驯**"，分配给人的法则的伦理意识，那就是国王克瑞翁的意识，他会认为在另一方中、在安提戈涅那里看到了内在的自为存在的桀骜不驯。我颁布的法律你竟敢违反，那还了得？他就归结为这个孩子太不听话，她依内在的自为存在而为所欲为，不服从法律。"因为政府的命令都是普遍公开展示于白昼中的意思"，意思，Sinn，有意义、感觉、感官等等多种含义，我们这个地方翻译成意思。政府的命令公之于众，公开宣布了的，凡是这个国家的人民，不管你是皇亲国戚还是普通百姓，都是一律要遵守的。"而另一法则的意志则是冥冥中封锁于内心的意思"，另一法则的意志就是神的法则，神的法则是阴间的法则，这里译作"冥冥中"，是封锁于内心的意思，它只是一种传统习惯，只是看不惯，并没有成文法。比如说姐妹有义务去埋葬她的兄弟，这是她作为姐妹对于兄弟的一种意思，自古以来就是这样做的，说不出什么道理来。它是黑夜的法律，是家族内部心照不宣的，它是传统。"后者在其定在中作为个别的意思而显现出来"，这种神的法则在自己的定在中是作为个别的意思而出现的，例如作为安提戈涅这个人的个别性、她的个性、她的性格。这只是一种性格，安提戈涅曾劝过她的妹妹一起干，但她妹妹就不敢出来，于是安提戈涅说，那你不要出来，我一个人来承担。安提戈涅是一个敢做敢为的人，她不管法律的威吓，说做就做。她的父亲俄狄浦斯被流放的时候，她也是自愿陪伴在她父亲身边，一直跟到他死，给他送终。所以这是她的个性，是作为她的个别性的意志而体现出来的。当然她代表的不仅仅是她天生的个性，她还是有道理的，她肩负着另外一方的责任和义务，也就是家庭的义务、神的法则。但是她以个别性的意志来体现。"它在与前者的矛盾中就是无法无天"，这种个别性的意志，跟前者，也就是跟政府的法令相矛盾、相冲突的时候，在政府看来就是无法无天。所以克瑞翁把她看成是无法无天，因为他认为安提戈涅这种做法完全是出于任性，不是出于什么正当的理由。当然在安提戈涅自己看来她是有正当理由的，但是她又不能说出来，说出来也没人信，没人听，因为克瑞翁是一国之主，他是以国王的身份在说话，他不会听你的那些私人的理由的。你跟这个兄弟是什么关系，他不管，他要考虑的是国家法律。所以这两种法律放在一起相冲突的时候，作为个别的意志而出现的这一方在另一方看来就是无法无天，因为另一方并不理解、也不接受这一方的法则。这整个一段讲到开始有一种冲突、有一种矛盾了，但是这种冲突或矛盾还没有作为一种伦理的冲突、没有在共同的伦理平台之上来展开，而是一方作为伦理的法则，另一方就作为无法无天，是这样来展开它的冲突的。一旦选择一方来作决定，就把另一方打入非伦理，贬为对方在个性或性格上有毛病。而另外一方就认为你这是蛮不讲理地在搞暴力压制，我可以不服从你。

　　这样一来，在意识里就产生了**被知的东西**与**不被知的东西**的对立，{253} 正如在实体里产生了**有意识**与**无意识**的对立那样，而伦理的**自我意识**的绝对**权利**，就跟**本质**的神的**权利**发生了争执。

　　"这样一来，在意识里就产生了**被知的东西**与**不被知的东西**的对立"，现在是意识中的知与不知的对立了。为什么是知与不知的对立呢？一方对自己了解很清楚，我选定了这样一种伦理法则，我清楚地知道按照这种伦理法则应该怎么做并且决心这样去做；但是我对于对方、对于违反这种伦理法则的那一方，我一无所知，我不知道它有什么权利，有什么样的法则；或者即使知道，我也不承认，我把对方都看作是任性、无法无天、或者是暴力、不讲道理。其实对方也是有道理的，所以这只是表现了被知的东西与不被知的东西的对立。被知的东西就是我所选择的这一法则，不被知的东西就是与我相对的、相冲突的另一方、它的法则，我只知道我的法则，其他的法则我不知道，哪怕你把它看得很神圣，但是在我的眼里，它什么都不是，于是双方各执一端，这就是被知的东西与不被知的东西的对立。"被知与不被知"这一对概念在后面很起作用的，所以这一节的标题叫作"伦理行动、人的认知与神的认知"，认知和不认知在这里头有很重要的作用。苏格拉底曾讲过，美德即知识，讲得很轻松，其实没那么简单的。美德即知识，你认识了，你就有美德？知与不知这里头有很细致的区别。"正如在实体里产生了**有意识**与**无意识**的对立那样"，这是并列的，意识中是知与不知的对立，实体中则是有意识和无意识的对立。在伦理实体那里，有意识的就是人的法则，无意识的则是神的法则，这两种法则在同一个伦理实体中现在已经对立起来了。而在采取行动、进行决断的自我意识看起来，这两者应该是统一的，自己一方应该把对方据为己有。于是，"伦理的**自我意识**的绝对**权利**，就跟**本质**的神的**权利**发生了争执"，这个自我意识比意识的层次更高，意识只是意识到对立，伦理的自我意识则力求消除这种对立，于是陷入争执。什么是"伦理的自我意识的绝对权利"？就是它的那种毫不犹豫的无矛盾的志向和行动，这是伦理实体的一切行动的发源地，是自我意识的绝对权利。但是，正由于这种有为的能动性，它就和本质的神的权利发生了争执，"神的权利"（das göttliche Recht）也可以译作"神的法权""神的公正"。伦理的自我意识的绝对权利就是被知的东西，它立足于被知的、有意识的东西；那么本质的神的权利呢，就是不被知的东西，它立足于无意识的东西、传统习惯的东西，双方在这里发生了争执。神的权利在自我意识的绝对权利看来是不合法的，或者是不可理喻的、桀骜不驯的东西，但实际上呢，它是另外一种权利，是本质的神的权利。伦理自我意识的绝对权利就是我看准了我自己的伦理法则，我按照这样的伦理法则去行事，去贯彻到底，去扫平一切与之不相符合的现实性，一切都在我的有意识的认知的掌控之中，这是我的绝对权利；但是由于我对冥冥中的本质的神的权利一无所知，我并不能凭自己的认知掌控神的权利，于是就与之发生了冲突和争执。

　　对于作为意识的自我意识而言，对象性的现实性本身具有本质；但按其实体来说，自我意识是它自身与这个对立面的统一；而伦理的自我意识乃是实体的意识；因此，对象作为与自我意识对立的东西，就完全丧失了它自为地具有本质这一含义。

　　"对于作为意识的自我意识而言"，也就是自我意识从它的意识方面来看，或者从对象意识来看，"对象性的现实性本身具有本质"。自我意识是把自我看作对象、或者把对象看作自我，因此它本身有它的对象意识环节，在这个环节中自我跟对象是对立的，对象的现实性好像本身就具有它的不同于自我的本质。自我意识跟意识的区别就在于：意识跟对象是对立的，所以是对象意识，自我意识跟对象是统一的，在对象中看到自我；但是意识也是作为自我意识的一个环节，自我意识从本身的这一意识环节来看，可以把对象看作是有自己固有本质的，是不同于自我而与自我的意识相对的。对象性的现实性，也就是现实的对象，它有它的本质，它跟意识是对立的，它是对象性的。"但按其实体来说，自我意识是它自身与这个对立面的统一"，按照自我意识的实体来说，就是把自我意识本身看成一个统一的实体，不再仅仅看作自身的意识环节。从这方面来看，自我意识是它自身与这个对立面、与这个对象性的现实性的统一，自我意识把这个对象看作就是自身的反映，它从这个镜子里面看到的只是自己的形象。既然自我意识可以成为对象，和对象成为一体，那这个自我意识就是无所不包的了，既包括自己，又包括对象，那它就是实体。"而伦理的自我意识乃是实体的意识"，这就提到伦理的平台上来看了。前面是泛泛而谈意识和自我意识的关系，作为实体的自我意识它是怎么样的，这是一般的原则。那么现在我们从伦理的自我意识来考虑，它是一种实体的意识。"因此，对象作为与自我意识对立的东西，就完全丧失了它自为地具有本质这一含义"，既然伦理的自我意识是一种无所不包的实体的意识，那么对象跟这个自我意识就是统一的了，它逃不出自我意识的掌控。所以对象作为与自我意识对立的东西，就完全丧失了它自为地具有本质这一含义，对象它不再具有单独的本质，完全丧失了它的独立性和自身特有的本质。伦理的自我意识肯定是要把对象变成自己的一个环节的，怎么能允许它成为一个独立的本质呢？无论如何要想办法把它驯服，要使它屈服。

　　<u>正如对象在其中只是一个**事物**的那些领域早已消失了那样，现在这样一些领域，即，在其中意识从自身固定下来某种东西、并使一个个别环节成为本质的这样一些领域，也同样消失了。</u>

　　"正如对象在其中只是一个**事物**的那些领域早已消失了那样"，这是说在自我意识的眼中，已经不再有这样一些领域，对象在其中只是一个"事物"而已，因为自我意识总是要在对象中看到自身，而所谓的"事物"则是跟意识对立的。事物是你进不去的，它有它自己的本质，你必须符合它，这就是意识的层次，那么这个领域早已消失了。在伦理的自我意识里面，既然它已经是自我意识了，这一点也早就不成问题了，伦理的领域里面没有什么"事物"。"现在这样一些领域，即，在其中意识从自身固定下来某种东西、并使一个个别环节成为本质的这样一些领域，也同样消失了"，前面是一个客观性的环节，就是意识的对象，作为一个事物已经消失了；这里是一种主观性的环节，就是意识从它本身固定下来的某种东西，并使一个个别环节成为本质的这样一些领域，也同样消失了。就是在伦理世界里面，两方面都消失了。一方面是对象的独立的本质含义，另一方面是意识本身的独立的本质含义；或者换言之，一方面是客观

的本质含义，另一方面是主观的本质含义。自我意识是主观和客观的统一，所以双方的独立的本质含义都消失了。意识从它本身固定下来的某种东西，那就是主观的东西；但伦理的自我意识并不认为自己只是一种主观的意见，而是要把一切客观对象都纳入自身，它虽然不把对象看作独立的事物，但也不把自身看作孤立的自我，而是要以自身去覆盖一切对象。如同费希特所说的，自我建立自我，同时自我还要建立非我，还要从非我中再建立起自我。所以不但客观的独立的意义消失了，主观的独立的意义同样也消失了。

对抗这样的片面性，现实性有它自己的力；它跟真理性联合一致来对抗这种意识，它才首次向意识呈现出来什么是真理。

"对抗这样的片面性"，一个是主观的片面性，一个是客观的片面性，"现实性有它自己的力"，有它的力量，可以有效地克服主客观的对立性。"它跟真理性联合一致来对抗这种意识"，什么是真理性？真理性就是主客观统一嘛，现实性和主客观统一的真理相联合来对抗主客观的对立。这里的现实性（Wirklichkeit）不单纯是"现存性"，也不单纯是客观性，而包含有能动性的意思，因为它的词根中含有 Werk 即工作、劳动，所以它本身是有"力"的，并且是以这种力来和真理性相联合的。所以它可以通过这种联合来对抗上述主客对立的意识，"它才首次向意识呈现出来什么是真理"，现实性既不是只有客观，也不是只有主观，它才第一次把这种主客观统一的真理性呈现给意识。所以要解决主客观对立这个问题，只有诉诸现实性。但伦理自我意识目前还没有达到这个层次，它先要把自己发动起来。

[23]　　　但伦理意识已经从绝对实体的杯中喝了遗忘之水，把自为存在的一切片面性、它自己的目的和特有的概念都遗忘了，并且因此同时在这冥河之水中溺毙了对象性之现实性的一切固有本质性和一切独立的含义。

"但"，这个"但"是个转折。前面讲对抗这样的片面性，现实性有它自己的力，但是伦理意识不是从现实性出发的，对于这种片面的意识它用不着对抗，它只需要遗忘。"但伦理意识已经从绝对实体的杯中喝了遗忘之水，把自为存在的一切片面性、它自己的目的和特有的概念都遗忘了"，也就是说伦理意识它作为绝对实体，它把所有这些片面性都遗忘了，它只需要遗忘，它不需要面对现实，不需要面对真理。伦理的意识它是从法则出发的，是从人的法则或者神的法则出发的，它可以不顾现实。现实性当然有这种能力来抗拒这种片面性，但是伦理的意识它不是抗拒这种片面性，而是干脆把它遗忘，置之脑后，就像康德的定言命令，完全不管现实性是怎么样的，把一切都置之脑后，先从自己的自由意志的决定出发。康德的定言命令从自由意志出发，只讲应该怎么样，不管现实是怎么样你都应该这样做。伦理的意识从绝对实体的杯中喝了遗忘之水，这是一个比喻的说法，传说人在转世投胎之前，要喝忘川之水，把前世的那些东西都忘掉，才能够新生。你不要考虑什么现实性，哪怕你不符合现实，你都应当行动，因为你是绝对实体，你有你绝对的行动权利。那么，所忘掉的是些什么呢？一个是"自为存在的一切片面性"，行动起来肯定是有片面性的，它是自为存在，但自在存在还在未定，还没有到手，但现在要忘掉，就当它肯定会到手那样去做。一个是"它自己的目的"，为什么要行动？当然这取决于行动者作为男人或女人所接受的法则，但由此要达到什么目的，这一点并不重要。如安提戈涅安葬自己的兄弟，其实并没有真的安葬，只是象征性地撒了一把土，安葬不安葬都无所谓了，只要仪式做到了就行了。再一个是"特有的概念"，一件行动有它的目的，肯定就有它特有的概念，如"安葬兄弟"这个家族习惯的概念，但在行动中其实只是故意与法律作对，不是概念问题，而是胆量问题。所有这一切都被遗忘了，这样才能奋不顾身地投入行动中，将它视为没有价钱可讲的自己的"义务"，或者说"单纯的纯粹志向"（见前面贺、王译本第21页第3行以下）。"并且因此同时在这冥河之水中溺毙了对象性之现实性的一切固有本质性和一切独立的含义"，冥河之水，又叫忘川，伦理意识经过忘川，已经把一切现实性都遗忘了，包括它的一切固有本质性和一切独立的含义，都在里面淹死了，都死去了。唯一的生命就是伦理自我意识的行动，伦理意识的决定性，它所起的作用是一种绝对实体的作用，是一种绝对的权利，这个是不需要考虑现实的，现实性都是要遗忘的。

伦理意识的绝对权利因此就是：它由于遵照伦理法则行动，因而在这一实行过程中就不会发现任何别的什么东西，而只有这种法则本身的实行，也不会显示出除了本身就是伦理行为以外的任何别的行为业绩。

"伦理意识的绝对权利"，伦理意识是绝对实体嘛，所以它有绝对权利。"因此就是"，既然它把一切现实性都遗忘了，因此它的绝对权利就是："它由于遵照伦理法则行动，因而在这一实行过程中就不会发现任何别的什么东西，而只有这种法则本身的实行"。它遵照伦理法则行动，它在这个实行过程中也就只看到这种法则的实行，而不会发现任何别的东西，它一直自我感觉良好，因为它完全感觉不到别人的感觉。"也不会显示出除了本身就是伦理行为以外的任何别的行为业绩"，对它显示出来的唯有伦理行为本身，只有这种行为，任何其他的行为业绩都不会显示给它，甚至也看不到它自己所造成的行为后果。克瑞翁也好，安提戈涅也好，都是这样，只看到我要实行我的法则，至于导致什么样的其他后果，我一概不管，也看不到。它一意孤行，咬定了一方而行动，至于给另一方带来什么后果，它一概不知道。行为业绩即 Tat，就是行为 Tun 所造成的后果。

——伦理的东西，同时作为绝对的**本质**和绝对的**力量**，不能够忍受对其内容的任何颠倒。

"伦理的东西，同时作为绝对的**本质**和绝对的**力量**"，"本质"和"力量"都打了着重号。前面讲的是绝对的权利，伦理意识有这样一种绝对的权利，这个地方讲到，伦理的东西同时作为绝对的本质和绝对的力量。一个是绝对的本质，那就是它的伦理法则，所选定的伦理法则；一个是绝对的力量，就是它的行动，它的行为本身，这也是绝对的力量。它同时是这两方面，它选定了伦理法则，然后把它实行出来，这都是绝对的。既然如此绝对，那么它"不能够忍受对其内容的任何颠倒"就好理解了，它不能反思，不能换位思考。它只是单方面的决心，然后实行它的这个决心，它不能够反过来想，对它的内容加以任何颠倒。凡是要对它的内容加以颠倒的，它都认为是对它的干扰，它都要加以排除。它的内容就是至高无上的，比如说国家的法律对克瑞翁来说是至高无上的；但是安提戈涅认为，你那都是暴力，你那都是任意的、偶然的，我才不把你放在眼里，我的神的法则才是至高无上的。所以双方对于对方都是不能容忍的，每一方都自认为是绝对的本质和绝对的力量，它要用绝对的力量把它的绝对的本质加以实行，那怎么能够容许颠倒呢？颠倒那就不是绝对的了。或者它只是绝对的本质而不是绝对的力量，或者它有绝对的力量而没有绝对的本质，那都是可以颠倒的。但是它同时是绝对的力量和绝对的本质，它有绝对的权利来实行自己的行为，另一方面，它又有绝对的、至高无上的法则作为它的根据、作为它的支撑，那么它就是不能颠倒的。下面假设了这两种情况。

　　假如它只是绝对的**本质**却没有力量，那它就有可能经验到由个体性造成的颠倒；但那个体性作为伦理意识在放弃这片面的自为存在的同时，也放弃了这一颠倒；正如仅仅是力量，假如它还是这样一种自为存在的话，它就会反过来为本质所颠倒一样。

　　一种情况是，"假如它只是绝对的**本质**却没有力量"，它有至高无上的法律作为自己的绝对本质，但是它没有实现这法律的力量，Macht，也就是没有绝对权力，或者说它有点权力，但是不绝对，不能生杀予夺、控制一切。"那它就有可能经验到由个体性造成的颠倒"，比如安提戈涅要反对克瑞翁，要把他的法则置于神的法则之下，假如克瑞翁不是一个国王，没有至高无上的权力，那他就有可能换位思考，意识到自己是一个个体性，而不单纯是国家的普遍性的代表，他就会想想另一方面的道理了。"但那个体性作为伦理意识在放弃这片面的自为存在的同时，也放弃了这一颠倒"，他放弃了片面的自为存在，觉得自己也许是不是太片面了，对方也许还有自己的道理；但却不至于转到对方的立场上来，自己以对方的立场自居。因为他既然能够放弃自己的片面性，他也肯定能够意识到对方同样的片面性，所以他有可能弱化自己的立场，不会做得那么极端，但却不可能完全转到对方的立场，因为那样他就还和以前一样是片面的，没有半点进步了。第二种情况是，"正如仅仅是力量，假如它还是这样一种自为存在的话，它就会反过来为本质所颠倒一样"，这是就我们刚才讲的，如果它仅仅是力量，但是却不是绝对本质，如果这时它还是一种自为存在，想要凭借这力量来行动，那么它就不是绝对的力量，它就只是相对的力量，它就会反过来为本质所颠倒。克瑞翁作为国王确实有最高的权力，但是在安提戈涅看来这种权力并不具有绝对实体的本质，如果他还要一意孤行，它反过来就会被神的法则所惩罚，丧失自己的权力。果然，克瑞翁用权力维护了国法，但却失去了家人，自己的妻子、儿子、儿媳全都自杀了，剩下他一个孤家寡人，后悔莫及。

由于这种统一的缘故，个体性就是那个实体、即那个本身就是内容的实体的纯粹形式，而行为就是从思想到现实性的过渡，这过渡只是作为一个无本质的对立的运动，这个对立的各环节并没有什么特殊的、互有差别的内容和本质性。

"由于这种统一的缘故"，这是接着上面破折号后面的这句话："伦理的东西，同时作为绝对的本质和绝对的力量，不能够忍受对其内容的任何颠倒"，同时作为绝对的本质和绝对的力量，那就是两者是统一的。所以这里接下来讲，"由于这种统一的缘故"，由于这种绝对的本质和绝对力量统一的缘故，由于个体性是绝对本质和绝对力量的统一，"个体性就是那个实体、即那个本身就是内容的实体的纯粹形式"。个体性在这里就不是那种片面的自为存在了，个体性在这里由于这种统一的缘故，就成了实体的纯粹形式，而实体则是它的内容。个体性在这种意义上就是就是内容和形式在实体上的统一，是绝对本质和绝对力量的统一，绝对本质可以看成是内容，绝对力量可以看成是纯粹形式。绝对的力量是纯粹严格地、原原本本地按照绝对的本质、绝对的法则来行动，而那个内容就是实体的法则，即那个实体的本质。"而行为就是从思想到现实性的过渡"，伦理意识的行为就是把思想中的法则实现在现实生活中，就是从思想到现实性的过渡。在思想中你选择了一个法则，你决定把它实现出来，实现出来要靠行为，所以行为就是把你的思想实现出来。"这过渡只是作为一个无本质的对立的运动，这个对立的各环节并没有什么特殊的、互有差别的内容和本质性"，从思想到现实性的过渡只是作为无本质的对立的运动，在这个运动中，这种对立是无本质的。为什么说是无本质的呢？因为对立中的各环节并没有什么特殊的、互有差别的内容和本质性。也就是说，从思想到现实性的过渡，现实性就是思想的对立面，但这个现实性其实并没有什么与思想不同的东西，它只是与思想构成对立的两个环节，而在这两个环节中并没有什么特殊的差别，并不是本质性的对立。这个现实性它是没有本质的对立面，它的本质在哪里？它的本质就在思想里面。所以你要从思想过渡到现实性太容易了，因为这个现实性里没有别的东西，就是思想，它的本质就是思想，而作为对立面它是没有本质的，它没有独立性。所以这个行为就是从思想到现实性的轻松过渡，如此而已。一切都在思想中已经决定了，一切本质在思想中已经给出了，在现实性中已经没有本质了，现实性只是把思想中的本质实现出来而已。这种现实性其实是非常空洞的，在思想里面已经全部包含了，这不是一个具有本质性的运动。

　　因此，伦理意识的绝对权利就是：行为业绩它的现实性的形态不会是别的，只会是它知道。

　　"因此，伦理意识的绝对权利"，也就是前面讲的行动的绝对权利，伦理意识要通过自我意识采取决断和行动，这是它的绝对权利，也就是创造出"**行为业绩它的现实性的形态**"的权利。但是，它所创造的行为业绩的现实性形态是什么呢？不会是别的，而"只会是它**知道**"。行为业绩只会是"它知道"，或者说它认知，这就是它唯一的现实性的形态。既然现实性没有自己不同的本质性，它的全部本质性都在思想中，所以当你采取行动在现实性中做出自己的行为业绩的时候，这个行为业绩的现实形态无非就是你自己的思想中已经知道的东西。前面讲到被知的东西与不被知的东西的对立，但在这里这种对立还没有被意识到，因为在这种行动中，不被知的东西就不考虑了，所考虑的就只是被知的东西。所以它的行为业绩归根结底就是一句话，就是它知道。而它的现实性的形态只是行为业绩的同位语，这只是行为业绩的效果，它超不出行为业绩已经知道的内容，它的现实性的形态不会是别的，只会是它已经知道的东西。这就是苏格拉底讲的"美德即知识"，也就是说你知道了什么是美德，你就肯定就会去做，知道什么是美德，这已经是美德了。凡是恶人，凡是不具有美德的人，都是没有美德的知识的人，都是不知道的人；凡是具有美德的人，都会把自己知道的东西实现出来。所以知道是一个起点，你选定了一个法则，你肯定是知道这个法则的，那么你的行为业绩就是你知道，从头至尾你都知道，而且你只知道。凡是你不知道的你就没办法算作你的，哪怕行为业绩带来了很多副作用，那些副作用都是忽略不计的，我只看到它的作用，我只看到它的正面作用，它的积极的作用，它实现出来的作用，它们都在我的知道之中，都在我知道的范围之内，只在意识中。所以我的绝对权利就是知道，只是知道，只要知道了，一切都是合乎伦理的了，哪怕我只知道自己，不知道别人，也不用知道别人。我知道自己，我知道自己所选定的法则，我把这个法则实现出来，它造成了什么后果我不管它，整个过程就是我知道，这就是伦理意识的绝对权利，是伦理意识的行动的起点。伦理意识的起点就是康德的定言命令，也就是一个"理性的事实"，它是自由意志的一个决心、决断，一个决定性，它也是一种起码的知识即道德知识。道德知识就是每个人都知道的，定言命令，你应该做什么，只要凭实践理性想一想，每个人都会同意。当然在黑格尔看来，这实际上是有选择的，背后是有东西在支配的，那就是你的自然本性，比如你是男人还是女人，你把什么东西看作是绝对命令、定言命令，那取决于你的自然存在。但是你一旦选择定了，这就是你的伦理行动的开始。你作为男人或女人还不是伦理的，你只有选定了一条法则而行动，你才是伦理的。所以伦理行动的起点就是伦理意识的绝对权利，那就是它知道。

［Ⅱ. 伦理行为的分裂和罪过］

这个原来标题为"伦理行为中的对立"，不是很确切，因为要讲对立前面已经讲了，这个是讲"伦理行为的分裂和罪过"，就是分裂成罪过了，不光是讲对立。前面也讲对立，前面讲的对立是针对一种非伦理行为、非法性的一种现实性的对立，但是现在开始进入伦理行为本身里面来理解。前面也涉及了，其实是伦理行为中的一种分裂了，但是当事人还以为是伦理行为和非伦理行为的对立，所以他一意孤行，他认为这是他的绝对权利，他的行为是从他所认可的这样一个法律原则出发的。他认为他是具有绝对权利的，在某种意义上来说这也没错，如果没有这样一种绝对权利，那伦理行为根本就发生不了。伦理行为本来就是你认定了一个法则，你要把它实现出来，你知道这个法则，你要把它从头至尾贯彻下来，这就造成了伦理行为，否则就没有伦理行为了。你犹犹豫豫，既想这样又想那样，又不想得罪这一边，又不想得罪那一边，那你就不是一个伦理行为了，你就是一个势利小人了。伦理行为就是认定一个法则，坚持原则把它贯彻到底，把其他的一切违背自己法则的都看成是非伦理行为，非伦理现实，非法的现实。但是问题就在于从客观上来看，这实际上是伦理行为里面自身的分裂，你跟现实行为的对抗实际上是两种伦理行为的对抗，各有各的法则。所以这里第二个标题就进入到了一个更深的层次：伦理行为的分裂和罪过。

<u>但是，伦理本质已将自己本身分裂为两种法则，而意识作为一种对待法则的未分化的态度，却只被分配给一种法则。</u>

217

"伦理本质已将本身分裂为两种法则"，这个前面已经讲了，男人的法则和女人的法则、人的法则和神的法则，已经分裂成两种法则了。伦理本质本身就包含这两种法则，只不过在前面还处在一种平静的和谐之中，这两种法则互补，相辅相成，还没有暴露出它们的分裂。现在由于伦理行为的加入，而且这个伦理行为具有它的绝对的权利，那么这两种法则就不得不分裂了。现在不是说伦理本质包含这两种法则，而是说它分裂为两种法则。"而意识作为一种对待法则的未分化的态度，却只被分配给一种法则"，伦理意识是一种对待法则的未分化的态度，一种绝对权利的态度。我对我这种法则具有绝对权利，这种权利是不可分的，一分化就没有绝对性了，每一方面都会觉得自己是相对的了。但这种未分化的态度却只被分配给一种法则，只被分配给一方，每一方都只把自己看作绝对的，而把对方看作非伦理的。

　　正如这种**单纯的**意识所坚持的绝对权利是，在它这个伦理意识面前，本质会如它**自在的**存在那样**显现**出来，同样，这种本质也坚持自己**实在性**的权利，或坚持自己是双重的本质。

　　"正如这种**单纯的**意识所坚持的绝对权利是，在它这个伦理意识面前，本质会如它**自在的**存在那样**显现**出来"，这个单纯的、也就是主观的意识的绝对权利在于，在它面前，本质将会如同它自在的存在那样显现出来——这里用的虚拟式。我会认为我所看到的不只是现象，而且是显现出了本质自身，本质在我的眼睛面前就是如同它自在的存在那样显现出来的。所以我所认为的就是绝对的，它就是那个样子，我知道它，我把它把握死了、把握到位了，这就是我的绝对权利。伦理意识的绝对权利就是坚持相信，在它面前所显现的本质就是如同它自在的存在那样。但是，正如伦理意识所绝对主观自信的那样，"同样，这个本质也坚持它的**实在性**的权利，或坚持自己双重的本质"。就是说，一方面伦理意识坚持它主观的绝对权利，而另一方面呢，本质也坚持它的客观实在性的权利，"实在性"打了着重号，或者说，坚持自己双重本质。这种本质，一方面是显现在主观意识中的本质,另一方面则是它的客观实在性的本质,它有它客观的权利,不能完全消融于、同化于主观所认定的、自以为绝对的权利之中。就是在现实中,它其实是双重的本质,这个我们前面已经提到了,不管是人的法则还是神的法则,它们双方都是本质性的,不要把一方看成是本质,把另一方看成是非本质。你要是超出伦理意识单方面的那种单纯意识的绝对权利来全面地看待对象的本质,你就会发现这本质是双重的,双方都是有权利的,你有你的绝对权利把你所看到的当作自在的本质,它也有它的绝对权利坚持自己实在的本质,那么它的实在性的权利就是双重的本质。

但本质的这种权利同时又并不与仿佛存在于另外某处的那个自我意识相对立,相反,它就是这自我意识自己的本质;它只在自我意识中才有自己的定在和自己的力量,而它的对立面乃是**这自我意识**的**行为业绩**。　{254}

"但本质的这种权利",指的后面这种权利,实在性的权利,"同时又并不与仿佛存在于另外某处的那个自我意识相对立"。前面讲本质的这种权利是双重的,有双重的本质,既有它显现给我的本质,又有它自己实在的本质;但是它是不是与自我意识相对立的呢?是不是与在它外面某个地方存在着的自我意识相对立的呢?并不是这样。尽管这种自我意识作为一种单纯的伦理意识它坚持片面的、一方面的绝对的权利,而没有看到对方有双重的权利,但是,本质的这种权利同时又并不与这个行动着的自我意识相对立。"相反,它就是这自我意识自己的本质",不要把这种双重本质又归结为两个对立的本质,其实它就是同一个自我意识的双重本质,同一个自我意识自己的本质。前面我们把一个绝对权利归结为一个自我意识,把另外一个绝对权利归结为另外一个自我意识,把安提戈涅赋予一种绝对权利,把克瑞翁赋予另外一种绝对权利,那么两者是两个对立的自我意识,这是前面讲到过的情况。但是现在我们更深一个层次了,实际上它们就是同一个自我意识自己的本质,就是这种双重的本质在克瑞翁身上就表现出来了,在安提戈涅身上也表现出来。并不是说分割成两方面，一方面有这一方的存在，另一方面有另一方的存在，不是的；相反，它就是这自我意识跟它的实在性的双重本质，就是一个自我意识的自己的本质，不能够分裂，分裂它就不构成自我意识了。它必须是在同一个自我意识上面意识到的双重本质，所以"它"，也就是本质的这种双重的权利，"只在自我意识中才有自己的定在和自己的力量，而它的对立面乃是**这自我意识的行为业绩**"。这种实在性的权利，只在自我意识中才有自己的定在和自己的力量，才能发挥出自己的力量，才能够体现出来、实现出来。而它的对立面乃是自我意识的行为业绩。它有没有对立面？当然有对立面，克瑞翁和安提戈涅互为对立面，但是实际上安提戈涅就是克瑞翁的行为的后果，她就是你造成的，不是说与你无关。或者你说她是另外一个自我意识，不是的，它就是你这个自我意识的行为业绩。当然这个行为业绩在他本人看起来是无本质的对立面，我们前面讲了，是作为一种无本质的对立面的运动，这个对立面的各环节并没有特殊的、互有差别的内容和本质性，在他看来是没有本质性的。但实际上这是双重本质，所以它的对立面乃是自我意识的行为业绩，还是属于同一个自我意识，它并没有独立的另外一种本质；它作为另外的本质仍然还在自我意识之中。

　　因为自我意识正是由于它本身作为自我而存在，并着手于行为业绩，它就把自己从**单纯的直接性**中提升出来，而自身建立起**分裂**来。

　　这是解释上面一句。"因为自我意识正是由于它本身作为自我而存在"，自我意识当然它是作为自我（Selbst）而存在的，自我意识嘛，它肯定有自身的存在。"并着手于行为业绩"，它作为伦理行动，要把这个自我实现出来，着手于行为业绩，通过行动把自己实现出来。"它就把自己从**单纯的直接性**中提升出来"，自我意识本身作为自我而存在，那只是单纯的直接性；但是它着手于行为业绩，它就把自己从这种单纯的直接性中提升出来了，它一行动就把自身提升出来了。它一行动，它就不再是仅仅作为自我而存在，而是在行为业绩中建立起了对象，所以是超出了它的单纯的直接性,"而自身建立起**分裂**来"。它一行动,它的行为业绩就是它的分裂,因为所建立的这个现实的对象已经不等于它的单纯自我了。

自我意识通过行为业绩而放弃了作为直接真理性之单纯确定性而存在这一伦理规定性,而建立起它自身的分化,即分化为作为行为者的自己和与之对立并对之否定的现实性。 [24]

这还是那个意思。"自我意识通过行为业绩而放弃了作为直接真理性之单纯确定性而存在这一伦理规定性",自我意识通过行为业绩放弃了这样一个伦理规定性,什么伦理规定性呢?就是作为直接真理性之单纯确定性而存在。自我意识作为直接真理性之单纯确定性而存在,自我意识是真理性和确定性的统一,这个前面我们已经讲了,当你达到自我意识的时候,你已经达到了真理性和确定性的统一;但是这种统一是直接的真理性和单纯的确定性,这是最初的伦理规定性。这种伦理规定性在自我意识行动时就被放弃了,放弃了也可以理解为遗忘了,也就是离开了它的直接性而投身于行动,这就走向了间接性。"而建立起它自身的分化",它自己分化自己,它把自己从这种单纯的直接性中提升出来,从中分化出一个对象来。"分化为作为行为者的自己和与之对立并对之否定的现实性",分化成了两方面,一方面是作为行为者的自己,另一方面是与之对立并对之否定的现实性。现实性是跟它对立的,哪怕是它自己造成的现实性,都成了对立的,是对它加以否定的。它想要达到这样的目的,结果它造成的现实性适得其反,与之对立并对之否定,这就是所谓的悲剧,希腊悲剧都是适得其反,你想要造成什么东西,但是结果呢,现实性恰好是你不想要的,但你还不能怪罪于别人,是你自己造成的。

自我意识于是就通过这行为业绩而成为了**罪过**。

"自我意识于是就通过这行为业绩而成为了**罪过**",自我意识在行动中成为了罪过。罪过,Schuld,这个词可以翻译成"罪过",也可以像贺、王译本那样翻译成"过失",在德文里面它同时有这样两种含义。但是我们根据上下文，特别是我们根据后面所谈到的，它就是罪过，它不是一般的过失或者过错。我们说犯了罪和犯了错误那是不一样的，犯错误不等于犯罪，犯罪也不能仅仅用犯了个错误来敷衍过去的，那是罪行。这里谈的是罪过，不是什么过失。他本来是想做个好人，结果犯了罪，而罪过是无法推卸责任的；如果只是过失，则可以推卸责任说，自己本心是好的，但由于一时疏忽，或者受到不可抗拒的干扰而犯了过错。自我意识本来是按照伦理的法则，不管是神的法则还是人的法则，决心勤勤恳恳地去实现这一法则，但是结果倒过来成为了罪过。为什么会这样？这是一个非常值得思考的问题，下面整个都在讨论这个问题，我们看他怎么讨论。

因为行为业绩就是他的**行为**，而行为是自我意识最真切的本质；而**罪过**也就获得了**罪行**的含义：因为自我意识作为单纯的伦理意识，致力于一种法则而拒绝了另一种法则，并且通过自己的行为业绩而违犯了另一种法则。

为什么叫罪过？为什么想做好人的人反而犯了罪？这可以说是西方文化里面最深刻的话题之一！你想做好人，不是你想做就能做到的，你想做好人，往往好心办坏事，甚至于好心犯了滔天大罪，这个是我们中国人从来都没有想到过的问题！好心怎么会犯罪呢？犯罪只可能是坏人犯罪，好人怎么可能犯罪呢？好人顶多是犯错，他顶多是犯了错误。我们可以追究某个领导人他犯了错误，但是我们不能追究他犯了罪，因为他的出发点是好的，他打出的口号是好的，他是为了大家好，怎么可能会成了罪行呢？你要说他有罪行，那肯定是污蔑，只有坏人才会犯罪，只有出于犯罪的目的才会犯罪；出于好心所犯下的事情只能叫错误，只能叫过失，不能叫罪过。所以这个地方为什么我强调非要翻译成"罪过"，问题就在这里，你一翻译成"过失"，就把它中国化了，就用我们的理解来解释它了，我们就不能理解为什么出于好心还会犯罪。我们只能够说他有过，功过可以几几开，比如三七开，但你不能够说他是个罪人，只能够说他犯了错误,甚至犯了严重的错误,不可宽恕的错误,但他仍然不是犯罪。因为他主观意图是好的,他的本心是好的。但是为什么说这也是罪过,这个地方把它的原理讲清楚了。"因为行为业绩就是他的**行为**",行为业绩是 Tat,行为是 Tun,前者是由后者变来的,这在德语里面很好区分,我们在汉语里面不太好区分。业绩就是他的行为做出来的事,行为业绩跟行为是密切不可分的,一个行为之所以称之为行为,是因为它有业绩,那么行为业绩也可以看作就是行为。"而行为是自我意识最真切的本质",最真切的,eigenst,又译最本己的,最独特的。行为是自我意识最真切的本质,什么是自我意识? 自我意识就是能动性、自发性,这是康德就已经表明了的。在伦理的平台上来讲,伦理的自我意识那就是伦理行为,它的本质就是行为。你说有伦理的自我意识,它体现在什么地方? 就体现在行为上,它的绝对权利就是行动。"而罪过也就获得了**罪行**的含义",罪行就更严重了,罪过是从后果上、行为业绩上来衡量的,罪行则是着眼于行动本身,罪过跟行动、跟行为本身结合在一起看,就成为了罪行,这就很具体了。罪过还比较抽象,你有罪可以承认,但是罪行就具体到你干了些什么事,怎么干的,干了一件罪恶的事情,这就是罪行。那么这种罪行是什么罪行呢? "因为自我意识作为单纯的伦理意识,致力于一种法则而拒绝了另一种法则,并且通过自己的行为业绩而违犯了另一种法则"。为什么会有罪行呢? 单纯的伦理意识一意孤行,选定了一种法则去做,却拒绝了另一种同样合理的法则。因为伦理法则是双重的,伦理的本质就是双重的,而行为又只是单纯的,只能够执着于一种法则,它也只能够这样。如果没有这种单纯主观性,而是客观地把两种法则都要顾到,那你就会犹豫不定了,那你就决定不下,就形成不了前后一贯的行为,你就会动摇了。伦理的行为之所以是伦理的行为,就是要选定一个伦理法则,就把它当义务,其他的都是非义务。但是你把其他的都当作了非义务,那你岂不是拒绝了另一种法则? "并且通过自己的行为业绩而违犯了另一种法则","违犯了",verletzt,也可以翻译成"伤害了""损害了"，伤害和损害了另一个法则，那你就犯罪了，从另一个法则的立场上看，你这就是犯罪。尽管从这种法则的立场上看，你是在尽义务，但是你越是尽义务，从另外一种法则来看就越是犯罪。所以对同一个行为我们的评价很可能完全相反，我们"文革"的时候，我们出于大义，检举了自己的爱人、父母和朋友，我们是尽义务，我们是非常正大光明的，甚至于你不这样做才是不道德的。但是我们今天从另外一个伦理法则的立场来看，完全是在犯罪，我们通过自己的行为业绩而违犯了另一种法则。为什么一个行为它可以同时是义务，又可以是犯罪呢？有没有这种行为？我们中国人可能从来没有想到过，同一种行为可能同时是道德的，又是犯罪，这是伦理本质中的矛盾。

——**罪过**并不是漠不相干的双重含义的本质，即行为业绩当它**现实地**暴露在日光之下时，可以是罪过自身的**行为**，也可以不是这样，就好像与这行为结合着的可以是某种外在的偶然的、不属于行为的东西，因而从这方面来看，行为就是无罪过的似的。

这句话就说得更加明确了。"**罪过**并不是漠不相干的双重含义的本质"，罪过不是那种漠不相干的本质，可以这样解释，也可以那样解释，都无所谓。或者说本来可以这样，也可以那样，结果就这样了，但本身漠不相干。"即行为业绩当它**现实地**暴露在日光之下时，可以是罪过自身的**行为**，也可以不是这样"，就是一个行为，当它实现出来的时候，已经成为众所周知的时候，你可以把它归结为罪过自身的行为，那就可以归罪于行为者；但也可以不归罪于行为者。"就好像与这行为结合着的可以是某种外在的偶然的、不属于行为的东西，因而从这方面来看，行为就是无罪过的似的"，那个"就好像……似的"属于德语特有的框型结构，汉语表达这种框形结构毫不费力，我们把"似的"放在最后，就可以把中间的都框进去了。就好像怎么样呢？好像与这行为结合着的可以是某种外在偶然的、不属于行为的东西，因而从这方面来看行为就是无罪过的似的，这是用的虚拟式。就是说在这种情况下，行为者就好像不必负责了，比如说条件所限,偶发的事件,自然灾害,或者外部势力的干扰,或者是小人的欺骗在捣鬼,反正不是行为者的错。行为只不过是受蒙蔽的产物,领袖受了蒙蔽,板子自然打在"四人帮"身上,好像这只是某种外在的、偶然的、不属于行为的东西,因而从这方面来看,行为就是无罪过的,不管做了什么,仍然可以为行为者洗刷和开脱。行为本身是无罪过的,是好心,只是效果不好;为什么效果不好? 因为受了蒙骗,有小人拨弄于其间,或者由于国际国内的某种环境,自然的突发事件,导致了这样的灾难。当然在事情发生了的时候,可以看作是罪过自身的行为,但也可以不是这样,两种说法都可以头头是道。但罪过并不是这种任由人们解释的双重含义的本质,而是什么呢?

相反,行为本身就是这样的分裂,即把自己自为地建立起来,并针对这行为建立一个异己的、外在的现实性;存在这样一个现实性是属于行为自身的事,是由于行为自身而存在的。

"相反",就是所有前面的辩解都是无济于事的,罪过并不是那种漠不相干的双重含义的本质,好像既可以归罪于行为者,也可以为行为者辩护,不是的。相反,"行为本身就是这样的分裂",或者说,罪过本身就是行为的这样一种分裂,它是行为自己的事,不能推给外来的影响。"即把自己自为地建立起来,并针对这行为建立一个异己的、外在的现实性",当然那个外在的现实性你可以说它是异己的,因为你本来也没有想要这样,谁都是想把事情办好,实现自己预定的目的;但是,居然办成了坏事,变成了一种异己的、外在的现实性。但这里的解释就是,这还是你自己建立起来的,你所造成的灾难只能归咎于你,你推卸不了,这是你的行为本身的分裂。你的行为自否定,针对自己建立了一个异己的、外在的现实性,或者如费希特说的,自我建立非我。"存在这样一个现实性是属于行为自身的事,是由于行为自身而存在的",这样一个现实性的存在,你所造成的现实后果,就是属于你的行为自身的,既然你有绝对的权利,你也就要负绝对的责任。一切都在你的控制之中,你还能推卸得掉吗？哪怕你没想造成这样的后果，你也要为这个后果负责，不光是过失，而是罪过。

　　因此只有像一块石头的存在那样什么也不做，才是无罪过的，就连一个小孩的存在都不是无罪过的。

　　这就是西方的原罪观念了，连一个小孩的存在都不是无罪过的，小孩子生下来就有罪过，这一般人都很难接受，包括文艺复兴以来的基督徒本身都对这一点有怀疑。说一个刚生下来的纯洁的、干干净净的孩子就有罪，这是不可思议的，所以文艺复兴以来西方人狠批基督教的这种原罪说，创作了大量描绘圣婴的天真无邪形象的艺术作品。但是从另外一个意义上来看，这样说也未尝没有道理，只有一块石头的存在是无罪过的，因为它没有行动，什么也不做。而小孩子生下来就要行动呀，凡是有行动就有选择，不但是在好事和坏事之间可能选择干坏事，而且即使是选择干好事，也会由于行动的自否定而变成坏事。这就是原罪，凡是有自由意志选择的存在都是有原罪的。当然，基督教的原罪说实际上并不单纯是一个贬义词，说一切人都有罪，好像说一切人都不堪呀，最好把所有的人类都灭掉，或者把他变成石头，像《红楼梦》里的贾宝玉那样变回一块石头，那就都没有罪了，不是那个意思。说你有罪是在抬举你，是说你有行动的自由意志，你是一个能够犯罪的存在了，这时候你就有了神性，和上帝平起平坐了。所以圣经里头亚当和夏娃吃了禁果之后，上帝说，看哪，他们已经和我们平起平坐了。一块石头就不是一个能够犯罪的存在，一个动物也不是，自然物都不是能够犯罪的存在，只有人才是能够犯罪的存在，因为人有自由意志，他比自然物都要高贵。所以他这里讲，连一个小孩的存在都不是无罪过的，就是说小孩跟石头是不一样的，跟动物是不一样的，跟自然物是不一样的，他已经开始有自由意志了，虽然他还没有做真正的行为，但是我们说，"三岁看人到老"，他本质上将要成为一个行动者。

　　——但按其内容来说，伦理**行动**本身就具有罪行的环节，因为它并没有扬弃两种法则在两性中的**自然**分配，反而作为对法则的**未分裂的**志向而留在**自然的直接性**内，并且作为行为而使这种片面性变成了罪过，即只抓住本质的一方面，而对另一方面采取否定态度，也就是说，违犯了另一方面。

"但按其内容来说，伦理**行动**本身就具有罪行的环节"，前面是按照个体性来说，一个人作为行动者，他把自己分化为行为者和他所造成的这种异己的现实性，这是从他作为行动者、也可以是说从形式来看的，从形式上来说，一个人的行动者带来了罪过。但从内容上来说，伦理行动本身也具有罪行的环节，"行动"打了着重号。前面是从伦理行为的行为者来看，行为者必须要承担罪责；这里是按其内容来说，伦理行动的行动本身就具有罪行的环节。"因为它并没扬弃两种法则在两性中的**自然分配**"，也就是说，客观的按其内容来说，凡是伦理行动，不管是什么样的行为者，只要他做出这样一个行动，那本身就具有罪行的环节。为什么呢？因为它并没扬弃两种法则在两性中的自然分配，"自然"打了着重号。就是说，伦理行动一开始就带有罪行的环节，因为它一开始就是由男人和女人来进行的，而男人和女人是对两种法则的一种自然的分配，两种法则分别由两性来承担。而这种分裂在行动中并没有扬弃，男人要遵守人的法则，而女人要遵守神的法则，已经分定了。所以他们所采取的伦理行动本身就具有罪行的环节，什么罪行？对于对方法则的罪行，男人是触犯神了的法则的，女人是触犯了人的法则。伦理行动一开始并没有扬弃掉这种自然的分配，"反而作为对法则的**未分裂的**志向而留在自然的直接性内"。男女都停留于自己自然的直接性中，男人觉得自己有理，女人也觉得自己很有理；但是他们之所以觉得自己有理，是出于自然的直接性，因为这个是男人，那个是女人。所以这直接就决定了他们的选择，他们的决定性。所以这决定性不是由他或她决定的，而是由自然决定的：你身为男人，你就要服从国法；身为女人，你就服从家法。停留于自然的直接性，作为对法则的未分裂的志向，你抓住一个法则作为你的志向，比如说国法，你抓住它作为志向，未分裂，没有想到它可能会分裂；另一方抓住了神的法则作为她的志向，也没有分裂，那么双方都停留于自然的直接性内部。"并且作为行为而使这种片面性变成了罪过，即只抓住本质的一方面，而对另一方面采取否定态度，也就是说，违犯了另一方面"，这个比较好懂，既然你只抓住一个方面，那么你这种片面性就是一种罪过了。什么叫罪过呢？即只抓住本质的一方面，而对另一方面采取否定态度，违犯了另一方面。当然行动者并不认为自己有罪过，它认为自己是正当的、正大光明的，因为它并不把对方看作是一种正当的法则，而把对方看作是法外的一种现实性，桀骜不驯，脾气古怪，独断专行，一意孤行，看作是一种个体的性格，一种个别性，而不把它看作是一种法则的代表。如果双方都只把自己看作是法则的代表，那么很明显，你对另一方采取否定的态度，你就违犯了另一方，那从另一方看你就是犯罪了。

在普遍的伦理生活中，罪过和罪行、行为和行动所涉及到的范围，在后面将有更确切的说明；这里直接表明的只是，并非**这一个个别者**，他行动着并且有罪过；因为他作为**这一个**自身只是非现实的阴影，或者说他只是作为普遍的自身而存在，而个体性纯粹是一般**行为**的**形式**环节，内容则是那些法则和伦常，在对个别者的规定上就是他的身份的法则和伦常；这身份是作为类的实体，类虽然通过自己的规定性而变成了种，但种[25] 同时还保持着类的共相。

这句话很长。"在普遍的伦理生活中，罪过和罪行、行为和行动所涉及的范围，在后面将有更确切的说明"，这是提示了，在后面将会把这个问题加以展开。就是在普遍的伦理生活中，我们展开普遍伦理生活这个大视野看看，罪过和罪行、行为和行动，——这是对应的，罪过对应于行为，罪行对应于行动，前一个抽象一点，后一个具体一点，——它们所涉及的范围在后面要进一步说明。那么"这里直接表明的只是，并非**这一个个别者**，他行动着并且有罪过"，这里要说明的并不只是这一个个别者的行动犯下了罪过，不能仅仅归咎于这个个体、"这一个"，好像罪过只是一种感性的确定性。并非这样。"因为他作为**这一个**自身只是非现实的阴影,或者说他只是作为一个普遍的自身而存在,而个体性纯粹是一般行为的形式环节,内容则是那些法则和伦常",这个意思前面已经提到过了,个别行动者作为这一个自身只是非现实的阴影。前面第20页中间也讲到,"这样的个别者只被看作非现实的阴影",也就是说,个体在这里还没有独立出现,个体还是承担着各种义务、或者说是两种义务、两种法则的承担者。所以个体不是作为个别者来行动的,虽然有行动,但伦理的行动不是作为个体的行动。个体的行动应该把那些非伦理的行动包括在内,比如说出于贪欲、野心,比如说莎士比亚的麦克白,他就是出于贪欲而行动,那就是完全作为个体,作为个人的欲望、个人的野心在行动。而现在这个角色是伦理行动,而他的对方也是好人,双方都是出于伦理的法则。所以在这种情况之下个人的个体只是非现实的阴影,他并非真是这一个个别者,而只是某种法则的代表。双方都只是作为人的法则和神的法则以男人和女人的形式而出现,通过男人和女人的行动而实现出来,所以个体性在这个地方只是一种形式,只是一种非现实的阴影。真正说起来是两种法则在打架、在冲突,当然是通过个体在冲突,但是个体还没有独立性,所以要讲罪过也不是个别人的罪过,而是人的原罪。一个个别者自身只是作为一个普遍的自身而存在,这样一个自身、这样一个个别者它可以落到任何一个人身上,这种义务和义务的冲突可以落到任何一个人身上,任何一个人都可以作为这样一个冲突的承担者,承担了各种义务的矛盾。我们中国人讲忠孝不能两全,忠的义务和孝的义务相互打架,那么人只是作为两种义务的承担者,或者甚至于我们可以说是两种义务的牺牲者。胡适在美国时谈恋爱,但是有两种义务在心中搏斗,最后放弃了,他要尽家庭的义务,虽然在观念上他知道这是不对的,他有新的自由平等博爱的价值观,但是他还是为了他对母亲尽孝而牺牲了自己的爱情。鲁迅其实也是这样,那个时代的人通常都有不同的义务在内心里面打架。而凸显不出自己的个体性,他们的行为都是身不由己的。所以"这一个"只是非现实的阴影,鲁迅就讲,"我只不过是一个影",作出一种喝水的姿态,作出一个生活者的姿态,但没有现实性。个体的内容还是空洞的,在古希腊的那种条件之下,个体还没有真正觉醒,虽然已经有了萌芽,但是还是作为各种义务的承担者这样一种悲剧来展示他的个体性,他只是一般行为的形式环节,内容则是那些法则和伦常。"在对个别者的规定上就是他的身份的法则和伦常",身份,Stand,也可以翻成等级,或者中国人理解的"名分",这些法则和伦常就是加在个别者身上的规定,把他捆得死死的。一个人他有他的身份,也就有他的伦常,你作为儿子就要尽孝,你作为国家的子民就要尽忠,这是一个身份,不是一个单独独立的个人,而是被自己的身份所束缚着的。到了资本主义社会,所有这些身份可以说实际上都作废了,大家都是自由人,你出身于贵族,我出生于平民,又怎么样? 你是老子我是儿子又怎么样? 身份在近代以来就已经失效了,但是在古代还是起很大作用的,对个别者而言,他的内容就是以身份的方式体现出来的。所以"这身份是作为类的实体",物以类聚,人以群分,人是分等级的,荀子讲,人之异于禽兽者,在于"有分"。有分也可以理解为"有份",有身份,有你的本分,你是什么人,你就有你的本分,根据你的身份决定了你的本分,你要守本分。这就是人跟禽兽的区别。有等级,有礼,礼节规范,这些东西规定了人的身份,那么身份就是作为类的实体,或者人类的本质就是由身份所体现的伦理法则。"类虽然通过自己的规定性而变成种,但同时还保持着类的共相",这个身份可以理解为类的种,人类分几种,在西方就分成几个等级,我们今天讲阶级、阶层,都是身份的划分。在古希腊也有,自由民、奴隶主、贵族、贫民,最后是奴隶,都有他的身份,都是种,是某一种人类。类通过自己的规定性而变成了种,但种呢,同时还保存着类的共相,种分有了类的共相。每一种等级都有它的法则,类就是用这些法则来规范的,不管是家庭的法则还是国家的法则,都是采取给人类分成几种等级来划分的,那么在种上面、在这种等级上面就仍然保持着类的共相,人的法则和神的法则都是同一个类的法则，保持着类的共相。

自我意识在民族内部从共相只下降到特殊性，而不是一直下降到个别的个体性，这个体性在自己的行为中建立起的是一个排他性的自我，一个自否定的现实性；相反，自我意识的行动，是以对整体的、可靠的信赖为其根据的，在这种信赖中不混杂有任何异己的东西，既无恐惧，也无敌意。

"自我意识在民族内部从共相只下降到特殊性"，从类下降到种，就是从共相下降到特殊性，"而不是一直下降到个别的个体性"，还没有下降到个体性。种是类的普遍性和个体的个别性之间的中介，每一种人、或每个等级的人都承担着类的普遍性，但还没有意识到自己的个别性。这是古希腊的情况，古希腊的自我意识只是一种等级的自我意识或种的自我意识，而不是个体的自我意识，自我意识还没有到底，没有一直下降到个别的个体性。那么什么是个别的个体性呢？下面是解释："这个体性在自己的行为中建立起的是一个排他性的自我"，也就是个人主义，排斥他人，人己之间区别得很清楚。这是后来的情况，比如斯多亚派认为人不分等级，每个人都有一个平等的灵魂；而在罗马法中，人与人之间已经以单纯的个体建立起各自的权利和责任，个人成为了法律主体和独立人格，而不再以家族等级关系来规定相互关系。这种个体性在自己的行为中是排他的，是"一个自否定的现实性"，它是一个现实性，但是它是一个自否定的现实性。为什么自否定？因为它否定了自己的种，它不愿意停留在原来的受束缚状态，它要否定自己原来的状态，要独立地去寻求自己的自我，排除一切外在的或他人的干扰。当然这样一个自我的真正建立和完成是近代的产物，但是在古希腊，类不是一直下降到个别的个体性，在伦理实体里面，它做不到这一点。因为在古希腊里面的个体性还没有像今天这样独立，城邦是一个致密的实体，每一个人都献身于这个实体，尽管不是献身于整个人类，但是献身于某个等级、某个种、某一个家庭，而不是一直下降到个别的个体性。"相反，自我意识的行动，是以对整体的、可靠的信赖为其根据的"，自我意识的行动当然是个体的行动，但是不是以个体性的方式出现，个体性只是整体性的矛盾冲突的一种表现形式而已，它的内容都是群体和群体的关系，都是义务和义务的关系，是以对整体的可靠的信赖为根据的。或者说，它的行动所依据的法则是一个整体的法则，要么是人的法则，它是整个国家的法则；要么是神的法则，它是整个家族的法则，都是整体性的法则。对于这样整体性的法则，它抱有一种可靠的信赖，完全不怀疑，这就是自我意识行动的根据。"在这种信赖中不混杂有任何异己的东西，既无恐惧，也无敌意"，在这种信赖中，也可以理解为在这种根据中，没有任何异己的东西，他不觉得这种法则是异己的，这就是他自己的法则，就是他自己所认可的，是他决定选择的。所以他既无恐惧，也无敌意，完全不把它当作外部的东西，而是当作自己行为的根据，是自己亲自选定的根据，完全是亲切的、跟自己相容的，而不是陌生的（Fremde）或异己的东西。它就是他自己的代表，而他并不代表自己，而是代表着整体。一个人当他献身于整体的时候，他对他自身的灭亡就没有恐惧了，他对于灭亡他自身的那个法则也就没有敌意了，他心甘情愿地献身于整体的法则，所以古希腊悲剧中的那些英雄，他们都是义无反顾地献身于他们所信赖的那些整体的法则，这背后的原理在黑格尔这里得到了一种解释。

好，这学期我们就讲到这里，其实很有意思，如果我们熟悉一下古希腊的神话，特别是这里提到的，那么读起来，他的那些分析等于是对文学作品的分析，对悲剧的分析、对喜剧的分析，都很有启发性。而且如果我们从中西文化相互对照、相互比较来读这些话题，我们肯定会碰撞出很多的灵感，这个在座各位都可以自己去思考。谢谢大家！

＊　　　　　＊　　　　　＊

新的学期开始了，我们可以大致回顾一下上学期我们已经讲到的。就是在伦理行为中会导致一种分裂，人的伦理意识一旦投入伦理行动，形成了行为业绩，就是干出了事情，如果你真正在现实中把它付之于行动，那么这个行动本身会造成一种分裂，这是伦理行动的本性。造成分裂就是说，一方面你按照你自己所理解的伦理标准去行动，应该说每个人都是按照自己的伦理标准去行动的，但是实际上如果一意孤行、不加反思的话，你做出来的事情将会是犯有罪行的。你觉得、你认为你自己的行动是符合伦理标准的，但是客观上来说你造成了罪过，因为伦理行动里面有一种自发的分裂，造成一种对立或自相矛盾，除非你不做事，你啥事也不干。为了保持自己道德上的纯洁，只有一个办法，就是什么也不干，君子动口不动手，甚至连口也不动，那你就永远不会犯错误；但是只要你一干，一做事情，那么这个事情就有两面。你认为它是合乎伦理的，那是一面；但是做出来以后它有另外一面，就是不合乎甚至是违背伦理的。或者说你所合乎的伦理是某一方面的伦理，而对于另一方面的伦理来说，你这个行为是犯罪，是罪过。所以亚里士多德和中国古代的孔孟都曾提出过"中道"和"中庸"的思想，主张"过犹不及"，凡事不要走极端。但黑格尔指出，走极端是避免不了的，这是自由行动的本性，除非你什么也不做。在前面有句话讲："只有像一块石头的存在那样，什么也不做，才是无罪过的，甚至就连一个小孩子的存在，都不是无罪过的"。一个小孩子生下来他就要做事了，他就要活动、要行动了，那么他有意做的行为，里面就有罪行的含义。这个是上学期就已经讲到的，就是说伦理行为它本身具有这种辩证性、内在矛盾性，按照内容来说，伦理行动本身就有罪行的环节，它本身分裂为两个环节，一个环节是伦理的法则，另外一个环节是罪行，这是一种非常深刻的对人性的反省。当你按照某种道德法则去行动的时候，你就要意识到，另一方面它就是犯罪；所以你不能太骄傲，以为自己就是上帝，自己"替天行道"所干的就是对的，你要有反省精神，这个是在上次已经提到的。那么黑格尔在讨论人类的这样一个双重本性的时候，他的心目中是有他的所指的。我们前面多次讲到，他在谈这些问题的时候，他的眼光是盯着古希腊，特别是在古希腊悲剧里面所体现出来的悲剧意识。悲剧意识就是冲突意识,就是伦理的冲突,古希腊的那些悲剧大多数都是一种伦理冲突,那么这里头就很值得分析。为什么自己觉得自己做的一切都是对的,结果却犯了罪? 今天我们接下来要谈的就是这个问题。下面黑格尔所举的那些例子,都是举的希腊神话、希腊悲剧里面的那些具有伦理意义的例子,在伦理方面产生了各种不同的悲剧。那么我们来看看第 25 页的下面这一段。

{255}　　　现在,对**现实的**行动这一发展起来的本性,伦理的自我意识无论是委身于神的法则还是委身于人的法则,它都在自己的行为业绩中经验到了。

　　这是个倒装句。就是根据上面所讲的,伦理的自我意识已经经验到了,经验到了什么呢? "**现实的**行动这一发展起来的本性"。现实的行动的什么样的本性? 前面已经讲到,就是一个个别的自我、个别的人,他做一个现实的行动,那么这个现实的行动它的伦理意义必然是分裂的。在现实生活中的人,他的身份是双重的,他是以他的身份在行动,比如说你是丈夫,你是儿子,或者说你是公民,你是国王,都有这样些身份。"无论是委身于神的法则还是委身于人的法则",不管是你是以政府、国家的身份,还是以家庭的父亲儿子兄弟这样的身份,你身上都带着身份,你不是一个完全抽象的单个人在行动。所以在这个时候,个体实际上是某些身份的代表,而这些身份是相冲突的,你以父亲的身份做事情,和你以国家公职人员的身份做事情,这两种身份可能会冲突。那么在这种冲突中,个体显不出来了,个体的自由意识决定要采取的行动,不是以个体的名义,而是以自己的身份的名义,而个体在这种身份中他只能无条件认同。个体无条件地认同整体,认同他是家庭的一员,或者认同他是国家的一员,他对于自己的身份之间没有一种自否定的距离,可以说个体在这个里头还没有突围出来,他可以在自己的行动上面体现一些特殊性,但是还没有下降到个别性、个体性,他不是作为他个人在行动,而是作为家庭一员或者国家一员在行动,所以个别性、个体在其中是隐藏着的。古希腊的那些神话都是这样,你在悲剧里面看到的就是他们代表个体这样的身份在那里行动,它跟近代的悲剧、跟莎士比亚的悲剧是不一样的。现代的悲剧跟古典的悲剧不一样的地方就在于,现代悲剧主要是表现个体性,不是表现他身份的冲突,而是表现个人的个性情感的冲突;但是在古希腊的时候,个性还没有突出出来,个性和共性不分。他的行动是特殊的,但是他代表的是共相,代表的是他的身份。对于希腊人在现实行动中的这种发展起来的本性,伦理的自我意识已经在自己的行为业绩中经验到了。一旦伦理意识付诸行动,你就会经验到你的行动把你撕成两半,这就是悲剧之所以产生,因为你本身具有各种身份。起码你具有双重身份,你是国家的人,同时你又是家庭的人,既要服从人的法则,又要服从神的法则,于是你就经验到了这样一个本性,你只要一行动,这行动的本性就在于分裂。这是伦理的自我意识所获得的一种经验,它知道自己不行动则已,一行动就陷入分裂。不行动它就不分裂,它可以在自己的观念中把这两方面都统一起来,说得很轻巧,我既是国家的人,也是家庭的一员,理应协调好两方面的关系;那么你做一做试试看,你就会经验到一种痛苦的分裂,忠孝不能两全,这是很现实的经验。

<u>在它面前所显露的法则,本质上是跟相反的法则结合在一起的;这本质是两种法则的统一体;不过行为业绩只是实行一条法则来反对另一条法则。但在本质中与相反法则相结合时,一个法则的实现就引出另一法则,并且行为业绩因此就使另一法则成为一种被违犯的、敌对性的、要求报复的本质。</u>

我们看这两句。"在它面前",在这个伦理的自我意识面前,"所显露的法则,本质上是跟相反的法则结合在一起的",伦理的自我意识就是意识到,我是按照法则行动的,这是我自觉的一面;但这个法则本质上是跟相反的法则结合在一起的,这个相反的法则不一定在我面前显露出来。伦理的自我意识看不到相反的法则,它只看到向它自己显露出来的这个

法则，所以它可以一意孤行，可以信心满满地去行动。如果他一开始就看到这个相反的法则，那他就要犹豫了，他就会陷入到煎熬之中，我到底应该按照哪一条法则去行动呢？好像两者都行，两者又都不行，他就会动摇、就会矛盾了。"这本质是两种法则的统一体"，这样一种本质本来是统一的，伦理自我意识是两种法则的统一体，每一方都跟对方是统一的，这也是每一种法则自身的本质，每一种法则都是在这个统一体之中的。"不过行为业绩只是实行一条法则来反对另一条法则"，行为业绩它只看到一条法则，伦理自我意识一般来说它看准了一条法则，它就去做，它自认为这样做是对的，但其实它是实行一条法则来反对另外一条法则，只不过另外一条法则不在他的视野之中。但客观上，你要实行一条法则，那么你必然反对另外一条法则。"但在本质中与相反法则相结合时，一个法则的实现就引出另一法则"，虽然它的行动使一条法则反对另一条法则，但是在本质中，这两条相反的法则是结合在一起的，你反对另外一条法则也就是以一种相对立、相冲突的方式跟另外一条法则结合在一起了，这样，一个法则的实行就引出了另一个法则。本来另一法则是隐藏着的，你只意识到一条法则，另外一条法则你没意识到；但是通过这个冲突你就意识到了，你就把冲突的对立面、另外一条法则，把它引出来、显露在你面前了。所以一方面虽然它是反对另一条法则的，但是正因为反对那条法则，所以这条法则就被意识到了，就被这一条法则引出来了。"并且行为业绩因此就使另一法则成为一种被违犯的、敌对性的、要求报复的本质"，你引出了另外一个法则，那么你这样一个行为业绩因此就使得另一法则成为一种被违犯了的法则。你执行一条法则，那你同时就违犯了另一条法则；另一条法则就成了一条敌对性的法则，是跟你作对的，具有要求报复的本质，它以要求报复的方式而现身于你的意识中。所以一个行动、一个行为业绩它不是很简单的，它总是包含着自己对立面、引出自己的对立面，并且这个对立面作为一个对立面已经被你所伤害，因而它要求报复。这就麻烦了，你卷入了对立法则的报复性，你要遭到报应的，你要遭到复仇的。这是两种法则的对立统一关系,在这里进行了一番分析,黑格尔心目中是指希腊悲剧里面那种矛盾冲突,这个我们下面马上就会看到。

对行动而言,只有一般的决心这方面是明白如昼的;但是决心**自在地**是否定的东西,它将一个自己的他在,一个与那本身是认知的东西相陌生的东西置于对立面。

"对行动而言,只有一般的决心这方面是明白如昼的",就是在行动的时候你下决心,你有一个决心,那么对于这个决心来说,你决心干什么是明明白白的摆着的。"但是决心**自在地**是否定的东西",你下了决心,那么这个决心就会否定别的东西,最终会否定自己,它自在地是否定的东西。当然你不一定自觉到,所以它是自在的,它不是自为的,但是它自在地已经是否定的东西了。决心一旦定下来,它肯定是要否定某些东西的,但是这些东西在这个时候还不在你的视野之内,你看不到它。你想到的只是遵守一条法则,但没想到否定了另外一条法则,这个是出乎你的意料之外的,所以决心不自觉地就是一种否定的东西。"它将一个自己的他在,一个与那本身是认知的东西相陌生的东西置于对立面",它将一个自己的他在放在自己的对立面了,这是一个与那本身是认知的东西相陌生的东西。它的决心它自己是很清楚的,所以它自己本身是一个认知的东西,它本身是认知者,一个行动者同时也是一个认知者,起码他对自己的决心是知道的,他是有意识的;但是与这个本身是认知的东西相陌生的东西,这是他不知道的,他没有预料到,他在单凭一个决心去行动的时候,有一个与他对立的东西他还没有意识到。这个对立面的他在与这个有意识的行动者是相陌生的,他没有考虑到、从来也没有认识到他将会损害谁,也不自觉到他将会否定一个什么样的对立面,但是他的行动已经把这样一个东西放在对立面了,只要你下决心做什么事情,那么它就在否定某些另外的东西。

因此,现实性坚持将另一个对认知陌生的方面隐藏于自身中,不把

自己按照其自在自为的那样显示给意识，

"因此，现实性"，这个现实性就是行动的现实性，你下决心把自己的意志付诸行动，把自己的知识付之于行动，你所认知的伦理法则，不管是一种什么样的法则，你把它实现出来，那就是现实性。"现实性坚持将另一个对认知陌生的方面隐藏于自身中"，当你把它实现出来的时候，现实性它里面有一个隐藏的东西，是你最初没有看出来的。这就是另一个对认知陌生的方面，它隐藏在这个现实性里面，现实性里面的水深得很，你无法进入到这个深水区，那里面到底有些什么机关，那你是摸不透的。你只知道我决心进到现实性里面去，但是现实性里面它是有内容的，它是有一个对立面的，它是有你所不知道的东西的。现实性坚持将另一个对认知陌生的方面隐藏于自身之中，所谓"坚持"，就是它一直隐藏着，它让你去做，它要一开始就暴露出来你就不会去做了，它让你去把你所认可的伦理法则付之于现实，它等你把事情做完，在此之前它一直隐藏于自身中。"不把自己按照其自在自为的那样显示给意识"，不把自己按照客观上那样显露出来。一方面伦理自我意识自在地已经有它的对立面了，另一方面这个对立面还没有被意识到，所以它只是自在的，还不是自为的。显示给意识你就是自为的了，你就是有意识地去做了，但一个有道德的人不会有意识地去做，于是它就让你无意识地去做，它不让你意识到。现实性里面所隐藏的陌生的东西，它一直隐藏着，不让你知道。下面的这个例子就是希腊神话的例子。

　　——不向儿子显示出他所杀的那个冒犯者就是他父亲——不向他显示出他娶为妻子的那位王后即是他母亲。①

这里显然是讲的《俄狄浦斯》的悲剧。俄狄浦斯杀父娶母，但是他不是要杀父娶母的，神庙里面的神谕告诉他，他将来会杀父娶母，他就从养

---

①　此处暗示索福克勒斯：《俄狄浦斯王》，第457—460行，第791—792行，第1478—1479行。——丛书版编者

父家里逃出去了，想要逃避这个神谕的命运。逃出去了以后在路上碰到一个不认识的人，两人发生争吵，他把那个人打死了，他不知道那正是他亲生的父亲；他到了底比斯以后猜出了司芬克斯之谜，破除了斯芬克斯的魔咒，拯救了底比斯，底比斯人民非常感谢他，连孀居的王后也嫁给了他，谁知王后就是俄狄浦斯的亲生母亲。这些实情他都不知道，他只知道他的养父和养母，因为他生下来从小就被抛弃了。所以现实性里面隐藏的这些故事原委，行动者并不知道，你按你所认为的那样去做，那最后的结果是怎么样的，那是你逃脱不了的命运。这故事很经典，一个人在无意识的情况下犯下了罪过，而且是杀父娶母，这是乱伦之大罪，这个在古人看来绝对是最大的罪恶了，但是他是无意识中做出来的，正是在他想要避免犯罪时犯下的重罪，这个就很可悲了。

伦理的自我意识背后以这样的方式尾随着一种畏光的力量，这种力量在行为业绩发生了以后才跳出来，揪住了伦理意识的这一行为业绩；因为完成了的行为业绩乃是认知着的自我和与它对立的现实性之间扬弃了的对立。

"伦理的自我意识背后以这样的方式尾随着一种畏光的力量"，伦理自我意识自己处于光天化日之下，明如白昼，它认为这是明明白白的事情，它做的事情都是对的，都是合乎正义的。他在跟人家争吵时失手把对方打死了，这并不是什么大罪，那个时候是一个英雄时代，他不认为自己的行为有什么了不得，反而认为自己这个行为表现了男子汉的力量、气概，谁要跟我过不去，我就要跟他干仗；后来他凭自己的智慧和功劳娶了那位王后，他也认为这是天经地义的，能够当上国王，而且娶了王后，他觉得这是无上光荣的。所以在他看来这些都是符合伦理法则的。但是在这个伦理自我意识的背后，以这样的方式尾随着一种畏光的力量，畏光的力量就是见不得阳光的力量，一种躲在阴影中的、暗中操纵的力量，黑格尔后来用的词就是"理性的狡计"。合理的东西却狡猾地躲在背后，尾随在后面，跟踪在后面，时刻在窥视，找到机会就要置你于死地，"它在行为业绩发生了以后才跳出来"，它等着你去做，当你做出来以后，它就现身了，"揪住了伦理意识的这一行为业绩"，它把你抓住了，你做了，这确实是你做的事情，那你就犯下了罪行，这就是证据。你没做出来之前我没有证据，那我抓不住你，但是它等你一旦做出来以后，它就揪住了你的行为业绩，这是你自己做出来的事情，否认不了。"因为完成了的行为业绩乃是认知着的自身和与它对立的现实性之间扬弃了的对立"，揪住了这个行为业绩，为什么能够把它揪住呢？"因为行为业绩的完成乃是认知着的自我和与它对立的现实性之间扬弃了的对立"，认知的自我、或者认知的自身，和与它对立的现实性，它们本来是对立的，自我意识和现实是对立的。当我还没有做出来事情的时候，那么这个现实性和我的意向还处在对立之中，我想做那些事情，但是我还没有做，或者说我还没有下定决心，我还有点害怕，这里头水有多深我搞不清楚。这个时候，认知的自我和现实性还处于对立之中；但是行为业绩就把这两者之间的对立扬弃了。当然扬弃并不是就没有对立了，你从对立的角度来看，它还是对立的。你做出来了，把你的主观意念实现出来了，它本来就没有对立了，主观和客观就统一了。但是这里强调的是它们两者之间的"扬弃了的对立"，从对立的方面来讲，仍然是对立的。所以行为业绩虽然做出来了，但它里面仍然有对立，虽然这个对立已经被扬弃了，已经作为同一个行为做出来了，但是里面的各要素还是对立的。不错，这是你有意做出来的，是你故意做出来的，是你按照自己的伦理自我意识做出来的；但是你做出来的这个事情，大大出乎你的伦理自我意识之外，大大出于你的意料之外，所以你与这个事情仍然处于对立之中，你不可接受：我怎么能够做出这样的事情来呢？但确实又是你做的。所以这个地方他用的是"扬弃了的对立"，不是"对立的扬弃"。他这里强调的是，在扬弃了的时候它仍然是对立的，行为业绩的完成仍然是一种扬弃了的对立。当然这个对立又被扬弃了，所以他下面就讲：

行动者不能否认这件罪行和他的罪过；——行为业绩是这样的东西，

它使不运动的东西运动起来，使仅仅封闭于可能性中的东西首次产生出来，从而把未意识到的与意识到的东西、把不存在的东西与存在结合 [26]起来。

　　"行动者不能否认这件罪行和他的罪过"，这件事是我干的，这个我不能否认；但我又知道它是一桩罪行，承认自己有罪，这就将我和它的对立扬弃了；不过我还得将它承担起来，接受惩罚，所以还是扬弃了的对立。"行为业绩是这样的东西，它使不运动的运动起来"，什么是不运动的？你的主观意念中的伦理法则，不管是神的法则还是人的法则，它都是不运动的，是天经地义的；但是你通过行为把它实现出来，它就被投入到了运动之中。在它没运动的时候，这两种法则都很好呀，神的法则和人的法则都是伦理法则，它们各自独立，互不相干。你在家庭里面，你遵守神的法则；你到社会上去，你遵守人的法则，它们都是挺好的法则，但是都没有运动。那么你的行为业绩把这种静止的法则投入到了运动之中，或者说投入到了矛盾冲突之中。"使仅仅封闭于可能性中的东西首次产生出来"，本来是封闭在可能性中的神的法则和人的法则，在你没有把它实现出来的时候，它们只是一种可能性。但是行为业绩第一次才使得这种封闭于可能性中的东西产生出来。"从而把未意识到的与意识到的东西、把不存在的东西与存在结合起来"，未意识到的和已经意识到的，已经意识到的就是你的意念中的那些伦理法则。你从小就受到家教，又受到公民社会的教育，意识到公民社会的法则，但是你在行为业绩中很多的内容是你没有意识到的，是出乎你的意料之外、你未曾预见到的，比如说杀父娶母，俄狄浦斯根本就没有想到自己要去杀父娶母，但是他的行为就造成了这样的事实。你意识到的是伦理法则，但是你造成的现实性是罪恶，这是你没有意识到的。把不存在的东西与存在结合起来，最开始你的主观意念只是一种意念，它还没有获得它的存在，但是在你的行为业绩中它获得了存在，这就是行动本身的特点，是行为业绩的特点。行为业绩是一种现实性，是一种存在，但是它不是任何别的存在，不是一块石头的存在，它有不存在的东西在里头作为它的原因，作为这个存在之所以存在的原因，它是存在和非存在的结合。

所以，<u>行为业绩就在这样的真理性中曝光了；——即作为这样一种东西，在其中被意识到的与没有意识到的、自有的与陌生的，被联结在一起；</u>

我们先看这半句。"所以，行为业绩就在这样的真理性中曝光了"，行为业绩，你把它做出来了，那么做出来它反映了一种什么样的客观真理性呢？最初的伦理自我意识它还不是真理性，它只是确定性、决心，你确定了，要把这种伦理自我意识所意识到的伦理法则实现出来，你有这个决心。那么，当你把这个决心实现出来的时候，行为业绩就在这样的真理性中曝光了，就显示出这样一种真理性了，而真理性就在于主观和客观结合在一起。主观的这样一种不存在的伦理意识已经存在、已经实现出来了，已经成为客观真理了，那么这个客观真理是什么呢？就是曝光出了这样一种真理，"即作为这样一种东西，在其中被意识到的与没有意识到的、自有的与陌生的，被联结在一起"，也就是作为这样一种真理性，被意识到的，就是你自觉的、你下决心要做的，与没有被意识到的，就是它的未预料到的、始料不及的后果。"自有的与陌生的"，"自有的"（das Eigene），也就是你的决心，你个人所拥有的决心；"与陌生的"（Fremde），你这个决心实现出来，它产生了陌生的后果；两者被联结在一起，这就是真理性。行为业绩显示它的真理性是这样一种联结，简单说来就是主观和客观的联结；主观是你意识到的，客观是你没有意识到的，始料不及的；主观是自有的，客观是陌生的，现在通过行为业绩把它们连接在一起了。

<u>作为分裂为二的本质，意识经验到它的另外一面，并且也当作自己的一面来经验，但又是当作被他所违犯并激起敌对性的力量来经验的。</u>

"作为分裂为二的本质"，就是说这种行为业绩是一种分裂为二的本质，它造成了一种分裂为二的本质，你把它做出来，它在本质上就分裂为

二。"意识经验到它的另外一面"，意识在它的行为业绩中，它就经验到了这个行为业绩的另外一面，"并且也当作自己的一面来经验"，意识经验到它有另外一面、陌生的一面、始料不及的那一面，但仍然将这另一面也当作自己的一面来经验，这一句很关键。就是把这个陌生的、始料未及的，当初并没有想要去做的、没有想象到有这样后果的那一面，也当作自己这一面来经验。比如说，俄狄浦斯杀父娶母，当然他没有想到要杀父娶母，但是他杀父娶母以后，他把这样一个罪行当作是自己这一面来经验，他归罪于自己，他无意识做出来的事情他敢于承担，他认罪、他认账。并不是说，他做了以后，然后说，这件事情我没想到是这样呀，我可以不认账；俄狄浦斯他认账，他认为是他的罪过。虽然他没有想到，他不想这样，他甚至于是想要逃避这种做法，但正因为他为了逃避这个做法才做出了这样的事情，当初他如果不逃避的话，他如果待在养父母家里不出走的话，他还不会杀父娶母，那神谕就落空了，恰好是他想要逃避神谕，神谕就实现了。神谕深不可测就在这里，恰好因为你知道了神谕，你想逃避，你以为你很聪明，但神谕怎么可能逃避呢？于是你就落入了圈套。神谕就是利用你想逃避神谕这样一种意向使你落入了圈套，真正的干出了杀父娶母的事情。但是俄狄浦斯的伟大就在这里，他认账，他把事情当作自己这一面来经验。这另一面虽然是陌生的，虽然是意料之外的，但是他当成是自己的罪责。"但又是当作被他所违犯并激起敌对性的力量来经验的"，当作自己的这一面来经验，但同时又是当作被他所违犯并激起敌对性的力量来经验的，就是当作另外一种异己的力量来经验的。这是我的行为，但是我的行为又违犯了某种力量，那么这种力量由于我的违犯而激起了敌对性，最后我为自己的行为付出了代价。因为他犯了杀父娶母罪，这样一个伦理规范是被他违犯并且激起敌对性的力量，他在自身之内来经验这种敌对性的力量，他自己把自己当敌人，自己惩罚自己。所以他最后弄瞎了自己的眼睛，到处去流浪。这个眼睛对他没用了，眼睛不能避免他的罪过，反而产生了蒙蔽作用，所以他怪罪于自己瞎了眼，也就是怪罪于自己，惩罚自己。这就是俄狄浦斯的精神，对于自己所做的事情他敢于承担，敢于认罪、忏悔、反省，自我惩罚，有这样一种精神力量。他的悲剧发生在他一个人身上，他本来是出于好意，他本来并没有想要犯罪，他想要逃避犯罪，结果却犯了罪。他的同一个行为产生了一种自身矛盾性，但是他能够承担起这种矛盾性，能够通过自我惩罚来包容和平息这种矛盾性，虽然他是受到命运的作弄，但是他不把责任推到命运身上。要推的话很容易呀，我确实不知道呀，这不是我原来想要做的呀，我怎么知道这个人是我父亲、那个人是我母亲呢？他完全可以这样为自己辩护，但是他不。他并不凭借主观意图来为自己辩护，而是凭借客观的业绩、因他自己的行为所造成的后果来惩罚自己，来为此承担罪责，这种人格的伟大是一般人很难想象的，特别是我们中国人很难想象的。我们谁会因为自己的无知，因为出于一片好心、赤诚之心而干出了坏事，来惩罚自己呢？当年的红卫兵，直到今天还在说"青春是无罪的"。谁都想千方百计逃避责任，一般人认为最有效的根据就是我的主观意图，我没想这样做，我主观意图是好的，虽然效果不好，效果不好那不是我能支配的，那是被坏人利用了，或者是被命运作弄了，或者被偶然性中断了。我本来的意思是要使国家兴旺发达，想要使人民受益，没想到把事情做坏了，——这就足以原谅自己了。所以哪怕你犯了滔天的罪恶，也可以用主观意图是好的、出发点是好的来逃脱罪责。但是俄狄浦斯他不是这样，不管这个后果多么的出乎意料，不是我的初衷，但是这个事情是我干的，是我在清醒的时候干的，是我有意识地干的，我就得为它的一切后果承担责任，不能因为我的主观意图怎么样就逃避责任。希腊悲剧里面把这一层意思表达出来，这种反省精神了是不得的，恐怕只有希腊人才有这种反省精神。《俄狄浦斯》悲剧是非常值得讨论的一个话题，而且两千多年来人们一直在讨论它。

  有可能是这种情况，那在背后埋伏着的公正，并不是以自己特有的

形态对行动的**意识**明摆着的，而只是**自在地**在决心与行动的内在罪过中现成在手的。

"有可能是这种情况"，实际上是讲的上面的情况，"那在背后埋伏着的公正，并不是以自己特有的形态对行动的**意识**明摆着的"。前面讲的那种尾随在后面的畏光的力量，隐藏在后面，等你把事情做出来，它就跳出来把你揪住。所以这里讲的也是这种情况，那在背后埋伏着的公正，并没有以自己特有的形态对意识呈现出来，意识还看不清它的真面目，它在行为业绩中对行动的意识还不是明摆着的。公正，Recht，前面也译作权利、法权，这是个多义词。这种公正是埋伏着的，最开始你并没有意识到，你所意识到的可能是另外一回事，你也可以认为是公正，那是你明确意识到的公正，而埋伏着的公正呢，你并没有意识到，它是无意识的。像俄狄浦斯是后来才意识到的，就要惩罚自己，为什么要惩罚自己呢？出于公正，不惩罚自己他认为是不公正的；但在此之前这个公正是埋伏着的，并没有被意识到。"而只是**自在地**在决心与行动的内在罪过中现成在手的"，"自在地"打了着重号，它是潜在的、隐藏着的，虽然你没意识到，但是它自在地现成在手。在哪里现成在手？"在决心与行动的内在罪过中"。决心与行动，前面讲了，除非你什么也不干，一旦你决心要干一件事情并且付之于行动，那么你就会有罪。这种罪是内在的，不是你想要去犯罪，而是你的行动它本身内在就有它的罪过。既然这个决心与行动有一种内在的罪过，那不由你意识到还是没有意识到，它就有一种公正在里头，它就要求恢复公正。哪怕你是无意识的犯罪，那么按照公正的要求就应该有报复，应该有平衡，应该要摆平。就是这种对公正的意识使得俄狄浦斯最后通过自残的方式来摆平他的罪过。这是一种情况，有可能是这种情况，这种情况是上面讲的俄狄浦斯这种情况。但是还有另一种情况，这就是下面讲的：

但是，如果伦理意识**事先就已认识到**那个法则和它所反对的、被它当作暴力和不公正、当作伦理上的偶然性的那种力量，并像安提戈涅那样蓄意犯下罪行，那么伦理意识就更为完全，其罪过也更为纯粹。①

这又是另外一个悲剧了。前面讲的是俄狄浦斯杀父娶母的悲剧，这个地方又回到了《安提戈涅》的悲剧。安提戈涅埋葬自己的兄弟，触犯了国法，并且受到了惩罚，这是另外一个悲剧。俄狄浦斯悲剧表达的是这样一种情况，就是背后埋伏着的公正在当事人不知情的情况下已经隐藏在他的决心与行动之中了；但是另外一种情况就是，"如果伦理意识**事先就已认识到**那个法则"，"事先就已认识到"都打了着重号，这个就跟俄狄浦斯的悲剧大不一样了。俄狄浦斯犯罪完全是无意识的，不知情的，或者说他自以为知情，其实是被蒙骗的，当他得知实情时罪过已经犯下了；而安提戈涅是事先就已认识到那个法则，她知道她的行为国法不容，这是她明明知道的。"和它所反对的"，她是明知故犯，要反对这种力量，因为她把这种力量"当作暴力和不公正、当作伦理上的偶然性"。她认为这种恶法是国王克瑞翁个人的独断裁决，是一种暴力和不公正，这种不公正是一种伦理上的偶然性，即克瑞翁是为所欲为，公然违反家庭的神的法则。家庭神的法则才是必然的，每个人都要安葬自己的兄弟，安葬自己的亲人，这是天经地义的，但是克瑞翁一意孤行，利用自己的暴力颁布不公正的法律，所以这个法则本身就是出自于这种偶然性，是一种恶法。虽然他讲得头头是道，似乎也有他的道理，但是在安提戈涅看来，这是出于克瑞翁暴虐的性格，是一种偶然性。所以这两方面她都意识到了，一方面意识到了人的法则，写在字面上有它的公正性；但另一方面，她所反对的是那个不公正的具体的个人，这个国王太残暴了，人家死了他连收尸都不允许，按照神的法则，这是不公正的，这是国王的个人性格所导致的，它没有必然性。这些她事先都清清楚楚，她完全清楚国法是怎么样的，国王又是怎么样的人，她是在这种情况下选择了自己的行动。"并像安提戈涅那样蓄意犯下罪行"，她就是故意要这样做，她知道这是犯

---

① 参看索福克勒斯：《安提戈涅》，第446—448页。——丛书版编者

罪，知道这违犯了国法，但是为了维护家法，她蓄意去这样做。俄狄浦斯是无意中犯罪，他完全不知情；而安提戈涅她是知情的，知道有国法在，但是她蓄意犯下罪行。如果是后面这种情况的话，"那么伦理意识就更为完全，其罪过也更为纯粹"，安提戈涅悲剧的意义要比俄狄浦斯悲剧的伦理意义更加完备，更加完全。当然俄狄浦斯悲剧的意义更深刻。一个人自我意识的反省能够达到这样的层次，能够为自己无意识犯下的罪过承担责任，这是很了不得的。那么安提戈涅的悲剧呢，有另一方面的优势，就是它更加完备。就是说，哪怕你意识到了犯罪，但是你仍然去犯罪，有意识地犯罪，这就更加暴露了犯罪的不得已和必然性。俄狄甫斯是无意识的犯罪，虽然他主动承担了罪责，但在外人看来这毕竟是偶然的，他是阴差阳错地被命运捉弄了；安提戈涅是有意识的犯罪，她自己都承认自己是罪人，但她还要这样做，就因为她同时意识到只有这样做才能维护家庭的神的法则，否则她将成为家族的罪人。所以她同一个行为既是犯罪，又是守法，说明同一个行为它具有正反两面，这两方面都被伦理意识所意识到了，所展示的是伦理意识本身的内在矛盾性，以及伦理实体本身的内在矛盾性，这岂不是更加完全了吗？俄狄浦斯只意识到一方面，所以他的伦理意识是残缺的，他只意识到自己合乎法则的那一方面，他觉得自己没有犯法，但是他犯了法的那一方面他是没有意识到的，所以他的伦理意识只有一半，是不完全的；而安提戈涅她两反面都清醒地意识到了，所以她的伦理意识是完全的，她的伦理行为把法则的两方面、把法则的自相矛盾性、把行为业绩本身的自相矛盾性全部意识到了，是在这样完整的伦理视野中作出的不得已的选择。所以她的伦理意识就更加完全，而她的罪过也就更为纯粹，她是纯粹的犯罪。俄狄浦斯还不是纯粹的犯罪，你要说他犯罪，他也是犯了罪，但他没有意识到，所以他不是有意的犯罪。一般来说犯罪应该是有意的才叫犯罪，无意的怎么能叫犯罪呢？当然俄狄浦斯的行为是有意的，他因此把他的罪过归咎于自己，但是毕竟这个罪行他是没有意识到的，所以他的这个罪行还不太纯粹，他缺乏一种故意。故意的才能够是完全的罪行，你无意之中顶多能够说是过失，我们讲过失杀人，过失也有罪过，但是不太纯粹。真正纯粹的就是，比如说谋杀，有预谋的杀人，这跟过失杀人是不一样的，过失杀人不是完全纯粹的罪过，而谋杀就是纯粹的罪过。那么这里也是这种情况，所以安提戈涅的罪过也更为纯粹，她是地地道道的犯罪。那么地地道道的犯罪跟她主观的意图、也就是要地地道道地遵守神的法则，就处于最尖锐的矛盾之中。俄狄甫斯的冲突还不是最尖锐的冲突，他把这个冲突归于他个人；那么安提戈涅的这个冲突不能完全归于她个人，而是暴露出了实际上这种冲突来自于两种法则的冲突，神的法则和人的法则的根本冲突。神的法则是纯粹的，人的法则也是纯粹的，那么你纯粹按照神的法则去做，你就纯粹地违背了人的法则，所以你的罪行是纯粹的，你的正义也是纯粹的，纯粹的罪行和纯粹的正义，在同一个人的同一个行为上面互相冲突，所以黑格尔认为安提戈涅悲剧所体现的这种冲突要更加尖锐，更加具有伦理性。

实行了的行为业绩将伦理意识的看法颠倒过来了；这一实行本身就表明了，凡是伦理的都必定会是现实的；因为目的的现实性就是行动的目的。

"实行了的行为业绩"，这里还是讲的安提戈涅，安提戈涅把自己的行为业绩实行出来了，它"将伦理意识的看法颠倒过来了"。她本来是按照神的法则去实行她的行为业绩的，但是伦理意识在这种行为过程中颠倒过来了。就是说，她的出发点是神的法则，但是伦理意识实现了以后，她的立足点反而立足于人的法则，将伦理意识的看法颠倒过来了，她从伦理意识的观点来反观自己的行为业绩，反观自己的行为后果，她承认她犯了罪，她供认不讳。我就是犯了罪，她不逃避，因为她事先就已经意识到了这明明就是一件犯罪行为嘛，但是从神的法则的角度来看，应该这样做。而做了以后，她从人的法则的角度来看，她又承认她这是犯罪，所以这个伦理意识在行为业绩中发生了倒转，发生了一个颠倒。"这一

实行本身就表明了，凡是**伦理的**都必定会是**现实的**"，凡是伦理的都必定会是现实的，我们由此可以想到黑格尔在《法哲学原理》里面的那句名言："凡是合理的都是现实的，凡是现实的都是合理的"。有人把这句话误解为"凡是存在的就是合理的"，或"存在即合理"，这是不对的。黑格尔的现实性并不等于存在，当然有存在的意思在里头，但是不能归结为存在。不存在的东西也有可能是现实的，它正在实现，但是还没有实现出来，那就是合理的，凡是现实的都是合理的；凡是合理的会都在现实中实现出来。这里讲凡是伦理的都必定会是现实的，也有类似的意思，凡是合乎伦理的都必定会是现实的，不管是神的法则还是人的法则，都是现实的实践法则，都会在你的现实的行为业绩中体现出来。"因为目的的**现实性**就是行动的目的"，伦理的目的是行动的目的，而行动的目的是着眼于现实性的，"现实性"打了着重号。目的只有在行动中才能获得它的现实性，所以行动的目的所针对的就是目的的现实性，你不行动，那个目的高高在上，你空口说白话，你抽象地谈论伦理法则，那是没有现实性的。凡是伦理的都必定是要付之于行动的，也就必定会是现实的。

　　行动恰恰表明了**现实性**与**实体**的统一，它表明，现实性对本质而言不是偶然的，而是由于与本质的关联而不被赋予任何不是真正公正的东西。

　　"行动恰恰表明了**现实性**与**实体**的统一"，行动的现实性就是实体，实体就是伦理实体。伦理实体与现实性如何统一？通过行动，要通过行动才能够造成现实性与实体的统一。通过行动，你在现实性中表现自己，表现了伦理实体，伦理实体不是一堆抽象的教条、空洞的法则，而是行动，在行动中你赋予了伦理实体以现实性，所以实体和现实性在行动中表现了统一。"它表明"，"它"也就是行动，行动"表明现实性对本质而言不是偶然的"，就是说在行动中现实性必然会表现它的本质，表现出它与伦理法则之间的关系。人的任何一个现实行动，都必然与伦理实体、与伦理法则有关，与人的法则和神的法则、家庭的法则和国家的法则有关，他是在这种范围内行动的。所以，行动必然涉及国法和家法，这不是偶然的，"而是由于与本质的关联而不被赋予任何不是真正公正的东西"，现实性由于与本质相关联，它对本质而言不是偶然的东西，而是与伦理的法则有必然关联的东西，所以它不被赋予任何不是真正公正的东西，或者说，现实性被赋予的任何东西都是公正的，凡是现实的就是公正的。当然你的行为可能是不公正的，但是你要遭到报应，受到惩罚，那不就公正了嘛？现实中一切不公正的东西都要遭到报复，这就是公正，这就是现实性，现实的行为最终不会不公正。我们现在也说，历史是公正的，一切行为业绩它都有一个公正在里头。那么这句话我们可以把它表达为："凡是现实的都是伦理的"。前面讲凡是伦理的都是现实的，这句话意味着"凡是现实的都是伦理的"。这与黑格尔在《法哲学原理》中的那句话相通，"凡是合理的都是现实的，凡是现实的都是合理的"。当然现实中有大量不公正的事情，但是大量不公正的事情都会自食其果，"善有善报，恶有恶报，不是不报，时候未到；时候一到，一切都报"。我们中国人也相信这个，一切都会遭到报应的。

　　<u>伦理意识由于这种现实性的缘故，也由于它自己的行为的缘故，不得不承认它的对立面就是它自己的现实性，它必须承认自己的罪过；</u>

　　"伦理意识由于这种现实性的缘故"，凡是伦理的都是现实的嘛，由于这种现实性的缘故，"也由于它自己的行为的缘故"，这种现实性是它的行为所带来的，所以还要追溯到它的行为，这个现实性不是客观外界强加给它的现实性，而是它自己的行为所造成的现实性，是它主动引发的现实性。所以"不得不承认它的对立面就是它自己的现实性"，伦理意识的对立面是由它自己实现出来的。伦理意识要反抗一些东西，它有它的对立面，那么它所反抗的对立面也是伦理意识，凡是现实的都是伦理的嘛，是它把自己的对立面建立为现实性的。它做的事情有它的正面，比如说安提戈涅的神的法则，她按照神的法则去做，一意孤行；克瑞翁也是一意孤行，使她受到了惩罚，那么她必须承认她的对立面就是她的现

实性,这个惩罚是她自找的,是她认可的,她甘愿受罚。她必须承认,她的对立面是她自己的现实性,你明知故犯嘛,通过你的行为,通过你的现实性,你做了这件事情,而且你明明知道做这些事情是要受到惩罚的,那么你就必须承认你的对立面就是你自己的现实性,是你故意造成的这种现实性。"它必须承认自己的罪过",既然如此,她就必须承认自己的罪过。俄狄浦斯是可以不承认的,那不是他自找的,他不知道呀;但是安提戈涅的深刻之处就在这个地方,她是必须承认的,不能不承认,而且她也愿意承认。这个愿意承认跟俄狄浦斯是一样的,但是俄狄浦斯的愿意承认是依靠自身人格的伟大,从道理上来说,他是没有很充分的道理的。他为什么要为此承担责任? 他受到了命运的残酷作弄,还要为此承担责任吗? 但由于俄狄浦斯人格的伟大,他把命运也当成自己人格中的一个要素:这样的命运为什么降临到我身上? 为什么不降落在别人身上呢? 那还是因为我的原因嘛,所以我要为此忏悔,要自责,要自我惩罚。这就是俄狄浦斯人格的伟大,他把命运都包含于他自己的人格之中了,他的人格有这么样的宽广、这么样的崇高,能够把命运都包容在其中,自己来加以处理,这不得了。而安提戈涅呢,她承担罪责从伦理意义上来说完全是合乎逻辑的。俄狄浦斯是不合理的,而安提戈涅是合理的,她由于自己有意识的行为的缘故,必须承担自己的罪过。下面引用了《安提戈涅》里面的一句台词:

因为我们遭受苦难,所以我们承认我们犯了过错。[①]　　　　{256}

我受了难,这是我心甘情愿的,我早就知道国法严明,说得清清楚楚,谁要去收尸,谁就得死,我明知故犯。"因为我们遭受苦难,所以我们承认我们犯了过错",我们犯这个过错是自愿的。这句话在86年的德文哲

---

① 黑格尔此处引证的是索福克勒斯:《安提戈涅》,第926行,据权威的德译本,这两行应译作:"但毕竟诸神同意这一点, / 所以我不得不难过地承认:我有罪。"黑格尔引用的文本可能是他自己所译。——丛书版编者

学丛书版里面有个编者注："根据权威的德译本，这两行应该译作：'但毕竟诸神同意这一点，/ 所以我不得不难过地承认：我有罪'。"跟黑格尔的译法有点出入。安提戈涅在最后受惩罚的时候说了这样的话，她分析了自己的行为。她开始行动的时候并不认为自己有罪，但后来通过自己的分析，她认为诸神毕竟同意把我关起来呀，所以我不得不痛苦地承认，我有罪。她是按照神的法则在做事，但是神的法则也同意人的法则，也赞同人的法则，抽象地说，神的法则与人的法则是一致的，是不冲突的，抽象地说是这样；但是一旦实现出来就冲突。安提戈涅选择了一方，选择了神的法则，但是她发现神也是同意人的法则的，那么我也不得不难受地承认有罪，不是因为我们遭受苦难而承认这一点，而是因为神同意这一点，所以我才不得不承认有罪。因为神的法则跟人的法则不应该互相冲突，你按照神的法则去做事的时候，你也应该考虑到人的法则它那一方面的权利，当然最初的时候她是不屑一顾的，她一意孤行，她认为我按神的法则做没错。她不这样想就根本不会有这回事了，必须这样考虑才有行动。但是做出来了以后，她发现自己有罪，她不得不承认，而且是难受地承认。不是说遭受了苦难、遭受了痛苦，所以才承认有罪，而是说难受地承认我有罪。或者说在感性上难以接受，在理性上还是得承认我有罪。但是黑格尔将这句话翻译成这样，也许有他的用意："因为我们遭受苦难，所以我们承认我们犯了过错"，就是说，由于遭受苦难，凡是现实的都是合乎伦理的，我们既然现实地遭受了苦难，那就说明我们有罪了，所以我们不得不承认我们犯了过错。他可能是为了适应他的命题："凡是现实的都是伦理的"。如果没有罪，为什么遭受惩罚呢？凭什么惩罚我？但是惩罚发生了，而且有理有据，你做了违反国法的事情，而现实是不会错的，那错的就只有自己呀。现实的都是合乎伦理的，都是公正的，那只有把责任归咎于自己，所以我们承认我们犯了过错。这是黑格尔出于他的这个观念所作的翻译。

　　这种承认表现出伦理**目的**与**现实性**之间的被扬弃了的分裂,表现出向伦理**意向**的返回,这意向知道除了正当的东西之外,没有任何东西是有价值的。

　　"这种承认",这种承认就是前面的台词里面讲到的,我们承认我们犯了过错,那么这种承认表现了什么样的含义呢?　"表现出伦理**目的**与**现实性**之间的被扬弃了的分裂",伦理的目的和现实性,本来伦理的目的作为目的来说,就是要实现的,但是发现了冲突,伦理的目的和它的现实的后果之间发生了分裂,它没想到会这样,它没想到自己要犯罪,它所实现的与它本来所想的不符合。但是它又承认自己犯了罪,那这种承认就说明伦理目的与现实性之间的分裂被扬弃了。当然被扬弃了的分裂还是分裂,分裂被扬弃了并不是就没有了,但是已经被扬弃了。在安提戈涅的心目中仍然是分裂的,虽然是承认自己犯了过错,但是是痛苦的承认,所以这是被扬弃了的分裂。"表现出向伦理**意向**的返回","意向",Gesinnung,在前面也出现过这个词,就是你的一种想法,你的一种意念,Sinn 就是一种意思,一种想法,那么 Gesinnung 就是想定了的,设想好了的,那就是意向。向伦理意向的返回就是向他自己的伦理意向的返回,他最初的目的当然是伦理的意向,现在经过了一个分裂以后,重新回到伦理意向,把它的对立面也吸纳到自己的伦理意向之中。我做事的出发点是对的,但是我又承认我犯了错误,而不再固执己见,这就把我当初的伦理意向保住了,我把我的错误和罪过也纳入到我的伦理意向之中,用我的忏悔和自责来平衡它。"这意向知道除了正当的东西之外,没有任何东西是有价值的",正当的东西,das Rechte,这意向把所有正当的东西都纳入到自身之中,包括最开始的意向她也没有否认,她也没说我一开始就做错了,但是她又承认我们犯了过错,我们一开始做的就是对的,但是我们又是错的,坚持对的和认错,两者都属于我的伦理意向。这个伦理意向知道,除了正当的东西之外,没有任何东西是有价值的,那么我承认我犯了错误,这就是正当的东西,敢作敢当,我犯了错就是犯了错。我认了，我就回归于正当了；我如果不认，那我就还不是正当的，哪怕我最初的出发点是正当的，想要维护家庭的荣誉，想要遵守神的法则，这没有什么错，但是如果你不认你违犯国法的错误，那还不是正当的，所以唯有正当的东西是我必须承认的。

但这样一来，行动者就放弃了他的**个性**和他自身的**现实性**而走向了毁灭。

"这样一来，行动者就放弃了他的**个性**"，Charakter，也可以翻译成"性格"，我们前面一直翻译成"个性"，放弃了他的个性，"和他自身的**现实性**"，包括自己的生命，"而走向了毁灭"。安提戈涅的个性本来体现在她的行动中，她的行动是出自于她最初的意向，就是要维护家族的神的法则，她一意孤行，哪怕触犯国法也在所不惜，这就体现了她的个性。但是前面已经讲了，她的个性是以某种身份的代言人的方式出现的，她是代表某种身份的，这种身份使得她的个性变成了一种抽象的东西。本来个性是最个别的，人物性格在黑格尔那里是最具个别性的，但是这种个别性在这里由于自己的身份，她必须服从于某种身份，同时又与她的另一种身份相冲突，她的家族成员的身份与她的公民身份相冲突。那么在这种冲突中，她的个性就被牺牲、被放弃了。为什么被放弃了呢？因为她承认自己的公民身份，她承认人的法则也是法则，她承认自己在按照自己个性行动的时候犯了过错，犯了过错就怎么办呢？那就要否定自己的个性。所以"行动者就放弃了他的个性和他自己的现实性而走向了毁灭"。所以安提戈涅实际上是自杀的，当然是被逼自杀的，被克瑞翁逼迫自杀的，但是她是主动放弃了自己的个性和她自己的现实性而走向毁灭，她自己也认为自己罪有应得，她承认自己有罪嘛。她承认自己有罪，有罪就自杀嘛，但是她又是被逼迫的，她又是受害者，她有双重身份。她的自杀有殉道和赎罪的双重含义，这双重含义都是合乎伦理的，都有它自身的伦理价值，都是正当的，但却是一个人的个性所容纳不下的。在这个时候个性自身就被解构了。两种同样合理的伦理法则的矛盾冲突，通

254

过当事人的毁灭或个体的牺牲而达到了调解，冲突双方都得到了保存和发扬光大，这就是黑格尔美学中的悲剧理念。

　　行为者的存在，就是这样一种隶属于他的伦理法则、也就是隶属于　[27]
他的实体的东西；但由于承认了相反的东西，对他来说就不再有实体了；
他所达到的就不是他的现实性，而是非现实性，是意向。

　　"行为者的**存在**"，前面讲了，行为者在行动中，在行为业绩中，使得
不存在与存在结合起来，使得他的意向存在起来。所以这个地方讲行为
者的存在，也就是在行动中实现出来、存在起来的意向，"就是这样一种
隶属于他的伦理法则、也就是隶属于他的实体的东西"。他的行为是隶
属于他的伦理法则的，他是他的伦理法则的代言人，伦理法则是他的身
份，他的个体性还没有独立出来，他的个体性是戴着伦理法则的面具而
出场的。比如安提戈涅一出场，人家就识别出来，这个安提戈涅是代表
神的法则的，所以神的法则是她的面具，她是隶属于她的伦理法则、也就
是隶属于她的实体的。伦理法则、神的法则就是她的实体，她的存在。"但
由于承认了相反的东西"，虽然隶属于他的实体，但是他又承认相反的东
西，相反的东西双方都是实体呀，神的法则是伦理实体，人的法则也是伦
理实体呀。这个时候，"对他来说就不再有实体了"，如果有实体的话，那
你就不应该承认有相反的东西，相反的东西跟他的实体在他的行动中是
互相取消、互相冲突的，是互相毁灭。当然这两个实体本身是独立的，
是不矛盾不冲突的，如果你不把它们付之于行动的话，它们是不冲突的；
但是一旦付之于行动，就发现它们是冲突的，那就不再有他的实体了，那
剩下的就只是你的个性，而这个个性一旦失去了实体的面具，这个身份，
那它就只有毁灭。古希腊人的个性还没有独立，虽然有独立的形式，但
是是戴着身份的面具、戴着伦理法则的面具而独立的。所以一旦面具摘
掉，他就不再有他的实体了，"他所达到的就不是他的现实性，而是非现
实性，是意向"，他所达到的，或者他所获得的，就不是他的现实性，他达
到的不是他的现实的个性，而是这个性的毁灭。他的现实性是他未预料

到的这种现实性不是他所达到的，是命运带给他的，他真正能够达到的、他真正能够支配的只是一种非现实性，也就是他的意向。我最初是出于神的法则这样一个目的去把它实现出来，这是我的意向，而最后，我承认了对立的法则，我承认自己有罪，这也是一种意向，这都是我所达到的。我本来是把我的目的付之于行动，使它成为客观现实的；但是现在我发现，能够受我支配的只是我主观的意向，客观现实的东西都是不以我的意向为转移的东西。这是从《安提戈涅》悲剧里面所得出的这样一个结论，即从主观的意向出发，最后又回归到了主观意向。当然后面回到的这个意向更具有包容性，包容了它的对立面，但是主体失去了他的实体性，他作为一种没有实体性的个体想要独立出来是不可能的，因为古希腊是一个伦理实体占统治地位的时代。那么他作为一种失去了实体性的个性，他就只有牺牲自己，就只有把自己毁灭。

　　——虽然实体**在个体性身上**显现为个体性的**情致**，而个体性则显现为赋予实体生命、因而凌驾于实体之上的东西；但是个体性是一种同时就是行为者的个性的情致；

　　我们先看这半句。"虽然实体**在个体性身上**显现为个体性的**情致**"，"情致"，Pathos，用"情致"用来翻译 Pathos 是朱光潜先生的译法，朱光潜在黑格尔的《美学》里面把 Pathos 翻译成"情致"，并且作了一个很长的解释。什么是情致？情致跟情感、跟情欲、跟情绪都不一样，它有点接近于康德所讲的"共通感"。情致有一种普遍性，但是它又是激情，是带有一种普遍性的激情。朱光潜是这样译的，我觉得译得非常好，而且解释黑格尔《美学》的时候非常贯通。那么现在来看，实体在个体性身上显现为个体性的情致，情致我们刚才讲了，它不是个人偶然的情感、情绪或情愫，它不带有这种纯粹的个人性，但是它又是在个体性"身上"所显现出来的。实体为什么要显现为情致呢？当然是为了要在个体性身上显现出来，所以实体是体现在个体性身上的情致。实体本身有什么情呢？但是在个体性身上体现出来它就有了情，但是这个情又是普遍性的，所以叫作情致。情致跟一般的激情、情感的不同就在这里，它是一种"致"，致就是一种"格"，它就是我们所谓"情感的格"，具有普遍性。个体性是情感，但是这个情感有一种格，一种格调。那么这个格是从哪里来的？就是从实体来的，是实体所表现出来的一种情感的格。"而个体性则显现为赋予实体生命、因而凌驾于实体之上的东西"，由于实体要依赖个体性来实现自己，所以个体性则显现为赋予实体生命的东西，由于个体性的活动，那么就赋予了抽象的实体以生命，或者说它鼓动起了实体的生命，因而它是凌驾于实体之上的。个体性虽然是以实体的面貌、以实体的身份出现，但是它又凌驾于实体之上，因为实体靠它来鼓动，靠它来赋予生命。所以个体性选择这个实体来作为我的身份，作为我的面具，这全在于我的选择，所以个体性好像比实体更加带有根本性和普遍性，我可以选择它或不选择它，我选择这个法则或那个法则，权在于我。虽然如此，虽然个体性在里面起了决定性的作用，"但是个体性是一种同时就是行为者的个性的情致"，但是什么呢？个体性同时是作为行为者的个性的情致，这情致既是实体的显现，因而具有普遍性，同时它又体现为行为者的个性。这个地方就是说，个性和实体是捆在一起的，看起来是对立的，实体是普遍性，个体性是个性、个别性，但是实际上通过情致把双方联结为一体了。实体这样的情致，它绝对不仅仅是行为者一时突发奇想，或者一时兴起，那不是的；但是实体作为普遍性，它同时又是作为行为者的个性的情致，它在行为者的个性上面体现出来，因此它本身就带上了个别性，它是个别性和普遍性的统一。所以前面讲虽然在行动中个体性好像是凌驾于实体之上的，但是个体本身又是行为者的情致，带有普遍性。这是它们的辩证关系。

　　伦理的个体性跟它的这个共相直接地、自在地即是一个东西，它只有在这个共相中才有自己的实存，它不可能经受住这个伦理的力量因相反的力量而遭到的毁灭。

　　这句话就把它们的关系更加确定了，就是，"伦理的个体性跟它的这

257

个共相直接地、自在地即是一个东西"，伦理的个体性跟这个共相就是一个东西，没有分裂。前面讲了，虽然在古希腊悲剧里面那些人物，一个个都极有个性，但是这种个体性只是身份的代表。我们刚才讲身份是他们的面具，而这个面具是更本质的；或者反过来这样说，身份以个体性的面目出现，个体性才是身份的面具。这个个体性它没有独立性，它只是在伦理实体中，作为伦理实体的一种表现方式、体现方式而上场，它必须戴着伦理实体的面具上场，那么反过来，它也就只是伦理实体的一个面具。伦理实体表现在什么地方？你到舞台上去看，戴着那个面具的那就是安提戈涅，戴着这个面具的就是克瑞翁，戴着另一个面具的就是俄狄浦斯，那么面具跟演员是一个东西，还没有分开。古希腊的戏剧舞台上，不戴面具是不能上场的，每个人物都要戴面具，只有后面的歌队是不带面具的，凡是一个角色都要戴面具，以代表一个什么样的人物。这就像京剧里面的脸谱，忠奸善恶一看就知道，这说明个体实际上是不独立的，它跟普遍性、跟共相是捆在一起的，甚至伦理的个体性跟它的共相直接地、自在地就是一个东西。个体性"只有在这个共相中才有自己的实存"，这个前面已经讲到了，这个个体性并不是作为个体而出场的，而是作为某种身份。个体跟个体之间的冲突，以及个体的类型冲突，都是各种不同身份之间的冲突，这个身份跟那个身份的冲突，家庭成员跟社会、国家公民的冲突，所以他们没有自己的个性的冲突，只有在这个共相中才有自己的实存。最后一句，"它不可能经受住这个伦理的力量因相反的力量而遭到的毁灭"，个体性不可能经受住毁灭，也就是它必然走向毁灭。怎么毁灭的呢？就是因为这个伦理的力量因相反的力量而遭到毁灭，这个个体所代表的力量，它所代表的这个实体，因为有相反的实体力量而遭受到的毁灭，这是个体所经受不住的。如果它能经受得住，那他的个性就独立了，那悲剧的主题就不是伦理力量之间的冲突了，就是性格悲剧、性格冲突了。近代以来的悲剧都是性格悲剧，莎士比亚的悲剧就是这样的，莎士比亚悲剧的冲突一般都是性格冲突，人物个性鲜明，每个人的情感强烈,奥赛罗、哈姆莱特、麦克白等等,都是性格悲剧,当然也有命运悲剧,受命运的支配。而古希腊除了命运悲剧以外,它体现的就是伦理冲突,是伦理悲剧。古希腊的悲剧不是说这个人生性怎么样,性格怪癖或者情感特殊,他的情感中间爆发出来的一种冲突导致了他的毁灭,那是近代才有的悲剧。这是黑格尔对古希腊悲剧的一种解读,就是说,个体没有能力经受住伦理的冲突而遭受毁灭。他代表的伦理力量一旦陷入矛盾,他的个人也就被毁灭,这是解决伦理矛盾的必然代价。

　　但这个个体性就此拥有了确定性,即确信那个个体性,当它的情致是这个相反力量时,它与其说是遭受到祸害,不如说是施加了祸害。

　　虽然个体性离不开它的实体,实体一旦被摧毁,它也就被摧毁,但是"这个个体性就此拥有了确定性"。个体性开始的时候是不确定的。我按照某种伦理实体、按照某种法则去行动,我的后果会怎么样? 我究竟会成就一个什么样的事业,会有什么样的业绩? 这个是不确定的,走着瞧。然而事情发生了,过程走完了,个体性也就此拥有了一种确定性。什么确定性? "即确信那个个体性,当它的情致是这个相反力量时,它**与其说是遭受到祸害,不如说是施加了祸害**",就是确信个体性的情致转到了相反的力量方面时,它就从受害者变成了加害者。本来在它一意孤行的时候,它只知道自己是受害者,总是受到外在阻力的压制;但是当它陷入自相矛盾并遭受到失败和毁灭时,它的情致反而能够转向对方,发现其实自己一直都是自己的加害者,因为它所代表的实体的情致变成了相反的力量。本来是由正面的力量代表它的情致,但是它后来它意识到它的情致转向了相反的力量,转向了相反的伦理法则,它承认了这个相反的力量,也就承认自己有罪。如安提戈涅说的,我们带着痛苦承认我们犯了过错,那么她的情致、她的痛苦现在就是这个相反的力量,这是另外一种实体给她带来的情致。她曾经遭受到祸害,因为相反的力量给她带来惩罚,克瑞翁说她犯了国法,所以把她禁闭起来,把祸害加之于她身上。

但现在她意识到，其实不如说她自己对自己施加了祸害，她自己惩罚自己，因为她明明知道违犯国法要遭到报复，她还这样做，她岂不是有意把这种报复加之于自身吗？所以她既是受害者，又是加害者；国法惩罚她，她是受害者；但是她又损害国法，招来惩罚，她自作自受，罪有应得。但为什么是"与其说……不如说"呢？就是说，当她意识到自己是在遭受祸害的时候，她的个体性还是不确定的；而当她意识到自己是自己的加害者的时候，她的个体性才得到了确定性，即从正反两方面得到了确定。她有了正反两方面的担当，敢做敢当，她的个体性由此才真正立起来了。如果仅仅是意识到自己是受害者，那还不确定，那还处于动摇之中，限于怨天尤人，缺乏反思，在一个片面的伦理法则上一条道走到黑；而现在她以自己的牺牲满足了双重伦理法则的要求，使双方的矛盾达到了和解，她的悲剧形象也就此立起来了。

两种伦理力量之间以及将它们在生命与行动中建立起来的两种个体性之间的相向运动，只有当双方都经验到了同一个毁灭时才达到自己**真正的终止**。

"两种伦理力量之间以及将它们在生命与行动中建立起来的两种个性之间的相向运动"，这句话的主语是相向运动，什么样的相向运动呢？两种伦理力量之间的互动，以及两种个体性之间的互动。两种个体性，一种是不确定的个体性，一种是确定的个体性；一种是没有反思的个体性，一种是经过反思的个体性，是它们把两种伦理力量在生命与行动中建立起来，即从一种伦理力量出发，到另一种伦理力量而返回。所以这是从最初的个体性、最初的意向出发，跟后来回归到、返回到起点的那种意向之间的相向运动。而这种相向运动"只有当双方都经验到了同一个毁灭时才达到自己**真正的终止**"，"真正的终止"打了着重号，就是这种相向的运动会一直进行下去，一直进行到双方都经验到了同一个毁灭，两种伦理力量之间的互相抵消，两种个体性之间也互相摧毁。一旦互相摧毁了，这个运动就终止了，这就是悲剧的结局，最后以主人公的牺牲而告终，两种个体性同归于尽，两种伦理的力量也同归于尽。但两种伦理法则并没有同归于尽，相反，它们由此而得到了超越一切现实性之上的崇高地位，正是它们高高在上，"引无数英雄竞折腰"；而只有两种伦理的力量，以及在生命和行动中建立起这两种力量来的那两种个体性，全都同归于尽了。

因为两种力量的任何一个都不比另一个在成为实体的**更为本质的**环节方面占有某种优势。

两种力量势均力敌，它们任何一个都不比另一个占优势，在什么方面占优势呢？"在成为实体的**更为本质的**环节方面占优势"，"更为本质"打了着重号。它们都是实体的力量，但是都不能成为更本质的实体力量，都不能成为实体的更为本质的环节。这是两种同样合理的、同样有力量的伦理法则在冲突，这就是黑格尔意义上的悲剧的本质。黑格尔认为，真正的悲剧就是这样的冲突，悲剧的冲突根本说来就是两种同等合理的伦理力量的冲突，以牺牲主人公而达到调解。这冲突在现实中是不可能调解的，你一旦行动就会有冲突，唯一的调解方式就是当事人的牺牲，当事人要放弃自己的个体性，放弃自己的生命，这个时候，两种伦理力量就回复到它们最初的合理性和漠不相干性，互不冲突。而一旦体现为具体的人，那就有冲突，只有抽象地来说，它们是不冲突的。

这两种力量同样的本质性和漠不相干的并肩而立，就是它们无自我的存在；在**行为业绩**中，它们都作为自我本质而存在，但都是一个不同的自我本质，而这与自我的统一性相矛盾，并构成它们的非法性而必然毁灭。

这里有两个层次，一个层次，"这两种力量同样的本质性和漠不相干的并肩而立，就是它们无自我的存在"，这两种并行的伦理力量是两种同样合理的伦理力量，我们刚讲了，两种同样合理的伦理力量具有同样的本质性，没有哪个更具本质性，它们漠不相干地并肩而立。这两种不同的伦理力量，一个是神的法则，一个是人的法则，在它们没有实现的时候，它们是漠不相干的并存着，作为人们心中的理念，一般都被承认的。你既是家庭的人，也是国家的人，你既要守家法，也要守国法，这两方面漠不相干，一般抽象的谈一谈，那都可以的，你既承认国法又承认家法，这有什么不可以呢？它们漠不相干的并存。但是这种并存是它们无自我的存在，这个时候它们是一种无自我的存在，或者是一种无意识的存在。抽象的高高在上的伦理法则，谁都可以承认它，只要事情没有临到自己头上，我怎么说都可以。但是它们没有自我，那不是我的事，我还没有去实行它，那只是人家规定的，神规定的，国王规定的，我承认我必须遵守它们，但是在我承认它们的时候我并没有把自我投入进去，我不是以自我的行动、行为去实践它们。下面是另外一个层次。"在**行为业绩**中，它们都是作为自我本质而存在"，前面是作为无自我的存在，那就是它们的抽象的、互不相干的一种并存的状态，它们都有同样的本质性，同样得到人们的认可，这种状态是无自我的存在。神制定的和国王制定的对一个老百姓来说都没有什么关系，我服从就是了，我认可就是了。但是在行为业绩中，你要去做呀，你要把它们付之于实践呀，这时候它们都是作为自我本质而存在，那么问题就来了。它们都是我行动的原则，"但都是一个不同的自我本质"，它们每一方都是不同的自我本质，一方面是神的法则，它的伦理力量是一个自我本质，另一方面是人的法则，它的伦理力量又是另外一个自我本质，这两种自我本质是不同的。"这与自我的统一性相矛盾"，这个时候就与自我的统一性相矛盾啦，这种矛盾要把同一个自我撕成两半。"并构成它们的非法性而必然毁灭"，这就构成了它们、也就是这两种力量的非法性。这两种力量在同一个自我中，本来都是合法的，本来都是正当的、公正的；但是你把它们做成行为业绩试试，它们互相都成了非法的，神的法则对于人的法则、对于国法来说成了非法的，而国法对于神的法则来说，也成了非法的。所以这是悲剧里面的一个内在的矛盾性，表现了黑格尔对悲剧的定义：两种同样合理的伦理力量由于它们的互相冲突而导致了主人公的毁灭。

同样，**个性**一方面按其情致或按照实体来说只属于一种伦理力量，另一方面，按认知的方面来说，这一个性和那一个性又都分裂为一个有意识的东西和一个无意识的东西；

先来看这半句。"同样，**个性**"，"个性"打了着重号，这是与前一句打了着重号的"行为业绩"相呼应的，就是说，不仅在行为业绩中包含有自相矛盾的冲突，而且在个性中也同样是如此。个性的自相矛盾在于，"一方面按其情致或按照实体来说只属于一种伦理力量"，按照它的情致和实体来说，也可以说按照它的普遍的方面来说，按照它所代表的那个身份来说，只属于一种伦理力量。它只能属于一种伦理力量，因为它是个性，如果它同时属于两种力量，它就没有个性了，它既想这样又想那样，就犹豫不决了。个性就体现在作出决断，下决心服从一种伦理原则，这就是它的情致，它因此而具有了实体性，它为了这样一种伦理力量、这样一种法则而行动、而献身，所以它只属于一种伦理力量。但是，"另一方面，按认知的方面来说"，前面是按情致方面来说，情致也就是普遍情感，实体赋予了它情致，赋予了它行动的决心，它一意孤行，要做这个事情。但是按照认知方面来说，把情致排除在一边，则"这一个性和那一个性又都分裂为一个有意识的东西和一个无意识的东西"。也就是说这样一个个性，比如说代表着神的法则的那个个性，它分裂为一个有意识的东西和一个无意识的东西，比如说安提戈涅有意识的方面，她是按照神的法则去行动的；而无意识的方面就是她根本不考虑她触犯了人的法则，触犯了国法，是一种违法行为。当然她知道有国法在，但是她认为这条国法是违背神法的，是克瑞翁凭主观武断的暴力制定的，没有正义性。她没有想到即使暴力制定的也是法，对叛国者制裁是符合国家利益的，当然她最后承认自己是犯了罪，那是后一步了，最开始没想到这个东西，她知道，但是她宥于自己的个性和情致，没有去想。而与她对立的另一个个性克瑞翁也是这样，也分裂为一个有意识的东西和一个无意识的东西。有意识的东西就是他要颁布国法，为了国家的正义，为了国家的起码的秩序，他必须要颁布法律,对于任何违反它的人都将不客气,这是他有意识的东西;而无意识的东西就是说,有一个像安提戈涅这样代表着神的法则的人来跟他作对,这个是他始料未及的。当然他也知道他颁布的这个法律是跟神的法律相冲突的,但他没有料到有这么严重的后果,安提戈涅居然就站出来公开对抗国法,而且把她关起来还在对抗。更加没料到的是,安提戈涅自杀以后,引起了一连串的后果,她的未婚夫,也就是克瑞翁的儿子也自杀了,儿子自杀以后,克瑞翁的妻子、也就是王后也随着自杀了,就剩下他孤零零的一个人。国法一旦贯彻到底,会引起家庭的如此崩溃,这个是他从来没有意料到的。他如果意料到,他可能不会这样,所以就这方面来说,他也是无意识的。安提戈涅也是无意识的,她最后承认,"因为我们遭受苦难,所以我们犯了过错",或者说,"既然诸神都同意这一点,所以我就不得不难受地承认我有罪"。这是后来才回复到她的意向,把她的罪过归咎于她的意向,但最初她是无意识的。当然她不像俄狄浦斯那样无意识,俄狄浦斯对自己的犯罪是完全无意识的,但这里是个性分裂为一个有意识的方面和一个无意识的方面,只是为了行动而未加深思。

[28]　　而由于每一个性本身都引发这一对立,并且通过行为业绩,就连无知也是自己的作品,它就置身于煎熬自己的罪过之中了。

"而由于每一个性",每一个性,不管是这一个性还是那一个性,不管是安提戈涅还是克瑞翁,"本身都引发这一对立",引发,也就是说它最初并不是有意识要造成这种对立,但是它引发了、招惹上了这些对立。"并且通过行为业绩,就连无知也是自己的作品",通过行为业绩,这是你做出来的事情呀,你干的好事呀,你能不承认?你说你无知,你没有料到,但无知也是你的作品,谁叫你不考虑好呢?无知你为什么不求知呢?你现在做了这些事情,你并不是下意识地做的,不是昏睡中做的,而是清醒地做了这些事情,所以还是要追究你,你还要为自己的作品负责。所以安提戈涅也自杀了,克瑞翁也受到了惩罚,他们把自己没有料到的无意识的东西归于自己的作品而为之负责。我们前面已经讲了有知和无知的冲突, 在俄狄浦斯那里也是这样, 为自己无知的事情负责, 由自己无知而造成的后果, 你要为之负责, 这里头就有一种忏悔精神。"它就置身于煎熬自己的罪过之中了", 这就是悔罪了, 把自己置于煎熬的罪过之中, 这个罪过摆在那里赤裸裸的, 就是他自己做的, 不能不承认。你无知, 但是你的行为是有意识的, 所以你为自己的罪过而备受煎熬, 这就是一种忏悔。西方的忏悔精神最早是从这里来的, 不是从基督教开始, 而是从古希腊就有忏悔精神了, 基督教把这点发展起来, 发挥到了极致。这样一种忏悔意识, 这样一种反省意识, 不推脱责任, 我做的事情, 哪怕是喝醉了, 也要负责任, 你为什么要喝醉呢? 不酗酒本身就是基督教的一条道德诫律。只要不是精神病, 只有发神经是不能归罪于人的, 你为什么要发神经? 这个没有话说的, 没有"不发神经"这条诫律。但是只要是你有意识做的事情, 你就要为它负责, 那么这个罪过是自己承认的, 所以是对他的一种煎熬, 就像前面说的, 我不得不难受地承认我有罪, 这种"难受"就是一种自我煎熬, 不逃避责任。

因此, 一种力量及其个性的胜利和另一方的失败, 就会只是这件未完成的作品的一部分, 这个作品不可遏制地要前进到双方的平衡。

"因此, 一种力量及其个性的胜利, 和另一方的失败, 就会只是这件未完成的作品的一部分", 一种伦理的力量以及代表这种伦理力量的个性胜利了, 而另一方失败了, 但事情并没有完结, 这还只是这件未完成的作品的一个部分。比如说克瑞翁, 他胜利了, 他把安提戈涅抓起来了, 并且按照国法对她进行了处置, 另一方则失败了, 安提戈涅被关起来了, 而且自杀了, 但事情还没完。你以为你胜利了? 有一系列的后果, 真正的正义还没有恢复。你把安提戈涅关起来, 你胜利了, 但是这只是片面的公正, 绝对的公正还没有表现出来, 你维护了国法的公正, 但是神法你却触犯了, 要遭到报应。所以绝对的公正还没有到来, 不是不报, 时候未到。所以, 如果只是一方胜利, 另一方失败, 这就还只是这件未完成的作品的一部分，而这个作品应该是一个整体。"这个作品不可遏制地要前进到双方的平衡"，这个平衡就是公正、正义，阿那克西曼德就说过，不公正要在时间中受到惩罚，这个是人摆脱不了的命运，受到惩罚才平衡了，这是命运的规律。所以这个作品不可遏制地要前进到双方的平衡，这是古希腊很重要的一个信念，命运总是要摆平的。

　　只有在双方同样地屈服了以后，绝对公正才得以完成，伦理实体才作为吞噬双方的否定力量，或者说作为全能而公正的**命运**出场。

　　"只有在双方同样地屈服了以后"，双方同样把罪恶归咎于自己，自杀了以后，"绝对的公正才得以完成"。只有在这时，"伦理实体才作为吞噬双方的否定力量"，双方都死了，伦理实体牺牲了双方，而"作为全能而公正的**命运**出场"。主观上双方都以为自己在维护公正，但实际上都破坏了公正；你片面地破坏了公正，那么你就只有去死，然后绝对正义就完成了，作品也才最后完成了。你的真正的作品不光是你维护了一方，或者得罪了另一方，而在于最后你把自己牺牲了，从而保全了双方，这个时候作品才完成。悲剧是一个完整的作品，从你最开始行动，到最后主人公的毁灭，构成了一个作品。

＊　　　　　　＊　　　　　　＊

　　我们今天继续。上次已经讲到黑格尔借用《安提戈涅》悲剧阐明了在伦理意识中的一种自相矛盾性，就是在伦理意识中它的矛盾的双方，一个是神的法则，一个是人的法则，那么在《安提戈涅》悲剧里面，一开始是人的法则占了上风，人的法则胜利了，而神的法则，代表家族的这样一种传统、一种风俗习惯遭到了失败。但是一方的胜利和另一方的失败，在上次结尾的时候我们已经谈到了，它只是一个未完成的作品，即是说，事情还没完。安提戈涅被迫自杀，好像是已经达成了国家法律的胜利，国法占了上风，国法胜过了家法，但是作品还没完，这个作品"不可遏制的要前进到双方的平衡"，双方的势均力敌。完全的一边倒是不平衡的，最后是要遭到报应的,剧本最后克瑞翁确实遭到报应,他的儿子也死了,他的妻子也死了,全家都死了,就剩下他一个人,这个是对他的报应,而且应该说命运是公正的。所以上面最后一句讲到,"只有在双方同样的屈服了以后,绝对公正才得以完成,伦理实体才作为吞噬双方的否定力量,或者说作为全能而公正的**命运**而出场",悲剧里面包含有不可避免的命运,也就是公正、报复和惩罚,有一方如果不公正的话,就会遭到惩罚。悲剧就在于两种同等合理的力量的冲突通过主人公的牺牲而达到了和解,但是矛盾并没有被消除,虽然主人公的毁灭保全了两种伦理法则的合理性、正当性,但是这个矛盾还存在,它导致了伦理的消亡。我们接下来看第三个标题:

[Ⅲ. 伦理本质的消亡]

伦理本质由于这种矛盾而走向消亡,就是说,你让主人公牺牲了,但是你这个伦理本质又不能没有主人公而得到体现,所以搞来搞去你还是要依赖这些活生生的人、在现实中这些有生命的人去实行,去实现你那些伦理目的,于是这些目的就成了无源之水。在这个过程中,伦理本质逐渐走向消亡,而其中的那些代表着伦理本质的活生生的人的个性,本来只是某种身份的形式,现在反而越来越成为运动中主导的力量,最后导致伦理本质中的那些抽象的法则走向消亡,一切都落实在那些活动的人身上了。这就是这里所要谈的主要问题。

　　如果这两种力量都被按照它们特定的内容以及内容的个体化来看待,那就呈现出一幅双方构成的冲突的图景,就其形式方面说,这个图景 {257}就是伦理及自我意识的一方与无意识的自然以及凭自然而现成的偶然性的一方的冲突,——后者有权反对前者,因为前者只是**真实的**精神,仅仅处在与自己的实体的**直接的**统一中;——而就其内容而言,这图景就是神的法则与人的法则的分裂。

　　"如果这两种力量"，两种力量就是前面讲的两种同样合理的伦理力量，"都按照它们特定的内容以及内容的个体化来看待"，这两种力量本来在命运面前已经达到了和解，达到了调解，但是只是作为一种抽象的法则被保存下来了，好像作为抽象的法则它们是不矛盾的，神的法则也好，人的法则也好，都是合理的；但是，如果按照它们特定的内容以及内容的个体化来看待，也就是说这些法则如果不是高高在上、停留在抽象之中，而是按照它们特定的内容，由谁来体现，体现在什么样的一个事件中，以及内容的个体化，这些事件是由什么样的个体来实现的，也就是说我们如果具体到现实的人的活动来谈论它们的话，"那就呈现出一幅双方构成的冲突的图景"。而在这样一幅景象里面，它又分为形式和内容两方面。"就其形式方面说，这个图景就是伦理及自我意识的一方与无意识的自然以及凭自然而现成的偶然性的一方的冲突"，这是从形式上来看的。从形式上看，具体到个人有两方：一方是伦理及自我意识，这是抽象的一方，我心中有道德，有习惯，有传统，或者是有国法，有公民义务，这是代表理性，代表自我控制，代表法则的一方；另一方是无意识的自然以及凭自然而现成的偶然性，这代表人的生命，代表生命的冲动和自然的偶然性、个别性。像安提戈涅有这么一个哥哥，这是非常偶然的，这是一种自然现象，自然的出生，这是现成的偶然性，是无意识的一方。你不是自己要出生在这个家庭的，你无意识的已经出生在这个家庭了，这是一个自然的出生。前面是伦理及自我意识一方，是有意识地遵守某种法则的；后面是自然的一方，有现成的偶然性，我既然出生在这个家庭，那么在这个家庭里面，我作为一个个体面对社会，代表一种个体性，不是代表社会的普遍性，而是有家族本身的传统。所以这两方面构成了冲突，这是形式上的冲突，也就是伦理和自然的冲突。这里破折号，"——后者有权反对前者，因为前者只是**真实的**精神，仅仅处在与自己的实体的**直接的**统一中"，后者完全有权反对前者，也就是自然有权反对伦理，无意识有权反对自我意识的一方。为什么？因为伦理的两种力量现在还都只是"真实的精神"，也就是仅仅与自己的实体直接统一，人的法则与国家直接统一，神的法则与家庭直接统一，所以伦理的那些抽象的法则，个体可以无视。个体虽然只是实现伦理力量的形式，但它觉得自己才是真实的，因为我出身于某一个家庭，这个是一生下来就决定了的，而那些普遍的法则要靠我来实现，依赖于我的决断。所以我有权反对前者，因为前者作为真实的精神直接依赖于我，它不是自然、不是现实，它必须依赖于现实的偶然性，依赖于自然的偶然性。它是一种真实的精神，但还不是现实的精神。我们在"精神"这一篇，一开始就是伦理，伦理就已经进入到精神了，已经是精神了，但是它还只是处在与自己的实体的直接的统一中，它仅仅是一种直接性，它还没有自我分裂。它只有通过自然的介入赋予它以间接性，它才能成为现实的精神。这是从形式方面来说，形式上是伦理与自然之间的冲突，一方面是普遍伦理法则，它本身是直接性，它高高在上，是每个人所自我意识到了的一种普遍的法则；但是法则另一方面还要通过自然的人来实现它，要通过主人公来代表它，来与相反的方面、与对方发生冲突。"而就其内容而言，这图景就是神的法则与人的法则的分裂"，这种图景从形式上来说，是伦理和自然的冲突；从内容上来说，是神的法则和人的法则的冲突。这两方面不是完全对应的，不是说人的法则就是伦理，神的法则就是自然，不是这样对应的。从内容上来看，神的法则也有伦理和自然，人的法则也有伦理和自然，但是我们从内容上看，这是两种法则的分裂，一个是神的法则，另一方面是人的法则。而从形式和内容两个层次上相比较，只有形式方面是能够开辟出新的形态的冲突，即个别自然的个性"有权"与普遍伦理法则叫板，这最终将导致伦理本质的消亡。从这种冲突中，培育出了通过法权状态解构整个伦理实体、进入到精神的异化和教化的要素。

　　——那青年从无意识的本质、从家庭的精神中走出来，成为了共同体中的个体性；但是他还是属于他所摆脱的那个自然，证明这一点的是，他出自两弟兄之中的偶然的一个，这两兄弟具有同等权利来统治这个共同体；至于出生迟早的不同，这**对于**已进入伦理本质的**他们俩**来说，作为自然的区别是无关紧要的。①

"那青年"，这个地方就有所指了。本段的最后德文编者有个注释，我把它移到这一句后面来了，是说黑格尔讲的是埃斯库罗斯的悲剧《七雄攻忒拜》②的故事。俄狄浦斯与底比斯（忒拜）王后生了两个儿子，哥哥是玻吕尼刻斯，弟弟是厄忒俄克勒斯，这两个青年在俄狄浦斯被放逐后，都可以继承底比斯国王，但是一山不容二虎，结果厄忒俄克勒斯霸占了王位，玻吕尼刻斯就从另一个城邦搬兵来攻打自己的弟弟和母邦，最后两兄弟在战场上同归于尽。他们的舅舅继承了王位后，把带兵攻打母邦的玻吕尼刻斯定为叛国罪，不准收尸，于是引出了《安提戈涅》的悲剧。那么这里讲的就是这个故事："一个青年从无意识的本质、从家庭的精神中走出来，成为了共同体中的个体性"，他们从同一个家庭走出来，他们都赋有家庭精神，这是无意识的本质，所谓出身不由己；但他们都成为了共同体中的个体性，成为了城邦的公民。而当他走向社会时他就意识到，我这种出身的人，本来是有资格继承王位的。"但是他还是属于他所摆脱的那个自然，证明这一点的是，他出自两弟兄之中的偶然的一个"，虽然他有资格继承王位，但是问题是他的兄弟也有同样的资格，所以尽管他从家庭中走出来了，但他还不得不属于他所摆脱的自然，按照这种自然，他的兄弟和他具有同等资格继承王位，那么究竟谁来当国王就是一件纯粹偶然的事情，没有什么规则来限定了。如果他是唯一的儿子，那么他就直接去当他的国王了，但是现在有另外一个弟兄跟他争夺王位，这个时候就体现自然偶然性的作用了，他们偶尔是两兄弟，而他是两兄弟之一，这样的身份是由家庭带来的，而家庭是不由他的意志所决

---

① 黑格尔这里引用的是厄忒俄克勒斯和玻吕尼刻斯两兄弟争夺底比斯的统治权的故事，参看埃斯库罗斯：《七雄攻忒拜》，第631—652行。——丛书版编者

② 贺、王译本在这里加了一个中译者注，主张参见索福克勒斯的悲剧《俄狄浦斯在科罗诺斯》。虽然两兄弟都是俄狄浦斯的儿子，但这里讲的却是俄狄浦斯死后的事，所注不确。

定的。所以在他争取王位的过程中,他本来是一个社会的行为,但是家庭的自然偶然性也被带进来了。"这两兄弟具有同等权利来统治这个共同体,至于出生迟早的不同,这**对于**已进入伦理本质的**他们俩**来说,作为自然的区别是无关紧要的",那个时代还没有长子继承制一说,这两兄弟在法律上具有同等权利来统治国家,出于兄弟情谊,他们商定轮流坐庄。但实际上他们已经从家庭血缘的自然关系进入到了社会普遍的伦理关系了,所以自然的区别应该是无关紧要的了,这是在上面讲兄弟关系作为从神的法则向人的法则过渡的时候就已经分析了的。这里"对于""他们俩"都打了着重号,就是说,兄弟关系本来已经是社会关系,他们俩已经摆脱自然关系,进入到伦理本质了。他们本来出生于家庭,那是自然本质,但是他们在社会上要争夺王位,那就已经进入到伦理本质了,家庭亲情对于国家来说都是无关紧要的,哪个是哥哥、哪个是弟弟、出生的先后、迟早的不同,对于他们的伦理本质来说是无关紧要的。哥哥也好,弟弟也好,谁当国王对国家来说一点影响也没有。然而,理论上虽然这样说,但在现实中两兄弟只能有一个当国王,这时同一血缘赋予的同等权利就是生死攸关的事情了。

　　但是政府作为民族精神的单纯的灵魂或自我,是不容忍个体性的二重性的;而自然作为多数性的偶然性则与这种统一性的伦理必然性分庭抗礼。

　　"但是政府作为民族精神的单纯的灵魂和自我",政府,前面已经讲到了,它是民族精神单纯的灵魂,它是一个民族的魂,是一个民族的格,我们今天叫国格,国格也相似于人格,它应该是单纯的的灵魂,它是不可分割的。我们讲天无二日,如果一个国家有两个国王,那就国将不国了,怎么行动呀? 在任何行动上都有可能不统一,那你的国家没法动起来的。所以政府也有自我,它以国王为代表,国王只能有一个,如果国王有两个,那就没有自我了。国王只是一个,由国王一个人的自我来代表整个民族的自我,那就是政府。所以政府"是不容忍个体性的二重性的;而自然作为多数性的偶然性却与这种统一性的伦理必然性分庭抗礼"。自然本来是偶然性的，而且是多数性的，即算是单个性的，它也是偶然的、可以是多数性的，它没有什么必然性。而在这个例子里面它恰好是两兄弟，都是同一个父母所生，都是具有同等的继承权的。所以两兄弟作为多数性的偶然性，与政府的统一性的伦理必然性分庭抗礼，因为国家要统一，要体现单纯的灵魂，它具有一种必然性，必须只有一个国王。兄弟俩最初商量好轮流当国王，但厄忒俄克勒斯期满后却不肯让位，导致了两兄弟争夺王位。其实轮流当国王本身就是不现实的，那岂不是要打破国家的统一性了吗？

这两兄弟因此心存芥蒂，而且他们在国家权力上的同等权利对双方都起着摧毁作用，双方都同样是不公正的。

这两亲兄弟于是就造成了不和，岂止是造成不和，而且是残酷的内斗，最后两败俱伤，同归于尽。"而且他们在国家权力上的同等权利"，同等权利也就是同等法权，在法律上他们都有权掌握国家权力，但是这种权利"对双方都起着摧毁作用"。正因为他们有同等的法权，要掌握同等的权力，所以你摧毁我，我摧毁你。双方都是有权利的，但是"双方都同样是不公正的"，就是说，双方都既有"权利"（Recht），同时又"不公正"（Unrecht）。你说你这一方是公正的，因为你有权掌握国家权力；但是你把对方摧毁了，那对对方是不公正的，对方也有同样的权利。这个是无法调和的，双方是同样的公正，也同样的不公正，一争就不公正了，但是不争也不公正，总而言之不能相容。

如果更多以人的方式来看，那么两兄弟中没有**占有**共同体而对以另一方为首的共同体进行攻击的那一个是犯下了罪行的；相反，另一个则在自己这方拥有法权，他懂得把对方视为仅仅是脱离了共同体的**个别者**，[29] 并在对方这样一种无权状态中驱逐他；他所触犯的只是个体本身，不是共同体，不是人的法权的本质。

这里讲到，"如果更多以人的方式来看"，我们怎么样看待这个矛盾？

有两种眼光，一种是着眼于人的方面，更偏重于以人的方式来看，人的方式也就是从人的法则这方面看。这一自然段直到最后都是站在这个立场来看的，直到下一自然段才转到神的法则的立场。这两兄弟的冲突实际上是代表了人的法则和神的法则的冲突，那么我们就可以有两种眼光，首先是更多地从人的法则这方面看，然后下一段是更多从神的法则方面看。当然这两方面是不能脱离的，不论你着眼于哪一方面，对方都在你的视野中；但是可以更多地立足于人的方面、或更多立足于神的方面来看，那么我们就会有一个判断了。现在我们更多地立足于人的立场看这件事情，"那么两兄弟中没有**占有**共同体而对以另一方为首的共同体进行攻击的那一个是犯下了罪行的"，从人的法则来看，两兄弟对共同体有同等的抽象权利，但占实际占有的只能是一个，这里"占有"（Besitze）打了着重号，是为了与抽象的权利相区别，表明这只是偶然的占领，而不是在法权上排除对方。然而，两弟兄里面有一个没有占有共同体的，如果他对以另一方为首的共同体进行攻击的话，那么他就是犯罪，罪行是这样定的。为什么说玻吕尼刻斯犯了罪呢，——他死了以后还不准收尸，他是罪人，他为什么是罪人呢？他们两人有同等的权利，为什么他就成了罪人，另外一个就不是罪人呢？这是更多地着眼于人的法则来看的，谁反对国家、谁攻击国家谁就是敌人，不管你这个人是什么人，也不管这个国家现在是谁在占有、以何种方式占有。我们定罪行是这样定的，而不是根据家庭里面兄弟的亲情和自然的偶然性来定的。"相反，另一个则在自己这方拥有法权，他懂得把对方视为仅仅是脱离了共同体的**个别者**"，相反，厄特俄克勒斯这一方，他是拥有法权的，不管以什么卑鄙的手段，他已经拥有了法权，占有了王位。因此他代表正义。他既然大权在握，自然就懂得把对方视为仅仅是脱离了共同体的个别者，他懂得，你跟我争王位只代表你个人的野心，而我维护我的王位则代表国家捍卫自己的主权。所以在国家法律上他占据着优势地位，能够以政治正确的大帽子压人，你和我作对就是和国家作对；而对方则沦为了脱离共同体的个别者，把攻击共同体的行为看作只是兄弟之间的争执。那么你是作为个别人来攻击共同体的。这个时候你的权利就不被考虑了，因为那个权利是来自于家庭自然的血缘关系，你无非是因为你是同一血缘的兄弟，从神的法则来看，你当然也有权，但是从人的法则来看呢，是不考虑这方面的。所以我只把你这样一个攻击共同体的人当作是脱离了共同体的个别人，那么你就很容易被定为一个罪人了。"并在对方这样一种无权状态中驱逐他"，你把他仅仅是当作一个脱离了共同体的个别人，在这样一种无权状态中驱逐他，这就名正言顺了。任何一个个别人如果攻击国家的话，那你就是处在无权状态中，那就要把你赶出去。而这种驱逐行为，"他所触犯的只是个体本身，不是共同体，不是人的法权的本质"，厄忒俄克勒斯要把他的兄弟赶走，那么他触犯的是什么呢？他触犯的只是他的兄弟这样一个个体本身，不是共同体，不是人的法权的本质。人的法权的本质就是人法，这个是他所维护的，他驱逐了个体本身而维护了人的法则；而对方是来侵犯人的法则的，用什么来侵犯人的法权呢？用神的法则，我也有资格来当国王呀，你期满了为什么不让位给我呢？所以对方也有他的道理，但这个道理现在用不上。

　　当共同体被空虚的个别性所攻击和捍卫时，它保持着自身，两兄弟则由于互相毁灭而同归于尽，因为个体性既然**为了自己的自为存在**而使整体陷入危险，就已把自身排除于共同体之外，并化解为自身了。

　　"当共同体被空虚的个别性所攻击和捍卫时"，这里头讲的是空虚的个别性，从共同体、国家的立场来看，个别性都是空虚的，只有家庭原则、神的法则才维护个别性。当个别性去争夺国家的统治权时，他已经抽掉了自身的一切内容，那么这个个别性就是空虚的个别性，只具有形式的意义。攻击的那一方他的个别性之所以空虚，是因为他在攻击他的兄弟以夺取王位时，已经把家庭亲情抛在了一边，他是空虚的，不再考虑他所代表的神的法则，家族、血缘、自然，这些东西都不考虑，只是作为一个个别人来攻击我们这个国家。那么捍卫的一方呢？也是这样，因为站在国家的立场上我来捍卫这个国家,也只能六亲不认,那么我这个个别性同样是空虚的,我不考虑亲情,不考虑我们自然的、血缘的亲情关系,兄弟相残,把同一家庭的神的法则都抛到九霄云外去了。所以捍卫的一方同样是空虚的个别性,他以一个人代表国家来反对另外一个人,这两个人都是空虚的人,都是被国家、被人的法则抽空了的。但在这种情况下,共同体却"保持着自身",这两方面都牺牲了,因为他们的争执所持的理由,只不过是神的法则所赋予他们的同等权利,这对于共同体来说是无所谓的,谁来当国王都行,但必须有一个人、而且只能有一个人来当国王。所以这种争执并不涉及共同体的原则,双方的牺牲促成了克瑞翁的上台。当共同体被个别性攻击和捍卫的时候,它保持着自身,它维持下来了,"两兄弟则由于互相毁灭而同归于尽,因为个体性既然**为了自己的自为存在**而使整体陷入危险,就已把自身排除于共同体之外,并化解为自身了"。两兄弟都在打着国家法权的旗号而争个人的权利,而这种个人权利其实是由家庭血缘所赋予的,由血缘所支持的这种个体性是与国家法律不相干的。所以当个体性为了自己的自为存在而与对方争斗时,就使国家陷入危险中,底比斯城眼看就要陷落了。这时厄忒俄克勒斯就当众宣布,他将与玻吕尼刻斯在城墙外单独决斗,胜者为王。结果是两人在决斗中互相杀死了对方。这种行为就是双方都把自身排除于共同体之外,把国家政治权力的事化解为兄弟两人的私事来了结。这就叫做个体性"化解为自身了"(löst sich in sich auf),也就是个体性回归为个体性,不再和政治权力纠缠不清了。而从他们个人来说,他们在这种决斗中才完全展示了他们纯粹的个别性,显示了个体敢做敢当的英雄气概,并且以他们的死而成全了他们作为英雄的个性形象。前面也曾谈到过,个体的权利是由家庭来赋予和维护的,并且只有在死人身上才完整地体现出来。①

---

① 参看前面:"死人把自己一长串散漫的定在,归结成完整的一**个**形态,并从偶然生活的喧嚣中把自己提升为单纯普遍性的宁静。"(贺、王译本下卷第 10 页)

　　但两弟兄之一，即身处共同体这一面的那个人将获得荣誉；反之另一个人，即扬言要踏平城墙的那个人，① 将受到政府、受到共同体自身所恢复了的单纯性的剥夺最后荣誉的惩罚；谁要来加害于意识的最高精神、加害于城邦，他就必须被剥夺他整个完全本质的荣誉、被剥夺死者的精神的荣誉。

　　"两弟兄之一，即身处共同体这一面的那个人"，指身为国王的厄忒俄克勒斯，"将获得荣誉"，他是为国捐躯，为了捍卫自己的国家，捍卫自己的整体而牺牲了自己的生命，受到继任国王克瑞翁的国葬的待遇。"反之另一个人，即扬言要踏平城墙的那个人"，即玻吕尼克斯，他为了自己的自为存在、为了当上国王而不惜牺牲整个国家，在攻打底比斯时发出了对城邦的诅咒。"将受到政府、受到共同体自身所恢复了的单纯性的剥夺最后荣誉的惩罚"，他将受到惩罚，在共同体自身恢复了单纯性时，也就是在克瑞翁继任国王时，被新一届政府剥夺了最后的荣誉，曝尸野外。克瑞翁，就是他们的舅舅，使这个共同体恢复了它的单纯性，并代表政府赏善罚恶，为一方举行了最隆重的葬礼，而对另一方施加了惩罚，让他不得好死，要剥夺他最后的荣誉。按照国法，凡是攻击国家，毁灭国家的人，凡是要踏平城墙的人，死后都不得安葬。当然这是人所制定的法则，但是还是按照人法的公正来制定的，不是谁任意制定的，这从人的法则这一方面来说也是合理的。"谁要来加害于意识的最高精神、加害于城邦，他就必须被剥夺他整个完全本质的荣誉、被剥夺死者的精神的荣誉"，意识的最高精神就是以国王为代表的政府，凡是加害于政府、加害于城邦、加害于整个共同体的人，都必须被剥夺他整个完全本质的荣誉。整个完全本质，包括神的法则赋予他的作为个体的荣誉。按照神的法则，在一般人死后，还是应当保证他的死者的尊严的，何况他在决斗中坦然应战，也显示了一个男子汉的荣誉感；但是人的法则在这方面越界了，就是把

――――――――――

① 这是玻吕尼克斯对底比斯城发出的诅咒。——丛书版编者

神的法则赋予一个人的起码的荣誉剥夺了，将死者的精神的荣誉也剥夺了。人死了，人世间的一切都无所谓了，你至少要给他好好地安葬，不能让他死不瞑目，不能让他抛尸野外，不能让他在死了以后还受到人世间的侮辱。死了以后他到阴间去了，与人世间已经没有关系了，你还要让他受到人世间的侮辱，按照神的法则来说这是不对的，按照希腊人的观念这是不对的。人世间的一切争斗、一切敌我关系、一切恩怨对于死者都没有意义了，对于一个死人你还得让他按照传统的规矩得到安葬，但是克瑞翁在这方面一意孤行，推行他的人的法则来惩罚国家的敌人，惩罚到这个程度，死了以后人的荣誉你还要剥夺，这个是没有道理的。当然从国家法权这方面来看，它又是有道理的。下面一段就是讲另一方面的道理，即从家庭原则来看的道理了。

　　但是，如果说共相就这样轻而易举地撞掉了它的金字塔的纯粹塔尖，虽然对家庭这一反抗性的个别原则取得了**胜利**，那么只有以这样的方式，共相跟神的法则、意识到自己自我的精神跟无意识的精神，才开始投入**战斗**；因为无意识的精神是另一种本质力量，因而是不为前一种精神所摧毁、而只是被它所伤害的本质力量。

　　"但是"，这个是跟前面以人的法则来看的眼光相对照而言的，"如果说共相就这样轻而易举地撞掉了它的金字塔的纯粹塔尖"，共相，本来一切都是普遍的，都是均匀的，没有什么金字塔，也没有什么突出的东西，但是在人的法则的共相中，在国家这样一个共相之中，它有一个金字塔的塔尖，那就是国王。而在这一场斗争中，国王轻易地就被撞掉了塔尖，为了共相而撞掉了塔尖。国王为了国家和政府的法权而牺牲了他自己，这个对共相来说是轻而易举、毫无困难的，国王为了捍卫自己的国家而牺牲自己那是应该的。当然从国王这一方面来说他要做到这种自我牺牲也是不容易的，但是从共相来说是轻而易举的，它可以撞掉它的塔尖，它可以再树一个，这对它没有影响。"虽然对家庭这一反抗性的个别原则取得了**胜利**",共同体的共相通过牺牲自己的金字塔尖而对家庭的个别性原则取得了胜利。家庭的个别性原则对国家共相是反抗性的,是对抗国家的普遍性的,那么在这一冲突中,共相轻易地取得了胜利。共相从不动摇,不管它是遭到攻击还是得到捍卫,这共相、这共同体是岿然不动的,不因为某个国王牺牲了自己,国家就不存在了,自然会有另外一个人来代替他,来取代他。然而,虽然它取得了胜利,"那么只有以这样的方式,共相跟神的法则、意识到自己自我的精神跟无意识的精神,才开始投入**战斗**",这里的"战斗"和前面的"胜利"都打了着重号,表明两者的对照,就是说虽然有了胜负,但战斗才刚刚开始。事情还没完,前面讲了,这个作品是个未完成的作品,真正的斗争还在后面呢,你以为把他抛尸野外就完了? 就结束了? 真正的好戏还在后头。前面的胜利只是个引子,只有以这样的方式,共相跟神的法则、也就是人的法则与神的法则才开始投入战斗。人的法则、共相是意识到自己的自我的精神,神的法则是无意识的精神;共相体现为共同体,神的法则体现为家庭的个别性。"因为无意识的精神是另一种本质力量,因而是不为前一种精神所摧毁、而只是被它所伤害的本质力量",无意识的精神作为另一种本质力量就是神的法则,神的法则是另外一种同等的合理的本质力量,因而它不为前一种精神所摧毁,而只是被它所伤害,你可以伤害它,但是你不能摧毁它。这就是为另一方面辩护了。前面一段是站在人的法则的立场上说话,而这里是站在另一种精神的立场上说话,也就是说,前一种意识到自我的精神可以占胜无意识的精神,国法可以占胜家法,但是你不能摧毁无意识的精神。你伤害了它,它就要报复,它并没有被你所摧毁,并没有被你所消灭。

　　然而无意识的精神面对掌握着强权的、摆在光天化日之下的法则,只有凭借无血肉的阴影才在**现实的**实行方面获得自己的帮助。

　　"然而无意识的精神面对掌握着强权的、摆在光天化日之下的法则",一方面是无意识的精神,另一方面是掌握着强权的、摆在光天化日之下的法则，或者是白日的法则，白天的法则，那就是城邦的人的法则。无意识的精神则是神的法则，是黑夜的法则，它凭什么来对抗掌握着强权的白日的法则？"只有凭借无血肉的阴影才在**现实的**实行方面获得自己的帮助"。无意识的精神面对有意识的精神、神的法则面对人的法则，虽然它被后者所伤害，但它也不是毫办法，不是孤立无援，它在反抗人的法则时可以提供自己的帮助，也就是帮助自己的现实的实行。然而吊诡的是，这种现实的实行只能凭借无血肉的阴影，凭借不现实的非存在。前面讲过，"个别者只有作为公民才是**现实的**和**实体性的**，所以个别者当他不是公民、而是属于家庭的时候，他就只是一个**非现实的**没有活力的阴影"（贺、王译本下卷第 10 页）。一个无血肉的阴影如何能够帮助无意识的精神在现实中实行自己呢？只能采取一种无形的方式。神的法则冥冥中能够帮助无意识的精神在现实中实行出来、造成影响，虽然它是在地下起作用的，在阴间起作用的，看起来好像根本没有什么作用，因此往往被人的法则所忽视，并诱使人的法则越界到神的法则里面去。但是正是通过这种越界，神的法则才能够现实地发生作用，才能够体现出它的现实性，它借此而使得基于人的法则的伦理力量走向毁灭。当政府的权力一贯到底，无所不用其极地维护自身的权威，它就越界了，它跨越了人间和地府的界限，跨越了人和神的界限，那么它就要遭到报应。这种报应不是凭借武力，死人不再有什么武力，尸体是完全被动的，毫无反抗之力；但是它有阴影，有神的法则或无意识的精神，这个阴影会起来报复，最终导致克瑞翁的亲人由于亲情而一个个自杀。而这种报复恰好就体现了黑夜的法则的现实的实行，它虽然在地下运行，是以一种无意识的方式来采取行动，但是实际上落实到现实生活中，它对人的法则、对国家和政府都造成了现实的影响。

　　因此，它作为软弱的和黑暗的法则起初是屈服于白日的和力的法则的，因为那种权力是在地下有效、而不是在地上有效的。　{258}

　　"因此，它作为软弱的和黑暗的法则起初是屈服于白日的和力的法则的",它看似软弱,它作为软弱的和黑暗的法则,面对的是白日的法则。它一开始只能是屈服于这种力的法则,也就是人的法则,这种法则是靠力量、靠暴力、靠强权来起作用的。那么神的法则却没有这种暴力,它对于白日的法则毫无抵抗。死者的尸体摆在那里,任人处置,我想把你怎么样就把你怎么样,你是毫无抵抗能力的。所以看起来神的法则是软弱的和黑暗的,看不见的,好像没有任何效果,它只是一种阴影,在白天太阳出来,阴影就没有了,看不见了。"因为那种权力只在地下有效、而不是在地上有效的",也就是无意识的精神也有一种权力或强制力,但是这种强制力只是在地下有效,而不是在地上有效。神的法则也不是完全没有用的、完全软弱的,它是看起来软弱,实际上是非常根本的,它在无意识中影响到人心。它在阴间有效,好像就影响不到阳间,但并不是这样,它会影响到阳间,就像鲁迅说的,于无声处听惊雷,或者地火在地下运行,岩浆一旦喷出,就会烧毁一切。

不过,现实的东西既然夺走了内在的东西的荣誉和力量,它自己的本质也就因之而耗尽了。

这就是报应了。"不过,现实的东西既然夺走了内在的东西的荣誉和力量",现实的东西就是阳间的、白日的、世俗的东西;内在的东西就是没有实现出来的、在黑夜之中冥冥之中的、屈服于白日的法则的那种无意识的东西,也就是那种说不出来的家庭亲情的东西。前者把后者的荣誉和力量都夺走了,现实的东西越界把内在的东西的荣誉和力量都夺走了,那么,"它自己的本质也就因之而耗尽了"。做事情不要做过头,你把死者在阴间的力量和荣誉都剥夺了,那么你自己的底气也就丧失了,你自己的本质也就因之而耗尽了,因为你的本质本来就是建立在这个基础之上的。你没有意识到,你把家庭的伦理法则的力量都剥夺了,你以为这个世界上只有国家的法则才是无所不能的,你可以任意的按照人的法则去处理一切事情,不留余地,那么最后要伤害到你自己的根。

公开的精神在地下世界拥有自己的力之根源;民族对力本身的信赖

与担保的**确定性**,只有在所有人的无意识的沉默的实体中、只有沉浸在遗忘之水中,才拥有其把一切人结合为一的誓言的**真理性**。

"公开的精神",也就是公共的精神,即共同体的精神,也就是人的法则。它"在地下世界拥有自己的力之根源",人的法则在地下世界、在神的法则里拥有自己的力的根源。公开的精神它的力量来自何处? 一个国家的法律,它要实行,它必须有它的力量,这种力量的源泉来自地下的世界和神的法则。国家的法律要得到实施,必须要靠从家庭里培养起来的这些公民,他们是由家庭的伦理一代一代培养出来的。如果家庭的伦理不帮国家培养出这样一些公民,国家权力空有一些条文,谁来执行呀?你把家庭的原则破坏了,那么你自己也耗尽了,你的力的根源也就耗尽了。"民族对力本身的信赖与担保的**确定性**,只有在所有人的无意识的沉默的实体中、只有沉浸在遗忘之水中,才拥有其把一切人结合为一的誓言的**真理性**",民族对力量本身的信赖与担保的确定性,这里"确定性"Gewißheit 打了着重号,也可以译作"确信"。一个民族对国家力量的确信和信赖,如何才能具有真理性呢? 仅仅靠"公开的精神"的宣讲和颁布是不够的,必须要一个个的人出自真心来承认并且发誓拥护它,万众一心地为它卖力,才能够得到证实。而这只有在所有人的无意识的沉默的实体中才能实现出来,所谓沉默的大多数,他们在无意识的沉默中,善于遗忘,现实社会的不公和苦难他们都能忍受,但他们必须有一个无形中共同认可的超越现实之上的法则、神的法则,一个可以用来发誓的极限或底线。这就是这个民族的群众基础,这个民族的实体,我们叫作"天地良心"。而这样的人民是从家庭伦理里面培养出来的,是按照神的法则作为一个一个独立的个别者培养出来的,这些公民对于家庭,他们已经成长为适合于公共生活、适合于共同体的普遍成员了,但对于公共社会,他们各自都是私人,都有外人不必知道也无权干涉的家庭私事。在背后支撑着这些个体性的是神的法则,是无意识的沉默实体,是他们世世代代的传统。这传统沉浸在遗忘之水中,也就是说,人从自己的家庭出来，继承了祖祖辈辈的传统，虽然对具体事件的记忆被遗忘了，即使记得也被歪曲或淡化了，但传统流传下来了，这些规矩、神的法则传下来了。只有这样经过遗忘之水过滤的传统，才拥有其把一切人结合为一的誓言的真理性，把一个共同体的所有人结合为一是通过誓言、宣誓，在什么面前宣誓？在神面前宣誓，在"忘川"之水面前宣誓。所以一个民族的对自身之力的确信或者说信仰，就在这种无意识的沉默的实体中、在这种经过遗忘之水的冲刷的洗礼而延续下来的传统中得到了证实，获得了自己的真理性。海德格尔在《林中路》中讲世界与大地的争执，世界就是世俗生活、公共生活，大地则是民族的血脉。现实生活跟大地之争，但是又不能分裂，世界的力量在于大地，而大地是沉默的，是无意识的，是沉浸在遗忘之水中的，它是民族的力量的根源。一个民族力量的根源就在于大地，在地下，也就是在神的法则里面，在这里才具有它的真理性。海德格尔其实非常受黑格尔的影响。

[30]　　　这样一来，公开的精神的实现过程就转变成对立面了，它经验到的是，它的至公正就是至不公正，它的胜利毋宁说就是它自己的失败。

　　"这样一来，公开的精神的实现过程就转变成对立面了"，公开的精神、也就是人的法则，它的实现、它的胜利就是它的失败。它的胜利体现在什么地方？体现在它无所不能，它甚至可以干涉地下世界的权力，干涉神的法则，它可以剥夺一个人死后的权利、死后的荣誉。所以这是公开的精神的彻底实现的过程，它是普遍的，它是没有界限的，它是无所不包、无所不能的。但是正当它无所不能地实现出来的时候，它就转变成对立面了。"它经验到的是"，这个地方强调经验，意识的经验科学嘛，它现在经验到了什么呢？"它的至公正就是至不公正，它的胜利毋宁说就是它自己的失败"，从它这一方面来说是至公正，公正到极点了，公正到无所不能，任何角落都用它的标准加以衡量、加以判断，包括人死后，它也用它的同一标准去加以衡量，去一视同仁地加以判决，这就是它的至公正。但公正到极致就是它的至不公正，对于神的法则来说就是至不公正。你可以惩罚他在阳间、他在世间的种种行为、种种劣迹,他所犯的罪,他所干的事,你都可以惩罚,但是他死了以后你就不能惩罚他了,死了以后就要归神的法则来管了,你怎么能够把手伸得那么长,去管神的法则呢? 那就是你的至不公正了。所以它的胜利也就是就是它的失败,你胜利了,但是你也输了,胜利的同时就是失败。或者说你的胜利还只是刚刚开始战斗,真正的战斗是在胜利之后进行的,你胜利了以后,复仇女神就要来找麻烦了。所以它的胜利毋宁说就是失败的开始。

　　<u>死者的权利受到侵害,他因此就知道为自己的复仇找到工具,这工具与杀害他的力量具有同样的现实性和强制力。</u>

　　"死者的权利受到侵害",你把你的公正延伸到了死者的权利,来侵害死者的权利,那么,"他因此就知道为自己的复仇找到工具"。死者,你不要看他死了以后好像什么都不知道了,你可以为所欲为了,但是他因此就知道为自己的复仇去寻找工具,你会遭到报应的。他不光是说说而已,他会找到工具,"这工具与杀害他的力量具有同样的现实性和强制力"。你要干涉人死后神的法则,那么阴间的法则会找到你阳间来,会在你的阳间找到它复仇的工具,这很现实的,不要小看了它。你凭你的力量、权力、强权,可以杀害他,但是引来的报复也是很具有强制力的,报复来临的时候也是很现实的。你逼迫安提戈涅自杀了,那么你的儿子海蒙、也就是安提戈涅的未婚夫,他也在安提戈涅的尸体面前自杀了,而你的妻子,海蒙的母亲听到儿子自杀了,她也自杀了,这是很现实的,当场兑现。你不要以为逼死了一个人,你就可以甩手不管了,你就轻松了,没那么回事。这就是报复的工具,这种工具与杀害安提戈涅的兄弟的力量具有同样的现实性和同样的强制力。

　　<u>这些力量乃是另外一些共同体,当它们的祭坛由于尸体遭到狗噬或鸟啄而受到玷污时,尸体并不因为它所应得地被还原为始基性的个体,就会超升成为无意识的普遍性,相反,它仍然停留于地上的现实性王国,并作为神的法则的力,现在就获得了一种自我意识到的现实的普遍性。</u>

"这些力量乃是另外一些共同体"，这工具是一些具有同样现实性的力量，非常具有强制性的力量，这力量是另外一些共同体，跟人的法则、跟国家不同的共同体。另外一些共同体也就是家族、血缘、神的法则，这里是复数，也就是另外一些家庭，这些家庭互相之间都有联系的。你把安提戈涅逼死了，那么你自己的儿子、你的妻子，这些都是有他们自身的共同体的，有一个个的家庭的，都会受到影响。"当它们的祭坛由于尸体遭到狗噬或鸟啄而受到玷污时"，抛尸野外嘛，让狗去吃他，兀鹰来啄食他，"而受到玷污"，家庭的祭坛受到玷污，尸体停留在地上不得埋葬，发出臭味，甚至导致瘟疫。尸体不埋葬就会发流行病的，所以人们常说，由于尸体不被埋葬，祭坛就会受到玷污，人们就会受到报应。"尸体并不因为它所应得地被还原为始基性的个体，就会超升成为无意识的普遍性"，这尸体没被埋葬嘛，它被还原为始基性的（elementarisch）个体，成为水火土气之类的元素，那是它应得的。人死了以后，他本应该被还原为物质性的个体，一具尸体，它失去了一切身份，不管这个人生前是国王也好，是平民也好，是奴隶也好、是主人也好，是英雄也好，是懦夫也好，对于这个尸体来说无所谓，它就是一堆碳水化合物，并且开始腐烂。本来个体就只是个体，本来那些身份都是人们加给他的，人的法则加给它一个身份，说它是个罪人，但尸体还是尸体。但是每一个人死后，尸体都应该被还原为始基性的个体，这个尸体你就不要再把它当罪人看了，也不要把它当英雄看了，它只是一个赤条条的个体，来去无牵挂。但是如果你不埋它，那么尸体并不因此就会超升成为无意识的普遍性，也就是超度到阴间，进入到阴间才超升为无意识的普遍性。人死了，他的一切个别性都消失了，只剩下一个"死者"，人人都要死的，所以死者是无意识的普遍性。但是你把他的尸体留在阳间，他的灵魂就得不到超升。"相反，它仍然停留于地上的现实性王国"，它仍然停留在地上，你仍然把它当作一个罪人。为什么不收尸？因为他是罪人，他死了还是罪人，死有余辜。死有余辜怎么办呢？就惩罚他的尸体。所以你还是用现实的人世间的眼光去对待他,去处理他,你没有让他超升为一种无意识的普遍性。"并作为神的法则的力,现在就获得了一种自我意识到的现实的普遍性",你把它放在现实性中,仍把它当作一个罪人,那么它就要报复,但是它现在已经由神的法则所支配了,它的报复是来自彼岸的神的法则的力,而这种力现在就获得了一种自我意识到的现实的普遍性。你把它留在现实世界中,它就不是无意识的普遍性,而是一种有意识的普遍性了。当然这里是一种象征的说法,人死了就没有意识了,没有自我意识了,但是你把它看作一个还有自我意识的个体,那么你这种眼光就赋予它一种自我意识到的现实的普遍性,它就要在这个现实世界中来惩罚你,这就是所谓的现世报,在现实中让你得到报应。既然你把它看成一个现实的人嘛,那么它就在现实世界中跟你作对了。地下的神的法则本来是跟地上的人的法则不搭界的,你强行把它留在现实性中,不让它回到地下去,那它在这个地上就要作怪,它就代表了神的法则的力来进行复仇。

这些力量就开始采取敌对态度,把侮辱和破坏其自身之力即家庭的尊重的那个共同体加以摧毁。

"这些力量"就是前面讲的另外一些共同体,它们作为神的法则的力量,于是"就开始采取敌对态度",就是说开始战斗,这个时候战斗才刚刚开始。"把侮辱和破坏其自身之力即家庭的尊重的那个共同体加以摧毁",就是你侮辱这个尸体,实际上你是侮辱和破坏了自身之力,因为地下的王国是你的力量之根,你破坏了地下王国的法则,那么实际上是把你自身的力量破坏了。这个自身之力,"即家庭的尊重",Pietät,尊重在这里又出现了。前面讲到,家庭之间、夫妻之间、父母和子女之间、兄弟姐妹之间,都有一种尊重,这是维系家庭的纽带,但是你把这个纽带都给它破坏了,那么你就丧失了自身之力。这就把那个共同体加以摧毁了,因为这个共同体自己侮辱和破坏了其自身之力。"其自身"也就是这个共同体自身,这个共同体、这个家庭的力量是建立在这种尊重之上的,你毁掉了这种尊重,也就是毁掉了家庭自身。这就是克瑞翁的下场,因为

285

克瑞翁不但代表国家共同体，而且也拥有自己的家庭这个共同体，他破坏了别人家庭的尊重，也就毁掉了自己家庭的凝聚力，使自己的家庭走向了自我毁灭。最后克瑞翁自己感到非常后悔，收回了他所制定的法律，收回了人的法律，而向神的法律让步；但是为时已晚，他家庭已经完全破坏了。他收回他的人的法则，也实际上是神的法则迫使他让步；他破坏了神的法则，神的法则也就要破坏人的法则，双方都没有得到保全。借助这样一个悲剧的故事，黑格尔展开了人的法则和神的法则的矛盾和冲突，通过这种矛盾冲突，伦理本质就走向了消亡，这就是我们下面一长段要讲的。

前面我们讲到，这两大原则通过双方的互相屈服，绝对的公正得以完成，作为全能而公正的命运，例如《安提戈涅》悲剧最后达成了一种命运，命运是公平的，命运是能够把不平的东西摆平的。这本来是一个很好的结局，虽然对主人公来说是悲剧，但是维护了命运的公正。阿拉克西曼德就讲到，命运在时间中不公正，于是就通过惩罚而恢复公正，这就是逻各斯，这就是命运。那么前面讲的这两段就是说，虽然保住了命运的公正，但是伦理的本质在这种矛盾中走向消亡，就是虽然你可以说双方都是公正的，但是单独从这一方和那一方来看，都是不公正的，那么这种不公正就导致了伦理本身的消亡。虽然最后命运恢复了公正，但是这必然会导致伦理意识、伦理本质本身遭到摧毁。前面已经露出了一点，就是说共同体自己通过自己这样的行为使自己遭到了摧毁，下面就是专门来分析这样一种摧毁，它的具体过程。就是说这样的悲剧一旦成立，人们就会把这样一种公正的命运置于超越现实生活之上的抽象的地位，而在现实生活中人们所凭借的反而是那些自然的力量了。自然的力量、现实的生活，在冲突中通过牺牲主人公而被伦理的原则所扬弃；那么反过来，伦理的原则扬弃了自然性以后，它自身也就被架空了。你说这个不对那个也不对，你自己才是对的，那么你又能通过什么样的人物才能表现出你自己绝对的正确呢？就没有力量了，没有力量人家就不在乎你了,人家在乎的还是你底下的这种现实的自然之力,于是这样一种伦理意识在这个阶段就走向了毁灭。

　　凭借这一表象,人的法则和神的法则的运动就把自己的必然性表现在这些个体上了;在这些个体身上,共相显现为一种**情致**,运动的能动性则显现为**个体性的**行为,这种个体行为就赋予运动的必然性以偶然性的假象。

　　"凭借这一表象",这一表象就是前一句所展示的:"这些力量于是就采取敌对态度,把侮辱和破坏其自身之力即家庭的尊重的那个共同体加以摧毁",也就是共同体自我摧毁的表象。借此,"人的法则和神的法则的运动就把自己的必然性表现在这些个体上了",人的法则和神的法则的运动有其必然性,这些法则互相对立、互相冲突、又达到互相调解,这样一种运动把自己的必然性表现在这些个体身上,这种必然性就是个体的命运,这是不由你所控制的。"在这些个体身上,共相显现为一种**情致**,运动的能动性则显现为**个体性的**行为",在这些个体身上,共相显现为一种情致,情致我们上次课已经讲到了这个词,Pathos,"情致",我们上次把它解释为一种共通感,黑格尔讲到的情致是一种共通的情感,这种情感带有普遍性。所以他讲共相显现为一种情致,共相不再是抽象概念,共相本身变成了一种共通的情感,很具体。你爱国家,或者你爱你的家庭,你爱你的兄弟,神的法则和人的法则都要体现为一种情致。但情致还不是能动性,它只是你的一种感觉,你觉得这样对或者这样不对,而运动的能动性则显现为个体性的行为。"个体性"打了着重号,"情致"也打了着重号,在这里情致是代表普遍性的,行为是代表个体性的,而运动的能动性是由个体性来体现的,是由你的行为推动的。你不管有什么样的情致,问题在于你干了什么,你攻打底比斯,这是你的行为,你把死者的尸体加以处置,这也是你的行为,一意孤行,我要怎样做,这都是个体性的行为。"这种个体行为就赋予运动的必然性以偶然性的假象",在这种运动的必然性中，在命运中，因为它是由个体性承担的，所以这种个体行为就赋予它以偶然性的假象，好像这一切都是偶然性导致的。玻吕尼刻斯去攻打底比斯好像是他的偶然性，他的野心太大，你做不成国王就算了，你还要去打这个国家，还非要把这个城墙踏平，这属于他的一意孤行。克瑞翁也是一意孤行，人死了就算了，你还要判他死后不准收尸，谁来收尸你还要判他死刑，这个也太过分了。这都是由于人们独断专行，个性太专制、太过于执着所导致的，好像都是偶然性，好像要换一个人就不会导致冲突了。但是一旦导致冲突就必然有它的下场，所以表面上是偶然性的东西，里面有运动的必然性，只是赋予了它以偶然性的假象。

　　但是个体性和行为构成着一般个别性的原则，这一原则在其纯粹的普遍性中曾经被叫作内在的神的法则。

　　"但是个体性和行为构成着一般个别性的原则"，一般来说，个别性都必须体现在个体的行为中，也就是前面讲的那种一意孤行的行动中，这就是个别者在现实中的个性。但是这种个别性的权利在前面都只是在个体死了以后才得以由家庭和神的法则来保证的，只是作为脱离了人的法则的个体的归宿。所以"这一原则在纯粹的普遍性中曾经被叫作内在的神的法则"，它曾经和外在的人的法则相对立，只有在死后被超度到阴间，成为了非现实的阴影，它才能成为无意识的纯粹普遍性。但是现在情况有了变化，由于神的法则从阴间进入到现实生活中实行它的报复，它就不再只是内在的神的法则，而是体现为自我意识到的现实的普遍性了。这就是下面说的。

　　它作为公开的共同体的环节，则不仅具有以前那种地下的、或者在其定在中的外在效应，而且还具有一种在现实的民族中也同样公开的、现实的定在和运动。

　　"它"，就是个别性原则，它曾经被叫作内在的神的法则，现在"作为公开的共同体的环节"，或者个别性原则作为人的法则的环节，个体作为公民社会的构成环节。这原则原先是被看作内在的神的法则，而现在它

"不仅具有以前那种地下的、或者在其定在中的外在效应",就是说以前神的法则通过它的定在而在家庭中培养出走向社会的公民,这是神的法则的外在效应;而现在它不仅具有这样一种外在效应,不仅具有以前那种地下的、不是明文规定的、而是祖辈传下来的外在效应,"而且还具有一种在现实的民族中也同样公开的、现实的定在和运动"。你进入到社会了嘛,那么这样一种神的法则所培养起来的个体性原则,作为共同体的组成环节,就不再是以前的那种地下的外在效应了,而且在现实的民族国家中也有它的定在和效应。同样公开的、现实的定在和运动,就是说在公民社会中,作为一个公民你到社会上去了,按照人的法则办事,但同时也带来了你的家庭赋予你的个体特点,那么神的法则在这里也同样具有它的现实和定在。你不要以为你脱离了家庭,家庭的神的法则就不起作用了,它在你的公民生活中同样起作用。比如说两兄弟争王位,每一位都是父母养的,都要体现自己的个体性,那不是神的法则在起作用吗?不是一种现实的定在和运动吗?它把神的法则带进了人的法则的现实生活中。所以神的法则和人的法则不是互相割裂的,它们是互相渗透的,你中有我、我中有你,你在维护城邦的民族和国家的法律时,要依靠人的个别的个体行动,其中就包含有神的法则、家庭和自然的原则在里面。没有家庭和自然的法则,你怎么能够培养出合格的公民来呢?现在它是公开的、共同体的本质环节,共同体是由家庭组成的,由家庭中出来的个体来运作的,这个是大家都认可的。

　　以这种形式来看,当初曾被表象为个体化了的情致之单纯运动的那种东西,就获得了一种另外的面貌,而罪行以及由此而导致的共同体的毁灭就取得了其定在的真正形式。

　　"以这种形式来看",也就是地下的这样一种法则通过个别性原则影响到了地上,渗透到了地上,渗透到了城邦的法律和民族国家的法律的运行之中。那么,"当初曾被表象为个体化了的情致之单纯运动的那种东西,就获得了一种另外的面貌",从这个角度来看,个体化的情致之单纯运动,比如说犯罪,犯罪的行为是由个体化的情致所导致的一种单纯的运动。他本来是非常单纯的,他就是出自家庭的血缘,玻吕尼刻斯认为他自己也有权利去继承王位,这种情致是每个人都能理解的,如果我身处那样一个地位,我也会去争王位,因为我有同等的权利嘛。当初曾出自于一种个体化了的情致的单纯行为,这个时候我们来看它,就获得了一种另外的面貌。"而罪行以及由此而导致的共同体的毁灭就取得了其定在的真正形式",也就是说玻吕尼刻斯的罪行就是叛国罪,并且把原来的国王杀了,两人同归于尽,共同体没有国王就毁灭了,这个时候需要另外一个人来继任国王、挽救共同体;但这样一件事情现在取得了其定在的真正形式。罪行也好,共同体的毁灭也好,都是一种表面的看法,但是它还有另外一个面貌,这种面貌反映了这件事情真正的形式,这就是神的法则对于人的法则造成了影响,甚至于造成了毁灭。你可以说他犯了罪,什么罪呢? 毁灭了共同体,把国王杀了,这很简单;但是如果从另外一个角度来看,你会发现没那么简单,实际上是由神的法则在背后起作用,它鼓动着人的个别性发挥自己的能动作用。所以,"以这种形式来看",就是以地下的法则对地上的法则发生的影响来看,这个犯罪事实就取得了另外一种面貌,获得了其定在的真正的形式。

——所以人的法则在其普遍的定在中就**是**共同体,在其一般的实行中就**是**男性,而在其现实的实行中就**是**政府,这法则之所以**运动**和**维持**下去,是由于它消耗掉了家神的分裂活动,或者说消耗掉了由女性所主[31]管的家庭中那种独立的个别化活动,并在自己的川流不息的连续性中维持着对这些活动的化解。

"所以人的法则在其普遍的定在中就**是**共同体",这个我们前面已经知道了,人的法则在其普遍定在中把它实现出来,那就是共同体。这里的"是"字 (ist) 打了着重号,下面的两个"是"字都是这个字,也就是强调它的"存在",与后面打了着重号的"运动"和"维持"相对照。人的法则就是这样存在的,它就"是"共同体。"在其一般的实行中就**是**男性",

一般的实行，就是说人的法则一般是靠男人来实行的，我们前面也已经讲到了"男人的法则和女人的法则"，相应于"人的法则和神的法则"。人的法则是由男性来代表的，神的法则是由女性来代表的。凡是公共活动都是由男性去从事的，公民大会、投票、辩论和执行，都是由男性参加的，我们知道古希腊是个男权社会，男人在政治上有发言权。"而在其现实的实行中就**是**政府"，一般的实行是男性，现实的实行是政府。一般的活动，就是任何政治活动都是由男性去干的，包括投票辩论之类；而现实的实行靠政府，政府对事务有决定权和执行权。男性要实行人的法则，最终是由政府代表他们来实行的，那就体现为政府的行政执法。这是三个层次：在其普遍的定在中就是共同体，即整个城邦；在其一般的活动中是男性；在其现实的实行中则是政府。"这法则之所以**运动**和**维持**下去"，"运动"和"维持"都打了着重号，这是对应于前面的"存在"讲的。前三个层次都是存在的层次，但人的法则不光是要存在，还要运动，并且要在矛盾冲突中维持自身。如何运动和维持自身呢？"是由于它消耗掉了家神的分裂活动"，在它本身的运动中把家神的分裂活动消耗掉了。"消耗掉"这个用词很重要，不是一般的"消除"或者"消融"，消耗掉了，就是它时时刻刻都与家神的法则处在矛盾之中，但是这种分裂倾向的力被政府行为消耗掉了，它不可能被压制下去，但是它可以被消耗，它不断有分裂倾向，但是一产生出来就被消耗掉了，被耗尽了，然后这个政府、这个共同体就能维持下去了。家神有一种分裂倾向，家庭与国家之间以及各个家庭之间都有一种分裂倾向，那么在共同体中，它要组成一个国家、一个城邦，它肯定要让分裂双方互相消耗，包括两兄弟争当国王，最后两败俱伤。"或者说消耗掉了由女性所主管的那种独立的个别化活动"，既然是消耗掉了家神的分裂活动，这种分裂活动是由于个别化而产生的，而这种个别化是由家庭中的女性培养起来的，对于女性来说，自己的孩子，手心手背都是肉，所以这种消耗就是男人的法则对女人法则的消耗。家庭中培养出来的人，他作为一个个人、作为一个个体，投入到社会生活中，那么他就有家庭中所带来的那种独立的个体化倾向。他是出自于某某家庭的，而这个家庭中维持不变的就是女性的主导地位。由女性所主管的家庭中，男人在外面打拼，在外面搞政治，女人管家务，"相夫教子"，所以由女性所主导，就是致力于培养顶天立地的男子汉。而男人作为一个独立的个人，他跟共同体之间有一种若即若离的关系：一方面他可以把自己献身于共同体，另一方面，即算是献身于共同体，他也是一个独立的个体，从某某家庭中出来的个体献身于共同体，所赢得的是个人和家族的荣誉，所以他就有一种个别化的倾向。人的法则之所以能够运动和维持下去，就是由于它消耗了这样一些分离的和个别化的能量，"并在自己的川流不息的连续性中保持着对这些活动的化解"。川流不息的连续性，也就是说人的法则它不是僵死的、固定不变的一套抽象的规范或框架，而是一种流动的连续性。人的法则如果要有现实性，它必须赋予生命，而这种生命是由个体活动带来的，个别化的活动带了人的法则以现实的生命，那么人的法则就体现为在一种流动的连续性中消耗这些个别化的活动，让它们为人的法则的普遍性提供维持的养料。这样的消耗就不仅仅只是被消除了，而且是被利用来促成了共同体的运动和维持，个体化正是在它的被消耗中提供了共同体运动的动力。人的法则正是靠牺牲个体、消耗个体活动的能量而得以延续的。

然而，家庭一般说来同时又是共同体的元素，个别意识是普遍的起能动作用的根据。

"然而，家庭一般说来同时又是共同体的元素"，也就是说国家共同体是由家庭组成的，你要家庭完全融化掉它的这个分离的倾向，或者融化掉它培养出来的个别者的独立倾向，原则上是做不到的；不仅如此，共同体如果离开了这个元素，这个 Element，它就没有根基了，这个元素也可以说是它的根本始基。"个别意识是普遍的起能动作用的根据"，人的法则要运动，要在运动中维持自身，个别意识就是其中能够起能动作用的根据。一个国家必须要有一大批具有个别意识、具有独立性的公民，如果每个人都把自己的独立性放弃,那这个国家就静止了,就一潭死水,停在那里了;一个国家、一个城邦之所以生气勃勃,就是由于有一大批有个性的人、有才华的人、有才干的人、有性格的人,他们在推动城邦欣欣向荣。所以,能够推动这个社会前进的不是那些唯唯诺诺的小人,不是那些完全没有个性、一般化了的平庸之辈,而恰好是这些特立独行的个体、这些英雄。希腊是英雄时代,希腊的社会是靠这些英雄在推动的,所以是靠个别意识推动的。

　　由于共同体只有通过打断家庭幸福,并把自我意识消融于普遍意识 {259}
之中,才赋予自己以持存,所以它就在它所压制的、而同时又是它的本质的东西身上、在一般女性身上造就了它自己内在的敌人。

　　这里有一个吊诡,"由于共同体只有通过打断家庭幸福,并把自我意识消融于普遍意识之中,才赋予自己以持存",共同体必须要打断家庭幸福,直接的体现就是,共同体遇到了国家有难,男人要出去打仗,要离开家庭,这不是破坏了家庭幸福吗? 然而共同体振振有词了,你要为国家献出自己的幸福,家庭的幸福不算什么,国家利益至上,所以这是应该的。为国打仗、为国捐躯,哪怕战死沙场都是应该的。男人都出去打仗了,女人待在家里,没有家庭幸福了。也就是共同体只有把自我意识消融于普遍意识之中,要你放弃个人利益,才得以维持。自从古希腊以来,所有的国家都是这样的,你要放弃你的个人幸福,要把个别意识消融于普遍意识之中,你讲自我意识,国家就是你的自我意识,普遍意识就是你的自我意识,你要意识到你是国家的公民,这是首要的,这样才能赋予自己的政府以持存,否则就会垮台了。放弃你的小我,共同维护我们这个大我,这样共同体才能存在。"所以它就在它所压制的、而同时又是它的本质的东西身上、在一般女性身上造就了它自己内在的敌人",前面讲人的法则是对神的法则、家庭原则的压制,但同时家庭原则又是人的法则的本质或元素,那么现在它正是在自己的这个本质身上,造就了自己内在的敌人。这个很吊诡的,就是说,它一方面压制、但是它所压制的东西又属于它的本质，你国家不就是为了公民幸福吗？大家不就是为了小家吗？大我最后还是要小我来体现呀，如果每个人都没有了小我，你的大我体现在谁身上呢？国家本来就是为了每个公民的幸福而建立起来的，如果一个国家的公民都没有幸福，那你这个国家有什么意义呢？所以每个公民的幸福是属于国家的本质，但是国家又要压制个人幸福，而压制个人幸福最直接地体现在剥夺妇女的幸福。这个地方归结到女性身上，我们会觉得很奇怪，因为在古希腊，女性是不参与政治的，女性都是顾家的，她在家里面操持家庭，她所关心的就是家庭的幸福，以及培养合格的公民。这本来是城邦的基层结构，现在城邦要压制妇女的利益，所以它就在一般女性身上造成了它自己内在的敌人，它以个人的家庭幸福为敌，就是与女性为敌。古希腊城邦是一个男人的社会，女性是被排斥在外的，不但被排斥，而且还压制女性对幸福的要求，所以它造成了它内在的敌人。这里这句话是有所指的，我们看下面。

女性——这个对共同体的永恒的反讽，——运用诡计把政府的普遍目的改变为一种私人目的，把政府的普遍的能动性转化为这一特定个体的作品，把国家的普遍财产颠倒为家庭的一种占有物和装饰品。

"女性——这个对共同体的永恒的反讽"，反讽，Ironie，我把它翻译成"反讽"，有的把它翻译成"讽刺"，在黑格尔《美学》第一卷里面谈到费希特的"滑稽说"，就是 Ironie，但是它带有一种悖论的意思，所以必须有个"反"字。在修辞学里面把它叫作反讽，就是自己反对自己的意思，当然它是跟喜剧、跟滑稽、跟讽刺都有关的，但都是不能等同的。这里讲对共同体的永恒的反讽，就是说女性对男权社会她是个永恒的反讽，她跟共同体是格格不入的，或者说她恰好就是共同体的反面。女性是对政治反感的，我们直到今天也是一样，女人一谈政治就回避了，男人要谈多了，女人就要发牢骚了："你们尽谈些政治！"女人要谈政治据说就很不像女人。当然现在也有些不同，现在有很多女总统呀、女首相呀、女议员呀，观念在改变，但在传统的观念中女人是不谈政治的，女人只谈家庭。但

女人又不能公开反对政治,所以女人"运用诡计把政府的普遍目的改变
为一种私人目的,把政府的普遍的能动性转化为这一特定个体的作品",
这里头所暗指的是阿里斯托芬的喜剧 *Lysistrata*,中文叫做《吕西斯特拉
忒》,这部喜剧被现代人解读为一部女性主义的作品。《吕西斯特拉忒》
是说一帮女人在战争问题上与男权对抗,由于雅典连年战争,最开始跟
波斯打仗,后来和斯巴达打仗,跟这个城邦那个城邦打仗,成天就是在打
仗,一打仗男人就不归家了,女人就非常反感。于是有一天女人就联合
起来,以吕西斯特拉忒为首,把政府给占领了,就像我们今天的"占领华
尔街",她们把政府给占领了,把白宫给占领了。占领了以后怎么办呢?
她们提出要反对战争,要政府回归家庭,要男人回归家庭,回来陪伴女人。
这是阿里斯托芬写的一部喜剧,说是女人运用诡计把政府的普遍目的偷
换为一种私人目的,把共同体的普遍的能动性转变成这一特定个体的作
品,要制定法律反对战争,让男人回归家庭。共同体普遍的能动性要对
我们女人有利,我们女人要顾家,我们女人需要男人,不需要他们去打仗。
"把国家的普遍财产颠倒为家庭的一种占有物和装饰品",她们要占领国
家,把国家变成她们的一种占有物,要占领公民大会,由我们来发号施令,
国家就成为了我们的一种装饰品。这个反讽里面就有喜剧性,有喜剧精
神,男人在从事政治活动的时候是悲剧,而女人参加进来就成了喜剧。
当然安提戈涅也是女人,但她是由男人造成的悲剧。女人则是对共同体
永恒的反讽,用一种喜剧的方式来解构了共同体的人的法则。阿里斯托
芬写了三部关于女人和公民大会的喜剧,一部就是《吕西斯特拉忒》,吕
西斯特拉忒是妇女们占领公民大会的首领;另外还有一部就是《地母节
妇女》,在希腊地母节就是女人的节日,就是妻子和女儿的节日,全是妇
女聚集在一起。她们聚集在一起干什么呢? 她们宣布要对阿里斯托芬进
行审判,说阿里斯托芬专门污蔑我们女人,我们要判他死刑。阿里斯托
芬很害怕,就派了他的一个亲信装扮成女人去偷听,结果被揭发了,阿里
斯托芬又去救他的亲信,反反复复。这也是一个喜剧,说明女人其实还

是渴望掌权的，只不过她们希望的权利跟人的法则不一样，女人的法则是神的法则。还有一部就是《公民大会妇女》，也是讲女人占领了公民大会，然后搬过来一套法律，这套法律是共产主义的法律，取消私有财产，取消战争、取消贫富分化等等，然后按照柏拉图的《理想国》的方式，大家共享财产。当然这是一个幻想，在公民大会上吵吵闹闹，不着边际，阿里斯托芬实际上是带着嘲笑的眼光在描写这些女人。不过阿里斯托芬是一个复古主义者，他其实也希望回到原始共产主义，所以在嘲笑的眼光里面，他也有一点同情的倾向。黑格尔这里所说的，就是阿里斯托芬的喜剧所表现出来的情况，即希腊晚期城邦的伦理实体开始走下坡路了，阿里斯托芬盼望回到远古时代，回到法律还没有建立的时代，那个时代是自然原则占统治地位的时代，要回归自然，一切人为的法则都要取消。当然阿里斯托芬没有这么明确，如果他那样明确讲出来的话，他可能就要被流放了，他是通过这样一些喜剧表达了这种倾向。但里面其实还隐含着一种新的原则在悄悄诞生，这就是在古希腊所缺少的个人主义正在萌芽。当这些妇女运用诡计把政府的普遍目的改变为一种私人目的，把共同体的普遍的能动性转化为特定个体的作品，把国家的普遍财产颠倒为家庭的一种占有物和装饰品时，社会的重心已经开始偏移，从集体、国家偷偷转到了私人的小我一方来了。个体的、私人的、家庭的，这是最重要的，要回到私人、回到个体、回到家庭，那就是回到自然，回到神的法则，回到自然的无意识的法则。女人在其中充当了急先锋，当然这绝不仅仅是倒退。

　　妇女们对成熟的老年人的严肃的智慧加以嘲笑和蔑视，因为老年人的个别性萎缩，——对快乐、享受和现实的能动性都麻木了，——所以思考和关注的只是共相，而她们用来嘲笑和蔑视老年人的是不成熟的年轻人的恶作剧和他们的热情激荡；她们处处把年轻人的力推崇为行之有效的东西，——说儿子是母亲给自己生的主人，弟兄是姐妹们所拥有的与她们平等的男人，小伙子是女儿赖以摆脱自己的不独立性而获得妻子的享受和身份的人。

这一大段讲得更加具体了。前面讲妇女们把国家、把城邦、把政府变成私人的、个体的和家庭的所有物,这里进一步说,"女性对成熟的老年人的严肃的智慧加以嘲笑和蔑视",这在《公民大会妇女》里面有描述。《公民大会妇女》里面领头的是个年轻妇女,还有年老的也在里头,于是双方就为争夺年轻人而吵架。她们都钟情于年轻人,都希望得到年轻人,于是年轻妇女就嘲笑老年人,而老年人就以他的严肃和智慧作为他的优势,但却遭到年轻女性的嘲笑和蔑视。"因为老年人的个别性萎缩,——对快乐、享受和现实的能动性都麻木了,——所以思考和关注的只是共相",老人的体现在个别性上的生命力已经萎缩了,对私人的快乐和享受都麻木了,你们懂得什么是快乐?你们的时代已经过去了,你们所关注和思考的只是共相,只是那些抽象的条条框框,老人是受到这些条条框框的局限的。"而她们用来嘲笑和蔑视老年人的是不成熟的年轻人的恶作剧和他们的热情激荡",女性正是用年轻人作对比,说老年人你不要那样老成持重,那样老态龙钟,什么东西都是动不动就搬出这些法律条文来规范别人的行为,你还不如像年轻人那样搞些恶作剧,还能够体现你的热情激荡,可惜你不行啊!"她们处处把年轻人的力推崇为行之有效的东西(Geltende)",你那都是说的空话,只有年轻人的力,年轻力壮,那才是真正靠得住的、有价值或有效的东西。年轻人的力才是真正顶用的,才是中流砥柱。"说儿子是母亲给自己生的主人,弟兄是姐妹们所拥有的与她们平等的男人,小伙子是女儿赖以摆脱自己的不独立性而获得妻子的享受和身份的人",这里有三个层次,一个是就母亲来说的,一个是就姐妹来说的,一个是就女儿来说的,她们都推崇男青年。女性在家里面就是这三个层次了,一个是把儿子看作母亲给自己生的主人,儿子是母亲的希望,母亲一切都要服从儿子,这跟中国古代有些类似,所谓女人"三从":在家从父,出嫁从夫,夫死从子,丈夫死了以后你就要服从儿子。古希腊也有这种说法,儿子是母亲的主人。当然小时候不是,小时

297

候被母亲养大，这里是讲的青年人。我们现在也是这样，母亲总要跟儿子住在一起才算是踏实了，如果跟女儿住在一起，总觉得是住在"别人"家里，不落实，儿子才是她的主人。第二个层次，弟兄是姐妹们所拥有的与她们平等的男人，至少在家里是男女平等的，古希腊家庭重男轻女好像不太严重。当然有的家里偏爱男孩，有的家里偏爱女孩，这个都可以的，但是一般来说是平等的，而且只在家里平等。第三个层次则涉及家庭外部了，小伙子是女儿赖以摆脱不独立性而取得妻子的享受和身份的人，就是当女儿要嫁出去，另外成立家庭的时候，年轻小伙子也是被推崇的，女儿嫁给他以后就摆脱了自己的不独立性，而取得妻子的享受和身份，成了家庭主妇。古希腊的妻子身份还是蛮高的，至少在家庭里面妻子说一不二，在外面你丈夫从政也好，发财也好，干什么都可以，但在家里面是妻子说了算，她有"主妇"的身份，也有权享受男欢女爱。女儿在自己家里面是不独立的，她必须服从她的父母，嫁出去才独立了。可见在古希腊的公民社会、在城邦中妇女可以作出她们的反抗，这种反抗表现为自然对伦理的反抗。但这种反抗仍然要借助于青年男性，恶作剧也好，热情激荡也好，都是为了打破男人的法则，但是要借用年轻人的青春活力，来为女性争得权利。母亲也好、姐妹也好、妻子也好，都盼望着年轻小伙子来给她们以支撑。只有年轻男性才能打破陈规，把个别性的内在自然的生命活力发扬光大起来。

——<u>但是共同体只能通过压制这种个别性的精神来维持自身，而且由于个别性精神是本质环节，所以共同体同样也在产生出个别性精神，也就是通过压制的态度把个别性精神当成一种敌对原则产生出来。</u>

前面讲了，女性是共同体永恒的反讽，她们有这种倾向，运用诡计把政府普遍的目的变成一种私人目的。如果女人一旦掌握政权，就会为家庭着想，为私人目的着想，为个人着想。所以"共同体只能通过压制这种个别性的精神来维持自身"，女人之所以不能参政，就是因为这个。共同体怎么能够容许女人按照她们的意志来左右呢？如果这样，那共同体就可以不存在了,就回归自然了,那就没有城邦了,大家都回到氏族部落就行了。氏族部落就是女权制,母系社会,如果女性掌权的话就会导致这样。所以共同体只能通过压制这种个别精神来维持自身。"而且由于个别性精神是本质环节,所以共同体同样也在产生出个别性精神",就是说共同体要通过压制这种个别性精神来维持自己,但是个别性精神又是它的本质环节,不但不能完全压制,而且还要鼓励它,以便为自身获取活力,这是它自身的一个悖论。"也就是通过压制的态度把个别性精神当成一种敌对原则产生出来",正是通过这种压制,通过把个别性当敌人,更高的个别性精神才产生出来了,这是一种敌视个别性的个别性。共同体要对个别性精神加以压制,而这种压制的态度本身就是一种个别性精神,它产生出一种"朕即国家"的僭主制度,是作为城邦的一种敌对的原则产生出来的。所以希腊城邦在对个别性精神的压制之下产生了一种敌对的个别精神,而这种个别精神又是作为共同体的本质环节,共同体一方面压制它,另一方面又产生了它。

然而,这种敌对原则既然离开普遍目的就只是恶的和本身虚无的,那么假如共同体本身不承认青年之力,即尚未成熟、尚在个别性内部的男性为整体之力,这一原则就什么也干不了。

"然而",这个话题一转,"这种敌对原则既然离开普遍目的就只是恶的和本身虚无的",离开了普遍目的,这种个别性就只能是恶的和本身虚无的,这就是古希腊未能形成真正的个体人格的原因。就是说个别性如果还没有把共同体的普遍目的当作自己的目的,个人如果完全游离于共同体之外,它就只能是恶的和虚无的东西,自生自灭,是立不起来的,个人是不能脱离社会而单独存在的。所以,个别性即使是敌对原则,也必须是为了更好地实现共同体的普遍目的,否则它就毫无意义。"那么假如共同体本身不承认青年之力,即尚未成熟、尚在个别性内部的男性为整体之力,这一原则就什么也干不了",共同体必须把这种个别性的、处于敌对状态的力,也就是年轻男子的尚未成熟的、只知道自己的个别性而不知道顾全大局的力量，作为自身的整体之力来承认，否则的话，这种敌对原则就没有意义。古希腊城邦正是由于还没有承认这种敌对的个体性原则为自己的整体之力，对僭主政治的评价通常都很低，所以希腊人只知道整体的自由而不知道个体的自由。共同体只有在承认了青年之力就是整体之力的前提之下，才能够把个体性的自由确立起来。在原始自然氏族公社的时代，个别性离开普遍目的就只是恶的和本身虚无的，这样的人就会被赶出共同体，个别性的精神在氏族公社是不能立足的，氏族公社里面的人无条件的要服从普遍的目的。那么在希腊的城邦公民社会里面，个别性的这种敌对的原则尽管已经成为城邦的本质环节，城邦的发展离不开它，但还没有得到城邦本身的承认。只有当共同体本身承认青年之力就是整体之力，哪怕它尚未成熟，还局限在个别性内部，体现为男子汉的个性，个体性的自由才被正式作为原则确立起来。但这样一来，城邦就培养起了自己的敌人，城邦制度本身也就面临着解体的危机了。

因为这整体是一个民族，它本身就是个体性，而且本质上只有当**别的个体性**都是**为**它而存在的，只有当它**排除**别的个体性于自身之外，并知道自己不依赖于它们时，它才是**自为的**。

"因为这整体是一个民族，它本身就是个体性"，我们刚才讲它本身就是大我，一个大的个体性，而现在这个大我是由小我来代表的，比如说是由国王所代表的。"而且本质上只有当**别的个体性**都是**为**它而存在的，只有当它**排除**别的个体性于自身之外，并知道自己不依赖于它们时，它才是**自为的**"，这个整体作为一个民族它也是个体性的，别的个体性都是为它而存在的，都是服从这样一个最大的个体性的，所以别的个体性对它来说不是绝对的敌人，是它所依赖的；但是它又必须要排除别的个体性于自身之外，并且知道自己不依赖于它们，在这样一种张力中它才是自为的，或者说它才是独立的个体性。一个城邦、一个民族、一个国家都是这样，它可以成为一个国家，是因为有一大批人为它而牺牲，它才是一个独立的国家，它才说话算数。它是一个更高的个体性，但是这个个体性必须有其他个体性为它服务,同时它又排除其他个体性并且不依赖于其他个体性,这才表现出自己的自为性。

共同体的否定方面,即**对内**压制个体的个别化倾向,但**对外是自主活动**的,这正是以个体性作为它的武器的。[32]

"共同体的否定方面,即**对内**压制个体的个别化倾向,但**对外是自主活动**的",共同体对内压制个人,对外是依赖于个人的自主活动的,这种内外双重态度是统一的。正因为它对内压制了一切个体化倾向,对外它才能表现为一个有力的个体,才能像一个人一样行动。它的否定倾向一方面是否定它内部的那些离心离德的个体性,对内它要压制各个个体的个别化倾向;但另一方面,它对外是自主活动的,这也是它的一种否定倾向,就是以唯一的个体去否定一切妨碍它自主活动的个体,不受其他共同体的约束。这两种否定性的倾向,"正是以个体性作为它的武器的"。一方面对内压制个体的个别化倾向,而这恰好是以一个唯一一个别性作为它的武器的,这就是集权、专制。你靠什么来压制个体的个别化倾向?有人叛乱了,有人反叛了,你怎么办? 你如果无所作为的话,城邦就灭亡了,你必须要有人去镇压这种个别化倾向,而这个镇压的人也是个别化的,也是有个性的。对外也是这样,以个体性作为它的武器来实现对外的自主活动,排除其他个体性的干扰。所以它离不开个体性,它对内是压制个体性的,对外也是排除其他个体性的,这都要靠它自己的强有力的个体性。共同体的否定方面就是它的个体性,或者说,共同体的个体性就是它的否定方面,这个否定是带有积极意义的,就是说哪里有反叛、哪里有对立,它就站出来去否定它、去镇压它,它是以个体性作为它的武器的。

战争是这样一种精神和形式,在其中伦理实体的本质环节以及伦理性的**自我本质**的摆脱一切定在的绝对**自由**,就在这实体的现实性和考验中现成在手了。

"战争是这样一种精神和形式",这里提到战争,我们前面讲到《吕西斯特拉忒》喜剧的一个主题就是妇女们召开公民大会反对战争。女性主义体现在那里？像撒切尔夫人那样的铁娘子是不是女性主义？真正的女性主义者恐怕不承认她是女性主义，女性主义是反战的。但吊诡的是，妇女们把年轻男子作为性对象来崇拜，而这样的性对象一旦掌权，肯定是好战的，青春的激情一定要在战争中才能得到最大的展现。所以当他代表共同体的否定方面对外进行自主活动的时候，必然体现为对其他共同体的个体性的否定和镇压，以此来展示自身的个体性，而这就是战争。所以在战争的精神和形式中，"伦理实体的本质环节以及伦理性的**自我本质**的摆脱一切定在的绝对**自由**，就在这实体的现实性和考验中现成在手了"。绝对自由在通过战争对伦理实体本质环节加以实现的过程中，在对伦理实体的本质的考验中现成在手了。伦理实体只有在战争中才有绝对自由，因为它的自我本质摆脱了一切定在的束缚，凭借自身的本质环节而为所欲为，胜者为王，它遵守的是凭实力说话的丛林法则。古希腊的战争是非常残酷的，那是没有任何束缚的，我们征服了一个城邦，就可以把整个城市夷为平地，把城邦里所有的男子赶尽杀绝，把所有的女人和小孩都作为战俘、作为奴隶，甚至于全部杀光，那是没有底线的，例如特洛伊战争就是如此。当然这种绝对自由对于另一方带来的就是恐怖，在后面专门有一节讲法国大革命的"绝对自由与恐怖"，虽然时代不同、对象不同，道理是一样的。伦理实体的本质环节以及伦理性的自我本质是抽象的人的法则，它的摆脱了一切定在的绝对自由，在战争所提供出来的对这个实体、对城邦的现实考验中现成在手了，或者说在战争中实现出来了。绝对自由在伦理实体的本质环节和伦理性的自我本质中是空洞的，由于摆脱一切定在，它在它的抽象的形式中是实现不了的；但是它现在通过战争而现成在手了，战争就是这样一种精神和形式。伦理实体的本质本来是抽象的，它的自我本来是内在的，但是它的不受任何约束的绝对自由通过战争的形式，使得这种本来抽象内在的本质经受了考验，而实现出来了。黑格尔在这里暗示的是马其顿王亚历山大的脱颖而出。

　　由于一方面战争使有关财产和人格独立的那些个别性**制度**也好、个别的**人格性**本身也好, 都感受到否定之力, 所以另一方面, 正是这个否定本质在战争中把自己提升为整体的维持者; 那被女性当作自己的快乐的勇敢的小伙子, 即那被压制着的毁坏原则便走到了日光之下, 他就是行之有效者。

　　"由于一方面战争使有关财产和人格独立的那些个别性**制度**也好、个别的**人格性**本身也好, 都感受到否定之力", 战争使得建立起个别财产和人格独立的那些个别性制度, 也就是私有制, 感受到了否定之力, 甚至连建立在私有制之上的个别人格性本身也遭到了否定。战争中攻破一个城邦就大肆掠夺, 那就不管什么私有制了, 战败者也谈不上什么人格独立性了, 这些个别性制度被摧毁, 无处讲道理了。一个是制度层面被否定了, 一个是精神层面的人格性也被否定了, 这是在战争中免不了的情况, 是从战败者一方来说的。"所以另一方面, 正是这个否定本质在战争中把自己提升为整体的维持者", 另一方面是从战胜的一方来说的, 这个否定本质在战争中把自己提升为整体的维持者, 就是说发动战争的人正是在战争中成为了城邦整体的铁腕人物, 很多对外战争都是由于内部矛盾所导致的, 甚至没有这种战争, 城邦本身都建立不起来。任何一个城邦都面临着外部大大小小的敌人, 波斯也好, 斯巴达也好, 其他的各个城邦, 有的代表波斯势力, 有的代表斯巴达的势力, 都在跟雅典作对。那么雅典城邦要能够维持下去, 必须要发挥一种否定之力, 通过它的否定的本质来维护自己的统治, 维护自己的稳定。这就是前面讲的城邦的否定倾向, 一方面对内压制个体的个别化倾向, 对外是自主活动, 否定其他城邦的个别化倾向。这里讲战争主要是讲对外, 对外它要自主活动, 那就必须要借助于这种否定之力, 正是这种否定的本质在战争中把自己提升为整体的维持者。这是古希腊殖民主义的内在规律, 它很容易扩展为更大范围的帝国主义, 也就是马其顿帝国主义。"那被女性当作自己的快乐的勇敢的小伙子, 即那被压制着的毁坏原则便走到了日光之下, 他就是行之有效者"，就是说，女性把勇敢的小伙子当作自己的快乐，女性欣赏的就是那些勇敢的年轻人，把他们视为英雄。英雄当然也有老人，但是对于老人，女人会感到钦佩，但是不会感到快乐。只有对于像在特洛伊战争中阿喀琉斯那样的勇敢的年轻人，又年轻、又英俊、又勇敢，女性才会把他当作自己的快乐。但是这样的年轻人恰好是代表毁坏的原则，只是以往一直被压制着，屈居于别人之下。例如阿喀琉斯就一直被希腊统帅阿伽门农压着，只能充当战争工具。而现在他走进了日光之下，成为了"行之有效者"（Geltende），不但说话算数，而且一言九鼎了，这就是青年统帅亚历山大大帝所展示的魅力。这一个性的楷模本来是由黑夜的力量、女性的法则按照她们理想的男子汉所培养起来的，现在走到了日光之下，成为了行之有效的英雄人物。他现在要来征服世界，也就是毁灭世界了。

{260}　　　现在，这位行之有效者就是自然之力，是显现为幸运之偶然的东西，它们决定着伦理本质的定在和精神必然性；既然伦理本质的定在是建立在强壮和幸运上的，这就已经注定了它的毁灭了。

　　这句话是关键的。"现在，这位行之有效者"，这就是女性当作自己的快乐的、一向受到压制的、代表毁坏的原则和否定原则的个别行动者，那种英雄的个体性，当他走到日光之下、成为大地的主宰时，他"就是自然之力，是显现为幸运之偶然的东西"。这位青年英雄的勇武和力量属于自然之力，但也要靠运气和偶然的条件。小伙子生来英俊勇敢，体力充沛，力大无穷，像阿喀琉斯那样，同时又聪慧过人，那都是爹妈给的，全凭运气之偶然性。但这样一来，"它们决定着伦理本质的定在和精神必然性"，这样一种天生的强壮和勇力、这样一种自然之力决定着伦理本质的定在和精神的必然性，城邦精神要向哪个方向走，全凭他来决定。他的自然的偶然性决定了城邦本质的定在和精神的必然性，这个必然性本来是人的法则，本来是一种客观制定的法则，但是这个时候已经被抛到九霄云外去了，全靠人的武力和运气，你运气好，你得到机会，就可以当上国王，而且每战必胜。像亚历山大，他是不讲什么城邦道德的，他就是凭他的武功征服了当时希腊的各个城邦，建立起了横跨欧亚的马其顿帝国。他正是妇女们所喜爱的那种青年英雄的偶像，又年轻、又勇敢、又强壮，不但武功高强，而且雄才大略、足智多谋，善于抓住机会，击败了所有的敌人。他是凭自己的能力和上天的眷顾当上世界的主宰的。所以亚历山大在30多岁的时候就死了，黑格尔非常欣赏，认为他就应该是30多岁死，这样他就永远是一个偶像，代表着年轻人的力量，年轻的自然之力。他不像别的统治者，靠老谋深算、靠阴谋诡计，或者靠法制、靠传统来勉强维持摇摇欲坠的统治，他就靠光明正大的武功，谁不服就来试试，他征服整个世界都是靠马背上的精神，从整个地中海沿岸一直打到印度波斯，甚至影响到中国。当然也要靠机遇和运气，你再好的谋略，但运气不好，像诸葛亮，那么好的谋略，但运气不好，还是出不了头，所以还是要有天时地利的条件凑合。然而，"既然伦理本质的定在是建立在强壮和幸运上的，这就**已经注定了**它的毁灭了"，由于亚历山大把伦理本质的定在仅仅建立在个人的强壮和幸运上，这就注定它是行之不远的。马其顿帝国统一了当时的希腊和周边世界，把各个城邦的那些反抗的力量全部镇压了，同时也把它们的精神扑灭了，现在整个世界只认武力了。原来多多少少还有一些人为的法则在起作用，而这个时候人的法则已经不起作用了，没有人的法则，全凭实力说话，一切取决于自然的力量对比，这个时候伦理的本质就已经注定了要毁灭。这个毁灭是很吊诡的，是从伦理实体本身中生长出来的，伦理实体本身的定在离不开自然的个体性，那么当这种个体性强大起来的时候，就把伦理实体本身毁灭了，这是一个注定了的必然过程。

　　——正如从前只是各个家神毁灭于民族精神之中，现在各个**活生生的民族精神**通过自己的个体性，也在一种**普遍的**共同体中毁灭了，这个普遍的共同体的**单纯的普遍性**是无精神无生命的，它的生命活力则在于作为个别者的**个别的**个体。精神的伦理形态消失了，取而代之的是另一形态。

"正如从前只是各个家神毁灭于民族精神之中"，前面已经讲到了，民族精神要把各个家庭的家神毁灭于自身之中，人的法则要战胜神的法则，你要放弃你的家神，进入到伦理实体的社会共同体里面来，这是城邦、国家得以建立的前提。或者用恩格斯的话说，氏族血缘公社纽带的炸毁并让位于法律制度就是私有制和国家的起源。当然每个公民都是由家庭培养出来的，但是你进入到社会，你就不要把家庭的东西带进来，你就是一个公民了，所以各个家神在民族精神之中就销声匿迹了，这前面已经提到过了。但现在更进一步，"现在各个**活生生的**民族精神通过自己的个体性，也在一种**普遍的**共同体中毁灭了"。现在情况是这样的，各个活生生的民族精神，不管你是雅典，还是斯巴达，还是柯林斯，还是其他的城邦，各个活生生的、有声有色的古希腊的城邦，通过它们自己的个体性的发扬光大，通过它们历来崇尚的英雄主义，培养起了自己的敌人，培植起这样一种个体性，它凭借自己的魄力而建立起了一个普遍的共同体。马其顿帝国是一个巨大的普遍共同体，它不再只是一个小小的城邦，而是包容了无数大小城邦，包括以前的和新建立的。各个狭小城邦在伦理实体中所体现的民族精神现在被毁灭了。马其顿帝国不再是个伦理实体，也不再有自己的民族精神。我们可以说雅典有雅典的民族精神，斯巴达有斯巴达的民族精神，那么马其顿有什么民族精神？没有，它就是武力，马其顿就靠武力。所以"这个普遍的共同体的**单纯的普遍性**是无精神无生命的"，它只有单纯的普遍性，它大一统，地域庞大，到哪里都是马其顿帝国，但是它是无精神无生命的，它不跟你讲道理，它的力量强大，它把你灭了。所以这个单纯的普遍性固然是一种普遍性，但是这个大一统的普遍性是无精神无生命的。"它的生命活力则在于作为个别者的**个别的个体**"，马其顿的生命活力在哪里呢？就在亚历山大身上，在作为个别者的个别的个体身上。这个个体已经不代表什么民族精神了，已经不代表"人的法则"了，他就代表他自己，他就是个英雄，或者他是最后一个英雄。他就是马其顿, 他死了以后马其顿就解体了, 他要一天在, 马其顿就一天在, 马其顿的生命活力就在于亚历山大的生命, 亚历山大活多久, 马其顿帝国就活多久。马其顿本身没有伦理精神, 无法支撑一个失去了亚历山大的马其顿帝国, 所以亚历山大一死, 马其顿帝国即刻就解体了。"精神的伦理形态消失了, 取而代之的是另一形态", 经过马其顿帝国的统治, 雅典也好, 斯巴达也好, 这些曾经灿烂的城邦文明就衰落了, 它们的伦理精神的残余只剩下一种地方性的风俗劣习, 就像今天希腊的民主精神就体现在欠债不还之上, 以齐普拉斯总理为代表的"赖账派"竟然是全民投票选出来的。那么, 由什么样的精神形态来取代这种过时了的形态呢? 那就是后面要讲的法权状态。

* * *

我们上次讲到了, 伦理实体是怎样遭到瓦解的, 不是由于外来的力量的瓦解, 而是由于伦理实体本身内在的矛盾。黑格尔用阿里斯多芬的喜剧来表现伦理实体走向没落前夕所呈现出来的一种倾向, 就是在伦理实体里面强调它的自然性, 强调它的自然根基。前面讲到女性从伦理实体里面脱离出来了, 原来伦理实体是男权社会, 女主内, 男主外, 现在女性走向了政治舞台。阿里斯多芬的喜剧里面一个主题就是女性占领了公民大会, 然后对男性提出要挟, 就是希望以后再也不要发动战争, 反战。战争太多了, 我们女性受不了, 女性独守空房, 男性都出去打仗了, 这个违背了人的自然本性。女性首领吕西斯特拉忒在公民大会上倡导, 全体女性"罢床", 就是不跟男人上床, 来逼迫男人取消战争的法律。有的女性不愿意罢床, 吕西斯特拉忒就跟她们说, 我们现在不和男人上床, 将来可以更加可靠稳定地跟自己的丈夫在一起。这充分表现出在这里面自然的因素开始突显出来, 而一旦自然的因素突显出来, 那么在这种因素中真正起作用的、行之有效的就是青年男性、强壮有力的男性, 年轻人的活力在自然本性里面是能够行之有效的。这样一种趋势到后来必然走向一种局面，就是像亚历山大这样的青年统帅统治了整个希腊地区和大片欧亚大陆，而亚历山大在年纪轻轻的时候就去世，这是一个象征，人的青春活力定格在 30 多岁。马其顿统一了希腊，接下来就进入了罗马时代，这是后面要讲的。上次讲的最后还有一段没讲完，我们从这里开始。

所以，伦理实体的这样一种消亡，以及它过渡为另外一种形态，这是由于伦理意识本质上**直接**是以法则为准而得到规定的；对直接性的这种规定意味着一般自然进入了伦理的行动。

"伦理实体的这样一种消亡"，前面已经讲过，伦理实体由于崇尚青年男子的这样一种自然活力，于是走向消亡，被另外一种形态所取代，另外一种形态在这里还没有展开。那我们先来看看这样一种伦理实体为什么要消亡，是怎么样消亡的。所以这最后一段带有一种总结性的意味。伦理实体这样的一种消亡，"以及它过渡为另外一种形态，是由于伦理意识本质上**直接**是以法则为准而得到规定的"，"直接"打了着重号。我们前面已经讲了，伦理实体作为精神的第一个形态，它来自于前面理性阶段的最后一个形态，最后一个形态就是"立法的理性"与"审核法则的理性"。在立法与审核法则这样一个理性基础之上，我们才进入到了伦理实体。这是一般讲伦理实体的时候通常所意识到的，就是伦理实体它是建立在法则（Gesetz）之上的。当然还不是法权状态，还只是理性阶段的一种法则，而不是社会阶段的法权状态，但是它已经有这样一种法则观念在里头，因此才能建立起伦理实体。那么伦理实体就不再是远古时代人类产生以后延续下来的一种习惯，而是建立在一种法则、一种规律之上的，必须通过理性来寻求这种规律性。那么这种伦理意识当然就是直接以法则为准绳而得到规定的，是按照法则来规定的。伦理实体就是这样形成起来的，这个是跟我们中国人的伦理观念不太一样的。中国人的伦理首先是由传统传下来的良风美俗，里面不需要理性和法，后来的法家反而往往是违背伦常的；西方人是首先有法的概念，然后才有伦理的概念，不然就只是停留在"类"的概念，类的概念和伦理的概念在层次上是不一样的。我们意识到我们是人类,那还不够,人类有它的伦理,也就是由理性所制定的法则。当然神的法则不是由理性制定的,但它也只有基于人的法则并与之构成对立环节才成为伦理,才成为神的"法则"。伦理法则是一切伦理的直接的标准和规定,这里"直接"打了着重号,就是强调伦理意识本身的直接性。所以下面讲:"对直接性的这种规定意味着一般自然进入了伦理的行动。"对直接性的规定,就是说这样的规定不是经过了概念的演进,而是直接的进行规定,虽然已经不是本能了,也不是单纯自然的了,它已经有法则了,但这种法则对它的规定还是直接的。就是说你是一个自然人,然后用法则来直接对人的自然本性进行规定,男人怎么样,女人怎么样,这就是直接性,这种直接性规定意味着一般自然进入了伦理的行动。伦理的行动本来应该是按照法则的行动,但是它又是直接把一般自然纳入进来,直接的把它当作伦理的行动,而这恰好是导致伦理实体后来消亡的契机,伦理实体的这样一种消亡、过渡到另外一种形态就是由于这种直接性。就是说伦理实体消亡的种子已经埋藏在它诞生的直接性里了,伦理实体是精神的第一种直接的形态,在这种直接的形态里已经埋藏着它消亡的种子了。

　　<u>伦理行动的现实性所揭示的,只是伦理精神的优美的协调以及安静的平衡恰恰在这种安静和优美本身中所具有的矛盾,所具有的败坏的萌芽;因为这种直接性具有矛盾的含义,它既是自然的无意识的安静,又是精神的自我意识到的不安的安静。</u>

　　"伦理行动的现实性",伦理行动在它的进行过程中,经过了古代希腊社会、雅典城邦种种现实的冲突、矛盾、调和,包括前面举的那些悲剧,而得以实现出来。伦理行动要实现出来,——这个地方用"行动",而不用"行为",强调它的直接性;行动就是指做这件事情,行为那就有点间接性了,就包含目的性在里头了。那么这个伦理行动的现实性揭示了什么呢? 揭示的"只是伦理行动的优美的协调以及安静的平衡"的矛盾。一个是优美的协调,一个是安静的平衡,这是古希腊古典时代城邦的特

点。一个是美，一个是平衡，这在黑格尔《美学》里面强调得很多。美的理想就是平衡，各方面非常均衡，没有什么突兀的东西，一切都是那么的和谐协调，如同温克尔曼所说的"高贵的单纯，静穆的伟大"。但是"恰恰在这种安静和优美本身中"，已经具有"矛盾"和"败坏的萌芽"。伦理行动的现实性所揭示出来的是这种矛盾和败坏的萌芽，这种现实性本身，当然它是优美和谐的，是平衡静穆的，但是恰好在这种优美和平衡里面包含着矛盾和败坏的萌芽，在古希腊的那种美的形象、美的和谐平衡之中，已经埋藏着矛盾、埋藏着自我否定的萌芽了。"因为这种直接性具有矛盾的含义"，一讲到直接性，它就具有矛盾的含义，这是黑格尔的一个很重要的特点。凡是讲到直接性，它就已经有间接性包含在内了，只因为你怀有间接性的眼光，你才能看得出来这个是直接性。"它既是自然的无意识的安静，又是精神的自我意识到的不安的安静"。它是自然的无意识的安静，这就是直接性的本义。直接性讲的就是自然的、直接的、安静的，看起来好像没有什么矛盾，谢林也认为绝对无差别的同一性就是直接性；但是黑格尔指出，它同时又是精神的自我意识到的"不安的安静"。这个直接性你能够意识到它是直接性，这已经是一种精神的自我意识了，在精神的自我意识中呈现出来的直接性是不安的安静。虽然现在是平静的，但是作为一种自我意识，当你意识到它是安静的时候，它就已经不安静了。这是黑格尔辩证法很关键的一种理解，它是从批判谢林开始的。谢林所谓绝对无差别的同一性，它本身就是差别了，因为同一跟不同一、跟差别之间是有差别的，同一性就是跟差异性"不同"的东西，所以同一性本身就包含着差异性的理解。那么直接性也是，直接性就是跟间接性不同的东西，只有从间接性的眼光我们才能看出它是直接的，那么直接性就已经包含有间接性了，已经包含有不安了，它是"不安的安静"。这就是直接性的自身矛盾。

　　——由于这种自然性的缘故，这样的伦理民族一般说乃是一个由自然所规定了的、因而是有限的个体性，它因此而发现自己被另一种个体性所扬弃。

这个是讲中间的转机了。直接性怎么转化成间接性、转化为不安，就是这样转的。"由于这种自然性的缘故，这样的伦理民族一般说乃是一个由自然所规定了的、因而是有限的个体性"，因为它是自然的，所以它由自然所规定，它也就是有限的个体性，它超不出自然，包括人的体力，包括男性和女性的分别，包括家庭血缘关系，这些东西都是由自然所规定的。因而这个伦理民族是有限的个体性，雅典、斯巴达都是很有个性的一些城邦，他们经常表现得万众一心，表现出一种整体的个体性，整个民族的个体性。但是，"它因此而发现自己被另一种个体性所扬弃"，这也是必然的。这样的一种个体性正因为它是自然性，它就发现自己被另一种个体性所扬弃。另一种个体性是什么个体性？就是非自然的个体性。这种自然的个体性，由于它被自然所规定、因而是有限的；当它意识到这种限制时，它就超出了这种限制。黑格尔曾经讲过，意识到限制本身就已经超出限制了。你意识到自己的边界，你就已经超出边界了。要么你没有意识到边界，你不知道自己的边界在哪里，那你就还在边界之中，一旦你意识到自己的边界在哪里，你就已经超出自己的边界了。这个伦理民族因此而发现自己被另一种个体性所扬弃，被另外一种超出自然性的个体性所扬弃，这是顺理成章的。为什么伦理实体会消亡，道理就在这里。

但是，由于这种在定在中建立起来、既是限制但同样也是一般否定者和个体性自我的规定性消失了，所以精神的生命以及在一切个体中都 [33] 意识到其自身的这种实体就丧失掉了。

前面讲自然个体性被另外一种个体性所扬弃，但是另外这种个体性同时也就失去了原来那种个体性所包含的东西。"但是，由于这种在定在中建立起来、既是限制但同样也是一般否定者和个体性自我的规定性消失了"，也就是自然个体性的规定性消失了。这种规定性原来是建立在定在之中，虽然是一种限制，但同样也是一般否定者，具有个体性自我

311

的个性和否定的力量。现在这种规定性、这种否定的力量都消失了。既然一切规定都是否定（斯宾诺莎），只要有限制，它本身就是否定的力量。而现在，自然的限制被打破了，它的力量也就丧失了。规定性在消失，这种规定性是被规定于定在中的，被限定在某个具体的定在、某个具体的自然本性之中，比如说血缘，比如说雅典人、斯巴达人、柯林斯人，这些自然形成的伦理民族。当然它们也不完全是自然的，但有自然的基础。现在这种规定性被马其顿帝国把它的界限打破了，所有的城邦都成了大一统，不管民族，不管家族，不管你的家庭血缘，不管你原来城邦的实体，通通变成了马其顿的一个部分。"所以精神的生命以及在一切个体中都意识到其自身的这种实体就丧失掉了"，精神的生命就是原来体现在城邦的伦理实体中、体现在民族中的那个精神，它的生命丧失了。马其顿以后，雅典人已经不是雅典人了，斯巴达人也已经不再是斯巴达人了，他们都是马其顿人。马其顿人是什么人呢？马其顿人是没有精神的人，马其顿是靠武力来统一的。所以精神的生命已经丧失了，在一切个体性中都意识到自身的这种实体也丧失了。为什么精神原来是有生命的呢？就是因为它是这样一种实体，在其中一切个体都意识到自身，或者说实体中的一切个体都意识到自己就是这个实体。在雅典，每一个公民都意识到自己是一个雅典人，在雅典城邦身上，他意识到自身，看到了自己的本质。我是谁？我是雅典人，雅典就是我的实体，所以雅典的生命就是我的生命，我的生命也就是雅典的生命。雅典这样一个伦理实体它就是有生命的，这样一种精神就是有生命的。但这样一种生命、这样一种实体现在已经丧失掉了，这种和每个个体都完全融为一体的实体丧失掉了。以后的实体就成了一个空架子，我当然要服从它，没办法，迫不得已，但我绝不把它当作自己的实体。国家总要有一个统治者，但是任何人来统治跟我没关系。这就是所谓道德失落，城邦道德失落了，没有人真心实意地为这个城邦效力，把它当作自己的生命。那种情况已经一去不复返了。

　　这种实体作为一种形式的普遍性，而在一切个体性身上抽拔出来，不再作为一种活的精神居于他们之中，相反，实体的个体性的那种单纯的淳朴性已经崩裂为众多的点了。

　　这是继续前面的意思。"这种实体作为一种**形式的普遍性**，而在一切个体性身上抽拔出来"，原来的那种伦理实体，比如说雅典城邦的实体，现在只是作为一种形式的普遍性，而与一切个体性相脱离了。我们还是雅典人，但是雅典人这种身份只是一种形式的普遍性，再没有人愿意把自己的生命投入到这样一种形式之中。实体"不再作为一种活的精神居于他们之中"，原来不是这样的，原来一种城邦的实体是作为一种活的精神居于他们之中的，是驻在他们心中、居住在每一个雅典人心中的，现在这种情况已经一去不复返了。伦理实体的那种精神，作为一种形式的普遍性高高在上，或者说被架空了。"相反，实体的个体性的那种单纯的淳朴性已经崩裂为众多的点了"，雅典城邦原来固有的那种淳朴性已被打碎了。淳朴性，Gediegenheit，我们把这个词翻译成纯朴性，也有团结性的意思。纯朴的"朴"就有这个意思，老子讲"朴散为器"，朴原来是团结在一起的一根原木，没有分化，但是散了以后，就不是"道"了，只是"器"。单纯的淳朴性已经崩裂为众多的点了，人心已经散了，没有原来那样纯朴了。雅典人也好，斯巴达人也好，都不再是原来的雅典人和斯巴达人了，都变得狡猾起来。这是整个伦理实体消亡的过程，最后这一段是一种概括性的分析。

c.法权状态

　　这就是另外一种状态了。前面一直在讲伦理世界将会被另外一种形态所取代，另外一种形态是什么形态呢？一直没有点出来。那么现在我们可以看一下，它已经点出来了，就是法权状态，Rechtszustand。法权是Recht，也可以翻译成权利，也可以翻译成法，但是这个地方的意思是法权，这就是法权状态。

[**I. 人格的效准**]

人格（Person）成了有效准的东西。我们前面讲，年轻男子被女性推崇为行之有效的（Geltende），他们也确实有效准（gelten），他们能够决定事情，年轻力壮的人是决定性的，他们凭借个人力量而成为了社会的中坚或顶梁柱。这样来看问题就已经在向法权状态过渡了，从年轻人凭借自然禀赋被看作有效准的，进一步上升到把个体人格看作有效准的，这就进入到了法权状态。这个过渡是怎么走过来的？下面就来分析了。

<u>个体性和实体的活的直接统一体所退回到的那个普遍的统一体，乃是一种无精神的共同体，这种共同体已不再是诸个体的无自我意识的实体，而是在其中，这些个体现在都按照它们个别的自为存在而作为一些自我本质和实体发生效力了。</u>

"个体性和实体的活的直接统一体"，这是讲的雅典城邦的时代，雅典伦理实体就是这样把个体性和实体直接统一起来的统一体，这样的统一体是活的、有生命的，它还没有分裂，个体就是城邦，城邦就是个体，它们是一体的。因为个体是活生生的，所以整个城邦也是活生生的，它们处在统一体中。但现在这种统一体退回去了，它"所退回到的那个普遍的统一体，乃是一种无精神的共同体"。现在我们看到，由于自然的因素在里面起一种破坏作用，所以共同体退回到了一个普遍的统一体，就是说城邦还是城邦，但里面的精神已经没有了，哪怕是马其顿，它表面上还是一个普遍的统一体，却已经是一种无精神的统一体。它只是一种强制性规范，你必须去遵守。"这种共同体已不再是诸个体的无自我意识的实体，而是在其中，这些个体现在都按照它们个别的自为存在而作为一些自我本质和实体发生效力了"，原先这个共同体是独自为一个实体，这个实体里面密不透风，每一个个体都没有意识到自己是一个个体。除非他死后，家人把他作为一个个体来埋葬，但是在人的法则中，每一个个体都还不是一种自我意识的实体，而是毫无独立意识的。那么这种共同

体到了现在，已不再是诸个体的无自我意识的实体，也就是说自我独立意识已经觉醒了，我是我，城邦是城邦，我是什么人，那由我自己去选择。这跟以前就不一样了，以前是没有这种自我意识的，以前诸个体都是无自我意识的个体，实体则是这些无自我意识的个体的一种融合，每个个体都无自我意识。整体城邦当然还是有一种自我意识，个体意识到自己是城邦的一分子；但是每个个体没有意识到自己是个体，他只是意识到自己是城邦的人，以及自己在城邦中的身份。而现在这些个体已经不再是这样一种实体，而是每个个体都按照它们个别的自为存在而作为一些自我本质和实体来发生效力了，也就是把自己的人格建立为效准了。现在有了个别性的自我意识，有了个体的自为意识，自己是为自己的，每个人都是为自己而活的，并不是为城邦而活的。自我成为了本质，原来的本质是在城邦那里，自我个人是没有本质的，只有在城邦那里才有自我的本质。如果一个人住在雅典而没有获得雅典的公民权，那他在雅典的生活是没有本质的，那相当于非自由民，他随时可以被驱逐，被赶出去，他的那些权利也得不到保障。而现在每一个个体作为马其顿的臣民，都按照它们个别的自为存在而把自己看作是一些自我本质和实体。原来只有城邦才是实体，只有民族才是实体，就像巴门尼德的"存在"；而现在每一个个体都被看作是实体，就像德谟克里特的原子，大实体解体了，崩裂为无数的小实体。这是个体性的独立，使得原来的实体被打碎了，使它只剩下一种无精神的抽象的普遍性，徒有其名了。

被打碎成了众多绝对个体原子的共相及这个死亡了的精神，就是某种平等，在其中，一切人都作为每一个人、作为人格而有效准。

"被打碎成了众多绝对个体原子的共相及这个死亡了的精神"，这共相被打碎了，被打碎成了原子。德谟克利特的原子论就是巴门尼德的存在被打碎的产物，每一个原子都是绝对存在。在德谟克利特那里连非存在也是存在着的，诸原子之间的空间、虚空也是存在着的，于是巴门尼德那里铁板一块的存在就被打碎了，中间有虚空隔开，那些原子各个都是孤立的，都是孤独的个体。巴门尼德认为存在即存在，非存在即不存在；现在这种存在已经被打碎了，非存在也是存在着的。于是有两种东西，一种是存在，一种是非存在，一种是有，一种是无，同时并存。这只可能是一种情况，即存在就是一些个体原子，在原子和原子之间是虚空。原子的特点一个就是不可入性，一个就是多数性。巴门尼德强调"存在是一"，没有多；但是德谟克利特强调"存在是多"，原子是无数的多，是绝对的多；然而每个原子又是绝对的"一"，仍然保持了巴门尼德的"存在是一"的命题，或者说扬弃了这个命题。原来整个存在都是死板一块，没有运动；现在由于有了虚空，各个存在作为原子运动起来了，但每个原子内部仍然是死板的、密不透风的，没有给精神留下余地。它们的运动只是外部互相碰撞的机械运动，而没有精神的运动。这样一个被打碎了的共相就是一个死亡了的共相，它已经没有生命了，已经被肢解了，所以它是死亡了的精神。精神失去了它的统一性，那它还叫什么精神呢？它已经死了。这种死亡了的精神"就是某种**平等**"，"平等"打了着重号。不可入的"一"是每个原子最高的原则，而由于每个原子都是"一"，所以它们是"平等"的。死亡了的精神就是平等的精神，在这种时候精神就只剩下了一种原则，就是平等，其实已经没有精神了，原来那种有机的构成现在已经是机械的了。在德谟克利特那里一切原子都是平等的，互相碰撞的，绝对平等就是这种机械关系。你是一个原子，我也是一个原子，你不可入，我也不可入，你给我一个运动，我返还你一个同样大小的运动，我们在这一点上是平等的。那么我们就在这个平等的基础上考虑我们的城邦是一种什么样的原则，所以城邦的原则、国家的原则在这个时候已经成了一种平等的原则了。就是把所有的这样一些原子都考虑在内，每一个原子都有它的不可入性，在不可入性上这一点上每一个原子都是平等的。也许原子有大小，但是它们都是不可入的。小的原子和大的原子一样也是不可入的，在这一点上它们是平等的。"在其中，**一切人**都作为**每一个人**、作为**人格**而有效准"，这里"一切人""每一个人"和"人格"都打了着重号。一切人都作为每一个人，每一个人和一切人都是一样的，它们都作为人格而有效准。Personen，复数，我们这里翻译成"人格"，有人翻译成"个人"，还有的翻译成"人身"，但是我们还是把它统一翻译成"人格"，Persönlichkeit 我们翻译成"人格性"。人格现在独立出来了，人格的意识已经产生了，一切人都作为人格而有效准，这就是个体独立的一个标志，个体是否独立就看他有没有人格意识。我们中国传统中并没有人格意识，这个概念是西方来的，传到中国来以后，我们马上把它做了中国式的理解，也就是把它当作一个人的"人品"，含有道德上的褒意。我们认为坏人是没有人格的，好人才是有人格的，所以我们听说监狱里要"尊重罪犯的人格"会觉得很奇怪。其实在西方人的观念中，只要是人，谁都有人格，一个人生下来他有他的身体，你就不能不承认他的人格，哪怕他是罪犯，罪大恶极，他也有他的人格，这是个中性词。Person 这个词在拉丁语里面就是面具的意思。古希腊罗马时代演戏的时候要戴一个面具，我就代表这个角色，人格也就是我扮演的角色。当时罗马有一句谚语："世界是一个大戏台"，每个人在戏台上都扮演着自己的角色。所以人格就是面具，就是你扮演的角色。每一个人活在这个世界上，都在扮演一个角色，这个角色他是一贯的，只有下场以后才可以取掉面具，或者说生活就是演戏，只有死后才能卸妆。那么这个人格为什么要尊重它呢？因为是上帝给他的，上帝派他扮演这样一个角色，所以你要尊重它的人格，也就是尊重上帝，尊重上帝的安排。这种人格的概念是在古罗马确立起来的，这个时候已经有了每个人的独立人格的概念。那么这个概念是有效准的，它的效准体现在社会生活中，是我们对一个人的评价的基础。比如说契约，你这个人签了字，那是不能反悔的，你要对你说过的话、签过的字负责，否则你的人格就失去信用了。在一个契约社会里面，凭人格担保是有效的，或者说，最有效的就是凭人格担保。当然你也可以凭上帝发誓，凭人格担保跟凭上帝发誓是同等的，因为人格是上帝交给你扮演的角色。现代有些中国人也学着说，我凭我的人格担保，有些官员说，我凭我的人格担保，但是我们中国人知道凭人格担保是什么意思吗？他不知道。他有一个意思是明确的，就是我用我最根本的东西来担保，这一点他是意识到了，但是这个最根本的东西之所以能够担保，是由于它本身是由契约社会担保的，而契约社会的公正最终是由上帝的正义担保的。中国社会既不是契约社会，也不信上帝，所以这句话等于是一句漂亮话，随时可以抹抹嘴巴不承认的，因此是没有实际意义的。西方在古罗马的时候，凭人格来担保也就是凭上帝的公正来担保，上帝的公正体现在我们每个人的人格上，所以古罗马能够建立起一个契约社会，能够建立起一部罗马法，它是有基础的，当时是适合罗马的国情的。所以罗马法就是以个体的人格为效准所建立起来的一套法则，这套法则有一种精神在里头，就是对于人格的尊重，对于每个人的人格的有效性的承认。人格成为了效准，这是一大进步。原来是年轻力壮的人有效准，比如说亚历山大的雄才大略和他的勇力，这才是有效准的，现在人格成了有效准的了。那么人格从哪里来，下面要讲到了。

{261}　　——凡是在伦理世界里曾被称为隐秘的神的法则的东西，实际上已从它的内在中走进了现实性；当初在伦理世界里，**个别的人**只在他作为**家庭**的普遍**血缘**时才有效准，才是现实的。

"凡是在伦理世界里曾被称为隐秘的神的法则的东西"，这个我们前面已经多次讲到了。神的法则是隐秘的，它不是在光天化日之下，它是在黑暗之中，在地下。神的法则冥冥之中在起作用，人死了以后要回到神的怀抱，回到大地的怀抱，那个时候神的法则就起作用了，有一种摆平现实的不公正的报复作用、惩罚作用。所以凡是在伦理世界里被称为隐秘的神的法则的东西，"实际上已从它的内在中走进了现实性"，对现实发生了无形的作用。当然人格这个时候在神的法则里面还是隐秘着的，还没有突显出来，每个个体都有他的人格，但是还不是作为人格进入到现实性的。这个时候个体性所体现的还是隐秘的神的法则，还没有戴上面具，死了以后回归于地下，回到神的怀抱，那么这是不用戴面具的，你已经结束了在人世上的表演，面具可以取下了。但这种不戴面具的个体性已经对现实生活有影响力了，它代表着隐秘的神的法则，并为后来出现的个体人格提供了原始的源头，使个体人格也带上了神圣性，只不过这个时候还看不出个体人格来。所以，"当初在伦理世界里，**个别的人**只在他作为**家庭**的普遍**血缘**时才有效准，才是现实的"，个别的人不管他在现实中如何行之有效，哪怕身居亚历山大的高位，他仍然只是作为自己家庭的普遍血缘才有效准，仍然只是一种自然的效准。亚历山大的人格并不能体现在他的勇力和谋略上，他还没有意识到不论他如何出类拔萃，他和其他一切人在人格上是平等的。他的现实有效性只是表现了他这个英雄天生的优秀而已，这是由他的家庭血缘所带来的。

他作为**这样一种**个别者，曾是**无自我的、孤独的**精神，但是现在他已从他的非现实性中走出来了。

"他作为**这样一种**个别性"，"这样一种"打了着重号，也就是上面讲的那种家庭血缘所造就的个别者。这样一种个别者"曾是**无自我的、孤独的**精神"，也就是他只有在死的时候，在去掉了一切身份、独自面对神的法则、面对地狱、面对阴间的时候，他才是一个个别者，就像玻吕尼刻斯那样；而这时他恰好是无自我的、孤独的精神。而在人世间，按照人的法则他曾经被规定为各种身份的代表，没有自己独特的个性，凡有个性的都被判为犯罪，死了都不准为他收尸。按照人的法则来说他不是个别者，他顶多只是特殊者，只有他的死才是作为个别者的死，所以这种死是无自我的，死了以后他不能代表自己说话，必须要由别人来代表他、埋葬他，为他收尸。所以，作为个别者他是无自我的，只有作为公民、作为群体的一分子他才是有自我的，但是这种自我是戴着群体的面具、戴着身份的面具的，而作为他的个体，他是无自我的，他曾经是这样的孤独的精神。"但是现在他已从他的非现实性中走出来了"，现在，也就是说当伦理实体解体、消亡以后，孤独的人、个别的人才从他的非现实性中走出来了。本来他是非现实性的，在现实的阳间他是得不到承认的，只有在死的时候才显示他是一个个别者；但现在他走出来，从阴间走进了阳光之下，人家承认他是一个个体、承认他是一个人格了。这是一个巨大的变革，标志着从古希腊社会经过马其顿，进入到了罗马社会，当时的整个社会的文化心理、民族心理发生了一个巨大的改变，虽然表面上差不多，但是实际上是大不一样的。罗马人是学希腊人，什么都学希腊人，包括神话、包括制度，最开始的罗马共和国的制度，都是学希腊人，但是精神其实已经完全不同了。

由于伦理实体仅仅是真实的精神，因此个别者就倒退到对自己本身的确定性去了；它作为一种肯定的共相而是伦理实体，但它的现实性则在于它是否定的普遍自我。

"由于伦理实体仅仅是**真实的**精神"，我们前面也遇到过这个句子，在讲"伦理实体的消亡"这一节，第 28 页的第 10 行，讲到伦理的普遍自我意识和自然的偶然性的冲突时说，"后者完全有权反对前者，因为前者只是**真实的**精神，仅仅处在与自己的实体的**直接**统一中"。这个"只是"带有一种贬义，"仅仅是"真实的精神。但真实的精神有什么不好吗？真实的精神就是说主体和客体互相符合，是直接统一的；但是现在，仅仅是这样的主客体符合又不能让人满意了，我们有权反对它。当然一般来说真理是一个褒义词，但是这里讲到，伦理实体仅仅是真实的精神，就是说伦理实体在这个阶段上的必然的发展就是这样一种真理的解体，主体和客体从它的天然的直接符合状态又开始走向分裂，所以在这个地方"真实的"显出好像是一种不足、一种贬义了。既然伦理实体仅仅是真实的精神，"因此个别者就倒退到对自己本身的**确定性**去了"，伦理实体的真实性，由于它仅仅是主客体的一种天然的、直接的统一，那么个别者就倒退到对自己本身的确定性去了，也就是普遍的真理性退回到了个别的确定性。因为现在伦理实体已经解体了，它的真实性已经被架空了，已经失去了确定性，于是个别的人就退回到自身去寻求确定性了。我们前面一直看到，确定性和真理性是一对相对立的概念，真理性总是要求要确定,而确定性总是要求要成为真理性。而在这个时候,真实的精神要求确定性,因为原来的真实性、真理性虽然是主客体的符合,但是这种符合是一种非常直接、非常缺乏自我意识的、无意识的符合,而无意识的符合是不确定的,它要求有自我意识的确定性。那么这种确定性要求最后落实到什么上面呢?只有个体对自己才有确定性。所以个别者就倒退到对自己本身的确定性去了,而一旦确定就成了个别人的确定,就导致了伦理实体这个真实的精神的消亡。"它作为一种**肯定的**共相而是伦理实体,但它的现实性则在于它是**否定的**普遍**自我**",它,即个别者,一方面作为一种肯定的共相而是伦理实体。当然,个别的人还是公民,还是伦理实体的一分子,作为一种肯定的共相我还是属于比如说罗马人,我是属于罗马人这个伦理实体。罗马就是由罗马人所组成的嘛,所以罗马人就是罗马,就是伦理实体,这是他作为一种肯定的共相。但是他的现实性则在于他是否定的普遍自我。罗马人是他的身份,但是他的现实性是他的个体,每一个罗马人都有他的自我,而这种自我是否定的,是可以说"不"的。罗马人每一个人都是一个独立的个体,这个独立的个体对其他的个体也好,对整个罗马的共同体也好,都具有一种否定性,都具有一种离心离德,都具有一种崩裂性或者说碎裂性。罗马人在意识形态方面已经解体了,他们的思想、他们的观念已经是从自己出发,已经把个体看作是神圣不可侵犯的,把自己的人格看成是最要紧的了,所以他是一个否定的普遍自我。每一个罗马人都有他的自我,这些自我被看作是平等的,连罗马皇帝安东·奥勒留都把奴隶哲学家爱比克泰德视为圣人,虽然地位有天壤之别,但精神上是平等的,所以是普遍自我;但是这些普遍自我互相否定,这就是他们的现实性。

　　——我们曾看见,伦理世界的种种力量和形态都沉没在空虚的**命运**[34]的单纯必然性中。

　　"我们曾看见",这是过去时,就是在前面我们看到,"伦理实体的种种力量和形态都沉没在空虚的**命运**的单纯必然性中",这从几个悲剧,俄

321

狄浦斯的悲剧、安提戈涅的悲剧以及其他的悲剧都可以看出来。古希腊的悲剧基本上都是命运悲剧，人物都是受命运支配的，当然他有他的自由决断，有他的自由意志，但是这种意志后面总是有一个命运在操纵着他，就像俄狄浦斯一样，他拼命想避免自己的厄运，但终究还是陷入到了命运里面。所以伦理实体的种种力量和形态都被空虚命运的单纯必然性吞没了。这是命，命运不可违抗，舞台上的歌队这时就要唱一段赞歌，来叹息人的有限性、人的渺小和神的强大，命运的不可违抗。古希腊悲剧里面经常就是这样，表明伦理世界种种力量和形态都要服从命运，服从必然性。

伦理世界的现在这种力量，是自我反思到自己单纯性的那个实体；但是，自我反思的这个绝对本质，即恰好上述空虚命运的必然性，无非是自我意识的**我**而已。

前面曾经是，所有的伦理力量都沉没在命运的必然性中，而现在呢，不同了。经过了阿里斯多芬的喜剧，把公民大会这样的伦理力量都解构了，通过一种喜剧的方式嘲笑过了，没有一点严肃性了。那么现在已经不同了，个体已经开始独立，个人的人格已经成为了有效准的。所以，"伦理世界的现在这种力量"，也就是人格的力量、人格的效准，"是自我反思到自己单纯性的那个实体"，由于人格有自我反思和自我意识到的这样一种单纯性，每一个原子就是一个单纯的个体，具有不可入性和单一性，并且他反思到这一点，他就成了单纯性的实体。"但是，自我反思的这个绝对本质，即恰好上述空虚命运的必然性，无非是自我意识的**我**而已"，这个单纯实体其实就是"我"，就是自我意识本身。前面讲到，伦理世界的种种力量曾经沉没在空虚的命运的单纯必然性中；而伦理实体的现在这种力量，则是自我反思到自己的单纯性的实体了，已经是个别者，它作为自我反思的绝对本质，作为上述空虚命运的必然性，其实就是"我"。也就是说我们以前所有的力量都沉没在其中的那种命运的必然性，现在只不过是成为了作为自我意识的我，我才是绝对的本质。这种必然性不在于神,不在于命运,而就是我自己。现在性格即命运,你为什么会有这样一种命运,是因为你的性格,你的性格决定了你的命运。这命运的必然性不再是高高在上的决定人的力量,而就掌握在我自身手中,我本身决定了我的命运。每个人都自行其是,不再像以前那样害怕神谕,害怕被命运的必然性所支配,他特立独行,为所欲为。自我独立以后,个体就把那种空虚的命运的必然性也纳入到了我的范围之内,纳入到了我们支配之下。这样一来就是对这种必然性的一种消解了。高高在上的那种绝对本质已经被解构了,一切以我为中心,我的人格是神圣不可侵犯的,这是最有效准的,其他的都不在话下。这是这个时代的一个巨大的转折。

于是从此以后,这个我就作为自在自为存在着的本质而有效;这个被承认就是他的实体性;但这实体性是抽象的普遍性,因为它的内容是这种不可触碰的自我,而不是消融于实体中的自我。

"于是从此以后,这个我 (Ich) 就作为**自在自为**存在着的本质而有效",自在自为存在着的,也就是独立存在的。这个我现在已经独立存在起来了,是自在自为的存在了,已经作为自在自为着的本质而有效了。"这个**被承认**",作为什么而有效也就是作为什么被承认。所以这个被承认"就是他的实体性"。作为自在自为而存在着的本质当然就是他的实体了,只有实体才是自在自为存在着的本质,所以这个被承认,就是他的实体性。实体性是什么? 现在它不再是共同体,共同体当然也还是一个实体,但是那是抽象的,是高高在上的,是被架空了的。而现在作为有效的实体性,那就是自在自为存在着的本质,就是这个我,这个被承认的我,这个我成了实体。"承认"在前面讲到主奴关系、讲到自我意识时是一个很关键的概念,那么这里又出现了承认,这个承认就是对于个体人格的承认。个体人格像自我意识一样,也是建立在承认之上的。你说你被承认,如何说明你被承认,就是你的人格被承认,别人尊重你的人格,这就是被承认了。所以这个被承认就是我的实体性,这个我,你单独说出一个我来，被人家承认，那还不能够认为是具有实体性的；但是你的人格作为你的我被承认了，那么这个我就有了实体性。"但这实体性是**抽象的普遍性**"，每个人都有他的人格，人格的内容到底是什么呢？这个还是抽象的，它是一种抽象的普遍性。这个人是一个人格，那个人也是一个人格，英雄是一个人格，罪犯也是一个人格，在作为人格这一点上他们是共同的、平等的。人格是神授的，是人所扮演的角色，任何角色不分大小，都是神的分派。我们今天也讲，职位有高低，贡献有大小，但是人与人还是平等的，这个平等就建立在人格之上。你是一个人，是上帝派你扮演的角色，但是它的内容是什么呢，这个还没有确定下来。所以虽然是实体性，已经是有效准的了，人格已经有效准了，但是它是一种抽象的普遍性，"因为它的内容是这种**不可触碰的自我**，而不是消融于实体中的自我"。它的内容、这个人格的内容是什么呢？不可触碰（spröde）。不可触碰就是原子的不可入嘛，每个原子主要的特点，就是不可入，不能进去，原子至小无内。我们中国的惠施讲，至大无外，至小无内。至小无内就是原子，里面你进不去的，它没有里面，所以说是不可触碰的。它的内容是这种不可触碰的自我，而不是消融于实体中的自我。消融于实体中你就可以说了，它有很多很多的内容，可以由实体来对他作规定。他作为公民这个身份所从事的种种活动都成了他的内容。但是人格作为一个实体来说，就没有这些内容。人格不管他从事什么，他还是人格，他人格是不变的，不管他身居高位还是贫贱卑微，他做善事也好，做坏事也好，这都不改变他的人格。不像我们通常所理解的，只有好人才有人格，坏人没有人格；或者有面子的人有人格，没有面子的人没有人格，不是这样的。好人坏人、有没有面子，都有人格，这个人的人格你都必须尊重，甚至你可以判他死刑，但是你还是得尊重他的人格，你不能任意侮辱他的人格。这就是一个实体性的意义，它的意思就在于，它是实体，那么这个实体是不可触碰的自我，而不是消融于实体中的自我。消融于实体中的自我根据实体的种种情况有它的内容，而现在这个自我它只是一个形式，一种抽象的普遍性,它的唯一的内容就是不可触碰、不可侵犯。

　　这样,人格性就在这里从伦理实体的生活中突显出来了;它就是意识的**有现实校准的**独立性。

　　人格性,Personlichkeit,来自于人格,Person,一个是人格,一个是人格性,它们中间是有联系的。[①] 人格性就是人格的性质。"这样,人格性就在这里从伦理实体的生活中突显出来了",在现在的伦理实体的生活中突显出来了一种性质,就是人格性。你必须尊重每一个人身上的人格性,你必须把每一个人都当作一个人格来看待,伦理实体的生活中突显了这样一种性质,这是一个新动向。这种突显出来的人格性,"它就是意识的**有现实校准的**独立性"。意识在人格性上面获得了它的独立性,而这个独立性是有现实校准的。前面讲,年轻人是有效准的、行之有效的;而现在讲,人格性是有效准的,是独立地行之有效的。

　　那通过**放弃现实性**而形成起来的关于独立性的**不现实的思想**,以前是作为**斯多葛主义的**自我意识而出现的,正如这种自我意识出于主人与奴隶、即出于**自我意识**的直接定在一样,人格性则是出于那直接的**精神**,——即一切人所普遍具有的主人意志和他们同样具有的服务性的服从。

　　前面一句话讲了,人格性是意识的有现实效准的独立性,那么下面这一句是为这种有现实校准的独立性找到一个参照系。我们回顾以前在自我意识章所讲到的斯多葛主义、斯多葛精神,比较一下两个不同的层次。"那通过**放弃现实性**而形成起来的关于独立性的**不现实的思想**",注意这里的着重号,一个是放弃现实性,一个是不现实的思想。同样是独立性,这里强调的是不现实性、非现实性,而前面一句话讲的是有现实效

---

① 关于这两个概念的关系,参看拙文:《关于 Person 和 Persönlichkeit 的翻译问题——以康德、黑格尔和马克思为例》,载《哲学动态》2015 年第 10 期。

准的独立性，这是一种对照。人格性是有现实效准的独立性，在现实生活中它可以起作用，可以支配我们的现实生活，比如说一个成年的男人在一份契约上签了字，他就是以他的人格担保，是有效准的。这个跟斯多葛派的自我意识是不一样的，当然，既然对照，也就有联系，这种不现实的思想"以前是作为**斯多葛主义的**自我意识而出现的"。斯多葛主义已经达到了独立的自我意识，只是斯多葛主义的自我意识是通过放弃现实性而形成起来的关于独立性的不现实的思想，或者说斯多葛主义所形成的关于独立性的思想是不现实的，甚至是通过逃避现实而达到的，他们所形成的不是现实的人格，而只是抽象人格的观念。他们闭眼不看现实，逃避现实，只在思想中、在抽象中来建立自己的独立性。所以斯多葛主张禁欲主义，对现实生活要远离，要保持自己道德上的清高，保持自己人格上的独立性。那种独立性是背对现实的，它不是面对现实的，它是一种内在的自我意识，但是它还不是现实的人格性。当然它为现实的人格性提供了基础，你如果连这种自我意识的独立都还没有达到，那在现实中人格性也就建立不起来了。斯多葛派让你自己意识到你是独立的，而进一步就可以使这种独立性具有现实的效准，人格性就可以在现实生活中现实地起作用。为这种现实作用提供思想上的基础的就是罗马时代盛行的斯多葛主义。罗马社会是一个契约社会，日常生活中什么问题都是通过契约来解决，而契约的基础就是每个签订契约的人都以自己的人格来作担保。中国人的人格性在观念上还没有确立起来，或者说还在确立之中。现在大家开始知道在任何文件上签字都不是开玩笑的事，但还是时常有代人签字的现象发生，或者为了图省事通过口头授权让别人代签。真正的人格性那是不允许这样的，你代人签字那是犯罪，这是很严重的罪，要坐牢的。像易卜生的戏剧《玩偶之家》中，娜拉代丈夫签字就险些坐牢，中国还没有这一说。所以人格性是非常具有现实效准的一种独立性，它不像斯多葛派的那种自我意识，仅仅在自己的头脑里面坚持自己道德上的独立。以前这种不现实的思想是作为斯多葛主义的自我意识而出现的，"正如这种自我意识出于主人与奴隶，即出于**自我意识**的直接定在一样"。斯多葛派的自我意识是出于主奴关系，出于主人和奴隶的定在，从主人和奴隶的这种关系中，斯多葛派产生了自我意识的自由独立的思想，这个我们前面已经讲到过了。当然里面已经隐含着抽象的人格观念了，但这还是潜在的，主人对奴隶已经不能随随便便地把他杀掉，你不管怎样对待他，你鞭打他、你侮辱他，你都可以，但是你不能随随便便把他杀掉，至少承认了他的人身。你若是把他杀掉你自己要被判罚了，虽然不一定要坐牢，但是要罚钱的。一个主人如果把自己的奴隶无故杀掉了，那是要罚钱的，法律上也就意味着你不能随便杀掉他。你杀掉一头牲口是不用罚钱的，但是如果要杀掉一个奴隶，那是要罚钱的，这就至少部分承认了奴隶的生存权，奴隶也有奴隶的身份，他跟牛马毕竟不一样。那么从这里头斯多葛派开始意识到自我意识的独立性，我身为奴隶，我仍然有我的独立性。有一些斯多葛派的大师都是奴隶出身，像塞涅卡，还有爱比克泰德，都是大哲学家，都出身于奴隶，而另外也有哲学家出身于贵族，像安东·奥勒留，他是罗马皇帝，也是斯多葛派。所以在他们之中，有共同的自我意识，他们认为他们是平等的，这个里头已经开始有人格的含义在里头了。但是它还只是一种思想，还没有成为一种现实的效准。与这种出于主人与奴隶的自我意识相对照，"人格性则出于那直接的**精神**"，精神打了着重号，"即一切人所普遍具有的主人意志和他们同样具有的服务性的服从"。注意这个句式：正如……一样。正如斯多葛派的自我意识出于主人与奴隶、出于自我意识的直接定在一样，那么人格性呢，则出于那直接的精神。直接的精神是什么精神呢？就是一切人所普遍具有的主人意志和他们同样具有的服务性的服从。主人意志 (herrschendes Willen) 也就是统治意志，每个人都想要做自己的主人；当然也想统治别人，但统治别人归根结底还是害怕别人来统治自己、干扰自己，做不成自己的主人了。而另一方面，每个人也同样具有服务性的服从，也就是在人际关系中，你想要做自己的主人，免不了就要为他人服务、服从他人，否则你就成不了自己的主人。在现实中这两方面是相辅相成的，而这两方面的统一，就是直接的精神。当一个人懂得通过为别人服务来实现自己的自主性时，他的"精神"就诞生了，这个人的人格性就有了立足的基点。可见人格性本身包含有两面，即主人意识和奴隶意识两个环节，这两个环节分开来，落到两个不同的人身上，那就是主人和奴隶的对立；但是如果结合为同一个人的人格结构，那就成为了独立自主的人格性。人格性既不像主人那样一味颐指气使，也不像奴隶那样奴颜婢膝，而是既自尊又谦和，既独立自主又与人为善。人格性追究到它的更深的根基，就是一切人除了具有统治意志以外，还有一种服从，每个人既具有主人性，也有奴隶性。人都是具有两面性的，在某种社会条件之下，这种两面性的分裂表现得非常鲜明。我们经常看到一些人，对上是一副媚态，对下就是一个暴君。不光中国是这样，很多社会都是这样，人性的两面性都表现在这里，人格性就建立在这种两面性之上。正如斯多葛派从主人和奴隶里面看到了自我意识的独立性，那么人格性也是从这个两面性里面看到了他们的共同性，就是直接的精神。以直接性体现出来的精神，一方面体现为统治的意志，要当主人，要当决策者，这是人性的一个很重要的成分，谁不想当决策者呢？连刘晓庆都说不想当元帅的士兵不是好士兵。但另一方面是同样具有服务性的服从，人又有献身精神，我这一辈子要献身于某个更高的东西。一方面我自己要成为一个最高的东西，最高的决策者、最高力量、最高权力；另一方面，我要献身于某个最高的东西，这是服务性的服从。这两种成分在后面都做了一些展开，谈到了高贵意识和卑贱意识、服务的精神。这都是属于直接的精神，就是在精神里面有这些直接的性质。一切人普遍具有的统治意志和他们同样具有的服务性的服从，这是人格性的出处，人格性的现实基础就在人性的结构之中。

　　凡是对斯多葛主义来说曾经只处于**抽象**中的**自在存在**，现在则是**现实世界**。

"凡是对斯多葛主义来说曾经只处于**抽象**中的**自在存在**"，在斯多葛主义那里，比如说他们的自我意识的独立，就只是抽象的，并且只是在自在存在中的，作为人格性它是处在自在存在之中，它还没有自觉到在自我意识的独立这种精神里面已经包含有现实的效准了。当然潜在的、自在的已经有人格的独立性了，但还没有实现出来。而"现在则是**现实世界**"，凡是斯多葛派的抽象自在的东西，现在都成为了现实世界，比如自我意识的独立性和依赖，现在在现实世界里面体现为人格的独立性和服务意识了，不再是隐藏在每个人内心的了。像爱比克泰德说，你把我关在牢里，我披枷戴锁仍然是一个自由人，你可以砍掉我的手，可以砍掉我的脚，但是你不能砍掉我的思想。但是这种想法只是停留于内心，在现实世界中没有任何效准。而现在有了效准，人格独立已经得到公认，已经被现实世界承认了。

斯多葛主义不是什么别的，只不过是这样一种意识：它给法权状态的原则亦即无精神的独立性提出了一个抽象形式；它由于逃避**现实性**，所以只达到了关于独立性的思想；它是绝对**自为的**，因为它不把它的本质跟任何一种定在结合起来，相反，它放弃一切定在，而把它的本质单单置于纯粹思维的统一性中。

"斯多葛主义不是什么别的，只不过是这样一种意识：它给法权状态的原则亦即无精神的独立性提出了一个抽象形式"，这是对斯多葛主义的这种意识的描述。第一句话，它给法权状态的基本原则以及无精神的独立性提出了一个抽象形式。法权状态，就是标题上面提出来的，这个地方才第一次提到，后面要讲到法权状态的原则。法权状态的原则是什么原则呢？即无精神的独立性，也就是原子。原子就是没有精神的独立性，它只要独立，不要问为什么要独立，独立起来做什么，它不做什么，就是要独立。法权状态的原则就是公民原子，什么是法权状态？每个人都是公民，公民都是原子，每个原子都是一种抽象形式，即不可入。我不管做什么，我的一举一动都是独立的，你都不可追究，你不能够追究我的内心，我的精神究竟是一种什么精神，我的目的是什么，我企图表现一种什么样的精神，这个你是不能追究的，而法权状态也不追究。我们知道，法权状态是不追究人的动机的，他只看效果。你说我想杀人，但是我没杀啊，所以想杀人是无罪的，只有杀了人才是有罪的。这个是法权状态，是一种毫无精神的独立性，每个人都是独立的，这个独立不考虑它的精神，法权它只考虑你犯了法没有，你触犯了刑律没有，这个是有量化的标准的，你杀一个人，然后你判多少年，或者判死刑，都是有量化的标准的，这就是没有任何精神的独立性。每个个体的原子在这样一种关系中，都是无精神的独立性。你是独立的，你可以做任何事情，但是你要为你做的任何一件事情负责，这就够了，对于你的精神、你的思想的高低，这个它根本不考虑，而且你也有隐私权。这就是法权状态，它跟伦理状态的区别就在这里，伦理状态是要追究你的动机的。我们讲所谓诛心之论，传统社会里面是讲诛心之论的，你动机怎么样，你动机好，你出于爱国主义，你就可以打砸抢烧，这个就是传统社会的观点。你动机是好的啊，打砸抢烧只不过是正义冲动中的小节啊，至少可以从轻发落嘛。一个爱国主义的口号可以抵多少年的刑期，这就是讲动机的社会。但法权状态是不太讲动机的，不管你是什么动机，你高尚的动机也好，卑劣的动机也好，你打了人就是打了人，抢了东西就是抢了东西，这是定量分析的，它不跟你讲精神。法权状态的基本原则提出了一个抽象形式，斯多葛派它的功劳也就在这里，它第一次为这种抽象的原则提供了一个形式，就是自我意识的独立。"它由于逃避**现实性**，所以只达到了关于独立性的思想"，它提出了一个抽象的形式，何以是抽象的呢？就在于它逃避现实，只达到了关于独立性的思想。"它是绝对**自为的**，因为它不把它的本质跟任何一种定在结合起来，相反，它放弃一切定在，而把它的本质单单置于纯粹思维的统一性中"，斯多葛派的这个自我意识的独立是绝对自为的，它不把它的本质和任何定在结合起来，它不是为了任何现实的利益或者具体的考虑，它与这些根本无关，它只认逻各斯，就是人应该怎么做。斯多葛派的道德是很高尚的，他们特别讲究道德上的纯洁，不要跟任何物质利益挂上钩，主张严格的禁欲主义。但正因此它是完全形式主义的，这就导致抛弃一切定在，而把自己的本质单单置于纯粹思维的统一性中。我按照逻各斯行动就够了，要想幸福，这就是幸福，服从逻各斯就是幸福，道德就是幸福，不要再讲其他的幸福了。

以同样的方式，人格的法权既没有与个体本身的一种更为丰富或更强有力的定在相结合，也没有与一个普遍的活的精神相结合，而毋宁说，它是与精神的抽象现实性的纯粹的一相结合，或者与作为一般自我意识的一相结合。

"以同样的方式"，就是说斯多葛派前面已经讲了，它逃避现实，它拒绝或者说抛弃一切定在，它提出了一个抽象形式等等。那么以同样的方式，人格的法权跟斯多葛主义相类似，也是形式主义的。"人格的法权既没有与个体本身的一种更为丰富或更强有力的定在相结合"，也就是说人格的法权也是抽象的，虽然它面对现实，它在现实中有效准，但它本身仍然是一种抽象的原则。人格的法权也是一种无精神的东西，更为丰富或更强有力的定在并不在它的考虑范围内，也就是说，它并不是由强权颁布的一种具体措施，而只是一种抽象的应当。"也没有与一个普遍的活的精神相结合"，也就是并不体现为一种具有生命冲动的普遍精神。人格性是超越于每个人特殊的人格之上的，虽然没有达到上帝，但是它是超越的，对每个人来说它是超越于他的生命的，没有与一个普遍的活的精神相结合。普遍的活的精神，即每个人都活在其中的那种精神。人格性在人的现实生活中当然是面对现实的，它跟斯多葛主义的区别就在于它是面对现实的，它有现实的效准；但它自身并不是现实中的一种定在的因素。我们不能说人格几分钱一斤，不能这样看待人格，它不能跟任何现实的内容混在一起，它是用来评价一切的，但是它本身是无价的。"而毋宁说，它是与精神的抽象现实性的纯粹的一相结合"，也就是在现实生活中，它是与精神的抽象现实性的纯粹的一相结合。这个概念有点吊诡，抽象的现实性，什么叫抽象的现实性？现实性已经就不抽象了，抽象就不能说是现实性。但是它的意思就是说在现实性里面是最高抽象的，它在现实性里有效准，但是它是居高临下的效准，它高于一切现实性；但它本身不与任何现实的内容相混淆，它超越于一切现实性的定在之上，作为一个纯粹的一。"或者与作为一般自我意识的一相结合"，这个里头有斯多葛派的成分，说一般自我意识的一、自我意识的统一性、自我意识的一贯性，它是跟这个东西相结合的，它不跟任何自我意识的具体的内容或它所针对的目标相结合。后来的康德也是从这种原则发展出来他的道德命令、绝对命令。所以这种人格性是一种抽象的现实性，它是现实性，但是它是一种抽象的现实性，是现实中的最抽象的原则，用来作为现实的效准。

［Ⅱ. 人格的偶然性］

前面一个标题是人格的效准，或者说人格的有效性。人格的效准还是讲的人格在现实中，它作为一种普遍的原则，它所起的作用。那么这部分是讲人格的偶然性，这是对照第一个标题的普遍性来说的。

现在，正如斯多葛主义的**抽象的**独立性曾经显示了自己的实现过程那样，同样，这后一种独立性也将重复前一种独立性的运动。

前面一段整个都是把斯多葛派和现实中人格的独立性相对照，讲到了它们的区别，也讲到了它们的共同之处。它们的共同之处就是它们都是抽象的，它们的区别是斯多葛派回避现实，而人格性是面对现实的，是在现实中有它实际的效准的。所以这两者既有区别，也有共同之处。而这一段开始又讲道，"正如斯多葛主义的**抽象的**独立性曾经显示了自己的实现过程那样"，它虽然是抽象的独立性，但是它仍然有自己的实现过程，有自己的经验和经历。这里用的过去时，就是在前面自我意识章中所显示过的。那么，"同样，这后一种独立性也将重复前一种独立性的运动", 这是用的将来时, 也就是下面将要在人格的独立性方面重复斯多葛派自我意识的独立性的运动。黑格尔论述的特点就是在后面的阶段上重复起步阶段的过程, 当然不是机械重复, 而是圆圈式进展。人格性已经走出了斯多葛主义的这种自我意识的独立性, 但自我意识的独立性所经历过的那个历程, 人格性同样会再经历一遍, 不过是在一个更高的层次上面重复一遍。

前一种独立性转化为了怀疑主义的意识混乱, 变成一种否定的废话, 它从存在与思维的一个偶然性出来, 又心神不定地迷失于另一个偶然性, 虽然在绝对的独立性中消解了这些偶然性, 但同样又把它们一再地产生出来; 并且实际上它仅仅是意识的独立性与不独立性的矛盾而已。 {262} [35]

这是讲的斯多葛派向怀疑派的转化。"前一种独立性", 也就是斯多葛主义的独立性, "转化为了怀疑主义的意识混乱"。怀疑主义体现为一种意识混乱, "变成一种否定的废话", 它什么东西都否定, 怀疑一切。古代的怀疑论不像后来笛卡尔的怀疑论, 笛卡尔的怀疑论还是想得出一个坚实的基础, 通过怀疑达到我思故我在; 而古代的怀疑论是一种高贵的怀疑论, 或者说是一种自我牺牲的怀疑论, 它怀疑一切, 包括自己的生命都要怀疑, 以身试法。但这样一来就成了一种否定的废话, 它反正什么都要怀疑, 什么都要否定嘛, 那就可以不说了, 你说了也没意义。反正不管说什么你都不会相信的, 那我还跟你说个什么呢? 所以就变成废话了。像皮浪的怀疑论, 怀疑这个, 怀疑那个, 其实说的都是一句话: 否定一切; 而这一句话也是废话, 可以不说, 反正就是否定一切。"它从存在与思维的一个偶然性出来, 又心神不定地迷失于另一个偶然性", 心神不定, ge-staltlos, 也可以译作"无定形"。在存在方面、在思维方面, 不管是主观还是客观的东西, 都被它看成是无定形的、偶然的, 而偶然的都是可以怀疑的, 都是没有必然性的。那么从一个怀疑、一个偶然性走出来, 又迷失于另一个偶然性中, 始终无法确定。因为你要怀疑一个偶然性, 你必须要有你怀疑的根据, 而你用来怀疑的那个根据本身也是值得怀疑的。所以怀疑主义经常是这样，用一个东西来怀疑，但是他这个东西本身也是值得怀疑的，彻底的怀疑论就把这个东西也怀疑掉了，心神不定，迷失于一个又一个的偶然性，没有任何固定的东西。古代的怀疑论没有任何立场，它不像笛卡尔和休谟的怀疑论，都有个立场的，但是古代的没有，那是彻底的怀疑论。所以这种怀疑论从一个偶然性到另一个偶然性，只能造成混乱，它是一种意识的混乱。"虽然在绝对的独立性中消解了这些偶然性，但同样又把它们一再地产生出来"，这种怀疑主义也体现为一种绝对的独立性，因为怀疑主义之所以要鼓吹怀疑主义，是为了"不动心"。斯多葛派、伊壁鸠鲁派和怀疑派三者都有一个共同的基本原则，就是不动心，不为所动。你说什么我都怀疑，这就可以不为所动了，什么东西都是值得怀疑的，那还有什么可以打动我的呢？所以这种态度在绝对的独立性中消解了这些偶然性。它把所有这些偶然性都消解了，但同样又把它们一再地产生出来，并不能真正解决问题。你不动心体现在什么地方？体现在怀疑上；但是如果把所有偶然的东西都怀疑掉了，你就没有什么东西可怀疑了，那你的不动心又怎么体现呢？只有把偶然的东西一再地产生出来，好让我去怀疑，不然就持续不下去了。为了表现独立性是怀疑论的基本原则，就必须要继续怀疑，继续把一切偶然性再产生出来。所以这是怀疑主义本身的矛盾，怀疑主义是站不住脚的。因为你要怀疑的东西，你首先要把它确立起来，产生出来，以便于你进行怀疑，所以这是一个自相矛盾的概念。"并且实际上它仅仅是意识的独立性与不独立性的矛盾而已"，怀疑主义实际上仅仅是意识的独立性与不独立性的矛盾，意识的独立性想要达到不动心，但是它又随时关注这个那个值得怀疑的东西，岂不是又在动心吗？岂不是又依赖这个外界的偶然性吗？你有了外界的偶然性才能表现你的怀疑啊！如果完全闭上眼睛，不看外部世界，那你就没有怀疑的对象了，所以你还是依赖外部世界的。怀疑主义依赖于怀疑的对象，所以它标榜的是它的独立，但是实际上表现的是它的不独立，它要随着怀疑的对象从它眼前经过而随时发表它的怀疑，表现它的怀疑,否则就继续不下去。所以斯多葛派经过了它的经验而走向了怀疑主义,而怀疑主义则走向了自己的矛盾和自我否定。与此对照,下面就来讲法权了。

——同样,**法权**的人格独立性毋宁还是这同样的普遍混乱和相互消解。

这是与斯多葛派相对照,法权的人格独立性也走过了这些阶段。法权的人格独立性,每个人都成了原子,成了一大堆原子,很快就体现出一片普遍的混乱和相互的消解。这是在德谟克利特的原子论里面体现的,也是别人批评德谟克利特的地方:你那个原子世界岂不是一大堆混乱的原子在那里偶然的互相碰撞吗?那还有什么秩序呢?同样的普遍混乱和相互消解,每个人都是独立的,每个人都有他的人格,这些人格都是不可入的,那他们就瞎碰了,每个原子都出于自己的自由意志跟其他的自由原子相互之间瞎碰了,相互碰撞,相互消解,相互抵消。你想到一个地方去,你碰到了其他的原子,他阻挡你,他用他的意志抵消了你的意志,那你就一事无成,什么也干不成。所以个人一旦独立,社会就会陷入到混乱,人格如果一旦得到普遍的承认,谁也不能干涉谁啊,那实际上是每个人都干涉每个人。

因为,被承认为绝对本质的东西就是作为人格之纯粹而**空虚的一**的那个自我意识。

自我意识虽然是斯多葛派提出来的,而人格性也是以自我意识为基础的。"被承认为绝对本质的东西",你把它当作绝对的本质了,那"就是作为人格之纯粹而**空虚的一**的那个自我意识"。空虚的一,就是说实际上它没有任何内容了,它只是一个一,只是一个小一,每个原子都是一,它的特点就是不可入。它有自由意志,但这个自由意志是空的,它没有具体的目标,要怎么样,一定要怎么样。它只是意识到自己是一个人格而已。这样一个人格被承认为是绝对的本质,被承认为是绝对的本质的东西就是那个作为人格之纯粹而空虚的一的自我意识。它是空洞的一,没有内容,只是一个原子不可分而已。不可分离,不可解构,它是一个实心的东西。

与这个空虚的普遍性相反,实体拥有的是要**履行**的有**内容**的形式,而现在这内容完全是自由放任和无序的;因为当初奴役它、并把它束缚在自己的同一性里的那个精神已经不再是现成的了。

"与这个空虚的普遍性相反",那个自我意识只是一个空虚的普遍性,并没有内容的,因为每一个人格都是一个原子,但是它只有空虚的普遍性;与此相反,"实体拥有的是要**履行**的有**内容**的形式"。实体是规定了很多内容的,比如伦理实体就有很多东西,人的法则、神的法则是必须要履行的,它是有内容的形式,它的那些形式是真正要执行的,有一些具体规定。人作为公民,要怎么样,有哪些义务,神的法则也是,要埋葬自己死去的亲人,这都是有一些具体的内容要求去履行的。它的形式是有内容的,这种实体的普遍性的形式跟这种空虚的普遍性是完全相反的。"而现在这内容完全是自由放任和无序的",现在的实体的内容是人格性的内容,因为个别性现在成了实体,所以那种固定不变的内容已经不存在了,现在的内容是在空虚的普遍性之下的内容。空虚的普遍性作为一个个体的人格性来看,它的普遍性是空洞的,但是它也有内容,它在现实中要发挥效力,面对现实,它要在现实中起作用。那么这种有效性跟这种空洞的普遍性是不能统一的,现在这内容是完全自由放任和无序的。看起来是每个人都具有的一种普遍原则,但是它的内容是没有原则的,是不受规范的,是盲目碰撞的,一切都诉之于偶然的机遇。世界为什么是这个样子啊?按照德谟克里特的理解,就是偶然的。原子由于有自己的重量,按照它的直线运动下降,然后碰到了另外的原子,这个完全是偶然的,它下降是必然的,因为它有它的意志,它是人格的原子。但是平行下降的原子如何能够碰到其他的原子?为了解决这一难题,伊壁鸠鲁诉之于一种偶然性,就是原子的偏斜,原子偏离轨道,才能碰到其他的原子,于是就产生了一些事物。原子之所以能构成一个东西是因为有些原子偏离了它的轨道,于是就跟别的原子纠缠在一起,于是整个世界就显得五花八门了,但是这都是偶然的。所以原子的内容是完全自由放任和无序的,伊壁鸠鲁的原子就是自由、任意,除了有持续下降运动以外,还有它的自由意志,它可以偏离轨道。而这个偏离是没有理由、无规律可循的,它完全是偶然的,是自由放任和无序的。"因为当初奴役它、并把它束缚在自己的同一性里的那个精神已经不再是现成的了",当初奴役它,也就是在作为伦理实体的共同体中,在城邦里面把它们约束在统一性里的那种精神,已经不再是现成的、既定的了,城邦的精神已经死了。原来是现成的,人生下来就有个城邦,有城邦的精神,你作为这个城邦的公民,那么你就必须要服从它的一套现成的法则,人的法则和神的法则。但是现在这个城邦它已经没有精神了,从马其顿帝国到罗马帝国以后,国家共同体已经没有精神了,全凭武力。精神已经不再是摆在那里现成的了。当然也留了一个余地,也就是说共同体的精神还会有,但是需要人去建设,没有现成的精神。古代的伦理实体,它的精神是现成的,而现代国家的伦理精神需要人去建立,这就是市民社会和现代国家的精神。再没有现成的精神去滋养每一个个体,让他们的行为能够符合共同体了。

　　——因此,人格的这种空虚的一,在其**实在性**中乃是一种偶然的定在,一种无本质的运动和行为,它进入不到任何持存。

　　"人格的这种空虚的一",人格作为原子的一是一种空虚的一,"在其**实在性**中",如果你是把它看作是有效准的,是面对现实的,那么在现实中它实现出来,"乃是一种偶然的定在"。人格是有效准的,他签字,他就要负责,那他为什么要签字?这个没法预料了,你定一个契约,要他签字,他签不签,那是他的自由。所以他的签字,他得实实在在为此负责,但这是一种偶然的定在。他恰好那天高兴,他就签了,要签赶快签,趁我还高兴的时候快来签,过了这个时候就难说了。所以这都完全是诉之于偶然性的定在。"一种无本质的运动和行为,它进入不到任何持存",像伊壁鸠鲁的原子那样,一种偶然的偏斜造成了它的现实性,这种偶然的现实性进入不到持存，它不能延续，这一次是这样，下一次就难说还是这样，这就没有法则了。所以在这种情况下必须要建立法则，建立法权状态。法权状态它的基础开始是无序的，人格性在现实中它遇到的是无序，那就必须要有序，要建立一种秩序，这里在呼吁，要建立一种秩序，否则的话，就进入不到任何持存了。

　　所以，正如怀疑主义那样，法权的形式主义凭自己的概念是没有自己的特有内容的，它遇到的是一种杂多的持存，是占有物，它像怀疑主义那样，给这占有物打上使之能被称为**所有物**的同一种抽象普遍性的印记。

　　既然一切都是那么不确定和无序，"所以，正如怀疑主义那样"，正如斯多葛派必然会走向怀疑主义那样，个体的人格性也必然会走向这样一种类似于怀疑主义的状况，这就是法权的形式主义。"法权的形式主义凭自己的概念是没有自己的特定内容的"，法权的形式主义就是把法权的根基，也就是人格、人格性，仅仅当作是一种形式。人格性是一种形式，跟任何内容没有关系，你不能用任何内容去衡量人格。人格几分钱一斤，人格值多少，或者人格好不好，有无道德含义，这都是不着边的。人格超越于所有的现实的定在之上，这种观点就是法权的形式主义。法权的形式主义是一种很高的观点了，应该说是一种进步，把法权看作是一种抽象的形式。因为有法权形式主义，所以真正的法律要建立起来，就要重视形式、重视程序。我们今天讲程序正义，但是我们中国人从来不习惯于程序正义，不习惯于讲程序，只要能够给老百姓带来"实惠"就行。薄熙来"唱红打黑"，不讲法律程序，老百姓都拍手称快。但是法权的形式主义特别强调的就是要走程序，要合乎形式，要尊重每一个人的人格，而人格跟任何一个具体的内容无关，跟每个人的主观动机、道德水准无关。所以法权的形式主义有点像怀疑主义，凭自己的概念是没有自己的特定内容的，所有的内容都被存而不论。他是不是黑社会，他干了多少坏事，这些东西我们先把它搁起来，我们先走程序。哪怕他是一个罪犯，但是他现在还不是,他只是犯罪嫌疑人,你就必须走程序。"它遇到的是一种杂多的持存,是占有物,它像怀疑主义那样,给这占有物打上使之能被称为**所有物**的同一种抽象普遍性的印记",这种形式主义当然是面对现实的了,它要成为现实的效准的嘛。而当它面对现实的时候,现实往往有各种各样的内容,实质性的正义也好,实质性的不正义也好,各种各样的事情都只是"占有物"。占有物是个财产权的概念,我遇到一个东西,我把它占有了,实际上已经占有了,那么它就是我的了吗? 那还要怀疑,要抱怀疑态度。即使是我祖祖辈辈占有的这块土地,我在这里生活了一辈子,那么它是不是我的所有物了呢? 占有物和所有物是有区别的,我们要严格区分开来。占有和所有不一样,占有是实质性的,所有是法律程序上认可的。光是实质性的占有还不作数,你要有所有权,还得走法律程序。法权的形式主义像怀疑主义那样,给"占有物"打上了"所有物"的抽象普遍性的印记,法权的形式主义就起这个作用。你光是占有物还不够,法律上还不一定站得住脚;只有当你按照程序能够证明并且让别人承认这个占有物是你的所有物,那么这才是你的合法的财产。所以法权的形式主义跟怀疑主义有一点相同的地方,就是怀疑一切,对于所有的占有物,对于所有碰到的偶然的持存,都要先抱一个怀疑的态度,由法权形式来批准。经过怀疑以后,打上所有物的印记,才能确定为合法的产权。这是相同的地方,但也有一点不同的地方。

　　<u>然而,如果说在怀疑主义中像这样规定的现实性一般被称为**假象**,并且只有否定的价值,那么它在法权中则有肯定的价值。</u>

　　这个是很明显的,怀疑主义怀疑了以后就不管了,一切都是否定的,一切都不值得相信,它的结果就是这样的。但是法权的形式主义就不一样了,这类现实性在法权中具有肯定的价值。"如果说在怀疑主义中像这样规定的现实性一般被称为**假象**",怀疑主义对现实性加以考察,并且由于现实性呈现出偶然杂多的特点,就把这些东西当作假象抛弃了,所以它们"只有否定的价值",所有的怀疑对象都只有否定的价值。那么这

样规定的现实性"在法权中则具有肯定的价值"，不管你是什么，只要它批准了你，你就是合法的。法权的形式主义它最终的目的不是像怀疑主义那样否定一切，而是由它来批准一切，由它来赋予一切以合法的形式，所以它具有肯定的价值，这一点是和怀疑主义不同的。

前者那种否定的价值在于现实的东西具有作为思维、作为自在共相的自我的含义，而后者的肯定价值却在于，现实的东西在范畴的含义中就是作为一种得到承认的、有现实效准的我的。

"前者那种否定的价值"，就是怀疑主义的否定的价值，"在于现实的东西具有作为思维、作为自在共相的自我的含义"。现实的东西已经不是现实的东西了，它是假象嘛；但是假象是什么呢？假象是我的一种判断，所以现实的东西具有作为思维、作为自在共相的自我的含义。作为自在共相，就是说所有这些东西都有一种自在的共相，那就是我，是我的判断，是我的不动心。我要不动心地把所有这些东西作为一种假象来判断，来思考。所以一切现实的东西进入到了主观之中，成为了我拥有的否定物，具有自我这个自在共相的含义，或者说，具有主观的含义。"而后者的肯定的价值却在于，现实的东西在范畴的含义中就是一种**得到承认的、有现实**效准的**我的**"，后者，也就是法权的形式主义，它具有这样的肯定价值，就是现实的东西在范畴的含义中成了"我的"。范畴是一种客观的思维，它不再是主观的思维。怀疑主义是主观的思维，把一切现实的东西都纳入到我的主观思维里面，作为一个否定的对象；那么法权的形式主义是一种客观思维，现实的东西在范畴的含义中、在客观中被承认为有现实效准的"我的"。现实的定在被提升到了范畴，具有了一种客观的法则，客观的"法"。法权是一种客观的法，它不是你主观想出来的，在范畴的含义中，它是一种得到承认的有现实效准的我的。得到承认的就是客观的了，不是我主观想出来的，是人人都认可的，它已经具有现实效准了。并不是随便什么人，像卢梭说的，把一块地围起来，宣布说这是"我的"，它就真的成了"我的"了；必须得到人们的承认，有现实效准,才能成为"我的"。现实的东西还是现实的,但是法权的形式主义给它打上了"我的"这样一种印记。这个庄园,这个山坡,这个林子是我的,它还是现实的东西,我没有把它否定掉,没有说它是假象;但是现在它已被证明是我的了。在被证明法律上属于我之前,我要使它被承认为我的,我首先要把我的权利范围搞清楚,然后把我的这样一个权利通过一定的法律程序加之于这片树林、这个山坡。山坡、树林并没有改变,还是那么多树,还是那个坡度,但是现在是属于我的了。所以现实还是现实,没有被否定掉,但是经过怀疑的程序,它已经证明是我的了。这就是怀疑主义和法权的形式主义的不同之处,法权通过承认而上升到了范畴,它是一种客观精神,它既不是单纯的现实性,也不是主观中的思想,它是客观精神。

————两者是同一个**抽象的共相**;"我的"的现实内容,或者说"我的"**的规定性**——无论是外在占有物也好,还是精神或性格方面内在的富有或贫乏也好——都没有被包含在这个空洞的形式里,它与形式毫不相干。

"两者是同一个**抽象的共相**",在这一点上怀疑主义和法权的形式主义是共同的,怀疑主义的那个自在的共相、自我,以及法权的形式主义的这个"我的",它们都是同一个抽象的共相。法权上的"我的"也就是怀疑主义的那个自我、那个不动心。"我的"就是不动心,"我的"面对它所有的财产,它的所有物,它都是同一个我,它把这个"我的"用来覆盖于一切可以成为我的对象、可以成为我的现实性的东西。而我的本身是一个抽象的共相。"'我的'的现实的内容,或者说'我的'的**规定性**——无论是外在占有物也好,还是精神或性格方面内在的富有或贫乏也好——都没有被包含在这个空洞的形式里,它与形式毫不相干",这个"我的"是非常空洞的,是抽象的普遍性,它可以有外在的占有物,可以占有这个,占有那个,或者精神的性格上的内在的富有和贫乏,什么东西都是我的,但所有这些都与"我的"这一形式不相干。不但在外在的占有物上,在精神上也是这样,我的知识,我的才华,我的健康,等等,精神上的富有和贫乏，所有这一切都没有包含在这个空洞的形式里。任何一个人，都有"我的"，哪怕无产阶级，都有他的"我的"，你富有，但是你也只是"我的"，你也只有一个"我的"；他贫穷，他愚昧，等等，但他也有一个"我的"。所以这个"我的"是一个抽象的共相，所有这些内容跟"我的"这个形式毫不相干。不管你占有多少，你都是一个所有者，法权状态就是以每一个人都是所有者作为基础的，把每一个人都看成是所有者。你虽然一无所有，但是我还是要把你看成所有者。比如说，你有知识啊，你有情感啊，你有意志啊，你虽然一文不名，但是只要你有意志，只要你有思想，只要你有发财的欲望，你就可能成为一个大富翁。那也不管，你成了大富翁，你也只有一个"我的"，作为"我的"的主人，你跟原来并没有什么区别，因为这个"我的"跟所有的内容都无关。所以这个"我的"是代表人格的，"我的"就是人格。人格以什么为基础？以私有财产为基础，这个私有财产不是说这个、那个财产，而是以私有财产"权"为基础。我们中国人为什么直到现在还没有人格的概念？是因为我们没有私有财产"权"，自古如此。当然我们有私有财产，但是我们没有私有财产权。我们有占有，但是没有所有。在中国，无论是地主也好，资本家也好，对他的财产只有占有权，而没有所有权，直到现在还是这样。你买了一套房子，那是你的吗？那块土地不是你的，那个房子也就不是你的，你只有使用权，你没有所有权，你只有70年的占有权，那不叫所有权。所有权是永远的，是普遍的。所以，"我的"就是人格的具体代表，当然它是一个抽象的概念，超越它的一切内容。

所以，内容属于一种**特有的力量**，这力量不同于形式的共相，是一种偶然和任意性的力量。

"我的"的内容，"属于一种**特有的力量**，这力量不同于形式的共相"，不同于"我的"，也不同于自我的普遍性，它是特殊的，"是一种偶然的和任意性的力量"。它当然是一种力量，很现实的，但是这种力量是偶然的和任意的。我不管这房子是不是"我的"，有没有所有权，反正我买了，我就有了一定的力量,买得越多,力量越大,我就成了"房叔"。

　　——因此,法权意识在自己现实的效准本身中反而经验到它的实在性的丧失和它的完全非本质性,而把一个个体标明为一个**人格**是一种轻 [36] 蔑的表达。

　　法权意识高高在上,但是它要应用于现实物,在自己现实的效准本身中,或者说在它用作现实的效准的时候,"反而经验到它的实在性的丧失和它的完全非本质性"。它一旦应用于现实,它就会经验到这个法权意识本身失去了实在性。因为,虽然它应用于实在性,但是这个实在性跟它毫不相干,所谓的"我的",所谓的人格性,所谓的人格,这些东西跟它的具体的内容是没有关系的,你一旦把人格、"我的"、所有权这些范畴应用于现实,作为一种效准的时候,你反而会经验到它自己的实在性的丧失。它的实在性没有任何具体的内容,完全是非本质的。你说"我的","我的"是什么? 你说我的这个,我的那个,那么"我的"本身究竟是什么? "我的"本身什么也不是。人格,你说损害了我的人格,损害了我这件东西就是损害了我的人格,但是人家只承认损害了你的东西,不承认损害了你的人格。就像秋菊打官司一样,人家不知道秋菊到底要什么,你这反反复复的上告,到底想要什么呢? 秋菊说,我只要讨一个"说法"。说法值几个钱一斤? 我都已经赔了你了嘛,你还要什么说法? 但她就要个说法。因为这个跟那个具体的赔多少钱、跟那些具体的东西都没有关系,所以这个"说法"在一般人看来完全是非本质的东西。在经验中这个法权意识一旦运用于现实,你就会发现它是非本质的。"而把一个个体标明为一个**人格**是一种轻蔑的表达",就是当说一个个体是一个人格(或者"人身")的时候,在运用于现实的时候,它就是一种轻蔑的表达,就是说这个人不过是一个人格(人身)而已,他一无所有。当然,他具有拥有一切的可能性,你不能侵犯它的人格,侵犯他的这种可能性。所以我们把这个人称之为一个人格,对他反而是一种轻蔑的表达,因为他没有任何内容,他上无片瓦,下无立锥之地,他只有一个人格,他穷得只剩下人格了。我们经常说，再穷也不能出卖人格，但是我们可以反过来想一想，一个人穷得只剩下人格了，这个时候他是被那些注重物质的人瞧不起的。当然他自己可以瞧得起自己，但是他被人瞧不起。在现实中，当你的人格要发生效准的时候，你就会发现你自己丧失了本质，丧失了自己的实在性，意识到了人格的完全非本质性。重要的是你还是要占有一些东西，你的所有权才有意义，如果你具有所有权，但是你一点东西都没有占有，你身无分文，只有你的劳动力可以出卖，那么你这个所有权是显得很滑稽的。人家说你是一个所有者，对你是一种讽刺，或者是一种轻蔑的表示。资本主义生产中的无产阶级就面临这种处境，当然黑格尔并未像马克思那样深入这一问题，但他毕竟看到了私有财产权的另一面。

[**III. 抽象的人格，世界主宰**]

这是第三个标题。抽象的人格，跟具体的人格不太一样了，前面讲的是个人的偶然性，或者是人格的效准，这都讲的是具体的人格。人格有效准，在现实中有效准，但是这个效准是很偶然的，你要得到一笔财产，成为你的，那是很偶然的。所以你离开了这样一种偶然性，你这个人格是不值什么的，是会被人轻蔑的。那么还有一种人格是抽象的人格、世界主宰，抽象的人格把所有这些东西都抽掉以后，还有一个高高在上的人格，那就是世界主宰，比如说皇帝。

内容的自由力量是这样规定自身的：当它分散为人格原子的绝对**多数性**时，同时也通过这一规定性的本性而被集合在**一个**它们所陌生并同样毫无精神的点之中，这个点一方面跟原子人格性的不可触碰性一样，是纯粹个别的现实性，但同时又与诸原子的空洞的个别性相反，而拥有一切内容的含义，从而对诸原子来说拥有实在本质的含义，而且与诸原子自以为的那种绝对的、但自在的却并无本质的现实性相反，它是普遍的力量和绝对的现实性。

　　我们来看这个长句子。"内容的自由力量是这样规定自身的"，前面我们讲了，这个法权、这个人格性它的内容是自由放任的，是无序的，它没有规范，无规律可循。但它对自己也有规定，什么规定呢？"当它分散为人格原子的绝对**多数性**时"，前面讲了，这些人格原子是分散开来的一种绝对多数性，绝对的多，或者说它是无限的多，有无限多个原子。"同时又通过这一规定性的本性"，分散为人格原子的"多数性"，这已经是一个规定性了，所以它要打上着重号。这就是自由力量的规定性了，但是同时也通过这个规定性、这个多数性的本性，"而被集合在一**个**它们所陌生并同样毫无精神的点之中"，"一个"也打了着重号。这两个着重号形成了"多和一"的两种规定、两个范畴的对照。就是说内容的这种自由力量分散为绝对的多数性，这样一种规定性从本性上来说就已经被集合在一个点之中，这个点是它们所陌生的，并且和它们一样是毫无精神的。多数性的本性就是凝聚为单一性，绝对的多数性肯定要集合在一个点之中，至大无外、至小无内实际上是同一个东西。一盘散沙的民族肯定需要一个皇帝，正因为一盘散沙，所以才需要一个皇帝，皇权专制主义的根基就在于这一点，东西方民族都是这样，就是如果太分散了，就需要一个集中点，这种关系后来被马克思形容为一袋"马铃薯"。这是法权状态的原理，当人格绝对分散的时候，要形成法权状态而不至于退回到弱肉强食的原始自然状态，就需要有一个它们所陌生的并同样毫无精神的点来把它们集合起来，装进一个袋子里。这个点本身也是一个最高的原子，这个最高的原子对每一个原子都是陌生的，都是异己的，并且同样毫无精神。凭借某种偶然的机会，诸原子中的某一个原子成为了所有的原子都必须集合在它之下的一个点，那就是王权。一个纯粹偶然的无组织状态就需要一个王权，这就是霍布斯所揭示出来的法权状态的原理，就是所谓"利维坦"的专制王权必然产生的道理。"这个点一方面跟原子人格性的不可触碰性一样，是纯粹个别的现实性"，不可触碰性也就是不可入性了，不可触碰，不可进入，跟其他人一样是纯粹个别的现实性。皇帝、国王也是一个人啊，也是一个原子啊，他也没有三头六臂，他也是一个普通的人，是纯粹个别的现实性。"但同时又与诸原子的空洞的个别性相反，而拥有一切内容的含义"，这个原子又跟一般的原子大不一样，其他的原子都是空洞的，空有一个所有权，一个"我的"这样一个拥有财产的权利，哪怕没有任何财产；相反，这个太上原子拥有一切内容的含义。这样一个王权完全意识到这整个国家都是"我的"，普天之下莫非王土，它拥有一切内容的含义。国王把他的国家看作是必然的财产，其他人的财产都是偶然的，我拥有这个财产，他拥有那个财产，这个都是偶然的，今天可以得到，明天可以失去；但国王把它的国家看作是他的必然的财产，没有人能够挑战他，没有人能够抢夺他的财产，他是至高无上的原子。他也是一个原子，但是这个原子是拥有一切内容的原子，这就是他跟其他原子的区别。"从而对诸原子来说拥有实在本质的含义"，它就是其他所有那些原子的实在的本质，是他们的理想，每个原子内心都想要成为这样一个原子，"大丈夫当如是！"甚至"彼可取而代之！"而当作不到取而代之的时候，其他的原子都要为国王、为皇帝服务，皇帝就是他们实在的本质。这个在前面讲"主人和奴隶"时已经讲到了，奴隶实在的本质就在主人身上，以主人的本质为自己的本质。"而且与诸原子自以为的那种绝对的，但自在的却并无本质的现实性相反，它是普遍的力量和绝对的现实性"，虽然每个原子都自以为是绝对的现实性，比如他也实际占有某笔财产，但这只是表面的，这种现实性自在地并无本质性。比如说你占有了这个地方，你是这儿的地主，但是你土地的本质上是皇帝的，是皇帝让你占有这块土地的，没有皇帝，所有人的私有财产都不安全。只有皇帝才是普遍的力量和绝对的现实性，这就是皇帝跟其他原子的区别。所以每个原子、每个人都要对皇帝感恩戴德，他就是世界的主人（Herr），也可以翻译为世界的主宰。

以这种方式，这个世界主宰觉得他就是那个绝对的、本身同时包含着一切定在的人格，对他的意识而言，没有任何更高的精神是实存的。

"以这种方式，这个世界主宰觉得他就是那个绝对的、本身同时包含着一切定在的人格"，他就是绝对的人格，他本身包含着一切定在，率土之滨，莫非王臣，一切定在都是他的臣民，皇帝拥有了一切，从土地到人民。"对他的意识而言，没有任何更高的精神是实存的"，在他的意识中，没有比他更高的精神实存。当然还有上帝，但是上帝不是实存。实存，existieren，是指现实生活中的实际存在，上帝高高在上，那个我们不管它，恺撒的世界就是恺撒的。在这个现实世界中，一切都是恺撒的，没有任何比他更高的精神存在。

<u>他是一个人格；但却是一个跟**一切人**对立着的孤单的人格；而这一切人构成了该人格有效准的普遍性，因为个别者本身只有作为个别性的普遍多数性时才是真实的，离开这个多数性，则孤单的自我实际上就是非现实的无力的自我。</u>　{263}

"他是一个人格，但却是一个跟**一切人**对立着的孤单的人格"，这就是皇帝的处境了。他是一个人格，他颐指气使，他主宰一切，但是他是跟一切人对立着的一个孤单的人格，一个孤家寡人。皇帝对自己的自我感觉就是孤独意识，所以中国的皇帝都要称孤道寡，寡人怎么怎么样，孤家怎么怎么样。为什么有这种孤独感呢？就是他跟所有人都是对立着的，是这样一种人格。"而这一切人构成了该人格的有效准的普遍性"，这个孤独的人格，他的有效准的普遍性体现在什么呢？体现在一切人身上，他可以支配一切人，他的人格在任何人身上都有效准，他可以生杀予夺，他要谁死谁就得死，这是皇帝的权威。"因为个别者本身只有作为个别性的普遍多数性时才是真实的"，你这个孤家寡人什么时候才是真实的呢？只有当你能够颐指气使，命令所有的人时候，才是真实的。离开这个多数性，离开了所有这些百姓、臣民，那么你这个孤单的自我是一个非现实的无力的自我。一方面，你的效准要在这些人身上实现；另一方面，这些人也可以颠覆你，你离开了这个多数性，那么水可以载舟，也可以覆舟。任何帝王都要意识到这一点，中国古代的孟子也意识到这一点，我

们说他有"民本思想"，其实不是的，任何皇帝都是这样的，罗马皇帝也是这样，他也知道你要离开了你的人民，那你就什么也不是。这不是什么民本思想，而是帝王的常识，属于一切帝王思想里面根深蒂固的东西。民为邦本，民为皇权之本，因为皇权本质上就是这个东西。你有了民，你才能发挥皇权的效准，没有民，你到哪里去发挥呢？你自己在自己身上发挥，那就不叫皇帝了。

　　——同时，这个无力的自我又是对于与那个普遍人格性相对立的内容的意识。

　　这个无力的自我，这个孤独的皇帝，"又是对于与那个普遍人格性相对立的内容的意识"。他感到孤独和无力，正说明他意识到了与他的普遍人格性相对立的那个内容，他虽然把多数性统一到了一个人格之下，但他同时又意识到那个多数性仍然与他相对立，他凭借自己的特权凌驾于多数性之上，跟所有的人作对，所有的人都是他的敌人。所以他必须禁卫森严，不许任何人进入他住的地方。

　　但是，从他的否定力量中解放出来的这种内容就是各种精神力量的混沌，这些力量在摆脱了羁绊时，作为始基性的本质而在粗野的放纵中彼此采取疯狂的毁灭性的举动；而他们无力的自我意识是无能的约束，是他们发生骚乱的基地。

　　"但是，从他的否定力量中解放出来的这种内容就是各种精神力量的混沌"，皇帝对他所统治的那个多数性的内容是一种否定的力量，而这种多数性的内容一旦从他的这种否定的力量之下解放出来，那就是各种无序的精神力量的混沌。各种精神力量这个时候被释放出来了，没有束缚了；但由于皇帝的个别人格是每个个别人格的实在的本质，每个人都把当皇帝作为自己的理想和楷模，都想像皇帝那样颐指气使、为所欲为，没有任何东西可以束缚他，这就带来了这样一种内容，就是各种精神力量的混沌，大家混战一团，每一个人都想当皇帝，陷入了霍布斯所说的"一切人对一切人的战争"之中。"这些力量在摆脱了羁绊时，作为始基

性的本质而在粗野的放纵中彼此采取疯狂的毁灭性的举动",始基性的
(elementarisch) 本质,也就是自然的、原始的、物欲性的本质,动物性的
本质,这种本质使人们一旦摆脱羁绊,就陷入到粗野的放纵和互相毁灭
之中,人与人之间就像狼一样,失去了理智。"而他们无力的自我意识是
无能的约束,是他们发生骚乱的基地",自我意识在这里不起作用了,一
切都处于无序之中。这个无序是由个体性的那种自然的原始本性带来的,
一旦没有外来陌生的力量控制自己,每个个体都无法用自己无力的自我
意识来约束自己。而这样一种无力的自我意识,就是这些精神力量发生
骚乱的基地,只要皇帝的控制力量稍有松懈,在控制不到的地方立刻有
骚乱发生,整个国家就处于动荡之中。

于是,这个世界主宰,当他知道自己是这一切现实力量的总和时,他
就是一个自视为现实上帝的巨无霸式的自我意识;但由于他只是形式的
自我,并无能力对这些力量加以驯服,所以他的活动与自我享受同样也
是巨无霸式的放纵无忌。

"这个世界主宰,当他知道自己是这一切现实力量的总和时,他就是
一个自视为现实上帝的巨无霸式的自我意识",他把所有这些现实力量
都收归己有了,所有这些现实力量都被他用来为自己服务了,都掌握在
他手中了。当他知道这一点时,他就是一个自视为现实上帝的巨无霸式
的自我意识。他是一个最高的自我意识,这个自我意识把自己看作是上
帝,把自己膨胀为巨无霸式的,ungeheuer,是指一种大得惊人、大得可怕
的怪兽,也就是霍布斯所说的"利维坦",即想象中的一种吞噬一切的海
中怪物,霍布斯正是用它来形容专制王权,这王权由于自己巨大的权力,
通常都把自己视为地上的神。"但由于他只是形式的自我,并无能力对
这些力量加以驯服,所以他的活动与自我享受同样也是巨无霸式的放纵
无忌",他只是形式的自我,就是这个世界的主宰,他作为一个自我,也
只是形式上的,而不是实质上的。前面讲他与内容的关系是陌生的,由
于伦理实体的消亡,他没有办法让所有的现实力量对他心服口服,只是

349

凭借武力把一切人在形式上都统一在他的自我意识之下。人格上，他觉得他可以凌驾于一切，但是实际上他并没有实质性的能力对这些力量加以驯服。所以他在自己的活动与享受中同样也只能让这些现实的力量无限膨胀，巨无霸式的放纵无忌、荒淫无度，而毫无节制，他的自我意识其实是无能的、不能自控的。他是恣意妄为的，越是掌握了巨大的权力，在行为和享乐上越是没有控制，就像阿克顿勋爵所说的，权力导致腐败，绝对的权力导致绝对的腐败。当一个人达到巨无霸式的顶级权力时，他的为所欲为更是达到了毫无顾忌的程度，甚至变态的程度。当皇帝的通常都有心理问题，像尼禄皇帝就是有施虐狂和自恋狂的变态心理，他自认为是举世无双的艺术天才，为了寻找艺术创作灵感而不惜放火烧毁整个罗马城。罗马皇帝很多都是荒淫无耻的，体现不出一个真正的人格所具有的那种自我规范性、自我约束性，只有像安东·奥勒留作为斯多葛派的信徒，他的律己是比较严的，但这是极少数。一般来说罗马皇帝通常都是荒淫无耻，或者是凶狠残暴，没有任何约束。但法权状态恰好就是从这样一种令人绝望的状态里面产生出来的，因为已经没有伦理实体的神圣性、没有精神生活的信念了，大家都是纯物质的，人欲横流的；然而有一点，就是个体人格得到了独立，得到了承认。这个跟皇帝的以身示范有很大的关系，就是皇帝本人什么都不信，只相信武力，那么老百姓也就只相信武力和金钱；但是内心里面恰好有一种东西在萌芽，就是只相信自己，所有的高高在上的意识形态都遭到了辛辣的嘲弄。在一个权力高压而又普遍腐败堕落的时代，讽刺艺术在罗马得到了极大的繁荣，标志着个体人格的独立意识已经开始在形成。这个是这一段所要讲的，今天就到这里吧。

＊　　　　　　　＊　　　　　　　＊

我们上次讲到了"真实的精神，伦理"，在它的最后阶段，可以说伦理实体已经走向了消亡。伦理实体走向消亡的一个很重要的标志，就是上次讲到的这个小标题，就是"抽象的人格，世界的主宰"出现了。有一个至高无上的王权，在这个王权之下，不是通过一种伦理性的纽带，而是通过一种法权状态来维持这个共同体的延续。而这个法权状态是讲究实力的，它不是传统啊、习惯啊，不是靠这些东西来维系的。那么在这种情况之下，个人已经开始独立。上次已经讲到了，人格的概念和人格性的概念已经开始出现，个体成为国家的臣民，不再是公民；他们虽然已经被统治，但是他们每一个人都有自己的自私性，有每一个人的独立性。他们还服从于这个王权，服从于世界的主宰，因为主宰的力量太强大了，但是内心并不是心甘情愿的，内心还是各自为政的。这里讲的是罗马帝国时候的状况，从罗马共和国走向罗马帝国，伦理实体已经开始解体。比如说特权啊，整体社会的个体的那种散漫、堕落，而且造成了巨大的荒淫无耻、放纵、毫无约束，原来的那些伦理性规范都已经约束不了这个时代的人了，个体自我意识又还没有成熟到能够自我控制、自律，这尤其体现在王权本身，体现在贵族、国王、皇帝他们的生活上。上次最后一段还没有讲，这最后一段是向下一阶段过渡了，向后面的"自我异化的精神、教化"过渡。罗马帝国已经进入到一种教化、一种基督教信仰和明见的阶段了，这整个是一个教化过程，整个基督教在西方文化中是一种教化过程。它是一门功课，就像一个小学生，他贪玩，你必须要逼着他规规矩矩地坐在那里，经过教化，他才能成人。西方文化就是经过这样一个过程形成的。但在这之前，还有两段话是作为总结性的，就是37—38页的两段。

世界主宰在他用以对付他的臣民们与他对立着的自我的摧毁性暴力中，对于他自己是什么、对于现实性的这种普遍力量具有现实的意识。 [37]

压缩一下这句话，就是："世界主宰……对于他自己是什么、对于现实性的这种普遍力量具有了现实的意识"。世界主宰对于自己实际上是什么，也就是对于他在现实中的普遍力量、无所不能的权力，是具有很现实的意识的，所以他要紧紧地把权力抓在自己手中。这种现实的意识是如何来的呢？是"在他用以对付他的臣民与他对立着的自我的摧毁性暴力中"形成起来的，或者说，是通过他用暴力摧毁一切对立力量的自我而形成的，他用这种暴力来对付他的臣民，因为这些臣民不服从他，和他对立。在对臣民的这种镇压中，世界主宰对于自己是什么，就有了一种现实的意识，所谓政权就是镇压之权。他由此而获得了自己的自我意识：我是谁？我就是无所不能、生杀予夺的最高统治者。体现在什么地方呢？就是哪个要跟我作对，我就要摧毁他，我有这样一种暴力。这是非常现实的一种力量，皇权的现实性就在这里。就是每一个臣民都有自己的自我，但是不能跟他作对，凡是跟他作对的，他就要摧毁之。

　　<u>因为他这种力量并不是精神的**团结一致**，仿佛这些人格都从这力量中认出了自己的自我意识似的，相反，他们毋宁是作为自为的人格而存在的，并将他们跟别人的连续性从他们的点截性的绝对不可触碰性中排除出去；因此，他们正如同彼此之间一样，也与那位作为他们的联系或连续性的世界主宰之间处于一种仅仅是否定性的关系之中。</u>

　　"因为他这种力量并不是精神的**团结一致**"，世界主宰的这种暴力跟伦理实体相比较，伦理实体是一种精神的团结一致，但是这种团结一致已经一去不复返了，人与人之间的这种天然的融洽一体已经不存在了，个体人格已经独立了。那么这种暴力就不再是精神上的团结一致，"仿佛这些人格都从这力量中认出了自己的自我意识似的"，并不是这样。精神上的团结一致就是说，这些人格都能从这些力量中认出自己的自我意识，如果是伦理实体的话，那这种力量就是共同体的力量，共同体的决定就是每个人的决定，哪怕苏格拉底被判死刑，他也认为这是自己同意的，是自己赞成的。虽然我被判死刑实质上不公，但是这个法庭的审判程序，这是我同意的，我不能破坏法庭依据合法程序的判决，因为那代表我的自由意志。在城邦民主制之下，个体与城邦的这样一种融洽是大家所公认的，每个人都能从这种力量中认出自己的自我意识。但是现在这种情况已经不存在了。"相反，他们毋宁是作为自为的人格而存在的，

并将他们跟别人的连续性从他们的点截性的绝对不可触碰性中排除出去”，现在他们每个人都作为一个自为的人格，我们自己为自己而存在，作为独立的人格而存在，与其他的人格没有粘连。这就形成了他们的“点截性”，Punktualität，前面已经提到，每个人格都是一个点，一个不可分的点，一个原子，跟别的原子之间没有牵扯、没有关联，是独立不倚的、截断的。这些人格从他们的点截性的绝对不可触碰性中把那种连续性排除掉了，每个原子都是不可入、不可碰的，它们拒人于千里之外。独立的人格就具有这样一些特点，他具有点截性和不可触碰性，跟其他的人格原子没有连续性。他们个人独立了，人与人之间不再黏糊了，不再“打断骨头连着筋”了。我跟你没有什么关系，我就是我，我就是一个独立的个人，什么身份，什么地位啊，这些东西都去掉了，我就是我自己。“因此，他们正如同彼此之间一样，也与那位作为他们的联系或连续性的世界主宰之间处于一种仅仅是否定性的关系之中”，这就不难理解了，他们彼此之间是点截性的，是间断性的，是不可触碰性的这样一种关系，谁跟谁都不掺和，彼此之间是独立的；那么他们跟世界主宰之间，他们跟王权之间也是同样的关系，跟最高统治者也没什么关系。据说亚历山大大帝去看望犬儒派哲学家第欧根尼，见他破衣烂衫地蜷曲在一个墙角晒太阳，就问你有什么需要帮助的吗？哲学家懒洋洋地回了一句：“别挡着我的阳光。”但是最高统治者是作为他们的联系或连续性的世界主宰，是最高统治者把他们联系起来、组成社会的，如果是单独一个一个的人，这个社会就是一盘散沙，就不成为一个社会了，那就回复到无政府状态或者是原始自然状态了。但是由于有了世界主宰，这个国家才成为了一个有序的国家，所以世界主宰就是使这个国家能够联结成一个国家的力量，一个连续性的力量。人与人之间作为一个国家的臣民，他们是连续性的，但是作为个体人格，每一个罗马公民都是独立的。所以尽管罗马皇帝把这个国家统一起来了，但是所有这些人格原子与这个世界主宰之间仍处在一种仅仅是否定性的关系之中。什么叫否定性的关系？就是你不服从我，我就要镇压你，没有主动的服从，没有肯定性的关系，只有被迫服从。

　　世界主宰作为这种连续性，是他们的形式主义的本质和内容，但却是对他们陌生的内容和敌对的本质，这种本质不如说恰好把那种被他们看作是自己的本质的东西、把那种空无内容的自为存在扬弃了；——而且，作为他们人格性的连续性，恰恰摧毁了他们的人格性。

　　"世界主宰作为这种连续性"，世界主宰、皇帝作为这个国家所有的臣民的一种连续性，因为皇帝要没有了，国家就散架了，国不可一日无君，国家要是没有皇帝就四分五裂了。世界主宰作为这种连续性，"是他们的形式主义的本质和内容"，他们，就是这些人格的形式主义，就是从形式主义来看的人格，这些人格都是独立的，但是没有内容。前面已经讲了，人格不在于他的内容，或者说它凌驾于、超越于所有内容之上。我们上次讲秋菊打官司，秋菊打官司赔多少钱都无所谓，但是要给一个"说法"，这就有一种人格意识在里头了。这种说法本身是空的，但是她要，所以说人格是一种形式主义。但是这种形式主义本身没有内容，它的本质和内容在它之外，就是世界主宰的这种连续性。每个人是人格独立的，这个连皇帝也不否认，但是你独立是独立，在本质和内容上你必须服从皇权。所以在这种人格的形式主义之下，你实际所做的事情仍然只能是服从。这就是你的独立人格的内容，独立人格听起来很高，但是很空，实际上是没有内容的，它的内容寄托在皇权之下。"但却是对他们陌生的内容和敌对的本质"，这样一种内容对他们每一个独立的人格来说，是陌生的、是异己的、是外来强加的，因此它是敌对的本质。人格肯定要服从一个最高统治者，作为一个国家的臣民，那么他的本质就是国家的人，虽然他本身认为自己是一个独立的人格，但是他的本质不能离开国家。而这个国家对他来说是一种暴力，是一种敌对性的本质，或者说是一种镇压他的本质，他就生活在这样一个本质之中。"这种本质不如说恰好把那种被他们看作是自己的本质的东西、把那种空无内容的自为存在扬弃了"，这个本质，就是说这个统治他们的敌对本质，其实恰好是把那种他们自以为是本质的东西、把那种空无内容的自为存在扬弃了，也就是把那种人格的形式主义扬弃了。你的独立存在实际上是空无内容的，在现实生活中你必须服从现实的内容和现实的本质，你自以为的那种空洞的本质，在这种生活中已经被扬弃了。本来人从伦理实体里面走出来，他的一个重要的标志就是人格的独立，但人格的独立同时带来了王权的统治，王权的统治在现实生活中恰好把这种人格的独立架空了，或者说扬弃了。我可以承认你人格的独立，但是这个人格的独立没有内容，真正的内容你必须服从我最高统治者的意志，一切都要从最高统治者那里得到批准，所以你这个独立的人格没有现实的意义，不起作用。"——而且，作为他们人格性的连续性，恰恰摧毁了他们的人格性"，世界主宰作为他们人格性的连续性，恰好把他们的独立的人格性摧毁了。也就是说他们人格性的本质实际上是人格性的连续性，只不过这个时候这种连续性还是以异己的方式、以暴力的统治者的方式出现，以外在于他们的陌生力量出现。当他们自认为人格性的本质应该是独立性，应该是点截性、间断性、不连续性的时候，这种异己的本质作为他们人格性的连续性恰恰摧毁了他们的人格性，摧毁了那种间断性、点截性。连续性在现实中把每个人格的那种不可触碰性打破了，实际上又把他们黏合在一起了。人格性本来是独立的，觉得自己可以为所欲为了，但在皇帝的统治之下，他们被控制在和其他人格性相互连续的关系中一动都不能动。这种个体的人格性被摧毁了，但其实是被扬弃了，这是一个残酷的教化过程，经受过这种教化，个体的人格才能主动地提升到个别性和普遍性的统一、连续性和不连续性的统一、内容和形式的统一。当然要真正实现这一点，世界主宰不能停留于只是现实世界中的皇帝，而必须提升为彼岸世界的上帝，这是后话。

所以，既然对法权人格性陌生的内容在这人格性中使自己成了行之有效的，而且这内容由于它就是这些人格性的实在性，而使自己在他们那里成为行之有效的，那么法权上的人格性所经验到的毋宁是自己的无实体性。

"既然对法权人格性是陌生的那个内容"，也就是我们前面讲的形式主义的本质和内容，它对法权人格性是陌生的，是敌对的本质。它"在这人格性中使自己成了行之有效的"，也就是从世界主宰那里来的那个陌生的内容、那个敌对的本质使自己成了对人格性有效准的，通过一种暴力镇压的方式使自己成为行之有效的，每一个人格性尽管有独立性，但是你必须服从，这是非常起作用的，你稍有不服从，马上就要受到处罚。"而且这内容由于它就是这些人格性的实在性，而使自己在他们那里成为行之有效的"，就是这内容在他们那里之所以成了有效准的，是由于它就是这些人格性的实在性，它不是空谈的，而是要兑现的。这种内容并不完全是外来的暴力，而是这些人格性本身的实在性，这些人格性如果不是仅仅停留在空洞的思想意识之中，而要成为实在的人格性，那么你就必须要接受这些暴力、忍受这些暴力，忍受这些陌生的内容、敌对的本质。人格性他有一种实在性的要求，要把自己实现出来，不能仅仅停留在口头上。那么一旦实现出来，他就是按照这一套内容、按照这一套内容的规则而实现出来的，所以人格性只要他不是停留在空洞的口头上的或者意识中的一种形式主义，只要他是想要赋予自己实在性，那么这种内容对于他们来说就是有效准的，你就必须要服从这一套内容，哪怕实现你自己的人格，真正把你自己的独立性实现出来，你都必须要借助于这一套内容。所以为什么说这一套内容又是他的本质呢？是他异己的敌对的本质，尽管是敌对的，但又是他的本质，就是因为人格性本身是要实现出来的，本质上他是要把自己变成实在性的。只是要实现这一点，首先不得不采取异己的方式、异化的方式。"那么法权上的人格"，法权上的人格也就是从合法权利的意义上来理解的人格，也就是抽象的形式主义的人格，它"所经验到的毋宁是自己的无实体性"。抽象形式主义的独立人格在现实中经验到了自己的自否定，因为仅仅是法权上的人格，虽然他自认为自己是绝对的实体，是孤立的原子，但其实并没有实体性。

虽然自从伦理实体消亡之后,进入到这样一个世界主宰之下的法权状态,从抽象形式上规定了每个人的人格是独立的,但这种独立是空的。所以这里,法权上的人格性就经验到了自己的无实体性,也就是通过他在现实生活中的经验而看到了自己的无实体性,自己是一种非实体的东西。他的实体性何在? 下面会有交代。就法权上的人格性来说,他不是实体,他还只是一种观念,一种个体独立的意识,但在现实中他还是要受到这个世界主宰的支配,他自己不是实体。

<u>相反,在这无本质的基地上碾碎一切的石磨则表现出自己统治一切的意识,但这个自我只不过是在摧毁一切,因而只是失去了自控,不如说是对他自己自我意识的抛弃。</u>

前一句讲的是法权上的人格性这方面,它经验到了自己的无实体性;这里讲另一方面,即世界主宰方面。"相反,在这无本质的基地上碾碎一切的石磨",这是一个流行的比喻,[①] 世界主宰相当于一个大的磨盘,它碾碎一切,所有的东西在它面前都遭到摧毁,因为这个磨盘所运行的这个基地是一些无本质的法权人格,一些无实体性的人格。那么,这个碾碎一切的石磨"则表现出自己统治一切的意识",这样一个世界主宰,表现出来有一种"主人"意识,就是自己可以统治一切,为所欲为、颐指气使,想干什么就干什么,而它的臣民则相当于奴隶。"但这个自我只不过是在摧毁一切,因而只是失去了自控,不如说是对他自己自我意识的抛弃",按照他这种主人意识,他觉得自己面前没有什么可以阻挡他,他失去了外在的监督,世界主宰至高无上,独自掌握宇宙真理;但是一旦他摧毁了一切,他就失去了自控 (außer sich),德文意思就是忘乎所以,不能自控,字面上就是在自身以外了。但这样一来,"不如说是对他自己自我意识的抛弃"。这样一种没有自控、没有自律、忘乎所以的为所欲为的自

---

① 例如康德在《判断力批判》中就把"由一个单一的绝对意志来统治的"专制君主国家比喻为一个"手推磨",见该书中译本 (邓晓芒译,杨祖陶校,人民出版社 2002 年版) 第 199 页。

我，虽然也可以说是自我意识，但是实际上是对自己自我意识的一种抛弃，因为他已经失去了对象意识。他自己的自我意识已经把一切对象都摧毁了，意识自己为所欲为，没有自控，觉得自己至高无上，觉得自己就像上帝，想怎么就怎么，实际上是对自己的自我意识的抛弃。因为他没有把自己当成对象来看待，不再把自己当成一个对象来控制，而所谓自我意识就是能够把自己当对象来看待的意识，或者能够借助于一个对象来对自己自觉地加以控制，这才是自我意识。如果你不能把自己当成一个对象来看待了，反正没有人来监督你，你做什么都是对的，那你这个人就没有自我意识了。世界主宰实际上也是这样的，自我意识已经被抽空了。可见，自我意识在两方面都被抽空了，一方面作为法权上的人格，他只是一个法律上的规定，他没有具体的内容，凡是涉及内容，他就受到其他的力量的控制；再一个就是世界主宰本身，他的自我意识也已经被抽空了，他对自己已经没有一种对象性的意识，已经不把自己当成对象来看待了，那么他的自我意识也被架空了。这两方面都只有通过自我扬弃，把对方吸收进自身中来，才能够形成一个完整的自我意识。这种关系我们在前面主奴关系部分已经看到过了，主人沦落为奴隶的奴隶；而奴隶一旦吸收了主人意识，他便成为了自己的主人，成为了自由人。

这就是这一方面的情况，即作为绝对本质的自我意识**现实地**存在的情况。

这里"现实地"打了着重号，也就是在现实性这一方面的情况。作为绝对本质的自我意识分为两个方面的情况，一方面是作为法权上的人格，人格独立了，人格被看作是绝对本质了，但并没有现实的内容；另一方面是在现实中，作为绝对本质的自我意识表现为抽象人格，它作为世界主宰而行之有效，拥有一切内容，但这时它反而丧失了自身。

但从这种现实性**被逐回到自身的意识**却思考了自己的这个非本质性；我们以前曾经看到，斯多葛主义纯粹思维的独立性经过怀疑主义，而在不幸的意识中找到了自己的真理性——这种真理性表明,纯粹思维凭借其自在自为的存在,具有何种性质。

现实的情况是那样一种情况,"但从这种现实性**被逐回到自身的意识**却思考了自己的这个非本质性"。作为绝对本质的自我意识在现实中实现了自己的效准,但却丧失了自身,导致了自己的非本质性;但恰好逼迫自我意识从这种现实性回到自身,从自身的本质立场来反思这个非现实性。现实是残酷的,自我意识为了寻求自身的现实效准而投身于现实生活,不断地与人奋斗,终于登上了最高峰巅,但回过头来却发现他失去了自身。那么我到底是谁呢? 于是这个被逐回到自身的意识就来思考自己的这个非本质性了,他就会发现这个作为本质的自我意识其实并不是本质性的;而想到这一点,他就会有一种不幸的意识了。所以接下来就讲:"我们以前曾经看到,斯多葛主义纯粹思维的独立性经过怀疑主义,而在不幸的意识中找到了自己的真理性"。斯多葛主义就是一种对自己在现实中的非本质的这样一种思考嘛,前面已经讲过,就是斯多葛主义的纯粹思维的独立性,它相信超越现实生活之上有一种纯粹的逻各斯,斯多葛主义就是思考这种纯粹的逻各斯、纯粹的理性法则,它不管现实世界是多么糟糕、多么非本质,它只思考那种本质的东西、那种永恒的东西。但是如果它继续思考下去,它就会陷入到一种怀疑主义,这个是我们前面所讲到过的,斯多葛主义必然要走向一种怀疑主义。因为抽象的逻各斯必须要在偶然的现实事物中发挥自己的效准,它本身就必然会被纠缠进偶然性之中,所以抽象的逻各斯也不可靠,只有它那种超越现实生活之上的态度才是它唯一能够坚守的,而这就是怀疑主义。既然你坚持只有那个超越现实的、彼岸的自我才是不被触动的基点,只有"不动心"才是唯一的立足点,那么不但现实的一切都值得怀疑,而且作为现实事物的效准的逻各斯本身也是值得怀疑的,你也不要被它所打动。这就从斯多葛派的不动心转到了怀疑主义的不动心。而这样一来,这个世界就是分裂了的,一方面自我意识本身处在彼岸,对一切现实事物都不为所动、不动心；另方面整个此岸世界的现实生活都令人感到怀疑、感到不满和不幸，这就进入到了不幸的意识。所以纯粹思维的独立性最终"在不幸的意识中找到了自己的真理性"。现实世界不但永远达不到理想的逻各斯，甚至连抽象的自我意识都丧失掉了；而理想的逻各斯也好，抽象的自我意识也好，也永远落不到现实生活中来，那岂不是人生的不幸嘛。可见斯多葛主义的真理性，就是经过怀疑主义而走向不幸的意识。"这种真理性表明，纯粹思维凭借其自在自为的存在，具有何种性质"，斯多葛主义的纯粹思维的独立性，它自在自为的存在就是这样的，就是这种怀疑主义和不幸意识，而不幸的意识，正如后面将要展开的，它是把人引向彼岸上帝的。斯多葛主义的那种理想化的纯粹思维的真正的面目就是它自身的异化，也就是上帝。在这样一种纯粹思维里面，自我意识对自己在现实中的这种非本质性思考，就是对自己的异化形态即上帝的思考；而首先它被逐回到自己的本质、思考自己在现实世界中的这个非本质性，也就是通过怀疑主义而走向不幸的意识，这是通往上帝的一条必经之路。这是前面自我意识章中已经做过了的工作，但是当初那样做的时候还不处于目前的条件下，而在目前的条件之下，也就是这个自我意识作为绝对的本质，现在已经体现为现实的法权状态，体现为现实个人的人格性，这种人格已经把这种现实存在的情况当作自己的实在性去要求，已经不满足于停留在斯多葛主义的纯粹抽象思维的水平了。斯多葛主义是从纯粹抽象的思维来直接的思考世界的本质和自我意识的本质，而现在是自我意识从现实性中被逐回到了自身，经过了一个在现实性中失落的经验以后，再来进行这种纯粹的思维，这就比斯多葛主义的那种思维要更提升了一个层次。我们有了现实的经验以后再来重新思考自我意识的本质，斯多葛主义则没有经验，它就是一种纯粹的思维、纯粹的玄想。当然这并不是时间上的进展，在时间上斯多葛派哲学和罗马帝国是同时并存的，这只是从逻辑层次上作出的一种区分。

　　<u>如果说这种认知在当时只显现为意识作为这样一种意识的片面的观点，那么在这里则进入到了这片面观点的**现实的**真理性。</u>

　　也就是说我们在这里开始进行反思，跟当初斯多葛主义的那种纯粹思维有一点不同，虽然里面的道理在斯多葛主义那里已经讲了，但是现在来讲已经不同了。怎么不同了？"如果说这种认知在当时只显现为意识作为这样一种意识的片面的观点"，在斯多葛主义那里只是一种意识本身的片面的观点，我在意识里面去挖掘、去寻找、去思辨，我得出来整个世界的本质是逻各斯，是理性，那么我只要遵从理性就够了，至于现实嘛，太阳底下没有新东西，没有必要去关注现实。这是意识作为这样一种意识的片面的观点。而现在，"在这里则进入到了这片面观点的**现实的**真理性"，"现实的"打了着重号。也就是说现在已经不再只是一种纯粹思维的思考了，而且是对于现实的反思。在斯多葛主义那里仅仅是一种纯粹思维，而在这里则是从这种现实性被逐回到自身的意识，所以它本身是具有现实性的真理性的，跟斯多葛主义那里完全脱离现实的思考是不同的。我们现在的这种思考已经是针对着现实的了，这是更高一个层次的了，在更高的一个层次上重复了斯多葛主义的那样一种纯粹思维的独立性。在现实生活中我虽然被压迫，不得不做一些事情，但是我这个独立性作为一种形式主义的人格，仍然在造就我这个人的现实，我的人格要求实现出来，我知道一旦实现出来就不是我的本质，而是跟我敌对的本质，但是我仍然有这个要求。不是像斯多葛派那样，一味地逃避、避世、遁世，而是直面这个现实世界。

　　<u>这现实的真理性在于，自我意识的这种**普遍的效准**就是那对它异化了的实在性。</u>

{264}
[38]

　　"这现实的真理性在于，自我意识的这种**普遍的效准**"，这里普遍的效准打了着重号。自我意识的这种效准是一种普遍的效准，普遍的有效性，它应该是在现实生活中普遍的有效的。那么这种普遍的有效性，"就是那对它异化了的实在性"。也就是说，这样的一种反思，应该把自我意识的这样一种普遍的效准置于那对自我意识异化了的实在性上。或者说，这种异己的实在性就是自我意识的普遍的效准，那个实在性对它来说是异化了的，它本身是不愿意服从的，整个现实世界的内容对它来说都是陌生的，都是异己的，但这就是用来衡量自我意识的普遍效准。这就是不幸的意识了，整个世界是如此的绝望，但我还要进入其中，不能逃避，把自己的不幸当作普遍的新常态。通过这样的反思以后，我同样把我的自我意识的这种普遍的效准看作是那个异己的实在性，但却跟斯多葛派不一样，斯多葛派是根本就不看现实，而是逃离这个异己的现实，而现在则是要求人们在独立人格的基础之上，把这种异己的实在性理解为是我们自己造成的异化对象。虽然实际上这些苦难是由世界主宰强加于你的，但世界主宰也是一个独立人格啊，他为什么会强加于我呢？如果我成了世界主宰，我不是也要把苦难强加于别人吗？每个人的个体人格不都是一样的吗？于是这个现实就不被当成一种必须逃避的、必须抛弃的、必须排斥的实在性，而是被当作建立在每个个人独立人格之上的一种异化了的实在性。或者说这种实在性，实际上就是你自己的自我意识的一种异化，不要推给别人。你受到了不公的对待，受到了压迫，受到了屈辱，你不要一味地埋怨那个世界主宰，你要反思，有什么样的臣民，就有什么样的世界主宰，每个人都有责任。这样一种暴力是外加的，但是归根结底，是我们每一个人自己造成的。人们都彼此彼此，都是有独立人格的，都是一个原子，那么为什么还会造成这样一个情况？这个时候，被逐回到自身的意识就必须要思考自己的这个非本质性了，必须思考自己为什么会被异化了。所以那对自我意识异化了的实在性，就成了自我意识的普遍的效准。自我意识要把自己的普遍效准实现出来，只能采取异化的形式。所以你不要抱怨自己受到了这样的对待，而要反思，这是你自己造成的，是每一个人格、每一个自我意识自己造成的，是自我意识的普遍效准的一种表现。自我意识在这种情况下，它的表现只能是异化的，谁当皇帝都一样，换你去当皇帝，你照样坏。并不是这个皇帝不好，而是你的自我意识只到这个水平。每个人的人格固然独立了,但独立了只是在这个水平上独立,独立就体现在不独立,体现为受压迫,体现为一种异化的实在性。

这种效准,是自我的普遍现实性,但是这种普遍现实性,又同样直接就是那种颠倒;自我的普遍现实性,就是自我的本质的丧失。

这就是思考的一个结论了,反思以后得到这样一个结论:"这种**效准**,是自我的普遍现实性",自我如果不停留在一种空洞的形式主义之上,要想有效准的话,那就是普遍现实性的效准;"但是这种普遍现实性,又同样直接就是那种颠倒",自我在这种普遍现实性中直接颠倒为自己的反面,颠倒为非我。颠倒也就是异化,普遍的现实性直接就是那种异化、那种自我否定、自我颠倒。所以,"自我的普遍现实性,就是自我的本质的丧失",自我一旦实现出来,它就丧失了自身,丧失了自己的本质。换句话说,它只有通过丧失自己的本质,才能够把自己普遍地实现出来。否则的话,你就只能停留在自己的抽象本质上,你就只是非现实,你就是空洞的,你仅仅是一种形式规定。这就是一种颠倒了,自我想把自己实现出来,但是一旦把自己实现出来,它就丧失了它的本质,它就不再是自我了。每个独立的人格一旦把自己实现出来,它就不独立了,它就成了臣民,它就成了奴仆,成了奴隶。这是讲的异化的不可避免性,自我意识要把自己实现出来,必须通过异化。这就给下面一段做了铺垫了。下面一段标明了第二个大标题,就是"自我异化了的精神",也就是"教化"。这里特别讲了这个异化,它是怎么回事。什么是异化?异化是人格独立的必经途径,人格要独立,想把自己实现出来,通过什么方式实现出来?通过颠倒的方式把自己实现出来,通过丧失自己的本质的方式来实现自己。你要实现自己,那就首先要把自己的本质丧失掉。正如在生死斗争中,只有向死才能获生。

——在伦理世界里并非现成的自我现实性,曾经是通过其返回到**人格**而被赢得的,当初在伦理世界中是统一不分的东西,现在以发展了的形态、但却是自我异化了的形态登场了。

"在伦理世界里并非现成的自我现实性"，在伦理世界里自我的现实性还不存在，并非现成在手的，或者说正在实现过程中，但是还没有成为既成事实。在伦理世界里每个人的自我都被捆在整个伦理实体之中，都被融化在整个伦理实体之中，没有真正的独立人格。伦理实体是捆住每一个人、把每一个人都融化在整体之中的一种实体，只有在它走向消亡的阶段，通过它返回到每个人的人格，才赢得了这种自我现实性，这种自我现实性在伦理实体里是通过返回到个体人格而争取得来的，不是现成在手的。通过建立起个体的人格，伦理实体就走向了消亡，这就是整个前面第一个大标题"真实的精神：伦理"所走过的历程。当伦理实体返回到自然性、神的法则，发现个体最后的归宿在神的法则那里，女性代表神的法则维护个体最后的尊严；然后在阿里斯多芬的喜剧里面，妇女们所崇尚的是自然，是青年人的那种天生的强壮，那种行之有效的活力，像亚历山大那样一种青年英雄就出来，将伦理实体打碎成无数的原子，把各个城邦变成了大一统帝国的一个下属单位；这就进入到了法权状态，建立起了人格的概念，每一个人的人身——Person 也可以翻译成人身——就是一个独立的人格，每一个人只有一个身体，而只要有一个身体的，他就是一个人格，这就以他的自然的身体为基础建立起了人格的概念；每个人格都是不可入的，都是不可侵犯的，这就是观念上的自我在现实中的体现，于是在伦理世界中本来是非现成的自我现实性，现在就建立起来了。这种现实性在人格的概念之上才得以建立起来，才被赢得了。"当初在伦理世界中是统一不分的东西，现在以发展了的形态、但却是自我异化了的形态登场了"，当初在伦理世界中，每个个体的自我跟这个整体是混沌不分的，现在却发展出了一种每个自我和每个自我都相区别的独立人格的形态，但这种形态却以异化了的形态登场。在这种异化形态中，既然个体和其他个体相对立，那么最高的个体和最广泛的群体，也就是和所有其他的个体也相互对立，于是不论最高的个体、世界主宰还是他的臣民的个体，在现实中都失去了人格的独立性，只剩下形式主义的人格独立性，这就是异化。个体已经没有连续性，只是在世界主宰的暴力之下不得不服从，但世界主宰不过是每个个体自己的异化了的自我，是每个人格的内在本质，一旦实现出来就成了对他的压迫和威胁，成了他自己的异化了的对立面。所谓异化，就是独立的个体把自己实现出来或者说把自己对象化时，就成了一个异己的对象，一个与自己敌对的、陌生的对象，这就叫异化。这里首先把异化的必然性、不可避免性作了交代，这就可以向下一个环节过渡了，就是从第一个环节"真实的精神——伦理"向第二个环节"自我异化了的精神——教化"过渡。自我异化了的精神，就是精神走向了自我异化，通过独立人格构成了这样一种法权状态，这种法权状态在现实中就是一种异化状态。个体人格在抽象的纯粹思维中坚持自己的独立性，但是在现实中处处不独立，而这种处处不独立不能怪别人，还得怪自己，因为这就是自我异化。恰好是因为你想要独立，你就造成了不独立。这个异化是一个非常值得推敲的一个概念，我们通常用这个词，把它用得非常平淡，实际上它里面是大有深意的，是有层次的。它既是异己的东西，但是你又不能怪别人，只能怪你自己，是你造成的，而且是你心甘情愿地努力促成的，你心甘情愿地造成了一个你无法忍受的现实状态。这是值得我们每一个人深思的。

二、自我异化了的精神，教化

自我异化了的精神，前面提到过，这个异化过程是一个教化的过程，没有这个教化，人们总以为，自己想要怎么样就能怎么样，自己想要独立、想要自由，你就能得到独立、得到自由。这是人们一般的、肤浅的思想。因为人的行为总是有目的性的，他总以为自己有一个什么样的目的，他就能够达到，只要外在的条件不妨碍他，他就能够达到。他就从来没想到过，由于他内在的条件还不具备，所以他无法达到，他能够达到的，恰好是他的反面，恰好是他颠倒的形态。那么经过这种颠倒的形态，使他得到了教化，他终于明白了，这不能怪别人，要怪自己的精神，它本身有这样一种自我异化的结构，有这样一种自我异化的趋向。所以更高层次对地自己的精神进行反思，这就是教化的作用。我为什么说西方的中世纪是西方文化的一门"功课"，道理就在这里，这是西方文化的一种教化。经过了中世纪基督教，西方人的精神开始成熟了，受到了教化，有了教养。中世纪是西方文化的教养。虽然我们经常说中世纪是千年黑暗，但是没有这样一段黑暗时期，西方人得不到今天这样的教养。这个教养在于什么地方？就在于对自我异化的一种深刻的认识。你主观愿望是好的，这个不错，但是你还要看看，你最后能够成就什么，你是不是能够达到你的主观愿望，是不是你没有达到主观愿望仅仅是由于外来的干扰，还是由于你内心自身中的不足？要达到这样一种反思，是需要教化的，需要现实的教训，需要经历，需要经验。不信你就做做看，你去试一试，在现实生活中你出于一厢情愿，出于好心，你看你能做出什么，你真能做出好事吗？你出于好心就能够做好事吗？可能做出来恰好是最坏的坏事，而且你还不能怪别人，你不能怪外来的影响和污染，你只能怪你自己。那你就要对你自己的内心深刻反思了，这就是一种教化。没有经过这样一种教化的人是肤浅的，是粗野的。

伦理实体曾经把这种对立保持在自己单纯意识的封闭状态中，而且把这单纯意识保持在与自己本质的直接统一中。

这还是对前面的回顾。"伦理实体曾经把这种对立保持在自己单纯意识的封闭状态中"，曾经把这种对立，什么对立？就是前面讲到的，普遍的现实和抽象的自我的对立。在伦理实体中已经有这个对立了，如人的法则和神的法则的对立，后来的普遍的现实就是人的法则，是人在现实生活中所制定的法则，而自我的个别性则是服从于神的法则的。这种对立也就是伦理实体和每个人的自我意识的对立，整体和个别性的对立。

在伦理实体那里，曾经是把这种对立保持在自己单纯意识的封闭状态中，伦理意识中人的意识还是单纯的，他天真地认为自己身为这个城邦的人，死为这个城邦的鬼，把自己无条件地认同于这个城邦。因为很简单，当时在城邦民主制下，任何事情都是大家投票所决定的，大家都认同于城邦的这一套体制。而他们的矛盾，就是整体和个体的矛盾，实体和意识的矛盾，普遍的现实和个别自我的矛盾，在这个时候还没有展开，还没有暴露出来，还保持在这个单纯意识的封闭状态中。没有人能够脱离这个城邦，除非你死后，死了以后你就回归你的家庭了。但是你活一天，你就是这个城邦的人。每个城邦都是一个封闭状态，我是雅典人，那我跟斯巴达人、跟其他城邦的人就完全不同，我们每一个人都要维护我们自己城邦的利益，而不能胳膊肘往外拐，所以这是一种单纯意识的封闭状态。"而且把这单纯意识保持在与自己本质的直接统一中"，前面是把这种对立保持在这种单纯意识中，这里是把这单纯意识也保持在与自己本质的直接统一中。这种单纯意识就是他的直接本质，和他的本质直接统一，而没有发生分裂。在这后面没有什么其他东西了，他就是很简单的一种观念，一种单纯意识，说什么就是什么。希腊人是比较单纯的，没有很多的内心层次，他的单纯意识跟现实性是一体的，并不是脱离现实的意识，而就是在这个现实生活中表现出来的单纯意识，可以说出来、可以在公民大会上宣布的这样一种单纯意识。这跟他的本质是直接同一的，口里说的就是心里想的。

因此，这本质对于<u>直接指向它并以它为自己的伦常的那个意识而言</u>就具有**存在**的单纯规定性；意识既不把自己看成**这种排他性的自我**，实<u>体也并不意味着是一种被排除于意识之外的定在，仿佛意识只有通过</u><u>它自身的异化才能跟这种定在合二为一，并同时把那个实体产生出来</u><u>似的。</u>

"因此，这本质"，这个本质就是上面讲的，与单纯意识保持直接统一的本质，它"对于直接指向它并以它为自己的伦常的那个意识而言就具有**存在**的单纯规定性"。这个本质对于那种意识而言具有存在的单纯规定性，这种意识直接指向本质，并且以这本质作为自己的伦常，认为是不可怀疑、天经地义的。这里"存在"打了着重号，是与"本质"相对照的。就是说这种本质还是很单纯的本质，具有存在的规定性。在黑格尔《逻辑学》中，存在比本质更单纯，所以这里虽然已经是本质了，但还是直接的本质，是本质论中的初级阶段或存在阶段。存在阶段的特点就是直接性，所以那个意识是直接指向本质并以这本质为自己的伦常，这也就是前一句讲的单纯意识和自己的本质的直接统一。直接统一是怎么统一的呢？就是这个单纯意识直接指向这个本质，并且把它当成自己的伦常。这是精神的起步阶段，伦理实体相当于精神这个大范畴里面的第一个环节，也就是存在的环节。那么第二个环节，自我异化了的精神、教化，则相当于精神这个大范畴里面的第二个环节，那就是本质。至于第三个环节，就相当于概念了，那是后话。最开始伦理实体的阶段相当于存在论，具有存在的单纯性，非常直接，伦理实体的特点就是直接性，它没有间接性，当然也就还没有异化了。一到异化就已经是间接性了，已经从直接性走出来，走进异化了的对立面去了。"意识既不把自己看成**这种排他性的自我**"，在意识一方，并没有把自己看成是一个排它性的自我，好像我有一个自我意识，那就排除其他人的自我意识，不是的，大家都是这个实体、这个共同体的公民，大家都是一体的，团结一心。而在实体一方，"实体也并不意味着是一种被排除于意识之外的定在"，这是跟后来的世界主宰相比较而言的，这个世界主宰虽然代表的实体，但却被每一个个体排除于意识之外。皇帝也是一个人，他不是我，我虽然服从他，但是他被排除于意识之外，跟我没关系。"仿佛意识只有通过它自身的异化才能跟这种定在合二为一，并同时把那个实体产生出来似的"，这是虚拟式，是指要到世界主宰那里才有而在伦理实体中还没有出现的情况。在世界主宰的场合，意识的确只有通过它自身的异化才能跟这种定在合二为一并同时把那个实体产生出来，因为皇帝就是一个跟我对立的异己的力量，但我又只有通过这种自身的异化，才能跟它的现实的定在合二为一，罗马帝国共同体这个实体是这样才产生出来的。但是在伦理实体的阶段还没有达到这样一种情况，这里还只是虚拟的情况。这是回顾伦理实体那种未分化的状态。"自我异化了的精神，教化"这一章的开始这几段，直到下面次一级的标题，第41页："A．自我异化了的精神的世界"为止，可以说是这个第二节的导言，或者说是概论。这个概论开始回顾了一下在伦理实体里面的情况，然后引入到我们现在要讨论的内容，也就是自我异化了的精神。

　　但是，那样一种精神，即它的自我是绝对分离的东西的那种精神，把自己的内容作为一种同样坚硬的现实性而在自己的对立方面来拥有，并且世界在这里具有这种规定性，即它是一种外在的东西，是自我意识的否定物。

　　"但是，那样一种精神"，这就是转折了。前面谈伦理实体，其中一切都还未分化；但现在谈的是那样一种精神，"即它的自我是绝对分离的东西的那种精神"，这就进入到我们要谈的自我异化的精神了。自我异化了的精神，它的自我就是绝对分离的东西，这样一种精神就和伦理实体的真实的精神不同了。现在这种精神"把自己的内容作为一种同样坚硬的现实性而在自己的对立方面来拥有"，它自己所拥有的那种内容，是作为一种同样坚硬的现实性而与自己相对立的。这种精神它本身已经进入到现实性了，已经不再是停留于内在观念中了，那么它拥有的现实的内容也作为同样坚硬的现实性而与自己相对立，如果没有这种对立，它反倒会是不现实的了。作为同样坚硬的现实性，它的内容也是同样坚硬的，与自己相对立的，而这恰好表明它自己是坚硬的现实性。它自己是一种坚硬的精神，但是你要把它实现出来的那样一种内容同样是很硬的，硬碰硬。"并且世界在这里具有这种规定性，即它是一种外在的东西，是自我意识的否定物"，精神所面对的这种同样坚硬的现实性就是世界，这世界在这里被规定为一种外在的东西，它是自我意识的否定物。世界的坚硬表现在什么地方呢？它是外在的、不以人的意志为转移的东西，是残酷的现实、客观的现实，它是自我意识的否定物，它不以自我意识为转移，它还要否定人的自我意识，使你不能够为所欲为，使你不能够轻而易举地实现自己。

然而，这个世界就是精神的本质，它自在地是存在与个体性的贯通；它的这种定在是自我意识的**作品**；但同样也是一个直接现成的对自我意识陌生的现实性，这种现实性有其特有的存在，而自我意识在其中认不出自己来。

前面讲的是这样一个世界，这样一个坚硬的现实性，它是自我意识的否定物，是跟精神的自我相对立的。"然而，这个世界就是精神的本质"，这个世界既是精神、自我意识的否定物，然而它又是精神的本质，或者说，精神本质上就是自否定的。这样一个外在的、坚硬的东西，恰好是精神的本质，你不要把它看成是完全跟精神无关的东西，精神的本质就体现在这样一种异己的外在的否定物身上。它现在已经是客观精神，而不再只是主观精神了，这种精神是内在的，但是它只有在外在的东西里面才体现了自己的本质，内在的东西反而不是本质。我们通常认为内在的东西才是本质，但是精神这个东西很怪，它的内在的东西恰好还不是本质，它必须要在外在的东西上、在世界本质上面才形成自己的本质，精神的本质本身就是自相矛盾的。"它自在地是存在与个体性的贯通"，自在地或者说客观地来看，它是存在与个体性的贯通。存在与个体性，存在前面讲了，这个伦理实体具有存在的单纯规定性；而个体性就是自我意识的精神；异化的精神呢，则是存在与个体性的贯通。异化既是陌生化，切断联系，同时又是贯通、建立联系，它既是区别同时又没有区别。世界的客观存在与个体性、自我意识、人格，这两方面的相互贯通，这就是异化的精神，就是精神的本质。这个世界，"它的这种定在是自我意识的**作品**"，作品打了着重号。这个世界就是这些自我意识造成的啊，就是这些人格所造成的，你不要埋三怨四，这跟你有关，跟每个人都有关。这

个社会就是我们造成的,不是一小撮坏人心思坏、道德堕落造成的,而是
自我意识的作品。"但同样也是一个直接现成的对自我意识陌生的现实
性",它是我的作品,但是对我来说是陌生的。我不觉得是我造成了它,
为什么这个世界成了现在这个样子,我不知道,我以为后面有一只看不
见的手在操纵,不知道是谁搞了阴谋诡计。我认为这是一个直接现存的,
摆在那里的既成事实,我把它看成是外来的、对于我来说是陌生的,我觉
得我没有责任,我不愿意这样,但现实已经是这样了,这是现成的一种现
实性。"这种现实性有其特有的存在,而自我意识在其中认不出自己来",
这种异己的现实性有它特有的存在,它是它,我是我。对于我来说,它的
性质是它特有的,我并没有参与其中,我的自我意识在其中认不出自己。
这完全是别人搞的,别人把这个国家搞坏了,我没有责任,我没有看到我
起了什么作用。我这个草民说话也不算数,我们能改变什么呢? 我们什
么都不能改变,所以我们认不出自己来。

　　这个世界就是法权的外在本质和自由内容;但这个法权世界的主人
所统辖的这种外在现实性,不仅仅是现成偶然地摆在自我面前的始基性
的本质,而且它也是自我的劳动,不过不是肯定性的劳动,——不如说
它是否定性的劳动。

　　"这个世界就是法权的外在本质和自由内容",这就是从正面来讲
了。前面讲自我意识在这个世界中认不出它自己来,但其实这个世界就
是法权的外在本质和自由内容。法权体现在外就是这样,每个人都有自
己的权利,每个人都想把自己的自由实现出来,而且也有把自己的自由
实现出来的权利。法权的外在本质就是这样,这个国家就是这样,你让
法权自由地去发挥,它就会是这样,它就会形成这样一个现实的内容。
法权就是体现在外的自由,康德的法权哲学讲的就是这个意思,自由的
外在表现就是法,自由的内在法则就是道德律,这个当然是没错的,黑格
尔也说,这个世界就是法权的外在本质和自由内容。"但这个法权世界
的主人所统辖的这种外在现实性,不仅仅是现成偶然地摆在自我面前的

始基性的本质,而且它也是自我的劳动",这个法权世界的主人,主人也就是世界主宰了,皇帝,他所统辖的这种外在现实性,不仅仅是现成偶然地摆在面前的始基性本质,elementarisch,前面我们已经讲到了,指构成基本元素的包括人的自然本能的东西,物质自然层面上的东西。皇帝、主人所统治的世界不仅仅是唯物主义的物质对象,相反,它是自我意识的作品,所以它也是自我的劳动。这个地方又出现了劳动,Arbeit,这跟前面讲到自我意识章,讲到主人和奴隶的关系的时候所强调的劳动挂起钩来了。前面讲到了主奴关系通过奴隶的劳动而发生了颠倒,这里也讲到了法权世界的主人,他所统辖的这种外在的现实性并不是一些毫无作为的事物的世界,不是摆在自我面前的始基性、物质性的本质,而是自我的劳动活动的现实性。这个世界是我们每一个人的自我的劳动所造成的,劳动创造世界。"不过不是肯定性的劳动,——不如说它是否定性的劳动",不是积极的劳动,而是消极的劳动,或者说,不是主动的劳动,而是被动的劳动,是被迫的劳动,就像奴隶劳动那样。但毕竟,劳动当然是有自我意识的,是自我支配的,这跟动物的生存不一样,跟自然物理过程不一样,跟始基性的本质或本能的活动不一样。所以这个世界是人的自我意识的劳动所创造的作品,尽管它不是一种主动的、积极的劳动,而是一种被迫的劳动,人压迫人的劳动,但是被压迫者也是有自我意识的,他被迫劳动也是自觉的,他在劳动中经受了陶冶和教化,使自己的自我意识成熟起来,健全起来了,最终会获得自己的自由意识,成为自己的主人。

[39]　　这个外在现实通过自我意识**自己的**外化以及放弃本质 (Entwesung) 的过程而获得它的定在,这个过程看起来好像是在支配着法权世界的那种摧毁一切的状态中,使自我意识遭受到漫无约束的元素的外在暴力。

　　这就是我们刚才讲到的意思。"这个外在现实通过自我意识**自己的**外化以及放弃本质的过程而获得它的定在","自己的"打了着重号,强调这个外在现实的世界不是别人造成的,而是自我意识自己的外化造成的,是因为你自己放弃了自己的本质而获得它的定在的。这个世界之所以是这样的, 是因为我们每个人自己的外化, 并且放弃了自己的本质, 甘愿当奴隶, 那怪不了别人。"这个过程看起来好像是在支配着法权社会那种摧毁一切的状态中, 使自我意识遭受到漫无约束的元素的外在暴力", 看起来好像是这样, 就是在支配着法权社会那种摧毁一切的状态中, 谁要是反抗, 就会遭到镇压。这种摧毁一切的力量在统治着法权世界, 谁有武力谁就是统治者, 枪杆子里面出政权, 在这种状态中, 自我意识遭受到的是一种漫无约束的元素的外在暴力。看起来好像是这样, 自我意识遭受到了漫无约束的元素外在的暴力, 这种元素 (Element) 没有约束, 没有控制, 它是一种物质的力量, 不但物质力量要用物质力量来摧毁, 精神力量也被物质力量摧毁了。自我意识遭受到枪杆子的外在暴力, 看起来好像是这样的。那么是不是这样呢? 下面就解释了。

这些漫无约束的元素, 就它们本身来说, 只是纯粹的摧毁一切和它们自身的消解; 但是这种消解、这种对它们是否定性的本质正是这个自我; 自我就是它们的主体、它们的行为和形成过程。

看起来是漫无约束的一种外在的暴力, 但是"这些漫无约束的元素, 就它们本身来说, 只是纯粹的摧毁一切和它们自身的消解"。它只是一种摧毁性的力量, 而它们自身呢, 作为一个元素来说呢, 是消解着的, 当它们被用来摧毁一切的时候, 摧毁者被摧毁, 它们本身也被消解了、消耗掉了。物质的力量就它们本身来说, 自身是缺乏自动控制能力的, 它们本身没有自我意识, 没有自控能力。"但是这种消解, 这种对它们是否定性的本质正是这个自我", 它们之所以会消解, 就是因为掌握枪杆子的人, 他是有自我的, 他有自己的目的, 要将这些元素充当炮灰。这种对这些元素是否定性的本质, 正是这个自我。"自我就是它们的主体、它们的行为和形成过程", 乱世英雄起四方, 有枪就是草头王, 在天下大乱、无法无天的时代, 每个人掌握了一定的暴力, 然后就去否定别的, 然后通过这种以暴易暴, 这样一种互相的淘汰、互相的残杀, 最后天下大定, 天下就找到了它的定在了。在整个过程中, 自我是它们的主体、它们的行为和形成过程。有一个人战胜了所有其他的人，但他们都是有自我意识的人，所以自我是它们的主体。古罗马帝国也是这样，有时候好几个人称帝，好几个皇帝同时并存，那就要较量一下，最后只剩下一个皇帝，这就是它们的行为和形成过程。

{265}　　但是，实体赖以成为现实的这种行为和形成过程，就是对人格性的异化，因为那**直接的**、也就是**没有异化**而自在自为地有效准的自我是没有实体的，是那些喧嚣的元素的游戏；因此，**自我的**实体就是他的外化本身，而外化就是实体，或者说就是将自身安排成一个世界并借此维持自身的那些精神力量。

　　"但是，实体赖以成为现实的这种行为和形成过程，就是对人格性的异化"，实体要成为现实，国家要建立起来，要形成起来，都必须通过人格性的异化。你要通过这样一种外在的暴力来形成一个实体，那么这个实体一旦形成起来，它就是对于人格性的异化。本来加入这暴力的每一个人都是出于自己的人格性，出于自己受到压制，要反抗，所谓哪里有压迫哪里就有反抗，那么你就反抗吧。一旦你掌了权以后，你通过暴力来掌权，那么这个暴力最后要施加到你的身上，它的作用就要施加到你的身上。你自己造成了你所不能支配的、你自己所陌生的、与自己相敌对的这样一种力量，你控制不了这个暴力了。你最开始是掌握这种暴力的，然而你一旦成功，你就控制不了这种暴力了。这样一个过程就是对人格性的异化。"因为那**直接的**、也就是**没有异化**而自在自为地有效准的自我是没有实体的"，直接的自我，也就是没有被异化的自我，自在自为地有效准的自我，那样一个自我是没有实体的，它直接融化在共同体中，没有自己独立的实体。你如果完全从你的独立人格出发，想把自己当作实体，那么你不异化自己是不可能的，因为没有异化的人格只是一个空洞的抽象，没有自己的对象和实在性。这种没有实体的自我，虽然自在自为地直接就有效准，但都只不过"是那些喧嚣的元素的游戏"。喧嚣的，tobend，意思是甚嚣尘上的，咋咋呼呼的，看起来好像很拽的，但其实是那些表面物质性的元素在是做游戏而已。在平静如水的伦理实体中，那些有性格的人也想要表现一下自己人格的独立性，但充其量不过是天生的性格特别而已，我们把这叫作"性情中人"，并不是真正具有自我人格的实体性。"因此，**自我的**实体就是他的外化本身，而外化就是实体"，"自我的"打了着重号，这是和伦理实体相对照的。伦理共同体是一个实体，那么自我有没有实体呢？自我的实体是一个能动性的实体、一个动态实体，这就是自我的外化本身，或者说，就是异化本身。你不异化，你就成不了气候。自我如果不想异化，想保持自己的纯洁性，那他永远就是书斋里面的想象，成不现实性。而外化、行动、改造世界，把自己的对立面创造出来，这样一个过程才是实体。你把自己外化了，你把自己的理想变成外在的现实了，哪怕这个现实反过来成为了理想的反面，成了你的反对者，那也表明了你的实体性和现实性。或者说，这种外化"就是将自身安排成一个世界并借此维持自身的那些精神力量"，这样一些精神力量就是实体，它们把自我本身安排成一个世界，并借此来维持自我本身。这些精神力量就是自我异化的力量，自我异化的精神力量才是实体。这个时候，实体就不是那种封闭于自身的、天然的伦理实体，而是自身异化了的，最后自己也认不出来的个别实体，我自己也不知道我怎么变成了这个样子，不知道我到底是谁了。因为权力、暴力是腐蚀人的，谁掌握暴力，谁就被暴力所腐蚀，就被暴力所异化，但是你要成为一个实体，而不仅仅是停留在抽象的意识，那就必须要经过这样一个阶段，必须要经过把自身安排成一个世界，组成一个世界，缔造出一个世界，并且借此维持自身的那些精神力量，这才体现为自我的实体。

实体就以这种方式而是精神，是自我和本质的自我意识到的**统一**，不过自我和本质两者也具有互为对方的异化的含义。

"实体就以这种方式而是**精神**"，就是说实体在上述的这样一种方式之下，就是精神，精神打了着重号。实体不仅仅是一种外在的现实性，而是自我异化而成的现实性。客观世界是什么呢？客观世界无非是自我意识异化的产物啊。以这样一种方式，实体就是精神，因为实体是由无数的自我意识、无数的人格所形成的一个现实的世界，那么这个现实世界的本质就是精神的本质。每个人都有精神，是我们这些人造成了这个世界，那么这样一个世界、这样一个实体，它的本质就是精神。前一节的标题是"真实的精神，伦理"，而这一节的标题是"自身异化了的精神，教化"；但前面还讲过，就连意识、自我意识、理性这些环节，当我们从精神的高度去回顾它们的时候，它们统统都是精神的表现形式，它们的本质都是精神。所以这里讲实体以这种方式而是精神，并不是说精神在这里才第一次出现，不是说前面所讲的都不是精神，那就会显得黑格尔自相矛盾了；而要注意精神在实体这里的"这种方式"，也就是异化的方式，实体现在是以异化的方式而是精神。这种异化的方式，"是自我和本质的自我意识到的**统一**，不过自我和本质两者也具有互为对方的异化的含义"，实体的异化其实是自我和本质的统一的方式，而且它对这统一有自我意识。我和我的本质在现实生活中、在实体中虽然是异化的，但却还是统一的，并不是毫不相干、绝对对立的，我也意识到这一点。不过另一方面，自我和本质两者也互为对方的异化。这个现实是我的本质，但是我的异化了的本质；而现实是什么呢？现实是另外的人，他们也都把我看作是他们的本质的异化。所以我是我的本质的异化，我的本质也是我的异化；我不异化我的本质，我就不成其为我，而一旦我把我的本质异化了，我也不成其为我了。这个实在性、这个客观世界是我的本质，不错，但它是我的异化了的本质，已经不是我原来的本质了，已经是我的异己的本质了；但是它还是我的本质，因为是我异化出去的。互为对方的异化，我把这个世界看作是异己的，这个世界也把我看作是异己的，每一个人原来都是一体的，现在却都把别人看作是异己的，其实他们都是互相造成了自己的异己性，所以具有一种互为对方异化的含义。

　　精神是对一个独立自由的对象性的现实性的意识；但是与这种意识

对立的是自我和本质的那种统一，与**现实性的**意识相对立的是**纯粹的意识**。

"精神是对一个独立自由的对象性的现实性的**意识**"，精神是意识，是一种什么样的意识呢？是对一个独立自由的对象性的现实性的意识。一个独立自由的对象性的现实性。这个对象性是独立自由的，它自行其是的，与我没有关系，脱离了我的掌控，它是对象性的，也就是客观性的，好像是不以我的意志为转移的一种现实性。那么，精神是对这样一个现实性的意识，意识打了着重号。你如果对这样一个现实性具有意识，承认它是自由独立的，那么你就具有了精神，精神就是意识到这样一个现实性。"但是与这种意识对立的是自我和本质的那种统一"，与这样一种现实性的意识相对立的，是自我和本质的那种统一。就是说一方面，我意识到那个客观对象是独立自由的，不以我的意识为转移的；但是另一方面，与此相对立的，我又有一种主观中的统一，即自我和本质的统一，我在主观中又把自我与本质统一起来，而这种统一跟那种客观现实性的意识是相对立的。精神本来是对于一种现实性、一种客观性的意识，但是在主观方面与此对立的是自我和本质的统一。所以，"与**现实性的**意识相对立的是**纯粹的**意识"，自我和本质的统一或者自我意识的统一是纯粹的意识，它与前面对一个独立自由的对象性的现实性的意识是对立的。自我和本质的统一不需要在现实性中而是在纯粹意识中就可以建立起来。当然实际上它还是在现实中、在与现实意识的对立中才能够建立起来，但就它本身而言，它是在纯粹意识中意识到这个统一的。自我和本质的统一是抽象的，而那种独立自由的对象性的现实是客观的，这两方面处于对立之中。

一方面，现实的自我意识通过它的外化而过渡到现实的世界，而现实的世界又返回到现实的自我意识；但另一方面，恰恰这种现实性，无论是人格还是对象性，都遭到了扬弃；它们都是纯粹普遍的东西。

上面讲这两者对立，一个是现实的意识，一个是纯粹的意识，我们就来分别看一看这两者。"一方面，现实的自我意识通过它的外化而过渡到现实的世界"，现实的自我意识，自我意识本身也是现实的，但它还是意识，通过它的外化，过渡到现实的世界。现实的自我意识转为现实的自我世界，这都是在现实性中操作的。现实的自我意识外化为现实的世界，而现实的世界又返回到现实的自我意识，让它意识到自己的现实性。这是一个方面，是讲它的现实的意识和现实的世界互相循环。"但另一方面，恰恰这种现实性，无论是人格还是对象性，都遭到了扬弃"，上述的现实性，人格是现实的自我意识。对象性是现实的世界，无论是人格的现实性还是对象性的现实性，现在都遭到了扬弃，这就是另一方面。就是说，虽然现实的自我意识、人格和现实的世界都在互相过渡，循环往复，但是无论是人格还是世界，它们的现实性都遭到了扬弃。"它们都是纯粹普遍的东西"，也就是说他们都是纯粹的意识，现实的自我意识也是普遍的自我意识，现实的世界也是普遍的，也是纯粹的意识。就是说在现实的自我意识和现实的世界上面，另一方面，我们都看出来，它跟人的主观的东西有一种对照，我从它里面都看出了，从这些客观的东西里面都看出了主观的东西，都看出了纯粹意识。所以当我执着于这样一种纯粹意识的时候呢，不管是现实的人格，还是现实的对象性的世界，都遭到了扬弃。因为这些现实不是一种自然的现实，而是一种精神的现实。所以从现实中精神总是要看出它的纯粹意识的那个层面，它的背面。它的正面是现实，它的背面是非现实，或者是超现实，是一种纯粹普遍的东西，它们都是纯粹普遍的东西。你不要就事论事，你要从它里面看出它所隐藏着的原则，它是普遍的东西。它们都是纯粹普遍的东西，这是另一方面。这另一方面要强调的，就是这种纯粹的普遍性，而不是现实中的一次性、特殊性。现实的自我意识和现实的世界都是特殊的，都是经验的，都是一次性的，但是它后面，另一方面，都隐藏着纯粹的普遍性。所以这种现实性不论它是人格还是对象性，都遭到了扬弃。

它们的这种异化，就是**纯粹意识**或**本质**。这个当下在场直接在它的

彼岸拥有对立面，即彼岸就是它的思维和被思维，同样，当下在场也在自己的此岸拥有对立面，即此岸就是思维的已对自己异化了的现实性。

"它们的这种异化"，它们，也就是上面讲的人格性和对象性，两者的现实性都遭到了扬弃，成为了纯粹普遍的东西，这是它们的一种异化，也就是把它们的现实性扬弃了。所以这种异化"就是**纯粹意识或本质**"，被扬弃成了纯粹意识或本质，也就是现实的人格性被扬弃成了纯粹意识，现实的对象性被扬弃成了本质。你从人格中看到了纯粹意识，从现实世界里面看到了它的本质。"这当下在场直接在它的**彼岸**拥有对立面，即彼岸就是它的思维和被思维，同样，当下在场也在**自己的此岸**拥有对立面，即此岸就是思维的已对自己异化了的现实性"，这里讲到了此岸与彼岸的分裂。首先直接的现实性就是当下的在场 (Gegenwart)，而这个当下在场异化出它的两个对立面，一个是直接在它的彼岸所拥有的对立面，也就是它的思维和被思维，现在这种思维被推到彼岸去了，成为不食人间烟火的纯粹意识了。而另一个是在此岸它也有一个对立，这就是思维对它自身异化了的现实性的对立，也就是一般讲的思维和存在的对立。现在我们当下在场所面对的对立面是双重的，一个是与彼岸的纯粹思维和被思维相对立，它是没有现实性的，是单纯信仰的对象；另一个是与此岸的不以人的意识或思维为转移的客观现实性相对立，它是我们的思维要深入探讨的明见的对象。当下在场的人格性和对象性，当它们的现实性遭到扬弃后，便异化成了两个对立，即人格和彼岸对象的对立，以及人格和此岸对象的对立，它们体现为人和上帝的关系以及人和现实世界的关系。这两种关系的讨论一直从中世纪发展出来，到了近代开始从对立而走向统一，一个是使上帝回到我心中，这就是宗教改革，一个是康德所提出的人为自然立法的认识论原则，从而达到新一轮的异化的扬弃。当然这都是后话了，在这里只是显露出了这种分化的苗头，世界的分裂最初就是从这里引出来的。我们下面再来看看，一个彼岸纯思的世界，一个此岸现实的世界，这两个世界与人格主体的关系，以及两个世界相互之间的关系。下面这一段很长，可以看作后面一直到第三节"对其自身具有确定性的精神，道德"为止的所有主要线索的提示，对这个第二节起着一种导论的作用。

这样一来，这样一个精神所教化出来的就不止是**一个**世界，而是一个双重的、分离着的和对立着的世界。

"这样一来，这样一个精神所教化出来的就不止是**一个**世界"，这个地方引进了"教化"（bilden）的概念。这个精神通过前面的异化，所教化出来的就不止是一个世界，"一个"打了着重号，相反，是一个双重的、分离着和对立着的世界。那个精神现在形成了一个双重的世界，即此岸和彼岸，这个双重的世界就是一种教化，一种教养。双重的世界是一种教养，没有经过天人相分，就缺乏这种教养。你老是天人合一，把精神和物质、思维和存在、伦理的东西和自然的东西混为一谈，用处理物质的方式来处理精神的事情，就只能停留于粗俗的层次。古希腊的伦理实体就是过于天人合一了，你老是天人合一，那就达不到这种教化了，所以伦理实体必须消亡，以完成这种教化。天人相分是一种教化，它体现为一种分裂，在分裂中去寻求它们的统一。所以这个时候就不再只是一个世界了，而是一个双重的分离着和对立着的世界。西方人的天人关系经历了这样一个发展过程。

——伦理精神的世界是这精神特有的**当下在场**；因此这个世界的每一种力量都处于这种统一之中，而且就两种力量是有区别的而言，它们都处在与整体的平衡之中。

这又是在回顾前面讲的伦理世界了。"伦理精神的世界是这精神特有的**当下在场**"，当下在场（Gegenwart）打了着重号，也就是一个起点。上面讲的两个世界都是对于这个起点而言的对立面，是由它分化出来的，而它是精神的直接性，或精神特有的当下在场。"因此这个世界的每一种力量都处于这种统一之中"，这个世界，作为一种尚未分裂的世界，它的每一种力量，不管是神的法则还是人的法则，都处在这个统一体之中，当下都在场。"而且就两种力量是有区别的而言，它们都处在与整体的平衡之中"，这两种力量，神的力量和人的力量，神的法则和人的法则，当然是有区别的，甚至是阴间和阳间的区别。但前面讲到了，每一方都直接向对立一方过渡，直接受到对方的影响，每种冲突都能够由双方的互相作用而摆平，而整体在其中永远是静止不变的，所以它们都处在与整体的平衡中。哪怕在悲剧中，那么强烈的冲突，最后都要达到一种平衡，虽然有区别、有对立、有斗争，但区别、对立、斗争总是靠主人公的牺牲来解决、来调和，最后达到一种整体平衡。

　　没有任何东西具有自我意识的否定物的含义；甚至连孤独的精神也在亲属的**血缘**中、在家庭的**自我**中当下在场，而政府的普遍**权力**则是意志，是民族的自我。 [40]

　　也就是在伦理实体中，"没有任何东西具有自我意识的否定物的含义"，在这里，自我意识不是否定物，而是与共同体完全相容并融化于其中的肯定的要素。"甚至连孤独的精神也在亲属的**血缘**中、在家庭的**自我**中在场"，孤独的精神，abgeschiedene，直译为告别了的，也可以译作偏僻的、疏远的、远离的，还可以理解成已死的。我们说某某人"告别了""走了"，意思也就是死了。这个地方有双关意，包含已死的意思，已死的精神，也包含孤独的精神。你回到家庭里面，只靠家庭来体现你的个别性，这就是孤独的精神；你告别了这个世界，由家人来埋葬你，这就是死了的精神。甚至连孤独的精神也在亲属的血缘中、在家庭的自我中当下在场，它也是在场的，哪怕是死了的精神，也是在场的。虽然你不在了，但是你的亲属还在，你活在你的亲属们埋葬死者的仪式中，活在你的亲属们的血液中，每个家人都把你认作"自己人"，你在家庭的自我中当下在场。所以个别者、孤独的精神也是当下在场的。"而政府的普遍**权力**则是意志，是民族的自我"，权力（Macht），前面多处翻译成"力量"，但涉及政府的时候，我们还是翻译成权力，下面也马上要讲到权力，讲到国家这些话题了。它就是权力意志，政府的普遍权力是意志，是民族的自我。政府的普遍权力也是一种个体性，也具有一种自我意识的肯定含义，它也不是否定的含义，不像后来的罗马皇帝那样的生杀予夺的权力，可以对每一个个体进行否定，它不是的。在伦理阶段它是普遍的权力，是意志，是民族的自我。所以这都说明，在伦理实体中，没有任何东西具有自我意识的否定的含义。不管是孤独的精神也好，政府的权力也好，都是与共同体和个体相协调相融洽的。这前面都是回顾的伦理实体，作为一个与下面要说的比较而再次提出来。

但是在这里，这个当下在场只意味着在彼岸拥有自己的意识的那种对象性的**现实性**；每个个别环节作为**本质**都从另一个环节那里接受到这种在场，并借此接受到现实性，而只要它是现实的，它的本质就是不同于它的现实性的另一环节。

"但是在这里"，就是说，现在我们已经从伦理实体进入到了异化的精神了，"这个当下在场只意味着在彼岸拥有自己的意识的那种对象性的**现实性**"。这个当下在场它不仅仅就是当下在场，它的现实性要用双重的眼光来看了。在伦理实体里面当下在场就是当下的，但是在异化了的精神里，这个当下在场只意味着彼岸所意识到的那种对象性在现实中的体现，也就是上帝在人间的体现。这个当下在场是一种现实性，不错，但是它只意味着在彼岸拥有自己的意识的那种对象性的现实性，就是说，它是那样一种对象性的现实性，这对象在彼岸拥有自己的意识。当下在场的东西，在目前的阶段下，只意味着在彼岸拥有自己的意识，它在抽象的纯粹意识那里有自己的本质，它不过是那个抽象意识在现实中的表现而已。这跟伦理实体就很不一样了，伦理实体里面每一点都是当下在场的，不需要到彼岸去找它的本质；而在异化了的精神里面，既然分裂为了两个世界。当你看这个世界的时候，你马上想到另一个世界。这正如《逻辑学》里的本质论阶段，一对一对的范畴是互相"反映"的，跟存在论阶段不一样，存在论里面是从一个范畴"过渡"到另一个范畴，"飞跃"到另一个范畴。而本质论里面一个范畴本身就反映出另外一个对立的范畴，这个关系已经不一样的了。所以，"每个个别环节作为**本质**都从另一个环节那里接受到这种在场，并借此接受到现实性"，这里"本质"打了着重号。前面曾经讲到，伦理实体的本质"对于直接指向它、并把它当成自己的伦常的那个意识而言，就具有**存在**的单纯规定性"（见前面第 38 页第 10—11 行），在那里给这个"存在"打了着重号，这里是给这个"本质"打了着重号，在逻辑上已经提高了一个档次，属于本质论的环节了。每个个别环节作为本质都从另一个环节那里接受到这种在场，并借此接受到现实性。就是说它是现实的不是因为它自己，而是因为它的对立的、异化的环节，或者是由于彼岸的上帝。只要一个环节是现实的，它的本质就在另一个环节之中，本质就是不同于它的现实性的另一个环节；它的本质在它的对立面，而不在它自己。

没有任何东西具有一种以自身为根据并居住在本身中的精神，相反，任何东西都是在自己以外的一种异己的精神之中；——整体的平衡不是保持在自身内的统一，也不是这种统一返回其自身的安宁，而是建立于对立面的异化之上的。

"没有任何东西具有一种以自身为根据并居住在本身中的精神"，这个是异化精神的特点了，跟伦理实体不一样的了。任何东西作为精神都不能安居于自身中，以自身为根据，它都是以别的东西为根据的，它以自身为根据那就是静止的了，那就是不发展的，也就不具有精神了。"相反，任何东西都是在自己以外的一种异己的精神之中"，任何东西都是"生活在别处"（米兰·昆德拉小说名），都是向往异己的精神，都是在别的精神之中有自己的根据。《逻辑学》本质论里面一开始就强调根据，任何东西都是有根据的。你提出一个概念，马上你就想到它的根据，而想到根据就已经开始向自身之外、向陌生的领域追求了。它是以异己的东西、不同的东西甚至是相反的东西来作为自己的根据的。"整体的平衡不是保持在自身内的统一，也不是这种统一返回其自身的安宁，而是建立于对立面的异化之上的"，当然还是有整体的平衡，前面讲伦理实体，它始终保持了整体的平衡，两个同等合理的伦理力量相互冲突，最后还是靠牺牲一个第三者保持了平衡，所以这种保持平衡还是在自身之内；但是在这里，整体的平衡已经不是保持在自身内的统一，也不是这种统一返回其自身的安宁，而是建立在对立面的异化之上。在伦理实体里面，这种统一返归于自身，在悲剧中的主人公牺牲以后，合唱队就出来，把这种返归于自身的慨叹唱出来，赋予了每一种伦理法则的力量以合理性。每一种伦理力量都是合理的、静止不变的，不合理的是人，躁动的是人，是这种有限的人在那里互相的冲突。所以只要主人公牺牲了，伦理实体就返归到自身，达到了那样一种永恒的安宁，这就是在伦理实体那里的情况。但是在异化了的精神这里不是这样，它把整体的平衡建立于对立面的异化之上，建立于对立面的矛盾冲突之上。最后还是要达到整体的平衡的，但是要通过异化来达到，通过一种外化的过程来达到，所以这种平衡不是静态的平衡，而是动态平衡，是向上发展的、自强不息的。不是本来就是统一的，不是本来就是平衡的，而是通过对立面的异化不断除旧布新的。

因此，正如每个个别环节一样，整体也是一种自身异化了的实在性；在它所分裂成的一个王国中，**自我意识现实地**既是它本身、又是它的对象，而在另一个王国中，则是**纯粹**意识的王国，它在前一个王国的彼岸，不具有现实的在场，而是处在**信仰**之中。

整体已经分裂成了一个现实的王国和一个信仰的王国。"因此，正如每个个别环节一样，整体也是一种自身异化了的实在性"，每一个个别环节都处于互相异化中，任何两个个别环节双方都互为异化，如现实性环节和纯粹意识环节双方互为异化。但现在，正如每个个别环节的互为异化一样，整体对自身也在互为异化，整体也是一种自身异化了的实在性，整体也和自己本身相异了，它是这样一种异化了的实在性。"在它所分裂成的一个王国中，**自我意识现实地**既是它本身、又是它的对象"，它分裂成一方面是自我意识的现实的王国，在其中自我意识既是它本身，又不是它本身，而是它的对象，是它的异己的另一个自我。这个对象就是它现实地实现出来、异化出来的，自我意识把自己异化成一个现实的对象了。这是在现实的王国的里面，一切现实的东西都是自我意识异化出来的，而每个自我意识也都把自己异化为一个现实的对象，所以我们都要从双重的眼光来看现实的东西，它既是它又不是它，用萨特的话来说，它"是其所不是，不是其所是"，由此而成为一个动态的过程。这是从现实性这个角度来看的。"而在另一个王国中，则是**纯粹**意识的王国，它在前一个王国的彼岸，不具有现实的在场，而是处在**信仰**之中"，前面一个王国是自我意识的现实的王国，"现实地"打了着重号，既是它本身，又是自己的对象；而另一个王国，则是纯粹意识的王国，"纯粹"打了着重号。这是一个信仰的王国，"信仰"也打了着重号。这两个王国是对立的，一个是现实的、动态的，另一个是纯粹意识的、静止的。纯粹意识的王国在前一个现实王国的彼岸，不具有现实的在场，而是处在信仰之中。这也是一种自身异化了实在性，它是信仰的对象。但正由于两个王国都是自身异化了的实在性，所以双方也并不是互相脱离、互不相干的，而是互相反映的。处在信仰之中的纯粹意识的王国并不是脱离现实王国的，而是作为这个现实的王国的一个倒影，一种反映，一种异化的镜像，一面镜子，通过这面镜子来照现实的王国，就可以看出现实的王国的本质。反过来，现实王国也是信仰王国的一面镜子，从这面镜子里面可以看出上帝的本质。所以这是一个很大的分裂，现实的王国和信仰的王国是一个整体上的分裂、整体上的异化。

　　于是，正如伦理世界之从划分神的法则和人的法则及它们各自的形态出发，而伦理世界的意识则是从划分认知与无意识出发，它们都返回到意识的命运，返回到作为这个对立的**否定力量**的**自我**一样，现在，就连自我异化的精神的这两个王国也都将回复到**自我**；　　{266}

　　我们先看这半句。"于是，正如伦理世界之从划分神的法则和人的法则及它们各自的形态出发"，伦理世界是从区分神的法则和人的法则并划分它们各自的形态出发的，这个我们前面已经知道了。"而伦理世界的意识则是从划分认知与无意识出发"，伦理世界的意识，这与伦理世界不同，前面讲伦理世界是从区分神的法则和人的法则出发的，那么伦理世界的意识则是从区分认知与无意识、区分有知与无知出发的。前面讲到俄狄浦斯神话和安提戈涅的悲剧，就是对有知和无知的区分，无知、无意识就是命运，有知则是犯罪之源。而无知也好，有知也好，"它们都返回到意识的命运"，最后是自我意识自己把命运承担起来，"返回到作为这个对立的**否定力量**的**自我**"。我心甘情愿地自我惩罚自己，这就把这种有知和无知的矛盾摆平了，把它们的对立否定了，它们都是自我。我把我的命运纳入到我的自我之中，把它看作是自我意识本身的命运，按照自己的自由意志来服从命运，这就是伦理世界的矛盾冲突的最终归宿。那么，正如这个伦理世界的意识最后返回到了自我一样，"现在，就连自我异化的精神的这两个王国也都将回复到**自我**"。前面讲的是伦理世界和伦理世界的意识，现在讲的是自我异化了的精神，那么现在正如前面一样，都要返回到自我。这两个王国，一个是现实的王国，一个是信仰的王国，本来是分裂的；但由于这两个王国都将回复到自我，它们最终将在自我中达到统一，从而进入到道德阶段。前面的伦理世界和伦理世界的意识回复到了自我，而现在这两个分裂的王国也将回复到自我，这个"自我"打了着重号。"也将"，这里用了将来式，也就是我们将要讲到的，我们将来要走的方向，就是使这两个异化了的精神的王国回归到自我，最后在自我意识的基础上将道德世界观建立起来，来统一现实的王国和信仰的王国。

但是如果说，前者曾经是第一个直接有效准的**自我**，是个别的**人格**，那么这第二个从其外化中回复到自身的自我，即**普遍的自我**，就将是把握**概念**的意识；而且这两个精神世界，当它们所有的环节都坚持自己有一种固定的现实性和非精神的持存时，它们都将在**纯粹明见**中解体。

　　"但是如果说，前者曾是第一个直接有效准的**自我**，是个别的**人格**"，前者，就是伦理世界和伦理世界意识里面所返回到的那个自我，是直接有效准的，是个别的人格。我们前面已经讲到了，伦理实体最后趋向瓦解、趋向消亡的时候，它是落实到直接有效准的自我身上的。首先是年轻人，年轻力壮的小伙子，然后是亚历山大凭借他的武功而直接有效准，这都是个别的人格。从此以后人们就开始意识到个别人格的独立性了，摆脱了伦理实体的那个框框，那一套传统伦理教条的束缚，以个别人格的形态独立于世。所以如果说，前者曾经是第一个直接有效准的自我即个别的人格，"那么这第二个从其外化中回复到自身的自我，即**普遍的自我**，就将是把握**概念**的意识"，这个"普遍的自我"和"概念"都打了着重号。那么后面的第二个自我，第二个从其外化中回复到自身的自我，即普遍的自我，就将是把握概念的意识。为什么从其外化中返回到自我就能够把握概念呢？因为它从彼岸回来，从上帝那里回到自身，上帝是什么？按照后来在《逻辑学》中的说法，上帝就是概念，《逻辑学》的范畴体系就是上帝在创造世界之前的想法。所以当自我意识异化为彼岸世界的对象，再从这个彼岸世界返回到自身，成为普遍的自我，它就是把握概念、把握一切事物之本质的意识。它只要回忆起自己在彼岸理念世界所接受到的知识，就可以把握概念，这里头有柏拉图回忆说的影子。在把握概念的意识这个层次上，就上升到"概念论"了。前面一个是"存在论"层次，一个是"本质论"层次，本质论结束以后最后要提升到"概念论"，这就是把握概念的意识。"而且这两个精神世界，当它们所有的环节都坚持自己有一种固定的现实性和非精神的持存时，它们都将在**纯粹明见**中解体"，纯粹明见（Einsicht）打了着重号，明见也译作洞见、识见。这两个精神世界，一个是此岸的现实意识的世界，即认知的世界；另外一个是彼岸的纯粹意识的世界，即信仰的世界。如果这两个世界所有的环节都坚持自己有一种固定的现实性和非精神的持存，也就是当它们让自己僵化起来，现实意识的世界变成了固定的现实性，而信仰的世界变成了非精神的持存，前者陷入了唯物主义，后者陷入了信仰主义，这时就需要纯粹明见来对它们解构了。这时，一个启蒙的时代就来临了，启蒙解构了迷信，唯物主义则被近代认识论的"哥白尼式革命"所颠倒，并直接通往了道德世界观。这就是这个第二节后面部分将要实行的各阶段的路线图。

这种明见作为自己**把握**自己的自我，就完成了教化；它所统握的，没有别的东西，只有自我，并且它将一切都当作自我来统握，即是说，它对一切都**进行概念的把握**，清除一切对象性并把一切**自在**存在都转变成一个**自为**存在。

"这种明见作为自己把握自己的自我，就完成了教化"，从笛卡尔的我思故我在，到康德的自我意识的统觉，都是自己把握自己的自我，这就是教化的完成，近代以来的理性主义哲学是教化的完成。笛卡尔的我思故我在实际上已经提出了纯粹明见、纯粹的我思，"它所统握的，没有别的东西，只有自我"。它所统握的一切，都是我思，都在我思之中，所有的东西都是我思的东西，包括现实世界，包括一切对象，甚至于包括上帝，都是我思的产物。所有我思的都是在思我自己，我自己是什么呢？我自己就是纯思。"并且它将一切都当作自我来统握"，甚至就连上帝也是通过自我、通过我思故我在而论证出来的。"即是说，它对一切都**进行概念的把握**"，"概念的把握"打了着重号，原文是 begreifen。前面那个"把握"用的是 erfassen，"统握"用的是 auffassen，概念本来是 Begriff，它来源于动词 begreifen，所以我把这个动词译作"概念的把握"。德文"概念"原来的意思就是把握，这里讲它对一切都进行概念的把握，"清除一切对象性并把一切**自在**存在都转变成一个**自为**存在"，清除一切对象性，真正的概念把握就是要清除一切对象性，要把握纯粹概念、范畴。笛卡尔的我思还不纯粹，它还要依赖于大脑中的所谓"松果腺"，还是一种对象性的经验的东西，后来康德指出来这一点，胡塞尔也指出来了，就是说实际上真正的自我只能是先验的自我。这就把一切自在存在都转变成了自为存在，把一切客观对象的东西都转变成了由自我意识异化出去的东西、由

"人为自然立法"而建立起来的东西。一切自在存在的本质都是自为存在，都是概念或范畴，这就是对一切事物的"明见"或洞见。这是针对现实世界的认识方面说的，是在现实意识中所达到的明见。

当它把矛头转向信仰这个异己的、置于彼岸的**本质**王国时，它就是**启蒙**。

前面是就现实意识方面来谈的。而"当它把矛头转向信仰这个异己的、置于彼岸的**本质**王国时，它就是**启蒙**"，它，也就是同一个明见，当它针对信仰这个本质王国时就是启蒙。前面讲了，整体的异化把自己分裂为现实意识和纯粹思维两个王国，其中纯粹思维是在信仰的领域，是在彼岸。为什么是在彼岸呢？纯粹思维不是人的思维吗？但是人的思维是不纯粹的，我们必须设想有一个纯粹思维，那么它就是在彼岸。在彼岸那就必须要去信仰，而信仰就意味着它成了一个异己的东西。纯粹思维本来是人的思维，但是作为信仰它就成了异己的东西，成了上帝的专利。上帝才是纯粹思维，信仰的对象是一个纯粹思维，一个上帝。但是以上帝的方式出现的纯粹思维是一个异化了的思维。本来是人的思维，但是异化为一个上帝，一个纯粹思维。当明见把矛头转向了信仰，转向这个异己的彼岸本质王国的时候，它就是启蒙。这个明见最初是从笛卡尔等人的认识论那里产生出来的，是用来洞察现实世界的本质的，但是一旦它把矛头转向信仰，那么它就是启蒙。首先它要对上帝也进行一番理性的推理论证，这本身就是启蒙，意味着除了理性的清楚明白以外，我什么都不相信，我怀疑一切；你要我相信，你就得论证给我看。笛卡尔的怀疑一切已经是启蒙了，怀疑一切，包括上帝的存在，你在未证明之前你也要把它搁置一边，一切都要经过理性法庭的审判才能够得到确立。当然他最后确定了上帝的存在，这个证明里面有很多的毛病，但是他的原则很清楚，凡是我清楚明白地意识到的就是真的。所谓清楚明白意识到的，就是合乎理性的，凡是合乎理性的，就是清楚明白的，就是真的，这就是启蒙的原则。

[41]
　　启蒙也在这个王国里完成了异化，异化了的精神逃进这个王国中，就是逃进那个自我等同的宁静的意识之中；启蒙扰乱了精神在这信仰王国里所掌管的家务，因为它把此岸世界的器具携带了进来，精神无法否认这些器具是它自己的所有物，因为精神的意识同样也是属于此岸世界的。

　　"启蒙也在这个王国里完成了异化"，这个王国，就是上面讲的异己的本质王国，本来是由信仰占据的，现在由启蒙占据了。启蒙一旦针对异化王国提出来，它也采取了异化的方式，也完成了自己的异化。启蒙本身也是异化的，不要以为启蒙就是异化的消除。"异化了的精神逃进这个王国中，就是逃进那个自我等同的宁静的意识之中"，我们刚才讲了，笛卡尔也在证明上帝的存在，实际上启蒙这种异化了精神也逃进了信仰的王国之中，依靠上帝来为自己撑腰。只有在那个彼岸的王国之中，启蒙才能找到自己的安身之处，所以它就逃进了那个自我等同的宁静的意识之中，在上帝那里找到了归宿。笛卡尔对上帝存在的证明，虽然是从我思故我在这个命题里面推出来的；但是一旦推出来，我思故我在也就得到解释了，这本身就是一个循环论证嘛。但是它是一个避难所、一个休息所，我逃进了上帝的信仰，我最后并没有否定上帝的信仰，而是上帝的信仰保证了我思故我在的绝对性。启蒙逃进了信仰的王国中，它自己也成了异化的精神，只不过"启蒙扰乱了精神在这信仰王国里所掌管的家务"。启蒙并没有推翻信仰的王国，而是扰乱了精神在这信仰王国里所掌管的家务，也就是说启蒙并不等同于无神论，恰好相反，启蒙开始采用自然神论的方式，使信仰的王国不再是纯粹意识的王国了。在信仰的王国里面，本来一切都是由纯粹意识来掌管的，现在启蒙冲进来了，引进了一系列对上帝的证明，什么宇宙论、目的论的证明，自然神论就是做这个工作，把上帝设想为一个数学家，把上帝设想为一个最高明的物理学家，把一切都算作是上帝的合理的安排。信仰本来是非理性的，从德尔图良开始：唯因其荒谬，所以我才相信。当你的理性不起作用了的时候，你没办法了，所以你才诉之于信仰，本来是这样一件事情。但是现在启蒙进来了，同时把一种别的精神带进来了。"因为它把此岸世界的器具携带了进来"，此岸世界的器具（Gerätschaften）是什么器具呢？一个是经验，一个是理性。你把经验和理性携带到了信仰的王国里面，用来证明上帝，这就是自然神论了。"精神无法否认这些器具是它自己的所有物，因为精神的意识同样也是属于此岸世界的"，精神没有办法否定这些器具，经验啊，理性啊，逻辑啊，都是它自己的所有物，因为精神的意识同样也是属于此岸世界的。本来此岸和彼岸的区分就是精神的意识自身分化出来的，精神的意识一方面有彼岸的信仰，另一方面它也有此岸的推理和经验等等，本来都是合理的，是合乎精神的。我们前面讲，异化了的精神一个很重要的特点，就是在一切现实的东西里面都能够看出精神的本质，使现实的东西双重化了。在每一件现实的事物里面，我们都看出有上帝在，像斯宾诺莎的泛神论那样。上帝是什么？上帝就是自然，自然就是上帝，我在自然界每一件事情里面都看出上帝的工作，这都是上帝造成的，都看出有神性。这就是精神的意识，它本来就是这样的。对于一个事物采取双重的观点，一个是现实的观点，此岸的；一个是信仰的，彼岸的观点，本来就是这样的。所以启蒙这把此岸的观点带进到彼岸去进行论证，那也是很自然的事。这样，自然神论和泛神论就都泛滥起来了。

——在这种否定的工作中，纯粹的明见同时也就把自己实现了，并且产生出它自己特有的对象，即不可认识的**绝对本质**，和**有用的东西**。

"在这种否定的工作中"，所有这些扰乱，所有这些携带进来的做法，都是一种否定工作，就是把原来的那种信仰解构了。启蒙一开始是针对着信仰的，虽然不是完全否定信仰，但是使得信仰变质了，不再是原来的那种信仰了，它做的是一种否定的工作，是一种批判性的事务。在这种否定的工作中，"纯粹的明见同时也就把自己实现了"，在批判中有了它的建设性的结果。"并且产生出它自己特有的对象，即不可认识的**绝对**

本质,和有用的东西",纯粹明见把自己实现出来了,产生了自己特有的对象,这就是两个东西,一个是自在之物不可知,另一个是启蒙的功利性。这都是后面要讲的内容了,这里先作一个概括。纯粹明见通过它的否定的方面,建立起了它的肯定的方面,即不可认识的绝对本质和有用的东西。绝对的本质是不可认识的,这就是康德的自在之物的认识论。康德的自在之物就是纯粹明见建立起来的一个界限。有用的东西则是法国启蒙运动如爱尔维修他们提出的功利主义,法国的唯物主义、感觉论,也包括英国像洛克他们的经验主义,都属于这个系列。洛克的经验主义里面已经包含有不可认识的绝对本质,绝对的实体是不可知的,这个是洛克也承认的。那么在可知的现实世界里面,那就要看什么东西对我有用了。爱尔维修他们特别强调这种功利主义,这个在后面第97页和110页以下,我们可以参考一下,他们着眼于一切东西的用处,着眼于它对我们的现实生活有用。这是近代启蒙运动的两个成果,它不光是有否定的含义。

由于现实性以这种方式丧失了一切实体性,它本身中再没有什么**自在**的东西,于是,如同信仰的王国一样,就连现实世界的王国也倾覆了,而这场革命就产生出了**绝对自由**,最初异化了的精神就凭借这个**绝对自由**而完全返回到了自身,撇下这个教化的国度而转到另一国度,转到**道德意识**的国度去了。

"由于现实性以这种方式丧失了一切实体性,它本身中再没有什么**自在**的东西",现实性以不可知论的方式和功利主义的方式丧失了一切实体性,因为现实性现在都只是现象,都只是有用的东西,至于它本身自在地是什么,那个我们不知道,也不必知道。于是它就丧失了一切实体性,我们手中所留下的就是现象界,和有用的东西。"于是,如同信仰的王国一样,就连现实世界的王国也倾覆了",不但信仰的王国被启蒙所颠覆了,就连现实世界的王国也被启蒙颠覆了,因为现实世界的王国变成了一大堆现象,是由我们的主观所建立起来的,跟世界的本体没有关系。那么这样一种无根基的现实世界的王国岂不是倾覆了吗?就成了一堆碎片。既然如此，那么我们就拿来用就是了，我们不要管它到底有什么样的理论根据。这样一来，信仰的王国就和现实性的王国一起同时被倾覆了。"而这场革命就产生出了**绝对自由**，当初异化了的精神就凭借这个**绝对自由**而完全返回到了自身，撇下这个教化的国度而转到另一国度，转到**道德意识**的国度去了"，这就是这一章的最后结尾了，它预示了后来的结局。结局是什么呢？由这场革命，这场颠覆性的革命，就产生出了绝对自由。这场革命就是法国大革命，我们经常讲，康德哲学是法国革命的德国理论，康德哲学为法国革命提供了它的理论根据。但这场革命依据这样一种理论，就产生出了绝对自由。既然信仰也倾覆了，现实世界的王国也倾覆了，那我就可以为所欲为了，我什么都不信，所以现实世界我就可以拿来就用，采取功利主义的态度来对待，那我岂不是绝对自由了？把这两个王国都颠覆了以后，把信仰的王国和现实世界的王国都颠覆了以后，那就是法国大革命。而最初异化了的精神就凭借绝对自由而返回到了自身，最初异化了的精神指整个这一节："自我异化的精神，教化"，它以这个绝对自由作为最后的结果，凭借这个绝对自由的结果，精神就完全返回到了自身。就是说，康德的绝对自由不是要你到现实世界中去为所欲为，而是要在精神本身中建立起绝对自由，也就是意志自律，这就是道德律。绝对自由在法国大革命中还不彻底，因为它还企图把这种绝对自由运用于现实世界，去收拾这个世界，这就导致了恐怖。但是如果这个绝对自由你把它放在自己的内心，返回自己本身，那么它就是道德意识。康德的道德意识就是从这里建立起来的，就是从精神内部的绝对自由出发的，你不要把这个绝对自由看作就是针对这个现实世界的，仿佛你可以改造这个世界，你可以改天换地，你可以自己设计自己的命运，你可以建立一个绝对自由的国家，那是不可能的。但是绝对自由的观念对于你自己安身立命那是有效的，如果你返回自身，那么你就已经超越了这个教化的王国，你就撇下这个教化的国度而转向另一国度，转到道德意识的国度去了。你返回自身，你就转到了道德意识的国度，你就致力于把自己打造成一个道德的人。绝对自由不是一种外在行动的工具，而是你的自我完成自己的一种先验的原则。这里总结了整个"自身异化了的精神，教化"的部分，概述了它的历程，所以我们可以把前面这一部分看作是本节的概论，一个梗概。这整个一节是非常长的，可以说是最长的一个标题，前面这个概论可以看作是一个提纲，可以帮助我们掌握它的线索，更加贴切地把握黑格尔的意思。今天就到这里。

$$* \qquad * \qquad *$$

A. 自我异化了的精神的世界

上一次我们已经讲了前面的一个导论或者说概论，即综述"二、自我异化了的精神，教化"这一节要讲的主要问题。那么现在就开始进入到主题了，就是第一小节："自我异化了的精神的世界"，它强调的是这个自我异化了的精神的"世界"，也就是世俗生活，而不是泛泛的自我异化了的精神。后面两个小节分别是"启蒙"和"绝对自由与恐怖"，三小节展示了异化的精神从世俗生活到内心启蒙再到社会运动的正、反、合过程。这一小节的异化精神表现出的是一个日常生活的世界。前面也说过，通常讲"异化"的部分，黑格尔强调的是间接性，而进入间接性就属于"本质论"的模式。我们在黑格尔的《逻辑学》里看到，存在论和本质论在方法上有一个很明显的区别：存在论的那些范畴之间的关系是"过渡"，而本质论的范畴之间是"反映"。本质论的范畴是一对一对出现的，是互相反映的，而且它最后的结果就是"化解"，是一种离散性的结果。而存在论的第三个范畴是一种凝聚性的东西，它不是化解了，它有个立得住的合题。而本质论的合题其实不是合题，应该说是"分题"，也就是消融或解体，解体了以后再进入到下一个阶段。比如这里第三环节绝对自由和恐怖，社会趋向解体，然后进入到内心的道德。它有这样一种特点。我们掌握这样一种特点，我们读"自我异化的精神世界"的时候我们就有一个目标,它不是完全像其他的地方典型的"正—反—合"的严格规范的形式,更多的是一对一对互相反映的范畴,所以有时候是两分法的,没有第三环节。我们来看看这个"自我异化了的精神的世界",实际上也就是我们通常所说的"社会生活",即世俗的社会存在和社会意识。

自我异化了的精神的世界分裂为双重的世界:第一个是现实性的世界或精神的自我异化的世界,而另一个则是精神超越于第一个世界之上、在纯粹意识的以太中建立起来的世界。

"自我异化了的精神的世界分裂为双重的世界",一开始它就是分裂的,这是本质论的特点。一开始它就不是从一个范畴而是从一对范畴出发,分裂成了双重世界。异化嘛,既然有自我异化,于是世界就呈现为双重的。"第一个是现实性的世界或精神的自我异化的世界",现实性的世界或者说现实的世界是什么呢? 现实的世界就是精神自我异化的世界。因为现实世界对于精神来说,它本身是精神的自我异化而形成的,这个是黑格尔看待现实世界的眼光,他把它看作是精神本身异化出来、外化出来的一个世界。这是第一个世界,是现实的世界。他的现实世界跟我们一般理解的现实世界不太一样,不是物质世界或者自然界,而是已经深入到现实世界背后,它是如何来的? 它是精神异化出来的,所以是精神的产物。因为前面讲过,德文的"现实性"(Wirklichkeit)里面包含有"工作"(Werk)的含义。现实世界本身对于精神来说是异化的,当然一般在我们的眼光里,现实的东西哪有什么异化,现实是第一性的,是现存的、既定的,然后人的精神才是从它里头异化出来的,跟现实不同的。但是黑格尔是倒过来的,他认为现实的世界恰好是精神颠倒过来的,有一种颠倒的形象。这是现实的世界。"而另一个则是精神超越于第一个世界之上、在纯粹意识的以太中建立起来的世界",精神一方面异化出一个现实世界,但另一方面又超越于现实世界之上,在纯粹意识的"以太"中建立起来一个世界。"以太"是当时自然科学的一个假设,当时科学家认为，整个宇宙中充满着一种没有重量、看不见摸不着的隐形的物质，没有真空。如果是真空的话就很难理解，星球之间怎么会有相互作用呢？太阳光是通过什么东西传到地球上来的？又是通过什么来吸引地球的？它总要有个媒介啊，那么以太就充当了这个媒质，当时是这样设想的。以太假设一直到 20 世纪以来才被人们所抛弃，[①] 在黑格尔的时代人们还认为这是理所当然的。当然黑格尔不是在物理学的意义上使用这个词，而是从哲学的意义上使用的，以一种哲学比喻来表达纯粹意识的超感性特质。在纯粹意识的以太中，也就是这个纯粹意识看不见摸不着，但是它起作用，它是万物的媒介。这样一个纯粹意识的世界，在纯粹意识的以太中建立起来的世界，当然是一个抽象的世界，跟现实的世界相比它是看不见摸不着的、超感性的，是超越于现实世界之上的。所以这是两个世界：一个是现实世界，现实世界也是由精神异化而来的；另一个是纯粹以太中的超感官世界，也就是一个彼岸的世界。所以异化了的精神世界分成两部分，此岸和彼岸一分为二。这就是异化。

后面这个与前一种异化相对立的世界，正因为这种对立，也就不能摆脱这种异化，毋宁说，它只是这异化的另一种形式而已，而这一种形式的异化，恰恰在于它在两个不同的世界中都有意识，并包含了两者。

"后面这个与前一种异化**相对立**的世界"，"**相对立**"打了着重号。现在专门来讲这个彼岸世界，彼岸世界是与前一种世界相对立的，是与前一种异化相对立的。前一个现实世界本身已经是异化的，已经是精神自我异化出来的一个世界，但它是此岸的；那么彼岸的这种纯粹意识的世界是与前一个异化相对立的。与前一个异化相对立的是不是就不是异化了呢？恰好相反，它本身仍然是一种异化。"正因为这种对立，也就不能摆脱这种异化"，异化是不能够通过与一种异化相对立来摆脱的，你跟这个异化的世界相对立，但你同样是一种异化。"毋宁说，它只是这异化

---

① 据说 21 世纪物理学的"暗物质"和"暗能量"的假设表明，以太说又有复活的苗头。

的另一种形式而已"，你用一种异化去反对另一种异化，你们双方都是异化的，不过是同一个异化的两种不同形式。其实这就是异化本身的一个特点，异化出来的双方都是片面的，双方相互对立，都想吃掉对方，都跟对方发生冲突、发生矛盾；但是，这整个来说只不过是异化本身的两个环节，两种不同的形式。"而这一种形式的异化，恰恰在于它在两个不同的世界中都有意识，并包含了两者"，也就是后面这种形式的异化，彼岸世界的异化，纯粹意识的以太所建立起来的异化世界，它的异化表现在什么地方？恰恰在于它在彼岸世界中有现实的意识，它在现实生活中又有彼岸的意识，它在两个不同的世界中都有意识，并且包含了两者。彼岸世界的异化包含了现实世界的异化，也包含了纯粹意识的异化，它包含两者在内。前面讲现实世界是由精神的自我异化而成的，那它肯定也包含着精神本身在纯粹意识的形式中的自我异化在内，后者在两个不同的世界中都有意识。彼岸世界也是着眼于现实世界的，基督教《圣经》里面一开始就讲创世纪，上帝做的第一件事情就是创造现实世界；但纯粹意识本身是人所能够想到的，而将它推到彼岸世界去作为信仰的对象，这就是纯粹意识本身的异化形式了。

所以，这意识并不是对于绝对本质如同其**自在自为**那样的自我意识，不是在这里所考察的宗教，而是**信仰**，就其是对现实世界的**逃避**、因而不是**自在自为**的存在而言的信仰。

"所以，这意识并不是对于绝对本质如同其**自在自为**那样的自我意识"，"这意识"还是指彼岸的纯粹意识，这种纯粹意识在以太中所建立起来的这个世界是另一种形式的异化。那么这个意识并不是对于绝对本质如同其自在自为那样的自我意识，它是一种自我意识，它也是对于绝对本质的自我意识，但是它对于绝对本质、对这个彼岸、对这个纯粹意识的意识，并不像这个绝对本质客观的那样、自在自为的那样来意识的，而只是一种主观的态度。所以它"不是在这里所考察的宗教，而是**信仰**"，也就是说，它不是一种客观的自我意识，而是一种主观的自我意识，不是把彼岸世界本身的、自在自为的那样一种状态意识到了，而只是出于主观的一种需要所提出的一种主观的态度，这就是信仰。所以它不是在此所考察的宗教，而只是信仰，黑格尔以此把宗教和信仰区别开来了。当然在这里他实际上已经考察了宗教，但是他是从信仰的角度来考察宗教的，他不是考察宗教本身，而只是考察对宗教的态度。如果要考察宗教本身，在黑格尔看来就不是一个单纯主观信仰的问题，它是一种客观的本体，主客观统一，属于"绝对精神"的领域了。但是信仰和宗教的层次不一样，虽然宗教必须要通过信仰来理解，但是信仰只是一种主观态度，它把纯粹意识推到彼岸世界，只是为了逃避。所以它是"就其是对现实世界的**逃避**、因而不是**自在自为**的存在而言的信仰"，这样一种自我意识仅仅是对彼岸世界的这样一种主观信仰的态度，而不是对于绝对本质如同其自在自为那样的自我意识。在 72 页上面也谈到了这一点，第 8 行："当**宗教**——因为所谈到的显然就是它——在这里作为教化世界里的信仰而出场时，它还并不像它是**自在自为**的那样出场的"，这句话也可以作为这里的注解，信仰不是以自在自为的那个样子出场的宗教，而是以主观的方式出场的。它其实是对现实世界的逃避，现实世界已经没有什么可信的了，这个现实世界已经糟透了，那么我怎么样能够逃出这个现实世界？我就把我的眼光转向彼岸，相信一个不在此岸的、并不现实的东西，一种纯粹思维的对象。如果这个纯粹思维的对象不仅仅被当作彼岸的不现实的东西，而且被当作同时是此岸的现实的东西，当作主客观同一的绝对的东西，也就是从自在自为的存在这个角度来看它，那它就成了宗教了。

{267}　　所以这种对于当下在场的王国的逃避，在自己本身中直接就是双重的在场。

　　"这种对当下在场的王国的逃避"，也就是信仰，信仰要逃出当下的这个世界，"在自己本身中直接就是双重的在场"，信仰想要不在场，但是它直接就是双重在场。就是说你想逃避在场，你本身也是在场，你逃避在场就是双重在场。因为你想逃避这个现实世界,这本身是个现实问题,是由于现实很不堪,很糟糕,所以你才想逃避;但你这种逃避的态度本身就是现实的一部分,信仰本身也成为了一种现实。所以它在自己本身中直接地就是双重的在场,一方面它作为信仰本身是在场的,早期基督教纯粹由信仰而凝聚起了一个信众的群体;另一方面,它作为对当下在场的现实王国的逃避、作为一种反抗现实在场的态度而在场,这个信众群体具有它特殊的在场方式,比如躲藏在某些偏僻的地方,像山洞、荒野或地下室中举行宗教崇拜仪式。信仰并没有真正的过渡到彼岸去,没有真正把握到彼岸世界自在自为的样子,它还是此岸世界的一种消极的、对现实世界不满的态度。我把我的眼光投向彼岸,这是一种精神的在场;但我又要采取某些特定的仪式和方式,来和这个在场的现实世界相对立,这本身又是一种现实的在场。既然它本身也在场,那它本身也是一种异化,双重的异化。信仰本身已经是纯粹意识的异化了,信仰的外在仪式又是这个异化的异化。我们现在要考察的这样一种自我异化了的精神世界,要从这两方面来考察。

　　纯粹意识是由精神提升而来的元素,但它不仅只是**信仰**的元素,而且同样也是**概念**的元素;因此两者又同时伴随而来,而信仰只有在与概念的对立中才得到考察。

　　"纯粹意识是由精神提升而来的元素",提升到彼岸,在彼岸的以太中所建立起来的就是纯粹意识。前面的"以太"和这里的"元素"都带有物质性,都是唯物主义常用的术语,黑格尔采用它们是为了表示它们的层次不高,还带有物质性的残余。纯粹意识是由精神提升而来的元素,在把精神里面的现实因素都剔除了以后,我们得出的就是纯粹意识。"但它不仅只是**信仰**的元素,而且同样也是**概念**的元素",信仰的元素是完全主观的,我们刚才讲了,完全是由于要逃避这个客观世界,在主观中所建立起来的世界,是在主观中的一个在场;为了逃避客观的在场,我们逃避到主观里面去建立一个在场,这就是一个信仰的元素。但是纯粹意识同样也是概念的元素，"概念"打了着重号。信仰和概念，一个主观，一个客观。概念的元素就是构成客观现实世界的本质框架，必须由理性把握，当纯粹意识作为概念的元素时，它就是范畴。但它同时又是信仰的元素，信仰的元素和概念的元素，或者信仰和理性，它们都属于纯粹意识，都是由精神提升而来的。从精神提升到纯粹意识，本身就有两个方面，一个是信仰的元素，一个是概念的元素。信仰作为双重的在场，它后面有概念，但是信仰本身还没有进入到概念，还仅仅是主观的。"因此两者又同时伴随而来"，虽然信仰和概念不同，但是双方是不可分离的。要考察信仰的话，从我们旁观者的眼光来看，肯定涉及后面的概念，要从概念的角度来看待它、分析它，要由理性把它与概念相对照。"而信仰只有在与概念的对立中才得到考察"，信仰是不讲概念的，信仰本身是非理性的，信就信，不信就不信，不能够通过推理，不能够通过证明，也不能形成一个概念；但是从我们的考察眼光来看，它只有在与概念的对立中才能得到考察，这是本质论中的互相反映关系。本质论讲反映，虽然是对立的，虽然是完全不同、本质上不同的东西，但只有从对立面中你才能够理解它，才能抓住这个范畴的本质，所以我们在考察信仰的时候，虽然信仰本身是非理性的，但是我们仍然要用概念来把握它，才能够揭示它的本质，甚至于才能够对它进行考察。如果没有概念的话，你对信仰根本就没法考察，你信就信，不信就不信，一念之差，天壤之别，哪有什么概念呢？你要考察信仰，那你就必须要有概念，就必须要通过与概念的对立，比较它跟概念有哪些不同？它反对概念的是什么？它如何与概念发生对立、发生冲突？这样一解释，你就把信仰把握住了。单独讲信仰，那是没什么可说的，信就信，不信就不信。你们信不信我不管，反正我信，这就没有道理可讲了。这上面一小段也是一个小导言，黑格尔这个特点非常有意思，你总要把握这点。就是说当他每讲到一个话题的时候，前面总有一个导论，总要把他所要讲的东西概述一遍，可以说是你往下读下去的一个大纲。前面已经是个大纲了，这一小段是个小纲，那么下面我们才进入到真正的正题，就是：

a. 教化及其现实性王国

教化，Bildung，我前面有时翻成教养，ausbilden 我也翻译成教化，有时翻译成养成，其实都差不多，加个 aus 有完成了的意思。这个地方翻译成教养好像不太恰当，所以我们还是保留译作"教化"，Bilden 一般译成教化，ausbilden 就有已经化了的意思。这里整个讲的内容就是这样一个文化形成的过程，文化的教化过程，它不是一般的教育，一般的狭义的这个训练、培养，不仅仅是这个意思，而是一种文化形态，类似于中国古人讲的"观乎人文，以化成天下"，涉及的是整个现实性王国。

这个世界的精神是为一种**自我**意识所渗透了的精神**本质**，这种自我意识知道自己作为**这种自为存在的**本质是直接当下在场的，并且知道这**本质**作为一种现实性是与自己对立的。

"这个世界的精神是为一种**自我**意识所渗透了的精神**本质**"，这里有两个着重号，一个是"自我"，一个是"本质"。前面讲了，这里谈的相当于本质论阶段，自我和本质这两个对立概念是相互渗透、相互反映的。这个世界的精神既然是自我异化的产物，异化出了一个现实世界，那么它就是为自我意识所渗透了的精神本质，也就是说这个世界，我们如果从本质上来看它的话，那么它是为自我的意识所渗透了的，它是由自我渗透了的。这个世界和自我本来是两级，世界是无限的，自我是有限的，但是这个无限的世界是为自我所渗透的，是渗透着自我的精神本质。从本质上来看，这个客观世界实际上是由自我建立起来的，客观世界的本质其实是主观的。当然它同时又是客观本质，它不是直接主观的，而是由主观异化出来的。"这种自我意识知道自己作为**这种自为存在的**本质是直接当下在场的"，这种自我意识知道自己，因为这个世界是它自己千辛万苦异化出来的，所以它肯定知道自己作为这种自为存在的本质是直接当下在场的。"这种自为存在的"打了着重号，意思是说，这种自我意识既然通过自己的异化建立起了现实世界，那么它就把自己自为存在着的本质、把自己的能动性本质看作是在这个现实世界中直接当下在场了，也就是把这个世界看作是自己的一种行为业绩，看作是一个作品。自为存在还不是作品，它只是一种能动活动，但是它成就了一件作品，它就直接当下在场了，也就是说，直接当下有了一个作品，它创造了一个世界。这种自我意识何以知道自己作为这种自为存在的本质是直接当下在场的呢？因为有它创造出来的现实世界，它知道自己的自为存在不是落空的，不是自己头脑里面想一想而已的主观的东西，而是有现实的成果的，有现实的作品的，它就在自己的作品上看到了自己的本质。不信你去看一看，这房子就是我盖的，这世界就是我创造出来的，所以这个世界的本质就是我的本质，我知道这一点。"并且知道这**本质**作为一种现实性是与自己对立的"，这里"本质"又打了着重号，为了表示与自我的对立。它是与自我自己对立的，我的本质作为我的作品、作为一种现实性，又是与我自己对立的，这就是异化了。我的本质当然不是与自我对立的，它就是我自己；但是作为一种现实性，作为一个作品，它是与我对立的。我创造出这个世界来，我知道它就是我的本质，但是我也知道它作为一个现实性是与我自己对立的。这就是一种异化感，这是双重的知道，一方面知道我作为这个本质就是直接当下在场的现实性，另外一方面又知道这个本质作为一个现实性与自己对立；一方面与自己同一，另一方面又与自己对立。

但这个世界的定在正如自我意识的现实性一样，基于这一运动之上：对自己人格性的这一自我意识外化自身，从而产生自己的世界，并且把这世界当作一个异己的东西来对待，以至于它从现在起必须把这个世界攻占下来。

"但这个世界的定在正如自我意识的现实性一样"，世界的定在本身就是自我意识外化出来的，所以它和自我意识的现实性有同样的基础。"基于这一运动之上：对自己人格性的这一自我意识外化自身"，对自己

402

人格性的自我意识，人格性，我们前面已经讲了，人格已经独立了，个体已经独立了，知道自己的独立性了，这就是人格性。那么，当人意识到自己的人格性的时候，他就开始走向异化了，外化也就是异化，就是说你有人格性，你就必然要把它体现在外，"从而产生自己的世界"。因为人格性本身就是自我意识的现实性，它必须在外部世界中表现出来，而当它外化自身时，就产生自己的世界，它就是一个产生出世界定在的运动。"并且把这世界当作一个异己的东西来对待，以至于它从现在起必须把这个世界攻占下来"，这样一个世界通过外化已经产生出来了，既然它是外在的，那么他就把这个世界当作一个异己的世界来看待。这样一来，它从现在起就必须去占领这个世界，必须攻占它、征服它，因为否则的话，这世界就不是它自己的世界了，它的人格性就破产了。这让我们想起前面讲到的主奴关系，主人和奴隶。你要征服这个世界，那就是当主人，但是你面对着的是一个不服从你的世界，于是一种异化感促使具有人格性的自我意识去占领这个世界，征服那些跟你格格不入的人，把他们变成自己的一个环节。这在前面就是建立一种主奴关系，而在这里则是实现思维和存在、自我意识和现实世界的同一性。

但对它的自为存在的放弃本身就生成了现实性，因而通过这种生成，自我意识也就直接占领了现实性。

"但对它的自为存在的放弃本身就生成了现实性"，在这里"它"代指上一句中的主语"对自己人格性的这一自我意识"。对这样一种自我意识的自为存在的放弃（Entsagung），就是你把自己的自为存在撤开，这就生成了现实性。你如果一意孤行、闭眼不看现实，那是产生不了你的现实性的，也是占领不了现实性的。一个人太过于执着于自己、执着于自我的自为存在，这个人是成不了现实性的，这个人是自言自语，自我独行、处处碰壁的。他要把自己的自为存在实现出来，他必须首先把自己的自为存在摆在一边，他要去适应社会，他要去看看这个现实究竟是怎么样的，也就是他必须首先要把现实性看作异于自己的自为存在之物、

403

异己之物，他才能真正地实现自己。"因而通过这种生成，自我意识也就直接占领了现实性"，你先把自己放弃，那么你的行为才具有现实性，你为别人着想，你从别人的眼光来看待这种现实性，那么你的行为才具有现实性。这样一来，你才能作出一些事情，也才是直接占领了现实性。你如果不管别人，只管自己，那你就一事无成；你的自我要能实现出来，那你必须首先把自己的自我放弃，要从大局出发，要从别人出发，因为别人他也有一个自我，你必须适应别人的自我。那么这种放弃本身就产生出了现实性，人家就会认为你这人很合乎他们的心意，那么你的行为就有现实性了，你的自为存在通过这种放弃反而具有了现实性，你的自我意识就直接占领了现实性。所谓直接占领，是因为这个现实性现在直接就是和你的自我意识同一的，你和他人已经是同心同德的，这样你就能一呼百应。但这是通过自我放弃自己的自为存在而造成的，这种直接性是通过间接性造成的。这时对人格性的自我意识就将自己提升了，不再是损人利己、唯我独尊、与他人格格不入的原子，而是有种悲悯情怀，顾及他人。这样的人格性才能够真正把现实性据为己有，你虚怀若谷，你能够容人，那么别人就会为你效命，你就能够实现自己，你就能够把整个现实性当作自己的环节来加以占领。而这时你的人格性就不再只是个别性的，而且具有普遍性了。

——或者说，自我意识只有当它异化其自身时它才是**某物**，它才有**实在性**；自我意识借此而把自己建立为普遍的东西，并且它的这个普遍性即是它的效准和现实性。

"或者说，自我意识只有当它异化其自身时它才是**某物**，它才有**实在性**"，这里"某物"和"实在性"都打了着重号。也就是说自我意识如果不异化自身，那它就只是停留在自身之内，那就是内在的，那有什么现实性呢？那连某物都不是，或者说，那就一事无成。自我意识如果不外化其自身，那就一事无成，如果不跟自己拉开距离，把自己舍出去，把自己当作一个异己的对象，把所有的对象都当作一个外在的自我，如果不做这一番工作，那么它就是没有现实性的，它就是不具有实在性的。反过来说，自我意识当它异化自身的时候，它就"借此而把自己建立为普遍的东西，并且它的这个普遍性即是它的效准和现实性"。如果它把自己异化出去、外化出去，那么它就使自己成为普遍的东西了，它就不是狭隘的了。自我意识停留在它自己内在的内心，它不能够将心比心，这是很狭隘的，是没有普遍性的，它是自私自利、唯我独尊、妄自尊大的，严格说来，我们说他"没有自我意识"。一个妄自尊大的人是没有自我意识的。怎么才有自我意识？你必须要用旁人的眼光来看待自己。如果我是旁人的话，我对自己会怎么看？这就开始有异化了，至少有外化了，我把自己外化为另外一个人，一个外人。那么当我这样来看待自己的时候，我这个自己就成为了一个普遍的东西，一个普遍的自我。人家也是人，我也是人，那么我们能不能有一种普遍性？这种普遍性既是我的，同时又是他人的，又是超越自我的；既是自我，又是自我的超越，这样，自我意识就成了一个普遍的东西。"并且它的这个普遍性即是它的效准和现实性"，这种普遍性就是它的效准，可以在社会上行之有效的。自我意识如果没有普遍性，它就没有客观的效准，那就是你自己的主观意愿而已，你想这样，你想那样，你想得天花乱坠，但是没有有效性，现实不会按照你的主观的意图去满足你。那么如何才能满足你？那必须要有自我意识的普遍性。你的自我意识具有了普遍性，那它就具有了效准，具有了现实性，就能够在现实中起作用。而这就是一个教化过程了，这种教化是必须在现实生活中经过长期磨练才能获得的。

　　因此，与一切人的这种平等不是前面那种法权的平等，不是自我意识只因为自己存在就直接得到的承认和效准；相反，它之所以有效准，是由于异化的中介，使自己变成了符合于普遍的东西。

　　"因此，与一切人的这种**平等**"，这里讲到平等，显然他讲的这个现实世界就是世俗社会，是讲的人与人之间的关系，是人的社会关系。自我意识把自己外化出去以后，就意识到了一种普遍性，那就是平等。我是人，我有人格；人家也是人，也有人格，在人格性上我们都是平等的。"这种平等不是前面那种法权的平等，不是自我意识只因为**自己存在**就直接得到的承认和效准"，前面那种法权上的平等没有顾及现实性，它只是一种抽象的法则，把每个人视为独立的原子，但并不在人与人之间沟通，而是各自为政，强者为王，免不了陷入"一切人对一切人的战争"，实际上并不能达到真正平等的社会效果。法权上的平等就是这样的，每个自我只强调自己的人格性，只因为自己的存在而得到承认和效准，这是原子互相碰撞的平等，一盘散沙的平等，必然导致专制。而现在讲的这个平等则不同，"相反，它之所以有效准，是由于异化的中介，使自己变成了符合于普遍的东西"，这样的平等是自我意识通过外化而建立起来的一种普遍性，它不是由于你是一个自我意识就能够直接得到承认的，而是要靠你自己和他人协调一起去磨合的。借助于异化的中介，每个人都使自己变成了符合于普遍的东西，使自己具有了全局眼光、他人眼光，使自己的小我提升到了大我。在这样一种普遍人格性的社会中，侵犯一个人的权利就是侵犯了所有人的权利，损害一个人的人格就是损害一切人的人格，就是损害人类的尊严。这里所展示的，已经是近代以来西方社会所逐渐接近于达成共识的普世价值了。但它却是由于个体人格的自我异化而提升起来的，没有异化的逼迫，个体封闭的原子是不可能达到这种人人相通的普遍性的。而只有这种普遍性才能在现实中把平等实现出来，才能建立起一个自由平等博爱的社会。黑格尔在《法哲学原理》里面一开始讲抽象法，抽象法就是把每个人看成是自我意识的人格主体，然后从中发展出他们之间的一系列法则；但这些法则只有在后面讲道德、伦理（家庭、市民社会和国家）时，通过异化为现实的社会关系，才具有了现实的有效性。这些法则的实现过程当然是一个艰难的教化的过程，不是没有阻力、没有反复的，主要因为异化对于任何个人来说都是一个痛苦的过程，但却是一个回避不了的必经的过程。

法权的那种无精神的普遍性，将个性和定在的每一种自然的方式都接纳到自身之中，并赋予它们以合法权利。但在这里，有效准的普遍性则是**形成起来的**普遍性，因此它是**现实的**。

"法权的那种无精神的普遍性"，法权状态的那种普遍性是无精神的。什么叫无精神的？它纯粹是逻辑的，当然它的前提就是每个人都有自我意识，都有自己的独立人格，都是一个独立的不可入的原子，但原子与原子之间并不相通，所以是无精神的。它们普遍碰撞，这也是普遍性，但却是非常机械的一种普遍性。既然大家都是个体人格，那么我们就按照不矛盾的原理来处理我们的关系，这就是法权上的平等的原理，法权上的平等是无精神的，我们经常也讲，法律是不讲情感的，法律是不徇私情的，甚至于法律是不讲人性的，法律是铁面无情的，所以法权的那种普遍性是那种无精神的普遍性，它不考虑具体情况，黑格尔把它称之为"抽象法"。抽象法是超越一切现实，纯粹从理论上、从逻辑上来设定，一个理性的人，他与其他的理性的人处在一种什么样的关系之中才是合理的，才是合乎逻辑的，才不自相矛盾，才不会发生冲突，但这完全是从利害关系来考虑的。这是一种无精神的普遍性，"这种无精神的普遍性，将个性和定在的每一种自然的方式都接纳到自身之中，并赋予它们以合法的权利"，个性和定在的每一种自然的方式，就是每个个体的具体的情况，包括他的情感、气质、天赋、欲望、需要、年龄等等，他的自然状态、他的自然关系、家庭关系，都全部接纳到他的人格性中，按照原子的不可触碰性，而被赋予了合法的权利。这就是法权状态的那种无精神的普遍性，它其实是建立在自然性之上的，这种普遍性完全是抽象的，是没有现实性的，一旦在现实中实行就是根本不具有普遍性的，而是弱肉强食的。而现在我们谈的普遍性不一样了，"但在这里，有效准的普遍性则是**形成起来的**普遍性，因此它是**现实的**"，我们现在这个普遍性是有效准的，是行之有效的，因为它是形成起来的普遍性，不是抽象地作为原则加在社会现实上，一旦实行就成了特殊性并陷入冲突，而是在现实社会冲突中通过教化逐渐形成起来的。因此它是现实的，是通过在不断冲突之中获取经验，越来越有教养,不是合乎不矛盾律,而正是通过矛盾冲突,甚至带来痛苦、带来压抑。但是这是必要的,有成效的,这是个教化的过程,所以它是历史地形成的。这跟那个法权的抽象的普遍性不一样,虽然后者也讲人格的平等,但是这种人格没有脱离自然的基地,平等则归结为偶然的力量对比。那么这个教化的过程是什么样的? 又是如何起步的? 下面这个小标题是编者所加的:

[I. 教化是自然存在的异化]

这是一个小标题,上一级标题是"教化及其现实性王国"。在前面的引子中,已经引出了法权的无精神的普遍性,也就是建立在自然基地之上的普遍性,这就给有现实效准的普遍性形成起来提供了起点。从这个起点出发就发生了从自然存在开始的异化,这是在现实性王国中发生的第一阶段的教化,所以在罗马数字 I 之下是:"教化是自然存在的异化"。后面还有个罗马数字 II,即第 55 页:"[II.语言是异化或教化的现实]"。所以,"教化及其现实性王国"首先讲的是自然存在的异化,其次讲的是语言的异化,只有这两个标题,没有第三个标题了。为什么没有第三个标题? 因为前面讲了,在本质论里面它是两分法,它是一对一对的概念,第三个范畴不是没有,但是第三个范畴是一种消解,它不是像其他地方那样形成一个合题,它是把双方都消解掉了,这是本质论的特点。所以也可以把它做两个环节来安排。总而言之,教化及其现实性的王国讲了两个内容,先谈自然的异化,再谈语言的异化。

所以,个体在这里赖以取得客观效准和现实性的就是**教化**。

这里"教化"打了着重号,前面讲的"形成起来的"也打了着重号,这两个着重号是对应的,werden 跟 bilden 是对应的。前面讲"**形成起来的现实性**",因此它是现实的;而这里讲:"所以,个体在这里赖以取得客观效准和现实性的就是**教化**",为什么是"所以"呢? 怎么能推出来呢? 就是因为 werden 跟 bilden 在德语里面是相近的，都有"形成起来"的意思，所以是"形成起来"和"教化"才使得个体取得了客观效准和现实性。个体如果不在现实中受到教化，那么个体就纯粹是内在的、主观的、没有效准的，它主观的意图是要实现自己的人格，但仅仅是主观意图而已，一旦进入到现实性，它就会碰得头破血流，不论是成为世界主宰还是沦为臣民，都实现不了自己的个体人格。你要能够实现得了，你就必须受到教化，你要懂得你提出什么样的目的才能实现，才能成为人们的共识。人的目的当然是无限的，你想摘天上的星星也可以是你的目的，但是那只说明你没有受过教化，只有小孩子会提出这样的要求，但是大人不会提出这样的要求，因为他已经受过教化了。他只能提出自己估计能够实现得了的目的，也就是在他人那里有客观效准的目的。

个体真实的**原始本性**和实体乃是使**自然**存在发生**异化**的精神。

"个体真实的**原始**本性和实体乃是使**自然**存在发生**异化**的精神"，为什么"原始"和"自然"要打着重号？这是异化的起点，是最初、最直接的自然本性中发生的异化。精神的异化首先就是要对个体的原始本性和自然存在加以异化。黑格尔的程序通常都是这样，先讲直接性，从最原始的东西讲起，然后再上升。语言的异化已经是上升了的，不是原始的，原始的本性就是自然的异化，谈教化及其现实王国，我们首先要从自然的异化谈起。

因此，这种外化既是精神的目的，又是它的定在；外化同时又是中介，或者说，既是被思维的实体向现实性的过渡，反过来又是被规定了的个体性向本质性的过渡。

"因此，这种外化"，这个地方用的"外化"，"外化"跟"异化"意思差不多，但不像异化那样带贬义，而是正常的把自己对象化或实现出来。这种外化"既是精神的**目的**，又是它的**定在**"，精神的目的就是要把自己实现在外，只有实现在外了，它才拥有了自己的定在，否则它就什么也不是，它就只是非存在。"外化同时又是**中介**，或者说，既是**被思维的实体**

向**现实性**的**过渡**，反过来又是被**规定了的个体性**向**本质性**的过渡"，这种外化不是说发出来就算了，它同时是中介；外化不是一个最终的目的，而是中间环节。前一句已经讲到了，它既是精神的目的，又是精神的定在，那么这个定在是作为中介的定在，作为一个过渡环节的定在，作为一个运动过程的定在。所以这个中介有双重的含义，双向的中介，一方面是被思维的实体向现实性的过渡，"被思维的实体"，"现实性"都打了着重号，实体在被思维中向现实性过渡，我们讲主观见之于客观嘛，就是从主观思维向客观现实性过渡，从内向外；另一方面，被规定了的个体性反过来向本质性过渡，被规定了的个体性也就是现实性，个体性得到了现实的规定，于是它通过这个外化的中介又返回到了主观思维中的本质，这又是从外向内了。所以个体把自己外化为现实性，不但是自己过渡到现实性，同时又在这个现实性上看到了自己的本质，在它的现实性上面发现它的本质原来是这样的。你如果停留在主观中，不把它变成现实性，你是永远不知道自己的本质究竟是什么样子的，那只是潜在的。你可以想当然，认为我的本质是好的，那不一定；你的本质是否是好的，要看你做出来的事情是否是好的，你要是做出来、干出来的都是坏事，你还能说你的本质是好的吗？你自我感觉良好，那个不算数。所以，做出来的现实性，反过来又是被规定了的个体性向本质性的过渡，你在你的这种外化规定过程中，就把握到了你的本质性，你本质上是个什么人，要看你做的什么事，是骡子是马，牵出来遛一遛，你显示一下。你说你是一个伟大的艺术家，你创作一个作品出来看一看；你说你有能耐，你做点业绩来看看，在你的作品上就体现了你的本质，作品就是对你的个体的规定，你嘴巴说的不算数，你自我感觉也不算数。所以这是双向的过程：一方面你把自己的本质外化出去，另一方面在外化上面你又看到了自己真正的本质。所以外化实际上就是返回，外化看起来是异化的、异己的，但是异己的恰好体现了你真正的本质。我们为什么说宗教是人的本质的异化，上帝的本质就是人的本质，上帝本质才是真正的人的本质的异化，只有以

异化的形式才能真正体现人的本质，就是这个道理。当然我们今天批判
这个东西，批判宗教，但是没有宗教人的本质能够显得出来吗？没有宗
教，人的本质始终会是模糊的，想当然的，只有通过异化，人的纯粹的本
质才原模原样地呈现在人的面前。所以外化、异化是一个必要的过渡。
当然这里还没有正式进入谈宗教，这里还是讲现实的异化，但道理都是
一个道理，在你的作品身上才能体现出你真正的本质。

　　**这种个体性将自己教化成它自在地所是的东西，而且只有借此它
才自在地存在，才有现实的定在；它有多少教化，它就有多少现实性和
力量。**

　　这是进一步解释。"这种个体性将自己**教化**成它**自在地**所是的东
西"，"教化"这里打了着重号。这种个体性自我教化，成为了它自在地
所是的东西。人自在的是什么？他本来是什么？这种个体性本来是什么
不是你拍着胸脯想一想就知道的，必须要通过教化。存在主义的原理是：
人就是他自己把自己做成的东西；波伏娃说，女人不是天生的，而是她自
己造成的，都是这个意思。个体性自在地所是的东西还是潜在的，还没
有实现出来，要通过教化才能实现出来。一个小孩子生出来，他已经自
在地是人了，但是在没有经过教化之前，他还不是人，他必须在教化过程
中、在成长过程中才成为他本来应该是、能够是的那个人。这种教化，除
了最初的引导之外，本质上都是自我教化，体现的是他的个体人格性。"而
且只有借此它才**自在地存在**，才有现实的定在"，只有通过自我教化它才
自在地存在，才是真正的现实存在，而不只是自为地、自以为地存在。所
以教化是这样一个过程的中介，"它有多少教化，它就有多少现实性和力
量"。换言之，未经教化的个体，它是不现实的、无力的，尽管他主观上觉
得自己可以这样可以那样，但是它在现实中一事无成。经过教化以后，
一个人才能够成人，成人的标志，就是他能够以自己的个体性跟其他的
人融为一体，融入社会，跟其他人达成真正的平等、现实的平等。我们说
人长大了，能够在社会上立足，为什么能在社会上立足？就是因为他通

过教化以后，他就有了现实性，具有了跟人家打交道的力量。你跟人家打交道，凭什么跟人家打交道？你必须要能够跟人家合作；凭什么跟人家合作？你必须要有一种普遍的自我意识，你的自我意识不仅仅是唯我独尊。唯我独尊的人是最脆弱的、最碰不得的、最容易受伤害的，只有善于跟他人打交道的、平等待人的人才具有力量，才能够跟人合作；而这种能力只有通过自我教化才能得来。所以，个体性有多少教化，它就有多少现实性和力量，才能够干成事情。

[43]　　虽然自我作为**这一个**在这里知道自己是现实的，但它的现实性毕竟只在于扬弃自然的自我；因此，原始**规定了的**自然就归结为大小上的**非本质的**区别，归结为意志力度的强或弱。

　　"虽然自我作为**这一个**"，"这一个"打了着重号，用的是感性确定性里面曾经讲到过的"这一个"这个概念。这个感性的自我"在这里知道自己是现实的"，也就是说未经教化之前它已经是现实的了，它也已经知道自己已经是现实的了。这个是对前面的一个补充，就是说，自我只有通过教化才有现实性和力量，"但它的现实性毕竟只在于扬弃自然的自我"。前面讲作为自然的自我它已经知道自己是现实的了，但是这个现实在于什么地方呢？正在于扬弃它的自然的自我。一方面它是自然的自我，就此而言它已经知道自己有现实性了；但是这个现实性本身就在于扬弃这个自然的自我，就在于自然的自我的自否定或自我扬弃。它的现实性就体现在它从自身中走出来，从感性确定性里面走出来，从它已经有了自然的自我中走出来。其实在前面讲"感性确定性"的部分已经讲到这一点了，"这一个"的真理就在于它不是"这一个"，它是非"这一个"；"这一个"，当你指着"这一个"的时候，它马上就变成了"另一个"，这就是它的现实性。当然前面感性确定性讲的是事物，这一棵树，这一栋房子，这里讲的是这一个人；这一个人他的现实性就在于他已经不是这一个人了。这一个是个别的，但是他知道自己是普遍的；当他能够说出"我"这个字的时候，他已经把自己当成是普遍的了，因为他知道所有的人都可以说"我"这个字。不光他会说，别人也会说，那么这就已经扬弃了自然的自我了。自然的自我只有一个"这一个"；但"这一个"已经成了普遍的了，它就扬弃了自然的自我，这就是它的现实性。"因此，原始规定了的自然就归结为大小上的**非本质的**区别，归结为意志力度的强或弱"，力度，原文是 Energie，有物理学的"能量"的意思，也有"活力"的意思，强调的是它的物质性。意志的力度只能用强或弱来衡量，如果你把这个原始的自然的自我把它规定下来，不准它扬弃的话，那么它就只剩下大小上的非本质的区别，归结为意志力度的强和弱了，也就是说，它将归结为弱肉强食。未经教化的自我，也就是说你坚持"这一个"，坚持那种感性确定性，而不愿意自我扬弃，不愿意使自己成为一个普遍的这一个，那就只能是弱肉强食，就归结为大小上的非本质的区别，"**非本质的**"打了着重号。这一个和那一个、我和你和他之间的区别，在这种意义上只是非本质的区别，比如你大些他小些，你力气大一些，他的力气小一些，你的意志能力强一些，他的意志能力弱一些，那就弱肉强食，那就是动物。在未经教化的情况之下，原始规定了的自然就是这样一些东西，所以必须要扬弃它你才能够进入到真正的自我。

　　但是自我的目的和内容则只是属于普遍的实体本身，并且只能是一 {268}
种普遍的东西；一个成为了目的和内容的自然的特殊性是某种**无力量的**和**非现实性的东西**；这种特殊性是一个**样子**（Art），它总是徒然而可笑地努力要把自己置于作品中；它是这样的矛盾，要赋予特殊的东西以现实性，而这现实性却直接就是共相。

　　"但是自我的目的和内容则只是属于普遍的实体本身，并且只能是一种普遍的东西"，这是反驳前面那种归结为大小上的非本质的区别的原始自然规定，那些规定没有普遍性，不能充当自我的目的和内容。自我的目的和内容不能是一种原始规定了的自然，而只能是属于普遍的实体本身，它必须要有普遍性，因此它只能是对原始自然的否定或扬弃。"一个成为了目的和内容的自然的特殊性是某种**无力量的**和**非现实性的**

413

东西"，就是说，假如一定要把自我的目的和内容说成是自然的特殊性的话，那它就只能是某种无力量的和非现实的东西。这是反过来说明，自我的内容和目的不能是自然特殊的东西，而只能是属于普遍实体的东西，这样它才会有力量，才能成为现实性。否则的话，那它就是无力的和不现实的，那只有大小的区别，力气的大小，体魄的大小，身大力不亏，弱肉强食，就会是那样的东西。而这样的自我只能是无力的，甚至是不现实的，只是动物性。"这种特殊性是一个**样子**（Art），它总是徒然而可笑地努力要把自己置于作品中；它是这样的矛盾，要赋予特殊的东西以现实性，而这现实性却直接就是共相"，"样子"打了着重号，Art，在德语里面就是种类、样子、形式、方式、性质等等，很多含义，这里翻译成"样子"，取它的模糊性，也是跟后面的"样子"相呼应。这种特殊性是一种表面的样子、模样，看起来好像是那样，但是这种特殊性只是个样子，是做出来的一个没有内容和目的的形式，我们中国人也说"做样子"。它总是努力要把自己置于作品中，要在自己的作品中实现这种特殊性，但却是徒然而可笑的，因为它在作品中显示不出作者的人格性，而只是显现出动物性。它的努力只不过是在这样的矛盾中挣扎，就是它想要赋予特殊的东西以现实性，但这现实性直接就是共相。这种矛盾我们在"感性确定性"那里已经看到过了，当"这一个"力图把自己不走样地、原汁原味地显示出来的时候，它当下直接就变成了共相，即它不但是"这一个"的"这一个"，而且也是"另一个"的"这一个"，是一个普遍的"这一个"。它要坚持自己的特殊性的努力完全是在做样子，这就是对这个"样子"的解释，也就是说，个人的特殊性、个人的自然的属性、自然的规定，只是个体性的一个样子，只是看起来好像是个体性。很多人标榜自己说，我是追求个性的，什么个性呢？无非是他的特长、他的性格、他的跟别人不一样的气质或性情，他把这些特殊性当作他的个性，把他的自然禀赋和自然需要当作他的个性。但是当他实现出来的时候，他就发现，这些个性其实是人人一样的，只有大小程度的不同，因此如果把这些当作是自己的个性的话，那么他是最没有个性的。我们今天看一些所谓的个人主义者，他做出来的事情其实没有任何个性，大家一看而知，这谁不会呢？每个人都是自私的，每个人都爱钱，每个人追求升官发财，为了自己个人的目的不择手段，难道这就是个性吗？其实都是一样的，饮食男女、人之大欲，它不是你个人的特点，恰好是你的无特点。你追求自己的享乐、追求自己的爱好、追求自己自然的需要，这些东西恰好表明你还停留在一种自然性之中。很多人以为自私自利就表明了他的个性，但是实际上自私自利是人人都有的，自私是最没有个性的，只有特殊性而没有个体性。但是它又有一个样子，好像它是个别的，好像它跟别人不一样，其实你吃一斤米，别人只吃半斤米，大家都是吃米，没有什么好大的区别。姚明那么大个子，他肯定一餐吃一斤米还不够的，你去跟他比，那就是他的个性吗？他身大力不亏，这就是他的个性吗？那不能算是个性，那只是量上面的大小，那只是非本质的区别。所以个体性不能够在自然的层面上来理解。

因此，如果个体性被以错误的方式寄托在自然和个性的**特殊性**中，那么在实在世界里就找不到任何个体性和个性了；相反，诸个体就都具有彼此一样的定在了；那种臆想的个体性恰好只是**被意谓的**定在，它在这样一个只有自我外化着的东西、因而只有共相才保持着现实性的世界里是没有任何持久性的。

"因此，如果个体性被以错误的方式寄托在自然和个性的**特殊性**中"，也就是说，如果你把个体性错误地放到自然的特殊性中去理解，比如你的体格、你的个性气质、你的性格，所谓"性情中人"，他就那个性格，他天生这种脾气，等等，如果以为讲个体性就是讲这样一些特殊性，那么在实在世界里就找不到任何个体性和个性了。在这些方面其实人人都一样，在自然的禀赋方面都差不多，所以"相反，诸个体就都具有彼此一样的定在了"。人人都差不多，你能做到的人家差不多也能做到，当然体育明星可以比别人做得多一点，但是一般人也差不了太远。"那种臆想的个体性恰好只是**被意谓的**定在"，你自以为的那种个体性只是在你想象中，你自己觉得与众不同的那种个体性，恰好只是被意谓的定在。"被意谓的"，这又提醒人们想起感性确定性里面讲到的"这一个"和"意谓"，意谓是不能说出来的，只是你想象中的、你以为的。那种个体性只是被意谓的定在，是说不出来的，你自己觉得与众不同，但是那只是你觉得而已，在现实中没有什么不同。你也是一个人，人家也是一个人，你再强大，你也会被别人暗算，你也会被别人击倒，强中更有强中手，一个最弱的人也可能给你造成致命伤害。这个你是算不到的，你不要以为自己就无所不能了，你的这种个体性只是你的被意谓的存在。"它在这样一个只有自我外化着的东西、因而只有共相才保持着现实性的世界里是没有任何持久性的"，也就是说它在现实世界里就像感性的"这一个"那样，是转瞬即逝的，在这个现实世界里面，只有自我外化着的东西、只有共相才能保持下来。你的个性要想在现实世界立足，要想能够立得住、够保持下来，你就必须使自己外化，你就必须使自己变成共相，变成普遍的东西。你可以暂时的立足，但是没有自我异化为对象，没有遵照自己所建立的普遍性行动，你是持续不了多久的，顶多是一次性买卖。我们今天这种所谓的"个性"特别流行，美其名曰"创新"，每个人都觉得自己特聪明，跟别人不一样，特会脑筋急转弯，觉得别人都是傻瓜。我这样搞一次，成功了那就够了，下一次再说。但这都是一次性的，不考虑下一次，第二次人家就会防着你，你是没有普遍性的。凭自己的灵机一动，凭自己的小聪明，你在这个普遍性的社会中是没办法立住脚的。

　　——因此，**被意谓的东西**被当作了它所是的东西，被当作一个样子。德国字"样子"（Art）跟法国字"**样子**"（Espèce）并不完全是一个意思，法国话中的"样子货"是"一切绰号中最可怕的一个，因为它标志着平庸，表达了最高层次的蔑视。"①

————

①　参看狄德罗：《拉摩的侄儿》，第 310 页："我们把这叫作样子货，这是一切绰号中最可怕的一个，因为它标志着平庸，并表达着最高层次的蔑视。一个超级废物是一个超级废物，但它不是一个样子货。"（德译文载于《歌德全集》I，45.128.）。——丛书版编者

"被意谓的东西"打了着重号,就是你心目中的那种想到了、但却说不出来、规定不了的东西,但它却"被当作了它所是的东西"。你自以为是,把自己的自我感觉良好当作是自己所是的东西,"被当作一个样子"。那么什么是样子?"德国字'样子'(Art)跟法国字'**样子**'(Espèce)并不完全是一个意思,法国话中的'样子货'是'一切绰号中最可怕的一个,因为它标志着平庸,表达了最高层次的蔑视'",引号中这句话是狄德罗的《拉摩的侄儿》里面的话,黑格尔引自歌德的德译文。黑格尔从这里看到了德语和法语里面的"样子"的细微区别,这两个词本来是同义词,是可以互译的,但是这两个词的含义又有微妙的文化区别。《拉摩的侄儿》中译本收在由江天骥、陈修斋、王太庆翻译的《狄德罗哲学选集》中,在该书第281页这段话译作:"这些我们叫作'贱人'的是一切绰号中最可怕的,因为它表示平凡和最高层次的轻蔑,一个大无赖是个大无赖,但绝不是个贱人。"这个地方把"样子"翻成"贱人",就是生得贱的人,可能也是出于中国人的理解,因为在中国人眼中这是最糟蹋人的称号了。其实这个绰号要从法国人的民族性去体会,就是法国人最忌讳平庸,他们历来行事高调、外向,追求出类拔萃,讨厌遮遮掩掩,所以如果一个人被说成是"样子货",那就是极其轻蔑的了,等于说他只是个银样镴枪头,没有真本事,只会摆样子。相反,德国人是比较朴实和内向的,或者说德国人相比之下还是缺乏教化的。法国人是经过教化的,特别是狄德罗的《拉摩的侄儿》里面,整个都是教化。什么是教化呢?就是说把这些"样子"都拆穿了,不像那些纯朴的、朴素的德国人,相信一些表面的东西,而是从这些表面的东西看穿了底下的虚空,这个是法国人做到的。法国当时的文化要比德国先进,德国人还处在一个比较朴实、比较纯朴的阶段,德国人在法国人眼里比较呆,比较转不过来,没有幽默感,又比较爱面子。法国人那时候已经非常的活泼,思想喜欢走极端,跳跃性大,《拉摩的侄儿》就是典型。我们看《拉摩的侄儿》里面到处都是乱七八糟的东西,把一切崇高神圣的东西都解构了,有点像王朔,《拉摩的侄儿》就是法国的王朔，但是他其实又很真诚。王朔也很真诚呀，他解构崇高，解构一切"样子货"；当然他表达的是一种真诚，一种纯情，但这种纯情是隐藏在后面的，它不是表现在外的，表达在外的都是所谓"一点正经也没有"的东西。王朔一本小说的名字就叫《一点正经也没有》，你从他那里套不出一句正儿八经的话，他全在跟你玩，跟你兜圈子，《拉摩的侄儿》也有点类似这样的。当然王朔已经不能代表正统的中国人了，他是中国人中的异类，离经叛道者，甚至要人家"千万别把我当人"，宣称"我是流氓我怕谁"，确实够"贱"的了；但他不以"贱"为耻，反以为荣。贱不等于平庸。

　　<u>但是在德国话里面说**"像样子的"**和**"好样的"**，则在其含义中加进了尊敬的神态，仿佛并不意谓着是那么糟糕的，甚至实际上就连什么是"样子"、什么是教化和现实性的这种意识，都还没有包括进来。</u>

　　"但是在德国话里面说'**像样子的**'和'**好样的**'，则在其含义中加进了尊敬的神态，仿佛并不意谓着是那么糟糕的"，这是对德国人的批评。就是在德国话里面，"像样子的"就是"好样的"，反正要做出个样子，只要循规蹈矩，大家都喝彩，但是法国人就讨厌这一点，认为你没有个性，法国人在一切"样子"里都看出平庸。但是德国人还没到这个层次，德国人一般来说，只要你做得合规矩，那就是"好样的""像样的"，在它的含义中加进了尊敬的神态，一种尊敬的语气，并不像法国人的语气那么糟糕。"甚至实际上就连什么是'样子'、什么是教化和现实性的这种意识，都还没有包括进来"，就是对"样子"呀、对教化呀、对现实性呀，都没有深究，连这个意识都没有，没有反思什么是"样子"。德国人是惯于搞形式主义的，德国人在最初现代化起步的时候，一切都在做样子，什么东西都用逻辑把它定下来，至于实际效果怎么样，他不管，只要像样子就行，这是德国人的风格。就是在教化的层次上面，德国人还欠一个层次，这是黑格尔对德国人的一种自我批评，他特别欣赏法国人的那种打破平庸的爆发性力量，像在《拉摩的侄儿》中那样一扫沉闷的气氛。拉摩的侄儿

显然是个"超级废物"，一个"顽主"，但是他像北京话说的，"不装"，读
他那些充满睿智的废话，与我们中国人读王朔的"痞子文学"时感到的痛
快淋漓有类似的心情。

凡是联系到个别的个体而作为个体的教化显现出来的，都是实体本
身的本质环节，亦即是实体的被思维到的普遍性向现实性的直接过渡，
或者说，是实体的单纯的灵魂，借助于这个灵魂，自在才是被承认的东西
和定在。

"凡是联系到个别的**个体**而作为个体的教化显现出来的，都是**实体本**
身的本质环节"，"个体"和"实体"都打了着重号，表明这里讲的是作为
个体的实体了。前面讲到的个体都是一种虚假的个体，都是一旦显现出
来都成了共相的个体，不具实体性，不是真正的个体。真正的个体是作
为个体的教化而显现出来的，它在这种教化中显现出来的东西都是实体
本身的本质环节，是能够对于现实世界有推进作用、能够改变这个世界
的。单纯是个人的自然特殊性实现出来改变不了现实，它淹没在共相中，
而现实还是那样。经过教化的个体、真正的个体人格性所显现出来的则
是实体本身的本质环节，不是表面的那种自然的特殊性，而是带有实体
的普遍性的本质环节。"亦即是实体的被思维到的普遍性向现实性的直
接过渡"，真正实体的被思维到的普遍性不是前面讲的那种表面易逝的
"样子"，而是行动的普遍性，是向现实性的直接过渡，或者说是使自己直
接成为现实性，把自己的普遍性扩展到外在的现实事物之上。这才是真
正的普遍性，它是被思维到的、带有思维的自觉性的。你首先要在实体
中思维到一种普遍性，然后使这种普遍性过渡到现实性，真正的个体应
该是这样的，就是你有一种思维到的普遍性，然后把它实现出来，这才是
真正的个体。你那种自然特殊的、不假思索的、偶然的兴趣、欲望、爱好、
性情，你把它实现出来，那个不叫个体性，那反而是一种共相，人人都如
此，在这方面人跟动物也没什么区别，都是一样的。但是你如果有一种

思维到的普遍性，你使它向现实性直接的过渡，那就是真正的个体了，或者说真正的个体就是这种过渡，它才是真正的实体。实体的被思维到的普遍性本身就是向现实性的直接过渡，就是必须把你思维到的普遍性在现实中实现出来，否则的话它就还没有普遍性，还只是局限于个体内部，局限于它的特殊性。而这种过渡就显现为个体的教化，它就是个别实体的本质环节。"或者说，是实体的单纯的灵魂"，实体的这个本质环节就是实体的单纯灵魂，这样的个体性就是实体的单纯灵魂，实体的普遍性向现实性的过渡就是实体的单纯灵魂。所谓单纯的灵魂就是不可分割的个体性，单纯的也就是个体的，如同原子一样、如同莱布尼茨的单子一样。真正的个体灵魂就是单纯的，灵魂的个体性不是一种自然本能，不是物质的需要，而是一种精神的需要。"借助于这个灵魂，**自在**才是**被承认的东西和定在**"，借助于这样一种单纯灵魂，借助于实体的这样一种经过教化的个体性，自在才成为被承认的东西和定在。自在，Ansich，即个体的自在存在，当它未经教化，停留在个体的主观性之中、内在性之中的时候，它是自在的，是不被外界、他人承认的，你把它实现出来，那就会导致普遍的混乱，导致弱肉强食，大家同归于尽，谁也得不到定在。但是借助于这种单纯的灵魂，个体的自在具有了现实的普遍性，它才成为被承认的东西，才有了自己个体性的定在。但首先你的自在必须是一种普遍性，而不是那种表面的个体性、那种特殊的动物性；再一个就是要借助于这种灵魂的能动性，把你的这种思维到的普遍的东西实现出来，你才能够被大家所承认。因为你所实现出来的是一种普遍的东西呀，它就是大家的个体性，是各个个体的人格性的互相承认，这种被承认的东西才能有现实性。大家都承认你，都认可你，你就实现了，那你就有定在了，才能够变成现实中确定的存在。

因此，这种自我教化的个体性的运动直接就是它作为普遍的对象性本质的形成，也就是说，是现实世界的形成。

"因此，这种自我教化的个体性的运动直接就是它作为普遍的对象性本质的形成”，个体性在这种自我教化的运动中，就直接把自己普遍的对象性本质实现出来了，实现为普遍对象了。个体经过自我教化，不再是自然的个体，而是社会性的个体了，所以这个教化运动直接就是它的普遍的对象性本质的形成过程。对象性本质也就是客观本质，它经不再是主观内在的了，我们今天称之为“主体间性”，它是人与人之间普遍承认的现实的本质。反过来说，个体性把它的普遍性本质在对象上实现出来的过程，也就是个体的自身教化运动。个体性如何完成它的自身教化？就是要把它的普遍性实现出来，把它普遍的对象性的本质形成起来。普遍性不能仅仅停留在思想中，而且要形成为对象，这就是个体性的自身教化运动。“也就是说，是现实世界的形成”，这样一个个体的普遍的对象性的形成，就是现实世界的形成，因为你所形成的不仅仅是你自己的自然的特殊性，而是主体间性，是每个个体的普遍的对象性。现实世界就是这样形成起来的，就是每个人把自己内心中的那种普遍的本质付诸实现，这就构成了一个现实世界。“现实世界”不是指自然界，而是指人的世界，因为“现实”这个词（Wirklichkeit）我们前面讲了，包含有“工作”（Werk）的意思，是人造成的世界。这样一个人造的现实世界，我们今天叫作社会、历史，人的现实世界就是社会历史，这个社会历史就是由于每个人把自己的普遍性的本质实现出来而形成的。

现实世界虽然是通过个体性而形成的，对自我意识来说却是一种直 [44]接异化了的东西，而且对它来说具有确定不移的现实性。

“现实世界虽然是通过个体性而形成的，对自我意识来说却是一种直接异化了的东西”，就是说虽然这个人类社会历史是由个体性形成起来的，并且是由个体性把自己的普遍性的本质实现为现实对象而形成起来的，但是对自我意识来说呢，却是一种直接异化了的东西。直接形成了世界，但是这个世界一旦形成，对自我意识来说就是异化的，而且是直接异化的。因为它不是哪个别人造成的，就是你自己形成的，但它又是异己的。几千年来人类社会历史是由人自己创造的，我们说人民群众创造历史,人民群众是创造历史的主体;但是人民群众对于这个历史又深感无奈,人民群众从来没有在历史中真正实现过自己,当然他们把自己实现为历史,但是历史对于他们来说是异己的东西,是他们的命运。从来在这个历史中他们都是受压迫的,都是被命运所支配的,他不了解、不理解他所创造的对象怎么会反过来成为自己悲惨的命运,会成为他的压迫者。"而且对它来说具有确定不移的现实性",这个现实性好像跟自我意识无关,他生下来就在这个现实性中,他面临着这个现实性的压力,这对自我意识来说是确定不移的现实性,你不可改变它。而且你会觉得,它根本不是你所创造出来的,是你创造出来的怎么你不能改变它呢? 就是这样,虽然是通过个体来形成的,却是一种直接异化了的东西,并且对自我意识来说有确定不移的现实性,它是不以人意志为转移的客观实在,社会现实就有这种特点。

但是自我意识同时又确信这个世界是它自己的实体,它就去占领这个世界;它通过教化而获得了占领这个世界的力量,从这一方面来看,教化显得是自我意识在使自己符合于现实性,并且是在它本源的个性和才具之力度所许可的范围内,使自己符合于现实性。

"但是自我意识同时又确信这个世界是它自己的实体",尽管这个世界对它来说是异化的,是陌生的,甚至于是压迫它的,但是它又确信这个世界是它自己的实体。为什么还是它自己的实体? 因为它意识到那些压迫我的人也跟我一样的是人,他们只不过是占据了高位,这个世界就是自我意识的实体,你不要把自我意识看成只是你自己的一种特殊的现象,而要把它看成是一种普遍的实体。你是人,人家也是人,整个世界就是由人所构成的嘛,一个一个的人,每个人都有自我意识,所以人和人是可以相通的。在这种确信之下,"它就去占领这个世界",所谓占领,也就是通过和别人相通而占据那个高位。"它通过教化而获得了占领这个世界的力量",要占领那个高位不是那么容易的,必须通过教化意识到所有的人都是人,从而懂得怎样按照人的法则去占领这个世界。这不是我一意孤行、独自冥思苦想，我要怎么怎么样，就能够做到的，而是我了解到这个世界的实体就是自我意识的普遍性，我自己就具有这种普遍性，那么我就可以根据这个普遍性去把握这个实体，由此而获得占领这个世界的力量。我们中国人讲"得人心者得天下"，西方人其实也知道这一点，凡是仅仅通过武力占领世界的，总是不长久的。而一旦认识到这个社会历史就是人民大众所造成的，你洞悉了群众的要求，那么你就获得了占领这个世界的力量，你认识到了这个社会的发展趋势，它的实体的规律，这就是力量。"从这一方面来看，教化显得是自我意识在使自己符合于现实性，并且是在它本源的个性和才具之力度所许可的范围内，使自己符合于现实性"，从这一方面来看，也就是从主体在社会历史中的这种能动性必须符合历史规律这一方面来看，教化显得是、也就是看起来好像是自我意识在使自己符合于现实性。所谓教化，就是要使自己符合于现实性，你要有力量，你就必须认识这个现实，包括认识社会和认识自己，在自己的"本源的个性和才具之力度所许可的范围内"去把握社会历史规律，权衡自己所具备、所掌握的自然之力度来设定自己改造世界的方案。也就是说，你的行动要符合现实性，你不要为所欲为，你不要以为自己的特殊性单独就可以实现出来，就可以按照你的意志改变世界，你要考虑这个社会现实的总体的趋势，使自己符合于历史的必然性，并且要对自己的本源的个性和才具之力度有正确的估计。个人的力量当然是有限的，他有他的性格、个性，他有他的才具，这就是他的限度，你必须在此范围内妥善地运用自己的力量，才有希望使自己的行为符合于客观现实性。这样一来，看起来就好像是个体在这方面完全是被动的，你要改变这个世界，你先必须认识这个世界，世界是不以你的意志为转移的，你必须要符合这个世界的现实性，你才能获得占领这个世界的力量。但这是表面的，只是看起来如此；而实际上是如何呢？

在这里，凡是显得像是个体的暴力、而使实体受到暴力的压制从而遭到扬弃的东西，恰好是把实体实现出来的东西。

"在这里，凡是显得像是个体的暴力、而使实体受到暴力的压制从而遭到扬弃的东西，恰好是把实体实现出来的东西"，你与这个实体看起来好像是对立的，你用个体的暴力去压制这个实体、扬弃这个实体，但实际上，这恰好把实体实现出来了，你恰好实现了这个实体。也就是说，当你通过使自己符合于现实性来占领这个世界，来改变这个世界，运用你的暴力来压制这个世界、扬弃这个世界的实体的时候，实际上恰好是把这个实体实现出来的时候，或者说，恰好就是这个实体的自我扬弃、自我实现的过程。甚至可以说，个体的这种力量、这种暴力，正是实体实现自身的一个工具。你去占领这个世界，实际上是实体借助于你的力量去占领自己，你去扬弃实体，恰好是实体以自我扬弃的方式实现自己本身。这个实体通过你的手去扬弃它自己，从而把它自己实现出来，因为实体也是一个过程，它不是一个僵化固定的东西。所以表面上显得好像是个体的暴力，好像是你用符合于它的手段去占领它、压制它、扬弃它，其实恰好是实体自身在扬弃自己，并这样把自己实现出来了。

因为个体的力量就在于它使自己符合于实体，也就是说，它把自己的自我本身外化出去，从而把自己建立为对象性的存在着的实体。

"个体的力量就在于它使自己符合于实体"，个体的力量哪来的？个体的力量来自于它符合于实体，它要是不符合于实体，它就没有力量，它就会在实体面前碰得头破血流。而只要它的行为合乎实体，那它就有了底气，它就有了力量。"也就是说，它把自己的自我本身外化出去"，它怎么样符合实体呢？并不是被动地符合，而是主动地为对象立法，把自己的自我本身外化出去，"从而把自己建立为对象性的存在着的实体"。个体把自我本身当作异己的东西外化出去，从而把自己建立为实体，就是说这个实体不是现成的，而是由个体自己通过它异化或外化建立起来的。这个实体是客观存在的，但是它是由主体、由个体在外化过程中所建立起来的，作为实体，它要求主体的这种外化，所以这种外化正好是符合于实体的。整个历史的发展过程实际上是这样的，通过一种异化、通过一种外化，每个主体把自己外化出去，这样，这个实体就建立起来了，社会和历史就这样成立了。

因此，它的教化和它自己的现实性就是实体本身的实现。

所以我们可以反过来把实体本身的实现看作就是通过个体的教化而建立起来的这样一个过程，实体本身如果没有个体的教化，没有个体把自己外化为现实，那它是没办法实现出来的，它也就不是什么真正的实体了。所以从本质上看，个体的教化并不是对一个陌生对象的实体的认识和符合，也不是用外在的暴力强加于实体身上，而就是这个实体自身的实现过程。下面就具体来分析实体即现实社会的这一过程了。

[1. 善与恶；国家权力与财富]

上面的标题为"教化是自然存在的异化"，这里首先讲国家权力与财富，它们是社会的善与恶的最初的标准。作为教化，自然的异化里有两个层次，一个是社会存在，国家权力与财富都是讲的社会存在，也就是在现实生活中，人们所追求的一个是权，一个是钱，人往高处走，追求到了，有钱有势，就是善，反之，贫穷和受欺压，就是恶。这是讲的社会存在，是第一个小标题。第二个标题是后面第 47 页，"[2. 自我意识的判断：高贵意识与卑贱意识]"，就是社会意识。先讲社会存在，然后再讲社会意识。第三个小标题是"[3. 服务与建议]"，服务与建议可以看作是一个合题，为权力服务，对发财提供建议，在其中卑贱意识与高贵意识怎么样体现出来。我们先看第一个小标题："善与恶；国家权力与财富"。

自我本身只有作为**被扬弃了的**自我才是现实的。因此，自我并不自为地构成它自己的**意识**和对象之间的统一；相反，对自我来说，对象毋宁就是意识统一的否定物。

"自我本身只有作为**被扬弃了的**自我才是现实的"，这一句话可以说是对上面的总结。只有自身扬弃了的自我才是现实的，扬弃了的自我也就是把自我外化出去，把自我变成非我，把自我变成对象。如果不把自我变成对象，那你的自我还是空的，你的这个自我要成为现实的，就必须要把自己外化出去，必须要扬弃自己的自我。"因此，自我并不自为地构成它自己的**意识**和对象之间的统一；相反，对自我来说，对象毋宁就是意识统一的否定物"，自我并不是为自己的、独立的、或者仅仅对自己来说构成了它自己的意识和对象之间的统一，就是说它并不是单独的就构成了它自己的意识和对象之间的统一。"意识"打了着重号，也就是强调这种统一的主观性，这种统一是意识的统一。这可以理解为：自我并不是单方面构成它自己的意识和对象之间在意识中的统一。既然有两方面，一个意识，一个对象，那么它们的统一也可能有两种，一种是统一于意识，一种是统一于对象。而一旦统一于对象，那么"对自我来说，对象毋宁就是意识统一的否定物"，它就是对象的统一而不是意识的统一。这个对象本身当然是对象和意识的统一体，但它不再是在意识中的统一体，而是客观现实的统一体了，自我的主观性在其中已经被扬弃掉了。所以必须要有个对象，必须要有个异己的否定物，要借助一个外来的对象才能构成这个统一，你从你自己内部是建立不起这种统一的，你的意识和对象之间的统一必须要借助于这个否定物才能统一起来。

　　——于是，通过作为灵魂的自我，实体就在自己的诸环节中得到这{269}　样的教化，以至于对立的一方激活了另一方，每一方都通过自己的异化赋予对方以持存，并且也同样靠对方来维持自身。

　　"于是，通过作为灵魂的自我"，"作为灵魂的自我"前面已经讲了，这样一种能动外化的个体性是实体的灵魂，这个灵魂就是自我。"实体就在自己的诸环节中得到这样的教化"，实体在自己的各环节中得到教化，主要是两个对立的环节，"以至于对立的一方激活了另一方，每一方都通过自己的异化赋予对方以持存，并且也同样靠对方来维持自身"。这就是实体的教化过程，也就是互相激活的过程，激活的动力就是作为灵魂的自我，而这两个对立的环节，一方面是普遍性的环节，另一方面是个体性的环节,个体性的环节作为普遍性的环节的灵魂,普遍性环节则作为个体性环节的对象,也是其他个体性的灵魂,双方互相激活。每一方通过自己的异化赋予对方以持存,自我通过自己的异化使得实体能够持存,那么实体也通过自己的异化使得自我能够维持自身,实体通过自我扬弃异化自身,使个别自我灵魂得以现实地持存。这就是实体所得到的教化,这种教化是这样一种关系,对立的一方激活了另一方,自我灵魂和普遍实体双方互相依赖。这种互相依赖就是所谓的"善"。

同时,每一个环节都拥有自己的规定性作为一个不可克服的效准,作为对另一个环节是固定的现实性。

前面是讲双方互相激活,这里是讲双方的对立。"同时,每一个环节都拥有自己的规定性作为一个不可克服的效准,作为对另一个环节是固定的现实性",这就不是激活了,而是每一个环节都有它的固定性和不可克服性,它是与对方格格不入的,因此对另一个环节来说是不可改变的现实性。这种互相对立就是所谓的"恶"。这就是教化的两个方面,实体在它的各环节中得到这样的教化,一方面是两个环节双方互相激活、互相鼓励,互相作为对方的实现,另一个是双方坚持着自己的规定性,与对方格格不入,不可克服,具有与对方对立的固定的现实性。这两方面就是下面讲到的善与恶。

思维将这种区别以最普遍的方式通过**善**与**恶**的绝对对立而固定下来,善与恶互不相谋,以任何方式都不能变成同一个东西。

这是对上面的一个概括。所谓的教化是这样一个过程,一方面实体的对立的双方互相激活,另一方面实体的对立的双方互不相谋,互相具有不可克服的效准,各自坚持着自己的效准,不让步。所以他讲,"思维将这种区别以最普遍的方式通过**善**与**恶**的绝对对立而固定下来",这种区别它的最普遍的规定就是善与恶,当然还有别的,但这是它最高的、最普遍的规定方式。个体和实体之间的这种冲突,普遍性和个别性的这种冲突,一方面它们互相激活,那就是善;另一方面互不相谋,分庭抗礼,那就成了恶，个体跟普遍相互对立就成了恶。但善与恶两者同样也是对立的，"善与恶互不相谋，以任何方式都不能变成同一个东西"，这也是恶，是更高层次的恶，黑格尔更看重的是这一方面，在他眼中，恶才是世界历史的动力，在现实中是比善更深刻的东西，是贯通善恶的东西。

但是这种固定的存在却把向对立面的直接过渡作为自己的灵魂；这定在毋宁是每个规定性都颠倒为自己的对立面，而且只有这种异化才是本质，是整体的维持。

善与恶的对立互不相谋，这个前面已经讲了。"但是这种固定的存在却把向对立面的直接过渡作为自己的灵魂"，实体的这种固定的存在，它的灵魂是什么呢？是向对立面的直接过渡。看起来是对立的东西、绝对不能等同的东西，但是，是互相过渡的，这种互相过渡才是实体的灵魂。实体不是一个僵死不变的放在那里的东西，而是一个不断地变化发展、具有内在的灵魂、具有生命力的东西。那么这种内在的灵魂、这种生命力就在于善与恶的直接过渡，善就是恶，恶就是善。"这定在毋宁是每个规定性都颠倒为自己的对立面，而且只有这种异化才是本质，是整体的维持"，实体的这个固定的存在，它的每个规定性颠倒为自己的对立面。你要把它僵死地固定下来是不可能的，相反，它的每个规定性都必然颠倒为自己的对立面，或者说颠倒为自己的对方，这就是异化。而且只有这种异化才是本质，是整体的维持。也就是说这种异化是实体的本质，只有依靠它，整体才得以维持，实体本质上就是通过这样一种内在的不断颠倒，才能够从整体上维持自身。这个整体就是一个过程，一种运动，这个运动是通过不断的颠倒、不断的异化而得以维持的。

现在必须考察的是各环节的这一现实化的运动和激活的过程；这异化将异化自己本身，而整体将通过异化把自己收回到的自己的概念之中。

"现在必须考察的是各环节的这一现实化的运动和激活的过程"，各环节要把自己实现出来，那么它就进入到一个运动过程，也就是各环节互相激活的过程，现在要具体考察这一过程。"这异化将异化自己本身"，这异化本身也要异化自己，否定本身也将被否定，善和恶互相向对立面转化。"而整体将通过异化把自己收回到的自己的概念之中"，整体本身已经是个体的异化了，现在它又通过异化把自己收回到的自己的概念之中，也就是通过异化来扬弃异化，不再是陌生的，而是可理解的。整体通过这种方式把自己提升到概念，把自己异化出去的东西收回来，不上升到概念的层次你没办法把它收回来，如果你还停留在本质的层次，本质论的层次，那就是不断的异化下去。但是实体会通过对异化的异化，把自己收回到的自己的概念之中，上升到概念，只有上升到概念论的层次它才能把这种异化加以扬弃。

　　<u>首先必须考察的是单纯的实体本身在其定在着的、尚未激活的那些</u> [45]
<u>环节的直接机制中的情况。</u>
　　前面讲到现在必须考察各个环节的现实化的运动和激活过程，但是在考察这一过程的时候，"首先必须考察的是单纯的实体本身在其定在着的、尚未激活的那些环节的直接机制中的情况"，也就是说首先要考察单纯的实体本身的自然元素的情况。上面罗马字 I 的那个标题是："教化是自然存在的异化"，那么讲自然存在的异化必须从这个地方开始讲，就是这个异化的前提是单纯的实体，它本身在尚未激活的直接机制中是什么样的情况；而所谓直接的机制就是自然的元素，就是在自然元素中的情况。这些自然元素有哪些呢？
　　——正如自然展示在那些普遍元素中那样，在其中，**气**是**持久的**、纯粹普遍的、透明的本质，——而水却是永远**被牺牲的**本质，——**火**是两者灵动的统一，这统一既在不断地化解它们的对立，同时又总在把它们的单纯性分裂为对立，——最后，**土**则是这种划分的**坚固枢纽**，既是这些本质的、又是它们的过程的**主体**，是这些本质的出发点和归宿，——
　　先来看看这些自然的元素。"正如自然展示在那些普遍元素中那样"，这是接着上面的话，我们要"考察单纯的实体本身在其定在着的、尚未激活的那些环节的直接机制中的情况"。首先必须考察单纯实体本身的那些直接机制，黑格尔在这里引入了从古希腊以来传统自然哲学的四大元素即水火土气。在黑格尔时代尽管有了牛顿物理学，但是还没有完全摆脱古希腊传统的影响，它总是从这几个方面来考察一切自然事物，现在的人已经不这样考虑问题了。当然黑格尔对这些元素的理解已经跟古希腊的传统不一样了，他力图从这些传统的元素里面挖掘出它所包含的哲学含义，来加以新的解释，特别是跟他自己的自在、自为、自在自为这样一些范畴结合起来加以理解。所以他这里讲到自然的元素，带有一种哲学比喻的意思，是为了引出下面的"精神的聚合体"的。他说正如自然所展示的气、水、火、土这四大元素那样，"在其中，**气是持久的**、纯粹普遍的、透明的本质"，气是持久不变的，它总在那里，纯粹普遍的，无所不在，无孔不入，是透明的本质。"而水却是永远**被牺牲的**本质"，水总是可入的，水总是让步的，总是被牺牲的本质，水总是不定型的。"**火**是两者灵动的统一，这统一既在不断地化解它们的对立，同时又总在把它们的单纯性分裂为对立"，赫拉克利特的火是气和水两者的统一，一方面火也是持久燃烧的，另一方面也是不定型的，所以它是两者灵动的统一。"灵动的"，beseelende，赋予灵魂的，火历来被视为灵魂 Seele 的隐喻。这统一的火，一方面化解了气和水的对立，在不定型中有型，有火自身的形状，同时又总在把它们的单纯性分裂为对立，不断处于冲突变化之中，不断改变自己的形状。按照赫拉克利特的说法，万物都由火生成，火烧毁万物，然后又产生出万物，火可以分解万物，同时又可以结合万物。现代化学也证明了这一点，总是通过燃烧来分解一些东西、结合一些东西。"最后，土则是这种划分的**坚固枢纽**，既是这些本质的、又是它们的过程的**主体**，是这些本质的出发点和归宿"，土（Erde，又译作"地"）是上述这种划分的枢纽，所有这一切都是在土这样一个基础之上展开的。所以土既是这些本质的主体，又是它们的过程的主体，这里的主体，可以理解为承担者、载体。所有这些东西都是些自然的元素，最后归结为土。在黑格尔那里，土具有这样一种终极主体的地位，其他的火呀、水呀、气呀，都是在土这个基础之上所变出来的一些功能、一些现象。而火则是这一切的动力，也是很重要的，所以他在火和土上都打了着重号，气和水却没有打（有的版本在气上也有着重号）。当然这一点他并没有直接讲出来，后面他最重视的反而是前面两个因素，一个是气，一个是水，火他都讲得很少，土更是只字不提了。他在整个这一段"自身异化的精神"里面，主要突出的就是气和水这两者，这两者的共同特点就是没有定型，无定型，它适合于本质论所探讨的这样一个主题。这是把这四大元素它们各自所代表的倾向都点出来了。

同样，自我意识到的现实性的内在的**本质**、或者说单纯的精神，作为一个世界，正是到上面这样一些普遍的、但却是精神的聚合体中去展示自身的，

"同样，自我意识到的现实性的内在的**本质**、或者说单纯的精神"，这里说"同样"，就是正如在自然元素中那样，但现在所谈的不是自然元素，而是自我意识到的现实性的内在本质或单纯的精神，也就是社会性的、精神性的元素，只不过仍然具有和自然元素中一样的特征。那么这样一些内在本质或单纯精神，"作为一个世界"，也就是作为世俗生活、物质生活，"正是到上面这样一些普遍的、但却是精神的聚合体中去展示自身的"。上面讲的气、水、火、土都是一些自然的普遍的聚合体，但在展示精神的时候就成了精神的聚合体，它们都成了精神的隐喻。"聚合体"，Masse，前面也出现过这个词，通常翻译成"团块""群体"等，也有翻译成"物质"的，我们通译作"聚合体"，就是按照某种标准而聚合起来的元素。前面讲的家庭和国家，这里讲的气水火土，以及下面要讲的初级的精神形态，都是聚合体。贺先生他们翻译成"质体"，这也是生造的一个词，觉得不太好，意思不明。先刚译作"群体"，也不太恰当，我们不能说水或者火是一个"群体"。我觉得黑格尔这里强调的还是一种自然元素的聚合方式，用来比喻精神在物质层面上类似于自然元素那样的聚合方

式。但是在黑格尔这里，这些物质层面都具有精神性，或者说，这些聚合体的内在本质是单纯的精神。你不要表面地看问题，表面看那就是四大元素，好像是四种构成宇宙万物的本原，但是从根本上来看，它是一种内在的本质，展示出了自我意识到的现实性的单纯精神。这个现实性是自我意识到的，是单纯的精神，只不过是作为一个世界而展示出来的。单纯精神表现为一个世界。怎么表现？首先表现为四大元素，世界表现为由四大元素所构成的。但四大元素其实里面是包含有精神的，我们不要表面地看它，以为水就是我们每天通常喝的水，气就是我们每天呼吸的空气，没那么简单，它里面包含有一种单纯的精神。

　　——其中**第一种**聚合体展示的是**自在的共相、自身等同的**精神本质；——第二种是**自为存在着的**、已变得自身**不等同了**的、正在**牺牲**自己和**献身着的**本质；**第三种**，它作为自我意识就是主体，它在自己本身中直接拥有火的力：

　　这里把这几种元素的单纯精神的含义亮出来了。"其中**第一种**聚合体"，那就是气，"展示的是**自在的共相、自身等同的**精神本质"，自在的共相，气是普遍的东西，它无所不在嘛，但它是自在的，是自在的普遍的东西，它没有自觉。气虽然无孔不入、无所不在，但是，它不是自己要无所不在、无孔不入的，它自在地已经在那里，每个地方都有气在。它是自身等同的精神本质，它还没有自身区别，还没有自我异化，气到哪个地方都是气，它不把自身和自身区别开来的，是这样一种精神本质。或者说是一种沉睡着的精神本质，一种自在的精神本质，没有自觉，没有能动性，没有自觉性的，这是气。"第二种是**自为存在着的**、已变得自身**不等同了**的、正在**牺牲**自己和**献身着的**本质"，那就是水，水是自为存在着的。与气是自在存在的不同，水是自为存在的，自为存在就已经变得与自身不等同了，自身跟自身相区别了。黑格尔这里想到的可能是赫拉克利特的名言："人不能两次踏入同一条河流"，甚至当你一踏入这条河流时，它就已经变了，不是原来的河流了。所以水是正在牺牲自己和献身着的本质，这是它的自为存在，它已经有为了，但是这个有为是把自己献出去，让所有的东西得到它的滋养，当它把自己献出去的时候，万物就得到滋生，这是水，水是自为存在着的。"**第三种**，它作为自我意识就是主体，它在自己本身中直接拥有火的力"，第三种作为自我意识就是主体，也就是火。第三种是前两种的统一，它应该是自在自为的，既自在又自为，它本身直接拥有火的力。当然水也有力，但是水的力不是它自己直接拥有的，它是由于地势的高低不同，从高处往低处流，才带给了水一种力量；而火的力量是它自己直接拥有的，是它自己燃烧的力量，所以火是灵魂、精神的象征，它作为自我意识是自在自为的精神，它是自在自为的精神本质，跟水和气都不一样，是更高一个层次的。那么还有第四种应该是土，这里就没有谈了，他对于土其实是不太看重的，他真正看重的还是火。但这个地方对火也只是点了一下，后面又点了一下，然后就也不谈了。为什么不谈？可能他认为火就是纯粹精神本身，已经不需要隐喻了，而土则太多物质性，不足以成为精神的隐喻，只有气和水是介于精神和物质之间的，可以大谈特谈，表明从物质到精神的转化，从中体现了一种教化过程。他后面所谈的主要就是气和水两种元素，一个自在，一个自为，形成一种对立、一种矛盾。

在第一种本质中，它意识到自己是**自在存在**；而在第二种本质中，则通过牺牲共相而形成了**自为存在**。

"在第一种本质中，它意识到自己是**自在存在**"，它，也就是自我意识、主体，在第一种作为精神本质的气中，它意识到自己是自在存在的。这是从第三种本质的高度反思到的，第一种本质本身并不反思，作为自在存在，它并没有意识到自己是自在存在，只有从第三种作为主体的自我意识的高度才能反思到这一点。"而在第二种本质中，则通过牺牲共相而形成了**自为存在**"，牺牲共相，就是水已经把共相牺牲掉了，水虽然本来是共相，但是它是使万物得以滋生的共相，它使得万物得以滋生是通过牺牲自己，万物都吸收水而形成了各种不同的东西，而在这一过程中水就表现为自为存在。水它是有为的，但是它这个有为是通过牺牲它的共相而形成的，它滋养了形形色色的万物，每一种特殊存在里都有水，所以水这种共相已经被牺牲了。下面是第三种本质，即作为前两种的统一的火。

但精神本身是整体的自在自为的存在，这个整体将自己**分裂**为持久不变的实体和作为自我牺牲者的实体，同样又将它们重新**收回**于自己的统一之中，既作为爆发出来的吞噬实体的火焰，又作为实体的持久形态。

"但精神本身是整体的**自在自为的**存在"，精神本身应该既是自在的，又是自为的，既不是单纯自在的，也不是单纯自为的。前面讲了精神有两种本质，一种是自在的，一种是自为的，而这里讲的是精神本身，是作为自在和自为的统一的整体，精神本身是这两者的统一。"这个整体将自己**分裂**为持久不变的实体和作为自我牺牲者的实体"，持久不变的实体就是气，作为自我牺牲者的实体就是水，气和水的统一就是火，它们都是从火这个整体分裂出来的。"分裂"打了着重号，是为了与下面打了着重号的"收回"相对应，一方面是分裂，另一方面，"并且同样又将它们重新**收回**于自己的统一之中"。所以，这个精神的整体"既作为爆发出来的吞噬实体的火焰，又作为实体的持久形态"，这个火是"正反合"的"合题"，它返回到了气这个"持久形态"的起点，但它已经是吞噬实体的火了，它以吞噬实体作为自己的持久形态，这就是火的动态的实体。而作为实体的持存形态应该是土，这地方没有点出来。所以火和土都是作为前两者的统一，但是统一的侧重面是不一样的，火是侧重于爆发出来的吞噬实体的作用，也就是作为否定性的方面，而土是作为肯定性的方面。或者说火更接近于水的那种否定性，而土更接近于气的那种肯定性。当然层次也不一样了，火作为否定性是作为一种爆发力，作为一种力量的否定性，而水是作为一种单纯的牺牲的否定性。火的否定是一种积极的否定，不是消极的否定。那么土呢？作为实体的一种持存形态，这个跟气的持存形态也不一样了，它具有了承载能力，而且不是无处不在、无孔不入的了。火和土都是作为第三个环节，合题，但是这个合题有两个方面，各自侧重于某一方面。这是各精神元素组合的一个自然机制，当然黑格尔没有说得这么清楚，是我分析出来的。

　　——我们看到，这些本质对应于伦理世界的共同体和家庭，但却不享有它们所具有的那种本土精神；反过来说，如果命运对这种本土精神而言是陌生的，那么在这里，自我意识则是、并且知道自己是这些本质的现实力量。

　　最后是做一个总结，前面是对自然的元素分析，自然的元素作为单纯实体本身，是怎么体现的，首先对自然元素做一个分析，气、水、火、土，这四大元素展示出四种精神的聚合体，揭示了里面的精神性何在。"我们看到，这些本质对应于伦理世界的共同体和家庭，但却不享有它们所具有的那种本土精神"，这些本质对应于伦理世界的共同体和家庭，气对应于国家，水对应于家庭，火和土则对应于整体的城邦伦理实体。但由于现在层次更高了，已经脱离了城邦那种基于单纯血缘之上的自然存在，而着眼于更一般的自然元素即气水火土，所以它们不再享有城邦所具有的那种"本土精神"。什么是"本土精神"（der heimische Geist）？"本土的"（heimisch）又译"家乡的"，来自于词根 Heim，即家、宅，显然和家庭的自然血缘有关。现在当我们用四大元素来看待城邦的现实世界的时候，由于伦理实体已经消亡，我们已经超越了家庭自然关系的层次，而立足于一般社会的善与恶、权力和财富的自然基础了。当然就四大元素而言，这里仍然有种对应性，即更带有肯定性的元素就对应于共同体，比如气这种自在存在可以对应于共同体，水这种更带否定性的自为存在的元素则对应于家庭。前面在伦理世界的共同体和家庭里面并没有谈到这些元素，而在这里谈到这些元素，要考察实体本身在它那些自然元素的机制中的情况，是为了从里面引出我们在这里讲到的异化了的精神，说明教化是从什么地方开始的。但所有这些本质在这里表现的都不是原有的那种本土精神了，都不是在原来家庭血缘意义上的自然元素了。但同时它们也不是外来的、陌生的命运,所以他讲,"反过来说,如果命运对这种本土精神而言是陌生的,那么在这里,自我意识则是、并且知道自己是这些本质的现实力量"。也就是说,在伦理实体的家庭那里,它具有本土精神,它是自然形成的,但是在那里,有一个高高在上的命运,那却是陌生的,命运绝对不是本土的,命运是外来的,它们不知道从哪里来。所以在伦理世界里面,虽然不能不考虑的是本土精神,那种在家庭中、家族中自然而然形成的精神,但是它有一个命运罩着,这个命运是陌生的、不可理喻的,是神秘的。而现在讲的这种教化,一方面它失去了伦理世界中的那种本土精神,它已经不太自然了,虽然这里讲到自然的元素,但这种元素是普遍流布于宇宙中的,而不是局限于某个自然的地域或家族的;此外它们是隐喻性的,是为了从最根本的地方开始来进入教化,所以用气水火土这样些自然元素来打比方,但实际上它们并不真的是自然界的气水火土。所以它们不但与自然事物不在一个层面上,而且跟伦理世界的家庭也已经不在一个层面上了。在家庭那里,那种本土精神还有一个外来的命运笼罩于它们之上,这个命运是不可理喻的,是必须要服从的,一切本土的精神都必须服从于那个陌生的命运,那命运是必然性,但是它不是可以用自然元素来解释的。而在这里,自我意识已经没有了命运的这种陌生性了,它现在自己就是这些本质的现实的力量,并且它知道自己是这种力量。也就是说,现在的教化既不是自然的、本土的,也不是服从一种外来的、陌生的命运,而是凭借自己四大元素的现实力量而发生作用,这个平台就已经跟伦理世界大不一样了。所以异化了的精神跟直接性的精神、跟伦理世界相比,它有一个自觉性的问题,原来伦理实体是不自觉的,因为它最后要服从命运,命运高于一切,一切悲剧都是命运悲剧;那么现在命运已经退场,世界已经祛魅,这种不可知的、不可解释只可服从的神秘命运已经远离了。在这里,自我意识就是这些自然本质的现实力量,并且知道自己是这些本质的现实力量,无知之幕已经被撤除了,不管是它占领这个世界也好,还是被占领也好,不管它是施加暴力也好，还是被施加暴力也好，它都知道这是人干的事，而且它可以理解为什么人要干这些事。这是通过教化以后才能够达到的水平。

我们今天就讲到这里。

＊　　　　　＊　　　　　＊

好，我们再接着上次关于自然的异化的话题。自然的异化上次已经提到了自然的元素，从自然的元素里面去考察它的各种本质。气、水、火、土四大元素，它们都体现出一种精神的本质，都是一种自身异化了的精神。这样一些本质、这样一些气水火土的本质，可以看作一种精神的聚合体，它们本身当然不能够直接地就说是精神，只是以这样一些元素的聚合体来划分精神本质的各种异化的层次，或者异化的形态。我们今天要接着上次讲的，第45页最下面这一段。前面已经讲了，各种各样的聚合体或者各种自然的元素，它们都代表精神的本质，就是各自都有一种精神的本质性在里面显现出来。那么对这一些本质，上次已经讲到，可以和我们在讲伦理世界的时候所提到的共同体和家庭对应起来看，比如说"气"我们可以对应于城邦"共同体"，"水"呢，我们可以对应于"家庭"来看待。当然有不同了，就是说在"共同体"和"家庭"那里呢，它们更加具有一种"本土的精神"，也就是说它更加跟自然界有一种直接的联系。它们本身在某种意义上就是自然界的一种现象，由人类社会组成家庭、组成共同体，都是很自然的，所以它们具有一种本土精神。但是在这个本土精神之上呢，有一种不可知的、陌生的命运在支配它们，所以它们在这方面呢，并没有达到彻底的自觉。这是伦理实体、伦理世界的情况，跟这里现在讲的这种异化的精神已经不是同一个层次了。异化了的精神它已经没有这种不可知的命运、没有这种外来的陌生的命运在支配它，而是它知道自己。他说："在这里，自我意识是、并且知道自己是这些本质的现实力量"。当然它也要受命运的支配，但是它知道，命运不是神，而是我自己的行为异化的表现形式，虽然我无法预料它，而且它一旦起作用，我也无法抗拒它，但是我知道它，它就是我造成的。这个就已经不同了，就是说，异化了的精神它是建立在自己的知识之上，但是又是异化了的，又是不受自己支配的，这就不是单纯的命运了。古希腊的"命运"那是不可知的，但是现在呢，既算是被命运所支配，也是可知的，他知道这无法反抗。这是上次最后讲到的内容。那么今天我们要讲的就是，对自然元素里所体现出来的这样一些本质进行一些分析。

对这些环节，既要考察它们最初在纯粹意识内部如何被表象为**思想或自在**存在着的本质，又要考察它们在现实的意识中如何被表象为**对象性的**本质。

"对这些环节"，"这些环节"就是上面讲到的那些本质。主要是两个环节，一个是体现为"国家"，另外一个是体现为"家庭"。当然现在已经不是单纯的国家和家庭，不是伦理意义上的国家和家庭，而是在精神的异化意义上的国家和家庭。那么对这些环节，这里有两个维度，一个是："既要考察它们最初在纯粹意识内部如何被表现为**思想**或**自在**存在着的本质"，"思想"和"自在"都打了着重号，这是一个维度。就是说，首先一个维度，就是要在纯粹意识中看它们这些环节如何表现为思想、或者自在的本质，而不是表现在现实中的本质。就是从自在的这方面来说，就其本身来说，它们是纯粹意识。异化了的精神嘛，我们可以首先从纯粹意识的角度，从这个维度来考察它。我们先不管别的，我们先把它们在思想中是如何表象出来的搞清楚。所以是最初在纯粹意识中、在思想中如何表现为自在存在着的本质。我们刚才讲了，哪怕是命运，我们也知道那不是由神或者说不可知的力量造成的，它就是由人所造成的。自在地来说，它就是一些思想，人是按照思想来行动的。那么，我们就要考察在思想中，在纯粹意识中，这样一些本质是如何被表现为自在存在着的。这些环节是如何表象出它的本质来的，首先要看它在纯粹意识中、在思想中是如何表象出来的。这是我们的出发点，因为自在地来说，或者就其本身来说，这样一些本质就是人的思想，就是纯粹意识，我们先要

把这个搞清楚。那么，"又要考察它们在现实的意识中如何被表象为**对
象性**的本质"，"对象性"打了着重号。这里是相对举的，前面是"思想"，
这里是"现实的"；前面是"纯粹的意识"，这里是"现实的意识"；前面是
"自在存在着的本质"，而这里是"对象性的本质"。在现实的意识中表象
为对象性的本质，也就是说要把这些意识在现实中外化出去，外化为对
象，把它变成一个对象。那么这就不光是自在存在的了，这是在现实中
如何自为地把它对象化为一种客观本质，表现为一种对象性的本质。那
么下面破折号，破折号后面就是一个个来考察了，先考察在纯粹意识中
的维度。

　　——在前一种单纯性形式中，第一种本质，作为一切意识的**自在地
自身等同的**、直接而不可改变的**本质**，就是**善**，——即**自在**之独立精神
力量，在这种力量那里，自为存在的意识的运动只是附带例示出来而已。　{270}

　　[46]

　　"在前一种单纯性形式中"，是指什么呢？就是前一句话讲的"最初
在纯粹意识中如何被表象为思想或自在存在着的本质"。那么从纯粹意
识的单纯形式这样一个层面来看，"第一种本质，作为一切意识的**自在
地自身等同的**、直接的而不可改变的**本质**，就是**善**"，也就是从思想上来
看，从单纯的思想意识来看，第一种本质，也就是体现为气的那样一种本
质，它其实是一切意识的自在地自身等同的、直接的而不可改变的本质，
就是善。我们上次讲的前面那一段对于"气"的规定，第45页的第4行：
在这些普遍的元素中，"气是持存的、纯粹普遍的、透明的本质"，并且讲
第一种本质对应于现实世界的共同体、国家。所以这第一种本质是一切
意识的本质，它是自在地自身等同的，是直接而不可改变的本质，它就是
善。这是气的特点，也是国家的特点，气无所不在，它自在地自身等同，
它不可能变成别的东西，也没有什么变化，国家也是这样，它占据着善的
至高点。那么这种直接不可改变的本质相当于一种普遍性、共相，"即**自
在**之独立精神力量，在这种力量那里，自为存在的意识的运动只是附带
的例示出来而已"。例示，beiherspielen这个词，我们在前面见到过，最早

出现于"感性确定性"章,说作为"这一个"的"纯存在"中有许多别的东西在例示出来,而作为共相的"我"则"单纯地、无所谓地对待一切还在例示出来的东西:房子和树木"。①"例示出来"就是作为例子而显示出来,它并不影响到共相。就是说,这样一种善、这样一种直接不可改变的本质,是自在之独立精神力量,它不是受别的东西支配的,而是一切运动的底色或基础,在这种力量那里,自为存在的意识的运动只是附带地例示出来而已。也就是说在共同体那里,比如说在国家那里,国家是自在的独立的精神力量,那么自为存在的意识呢,它的运动只是附带地例示出来,国家中的每一个人的活动,只是作为一个例子。国家是抽象的,它必须要由人的活动来体现,但是在国家那里人的活动只是一种例子,是例示出来的。人的活动不管是为国家操劳,还是自我牺牲,都是一种实例,我们举出一个人来,他是如何为国家利益而奉献的,他这样一种自为的活动是附带地作为例子举出来的。但是这个例子它是不能离开国家的,它单独没有任何意义,它要例示出来的那个实体则是自在的、独立的精神力量。所以这个里头,自为存在虽然有,但是是作为附带的,作为次要的因素,是在自在的、独立的精神力量底色之上所画出来的花纹、所附带的一种活动。这是第一种本质,以气为代表的本质,当然也是自身异化了的精神。在国家、共同体这一方面、第一种本质的方面所体现出来的是这样一种情况:它本身是自在的,凌驾于一切活动之上,我们把它称之为"善",我们都要为它而奋斗,要维护它,个人可以牺牲,但是国家权力不能够受到侵犯。

相反,第二种本质是**被动的**精神本质,或者说,就其牺牲自己并听凭个体在它那里意识到它们的个别性而言,它才是共相;这是虚无的本质,是**恶**。

前面一个是善,这一个是恶。"相反,第二种本质是**被动的**精神本

①　参看贺、王译本,上册第 64 行第 10—11 行,第 67 页倒数第 3 行,译文有改动。

质"，"被动的"打了着重号。第二种本质，我们按照前面的例子来说，就是以水代表的自然的元素，它本来是体现为家庭，在伦理世界里面体现为家庭，但是在异化世界里面它体现为什么呢？如同下面将要讲到的，它体现为财富。恩格斯讲《家庭、私有制和国家的起源》，黑格尔的次序是家庭、国家和财富，国家是共同体的异化形态、非本土形态，在这个形态的基础上回到家庭就形成了财富，因为家庭在私有制下不再只是血缘关系，而是积聚社会财富的场所。下面的讨论就是在国家和财富的关系中展开，而不再是国家和家庭的关系了。财富是被动的精神本质，是由人来支配的，谁支配了财富谁就有了财富的力量。"或者说，就其牺牲自己并听凭个体在它那里意识到它们的个别性而言，它才是共相"，这第二种本质也是共相，所谓金钱无臭味、无颜色，到处流通，就像水一样自我漂白；但是有一个前提，就是必须有个体在其中意识到自己的个别性，用它来实现自己的目的，而不是简单地消费掉，这才体现它的精神性。所以它是被动的本质，靠牺牲自己来体现精神性，正如水也是一种共相，但也是被动的本质。为什么说是被动的本质呢？就是说水它不像气那样充斥于天地，无所不在。我们上次讲到，水有一种被动性，它不能够无所不在，水是往低处流的，它的方向是由地势所决定的，它牺牲自己、由万物分享而获得自己的共相，所以它是被动的精神本质。水本身它是无所作为的，它是被动的，它听凭个体在它那里为所欲为，总是退让的。水是一种普遍的东西，但是这种普遍的东西听凭个体、任随个体在它那里意识到自己的个别性，听凭个体为所欲为。财富也是这样，谁掌握了财富谁就可以为所欲为，它不会反抗。个体具有个别性，但是只有在手中掌握了财富，它才意识到自己的个别性，否则他和任何人一样每天都要为养家糊口而奔忙。但财富和国家不同，它本身完全不带伦理性，所以掌握财富的人通常被视作"为富不仁"。作为个别者所支配的共相，"这是虚无的本质，是**恶**"，就是说，财富在现实世界中是完全不受任何伦理道德约束的，本质上是否认一切道德法则的，所以它是恶。

——本质的这种绝对地被瓦解，本身是保持不变的；如果说第一种本质是个体的基础、出发点和结果，而且在其中个体都是纯粹普遍的，那么相反，第二种本质一方面是自我牺牲着的**为他存在**，另一方面，恰恰因此又是这些个体作为**个别者**对自己本身的那种不断地返回，以及它们持续地**成为自为**的那个过程。

"本质的这种绝对地被瓦解，本身是保持不变的"，这是接着上面的一句话来的。就是说，第二种本质是被动的精神本质，它不断地牺牲自己，成为虚无的本质，那么这种绝对地被瓦解当然是持续不变的。第二种本质为什么绝对地被瓦解？因为在它那里，听凭个体意识到它们的个别性，每一个个体在它那里都意识到自己的个别性，那么这个本质就被瓦解了，已经被一个一个人所瓦解。但只有在它的绝对被瓦解中，这个本质才能保持不变，它就是不断地被瓦解，被瓦解才是它的保持。前面也讲，只有就其牺牲自己并让个体在那里意识到它们的个体性而言，它才是共相，才是普遍的东西。本来个别性不是普遍的东西，个别性已经把本质瓦解了，都是一个个的、各自为自己、"人不为己，天诛地灭"，那还有什么本质，还有什么共相呢？每一个人都为自己那还有什么共相呢？但恰好有共相，它的共相就是每个人都为自己。所以这就是虚无的本质，是恶。人人为己就是恶，就是虚无的本质，"人为财死，鸟为食亡"，这是保持不变的。"如果说第一种本质是个体的基础、出发点和结果，而且在其中个体都是纯粹普遍的"，这里又与第一种本质相对比了。第一种本质、气，表现为共同体，表现为国家，它是个体的基础、出发点和结果。所谓没有国就没有家，没有家就没有个体。所以说第一种本质是个体的基础和出发点，同时又是结果，每一个个体如果能够立起来的话，国家也就立起来了。第一种本质是个体的基础，首先是基础，是出发点，然后才是结果。这就是更加根本的东西，是底色了。气是一切活动的底色，"而且在其中个体都是纯粹普遍的"，在国家中个体都是纯粹普遍的。个体是什么？个体是公民。每一个个体都是一个公民，所以个体在第一种本质中都是普遍的个体，每一个人作为公民的身份，他就有公民意识；只有具有了公民意识，他才是一个独立的个体。因为在第一种本质中是普遍的个体，所以可以遵守共同的法则，在这个基础之上才建立起了个体。"那么相反，第二种本质一方面是自我牺牲着的**为他存在**，另一方面，恰恰因此又是这些个体作为**个别者**对自己本身的那种不断地返回，以及它们持续地**成为自为**的那个过程"，第二种本质就是上面讲的这种被动的精神本质了，它有两个方面。一方面是"自我牺牲着的为他存在"，也就是说，财富就像水一样，总是为他存在的，是为万物所用和为人所用的，它自己是没有个性的，是自我牺牲的。这是从它自己这方面看。而另一方面，正因为这种自我牺牲，它又是个体作为个别者对自己本身的不断地返回。正像水滋养了万物一样，财富孕育了文明，使每个个别者返回到自身，成为有作为的自为存在的个别者。这里"个别者"和"成为自为"都打了着重号，这与前面打了着重号的"为他存在"形成对照，这就是第二种本质的两个方面。当然这里都是在纯粹意识中来分析的，并没有涉及具体的国家和财富，正如这一段一开始讲的，这是考察它们"最初在纯粹意识内部如何被表现为**思想**或**自在**存在着的本质"，尚未考察"它们在现实的意识中如何被表象为**对象性**的本质"。在纯粹意识中，一方面是善，另一方面是恶。善表现为为国家公共事业而尽心尽力，恶表现为"人不为己天诛地灭"、自私。前者类似于气，豪气干云，后者类似于水，水性杨花，相当于前面所提到的"遗忘之水"。第23页："在冥河之水中，溺毙了对象性之现实性的一切固有的本质性"，水在第二种本质里面可以作为一种恶的代表，遗忘之水让人在现实的罪恶中脱罪，回复到个别的个体性。前面讲人不论做了什么，他死了以后就脱罪了，每个人通过这种虚无的本质返回到自己的个别性，而告别了整个社会和国家。善和恶在纯粹意识中就是这样区分的，在没有接触到现实的时候，我们在思想中来设想这两种本质的时候，我们就可以把它们定性为一个是善的，一个是恶的。国家权力是善的，私人利益是恶的，在思想中抽象地讲一般都是这样来看的。但是前面又讲到，"又要考察它们在现实的意识中如何被表象为**对象性的**本质"，这就是下一段要谈的。我们在纯粹意识的方面区分了善恶，那么在现实中善恶是怎么样区分的呢？

　　但是善与恶这些单纯**思想**也同样都直接地自身异化了；它们都是**现实的**，并且在现实的意识中作为**对象性的**环节存在。于是，第一种本质就是**国家权力**，第二种本质就是**财富**。

　　"但是善与恶这些单纯**思想**也同样都直接地自身异化了"，善与恶在上面都只是些思想，但现在它们都自身异化了。为什么说"同样都"自身异化了？就是说前面讲的是在思想中的异化，现在我们要考察它们在现实中的异化。在思想中的异化，就是纯粹的气啊水啊这些自然的元素，异化为一种善与恶的单纯思想，它们构成现实世界中的国家和财富的抽象原则，但还没有外化为现实的国家和财富，它们的异化还只是在思想中的异化。但是现在，这样一些思想也同样都直接地自身异化了。"它们都是**现实的**"，"现实的"打了着重号，跟前面打了着重号的"思想"相对应、相对照。也就是说，善和恶这些纯粹思想、单纯的思想现在都异化成了现实的，善恶的思想现在不光是纯粹的思想，而且是现实的意识，"并在现实的意识中作为**对象性的**环节存在"，"对象性的"也打了着重号。这里强调的就是，前面讲的是单纯思想、纯粹意识，我们现在要讲的是现实的意识，而且不光是现实的意识，而是在现实的意识中的对象性的环节、存在的环节。"于是，第一种本质就是**国家权力**，第二种本质就是**财富**"，我们前面讲到国家、共同体，都是讲的思想；但是从现实的对象来看，共同体体现为国家权力（Macht）。国家不单纯是一个共同体的概念，在现实中它体现为一种权力，行政权力，国家不是空洞的，它体现为一种力量，可以支配人。"第二种本质就是财富"，财富出自于家庭，出自于个体家庭的私有制。自从古希腊以来就是个体家庭的私有制，所以一谈到财富首先就是跟家庭联系在一起，但家庭是以个体家长为代表的，体现了个别意识。个别意识体现在什么地方？体现在个人的财产、也就是个体性他家的财产上，我们今天还说某人"身家"多少万、多少亿。所以家庭里面的个体性体现在财富上，但在这个层次上家庭已经不是血缘纽带，而是社会经济纽带了。在社会上，没有财富，没有财产，那个体性是立不起来的。个体性的根基就在于财产，你要占有一定的财产。个体性的权利首先体现为财产权，私有财产不可侵犯，这是一切立法的根基。在观念上面就是个体性不可侵犯，个体的自由权利不可侵犯；在现实中就是私人的财产不可侵犯，这就体现在现实方面了。所以一个是国家权力，一个是财富，这体现为现实性。

　　——国家权力，正如它是单纯的**实体**，同样也是普遍的**作品**；——它是绝对的**事情本身**，在其中向个体表达出了它们的**本质**，而它们的个别性完全只是对自己的**普遍性**的意识；

　　我们先看这半句。"国家权力，正如它是单纯的**实体**，同样也是普遍的**作品**"，国家权力是单纯的实体，这个前面已经讲了，从纯粹意识的角度来看，国家已经是一个单纯的实体了。但是，同样也是普遍的作品。一方面，抽象地来说它是实体，我们都承认，共同体是一个实体，就像气无所不在一样，人只能够生活在共同体之中。但是它同样也是普遍的作品，这个实体哪来的呢？是人造出来的，是大家的作品。"它是绝对的**事情本身**"，"事情本身"打了着重号。前面我们讲"精神的动物王国和欺骗，或事情本身"的时候已经接触到这个词，"事情本身"也就是一种现实的事情，不是你观念上想一想、说一说而已的事情，而是绝对的事情本身，它是主客观统一的事情本身，是人的一种作品，而不是一个抽象的概念。你以为国家是谁？国家就是我们这些人造成的东西，是我们的作品。"在其中向个体表达出了它们的本质，而它们的个别性完全只是对自己的普遍性的意识"，在国家里面，在国家权力中，向个体表达出了这些个体的本质，因为它就是这些个体造成的啊。所以国家就是你们自己的本质，国家就是每个公民的本质，不要把国家看作是外在的东西。我为它而献身,它是谁? 它就是我的本质,它是绝对的事情本身,既是主观的也是客观的。所谓"绝对的"就意味着,它既是客观的一个事情,同时它又是我主观的本质。如果它把我的本质排除在外,那它就不是绝对的了;正因为它是绝对的,所以它把主客观都统一在一起,既是国家又表达了每个个体的本质。而这些个体的个别性完全只是对自己的普遍性的意识,它们的个别性也就是公民意识了,每一个公民都是独立的,独立的个体,作为公民而独立。公民的个别性就体现在他意识到自己是普遍的,因此守法是他的本质,而不是被外在的规定所束缚,这就是一种教养了。凡是把国家法律当作外来束缚,一心钻空子,能违反就违反、能逃脱就逃脱的,都是没有经过教养、未经教化的人。公民意识就是对自己的普遍性的意识,获得公民权不仅仅是获得了好处,而是获得了一种普遍的国家认同,愿意为自己的权利而承担国家的义务。你在这个国家中被承认了,你也承认了这个国家的法律,你拿了绿卡,你拿到了国籍,那你就有公民的权利,同时也对这个国家承担着义务。所以个体性现在就体现在公民权利上,但这不等于你可以为所欲为,不意味着你一个人可以单独行动,你在行动的时候必须要考虑他人,只有考虑他人你的个体性才能得到最完全的保障,你的权利才能得到保护。所以在国家权力中有个别性——国家就是由一个个人组成起来的嘛,但是这些个别性的活动只是附带地例示出来的,前面讲共相把个别性附带地例示出来。也就是告诉你,你是一个个体,张三、李四他们也都是个体,但是所有的个别性都完全只是对他们普遍性的意识,他们作为公民的权利是平等的。

　　——这普遍性同样也是作品和单纯**结果**,在这一结果中,作品出自诸个体的**行为**这件事就消逝了;作品保持为它们所有行为的绝对基础和持存。

　　这就是异化了。"这普遍性",每一个公民都有他的普遍性,但这普遍性"同样也是作品和单纯**结果**",是他们自己造成的或建立起来的。普遍性哪来的呢? 普遍性同样也是各个个体所共同建立起来的,是他们的一种作品。公民立法,这普遍性就是这些个体的公民立法所建造起来的。然而,"在这一结果中,作品出自诸个体的**行为**这件事就消逝了",这普遍性作为一种单纯结果,最后建立起来了,法律被通过了;但同时,作品出自于个体行为这件事就消逝了,个体就再不能对它施加影响了。法律一旦建立,那么这个作品最初出自于各个个体的行为这件事情就被遗忘了。这就是异化,法律一旦建立,就不再是由个体所能够改动的,你就必须无条件服从。你说既然当初是我们建立起来的,那我们随时可以改变? 那不行。法律一旦建立,那就具有神圣性了。你不能说当初我投了票才建立起来的,所以我也可以随时推翻它,那不行。因为你投票建立的是一个普遍的法律,应该有它的普遍性,至少有它一定的有效期,在此期间任何人都必须服从。"作品保持为它们所有行为的绝对基础和持存",这个时候大家都必须绝对按照法律来行事。一个是绝对基础,你必须依法办事;一个是它们行为的持存,只有依法办事,你的行为才能够保持一贯,否则就无法无天,就不能持存了。只有依法办事,你的行为才能够良性运转,否则的话就会自我取消。这个是权力的异化,国家权力本来是由我们每一个个人所建立起来的,但是一旦建立起来,它就异化了,它倒过来就成为了你的一切行为的绝对基础和持存,就对你有约束力。

　　——它们的生活中这种**单纯的**、以太般的实体,由于这样来规定它们的不变的自我同一性,它就是**存在**,并因而只是**为他存在**。因此,这实体自在地直接就是它自己的对方:**财富**。

　　"它们的生活中",也就是说各个个体的生活中,"这种**单纯的**、以太般的实体",以太般的,我们前面讲到以太,就是无所不在、充斥于宇宙中的实体。以太在当时也被看作一种更精微的气,充斥于宇宙中的一种精气。它跟空气不一样,空气还可以充进气球里面,给它一个形状,它还可以带来风,那个台风、飓风也是很有威力的。但是以太那是完全看不见摸不着的,但是它又无所不在。用来形容国家这种单纯的实体,这是一种无形的力量,你被它所控制,但是你不知道应该找谁,这是"上面的规定"。"由于这样来规定它们的不变的自我同一性,它就是**存在**",它是所有的个体行为的绝对基础和持存嘛,所以它就规定了这些个体的不变的自我同一性。这些个体的实体在生活中总是不变的、自我同一的,它是一切行为的绝对基础和持存,它就是这些个体的存在,"存在"打了着重号。从现实的眼光来看,这样一种自我同一性已经不是抽象的意识了,它就是存在了,已经从单纯的意识异化为一种现实的存在了。"并因而只是**为他存在**",这种存在只是为他存在,而不再是自为存在。也就是说,国家的权力一旦作为存在而变成现实的话,那么它就要为他而在了,为他是为什么呢? 就是为现实的东西啊,什么是现实的东西? 就是财富。"因此,这实体自在地直接就是它自己的对方:**财富**",就是说实体一旦进入了存在,一旦实现出来,它就是为他者的,这个他者是什么? 就是财富。国家权力就是为财富而存在的,权力就是要攫取财富,权力一旦在现实中,进入到现实中,它就要攫取财富,以权谋私、权力寻租是必然的。如阿克顿勋爵说的,权力导致腐败,绝对的权力导致绝对的腐败。抽象地来谈国家、谈国家权力,可以很高尚,它是不为钱的,它是不为财富的,它是为人民服务的,它就是人民的公仆。但是一进入到现实,这个权力直接地就成了它的对方,就是财富。权力就是财富,有权就可以攫取财富,就可以取得财富。所以在现实中的权力就是为他存在,就是为了夺取财富而存在。你要掌权,为什么要掌权? 升官发财啊;为什么要当官? 当官就可以发财啊。所以这个实体自在地直接就成了它自己的对方。"自在地",即在其本身而不由人意志为转移的,权力就变成了财富。自为地来看,可能他主观上还想当一个清官,还想好好地为人民服务;但是客观上、自在地,它直接就是财富。你一当官就带来了财富,所谓"三年清知府,十万雪花银",权力就是用来攫取财富的。

财富虽然是被动的或虚无的东西,但它也同样是普遍的精神本质,同样是**一切人的劳动**和**行为**的不断地**形成的结果**,这结果又化解在一切人的**享受**中。

那么现在我们就来看看财富了。国家权力必然腐败，由善而变成恶，转化为它自己的对方、财富；那么财富是什么呢？"财富虽然是被动的或虚无的东西"，前面讲了，财富是虚无的本质，是恶，是被动的精神本质，财富总是被人所占有，如果没有人去占有的话，财富什么也不是。"但它同样是精神的普遍本质，同样是**一切人的劳动和行为**的不断地**形成的结果**"，就是说，财富如果联系到人来看，它同样也是普遍的精神本质。财富不仅仅是那些东西，财富其实具有它的精神的本质的，因为如同国家权力一样，财富同样是人的作品，是一切人的劳动和行为的积累的成果，"一切人的劳动和行为"都打了着重号，"形成"和"结果"也打了着重号。前面讲到了普遍性共同体、国家权力是作品和单纯的结果，是人所建立起来的；但是财富也是这样啊，财富难道不是人造成的吗？所以它虽然是被动或虚无的东西——你从一大堆东西、一大笔钱数来看，它是被动的和虚无的，它需要由人去占有；但它同样也是普遍的精神本质，它里面有精神的。有什么精神？它灌注了人的劳动和行为的意图、人的创造性，它是人的产物、人的产品，人是灌注了心血、灌注了精神在里头的。财富跟国家法律一样，都是人造成的结果，我们现在进入到的是一个人的世界，人的现实性。当然，这结果"又化解在一切人的**享受**中"，财富最终是为了人的享受，就这一点而言它还是与人的自然需要不可分离的，人的社会性是建立在他的自然性之上的，所以"享受"也打了着重号。但享受已经不完全是自然需要了，它本身带有社会性，与纯粹动物性的满足已经不同了。所以财富是跟人、跟人的精神相关的，人的精神一方面体现在劳动和行为中，另一方面体现在享受中。享受也是一种精神性的活动，所以它同样也带有普遍的精神本质。生产和消费，这都是精神活动，所以财富同样也是一种普遍的精神的本质，财富里面有精神，你不要以为它就是那一大堆东西在那里：一栋房子就是些砖啊瓦啊，都是有重量的、有物质性的东西，不是的！它里面有精神。一方面它是人造成的，另一方面它是供人来享受、来居住的，所以它里面是有人性的。

在享受中，个体性固然是**自为地**或者是作为**个别人的**而形成起来的，但这个享受本身却是普遍行为的结果；正如它交互地又产生出普遍劳动和一切人的享受一样。

"在享受中，个体性固然是**自为地**或者说作为**个别人的**而形成起来的"，享受中有个体性，享受总是个人的享受，我们说这个人"贪图享受"，享受都是个人的。所以个体性在享受中形成起来了，怎么形成起来的呢？自为地形成起来的，或者说作为个别的个体性而形成起来的。在享受中人形成了个别的个体性，享受总是个体的享受。当然我们也说"分享"，但是分享最后落实到个人，它还是个体性，还是作为一个个体在享受。"但这个享受本身却是普遍行为的结果"，也就是说，你的享受实际上是依赖于普遍的行为的，你享受的对象、这个产品，是由普遍的行为所造成的。我们小时候读过一篇课文，叫作"千人糕"——后来好像没有这篇了，就是母亲说，我们今天中午吃一块千人糕。那孩子就很好奇了，什么是千人糕？不过是一块普通的枣糕。这怎么叫千人糕呢？是因为它要经过很多很多的程序，农民伯伯种麦子，耕田要用牛、要用犁，然后要磨麦子，这些工具都要由铁匠和石匠造出来，蒸糕要用蒸笼，蒸笼哪里来……讲了一大堆，就是说，哪怕一块普通的糕，都是上千人做成的，或者说都是整个社会做成的。所以享受本身是普遍行为的结果，有无数的人在劳动，所以你才能享受，哪怕是一个个体的享受。所以你的享受跟所有的人都相关，这就说明了享受本身的普遍性，或者叫作"社会性"。"正如它交互地又产生出普遍劳动和一切人的享受一样"，享受又交互地产生出普遍劳动，吃了这块糕，我就有力气了，就去劳动了；或者我们有享受的需要，才调动了无数人为这种需要而劳动。所以这些劳动又是普遍的，它是为人类造福的。于是就"交互地又产生出普遍劳动和一切人的享受"。享受本身也是社会的，它"交互地"产生出普遍劳动。劳动和享受，生产和消费，相互之间互相依赖，相互促进，具有一种社会的普遍性。我们目前国民经济最大的问题是消费不足，所以生产也上不去。

现实的东西完全具有这样的精神含义：它直接地就是普遍的。　　　[47]

这是结论了。"**现实的**东西完全具有这样的精神的含义：它直接地就是普遍的"，凡是现实的东西，直接的就是普遍的，哪怕是享受，这样极端个人化的行为，它本身也是普遍的。而正因为它本身是普遍的，所以它具有精神的含义，你不要以为这只是一个动物性的行为，我吃一块糕，这跟动物吃食没有什么两样啊？不对。人的享受、人的现实的东西，它直接具有精神的含义，哪怕是吃喝这样的非常物质性的行为，它也是具有精神的，因为它直接的就是普遍的，或者说，直接就是社会性的。人哪怕是动物性的行为，它也是社会性的行为。

在这一环节中，每个个别人也许都自以为是**自私自利地**行动的；因为现实的东西是这样的环节，在其中，每个个别人都意识到自己是自为的，并因此不认为现实的东西是某种精神性的东西；

我们先看这半句。"在这一环节中"，"这一环节"也就是现实的东西、财富这样一个环节，在这样一个环节中，"每个个别人也许都会自以为是在**自私自利地**行动"。现实的东西就是财富，求财，发财，这样的行为当然是自私自利的，每个人都是这样认为的。每个人都认为自己的发财的行为是自私自利的，"人为财死鸟为食亡"嘛，"人不为己天诛地灭"嘛，这都是自私自利的，不自私怎么发得了财。人都是要求财的，所以他自认为都是自私自利的。我的行为跟别人无关，我就是为了自己，要发财，要打拼，要赚到多少多少万，要有房有车，这是我的目标。"因为现实的东西是这样的环节，在其中，每个个别人意识到自己是自为的，并因此不认为现实的东西是某种精神性的东西"，财富就是财富，就是房、就是车，很实在；多少多少钱，多少多少存款，这些东西很实在。财富就是这样的现实性环节，在其中每个个别人都意识到自己是自为的，是自己为自己的，不是为别人。因此他并不认为财富是某种精神性的东西，并不认为财富有什么精神性，有什么普遍性，觉得那都是唱高调。他不认为我今天赚了一百块钱就为社会作了什么贡献。当然我们今天也讲，农民工为

451

城市的发展作了贡献,但这个农民工至少自己不是这样感觉的,他感觉不到我为城市的发展作了什么贡献,我只不过是借这个城市的发展,在里面赚了我一份工资而已。每一个劳动者都会认为自己的劳动是自私的,无非是为了养家糊口。我赚了几万块钱存在银行里面,那有什么精神性呢?我随时可以去取,我要应急,我家里有人病了,那是我的救命钱,那有什么精神性呢?那完全是我个人私人的财产了,没有什么普遍性也没有什么精神性。

然而,即使只从外表上看也很显然,每个人在自己享受时,也给一切人提供了享受,一个人劳动时,他既是为他自己、同样也是为一切人而劳动,而且一切人也都为他而劳动。

这是要反驳这种自我感觉了:劳动者自己都以为自己是自私的。但是,"即使只从外表上看也很显然,每个人在自己享受时,也给一切人提供了享受",每个人自己享受的时候也给一切人提供了享受,因为你自己要享受,那么你就会拼命地去劳动,要赚钱,那么这也就给别人提供了享受。因为你要赚钱就要为别人工作啊,你为别人工作不就是为别人提供享受吗?盖房子不就是为了让别人来住的吗?"一个人劳动时,他既是为他自己、同样也是为一切人而劳动,而且一切人也都为他而劳动",这就是在亚当·斯密、李嘉图的政治经济学里面所讲的这个道理。"劳动创造财富",劳动就是为全社会作贡献的。不要以为你的劳动就只是为你自己个人,你赚钱赚得越多对社会贡献越大。古典政治经济学里面已经提出了这样一种原理,这个是跟我们通常的理解不一样的。我们中国人没有古典政治经济学,中国人只有一个"人为财死鸟为食亡"的道理,所以中国人历来有仇富的思想:谁发财谁就道德败坏,就是为富不仁;只有损人才能利己,只有昧着良心才能发财,你赚得越多就越是把别人的钱赚去了。这个是非常前现代的或者前近代的观念。那么近代以来,古典政治经济学已经把这个原理说得很清楚了,就是说,你的发财是对社会作贡献。你自己赚的越多,那么对社会的贡献越大。当然这个是建立在剩余价值理论基础上的，在正常资本主义条件之下是这样的，没有这个条件，那么中国传统的这种感觉的确是对的：为富就是不仁。虽然古人已经讲了，"君子爱财取之有道"，但是你不能把"爱财"当作是你的目的，"取之有道"，那道还是高高在上的，你必须要按照道德，你不能超越道德。所以发财归根结底，还仅仅是被容忍，人为了生活，都自然而然地想要发财，但却不是把发财当作社会发展的动力，当作造福于人类社会的行为，而只是当作一种在道之下可以容忍的行为。这个跟古典经济学是大不一样的，黑格尔在这里要强调的就是这一点，就是说，即使只是从外表上来看你都可以看出，每一个人在追求自己的享受时，也给一切人提供了享受。你的享受当然是你个人的，你为了享受你去拼命地劳动，拼命地做事，那就给一切人提供了享受啊。一个人劳动时，他既是为他自己同样也是为一切人劳动，而且一切人也都为他而劳动，整个社会都是有机地通过劳动而结合在一起的。所以劳动和享受在这样一种观点里都具有了精神的含义，因为它们都是社会化了的，不是单纯你个人的，而具有了普遍性。黑格尔当时读到了亚当·斯密他们的古典政治经济学，并且他自己就是一个非常实在的，非常具有现实感的人，据说他自己在家里天天记账：今天买了几棵白菜、几斤肉，他都记账！他搞这些名堂，所以有人说黑格尔是一个庸人，是一个俗人，但是他紧紧贴近现实，并不是不食人间烟火的。你想哪个哲学家天天自己给家里买小菜记账呢？好像只有黑格尔，其他的哲学家都不屑于干这些事情。实际上他从这样一些看起来非常俗的事情里面，都看出有精神的含义。

因此，它的**自为**存在自在地就是**普遍的**，自私自利只不过是某种被意谓的东西，这种被意谓并不能导致使自己所意谓的东西变成现实，即是说，并不能导致作出某种不利于一切人的事情。

"因此，它的**自为**存在自在地就是**普遍的**"；他的自为存在，他个人的为自己、哪怕是自私自利的活动，他自认为是自私自利的，但是自在地、客观地来说，就具有普遍意义，就不仅仅是为了他个人的利益。"自私自利只不过是某种被意谓的东西"，他自以为是自私自利，那只是被意谓的，你主观上是那样觉得的，但是并没有客观的根据。我们这里特别要强调这个"被意谓"；意谓 Meinung、gemeint，在感性确定性里面就已经提到了，意谓是一种私下里自以为地、但是说不出来的东西，不具有客观性。主观上你以为是这样，但是在客观上，其实不是这样的。这只是你在意谓中只可意会不可言传的，你以为自己是自私的，但是，"这种被意谓并不能导致使自己所意谓的东西变成现实"，你主观上以为的自私自利，在现实中并不见得就导致了损人利己。"即是说，并不能导致作出某种不利于一切人的事情"，"不利于一切人"也就是损人利己了，损害一切人的利益，仅仅为自己的利益。除非你巧取豪夺，如果你是在劳动，那绝对是对所有人都有利的。如果你通过诚实劳动，你就凭劳动去谋取自己的利益，那就是对一切人都有利的，哪怕你主观上认为自己劳动纯粹就是为了赚钱糊口，为了自己的一点私利，但客观上你是为社会作贡献。由此恶就转化成了善。我们这个城市之所以能够繁荣起来、发展起来，不就是千千万万这些农民工，怀着一种自私的目的到城里面来捞外快，在农闲的时候，或者甚至干脆就放着田不种了，就定居在城里面了，这样更划得来，——不就是这些人造成的吗？我们往往用一种道德的眼光，就想把他们排斥掉，赶回农村去。动不动就想把他们赶回农村里去，不给他们城市户口，不承认他们在城市的地位，就是出于这样一种狭隘的前现代眼光。认为他们这些人都是自私自利的，败坏城市形象，素质又不高，污染了我们的城市。就连他们自己也是这样认为的，他们觉得自己是得了别人的便宜，很不理直气壮。但是把他们都赶回农村了，这个城市乃至国家经济还发展得起来吗？现在不是到处都闹民工荒了吗？这完全是一种非常陈旧的眼光。

[2. 自我意识的判断；高贵意识与卑贱意识]

这跟前面那个小标题"[1. 善与恶；国家权力与财富]"可以对照一

下看。就是说，前面讲的是"社会存在"，国家权力与财富这都可以看作是社会的存在；而这个地方讲的是"社会意识"，也就是"自我意识的判断；高贵意识与卑贱意识"。前面讲到了黑格尔的现实感。黑格尔的现实感一个是对国家权力的分析，再一个是对财富的分析，尤其是对财富的分析，涉及劳动和享受、生产和消费这样一些问题。那么现在我们进入到一个更高的层次，就是"自我意识的判断"，我们要注意这个"判断"，这一部分主要是讲判断。那么第三个小标题（第 52 页）讲的是"服务与建议"，那就是讲推理了。而前面一部分可以说是讲概念，善与恶的概念。那么，判断就是讲"高贵意识和卑贱意识"，已经不仅仅是讲善与恶，而是讲人的自我意识与"善与恶"的关系。这建立起了一种判断。那么后面讲到"服务与建议"，就是推理。概念、判断、推理，这是有逻辑层次的。这一部分是讲判断，也就是讲"善与恶"跟自我意识、跟精神的一种关系。

自我意识于是在这两种精神力量中认识到自己的实体、内容和目的；它在其中直观到自己的双重本质：在一种力量中直观到自己的自在存 {271}
在，在另一种力量中直观到自己的自为存在。

"自我意识于是在这两种精神力量中"，哪两种精神力量？一个是国家权力，一个是财富。他在这两种精神力量中"认识到自己的实体、内容和目的"，自我意识在国家和财富中来认识自己的实体、内容和目的，也就是在异化了的精神世界中，以国家权力和财富作为自己的目的。每个人在现实生活中都以此为目的，一个是"权"，一个是"钱"。现实不就是这样吗？你求什么呢？一个是升官，一个是发财，这就是人生的目的嘛！自我意识在异化了的精神世界中，一个是追求财，一个是追求权，权力和金钱，这就是人生的两大主题。"它在其中直观到自己的双重本质"，在权和钱中它直观到自己的双重本质，就是说，自我意识在这里有双重的本质。"在一种力量中直观到自己的**自在存在**，在另一种力量中直观到自己的**自为存在**"，在国家中直观到自己的自在存在，在财富中直观到自己的自为存在。我们注意这个地方都是"直观"，直接地看到自己的自在存在和自为存在，凭借现实生活中很具体的国家权力和财富。我生在哪个国家就是哪国人，这是我的自在；我生来要赚钱糊口，这是我的自为。这都是很直观的，这都是自我意识里面的、本身所包含的双重本质。自我意识本质上是什么呢？一个它是国家的人，是社会的人，是共同体的人；另一方面它自己它是靠财富来维持生存的。至少要有一定的财富，无产阶级也要有一点财富，不然的话何以维生啊？这是双重的本质。

——但是自我意识作为精神，同时又是这两者的持存与个体和共相或者现实性和自我的分离之间的否定的**统一**。

这句话很拗口。就是说，自我意识在这两种力量中已意识到自己的实体、内容和目的了，但是自我意识"作为精神"——我们提到一个更高的层次来看，前面是讲自我意识的双重本质，这是很直接的，自我意识就是国家和财富这两种本质所构成的；但是精神比自我意识要更高，从自我意识到理性到精神，精神是更高的层次。那么自我意识作为精神，"同时又是这两者的持存与个体和共相或者现实性和自我的分离之间的否定的**统一**"，"统一"打了着重号。哪两方面的否定的统一？一方面是这两种力量的持存，另一方面，是个体和共相或者现实性和自我的分离，所以这是持存和分离的否定的统一。就是说，自我意识作为精神，提到一个更高的层次来看，要比前面的直接地直观更高。前面的直观那还是被动的，还是不自觉的，直观到了就是这么回事儿，一个是两种力量的持存，一个是双方的分离。但是如果提高到精神来看，自我意识同时又是双方的否定的统一，它跳出两者之外，高居于两者之上，来否定地统一这两者。哪两者呢？一方是这两种力量的持存，国家和财富都是持存的东西，都是一种现实存在，是生活中一刻都离不了的东西。另外一方呢，就是个体性与共相的分离，或者现实性与自我的分离。在国家中我直观到个体性与共相分离，国家是我的普遍本质，但它不是我，它对我是异化的；在财富中我直观到现实性和自我的分离，我自认为是自私的，但现实中我是在为社会作贡献。一个是持存，一个是分离；持存是两种力量的持存，分离是两种力量各自内部的分离，这使得它们不能持存：国家将由于个体性与共相分离而变得不稳定，财富则将由于现实性与自我的分离而遭到谴责。但是这两者之间在精神那里有一种否定的统一，自我意识当它提升到精神的高度的时候呢，就会把这两者否定地统一起来。什么叫"否定的统一"？这个从后面一句话可以看出来。

因此，统治和财富对个体而言都是作为对象而现成在手的，也就是作为这样一些对象，个体知道自己对于它们是**自由的**，认为自己能在它们之间进行选择，甚至能对它们中的任何一个都不选择。

这就是"否定的统一"的意思。"因此，统治和财富对个体而言都是作为对象而现成在手的"，也就是说，国家权力和财富这两种力量都是持存的对象。前面讲了这两种力量的持存嘛，你要把这两种力量的持存统一进来，那么两者的持存是必不可少的。"也就是作为这样一些对象，个体知道自己对于它们是**自由的**"，在这样一些对象面前，个体知道自己是自由的，所以虽然个体作为自我意识也在其中，但是自我意识作为精神可以跳出它们之上，保有自己的自由。注意这里的"统治"原文为Herrschaft，前面也译作"主人"，国家权力、统治与财富的关系相当于前面讲的主奴关系，而且正如主奴关系一样，从这里的统治与财富的关系中也产生出自由意识来，或者说，自由意识正是从这种关系中产生出来的。这种自由意识"认为自己能在它们之间进行选择，甚至能对它们中的任何一个都不选择"，我们可以选择从政，——这时我的个体性和共相就统一了；或者选择经商，——这时我的意谓和我的现实效果就统一了；甚至于都不选择——我既不从政也不经商，我隐居起来，或者我进修道院；或者哪怕我不去归隐，仍在现实生活中，我的自我意识也不在这些俗务中，而是去寻求精神的更高的事业，如艺术宗教哲学等等。这都是我的选择。自我意识作为精神就有这样的选择。自我意识本身在它的直观中无可选择，它必须参加其中的一方，要么是作为政治家，要么是作为劳动者、赚钱的人，从直观上来说它必须要参与。但是，作为精神来说它可以跳出来，它可以对它们做一种否定的统一，它可以对某一方说不，甚至对双方都说不。这就是否定的统一。它把双方都看作是一个我可以选择的环节，甚至于我可以不选择，不选择也是一种选择。所以它是保有充分自由的。

　　个体作为这样一种自由而纯粹的意识，所面对的是这样一种仅仅为这个个体而存在的本质。这样一来，它就把这本质当作是在它之内的本质来拥有了。

　　"个体作为这样一种自由而**纯粹的**意识"，这个时候，个体作为一种精神已经跳到了一种自由而纯粹的意识了，它已经从精神的这个层面上更上一层楼了。这跟前面那个纯粹的意识已经不同了，前面那个纯粹的意识是仅仅在意识之中进行一种概念的区分：善和恶，国家是善，财富是恶，那是一种纯粹意识的观念。而在现实中，它们体现为异化的对象，国家不见得就是善，而财富不见得就是恶，这个是前面已经讲到的。我们现在又回到了一种"自由而纯粹的意识"，这个纯粹的意识已经跟前面讲的那个纯粹意识不一样了，与单纯概念的东西已经不一样了，它已经可以自由选择，已经跳出这两者之的对立之上了。个体作为这样一种自由而纯粹的意识，它现在"所面对的是一种仅仅**为这个个体**而存在的本质"，它已经凌驾于两者之上了。前面讲到，善和恶的概念进入到现实，自身异化到了现实中，成了对象性的环节；但这个对象性的环节现在站在我面前，当我的自我意识作为精神而跳出来的时候，我们可以对它进行选择。那么这样一个纯粹的意识它面对的本质是仅仅为这个个体而存在的，因为我可以选择它。这样一来，它就是为我这个个体而存在的了，自我意识当它上升到精神的高度的时候，"它就把这本质当作是在它之内的**本质**来拥有了"。这个本质不是自在的，不是跟我无关的，也不是陌生的，而是在我之内的。这样一种纯粹的意识就把意识和对象打通了，把对象的异化扬弃了，它面对的这个本质实际上是为我的，它本身是由我支配的。这样一来,意识和对象就不再是格格不入的了,我不再是只能参与其中,陷入到它的对立之中,现在我可以跳出来对它们采取一种"否定的统一"的态度,它就在我之内。

——在这种纯粹意识中,实体的两个环节对它来说就不是国家权力和财富,而是关于**善和恶**的思想。

"在这种纯粹意识中","纯粹意识"就是思想了;前面已经讲到,纯粹意识是一个方面,现实是另外一个方面,我们先考察纯粹意识,然后我们考察现实的方面。现在我们又回到纯粹意识,这个时候我们的立足点已经更高了。在这里,"实体的两个环节对它来说就不是国家权力和财富,而是关于**善和恶**的思想",这个纯粹意识经过了现实性的异化以后,我们回到这个纯粹意识中,那么国家权力和财富作为两个环节,也就上升到纯粹意识,成了关于善和恶的思想了。在前面那个纯粹意识中它们只是善和恶的概念,但是现在是关于善和恶的思想,已经被提高了。提高到哪一步? 我们下面接着看。

——但是进一步说,自我意识是个体的纯粹意识与个体的现实意识的联系,是思维物与对象性本质的联系,它本质上就是**判断**。

也就是从概念提高到了判断。这个关于善和恶的思想不仅仅是在概念层面上把善和恶区分开来:国家是善,财富是恶,而是"进一步说,自我意识是个体的纯粹意识与个体的现实意识的联系,是思维物与对象性本质的联系"。这种联系就是前面已经讲到的,这双方的一种否定的统一。我可以自由地对它们进行选择,那岂不是把它们的联系建立起来了吗? 个体的纯粹意识与个体的现实意识、思维物与对象性本质的联系,"它本质上就是**判断**"。判断就是概念和对象的关系,就是说,它是纯粹意识与个体现实意识的联系,是一种思维物与对象性本质的联系,或者简而言之:主观与客观的联系。什么是联系? 也就是联结,把主词和宾词双方联结起来;靠什么东西联结起来? 靠判断,靠自我意识的否定的统一。这就是康德在《纯粹理性批判》里面讲到的"一切联结的可能性"。两个概念，你凭什么能够把它们联结起来？凭自我意识的统觉的本源的综合统一，由此而形成了判断，一切知识都是由于先天综合判断而形成的。判断就是用一个主观的范畴去联结一个客观的经验，把它运用于经验中、运用于现实中。所以这里也讲，思维物与对象性本质的联系本质上就是判断，"判断"打了着重号。也就是说，我们现在已经从概念进入到判断了。从概念上来说它是纯粹意识——关于善和恶的概念，但是现在也是关于善和恶的思想，但是这个思想已经从概念上升到判断。意识要和对象联结起来，不光是在意识里面转来转去，而是要具有现实性。所以这个自我意识的判断是前面两个环节的否定的统一，前面第一个环节是纯粹意识的概念，另两个环节是异化为现实、异化为现实性。这前面我们已经讲了。一个是在纯粹意识里面，我们要对这些本质进行考察，另外一个是在现实性、对象性的本质上面，来对它进行考察。考察了以后，我们回到自我意识的纯粹性，这个时候我们已经上升到精神的高度来对它们进行统一的把握了，而纯粹意识和现实性的对象两者的统一就形成了判断。

——诚然，对于现实本质的两个方面来说，凭它们的直接规定就已经表明了，究竟哪个是善和哪个是恶；善是国家权力，恶是财富。

"诚然，对于现实本质的两个方面来说，凭它们的直接规定就已经表明了，究竟哪个是善和哪个是恶"，凭它们的直接规定，直接规定也就是概念。凭它们在纯粹意识中的直接规定、直接概念，我们单靠分析国家权力和财富这两个概念，我们就已经能够确定哪个是善和哪个是恶了。那么很显然，单从概念上说，"善是国家权力，恶是财富"。因为国家权力是公共的，而财富是私人的嘛，国家权力是为大家谋福利的，那当然是善了，而财富是为你自私的个人，那当然就是恶了。单凭它们的概念我们就可以分析出这一点。

然而这个初步判断不能被视为一种精神性的判断；因为在这种判断[48] 中，一个方面只是被规定为**自在**存在者或肯定的东西，而另一个方面只被规定为**自为**存在者和否定的东西。

"然而这个初步判断"，初步判断就是直接从这两个方面的概念分析中得出来的判断，也就是"善是国家权力，恶是财富"这样一个初步判断，它"不能被视为一种精神性的判断"。也就是说，这种判断只能是概念分析上的判断，而不是有关对象的综合判断，后面这种判断是需要精神的。康德的逻辑判断和综合判断以及形式逻辑和先验逻辑的区别就已经有这种考虑了，我们这里要谈的是精神性的判断。就是说，自我意识现在不仅仅是作为一种纯粹意识、而且是作为一种精神来下判断的。所以这里所讲的自我意识的判断呢，是一种精神层面上的，或者说是一种社会意识层面上的，而不是一种单纯逻辑层面上或者单个人的纯粹意识中的判断。"因为在这种判断中，一个方面只是被规定为**自在**存在者或肯定的东西，而另一个方面只被规定为**自为**存在者和否定的东西"。这是从形式逻辑上来看待的。形式逻辑讲究"A ＝ A""A ≠ –A"、你是自在存在者就不是自为存在者、是肯定的就不是否定的。所以这两方面绝对地对立，绝对地分裂。一般的、形式逻辑上的判断是初步的判断，不是精神性的。在这种判断中相反的东西是绝对对立的、不可颠倒的，一个方面只是自在的或肯定的东西，另一个方面只是自为的和否定的东西，就是说，国家权力是自在存在者、肯定的东西，而财富是自为存在和否定的东西。这两方面是不能混淆也不能转化的，因为这是在概念的层面上确定下来的，是就是、不是就不是，形式逻辑所作的判断就具有这种特点。但是一旦你把这种判断投入到现实里面去加以考察，或者说，一旦你把这种纯粹意识和现实性结合起来，那就会起变化了。你不看现实可以，你单纯在概念里面转来转去，你可以下判断说："A ＝ A""A ≠ –A"、自在的就是自在的、自为的就是自为的。但是，这是闭眼不看现实，是在形式逻辑里凭借自己的抽象思想就可以得出的结论。

但是，它们是作为精神本质而存在的，每一个都是这两个环节的渗透，所以在那些规定中并没有穷尽它们；而且自我意识既然与这两环节都有联系,它就是**自在自为的**,自我意识因而必须以这种双重的方式跟每一方发生联系,藉此,双方都是自我异化了的规定这一本性就将亮明出来。

黑格尔讲的"精神的判断"跟前面的形式逻辑的判断不同的地方就在这里。"但是,它们是作为精神本质而存在的",一旦这两方面——国家权力和财富——作为精神本质而存在,你就不能够单纯从形式逻辑的概念分析来给它们做一个僵死的判断了。怎样作为精神本质而存在呢?"每一个都是这两个环节的渗透",就是说,国家权力也好,财富也好,每一方都有这两个环节,一个是自在的,一个是自为的,一个是肯定,一个是否定,都有这两个环节互相渗透。"所以在那些规定中并没有穷尽它们",在那些规定中,自在也好,自为也好,肯定也好,否定也好,善也好,恶也好,如果你把它们分开来看待,那它们都没有穷尽这两个环节,既没有穷尽国家,也没有穷尽财富。你单纯凭一个自在存在或肯定,你就能够穷尽了国家权力?你单凭一个自为存在或者否定的东西,你就能够穷尽财富?都没有。它们还包含有别的东西,还有对立面的东西,只不过一方面是显性的,另一方面是隐性的。你要穷尽它们,你就必须把对立双方的规定都考虑在内。"而且自我意识既然与这两环节都有联系,它就是**自在自为的**",自我意识是自在自为的,一方面是自在的,另一方面是自为的,这两个环节都包含在自我意识之中。自我意识跳出这两方之外或者之上,来对它们进行否定的统一,所以这两个环节都是它的环节。"自我意识因而必须以这种双重的方式跟每一方发生联系",自我意识必须以自在而又自为的方式跟每一方发生联系,跟国家权力发生联系,也跟财富发生联系,这才是一种精神的联系啊!这就不是一种形式逻辑上的联系了。"藉此,双方都是自我异化了的规定这一本性将亮明出来",通过这样一种双重的方式跟每一方发生联系,这就说明了双方都是自我异化了的规定,国家权力也是自我异化了的规定,财富也是自我异化了的规定。这样一个本性就是说,国家权力的本性是自我异化,财富的本性也是自我异化，善将变成恶，恶也将变成善，善恶互相转化，这就是它们双方的本性。从精神的自我意识这个层面上面来做判断的话，你就会发现这个判断是自身异化了的，它是向对立面转化的，而这样一种性质是它们的本性。这在抽象的意识中、在形式逻辑中看不出来，但是联系到现实生活并提升到精神，就会看出来了。我们休息一下。

好，我们刚才最后一句话是讲："自我意识因而必须以这种双重的方式跟每一方发生联系，藉此，双方都是自我异化了的规定这一本性将会亮明出来。"那么接下来他就是分析这样一种关系了。

现在，对自我意识来说，凡是它发现其中有它自己在内的那种对象，就是**好的**和**自在的**，而凡是它发现其中有它自己的反面在内的那种对象，则是坏的；善即是对象性的实在性与它的**同一性**；恶则是对象性的实在性与它的**不同一性**。

"现在，对自我意识来说"，我们现在开始进行分析，"凡是它发现其中有它自己在内的那种对象，就是**好的**和**自在的**"。对自我意识来说，当然是这样的了：凡是发现有一个对象，其中有我自己在内，那么这个对象就是好的和自在的。一个是好的，一个是自在的，也就是说它是靠谱的，它是在理的。为什么是好的呢？因为在它里面发现有它自己在内，有自我意识自己在内。我在一个对象上面发现它正是我想要的那个东西，那不就是好的吗？它就是我想要的东西本身。"而凡是它发现其中有它自己的反面在内的那种对象，则是坏的"，我发现里面有反对我的那个对象、有我自己的反面在内的那个对象，那当然就是坏的。"善即是对象性的实在性与它的**同一性**，恶则是对象性的实在性与它的**不同一性**"，这顺理成章嘛。既然一个对象有自己在内的就是好的，那它就是与自己同一的，我想要达到的就是那个目的，那个目的里面就有我所想要的东西，那岂不是好的吗？所以善就是对象性的实在性与它、与自我的同一性；恶呢，是对象性的实在性与自我的不同一性，这恶是要反对我的。

　　同时，凡是**对它而言**是好的和坏的，都是**自在地**好的和坏的，因为它恰好就是那种东西，在其中，**自在**存在和**对它而言的**存在这两环节是一回事；它是对象性本质的现实精神，而判断则是精神的力量在这些对象性本质身上的证实，这力量**使得**它们成为了它们**自在地**所是的东西。

　　前面是讲什么是好什么是坏，这个很容易区分。那个对象如果我觉得里面有我的东西，那个就是好的；那个对象如果我觉得里面有反对我的东西，那就是坏的。这个很明确。"同时，凡是**对它而言**是好的和坏的，都是**自在地**好的和坏的"，"对它而言"打了着重号，"自在地"也打了着重号。就是说，我认为是好的就是客观上好的，我认为是坏的那就是客观上坏的，我的一种主观的判断就是客观的情况。"因为它恰好就是那种东西，在其中，**自在**存在和**对它而言的**存在这两环节是一回事"，因为它，也就是自我意识了，因为自我意识恰好就是那种东西，它把自在存在和对它而言的存在这两环节看作是一回事。凡是进到自我意识中的自在的东西，就是对它而言的东西，对象就是我自己的对象；反过来，凡是对我而言的对象都是自在的对象。这一点从康德开始就开始确立：所谓自我意识的"统觉"就是把一切自在的东西看作是对自我意识而言的东西；当然在康德那里"自在之物"本身被排除在外，而在黑格尔这里，自在之物也被纳入进来了。没有一种所谓不可认识的、在自我意识之外的自在之物，自在之物也是在自我意识之中，而我认识到的就是自在之物本身。自我意识本来就是这样的，康德的自我意识还不彻底，他要彻底的话，他应该把自在之物也纳入进来。黑格尔的自我意识呢，在这里就比康德要彻底，他是从费希特来的，就是自我建立非我，"自我"和"非我"其实是一个东西。自在存在和为他存在是自我意识本身的两个环节，都是自我意识。"它是对象性本质的现实精神，而判断则是精神的力量在这些对象性本质身上的证实"，自我意识一方面是对象性本质的现实精神，对象性的本质就是自我意识的实现。我们在"对象性本质"里面看到了一种精神，但是这个精神是现实的精神，这个精神已经不再是停留在自我意

识的主观里面被封闭起来的,而是在自在之物身上客观体现出来的。而
判断则是要在这些对象性本质上证实精神的力量。一方面,自我意识是
对象性本质的现实精神,在这样一种两环节的统一之中,体现出自我意
识的对象性本质,从根本上来说其实就是一种现实的精神,或者是一种
在现实中实现出来的精神。自在存在实际上是一种现实精神的存在,或
者说是一种精神的现实性。精神实现为一个对象,把它变成了自在存在。
而判断呢,通过判断来把精神建立为一个对象,我们把一种精神的力量
跟一个对象联系起来,把精神的力量看作是在这些对象性本质身上的一
种证实,这就是判断。精神的力量看不见摸不着,但是在对象身上被证
实了,体现出来了。所以判断表明,这个对象本质上其实是精神的力量,
不是与我隔绝的自在之物,它就是我的精神力量。自我意识当它上升到
精神的程度,它所作的判断就使得那个对象本身、自在的对象本身显现
出了它的精神的力量。作判断是干什么呢?作判断就是干这件事情,就
是把一个对象性的本质和精神力量联系在一起。对象你不要看表面,你
要看到它的本质,你就会发现,这个对象其实就是精神。精神在哪里?
精神就在对象身上,主观的、自我意识的精神就在客观的对象身上得到
了证实。最后,"这力量**使得**它们成为了它们**自在地**所是的东西",注意
这两个着重号:"使得"打了着重号,"自在地"也打了着重号。本来自在
地所是的东西就是说它自在地在那里,它不是什么东西造成的;但是这
里的"使得"强调它其实也是被精神力量所造成的,这两个对立的概念在
这里变成了同一个概念,就是说,判断把一个东西建立成为了一个自在
的对象。所以自在之物并不像康德那里是预设的,先定了有一个自在之
物你不得跨越;恰好相反,自在之物本身就是由主体所建立起来的,是自
我意识使得这个对象成为了自在的,把它设定为自在的,用费希特的话
来说就是"自我设定非我"。这个"非我"、这个"自在之物"是自我所设
定起来的。这个自在的就不是一个僵死的规定了,而是在一个运动中建
立起来的东西了,这个"自在的"就完全变性了,已经不是康德所设想的

那种自在之物了。

善与恶的标准及它们的真理性不在于这些对象性本质自在的本身究竟直接是**同一的东西**还是**不同一的东西**，亦即不在于它们是抽象的自在存在还是抽象的自为存在，而在于这些对象性本质在精神与它们的联系中是什么，是它们跟精神的同一性还是不同一性。

现在我们回过头来看这个"善"和"恶"。"善与恶的标准及它们的真理性"，就是划分善和恶凭什么标准？善与恶的真理性何在？到底什么是善什么是恶？你怎么样划分？"不在于这些对象性本质自在的本身究竟直接是**同一的东西**还是**不同一的东西**"，这就是反驳前面的那种单纯形式逻辑的划分了。从纯粹意识、纯粹概念的层面上面简单地把它划分为一个是同一的，另外一个是不同一的，同一的就是善的，不同一的就是恶的，这是前面的那种初步的判断；但现在在这里已经看出来了，这种标准或真理性不在于此，"亦即不在于它们是抽象的自在存在还是抽象的自为存在"。前面的那种划分只是抽象的自在存在和自为存在，都是抽象的。如第 47 到 48 页的这句话："在这种判断中，一个方面只被规定为自在的存在或肯定的东西，另一方面只被规定为自为的存在或否定的东西"，这就是抽象的规定。但是现在我们看出来了，你要划分善和恶，不在于它们究竟是抽象的自在存在还是抽象的自为存在，而在于什么呢？"而在于这些对象性本质在精神与它们的联系中是什么"，而在于要跟精神联系起来，是就其与精神相关而言的。你要以精神来作一种判断，要从形式逻辑的那种单纯的概念规定、那种抽象的概念规定提升到精神的判断，上升到精神的层次来对它加以判断。上升到精神的层次那就不单纯是主观的、不单纯是纯粹意识了，那就要跟现实结合在一起了。你的判断是跟现实相关而不是跟概念本身相关。用康德的术语来说就是：不是跟形式逻辑相关，而是跟先验逻辑有关。康德的"形式逻辑"跟"先验的逻辑"，或者说"普遍的逻辑"跟"先验的逻辑"是两个不同的层次。形式逻辑的判断是概念和概念的关系，而先验逻辑的判断是概念和现实对象的关系、概念和经验的关系，这是不一样的。所以前面那种抽象的判断呢，它是概念和概念的关系，而这里讲的这个精神的判断，是把它们联系到与精神的关系，再看它们是什么，看善和恶是如何由它来规定的，要这样来看。"是它们跟精神的同一性还是不同一性"，你要看它们跟精神是同一的还是不同一的，不要单纯看它们跟概念是同一的还是不同一的。跟概念的同一关系和不同一关系是很抽象的，那是形式逻辑上的判断，我们现在所讲的已经不同了，已经是精神的一种关系了，所以在这个地方，它跟现实有关。精神层面上的判断跟现实有关。

精神与那些最初被建立为对象并通过精神而成为自在的对象性本质的联系，同时也形成了这些本质在自己本身中的反思，通过这种反思，这些本质获得了现实的精神存在，并显露出了什么是它们的精神。

"精神与那些最初被建立为**对象**并**通过精神**而成为**自在**的对象性本质的**联系**"，这句话的主词是"联系"，什么联系呢？是精神与那些对象性本质的联系，这些对象性本质最初被建立为对象，并通过精神而成为了自在的。最初被建立为对象，比如说国家权力和财富最初被建立为对象，精神使得它们成为自在地所是的东西。国家也好财富也好，都是通过精神而成为了客观的、成为了追求对象。国家是通过精神、通过个体所建立起来的一个作品，财富也是通过劳动、通过精神所创造出来的物品，它们都是通过精神而成为自在的本质。那么精神与那些本质的联系"同时也形成了这些本质**在自己本身中的反思**"。为什么形成了反思？这些本质、这些对象为什么要反思？就是因为它们和精神联系起来了嘛！它们本来是由精神建立起来的，这个时候把它们和精神加以联系，就形成了这些本质的自身反思。这些本质就意识到，原来我跟精神是有联系的，国家权力也好财富也好，都是跟精神有联系的。那么现在我从精神的角度，把精神跟它们联系起来下一个判断，通过这个判断我才能建立起善和恶的标准、善和恶的真理性。所以这种联系形成了这些本质的自身反思，"通过这种反思，这些本质获得了现实的精神存在，并显露出了

467

什么是**它们的精神**"，这句话也好理解了。通过在国家权力中和在财富自身中进行的反思，这些本质就获得了现实的精神存在，它们的精神存在就实现出来了。就是说，它们到底是一种什么样的精神存在？不然的话国家权力和财富都被看作是一种物质的存在——国家权力是一种强力，财富就是那些东西，那些产品，那些物质存在。但是，通过反思发现，它们里面有精神。国家本来就是大家一起建立起来的，财富也是每个人的劳动所建立起来的，那么这里头就包含有个体意识的一种精神创造。于是，什么是它们的精神的东西在这个时候就显露出来了。不反思暴露不出来，你表面上一看，以为这些都是一些物质关系，财富本身是一种过硬的东西，是 GDP，是每个人的收入，好像就是一些"东西"——我们现在有了那么多东西了。但是通过反思你发现了，其实它们都是人的精神所创造出来的，它们的水平代表了人的精神的水平。你不要把它们看作仅仅是一些"东西"。

但是，正如它们的第一种**直接规定**与精神跟它们的**联系**区别开来那样，就连第三种规定、它们特有的精神，也与第二种规定区别开来。

这个里头说得很晦涩了。但是我们联系前面讲到的——我们前面讲的不要忘记，或者我们读到这个地方的时候我们要翻到前面去看一看，要联系起来看。在读黑格尔的书的时候，包括读康德的书的时候，都要养成这种习惯：当你看到很晦涩的地方，你就要前后翻一翻。"正如它们的第一种**直接规定**与精神跟它们的**联系**区别开来那样"，它们的"第一种直接规定"是什么规定呢？第一种直接规定就是最初的纯粹意识的规定，如第 45 页下面一段讲："对这些环节既要考察它们最初在纯粹意识中如何被表象为**思想**或**自在存在着的**本质，又要考察它们在现实的意识中如何被表象为**对象性**的本质。"这里讲了两种规定，第一种是在纯粹意识中按照逻辑而对概念的划分，所以在第 47 页下面几行说道："诚然，对于现实本质的两个方面来说，凭它们的直接规定就已经表明了究竟哪个是善和哪个是恶，……然而这个初步判断不能视为是一种精神性的判断。"而这里也讲，对这些对象本质的第一种直接规定是与精神跟它们的联系有区别的，后面这种联系才能形成精神性的判断，这就是第二种规定，也就是对它们在现实意识中是如何由精神来表象为对象性的本质的，显然这种规定已经不再是直接的了，而是间接的、通过对现实的对象加以反思来规定的。而前面那句讲，"通过这种反思，这些本质获得了现实的精神存在，并显露出了什么是**它们的精神**"，这就进入到了第三种规定了。"就连第三种规定、它们特有的精神，也与第二种规定区别开来"，通过反思所显露出来的精神与这种反思的规定又不一样了，它现在是第三种规定了。第三种规定是什么？这里说是这些对象性本质的特有的精神，但具体是什么，这里还没有说。直到后面隔了好几段，他才点出来这种特有的精神就是高贵意识和卑贱意识（见后面第 51 页）。但要引出这第三种规定，还必须先对前两种规定的关系作更详细的分析。

　　——首先，它们通过精神跟它们的联系而显露出来的这**第二种自在**必定已经与**直接的**自在判然不同了；因为精神的这个**中介**毋宁推动着**直接的**规定性，使之成为了某种另外的东西。　{272}

[49]

　　"首先，它们通过精神跟它们的联系而显露出来的这**第二种自在**必定已经与**直接的**自在判然不同了"，这是呼应前面那句话"正如它们的第一**种直接规定**与精神跟它们的**联系**区别开来"。如何区别开来？首先，它们，就是这些对象本质，通过精神跟它们的联系而显露出来了第二种自在，这显然是和第一种直接的自在判然不同的。为什么不同？因为第一种规定是对自在的直接规定，而第二种规定已经不是直接的了，而是通过精神与它们的联系而显露出来的规定，虽然还是对自在的规定，但是已经是间接的、通过中介的规定了。前面那种是直接的自在，那么现在是通过精神的中介而判断出来的自在。"因为精神的这个**中介**毋宁推动着**直接的**规定性，使之成为了某种另外的东西"，因为现在把精神作为中介插进去了，因为有了精神这个中介，那些直接的规定性就被推动起来了，就像燃烧的火焰，使每个直接的自在规定都成为了某种另外的东西，成为另外一种自在了。另外一种自在是什么样一种自在呢？也就是使之异化了，成为了自己的反面。比如说国家权力直接地看是善，但由于掌握政权者个体精神的介入，就使得国家权力遭到异化，走向腐化堕落，成为了恶；而财富，本来是被看作恶，但是当你把精神插进去下判断，把它提升到精神的水平上来看，那么财富就成为了整个社会的善，这就是这些直接规定的异化。

　　这样一来，自在自为存在着的意识现在发现，在国家权力中固然有这意识的单纯本质和一般持存，但是并没有它的个体性本身，固然有这意识的自在，但没有它的自为存在，它毋宁发现，在国家权力中，行为作为个别的行为不被承认而被压服。

　　"这样一来，**自在自为**存在着的意识"，"自在自为"打了着重号，也就是在精神层面上的意识，因为在精神层面上已经把自在和自为统一起来了。这样一种意识"现在发现，在**国家权力**中固然有这意识的单纯本质和一般**持存**"，前面讲过，从精神的层面上来看，国家权力就是自我意识的单纯本质和一般持存。前面正是凭这一点而判定国家权力为善，因为我在国家权力里面看到了我的普遍本质，国家权力就是我们大家建立起来的嘛。但固然如此，现在却发现，在国家权力中却"并没有它的**个体性本身**"。国家权力是个体性的产品，是诸多个体性建立起来的，但它一旦建立，它就异化了，它并没有体现出自我意识的个体性本身，国家权力是抽象的集体，而不是每个个体。"固然有这意识的**自在**，但没有它的**自为存在**"，一样的道理，国家权力一旦建立起来，它固然有意识自己的自在存在，但是已经没有它的自为存在了，国家权力已经不是我随时可以决定它、改变它的了，我的自由决定权已经丧失了，已经没有我的自为存在了。"它毋宁发现，在国家权力中，行为作为个别的行为不被承认而被压服"，虽然国家权力是我们自己建立起来的，但是一旦建立起来，每个人的行为作为个别的行为是不被承认的。你的行为必须合法，如果不符合国家的法律，那你就得被压服、被镇压，你必须服从，必须让你服从。这就是国家的异化了。

　　个体于是在这种权力面前向自己本身反思；权力对它来说是压迫性的本质，是**恶**；因为权力已不是与个体性同一的东西，而是与个体性完全不同一的东西了。

　　"个体于是在这种权力面前向自己本身反思"，就是我本来把这个国家看作我的普遍本质，我是个公民，我为此而自豪，但是这个国家总是压迫我，让我不能为所欲为，那么我就要回过头来，向自己本身反思了：国家权力对我来说真的是我的本质吗？"权力对它来说是压迫性的本质，是**恶**"，如果要说是本质的话，那就是压迫性的本质，它是我的本质，但是它现在已经异化了，已经变成了一种对我的压迫，所以它是恶。我在这个国家权力之下不得自由，那不是恶吗？它已经变成异己的东西了。本来我在国家里面看到了我自己，看到了跟我的同一性，所以我把它判定为善的；现在呢，我在它里面看到了我的同一性的反面，那它就是恶了。"因为权力已不是与个体性同一的东西，而是与个体性完全不同一的东西了"，这就是恶的定义嘛，我就有理由把国家看作恶，甚至把它称之为"专制""暴政"，那就是跟我完全不同一的东西了。这就是国家权力，它从第一种直接的规定出发，一旦把它跟精神联系起来，我们就发现，它已经转化为它的对立面了。虽然它还是自在的，但是这个自在已经不是自在的善，而是自在的恶，它对于我的自为存在进行压制。所以抽象地来讲、一般来说国家是善的，而私人财产是恶的；但是一到现实中，国家就变成了恶的。你在设计的时候都设计得很好：国家如何为人民服务，是人民的公仆，但是一到现实中呢，你成了它的奴隶，它是你的压迫者。

　　——相反，**财富**是**善**；它导致普遍的享受，它牺牲自己，并给一切人带来对他们的自我的意识。

　　"相反，**财富**是**善**"，也就是说，现在财富反倒是善了。因为前面讲财富是恶啊，但是那是抽象地讲，如果在精神的自我意识的判断中，跟现实联系起来，我们就会发现，财富本来是恶，现在已经转化为善，已经变成善了。这个道理前面已经讲了，就是说，财富你自以为是自私自利的，你自以为是恶的，但是客观上实现出来是对大家有好处的，那就是善。私有财产本身，就主观目的来说是自私的，但是就客观来说，它恰好是有利于整个国家，有利于人民的。因为"它导致普遍的享受，它牺牲自己，并给一切人带来对他们的自我的意识"，它导致普遍的享受，普遍的享受那就是享受财富，就是消费财富，财富就要牺牲自己。财富通过牺牲自己，给一切人带来了对他们自己的自我的意识。你有财产，你就有自我意识，你就有自我独立的意识。财富、财产会给你带来自我意识，我们经常讲"自我意识"，但是为什么都没有自我意识？因为没有私有财产。连我们脚下的这块土地都不是我的，那能有自我意识吗？那种自我意识是飘的，是没有根的，那就形成不了一个固定的、确定的自我意识。但是如果有私有财产，那么你的自我意识就有了根。孟子也讲"有恒产则有恒心"，为什么有恒产才能有恒心呢？你的财产不可侵犯，你才能在这个上面建立起你的独立的自我意识。当然孟子的意思并不是这个了，但是我们可以借这个来理解，就是说，西方人的私有财产不可侵犯是一个非常根本的原则，一切国家的原则、一切法律、法制都是建立在这之上的。私有制、私有财产不可侵犯，看起来是恶的，我们从道德批判的眼光要消灭私有制，但是从现实中来说呢，私有制恰好是善的根基，你把它取消了就会带来恶。我们中国几十年以来的社会实践已经证明了这一点：你把私有财产完全取消以后，连农民养个鸡也要当作"资本主义尾巴"割掉以后，那就无法无天了。当任何一种财产都被剥夺了，就是以消灭私有制的名义来行恶、来作恶。道德上很正大光明，在现实中很残酷，在现实中是无法无天。英国古典经济学提示出来，在一定社会条件下，财富是一个好东西，哪怕你主观上是自私自利的，在道德上你可能是站不住脚的，但是在现实中你应该看到，它其实是一切道德的根基，而主观上的道德如果没有现实的根基的话，也会变成虚假，也会变成伪善。所以财富是善，它导致普遍的享受，它牺牲自己给一切人带来对他们自我的意识。你通过享受知道财富的好处，并且你在财富上面有你的自我的根基，这就使你能够意识到你的自我。

它自在地是普遍的善行；如果它并未作出某件善事，并未满足每一个需要，那么这是一种偶然性，无损于它的将自己传播给一切个别人、作为一个千手的施与者这一普遍必然的本质。

"它**自在地**是普遍的善行"，就是说，财富这种东西，主观上你认为它是一种恶，但它自在地、客观上是一种普遍的善行。"如果它并未作出某件善事，并未满足每一个需要，那么这是一种偶然性"，如果你指定它要做某件善事，或是对每一个需要都要满足，它也许做不到，例如交流不畅，有个别地方没有和市场沟通，或者投资总会遇到风险，经营不当而失败等等，这都是偶然性。"无损于它的将自己传播给一切个别人、作为一个千手的施与者这一普遍必然的本质"，无损于它的普遍本质，就是说，它本质上是要把自己的好处普遍地传给每一个人，每一个人都必然从中得益。例如我们今天热衷于引进外资，振兴地方经济，并不因为别人想赚我们的钱就将他拒之门外。人们都懂得，经济发展起来了，对每一个人都是有好处的。当然，它未见得每一件善事都能够做，也并不见得就满足了每个需要，但是这是偶然的；从必然的方面来看，从大局来看，它的普遍必然的本质应该是将自己传播给一切个别人，财富会扩展开来、蔓延开来，影响到每个人。少数人先富起来，这是对的，少数人先富起来会带动一大批人。当然前提是要有一定的规范，要把私有财产不能侵犯作为一种规律，那么一个人的财富就会带动一大批人，乃至于成为千手的施与者，如同一个千手观音。反之，如果财富与权力的腐败倾向勾结起来，那就会导致"权贵资本主义"，就只有少数贪官污吏先富起来，好事就会变成坏事了。我们今天的一部分人先富起来之所以没有达到这个效果，就是因为没有确立财产私有。虽然我们有《物权法》，但是它是很不彻底的。没有私有制不可侵犯的这样一种原则，所以导致了腐败。所以黑格尔的眼光是非常现实的,他从英国的古典经济学里面吸收了很重要的东西,来解说我们这个社会的运转,乃至于他的观点里面有很多我们可以把它看作"历史唯物主义"的。马克思的《资本论》的思想也是从古典政治经济学里面发展出来的,所以他跟黑格尔有很多地方都是非常接近的,甚至于有很多地方可能就是受到了黑格尔的影响,包括他去研究英国的古典政治经济学。当然还有别的影响,但是黑格尔的影响也是不可忽视的。黑格尔的《精神现象学》马克思是读得很熟的,在这方面肯定也有影响。

这两种判断给关于善和恶的这些思想提供了一种与曾经在我们看来它们所具有的那种内容相反的内容。

"这两种判断",一个是对于国家,一个是对于财富。我们现在上升到精神的层面来作判断,就会发现它们"给关于善和恶的这些思想提供了一种与曾经在我们看来它们所具有的那种内容相反的内容"。话说得很别扭,但是实际上很简单,就是说,这两种判断使得它们的善和恶颠倒过来了。原来我们认为国家的内容是善,财富的内容是恶;而现在,国家从善变成了恶,财富从恶变成了善。当你从精神的角度来看,着眼于现实的表现,着眼于现实中活生生的人在掌握国家权力和财富时的表现,而不是仅仅停留在抽象的形式逻辑的判断、概念分析上,那么它们的内容就会完全相反;或者说,它们的内容就走向了自己的反面。通过这种判断,我们就颠覆了过去的概念。

——但自我意识才刚刚只是不完全地跟自己的对象发生了联系,也就是说,仅仅按照**自为存在**的尺度发生了联系。

但这种判断还不够啊,仅仅是说这个国家权力从善变成了恶,财富从恶变成了善,那么是不是我们就可以断言:国家就是恶的,财富就是善的呢? "在现实中,国家是恶的财富是善的",是不是可以作出这样的结论了呢? 当然还不是,这样一种判断还是一种初步的。所以他讲:"但自我意识才刚刚只是不完全地跟自己的对象发生了联系, 也就是说, 仅仅按照**自为存在**的尺度发生了联系"。我们还有必要从自在存在的角度来与对象发生联系, 因为只是从个人的活动的角度, 从他们的自为存在的角度来联系自己的对象, 这都只是初步的, 精神的判断还没有完成。精神的判断还要往前走, 又走向自己的对立面。

　　但是, <u>意识同样也是**自在**存在着的本质, 它必须同样使这一方面也成为尺度, 借此才完成了精神性的判断。</u>

　　精神性的判断有两方面, 一方面是从自为的存在来看、来做精神性的判断, 那么就发生了前面所讲的那种颠覆: 善变成恶, 恶变成善; 另一方面则是从自在的存在来看, 那会怎么样呢? "意识同样也是**自在**存在着的本质, 它必须同样使这一方面也成为尺度, 借此才完成了精神性的判断", 也就是说, 还要往前走一步, 从另外一个方面, 即从自在的角度再加以判断, 以自在的本质为尺度再加以判断, 使它最终变成一种自在自为的判断。这才是完成了这个判断, 而前面的仅仅从自为的方面所做的判断还未完成。从自为的判断进到自在的判断, 以建立自在自为的判断——既是自为的又是自在的判断, 这才完成了这样一个判断的历程, 精神性的判断应该是这样的。这种运动中的判断和形式逻辑的静止的判断是不同的。

　　<u>按照这一方面, **国家权力**对自我意识表现出来的是自我意识的**本质**; 国家权力一部分是静止的法律, 一部分是行政, 以及对普遍行为的那些个别活动作出安排的指令; 前者是单纯的实体本身, 后者是实体激发和维持它自身及一切人的那种行为。</u>

　　"按照这一方面", 也就是说我们从自在自为的这方面来看, 前面我们已经从自在的方面提升到了一个自为的方面, 现在我们对自为的方面再加以否定、再加以颠倒, 形成一个否定之否定, 也就是再从自在自为的方面来看。"**国家权力**对自我意识表现出来的是自我意识的**本质**", "本质"打了着重号。也就是说, 尽管从我的自为方面看, 自我意识受到国家

权力的压迫，觉得自己很不自由，但是你没有看到国家权力恰好是你的自在的本质。国家不是你表面上单凭你的自为存在所感觉到的那样，从自为存在来说当然你是觉得你受到了限制，但是国家权力对自我意识表现出这是你的本质，尽管你觉得不自由，但它还是你的本质，你真正的自由还是在国家权力那里。"国家权力一部分是静止的法律，一部分是行政，以及对普遍行为的那些个别活动作出安排的指令"，国家权力有两部分，一部分是静止的法律，法律一旦制定那就是不动的了，那就是静止的了。另一部分是行政，这是活动的部分，它发布命令，对普遍行为的那些个别活动作出安排。"行政"也可以翻译成"政府"，Regierung，即"管理、管控"的意思。就是对国家普遍行为的具体活动下达指令，这是活动的方面。静止的方面就是法律，一切要按法律办事。法律是不能轻易修改的，法律要修改一次很麻烦，一般来说是不动的。你要审判，你要裁决，必须以法律为准绳，要有根据。而在管理中，在掌控中，在行政中，那就必须要由代表国家权力的政府来执行，就体现为它的一整套命令和强制。"前者是单纯的实体本身，后者是实体激发和维持它自身及一切人的那种行为"，这个是分别讲了。前者是单纯的实体本身，那就是法律了，法律是国家权力的单纯的实体本身；后者是实体激发和维持自身以及激发和维持一切人的那种行为，这就是在活动中、在运动中来考察的。前者是静止的，单纯的实体本身那是静止的，那是法律条文。后者呢，就是那种行为，它不断地激发和维持它自身，同时激发和维持一切人的行动，指示人们应当如何做。没有这种激发和维持的行为，政府就形同虚设了，就叫作"不作为"，国家权力也就失效了。而这两部分，一静一动，都是自我意识的自在的本质。

因此，个体发现在国家权力中它自己的根据和本质得到了表现、组织和实行。

个体"发现"在国家权力中它自己的根据和本质得到了表现，得到了组织，得到了实行。这不就是它的本质吗？你当然受到它的约束，你觉得很不满意,你觉得这个国家简直要不得,是压迫人的,你要把它推翻;但推翻了又怎么样呢?推翻了你的本质也没法得到表现了。我们可以设想,如果没有国家,无政府主义者设想没有国家,那个体还能够表现自己的本质吗?它们以为可以,但实际上是不可以的。个体发现在国家权力中它自己的根据和本质得到了表现,当然不是它的每一个愿望都得到了表现,甚至可能它的大部分愿望都得不到表现,但是它的"根据和本质"得到了表现。再一个,得到了组织,你一个人不需要组织,但是你在一个社会中生活,你的根据和本质要得到表现,就必须有一种权力来组织。最后,得到了实行,具有了可行性,你的根据和本质只有通过国家权力才有可行性,否则的话,你仅仅把你的那种欲望当作你的根据和本质,那是没有可行性的。你那个为所欲为的目的是得不到实行的,现实中是不可能的。所以你的根据和本质如果没有国家的话,就不能够得到表现,不能够得到组织和实行。在这个意义上,国家权力即使让你感到压抑,但它恰好又是你的本质的一种体现,你必须要把它看作是自己的事情。那么在这个意义上面,国家权力岂不又是善吗?它既是恶又是善。从它压制个体这方面来看,它是恶;但是从它表现了个体的本质、它是表达个体本质的实体这个角度来看,它也是善。这个观点比前面那个观点更加高,它是自在自为的观点。前面那个是自为的观点:国家权力从善变成恶,这是国家权力的本性;但现在我从自在自为的观点来看,我可以认为它虽然是恶,但归根结底又是善。所以我们不能不要国家权力,我们只能去寻求一个"最不坏的"国家权力。我们说西方民主制度是西方人所寻找到的一个"最不坏的制度",没有最好的制度,只能说它最不坏。从这个角度来看,我们又可以把它看作是善的,"不坏的"实际上就是善的了,是对善的一种否定式的表达,也就是对恶的否定之再否定,实际上也就是更高层次上的善了。

　　——与此相反,通过**财富**的享受,个体经验不到它的普遍本质,而是只得到**短暂的**意识,以及对它自己作为一种自为存在的**个别性**和与自己的本质的**不同一性**的享受。

国家从恶又变回到善了,那么"与此相反",财富则从善变回到了恶,变回到了一种不善。"通过**财富**的享受,个体经验不到它的普遍本质",当然每个个体都经验到自己的本质了,所以他们才称赞财富是一种善嘛;但是它经验不到它自己的普遍本质。"而是只得到**短暂的**意识",财富使个体得到了自我意识,但这个自我意识只是短暂的意识。消费、享受只是一时的,只是暂时的满足,坐吃山空,你消耗完了,你就觉得自己丧失本质了,你又不得不去劳动、赚钱,重新积累起可以供你享受的财富。所以财富是"水性杨花"的,它只是短暂地属于你,个体对它的享受只不过是"对它自己作为一种自为存在的**个别性**和与自己的本质的**不同一性**的享受"。你那种享受只是对你自己作为一种自为存在者的个别性的享受,只是对与自己本质的不同一性的享受。这种享受,作为自为存在的个别性,那就还是自私的、不能共享的;作为与自己本质的不同一性,那就还是恶的,是违背自己的本质的。你要享受? 当然可以,谁不爱享受呢? 但是在享受中你会发现,你穷得只剩下钱了,你的生活贫乏得只剩下享受了,只剩下吃喝玩乐和纵欲了,你的生活变得空虚了。一个成天只是吃喝玩乐的人,会觉得自己丧失了自己的普遍本质。他所得到的只是一种个别性的、与自己的普遍本质不同一的享受。我的本质跟这种享受是不同一性,我享受的只是这种不同一性,带有一种罪恶感,而不是真正地对我自己本质的一种同一性的享受。在财富的享受中我会感觉到这样的生活实际上是不道德的,是不善的,是不对的。

[50]　　因此,善与恶的概念在这里就获得了跟以前相反的内容。

善与恶的概念在这里又跟以前相反了。这里有两个相反,即否定之否定:前面讲到这个颠倒,国家跟财富互相颠倒,一个是善的变成恶的,一个是恶的变成善的;现在呢,否定之否定,又来了一次颠倒,跟前面所表明的内容完全相反。而就总体倾向来看,黑格尔本人更崇尚于最后一种观点,就是这个合题:国家是善的,虽然它也恶,但归根结底是善的;

而个人的财富和享受呢，虽然是人人都追求的好东西，但却是暂时的，归结为人类恶劣的情欲。当然人类恶劣的情欲有善的方面，它是推动世界历史的动力，人的恶欲是推动世界的动力，人的激情是理性实现自身的工具，所以它有恶的方面也有善的方面，而归根结底是恶的。两者之间，他更推崇的是国家，国家是终极目的的善，而财富不过是世界历史的工具，是作为工具的善。所以后来黑格尔在《法哲学原理》里面特别赞扬"国家是地上的神"，国家是行进着的世界精神。它虽然对于人类、对于每一个个体有它的恶的方面，有它的压迫性的方面；但是人类终究会发现国家是他们的本质，到那时，国家将表现出它的全部完善性来。所以黑格尔在他的思想里面是包含着国家主义因素，但他不是简单地、盲目地一味推崇国家，不是为了向普鲁士国王献媚，我们通常这样解释他的这一观点，其实没那么简单，他有他的一套理论分析，有他的一套辩证法的思考在里头，我们在这里也要看到这一点。好，今天就到这里了。

＊　　　　　＊　　　　　＊

好，我们今天接下来再讲这两种意识：高贵意识和卑贱意识。我们上次已经讲到了自我意识对现实进行一种判断，就是对现实的国家权力以及财富，自我意识要采取一种判断，这种判断实际上是一种态度，就是说，当自我在对象中发现了与自己的同一性，那么就把它叫作是好的；发现与自己的不同一性，那么就把它叫作是坏的。这就是善和恶。善和恶的标准已经提出来了，但是这种标准还是抽象的：就是一般来说，我如果能够看出我能够认同的，我就把它称之为"善"，看出对象中我不认同的，我就把它称之为"恶"。这是从抽象概念的层次来下判断。但是，这种判断一旦进入到现实，进入到现实的国家权力和财富的时候，就会发生转化：善转化为恶，恶转化为善。这就是一种异化的形式。那么这种异化的形式，从自为的方面来说，也就是从主观方面来说，我们把它看作是一种异化；也就是说，对主观来说，善的也好恶的也好，它们互相之间有一

479

种颠倒。但这种主观判断在它的对方、它的对象上呢，还应该有一种客观的判断，或者说，有一种自在的判断。也就是说，在客观方面，国家权力虽然对你有一种压迫，有一种异化，但它还是你的本质；这个财富呢，虽然被你看作是恶，但它其实还是一种善。所以这里有两个转折，首先从概念方面我们提出一个标准，什么是善什么是恶？我们有了一个标准。然后，我们把这个标准自为地运用于现实中，也就是根据我主观的态度来看待现实的国家权力和财富。那么我们就会发现，善的国家权力变成了一种压迫，而恶的财富成为了一种普遍的本质，成为了一种对社会有益的活动。但善的这种有益的活动对于自己的主观的本质来说呢，又是不同一的。也就是说，从这个自在的角度来看，国家权力又回到了它的善，而财富又回到了它的恶，回到了它的不同一性。这个财富不管怎么样，它还不是人们真正追求的普遍本质，它有它的个别性。所以善恶的概念获得了跟以前相反的内容。这是上一次我们已经讲到过的。就是说，它有两次颠倒：国家权力从善颠倒为恶，那么财富呢从恶颠倒为善，从自为的角度看是这样；但从自在的角度看呢，又是一次颠倒，国家权力从对人的压迫中又显露出，它实际上还是人的客观本质；而财富呢好像是与人为善的，但是它不是人的本质，它的层次是很低的。所以这又获得了一种相反的内容。所以上面最后这句话等于是在不同的层次上重复了一遍："善与恶的概念在这里就获得了跟以前相反的内容"，这个意思在这一段的开始已经讲过一次了，就是"这两种判断给关于善和恶的这些思想提供了一种与曾经在我们看来它们所具有的那种内容相反的内容"。这一段话很奇怪，就是第一句话和最后一句话意思是相同的，但是层次上是不同的。第一句讲的相反的内容呢，是在概念进入到现实的判断的时候、从抽象的判断进入到现实的判断的时候，它有一次颠倒；那么，第二句话讲的呢，是从这个现实的判断中，撇开它的主观感受而从它的客观本质来看的时候，它又有一次颠倒，又有一种相反的内容。这是两次颠倒，两次颠倒代表了两种判断方式，一种是从主观的方面出发，另一种是从客观的方面出发；或者用黑格尔的话来说，一种是从自为的眼光来看，另外一种是从自在的眼光来看。从自为的眼光就是说：对我有好处的、我认可的，那就是好的；我不认可的，那就是坏的。从自在的角度来看就是说：不管你自己认不认可，它客观上是怎么样的？这是超越个人的主观态度之上的。我们看看今天的接下来的这一段。

这两种方式的判断，每个都发现一种**同一性**和一种**不同一性**；第一种判断的意识发现国家权力是与自己**不同一的**，财富享受是与自己**同一的**；而第二种判断则相反，发现前者是与意识同一的，而后者是与意识**不同一的**。

经过前面两段的展示，这句话不难理解。"这两种方式的判断"，哪两种方式的判断？一种是从自为的立场上来做的判断，另一种是从自在的方式来做的判断。从自为的方式来做判断呢，就是我所认可的、跟我相同一的、在我的意识里面我可以接受的，这就是善的，否则就是恶的。另外一种呢就是说，从自在的方面来看跟人的本质相同一或者是不相同一的，才是善的或者恶的，不是从你的主观态度，而是从客观上人之为人。比如说国家权力，你再怎么觉得它不可忍受，但是你能离得了国家权力吗？人是社会的动物，人必须在国家权力之下才成其为人。这就是人的自在的本质，不以你对国家权力的态度为转移。所以从客观方面呢，我们也可以下一个判断，这个判断比前面那个判断应该说更高。所以他讲："这两种方式的判断，每个都发现一种同一性和一种不同一性"。从自为的判断来看，我们就发现了一种同一性和不同一性，就是：在国家权力里面，它跟我不同一，国家权力成为了我的压迫者，是不同一；那么在财富里面呢，我发现它的同一性，它满足了不光是我而且是所有人的需要，它是一个千手的施予者。那么从自在的方面来说呢，也有一种同一和不同一，就是：自在地来说人脱离不了国家权力，国家权力是人的本质；从不同一的方面来说呢，人的财富，尽管人们都需要，但是它并不是人的本质的东西——满足人们动物式的需要，满足人的享受的需要，那只是暂时的，它不是人的本质。所以每一种都发现一种同一和不同一，"第一种判断的意识发现国家权力是与自己不同一的，财富享受是与自己同一的，而第二种判断则相反，发现前者是与意识同一的，而后者是与意识不同一的"，这句话比较简单。

这就现成地有两次**同一性的发现**和两次**不同一性的发现**，即对上述那两种实在本质性现成地有一种相反的联系。

这是对上面的一种解释了。现在，"我们现成地有两次**同一性的发现**和两次**不同一性的发现**"，两次同一性的发现都是同一性，但是内容不同：一次是财富，一次是国家权力；两次不同一性的发现，内容也不同：一次是国家权力，另一次是财富。"即对上述那两种实在本质性现成地有一种相反的联系"，上述那两种实在的本质性，也就是国家权力和财富，它们都属于实在本质性。我们的发现与它们现成地有一种相反的联系，所谓"现成地"，就是说摆在那里的，未经反思的，还没有经过深入分析，反正就有两种这样的本质性已经现成地摆在那里了。后面还要讲到，其实是说有两种这样的人，有两个不同的阶级，他们各持一端、各持己见，现成地有一种相反的关系，或者说一种对立关系。

——我们必须对这两种不同的判断本身进行评判，对此，我们必须用上前面所提出来的那个标准。

"我们必须对两种不同的判断本身进行评判"，这两次判断我们前面已经讲了，一种是自为的判断，一种是自在的判断，或者一种主观判断，一种客观判断。那么这两种不同判断本身值得我们来评判一番，在这里"我们必须用上前面所提出来的那个标准"，前面提出的什么标准呢？我们看 48 页的第二段，这就是我们的标准："现在对自我意识来说，凡是它发现其中有它自己在内的那种对象，就是好的和自在的，凡是它发现其中有它自己的反面在内的那种对象，就是坏的。善即是对象性的实在性与它的同一性，恶即是对象性的实在性与它的不同一性。"这就是善和恶的标准。善和恶我们要区分,善的判断和恶的判断我们也要区分,按什么标准区分? 就按这个标准:凡是与自我意识同一的、凡是自我意识发现其中有自己在内的,那个对象就是善的;凡是发现这个对象有自己的反面在内的,我们就把它判断为恶的。这就是一个判断的标准,或者说一个尺度。这里的"我们",同样是指的我们这些读《精神现象学》的人,旁观者,我们要进行一番客观的评判,不要陷入当事人的偏见。

据此,意识的**发现同一性的**那种联系,就是**善**,意识的发现不同一性 {273}
的那种联系,就是**恶**,而且这两种联系方式从此本身就可以被确立为**意识的两种不同的形态。**

"据此",也就是按照这个标准、按照这个尺度,"意识的发现同一性的那种联系,就是**善**",意识有一种发现同一性的联系,这种联系就是善。"意识的发现不同一性的那种联系,就是**恶**",意识用来发现不同一性的联系就是恶。这里的联系,就是判断,也就是主词和谓词的联系。这就是按照前面的那个尺度而来的标准,前面已经讲得很清楚了,什么是恶,什么是善,我们就根据这个标准来衡量。"而且这两种联系方式从此本身就可以被确立为**意识的**两种**不同的形态**",这两种联系方式,也就是这两种判断方式,"从此",也就是在下面我们马上要这样做,马上要将它们本身确立为意识的两种不同的形态。"不同的形态"是什么? 这里还没讲,其实就是后面讲的"高贵意识"和"卑贱意识"。这就是"我们"跳出这种颠来倒去的意识迷津而看出来的,就是它们其实是意识的两种不同的形态在生成。

意识通过以不同的方式来对待,而本身从属于要么是好的要么是坏的这种差异性的规定之下,而不是看它将会以**自为存在**为原则还是以纯粹**自在存在**为原则,因为这两者是同样本质性的环节;上面考察过的那种双重判断曾把这两个原则表象为分离的,因而只包含有**判断**的**抽象**方式。

"意识通过以不同的方式来对待,而本身从属于要么是好的要么是

483

坏的这种差异性的规定之下"，意识从属于差异性的规定之下，什么差异性的规定性呢？就是"要么是好的要么是坏的"，要么是善要么是恶。这是因为，意识根据这两种非此即彼的方式来对待善恶关系。判断善恶的标准前面已经讲了，那么意识如何判断善恶呢？以不同的方式来对待，要么把自己从属于善的规定之下，要么从属于恶的规定之下，这样来作出区分。这当然是一种很幼稚很初级的态度了。这两种不同的态度方式本身就从属于好的或者是坏的差异的规定，但这样的态度或方式是很表面的，仅仅取决于意识的主观立场。"而不是看它将会以**自为存在**为原则还是以纯粹的**自在存在**为原则"，不是由自为存在或者是自在存在这两个原则来作判断。如果以这两个原则来作判断，那就没有那么绝对对立、判然二分了，善或恶就会成为同一个统一体的两个不同方面，"因为这两者是同样本质性的环节"。不管是从自为存在来判断，还是从自在存在来判断，它们都是同一个本质性的两个不同环节。因此在两种判断的每一个判断里，自为存在里面都有自在存在的因素，而自在存在里面也有自为存在的因素，两者是相互渗透的。虽然第一种判断是从自为存在的角度、或者从主观的角度来判断的，后一种判断呢是从客观的角度、从现实的角度来判断的，但是主观的态度和现实的态度里面都有自为存在和自在存在的环节。这就是精神性的判断了，在这种精神性判断里面，你不能把自为存在和自在存在完全分隔开来，分别归之于采取这两种判断的根据。它不是根据自为存在和自在存在简单地这样划分来判断善恶的，不是说你主观上看是这样的一种判断，客观上看又是另外一种判断。而是主观里面有客观的，客观里面也有主观的。就是说，从自为存在的角度来看，它里面有"自为的自为"和"自为的自在"；从自在的角度来看呢，它有"自在的自为"和"自在的自在"。"自在的自在"我们前面也已经看到过了，在第48页倒数第3行："首先，它们通过精神跟它们的联系而显露出来的这**第二种自在**必定已经与**直接的自在**判然不同了"。就是说，"自在"也有两个层次，你不能单纯凭自在就把它区别开来。那么相

应地，那个"自为"也有两个层次。"自在"和"自为"都是双重的：在这
两个判断中，已经体现出两种不同的"自在"和"自为"的关系，不是简单
地就凭"自在"和"自为"把这两种判断区别开来。这就是一种很复杂的
关系、一种交织的关系了。但在非此即彼的判断方式中并不是这样的。"上
面考察过的那种双重判断曾把这两个原则表象为分离的，因而只包含有
判断的**抽象**方式"，上面考察过的那种双重判断，我们可以翻到第47页
倒数第2行，他说："然而，这个初步判断不能视为是一种精神性的判断；
因为在这种判断中，一方面只被规定为**自在存在者**或肯定的东西，而另
一个方面只被规定为**自为存在者**和否定的东西。"这就表明，在这种"初
步判断"中只包含有判断的抽象方式，因为它的双重判断的双方，即自在
存在和自为存在，是完全对立而互不相干的，所以它不能看作一种精神
性的判断。我们前面讲了，那种初步的判断方式就是从抽象概念来进行
判断，这实际上还在概念的层次，还没有真正进入到判断的层次。按照
黑格尔的《逻辑学》，抽象的形式逻辑的判断仅仅是对概念进行分析，那
种判断还是抽象的，还不是真正的判断；真正的判断是一种原始的划分，
即德文 Urteilen。Urteilen 的字面意思就是"原始的划分"。你要进行划
分、原始的划分，不是说已经有两个东西摆在那里了，然后呢你去对它们
进行判断，而是同一个东西把自己原初地划分成两个环节，这才是所谓
的"精神性的判断"，而不是抽象的判断。那么在这种抽象的形式逻辑判
断里面呢，你可以把它外在地区分开来，一个是自为存在者，另外一个是
自在存在者，但不是同一个东西的自我区分。这是在那种形式逻辑的抽
象的层面上所作的判断，这种判断一旦投入到现实中，马上就会被否定，
而向对立方面转化。从形式逻辑的角度来看，国家就是善，财富就是恶。
抽象来说当然你可以这样说：国家，那是人的本质，人是社会的动物，从
这个定义就可以把国家定义为善的；而财富呢，那是物的东西，那是低层
次的东西，它不可能是人的本质，所以它是恶。但是一投入到现实中马
上你就会发现，国家转化为恶，而财富转化为人人需要的善。这就已经

投入到现实,已经不是抽象的判断了。而这个现实中的判断呢,又经过了一个反复,我们刚才讲的,就是国家又回到还是人的现实的本质,而财富呢它不是人的现实的本质。这里有个三段论,第一项是从抽象的形式逻辑来讲的,第二项是从现实来讲的,第三项呢,回到了既符合抽象的形式逻辑,但是它又是现实的。而这里讲的还是第一阶段,即那种抽象的形式逻辑判断,就是上面考察过的那种双重判断,它把这两个原则表象为分离的,只包含有判断的抽象方式。那么现在要进入到的是更高的层次,在这里,这两个原则已经不是分离的了,自为也好自在也好,它们都是结合在一起的,虽然回到了形式逻辑的那个结论,但是已经超越了形式逻辑的那种分离,已经把两个对立的环节即自在与自为都包含进来了。

现实的意识将这两个原则集于一身,而区别则仅仅属于它自己的本质,即是说,只属于它自己与实在的东西的联系。

刚才讲的是那种抽象的判断方式,那么现在讲的不同,涉及现实了。"现实的意识将这两个原则集于一身",自在也好,自为也好,在现实的意识中结合起来了,也可以说它现在已经达到了自在自为。但自在和自为这个区别是由它自己的本质里面分出来的,不是用来区别它和别的判断,而是在同一个判断里面,它本身就具有这两个环节。所以这种区别"仅仅属于它自己的**本质**","本质"打了着重号,"即是说,只属于它自己与实在的东西的**联系**"。区别是在它自己与实在的东西的联系中建立起来的,取决于它与国家权力、与财富发生一种什么样的联系。所以,这种现实的意识跟抽象的判断原则已经大不相同了。我们经过一个否定之否定,我们现在跟最初的那个抽象的标准、那种抽象的判断已经大不相同了。现在已经落实到它自己与实在的东西的联系了,我要作出这种区分:"自在"也好,"自为"也好,都是属于我与现实所发生的联系。那么这个联系是怎么联系的呢?

这种联系有两种相反的方式,一种是把国家权力和财富都当作一种

同一性的东西来对待，另一种是把它们都当作一种**不同一性的东西**来 [51]
对待。

　　"这种联系有两种相反的方式"，就是两种不同的态度。"一种是把
国家权力和财富都当作一种**同一性的东西**来对待"，也就是把国家权力
和财富都当作是善的东西对待。另一种呢，"把它们都当作**不同一性的
东西**来对待"，也就是都当作成恶的东西来对待。这就有两种不同的态
度了，一种是出于同一性或者善，另外一种呢是出于不同一性、出于恶。

　　——发现有同一性的联系的意识乃是**高贵意识**。高贵意识在公共权
力中看到的是与自己同一的东西，也就是它在这种权力中拥有自己**单纯
的本质**及其实行，并随时准备对这本质既以现实的服从又以内心的敬重
为它服务。

　　"发现有同一性的联系的意识乃是**高贵意识**"，这里正式提出高贵意
识了，所以它打了着重号。高贵意识在现实中发现了善，不管是国家权
力还是财富，里面都有与同一性的联系，对此的意识就是高贵意识。"高
贵意识在公共权力中看到的是与自己同一的东西，也就是它在这种权力
中拥有自己**单纯的本质**及其实行"，在公共权力中它看到的是与自己同
一。看到一词 bertrachten 又有"观赏"之意，与自己同一它就很欣赏，实
际上是在观赏它自己。在公共权力、在国家权力中它观赏到自己、欣赏
与自己同一的东西，于是就觉得自己高贵起来。我的单纯的本质在国家
权力中体现出来了，我通过这个国家权力实行了我的单纯的本质。所谓
单纯本质就是普遍本质，是超越于具体物质需求之上的本质，比如说正
义、公正，我把它看作是我的单纯本质，但是这个公正我一个人无法实现，
必须通过国家权力才能够得到充分的实现。而一旦实现出来，它就是超
越于一切低级需求之上的，是一种高尚的、卓越的本质，所以对它的意识
就是高贵意识。"并随时准备对这本质既以现实的服从又以内心的敬重
为它服务"，随时准备为这个本质服务，以什么东西为它服务呢？一个是
现实的服从，也就是外部行动，一个是内心的敬重，也就是内心的忠诚。

我这样做，不但是循规蹈矩的，同时也是忠心耿耿的、诚心诚意的。这是表里一致的，一方面作出事情来，另一方面呢内心也是心悦诚服地来为它服务。这就是高贵意识：自觉地献身于国家的事业、为国家权力服务。这是对待国家权力的态度方面。另一方面是对待财富。

同样，在财富中它看到的是，它给财富带来了自己的另一个本质方面、即**自为存在**方面的意识；因此，它同样把财富看作和自己有联系的**本质**，并承认自己所享受到的那种财富是善事，认为负有感激的义务。

一方面是对于国家权力他心悦诚服地去为它服务，另一方面，"同样，在财富中它看到的是，它给财富带来了自己的另一个本质方面、即**自为存在**方面的意识"。就是说，财富本来是身外之物，它跟人本来没有直接的关系，它不是人性的，但是，高贵意识给财富带来了、或者说使财富获得了自己的另一个本质方面的意识，也就是对自为存在方面的意识。前面对于国家权力的意识是对自己自在方面的意识，就是虽然我有自己的个别性，但我自在地是普遍的本质，这体现在我为国家服务之上。这里则在财富上看到自己自为存在的本质，我为自己起见必须拥有财富。所以高贵意识它同时具有自在的和自为的两个方面。在国家意识的方面它看到了自己自在的本质，那么在另一个方面呢，则在财富中意识到自己自为存在方面的本质。"自为的"，就是说，财富对于他个人来说当然是有意义的了——钱谁不爱呢？当然还是爱钱的。但是爱钱呢，他要有一定的名目，"君子爱财，取之有道"，来路不明的财富那是一种耻辱。高贵意识在财富上面建立了一种自为存在的意识，这是它的另一个本质方面，也就是他在其中看到了自己的劳动本质。"因此，它同样把财富看作和自己有联系的**本质**"，"本质"打了着重号，财富也是自己的本质，因为它是劳动得来的。"并承认自己所享受到的那种财富是善事，认为负有感激的义务"，就是说，高贵意识把自己享受到的财富看作是善的，因为它是"千手的施予者"，是许多人、包括自己在内的人共同劳动的成果，因此享受者除了当之无愧之外，还应该对那些共同创造出这些劳动产品的人心存感激。所以他对财富也有这样一种观点，就是在财富里面看到了和他自己同一的东西，看到了他自己的本质。他不排斥财富，因为这是他的自为存在，正如国家权力是他的自在存在一样。这两者都代表了他不同方面的本质。高贵意识对于国家权力和对于财富都采取了一种同一性意识的方式来对待，而在这种态度的根据里，既有自在的方面也有自为的方面。

　　反之，对另一种联系的意识则是**卑贱意识**，它坚持着与国家权力和财富这两种本质性的**不同一性**；所以在统治的强权中，它看到的是对**自为存在**的一条锁链和一种压迫，因而仇视统治者，对之阳奉阴违，随时准备爆发叛乱，

　　我们先看这半句。"反之，对另一种联系的意识则是**卑贱意识**"前面讲了高贵意识在两个方面的体现，现在讲卑贱意识，它是对另一种联系的意识。自我意识与实在的东西发生联系可以采取高贵意识的方式，另外也可以采取卑贱意识的方式。后者也有两方面的体现，"它坚持着与国家权力和财富这两种本质性的**不同一性**"，卑贱意识对这两种本质性都不予认同。国家权力也好，财富也好，虽然都是他离不开的，但他却采取一种不合作态度，采取一种反抗的态度、批判的态度。"所以在统治的强权中，它看到的是对**自为存在**的一条锁链和一种压迫"，统治强权也就是国家权力了，前面讲到它是一种自在存在，是人的自在的本质；但这种自在的本质却是对自为存在的压迫，就像一条锁链一样把个人都压制了。"因而仇视统治者，对之阳奉阴违，随时准备爆发叛乱"，哪里有压迫哪里就有反抗，这就是卑贱意识对待国家权力、对待统治者强权的一种态度。那么对于财富又如何呢？

　　——而在它用来享受自己的自为存在的财富中，它同样只看到不同一性，即与它自己的持久**本质**的不同一性；由于通过它的财富它只意识到它的个别性和暂时的享受，它就既贪爱财富又鄙视财富，而随着享受

的消逝，随着这本身是微不足道的东西的消逝，它认为自己与富人的关系也消逝了。

"而在它用来享受自己的自为存在的财富中"，也就是说在财富中卑贱意识一方面享受自己的自为存在，就是自己个人的意志、个人的欲望、个人想要获得的东西，这些只有通过财富才能享受；但另一方面，"它同样只看到不同一性，即与它自己的持久**本质**的不同一性"。他自己享受了财富，但是他从财富中看出了和他自己的本质的不同一性，"本质"打了着重号。你一方面在享受它，同时又把它说成是跟自己不同一的，这怎么讲呢？就是因为它跟你的本质不同一。虽然我享受了，但这不是我的本质。我成了每天享受财富的一个动物，但是我的本质不是动物啊，我还要像一个人那样，要活得有尊严啊！财富并不能使我有尊严，所以我虽然在享受它，享受自己的自为存在，我也爱财，但是财富并不是我的本质。中国话叫作"拿起筷子吃肉，放下筷子骂娘"，你得了好处你还不知道感恩。这个高贵意识呢，就是知道感恩——你让我享受到了财富，那么我就知道要感谢。但是卑贱意识就不是这样：你把财富给了我，有什么了不起？有了财富并不代表我的持久的本质，千金散去还复来，但我还是我。所以他在财富里面只看出与自己的不同一性。"由于通过它的财富它只意识到它的个别性和暂时的享受，它就既贪爱财富又鄙视财富"，一方面，他爱财，财富带来享受嘛；但是这个享受他知道只是个别的、暂时的，而他的普遍持久的本质被压制了。所以他一方面享受财富，贪爱财富，另一方面又鄙视财富。"而随着享受的消逝，随着这本身是微不足道的东西的消逝，它认为自己与富人的关系也消逝了"，就是说，他享受的时候他也不感谢，而当他没有享受的时候，或者享受过了以后、享受完了以后，他与财富的关系也就消逝了，那么他与富人的关系也消逝了。这个享受本身是微不足道的东西，这"微不足道的东西"也可以翻译成"消逝中的东西"，随着这消逝中的东西的消逝，它认为自己与富人的关系就终结了，他与富人无关，他自己也不再是富人。所以他充满仇富心理,当他破产了,他穷困潦倒了,他成了无产阶级,他与富人的关系就消逝了,他就站在了富人的对立面。这就是卑贱意识。卑贱意识在财富中,虽然挥霍财富,像暴发户一样贪图享受,但并不把财富看作是什么了不得的东西。发了财以后怎么办? 发了财以后就去挥霍,就去赌博,就讲奢侈讲排场,就花天酒地。在当时的罗马时代就是这样,人们把财富当作是一种可以随意挥霍的东西,没有对财富的神圣感、道德感。财富是没有道德意义的,为富必然不仁,所以他一方面享受,但是他跟富人没有关系。他只是运气好,成了土豪,得赶快抓住机会及时行乐,以免悔之莫及。这是卑贱意识。高贵意识和卑贱意识都是出现在罗马时代的意识形态,是那个时代所产生出来的一对意识形态。当然后来也有,但是最早是从那个时代产生出来的。这里有一个注,就是贺麟、王玖兴先生的中译本注:"高贵意识和卑贱意识将构成黑格尔所说的辩证发展的两极,而卑贱意识将是高贵意识的真理性,正如奴隶曾是主人的真理性那样。"这两种意识形态在更高层次上体现了主奴关系,但是在罗马时代,它不仅体现于主奴关系,而且也体现在贵族和平民的关系上,甚至后来泛化为一般人与人的关系中的一种模式,成为两种不同人格的关系了。

　　这两种联系现在表达的才只是**判断**,这判断规定了这两个本质作为意识的**对象**是什么,还没有规定它们**自在自为地**是什么。

　　"这两种联系",一种是高贵意识,一种是卑贱意识,"现在表达的才只是**判断**"。"判断"打了着重号。为什么只是表达出判断? 就是说,高贵意识也好卑贱意识也好,这时表达的只是意识对于国家权力和财富的一种判断,也就是表达出了意识的一种主观态度。"这判断规定了这两个本质作为意识的**对象**是什么,还没有规定它们**自在自为地**是什么","对象"打了着重号。判断规定了这两个本质,也就是国家权力和财富,在意识看来是什么样的对象,但这只是对于意识而言的对象,而并不涉及它们自身,不涉及它们自在自为地是如何运动变化的。就是说,撇开我的意识的好恶不谈，国家权力和财富自在自为地、客观地看来，到底是善的还是恶的呢？高贵意识和卑贱意识这时都还没有从这个角度来看，它们只是说，国家权力和财富"对我来说"是怎么样的。高贵意识认为是好的，是因为意识在其中看到了与自己的同一性，卑贱意识认为是坏的，也只是因为意识在其中看到了与自己的不同一性。但是国家权力和财富本身究竟是好的还是坏的？这个还没有考虑。我只是在作判断，这种判断只是一种主观的意识活动，只是对意识而言的，它只是一种主观的态度。我不管它客观上是好的还是坏的，反正我不如意我就认为是坏的，我如果同意、我赞同我就认为是好的。这就是高贵意识和卑贱意识目前对待现实的态度，或者甚至于是一种立场：你是贵族，那么你就会对它进行一种好的判断、善的判断；你如果是平民或奴隶，你就会觉得一切都糟透了，你就会对它作出一种不好的判断。至于它自在自为地是什么——这个国家权力到底好不好，或者是财富到底好不好，这个时候还不知道，还没有考虑。这体现在下面两个方面。

一方面，在判断中表象出来的反思只是**对于我们**而言才是对此一规定和彼一规定的建立，因而才是对两者的同样一种扬弃，还不是就意识本身而言对两者所作的反思。

"一方面，在判断中表象出来的反思"，在这种判断中，我们也表象了一种反思。注意这个"表象出来的反思"，它不是思考出来的，不是思想到的反思，而是表象出来的反思。也就是说，它对于主观意识而言只是显现出来有一种反思，显得是一种反思，但还没有得到深究和思考。这种反思"只是**对于我们**而言才是对此一规定和彼一规定的建立，因而才是对两者的同样一种扬弃"，对我们而言，"我们"打了着重号。也就是对我们这些旁观者、研究现象学的人而言，才建立起了高贵意识和卑贱意识的规定。而它们的扬弃同样也是对我们而言的，只有我们旁观者才能看出这些规定各自扬弃自身而向对立方转化有什么内在的根据。"还不是就意识本身而言对两者所作的反思"，就我们所观察的这个正在运动的意识本身而言，它还没有对这两种规定作出真正的反思。在这种判断中有反思，但这种反思只是对我们旁观者而言，对于高贵意识和卑贱意识本身来说呢，虽然表象出来一种反思，但是它们还没有自觉到这种反思，在它们的意识中，这只是出于一种立场而作了不同的判断。用我们的话来说，这是出于一种"阶级立场"，什么阶级说什么话：他是贵族，他就这样看，如果是平民或奴隶，肯定会那样看。这就只是一种表象的思维方式，而没有深入到事情的实质。高贵意识并没有反思：我为什么会这样看？也没有反思，这个对象是不是像我说的，真的就是好的？卑贱意识也没有反思：这个对象是不是真的就是我所想的那么坏？而且双方都没有反思：好和坏为什么会相互转化？它们到底有没有客观性？双方都只是固执于自己所认为的好或坏，而当这个被固定了的好或坏不知不觉地反转过来，就会使它们大吃一惊，不知所措。所以这只是它们的一种不自觉的反思，只是"表象出来的反思"。只有对我们而言，对我们旁观者而言，我们在描述的过程中，描述了这些规定的建立，也描述了它们的扬弃。我们这种描述是客观的，是对于意识自在自为地是什么的一种描述；但是对于高贵意识和卑贱意识自身来说，它们是不自觉的，还不是就意识本身而言对两者所作的反思。高贵意识和卑贱意识不知不觉地走向了自己的反面，但它们是不自觉的，是被捉弄的；而对于我们旁观者来说，旁观者清，我们可以看出来，实际上是这个对象本身自在自为地在规定和扬弃自身。这是一个方面，为什么说高贵意识和卑贱意识还没有规定这些财富和国家权力自在自为地是什么，是因为它们所表象出来的反思还是不自觉的。

　　另一方面，这两者还仅仅直接地就是本质，这本质既不是**形成起来**的，也不是在它们身上的**自我**意识；这种它们为之而存在的自我意识还不是对它们的激发；这两者都是宾词，这些宾词本身都还不是主词。 [52]

{274}

　　前面讲到反思，它不是自觉的，这是一方面。"另一方面，这两者还仅仅直接地就**是本质**"，"直接的就**是**"，"是"打了着重号，"本质"也打

493

了着重号。这两种联系仅仅是直接存在的本质，它们当然是本质，但是这种本质具有直接性，直接地存在。"这本质既不是**形成起来**的，也不是在它们身上的**自我**意识"，它们是本质，但是这本质还不是形成起来的。"是"就是存在 Sein，"形成起来"就是 Werden，这在黑格尔《逻辑学》里面是"存在论"的前面几个范畴：存在、非存在和变易，变易就是"形成"。这里强调这两种本质还停留在存在阶段，连变易或形成阶段都还没有达到，它既不是形成起来的，也不是在它们身上的自我意识，"自我"也打了着重号。这种本质还不是形成起来的，它直接就存在那里；高贵意识也好，卑贱意识也好，都是非常直接的。一方面没有反思，另一方面不是自己形成起来的，它们是给定的。是由什么给定的呢？是由阶级立场给定的，是由它们所处的等级所给定的。所以它们直接的就是本质。这个社会就是分成了两种人，就有这两种人在那里，贵族和平民本质上就是不一样的。这个本质既不是形成起来的，也不是它们身上的自我意识，如果是自我意识的话，它们就可以自己形成了，就具备自己形成的动力了，但现在还没有。并不是说他们自己意识到自己是贵族，而是说他们生来就是贵族，他们不是一种在自己身上的自我意识。这是另一方面，就是追溯到这两种意识——高贵意识和卑贱意识它们本身所固有的出发点、它们的态度。它们作为主观判断是一种态度：我出身于贵族，我就把这个世界看作是好的，我就把国家权力和财富都看作是善的；那么我出生于平民，那就是另外一种眼光。"这种它们为之而存在的自我意识还不是对它们的激发"，高贵意识也好卑贱意识也好，它们其实都是为了自我意识而存在的，但这种自我意识还不是它们的本质，因而还不是对它们的"激发"，beleben 就是激发，就是赋予它们以生命。或者说，自我意识还没有成为它们的生命原则，他们生来就是贵族或者平民，这个不需要什么生命的原则。他们虽然有自我意识，但自我意识不成为他们的根据，不是他们立足的根本。他们立足的根本是他们的出身、他们的家庭成分。"这两者都是宾词，这些宾词本身都还不是主词"，它们在判断中都还停留在"主语""宾语"相区别的这样一种知性关系之中，就是说，一个是宾语、一个是主语，这个是不能颠倒的。高贵意识也好，卑贱意识也好，都还没有成为主语，都还没有通过其概念自己把自己推动起来，加以分化，而只是用来描述某个既定主语或主体的修饰语、一种宾语，或者一种属性。这个人他是贵族，贵族就有高贵意识啊，它就是一个宾语。但是这个高贵意识本身还没有成为主语，它是被决定的，而不是自我决定的。高贵意识是如何演变为卑贱意识的呢？这个无法由它自己解释，而只能由贵族被贬为平民之类的事实来解释。反过来，卑贱意识是如何变成一种高贵意识的？"卑贱者最聪明"，也不能由卑贱意识自己解释。高贵意识和卑贱意识都还没有成为主语，没有成为转化的主体，它只能够成为既定的某个成分、某个出身的一种属性、一种附属物，它还没有能够独立起来、发展自己。这个是黑格尔经常用到的"宾语"和"主语"的关系。你把它当成一个宾语，不能够转化为主语，这就停留在知性的层面；如果你上升到理性的层面，你就会发现"宾语"和"主语"是可以颠倒的，"主语"反过来变成了"宾语"，"宾语"则反客为主，它成为了"主语"。你的属性成为了支配你的东西，你反而成为了它的一个属性，或者一个例子。你那个属性独立起来了，就变成支配你的东西了。黑格尔经常采用这样一种方式来说明他的思维所发展到的某个层次，也就是超越于知性的层面、提升到理性的层面的层次，超越于形式逻辑的层面、提升到了辩证逻辑层面的层次。他处处都渗透着一种逻辑意识，但这个逻辑不是形式逻辑，而是辩证逻辑。

　　由于这种分离的缘故，就连精神性判断的整体都还是各处于一个片面规定之下的两种互相取消的意识。

　　"由于这种分离的缘故"，高贵意识和卑贱意识处于分离中，不能够掺和。由于它们分离为两种对立的意识，"就连精神性判断的整体都还是各处于一个片面规定之下的两种互相取消的意识"，我们现在已经进入的是"精神性的判断"，而不是停留在抽象的形式逻辑的判断水平上，这个前面我们已经讲了。初级的判断是抽象的判断,而现在我们进入到现实的判断、一种精神性的判断了,我们是从主词和对象的关系的整体上来理解一个判断了。然而,就连这样一种精神性判断的整体,现在都还是分别隶属于一个片面规定之下,是两种互不相容、互相取消的意识。高贵意识和卑贱意识各自构成一个精神性判断的整体,但是它们各自都分别隶属于一个片面规定之下,势不两立,互相取消。这样,一个精神性判断的整体也分裂成两个对立的东西了。虽然我们进入到现实生活,自我意识进入到实在性、进入到现实性,成了一种精神性的判断、而不是一种形式逻辑的判断;但这种精神性的判断整体又分裂为两种意识,分别隶属于两种意识的片面规定,一方面是同一性,另一方面是不同一性。你执着于同一性,那就是高贵意识;你执着于不同一性,那就是卑贱意识。

——现在,正如异化双方的**漠不相干**——一方面是纯粹意识的**自在**、亦即关于善与恶的确定的**思想**——另一方面是它们作为国家权力和财富的**定在**——最初曾把自己提升为双方的联系、提升为**判断**一样,同样,这种外在联系也必须提升为内在统一,或者说,它作为思维的联系也必须提升为现实性,而且判断的这两种形态的精神也必须显露出来。

"现在,正如异化双方的**漠不相干**",漠不相干也就是分离,高贵意识和卑贱意识漠不相干、互相分离。下面这个破折号,一直到再下面两个破折号,这个中间都是插入语。怎么样漠不相干呢?"一方面是纯粹意识的**自在**、亦即关于善与恶的确定**思想**——另一方面是它们作为国家权力和财富的**定在**",这是说明这个"漠不相干"的,"异化双方的漠不相干",这个双方是指社会意识和社会存在双方的分离。一方面是纯粹意识关于善与恶的思想,"思想"打了着重号,这是纯粹意识的自在方面,属于社会意识;另一方面是这些思想作为国家权力和财富的定在,"定在"也打了着重号,这属于社会存在。社会意识和社会存在漠不相干,它们是异化的双方:社会意识异化为社会存在,社会存在又异化出社会意识,但是它们双方都是异己的。但正如这种漠不相干"最初曾把自己提升为双方的联系、提升为**判断**一样"，整个这句话就是："现在，正如异化双方的**漠不相干**……最初曾把自己提升为双方的联系、提升为**判断**一样"。这个前面已经讲到过了，就是说，社会意识、抽象的意识，或者说纯粹的意识，你当然可以根据它的概念来作出逻辑上的判断；但是你还必须把它投入到对于现实生活的判断之中，或者说把它提升为对现实生活的判断，这才是精神性的判断。在此之前，它两者是漠不相干的：一方面是纯粹意识，另一方面是国家权力和财富，双方井水不犯河水。抽象地谈善和恶，可以；但是你一旦把这种意识应用到国家权力和财富上面，它们就发生联系了，而一发生联系就不是漠不相干了，而是发生了现实的冲突。从漠不相干的情况之下那种很低层次的、初级的判断、抽象的判断，提升到康德所说的跟现实对象有关的综合判断，这诚然是一种进步，不再是一种单纯的概念分析了。在概念分析中抽象地谈善恶，那当然是随便你怎么谈，但是不接触定在、实在，而现在这种漠不相干我们已经提升为双方的联系了，要联系实际了，这才是真正的判断，才是属于精神性的判断。但这还不够，"同样，这种外在联系也必须提升为内在统一"。前面已经上了一大步了，现在还必须再进一步。我们把意识和存在、社会意识和社会存在联系起来了，但是这种联系还是外在的。我们用社会存在来解释社会意识，我们把高贵意识和卑贱意识归结为作高贵意识和卑贱意识判断的人的立场，但这种联系是外在的。你怀着这样一种意识形态跟现实的国家权力和财富打交道，那么，当你发现高贵意识和卑贱意识相冲突的时候，甚至当你发现同一个人的高贵意识变成了卑贱意识、或者卑贱意识变成了高贵意识的时候，你不能仅仅归结为他的社会地位发生了变化，而必须分析这两种意识的内在关联。"或者说，它作为思维的联系也必须提升为现实性，而且判断的这两种形态的精神也必须显露出来"，这种联系作为思维的联系，本来是对现实的国家权力和财富所作的判断，但现在必须把这种思维的联系本身提升为现实性；也就是说，判断本身并不是对一个外在现实对象的判断，而必须看作是现实本身的一种自我区分，国家权力和财富的善恶转化正是判断本身的辩证法的实现。而这就使判断的这两种形态的精神显露出来了，判断不是干巴巴地两个概念的联系，而是一个活生生的精神的自行分化为现实的对立和冲突。判断的这两种形态的精神，也就是高贵意识和卑贱意识，本来是在思维中的，是主观的，这个时候呢，必须要在现实中显露出来，这才能体现出它的精神性。

　　这种情况的发生是由于**判断**成为了**推论**，成为了中介性的运动，在其中，判断的两个方面的必然性和中项就显露出来了。

　　"这种情况的发生"，也就是说，上述思维联系要成为现实性，要把高贵意识和卑贱意识的精神性显露出来，是如何做到的呢？"是由于**判断**成为了**推论**"。光是逻辑判断不行，甚至光是对外在的现实对象进行判断也不行，你必须使判断本身成为现实的过程，而这样一个过程就是推论。黑格尔从来都不把逻辑看作是纯粹概念中的游戏，而是看作万物的本原，是现实的本质或根据。判断成为了推论，这在他那里成为了一个本体性的现实过程。判断如何成为推论的呢？判断是两个环节：主词和宾词；而推论有三个环节，有三个概念。推论的这第三个概念是把前两个概念结合起来而形成的，就是说，判断的主词和宾词要能够结合起来、要能够转化，必须后面有一个总的概念作为自己的纽带或中介，而主词和宾词都被视为这个总概念自我分化的结果，这就"成为了中介性的运动"，也就是形成了这三个概念之间的推论。与判断相比，推论明确表达了一个概念自行分化、自行运动的能动性过程，它本身就具有现实性，而且和那种外在的现实性相比，它更是一种内在的、本质性的现实性。"在其中，判断的两个方面的必然性和中项就显露出来了"，判断的两个方面，主词和宾词，只有在推论中才能显露出它们的必然性，以及在它们背后起支配作用的中项。而中项作为将两端结合起来的能动性的运动，本身是具有现实性的，也是能够把判断的两环节带入现实性的，所以判断的双方、主词和宾词，它们统一于中项而形成一个现实的推论。这个现实的推论是什么呢？在这里就是下面要讲的"服务与建议"。高贵意识把它的判断体现于服务之中；卑贱意识把它的判断体现于建议之中，服务与建议可以看作是高贵意识和卑贱意识的中项，因而要使它们的判断能够在现实中实现出来，就依靠服务与建议。

[3.服务与建议]

因此，高贵意识发现自己在判断中是这样面对国家权力的：国家权力虽然还没有成为一个自我，仅仅才是一个普遍的实体，但高贵意识却已意识到这个普遍的实体是自己的**本质**，是目的和绝对内容。

第三个小标题是"服务与建议"，这是高贵意识和卑贱意识这两个判断的中项，高贵意识体现在为国家服务中，卑贱意识体现在为私人充当谋士、谋取财富上。因此这第三个小标题是前面两个小标题即"1.善与恶：国家权力与财富"及"2.自我意识的判断：高贵意识与卑贱意识"的合题。这个合题首先谈高贵意识的服务。"因此，高贵意识发现自己在判断中是这样面对国家权力的：国家权力虽然还没有成为一个自我，仅仅才是普遍的实体，但高贵意识却已意识到了这个普遍的实体是自己的**本质**，是目的和绝对内容"，高贵意识本身是一种判断，它的对象就是国家权力。它是如何面对国家权力的呢？在它眼中，国家权力虽然还没有成为一个自我，只是一个普遍的实体，但高贵意识却已意识到了这个普遍的实体是自己的本质。这是前面已经讲过的，高贵意识最初把国家权力看作自己的普遍本质，一个抽象的实体，因为在罗马共和国的时代，国家权力还没有成为一个自我，还不是一个人格。高贵意识在发现自己面对国家权力的时候呢，国家权力还没有成为君主制，还是一个共和国，高贵意识是在罗马共和国中产生出来的。当贵族献身于一个共和国的时候，就形成了高贵意识。所以才高贵啊。罗马共和国之前的王政时代也有国王，但是那个王国是属于罗马共和国之前的体制还不完善、正在发展的国家的初级状态，后来进入罗马共和国，制定了十二铜表法，元老院、执政官、护民官的共和体制形成，贵族、骑士、平民各等级制衡，可以选举。这个时候高贵意识就形成起来了。高贵意识最初不是服务于某一个帝王，高贵意识之所以高贵，就是因为它服务于一个普遍的实体：我是为国家，而不是为皇帝个人。这个在西方从来都是很清楚的，人一旦成为皇帝私人的廷臣，就不高贵了。在中国则没有这个清楚的划分，我忠于国家就是忠于皇帝，忠于皇帝就是忠于国家。虽然有"从道不从君"一说，但所谓道仍然要由君来代表，国不可一日无君，君无道，就要由另一位君来替代他。但是在西方不一样。因为首先是共和国体制，后来才演变为罗马帝国，帝制是后来才建立起来的，所以它有一个很明显的区分。在最初的时候，国家权力还没有成为一个自我，还没有像后来的皇帝那样把自己等于国家，更不敢像路易十四说出"朕即国家"。但之所以说"朕即国家"，还是因为一般人观念中都不把国王或皇帝就看作是国家，正因为他不是国家，所以他才强调我就是国家。中国的皇帝就不说这种话，因为这是不言而喻的，没人怀疑。共和国时期形成的高贵意识就是意识到国家这个普遍实体其实是自己的本质：我为什么要献身于这个国家？这国家是我的本质啊！那些贵族们都把这样一个国家看作是自己的本质。罗马共和国也有贵族也有平民，平民后来争得了跟贵族相当的权力，虽然实际上不平等，但是通过一些斗争，在法律上它争到了自己的权力。罗马共和国它在极盛的时代体现了一种抽象的平等，当然并不是实际的平等，但是至少在贵族那里已经有了一种普遍平等的意识，所以把国家看作是每个公民自己的普遍实体，认为这个国家体现了自己的普遍本质，是自己的目的和绝对内容。他们在观念上认为，对于这个共和国的事情每个人都必须要全力以赴、大公无私地去促成，不能讲条件，这就形成了一种服务意识，这是高贵意识在国家权力方面的体现。

　　<u>高贵意识在与普遍实体这样肯定地联系着时，处在对它自己特有的目的、对自己特殊的内容和定在的否定的关系中，并使它们归于消逝。</u>

高贵意识一方面与普遍实体处于这样肯定的联系中，同时又与自己的特殊性和个别性处在一种否定的关系中，"处在对它自己特有的目的、对自己特殊的内容和定在的否定关系中，并使它们归于消逝"。也就是说，为了报效国家，我可以放弃我的一切，我可以牺牲个人的特殊目的，包括自己的生命。这一点在斯多葛派那里体现得特别明显，斯多葛派甚至于主张禁欲主义：个人的一切欲望、一切目的、一切享受都是不值一提的，都是应该否定的，就连生命也是可以放弃的，但普遍的人格性则是至死都要维护的。所以斯多葛派在古罗马很长一段时期内成为一种普遍的国家意识形态，到了罗马帝国时代它还有很崇高的地位，还保留有高贵意识。斯多葛派道德严谨，崇尚服从，抛弃私利，鄙视物质生活和享受，宣扬刚毅、忍耐。他们服从逻各斯、服从天道、服从国家，保持道德上的洁癖。这就是一种贵族精神、高贵意识。但在帝国时代这已经是尾声了，甚至日益走向虚伪。

高贵意识是服务的英雄主义，——是这种德行，它为共相而牺牲个别存在，从而使共相成为定在，**——是这种人格**，它放弃自己的占有和享受，并为了现成在手的权力而行动、而现实地存在。

这是对高贵意识的描述了。"高贵意识是**服务的**英雄主义"，"服务的"打了着重号，这是一个关键词了。高贵意识要体现出来，不能停留在口头上，而是体现在与国家的关系上，就看你怎么为国家服务啊！在服务中有一种英雄主义，我虽然在服务，好像我是仆人，但实际上我是主人，我不是国家的仆人而是国家的主人，主奴关系在这个地方已经不能够简单地像过去英雄时代那样区分了。它现在是服务的英雄主义，它跟古希腊的英雄主义不一样。古希腊英雄时代那种英雄主义不是服务的英雄主义，它是标榜自己个性的英雄主义，是一种无法无天的英雄主义。我凭借我的武力，凭借我的智慧，征服了强大的敌人，我就可以成为世人瞩目的英雄。但是现在呢，高贵意识已经不是那种英雄主义了。那种英雄主义严格说来还不是高贵意识，它很幼稚。像《荷马史诗》里面，比如阿喀琉斯的那种英雄主义,那是很幼稚的、很直接很朴素的。只有赫拉克勒斯的"十二大功绩",有点为国家服务的意思,但那也是被逼无奈,很窝囊的。而现在为国家服务是一种高贵意识,是一种服务的英雄主义。通过为国家服务而体现出英雄气概,为国家服务没有什么丢人的,我不是为某一个人服务,甚至不是为帝王服务。为帝王服务,虽然一人之下万人之上,我还是奴仆。但是为国家服务是至高无上的功劳,这种服务并不妨碍我成为英雄,相反,正因此我才成为英雄。所以高贵意识"是这种**德行**,它为共相而牺牲个别存在",为共相牺牲个人、牺牲自己的特殊性。为共相,不是为了某个皇帝、某个帝王,而是为了国家而牺牲个别存在。"从而使共相成为定在",共相如果没有这些人为它服务,那就是一个抽象的东西,它不能成为定在。没有定在就没有存在,那就是停留在口头上。但是因为有这一大批抱有服务的英雄主义的贵族来为国家服务,所以高贵意识就体现为一种德行,即为了共相而牺牲自己,并且使共相成为定在,使国家得以存在。这就是一种德行,是维持共和国所必不可少的,是国家得以立国的基础。如果没有这些人为它忠心耿耿地服务,这个国家是没法存在下去的。"是这种人格",从国家权力、从共相来看,它是一种德行,那么从个人来看它就是一种人格。什么样的人格呢?"它放弃自己的占有和享受,并为了现成在手的权力而行动、而现实地存在。"它是一种人格,这种人格放弃自己的占有和享受,这恰好证明它已超越于个别性的内容之上,具有了普遍的本质。而这种普遍本质又不是空洞的,它在为了现成在手的国家权力而行动中获得了自己现实的存在。为了现成在手的权力而行动,也就是它手握重权而尽责尽职,在自己的岗位上雷厉风行、恪尽职守,这样来体现自己的现实存在。这种高贵意识只有在为国家服务的时候才现实地体现出来,而且是在罗马共和国的时代体现得最充分。到了帝国时代就开始动摇了,必须在国家和皇帝之间做一种选择,高贵意识就开始变味了。我们休息一下吧。

好我们再看下面一段啊。刚才讲了,高贵意识在罗马共和国时代,它所体现出的它的德行和它的人格,那都是很了不起的。文艺复兴以后,西方人说是回到古希腊,其实很大程度上是回到古罗马。就是说,古罗马人把这样一种人格、把这样一种德行异化出来,把它变成了一种意识形态、一种思维模式,这对近代西方人性论、近代西方精神有很大的影响。

通过这种活动,共相就与一般定在联合在一起了,正如定在着的意识之通过这种外化而把自己教化成本质性那样。

"通过这种活动",这种活动也就是服务——服务的英雄主义,通过这样一种为国家服务的活动,"共相就与一般定在联合在一起了"。"共相"就是国家、国家权力。国家权力是共相,国家利益是共相,但是这些共相呢,都是抽象的。我们抽象地谈国家利益,或者抽象地谈主权、国家权力,这些一般来说呢,如果没有服务的话,那就是空的,那就是一句话。但是通过服务,共相就与定在结合起来了,就有了它的定在。国家作为共相来说,就体现在服务之中。国家是什么? 国家就是这些人的服务啊,就是这些忠心耿耿的人的服务。如果没有这些忠心耿耿的人的服务,国家将不存在,或者国家将只存在于人们的观念之中,没有现实性。"正如定在着的意识之通过这种外化而把自己教化成本质性那样",这个"正如"是并列句,就是通过这种活动,一方面共相成了定在;另一方面,定在着的意识通过这种外化而把自己教化成本质性。就是说,特定存在的意识、个体的意识,本来是个人的,是个人主义的,是以个人身份加入这种国家共相的;但是通过这种外化,通过这种服务的活动,而把自己教化成了本质性。在这种外化过程中,在为国家服务中,个体受到了教化,教化成了本质性。作为个体的个人,那是没有本质性的,那跟动物差不多,还没有体现出真正的人性来。人的本质是社会的动物,何以体现他是社会的动物? 他要体现出这种本质性,就必须要把自己依附于国家、为社会做贡献、为国家权力服务。从事这样一种活动是一种教化过程:要把自己个人的享受啊、个人的目的啊都牺牲掉。禁欲主义我们今天听起来很不人道，我们今天反对禁欲主义，但是它也是一个必要的教化过程，它使得人大大地提升了一步，就是开始意识到自己的本质了。当然我们今天不否认人有享受的权利，但是我们今天已经不把这种享受看作是人的完全的本质，人的真正的本质还应该是某种更高的东西，应该是某种更普遍的东西，应该是某种共相；但是要意识到这一点，必须要经过一个过程，那就是斯多葛派的禁欲主义，即为逻各斯、为天道、为国家而献身这样一种刚毅、忍耐精神。通过这种教化人才能形成这样一种德行，才能形成这样一种人格，才能意识到自己的本质。这是双向的过程，一方面呢，使得国家有了定在和现实性，另一方面呢，使个人上升到了他的本质性。

[53] 不论谁的这样一种意识在服务中异化了自身，它都是自己的沉没在定在中的意识；但那自身异化的**存在**乃是**自在**；所以它通过这种教化就在自己面前和别人那里获得了敬重。

"不论谁的这样一种意识在服务中异化了自身"，或者说，凡是一个人的意识，不论谁的意识，只要他在服务中异化了自身，那么"它都是自己沉没在定在中的意识"，也就是说它已经意识不到它自己了，它已经在它的定在中沉没了。它把自己沉没在、献身于某一个具体的定在之中。你献身于国家，体现在什么地方呢？你必须要为国家干一件事情，你要承担国家权力的某一个职务，你要全副精力都投入到某一件事业里面去。所以它是沉没在定在中的意识。"但那自身异化的**存在**乃是**自在**"，这个定在实际上是自身异化了的存在。你的职务、你所献身的这个事业、这件事情，都是很具体的，也是很有限的。我们经常讲要"办实事"，办实事就是定在啊。那么这种自身异化的存在乃是自在，也就是说，虽然是你献身于它，但是它在你之外，或者说在你之上。你献身于它，你沉没于它之中，但你的意识已经不是你个人的意识了，你的意识已经沉没在你的异化之中了，而这个异化呢它还是自在的，它有它自身的价值。否则你为什么去献身于它呢？它肯定是自在的，肯定有它的自在的存在。这样一些存在不是你的一种兴趣，不是你的一种享受、一种欲望，跟你的欲望没关系。你已经把你的欲望、你的享受、你的占有都否定了,都抛弃了,你的身家性命你都放在里头了,因为它自在地是有价值的。它把你提升到了你的自在的本质。你的自为的本质已经把自己的内容放弃了,你已经沉浸于、沉没在这样一种自在存在之中,这就是对你的一种教化,这是对一切服务者的教化。"所以,它通过这种教化就在自己面前和别人那里获得了敬重",它,还是指定在着的意识,通过这种教化获得了自己和别人的敬重。为什么?因为你所献身的那个存在是自在的,它不以你的意识为转移,不以个别人的欲望为转移,它自在地就有价值。由此意识自己获得了自尊,也获得了别人的敬佩。因为你做了这件事情,你有你的成就,你有你的功劳,这功劳是摆在那里的,它是自在的,是对国家有功,不是对你自己有好处。这就是这种服务的运动,它所产生的效果就是把个人提升到了值得他自己和别人都敬重的这样一种高度。这就是个体主观意识这一方面。

　　——但是国家权力原来才只是**被思维的**共相,只是**自在**,现在恰好通过这个运动而成为了**存在着的**共相,成为了现实的权力。

　　"但是国家权力原来才只是**被思维的**共相,只是**自在**",为什么说"但是"?因为前一句讲的是对于个体来说是这样的:个体的意识在服务中异化自身,因而沉没在定在中,但是通过这种教化了获得了自己和别人的敬重,这是对个人来说的。但是对国家来说,不光是个人获得了敬重,国家也由此获得了它的定在,获得了它的现实性。这两句话都是解释这一段的第一句话的,我们先谈个体如何把自己教化成本质性,然后我们再谈国家权力、共相如何与定在联合在一起。国家权力本来只是被思维的共相,它是个抽象的东西,只具有思维的抽象性,只是自在,还没有自为。这时国家权力还没有自我,还没有一个君主来代表它行动,国家权力是一个空的东西。那么它如何能够把自己实现出来呢?"现在恰好通过这个运动而成为了**存在着的**共相,成为了现实的权力","存在着的"打了着重号,与前面那个"被思维的"相对照。就是说,在国家权力方面,思维如何变成存在？就是通过这个运动、通过这种服务而成为了存在着的共相，成为了现实的权力。通过这种服务，国家权力获得了它的现实性。一方面，个人、主体被提升到了本质性，另一方面，国家权力的共相实现了它的现实性，实现了它的存在。国家权力和个人这双方都实现了自己。

<u>它只有在现实的服从中才是现实的权力，而它之所以获得了这种现实的服从，是由于自我意识的这一**判断**：它是**本质**，也由于它自由地为这种服从作牺牲。</u>

"它"，也就是国家权力，国家权力"只有在现实的服从中才是现实的权力"。国家权力没有人现实地服从，它就没有现实性，就只是一句空话，所谓"政令不出中南海"。"而它之所以获得了这种现实的服从，是由于自我意识的这一**判断**：它是**本质**，也由于它自由地为这种服从作牺牲"，这句话是把它们两者的关系交织起来了。一方面，个体通过自己的服从提高了自身，另一方面，国家通过这种服务而成为了现实。那么国家成为现实是由于什么呢？是由于个体提高了自身。自我意识判断这个国家权力是它的本质，所以自我意识才能够服从它，甚至能够自由地为它作牺牲；而只有自我意识服从了它，它才能够成为现实，这国家权力才能够成为现实的权力。它们是这样一种关系。自我意识是为了实现自己的本质而做了这种服从和牺牲，它不是为了其他的一些非本质的东西，而是恰好是把这种牺牲看作是自己的本质，看作是自己应该做的，所以它才能够自由地、愉快地、心悦诚服地去做这件事情。这就是一种教化啊，这使得国家从一种思维的普遍成为了一种存在的普遍，从一种思维的共相成为了存在着的共相。

<u>这种使本质与自我联合起来的行为产生了**双重的**现实性，既使自己作为具有**真实的**现实性的行为产生出来，又使国家权力作为**有效准的真实的东西**产生出来。</u>

最后这句话是总结双方。"这种使本质与自我联合起来的行为"，使本质与自我联合在一起的行为，那就是服务了。就是说，自我和本质联

合在一起,我做的事情是我的本质,我的本质就是我自己的这样一种服务的行为,我为这样一种本质而服务就是我为我自己的本质而服务。这就是使本质和自我联合起来的行为,这种行为"产生了**双重的现实性**",在两方面都产生了现实性。哪两方面? "既使自己作为**真实的**现实性的行为产生出来",这是一方面。这种服务的行为使自己作为具有真实现实性的行为产生出来,服务的行为本身就是一种现实的行为,不是耍嘴皮子,是要你踏踏实实地去做,要你去献身于事业,有时候甚至要牺牲生命,是一种非常现实的行为。服务不是高高在上、颐指气使让别人去干,不是说你出思想让人家出劳力,而是要身体力行,是非常现实的一种真实的行为。另一方面,"又使国家权力作为**有效准的真实的东西**产生出来",在你的服务中,不光是努力去做,还要有效率,才能使国家权力有真实的效准、有真实的效力。国家权力很有效,就体现在这么多人忠心耿耿地为它服务:以它为标准、以它为效准、以它为自己追求的价值。这体现出国家权力真是令行禁止,说什么就是什么。国家权力至高无上,这不是一句空话,是通过这么多人的服务而体现出来的。所以,个人的行为与国家的权力通过这种服务,同时都具有了现实性。当然这两种现实性的结构还是不同的。一种是从主观的、个人的本质提升为一种现实性,另外一种是高高在上的国家权力落实为一种现实性。国家在上,个人在下,双方通过服务而达到一种上下联合,形成了一个推论。这就不是单纯的判断了,而是推论,它的中项使得大小两个前提具有了双重的现实性。

但国家权力通过这种异化还不是一种知道自己是国家权力的自我意识;有效准的东西只是它的**法律**或它的自在;它还没有**特殊的意志**,因为服务的自我意识还没有外化它的纯粹自我以激活国家权力,而只是以自己的存在激活它;它为国家权力所牺牲的只是它的**定在**而不是它的**自在**存在。

{275}

"但国家权力通过这种异化还不是一种知道自己是国家权力的自我意识"，前面讲了，国家权力获得了它的现实性，获得了它的效准，作为有效准的真实的东西产生出来了；但是，国家权力通过这种异化，也就是通过这种服务，还不是一种知道自己是国家权力的自我意识。国家权力这个时候还没有它的自我意识，它还不知道自己是国家权力，还没有这种自我意识。自我意识在这个时候把国家权力摆得很高，但是，它本身还不是国家权力。如果自我意识本身就是国家权力，那就是"朕即国家"了，那就是皇帝了。这个时候还没有，这个时候还是共和国。"有效准的东西只是它的**法律**或它的自在"，前面讲国家权力作为一种有效准的真实的东西产生出来了，那么有效准的东西是什么呢？只是它的法律有效准，是自在地有效准。国家权力是一套成文法，如十二铜表法，法律制定下来了，它有效准了；但是法律不是人格啊，法律还不是自我意识啊，它只是一套规范，是它的自在，而不是它的自为。十二铜表法已经竖立在那里了，它有效准，但是它只是国家权力的自在，还没有自我意识。"它还没有**特殊的意志**"，还需要别人去把它兑现，由很多为它服务的人去实行它。它本身还没有特殊的意义，它只是一种法律而已，制定了在那里，至于之后怎么执行，那是另外一回事情，那是别人的事情，必须要有很多人相信它、维护它、献身于它，它才能够实行。所以它不是一种特殊的意志，它只是一种自在的、摆在那里的法律。"因为服务的自我意识还没有外化它的纯粹自我以激活国家权力"，服务的自我意识有它的纯粹自我，但它还没有把这种自我的能动性、积极性、创造性外化出来，以激活国家权力。不像在君主制之下，凭借君主的纯粹自我、纯粹个体的能动性来领导这个国家、激活这个国家、鞭策这个国家或者带领这个国家走向某个方向。服务的自我意识还不是这样，它只是服务嘛，法律在那里，我按照法律执行我的职务。为了执行我的职务，我可以不惜牺牲自己；但是我个人的纯粹的自我还没有突出出来。我的创造力何在？我的主动性何在？虽然我有主动性，但是我这个主动性是服务的主动性：心悦诚服，我服从法律。有一个高高在上的法律在那里,它是自在的,我既不能改变它也不能创造它,我只有服从它。所以这个纯粹的自我呢,还没有外化自身,国家权力一劳永逸地已经定好了法则,服务的自我意识不需要以自己能动的生命来激活国家权力,"而只是以自己的存在激活它"。就是说:只要有我们这些人在,那些法律就不是空的条文,就是有执行力的。但是我不是以我的主体来激活它,而是以我的存在来激活它:我处在这个位置上,法律就有保证。这个"我在"不是我自己的一种主动性,我是被安在这个位置上的,我尽责尽职,我以我的存在来激活这个国家权力,国家权力由于我的存在而得以正常运转。但这个运转呢是一种已经制定好了的常规运转。当然它也是一个活体,但是这个活体的生命在于我的存在,在于很多具有高贵意识的人存在,他们在各自的岗位上发挥着作用。所以它不是外化它的纯粹的自我来激活国家权力,而仅仅以自己的存在来激活它。"它为国家权力所牺牲的只是它的**定在**而不是它的**自在存在**",它牺牲了它的定在,也就是它的特殊的要求、特殊的享受、特殊的欲望,这些东西都可以放弃;但是,不是它的自在存在——我在那里,我在那个位置上面,这个它并没有牺牲。它牺牲了它个人的欲望,但是它在那个位置,这个不但不是被牺牲的,而且是它所愿意的。我在这个位置上面,那么我就可以为这个国家权力服务,这个位置是不能够牺牲的,我放弃这个位置,那我就放弃为国家服务了。所以我的自在存在并没有被牺牲,牺牲的只是我的那些特殊的要求。

——这个自我意识被看作这样一种东西,它是符合于**本质**的,它之被承认,是由于它的**自在存在**的缘故。

"这个自我意识被看作这样一种东西,它是符合于**本质**的",他为什么在那里?因为国家需要他,他也符合于国家权力的本质,也就是符合于他自己自在的本质。他自己的自在本质就是行使国家权力,在国家权力中他看出了自己的本质。这个"本质"打了着重号。他符合于本质,他为国家服务就是符合于自己本质的行为。"它之被承认,是由于它的**自**

在存在的缘故"，"自在存在"也打了着重号。人家承认它，就是由于它的自在存在，由于它在那个位置上面，由于它以它的存在而使得这个国家激活起来、运转起来。这个国家得以运转，就是由于它在那里，有一大批人在那里，在各个岗位上。但是，不是由于这些人在他们的岗位上面为满足自己的需要而干了什么，而是由于他们献身于自己的本质。所以它之被承认，不是由于它的自为存在，而是由于它的自在存在，不是由于它想要满足自己的什么私人的目的，而是由于它本质上就是国家机器上面的一颗螺丝钉。

別的那些自我意识发现在这里面实行了它们的**本质**，但并未实行它们的自为存在，——履行了自己的思维或纯粹意识，但并未履行它们的个体性。因此，这个自我意识在它们的**思想**里有效准并享有**荣誉**。

"别的那些自我意识"，就是除了这一个承担着国家权力的职务的人以外，其他的那些自我意识，"发现在这里面实行了它的**本质**，但并未实行它们的自为存在"。他们发现这个人的服务实现了他们的本质，他做的事情大家都认为是对的，大家都认为是符合自己的本质的，因为他献身于国家权力，而国家权力是每一个人的本质。人是属于国家的，人不可能脱离国家，国家是每一个人的本质。所以这个人在那个位置上面实现了我们大家的本质，别的自我意识发现他做了大家都愿意做的事情，做了大家都希望他去做、都鼓励他去做的事情。所以他得到了别人的敬重嘛。"但并未实行它们的自为存在"，他使得国家机器得以运转，但是，并不是为他们某一个人服务，他是在为国家服务。对于其他那些自我意识来说，这个权力的运转并不是特别为他们能够从中得到具体好处。当然你可以说：国家机器正常运转大家都可以从中得到好处。但是，那是间接的。从这个人身上他们并没有实现他们的自为存在，恰好相反，他是六亲不认的。他在这个位置上面他是不看人的，他不是为你服务也不是为他服务，他是为国家服务，所以你不要想从他那里得到什么好处。"它们发现在它里面履行了自己的思维或纯粹意识，但并未履行它们的个体性"。对于这个人,对于这样一种服务的个体意识,大家都公认他做的是对的,大家都希望这个人应该六亲不认。他不是为任何某一个私人服务,而是为国家的共相、为全体、为共同体服务。在思想上大家都认可。所以它实行了这些人自己的思维或纯粹意识,但并未实行它们的个体性,并不是为他们某一个个人而服务。"因此,这个自我意识在它们的**思想**里有效准和享有**荣誉**",这种高贵意识在它的服务中,对于别的自我意识都是在思想上有效的,并且他们内心是钦佩的。虽然它没有给我个人带来什么好处,但是我在思想上却认可他、认同他,他这样做我认为是对的,并且呢,我敬佩他,觉得他能够这样做很了不起。所以他在我们这些人这里是享有荣誉的。

它是高傲的受封者,它是为了国家权力而尽职,就此而言,国家权力不是特别的意志,而是**本质性的**意志,而且受封者只是在这样一种**荣誉**中才涉及到自己,只有在它**从本质上**表现普遍意谓、而不再**感恩地**表现个体性时才涉及到自己,因为它并没有帮助这种个体性达到自己的**自为存在**。

"它是高傲的受封者",这个"受封者"Vasall,这个词有"封臣"的意思,也有臣仆、奴仆、仆从的意思。封臣就是封建时代的受封者,封你到某个地方去做一个什么男爵或做一个伯爵,给你一个贵族称号,封你一块地,这就是受封者;或者"臣仆"——臣属,有这样一些含义。在这个地方呢,当然它也有"臣仆"的含义,我们今天还说公务员是国家的公仆;但是根据上下文的意思呢,这里更强调它作为一种荣誉的含义,因为他上面没有皇帝,他并不是哪一个皇帝的仆从。他也不是"封臣",封臣就要有封地,但现在还只有荣誉颁发给他。所以这个地方呢,翻译成"受封者"比较好。谁封给他荣誉? 不是皇帝封给他的,而是国家封给他的,国家给他委以某种职务,颁发给他某种荣誉称号,是这么个意思。所以他是高傲的"受封者"。"它是为了国家权力而尽职,就此而言,国家权力不是特别的意志,而是**本质性的**意志",他为国家权力而尽职,这是他的荣誉;国家权力呢,不是特别的意志,不是由君主私人的某种意志来封赏他，而是本质性的意志。国家权力代表一种本质性，这种本质性就是一切公民的本质性，当然也是他的本质性，他把它看作是自己的本质性。国家权力就是他的本质，他就代表国家权力而行动。"而且受封者只是在这样一种**荣誉**中才涉及到自己，只有在它**从本质上**表现普遍意谓、而不再**感恩地**表现个体性时才涉及到自己"，对于高贵意识来说，荣誉就是他的生命，他为国家服务只是为了荣誉，不但不是为了私利，反而常常要自己贴钱、吃亏。所以他在服务中涉及自己的部分就只有这种荣誉。为什么有这种荣誉？因为他只让自己从本质上表现普遍意谓，而不再感恩地表现个体性。他用自己个体的行为从本质上诠释了普遍的意谓，表达了潜藏在每个人心中的普遍本质，但不是为了感恩某个人，不是为了私人的报答，他由此而获得了专属于他个人的荣誉。所谓"普遍意谓"，Meinung 我一直翻译成"意谓"，因为国家权力是一种普遍的共相，这个共相在没有实现出来的时候只是一种潜在的想法，大家心里都知道，国家共相是每一个人的本质，但是这还只是一种意谓。而高贵意识的服务把这种意谓从本质上表达出来了。这就是受封者——也就是贵族的高贵意识，为此它带有一种高傲性，他为此而骄傲，为国家机器无私地工作使他感到骄傲。因为他把这种普遍意谓、这种大家都心照不宣的东西表现出来了，我以我的实际行动在服务中表现了这样一种普遍的意谓。没有我的表现，这种意谓只是停留在每一个人的内心，但是没有现实性。大家都想要它变成现实，但是没有人去做啊？我现在把它做出来了，不是为了感恩、为了报答某个人，为了他给了我好处、给了我俸禄，所以我要对得起俸禄，我吃了人家的俸禄就要为人家谋事。不是的，我是在为国家服务，而不是为某个人服务。"因为它并没有帮助这种个体性达到它的自为存在"，这种个体性可能是君王，是雇佣我的人，让我帮他达到自己的目的，但这并不是这里的情况。我并不是通过我的服务来帮助他达到他自己的自为存在，我的服务不是为君王服务，是为国家服务，这个分得很清楚。在罗马共和国的时代，那些忠臣、那些国家的栋梁，都不是为了某一个君王而服务的,共和时代没有君王,只有国家。

假如它与国家权力的那种现在尚未形成起来的特有的意志发生关系的话,那么它的语言就会是它为了普遍利益而给出的建议了。

"假如",这个是虚拟式了,这个时候还没有到那个程度,但是可以设想一下,如果到了那个程度会是怎样的呢? "假如它与国家权力的那种现在尚未形成起来的特有的意志发生关系的话",如果他面对的不是国家的普遍意谓,而是一种特有的个人意志,也就是一个皇帝、一个君主的意志的话——当然这种特有的意志还没形成起来,我们只是设想一下:假如他与这样一种个人意志相关联的话,"那么它的**语言**就会是为了普遍利益而给出的**建议**了",这个"语言"打了着重号。这个语言就会过渡为建议了。服务与建议的不同之处就在这里,服务是针对国家的,建议是针对某个个人、某个皇帝的。当然,一旦走到这一步,那就是下一个小标题所讨论的话题了,可看下面第55页标题:"II.语言是异化或教化的现实"。这种语言异化就是由服务蜕变为建议而发生的,服务是自己自由地投身于为国家权力服务,那么"建议"就不一样了,建议就是不是把这个国家君主的事情当作自己的事情、自己的普遍本质,而是当作一种别的事情——我对你提出一个建议,你采不采纳那是你的事情,那是你君王的事情。国家的事情现在已经变成了君王的私事——"国家权力的特有的意志"。这个时候呢,我的语言就是一种建议。这个时候的关系就要从语言方面来考虑了。在前面在讲服务的时候呢,我们还可以只从行为方面来考虑,我为国家服务是种行动。但是如果国家是以君主为代表的,国家只有通过君主才有行动,那么我们考虑的首先是语言。语言就是为了普遍利益而提出来的建议,我现在只有建议权——当然我也服务,但这个服务就不是我自己心悦诚服地去服务了,而是君王通过他的语言,命令我为他服务。所以这个时候必须要考察的首先是语言,服务已经被扬弃了,服务已经成了不一定是自愿的、原发的,而只是语言派生出来的。我的的行为要受君主的语言的支配,这个语言就是一种权力话语。在共和制之下，语言还不是一种权力化了的语言，你可以辩论，可以争吵，我们对这个政策究竟怎么制定，我们可以在大会上辩论，这个仗打还是不打，每个人都可以发表你的意见，这个无关紧要。但是在君主制之下，语言就具有了绝对的意义。君主拍板，君主说要打，那么你们具体安排去做，你们去服务，这个不重要。重要的是君主的决定通过语言、通过命令颁布下来，你们就要去执行。那么，君主的这个语言呢，它也面临着底下那些人的建议：君主在做出决定之前，有时也要参考其他大臣的意见，我们可以通过我们的语言去影响他。这在某种意义上也是一种服务，但是是对君主的服务。对君主的服务首先表现在建言献策，通过语言影响他的决策，使语言提升为权力话语，这个是很重要的。在君主制下，语言就很重要了。在共和制下，当然语言也很重要，在决策之前要辩论啊，要通过语言的这样一种辩论取胜来获得大家一致的赞同，这个并不是某个特定的人的语言，因而不是纯粹自我的语言。就每个人来说，谁说了都不算数，要看博弈的结果。但是在君主制之下呢，最重要的是君主的语言，其次是这些服务的人的建议。但是这里是一个虚拟式，后面要讲到的什么"阿谀的语言""分裂的语言"等异化现象尚未到来，后面我们再看。这个地方只是设想，就是说到"建议"，已经是服务的尾声了，也是"自然存在的异化"的尾声了。建议在这里起了一种破坏作用，一种降低和败坏高贵意识的作用，尽管它本身也起自于高贵意识的服务。

[54]　　　因此国家权力对于建议还处于无意志状态，在各种不同的有关普遍利益的意谓中还不能起裁决作用。它还不是**政府**，因而真正说来还不是现实的国家权力。

在罗马共和国时代，国家权力对于建议还处于无意志状态。这个时候也有语言，也有建议，但是那些建议对国家权力来说呢，还是无意志的；或者说，还是偶然的。由于没有一个君主以自己的意志来采纳这些建议，所以只能让这些建议互相之间冲突，按照某种既定的程序，看哪个占上风，处于一种无意志的状态。在公民大会上我们来辩论，看哪个能辩赢，辩赢了的一方，底下就鼓掌就欢呼，于是事情就决定了，在共和国时代是这样的。国家权力"在各种不同的有关普遍利益的意谓中还不能起裁决作用"，各种不同的有关普遍利益的意谓，你认为是这样的，他认为是那样的，这都是你们的意谓，那么你们所提出的建议呢，只是你们的建议而已。而国家权力它不是一个主体，它不能起裁决作用，不能说我采纳哪一个建议，它只起一个保证这些建议公平竞争的作用。它让这些建议自生自灭，让你们去争论，至于哪一方争赢了，这个完全是偶然的。很可能赢的那一方的建议只不过是比较雄辩，或者迎合了某一派人的观点，但是并没有什么道理。最后的结果也不是由一个人的意志决定，而是由大家举手投票、少数服从多数而决定的。所以国家权力在各种不同的意见中还不能起裁决作用，不像后来的君主制那样：你们可以建议，充分发表意见，畅所欲言，但最后的决定权在我，"民主"了一番以后，总得"集中"一下啊。但这个时候国家权力还不是这样，它还处于无意志状态。"它还不是**政府**，因而真正说来还不是现实的国家权力"，共和国时代的罗马政治体制还不像后来的政府机构一样，具有充分的行政能力和权力，而只是一个议事和表决机构，一切政治上的事务都是敞开的、透明的，也用不着三权分立之类的设计。国家权力这个时候还不是"政府"，Regierung就是统治、掌控、掌权的意思，共和国它还不是这样一种统治的权力，因而不是严格意义上的政府，真正说来，它还不是现实的国家权力。它虽然有很多为之献身的服务者来使它成为现实，但它本身还不具有现实性，因为它本身还不是一种自为地成为一种现实的国家权力。黑格尔所设想的理想国家是一个君主国，当然是君主立宪，德意志国家最好的选择在他看来就是君主立宪。还是要有一个君主，国不能一日无君，如果完全没有君主那就国将不国了。如果把君主都杀掉的话，那就像法国革命一样，就是无法无天，就是无政府主义了。只有君主才能够使国家成为一个机体，否则国家就成了一个任人摆布的机器——谁都可以去操控它，所以黑格尔也不赞成孟德斯鸠、洛克他们的分权制。因此马克思后来批评他还带有封建的尾巴，也就是认为国家还是应该是一个有机体，有机体的大脑就是君主，这是少不了的。在他看来这种无君主的国家还不是现实的国家权力，还没有一个政府，只有公民大会。公民大会选出来、决定下来，然后就由那些服务者执行，并没有一套完整的国家权力。

　　——**自为存在**、那作为意志还没有被牺牲掉的**意志**，乃是各等级内在的各自为政的精神，这种精神口头上说的是**普遍**利益，却为自己保留着自己的**特殊**利益，并且倾向于把侈谈普遍利益的废话充当行动的某种代用品。

　　"**自为存在**"，什么是自为存在？自为存在打了着重号，亦即"那作为意志还没有被牺牲掉的**意志**"，意志也打了着重号，它和自为存在是一个东西，就是个体的意志了。个体意志在服务中，作为个体的享受、个体的欲望、个体的占有已经被牺牲掉了；但是有一点没有被牺牲掉，就是作为意志的意志。当然你可以说欲望也是一种意志，它被牺牲掉了，但是并不是"作为意志"被牺牲掉的，这种作为意志的意志并没有被牺牲掉，因为这种牺牲还是由你的意志决定作出的。我的欲望不是作为意志被牺牲掉的，而是作为某种身外之物、某种非本质的东西，是我自愿牺牲掉的，所以我的意志还在。我的意志决定牺牲掉我的欲望，牺牲掉我的享受。所以这样一种意志也就是自为存在，"乃是各等级内在的各自为政的精神"。这种意志是各个等级、我们前面多次提到的贵族等级、平民等级的内在的精神，它们都是各自为政的。"各自为政"，abschieden，我们前面也遇到过，有时翻译为"孤独的"，有时翻译成"各自为政的"，也可以翻译成"离心离德的"。也就是不能够统一，你的意志是你的意志，他的意志是他的意志，高贵意识有高贵意识的意志，卑贱意识有卑贱意识的意志。服务者希望把这个事情办好，而造反者故意把这个事情搞坏。他们的意志是不能够统一的，是各自为政的精神。"这种精神口头上说的是普遍利益，却为自己保留着自己的特殊利益"，这种精神是典型的心口不

一、假公济私，甚至包括高贵意识在内，都是如此。高贵意识口头上说为所有的人的利益服务，但实际上还是保留了自己的特殊利益的考虑，哪怕他主观上认为自己没有任何个人的利益，他是在各派利益之间寻求公平公正，但实际上他之所以能够这样说，还是因为他是既得利益者，寻求某种平衡是最符合他的利益的。但是他没意识到这一点，他自己觉得自己是大公无私的。卑贱意识同样是如此，就是为了自己的特殊利益，而打着普遍利益的旗号为自己谋福利。就连他的造反也不是为了他自己啊！卑贱意识虽然是为了他自己，由于他的阶级地位所以要造反，但是他打出来的旗号还是为了普遍的公平正义。所以双方都是抱有自己等级内在的各自为政的精神，每个等级都是这样的。"并且倾向于把侈谈普遍利益的废话充当行动的某种代用品"，都在谈普遍利益，谈来谈去都是些空话，只说不做；做出来的恰好是背道而驰的相反的事情。各个社会阶层都是这样的，各自心怀鬼胎，这就是他们的自为存在。自为存在从他们每个人的意志来说，实际上都是这样子的：打着公共利益的旗号，为自己本阶级的利益而行动。

在服务中发生的对定在的牺牲，当它不惜赴死时，虽然是彻底的；但经受过从中活了下来的那种死亡的危险，却余留下来一种确定的定在，因而余留下一种**特殊的自为**，这种自为使那为普遍利益提出的建议成了模棱两可和令人怀疑的，并且实际上它在国家强权面前也保留着自己特有的意谓和特殊的意志。

这里拿高贵意识、拿服务来开刀，这个是最典型的。卑贱意识不用说了，卑贱意识本来就卑贱，大家都瞧不起。现在问题就在于，那些高贵意识，他们宣称自己没有私利，这些人都是为国家利益服务的，那么要揭穿它的本质，这个就是比较关键的、比较要害的地方了。"在服务中发生的对定在的牺牲，当它不惜赴死时，虽然是彻底的"，在服务中，高贵意识体现出服务的英雄主义，他们的牺牲、所谓"抛头颅洒热血"，为了国家不惜赴死，虽然是彻底的，这一点是没有什么怀疑的。一般来说，连命都不要了,这已经是彻底到家了。"但经受过从中活了下来的那种死亡的危险,却余留下来一种确定的定在",就是说,当你经过了这种死亡威胁,你没有死,你活下来了,你经受了死亡的危险,在经受死亡危险的时候可以相信你是真诚的,因为那很现实啊,搞得不好你就送命了。这个我们都承认,你这种牺牲精神、你的这种服务意识是非常彻底的。但是一旦经过了死亡威胁,这就成为一种资本了。你没有死,但是你经历过了死亡,那跟没有经过死亡的人就不一样了。你经历了死亡的考验,这是你最大的功劳,尽管你没有死,但是这还是你的功劳。这种功劳就是经过那种死亡危险而余留下来的一种确定的定在,"因而余留下一种**特殊的**自为"。剩下来的这些人有功,但是有功他就有一种特殊的自为啊,他就有一种特殊的要求啊:我是有功之臣,那我跟一般的人就不一样了啊。当然人家也把他看作是不一样:你是经过了二万五千里长征的,或是经历过抗日战争的,或是什么时候入党的,你的待遇都不一样。罗马共和国晚期也有这样一批功臣,当年他们出生入死,现在他们盘踞在元老院,左右着国家的政治局势。尤利乌斯·恺撒是以改革家的身份登上政坛的,他将行省的土地分给老兵,减轻负债者的债务,惩治贪官污吏,改革税制等等,触动了元老们的利益,终于被元老们策动的阴谋杀害,凶手中就有恺撒最信任的战友布鲁图斯,恺撒甚至已将布鲁图斯指定为自己的部分遗产继承人。但这些人杀死恺撒都有个冠冕堂皇的理由:捍卫共和国体制,"诛一夫"。其实背后的水很深,仍然是利益冲突。这些人在自己的高贵意识后面都留下来一种定在,因而留下了一种特殊的自为。特殊的自为,就是说你的自己的要求那是很特殊的、跟别人不一样的。而这样一来,"这种自为使那为普遍利益提出的建议成了模棱两可和令人怀疑的",这个时候你有你的特权了,那么你为普遍利益提出的建议就令人怀疑了。你是为了普遍利益吗? 你原来为了普遍利益,你用自己的命,以命相拼,你不惜抛头颅洒热血,这个没问题,可以相信你当时完全是服务意识,你没有个人私心。但是你剩下来没有死啊! 那么你就有一种特殊的自为,这个时候你提出来的普遍利益、提出来的建议就成了模棱两可的、令人怀疑的了。你的那些建议就是好的吗？就完全没有出自私心吗？你完全为老百姓着想吗？今天改革开放了，你这也要坚持，那也不能否定，你在捍卫什么呢？无非是想证明自己当年有功，而且泽被万世嘛。所以这就具有模棱两可和令人怀疑的性质了，里面就可能有并非高贵的东西在里头。"并且实际上它在国家强权面前也保留着自己特有的意谓和特殊的意志"，元老院里面的那些元老们在恺撒面前也保留着自己特有的意谓，形成了对抗恺撒的改革举措的一个帮派势力。这里用"意谓"这个词，可意会而不可言传：自己心里有，但是他说不出来；他不能说出来，说出来的都是"政治正确"的大道理。就像我们有的老革命，他说出来的是保卫红色江山永不变色，私下里却是要把江山交到自己的孩子们手里才放心，实际上还是封建世袭制那一套，但这是不能公开说的，只能私下里嘀咕。

　　因此，它对国家强权的态度还是不同一的，而隶属于那总是准备起来反叛的卑贱意识的规定之下。

　　这一句就是点睛之笔了。"因此，它对国家强权的态度还是不同一的，而隶属于那总是准备起来反叛的卑贱意识的规定之下"，它，也就是这样一种特殊的自为，不仅在国家强权面前保留着自己的意谓和私利，而且对国家强权的态度还是不同一的。它实际上不再维护这个国家权力了，虽然仍然在标榜自己的高贵意识，但实际上已经转到与国家权力相反的对立面一方去了。所以现在，它隶属于那总是准备起来反叛的卑贱意识之下，因为前面说过，高贵意识就是在对象上看到了与自己的同一性，而卑贱意识则是看到了与自己相反对的不同一性。既然自为的意识现在对国家权力的态度已经是不同一的了，那么它当然就不再是高贵意识，而属于卑贱意识的规定了。之所以还只是说隶属于卑贱意识的"规定之下"，而不直接说它就是卑贱意识，是因为它这时还没有意识到事情已经转移到对立方面去了，还以为自己仍然立足于以前的高贵意识。这种转化我们在"文革"中也可以看到，"文革"最开始就是为了维护这个革命先烈们打下的红色江山永不变色，才发动起来的。那么如何维护呢？那就造反啊！马克思主义的道理千条万绪，被归结为了一句话："造反有理"。造反有理就是卑贱意识了，但是他却自认为很高贵，左派的旗帜总是很光明正大的，但结果是差点把这个国家毁了，还鼓吹"宁要社会主义的草，不要资本主义的苗"。这就是一种卑贱意识。黑格尔在这里所揭示出来的是一种带有普遍规律的历史辩证法，就是说，在高贵意识之下所保留下来的这种特殊的自为，将不可避免地向对立面转化，即转变为一种卑贱意识，最后会危害到国家权力，危害到这个国家的稳定。我们现在这些所谓的极左派也是这样，其实是一种卑贱意识，但是他们觉得自己很高贵。高贵意识本身有向卑贱意识转化的本质倾向，乃至于有向腐败转化的倾向，骨子里是为了维护自己的既得利益嘛！当然黑格尔讲的是西方从奴隶制社会开始向封建社会过渡的时代动向，西方从罗马共和国到罗马帝国就是这样走过来的。后来为什么变成罗马帝国了？它有它的必然性。我们现在回想起来，罗马共和国那是一个多么光明的时代，黄金时代，后来到了罗马帝国那就独裁专制了，那就不好了，在道德上面比起共和国那就要差远了。但为什么会走向帝制？黑格尔致力于发现和研究其中的必然性，从意识形态的演变来分析这个问题，这个应该说是具有普遍意义的，所以这一段值得我们好好地体会。我们不是西方人，但我们可以用我们自己亲身经历、我们自己国家的经验来体会，在某些方面经常会体会得更深。你不要拘泥于一时一事，你要从意识形态来分析，确实里头有这个必然性。当初是想要建立一个自由平等法治民主的社会，结果却一步一步走到了反面，今天又拨乱反正，这有必然性的，不是哪个人的阴谋、或者野心、或者道德品质败坏所导致的。历史本身有它的逻辑，我们掌握它这个逻辑，我们体会它这个逻辑，我们就会避免自己再犯错误。如果我们体会不到这个逻辑，我们就会陷入到这个循环。你再来一次革命又能怎么样？还会走老路。我们已经革过多次命了，还在原地！我们发现我们还在一百年前，这个怎么回事啊？要反思。我觉得黑格尔的东西对我们还是很有启发的。今天就到这里吧。

＊　　　　　＊　　　　　＊

上次我们讲到国家权力与高贵意识、服务的意识。黑格尔以罗马共和国为例子，当然他没有明确点出来，但实际上讲的是这样一种关系。当时的国家还不是君主制国家，还不是以一个唯一自我意识为代表的国家，国家权力还处于无意志的状态。贵族、元老院可以提出建议，对这个国家应该怎么搞；而国家对这些建议不是由一个自我意识来决断，而是由整个国家的各个等级互相协调，来决定国家大事。那么提出建议的这些高贵意识表面上是为了国家，但因为它出自于各自为政的等级，所以实际上它们各自怀有自己的利益和私下的打算，因此有公和私的矛盾。当高贵意识提出建议的时候，实际上内心想的并不是为了这个国家，并不是跟国家权力一致，而是把自己隶属于卑贱意识。高贵和卑贱在这里有一种表里不一的分歧。表面上是高贵的、冠冕堂皇的，我提出的建议都是为了大家，为了整个国家，但实际上他有自己的私利，而这种私利它总是起来反叛。这就导致了一种公与私的矛盾，建议和建议底下的意图之间有一种矛盾，它的建议总是模棱两可的、令人怀疑的。人民都不太相信这种建议了，你提出的建议表面上看起来很好，但实际上到底有利于谁，这个很难说。那么这就是一种矛盾，高贵意识本身就隐含着卑贱，隐含着个人利益和个人野心。下一段就是讲这个的。

自为必须加以扬弃的这种矛盾，在自为存在与国家权力的普遍性处于不同一性这样一种形式中，同时也包含着这种形式，即定在的那种外化由于它完成了自己，亦即在死亡中完成了自己，本身乃是一种存在着的外化，并不是一种返回于意识中的外化，——这意识并没有经受住那种外化而**自在自为地**存在，而只是过渡到了不可调和的对立面。

"自为"，就是上面讲的那种高贵意识的特殊的自为。国家权力不是自为的，而是自在的，而高贵意识是自为的，高贵意识为国家权力服务，它是自为的。这种自为"必须加以扬弃的这种矛盾",我们刚才讲了,高贵意识它有一种矛盾,表里不一,口头上冠冕堂皇,骨子里是为了私利,这种矛盾必须扬弃。"在**自为存在**与国家权力的普遍性处于不同一性这样一种形式中,同时也包含着这种形式",自为存在与国家权力的不同一性,自为存在私下里那个建议实际上也可能是损害国家的,与国家存在的普遍性是不同一的,这就是这种矛盾的体现。高贵意识的这种内在矛盾就体现为自为存在与国家权力的普遍性的不同一,这个矛盾必须加以扬弃。但是,在这样一种矛盾的形式中,同时也包含着这样一种形式,"即定在的那种外化由于它完成了自己,亦即在死亡中完成了自己,本身乃是一种存在着的外化,并不是一种返回于意识中的外化"。高贵意识的定在的外化,它要完成自己,必须通过死亡,通过自己的勇于牺牲,凡是讲高贵意识的外在表现无不突出这一点。高贵意识是怎么样建立起来的呢? 是在死亡中建立起来的,或者是在生死斗争中建立起来的。我们在前面讲自我意识的主奴关系的时候讲过这个问题。在生死斗争中不怕死,才使主人得以高贵,得以建立起高贵意识。定在作为一种高贵意识为国家服务,通过冒着生命危险为国家服务,这样他才高贵。西方的高贵意识就在这里,就是说我曾经面对过死亡,我勇于牺牲自己,我抛头颅洒热血在所不辞,这才使得人高贵起来。高贵意识在生死斗争中完成了自己定在的外化,这本身是一种存在着的外化,就是这种高贵意识要得到确立,比如说获得骑士荣誉、骑士称号,被授勋,以外在的方式得到确立。高贵意识一旦存在,它就不再是一种内在的主观意识,而是一种存在着的外化,它有了外在的存在,赐予爵位,赏给他领地、地位、财富和荣誉,这是一种存在着的外化。高贵的骑士有他的荣誉标志,有他的一系列等级地位和财产。用中国人的话说,就是打天下、坐天下,打下了天下,天下就是他的外化了,他已经坐上这个位置了,这就是他抛头颅洒热血、面对死亡之后获得的报偿和奖励。但这种业绩并不是一种返回于意识中的外化,打下天下之后,这种外化并不返回于意识中,它就成了一种外在的东西，一种外在的目标。他当初为什么要打天下，为什么要抛头颅洒热血，这样一种主观意识他就不再返回了。当初打天下的时候，他的主观意识、他的理想，在革命成功以后，他就不再返回去了。我今天讲要保持革命时代的那种艰苦奋斗勇于牺牲的精神，不容易啊！那个时候你是面临生死考验，而现在是坐天下、享受既得利益的时候，怎么还能返回到那个时候去呢？现在我想的是怎么样享受，争得更多的享受和利益，达到更高的级别，和人家攀比。"这意识并没有经受住那种外化而**自在自为地**存在，而只是过渡到了不可调和的对立面"，"这意识"指高贵意识，并没有经受住那种外化。高贵意识一旦获得了骑士称号、获得了荣誉、获得了财产，那么对于这种外化，高贵意识并没能经受得住。并不是他虽然获得了外化，他仍然可以保持当初的那种意识，能够拒腐蚀、永不沾，而自在自为地坚持自己的独立性。相反，它过渡到了不可调和的对立面，即变成了卑贱意识，成天为那些蝇头小利争执不休、孜孜以求、追名逐利，保护自己的既得利益。最开始可能是以高贵的名义，以为国家服务的名义；但是一旦实现了自己的外化之后，它就过渡到不可调和的对立面，高贵意识就走向了卑贱意识，那就腐败了、堕落了。

　　因此，**自为存在**的真正的牺牲不过是这样一种牺牲，它在其中就像在死亡中那样，完全献出了自身，但在这一外化中，它同样又保持着自身；它由此而作为它自在地所是的那种东西、作为它自身与它反面的自身相同一的统一体而成为了现实。

　　"因此，**自为存在**的真正的牺牲"，高贵意识就是自为存在，它为了高尚的目标要干一件大事，所以它面临真正的牺牲，不仅牺牲自己的私人利益，而且牺牲自己的身家性命。但这种真正的牺牲"不过是这样的一种牺牲，它在其中就像在死亡中那样，完全献出了自身"，自为存在的牺牲的极限，无非是抛头颅洒热血，以必死的决心去奋斗，完全献出了自身。很多老革命都说：我们剩下的都是渣滓，最好的人都死光了。我们因为冲锋没有跑到前面所以留了一条命，冲在最前面的都死光了。但其实这些活着的人，就像那些死去了的人一样，当初也是完全献出了自身的，他们都经历了就像在死亡中那样的人生，是时刻准备着赴死的。"但在这一外化中，它又同样保持着自身"，这些人还在呀，曾经有过理想，在这一外化中，现在他们作为既得利益者，作为打天下坐天下的这一帮有功之臣，同样保持着自身，他们还在，还活着。"它由此而作为它自在地所是的那种东西、作为它自身与它反面的自身相同一的统一体而成为了现实"，由此，也就是由于它经历了死亡而又还活着，现在它就作为它自在的地所是的东西而成为了现实，在现实中它已经不再是作为自为的东西、有理想有奋斗精神的东西，而只是作为自在的所是的东西成为了现实。现在他们不再有理想了，而只是没死而已，只凭他们自在的本能而活着。为理想献身的精神已经过去了，现在它是作为自在的所是的东西成为了现实。自在的是什么呢？自在的是个有需要有欲望的活着的人，这就必然进入一个腐败堕落的过程。"作为它自身与它反面的自身相同一的统一体而成为了现实"，它自身与它的反面的自身相同一，也就是自为存在和自在存在相同一，他现在是这样一个统一体，即历史上他曾经有过理想，是同一个人，但是他现在已丧失了理想，已经成了他反面的自身。这一段展示了当年的罗马共和国怎样走向罗马帝国的精神历程、心路历程，英雄是怎么成为皇帝的。最开始还没有成为皇帝，像第一个实际上的皇帝，尤利乌斯·恺撒，恺撒当时是三头政治的一个巨头，他只是三巨头之一，他并没有认为自己是独裁者。最后他逐步地把其他两个消灭了，消灭之后他还是自称为执政官，这个执政官是有限期的。后来这个限期不断推延，他最后是被暗杀的，他一直到死都不是皇帝，他自认为不是独裁者。但实际上他实行的已经是独裁者的权力，他保护的还是他自己的个人利益。当然他还在为国家着想，他有高贵意识，不是那种蝇营狗苟之徒，但实际上他成为了皇帝。他是个英雄，他在战争中无往不胜，他每次都赢，不管是对于外族，对埃及、高卢，他的征服总是无往不胜的，对他的对手也是无往不胜的，他是国家的英雄。国家把他抬到很高的地位了，他实际上已经成为皇帝了，但是他还没有意识到，他还不敢说要废除共和制。他还是由元老院选出来的，由元老院所认可的这样一个恺撒。但他的所作所为已经与当年的理想不同了，他就是为了维护自己的野心，为了维护他个人的统治、独裁。当年罗马共和国走向罗马帝国，很多历史学家、很多后人都觉得惋惜，觉得共和国多好，为什么要搞成独裁，但黑格尔从中看出来有一种必然性。所以他在这里实际上是分析这种必然性，为什么共和国维持不下去，为什么共和派的布鲁图斯把恺撒谋杀了，上来的屋大维仍然是一位独裁者。我们可以说是那些人钻了空子，但是我们也可以说，当时只有靠他们这些人收拾局面。没有恺撒出来，国家就会垮台了，因为共和制已经走到头了。在历史上多次发生这些情况，废除共和，走向帝制，里头有这样一种必然性。高贵意识、英雄由于自己的功劳，有功之臣身居高位，没有人能跟他竞争，于是他就可以发挥自己的野心，以国家名义维护自己个人利益，英雄就成为了皇帝。

　　正是由于各自为政的内在精神、自我本身显露出来，并且自身异化了，国家权力同时也就被提升为特别的自我了；正如没有这种自身异化 {276} 的话，则荣誉和高贵意识的那些行动，以及高贵意识的明见所提的建议，都将会停留在模糊不清的状态，其中所拥有的还会是特殊意图和任性的 [55] 那些各自为政的权谋。

　　"正是由于各自为政的内在精神、自我本身显露出来，并且自身异化了"，各自为政的（abgeschiedene，孤立的）内在精神，我们前面已经讲到了，各个社会等级都是各自为政的，贵族、平民、骑士都是各自为政的，他们都有自己的小算盘。这种内在精神、这种自我本身显露出来，并自身异化了，每个人的野心、自己的小算盘作为他们的自我本身显露出来，并且自身异化为了国家权力。"国家权力同时也就被提升为特别的自我了"，国家权力本身在共和国时期是公共权力，但由于个人的野心膨胀起来，掌握了国家权力，那么国家权力就被提升为一个特别的自我，国家体制就成为了帝制。皇帝就是称孤道寡，就是世界上唯一的一个特别的自我,如曹操当年就说,要是没有我,那天下将几人称孤、几人道寡。国家权力就成了皇帝的私产。"正如没有这种自身异化的话,则荣誉和高贵意识的那些行动,以及高贵意识的明见所提的建议,都将会停留在模糊不清的状态","模糊不清"前面我们已经讲到过了,模糊不清、模棱两可,令人怀疑,假如没有这种自身异化,假如国家不是从共和国走向帝国,没有这种自身异化,没有个人专权独裁,那么荣誉和高贵意识的那样一些行动,贵族的那些行动,都会打着国家的旗号,是不是真正为国家着想是不清楚的。很可能表面上冠冕堂皇,是为国家利益着想而提出的一个建议,但实际上是别有用心、心怀鬼胎的。所以那些建议到底是不是有利于国家,那是模糊不清的,那是模棱两可的,是令人起疑心的。如果没有一个皇帝的话,每个贵族、每个人都可以在共和国的大会上提出建议,各持己见,每个人都说自己的建议是为了国家好,但所有这些建议都是模糊不清的。现在出了一个皇帝,这种情况就发生改观了,每个人没有份了,你们都不要说了,你们都是各自心怀鬼胎的。所有这些模糊不清的建议都被排除在外,唯一以皇帝的意志为准。否则的话,"其中所拥有的还会是特殊意图和任性的那些各自为政的权谋",这些建议里头还将充斥着特殊意图和任性的权谋。每个人的野心和各自的利益使大家离心离德,各自都在打小算盘,每个人都在利用这个国家、吃垮这个国家。如果没有一个独断专行的君王行使自己的意志的话,那整个国家都会陷入到这种权谋之中,永远也达不到稳定。这就是国家权力在它的演变的过程中,它必然经过的这样一个过程,从早期的共和国走向帝国,走向独裁和异化。

[II. 语言是异化或教化的现实]

这是在"a. 教化及其现实王国"这个总标题下面的第二个部分,"II. 语言是异化或教化的现实"。前面第一个部分是:"I. 教化是自然存在的异化",也就是先讲自然存在的异化,国家和财富怎么走向异化;然后再来讲语言的异化。当然自然存在的异化也好,语言的异化也好,都属于教化的现实王国,但教化的现实是在语言上体现出来的。自然存在的异化已经是教化了,但只有在语言上体现出来才是现实,在语言层面上我们才能谈教化的现实。我们中国人通常认为语言是不太现实的,现实应该就是权力财富这些东西,但是在西方人心目中,教化的现实那就体现在语言上。黑格尔认为现实和现存、和存在是不同的,现实体现在语言中;海德格尔更是认为,语言是存在的家,存在就是靠语言而存在的。从教化的角度看的确是这样的,教化的现实性就体现在语言上,我们通过一个人怎么说话,我们就知道一个人的教化或教养达到了什么样的层次。

不过这种异化只发生于**语言**中,语言在这里以它自己独有的含义而出场了。

"这种异化只发生于**语言**中",这种异化,就是说共和国异化成了帝国,是因为高贵意识的异化,它本身走向了它的反面,成为了卑贱意识,成为了每个人的私利,成了为个人的野心而打的小算盘。而高贵意识的这种异化只发生于语言中,"语言"打了着重号。"语言在这里以它自己独有的含义而出场了",这个时候语言才显出了它自己的独有的含义,而在此之前,它都只是以它的附带的含义出场的,它被看作仅仅是人与人之间交流思想的工具,并没有什么很重要的意义。但这里指出,语言才是教化的现实,高贵意识的异化只发生于语言中。我们前面讲到"称孤道寡",这就是一种语言。当一个国家的领导人称孤道寡的时候,当一个国家的领导人要人家喊他万岁的时候,要敬祝他万寿无疆的时候,这个时候异化就发生了。语言在这里以它的独特的含义、本来的含义出场了,不要以为这只是语言,不要以为只是口头上喊一声万岁,又有什么关系呢?实际上语言模式的改变导致了社会关系上的重要改变,表明人们的行为模式、思维方式都发生了改变。

——在伦理世界里,在**法则**和**命令**中,以及在现实世界里,最初是在

建议中，语言以**本质**为内容，并且它是本质的形式；

这是回顾前面了。"在伦理世界中，即在**法则**和**命令**中"，前面讲伦理世界时，也谈到语言的作用，比如说法则，神的法则和人的法则，还有命令，你建立一套法律，你必须要有命令的强制。"以及在现实世界里，最初在**建议**中"，现实世界是指自然的异化，在现实世界中，国家建立了，那些高贵意识可以为这个国家提出建议，那也得说话。在罗马共和国的时候，在公民大会上你得滔滔不绝，你得谈出自己的想法、自己的见解。那都要用到语言。"语言以**本质**为内容"，本质打了着重号。在所有这些情况下，语言只不过是语言，它要表达的那个东西才是最重要的，那是本质。"并且它是本质的形式"，语言只是形式，语言以本质为内容，并且它只是本质的形式。语言在古希腊和罗马受到重视，只是被当作工具，人们看到它的重要性就是通过修辞学、雄辩术，怎么样说服人，怎么样阐述自己的观点，有理有据，在辩论的时候如何打败别人。这是一种形式、一种技巧。当时人们看重的还是用这种形式把本质表达出来，所以本质是最重要的，而语言本身只是一种工具，是表达本质的一种形式。这是在以前伦理世界和现实世界中的情况，语言还没有以其独特的含义而出场。

但在这里语言却以它所是的这个形式本身为内容，并且作为**语言**而有效准；这就是言说本身之力，它实行那必须加以实行的东西。

"但在这里语言却以它所是的这个形式本身为内容，并且作为**语言**而有效准"，这就是对比了。为什么说，语言在这里以其独特的含义出场了呢？独特的含义就是跟以前不一样了，以前语言只是论辩术、雄辩术，说服人的技巧，而在这里，它本身成为了内容。语言现在正是以它所是的这个形式本身为内容，语言本身作为语言而有效准了，它开始显露自己的本色了。"这就是言说本身之力，它实行那必须加以实行的东西"，也就是说语言在这种异化状态之下，它本身成为了权力的化身。语言就是力量，语言就是权力，我们讲"话语权"，某人有话语权，他说出来的语言就是权力。语言不再是反映别的本质的形式，它本身就是内容，它说出来就是内容。说出来的也许是空洞的大话，但是你不要去追究它是不是空话大话，我们说"万寿无疆"，谁会万寿无疆？但是我们照说不误，并不是真的以为他可以活到一万年，这是一种权力话语。哪个皇帝可以活一万岁，能活一百岁就了不起了，但是他说出来，就是一种权力，你不喊你就是异类。但语言这个时候已失去了它后面所包含所表达的意义，它的形式就是它的内容。你喊万岁，不是说这个皇帝真的有万岁，而是你表示服从，你表示对皇帝至高无上的崇敬；而且如果人家喊，你不喊，就是要被镇压的对象。所以这种语言是权力话语，它是一种力，并且作为语言有效准，而不是作为语言表达的内容有效准。语言的内容也许空空洞洞，没什么内容，谈不上效准。但是它说出来就有效准。当然还要看谁说出来，只有某些人有权说出来，其他人说出来是犯禁的。有些话只有皇帝本人能说出来，比如说"朕"，"朕即国家"。你们哪个敢称自己为"朕"呢？它本身就是权力话语，它代表权力。作为语言而有效准。这就是言说本身之力，它实行那必须加以实行的东西。也就是权力命令它要实行的，那就是靠语言了。下面就讲这个道理，语言为什么要走到这一步。

这是因为语言是纯粹自我本身的定在；在语言中，自我意识的自为存在着的个别性本身才进入实存，以至于它就是为他的存在。

"这是因为语言是纯粹自我本身的**定在**"，纯粹自我的定在就是体现在语言上的，每个人的纯粹自我都是看不见摸不着的，但是在语言上，它就定在了，就说出来了。语言就代表一个人的纯粹自我本身的定在，他怎么说话，他就是个什么人。"在语言中，自我意识的**自为存在着的个别性**本身才进入实存"，语言是表达自为存在的个别性或者个性的，每个人说出来的话都表达了他的自为存在的个别性，表达了他的意志，表达了他的风格，所以这种个别性只有在语言中才进入到它的实存。Existenz，也可以翻译成生存，它相当于 Dasein 即定在、此在。在语言中自我意识的个别性才进入到实存，什么是实存？就是现实的存在，在社会中和别人打交道的存在。"以至于它就是**为他的**存在"，借助于语言进入实存了，进入定在了，这个自我意识的个别性才成了为他的存在。每个人说话都是说给别人听的，必须有人听，他才说。如果一个人在空屋子里没人听，一个人自言自语，那这个人是有毛病的，凡是说话都是为了有人听。当然，如果你不说出来，你就永远只是内在的个别性；一旦你说出来，你的个别性就是为他的，你就是为了想要别人理解你，你就在此了。

　　<u>**否则我** [Ich] 作为这个**纯粹的**我就没有**定**在了；在任何其他的表现中，这个我都沉没到了现实性中，并存在于某种它可以从中退缩回来的形态中；它已从它的行动中，正如从它的面相学的表达中那样，反思到了自身，并且让这样一个总是包含得要么太多要么太少的不完全的定在，丧失了灵魂地撂在那里。</u>①

　　"否则我"，这里"我"用的是 Ich，而不是 Selbst（自我），我们尽可能把这两个概念区分开，虽然常常做不到。"否则我作为一种**纯粹的**我就没有**定**在了"，就是说，如果不把我说出来，这个我就不是定在。海德格尔后来说语言是存在之家，你必须说出来你才是定在，你才是此在，否则我作为纯粹的我就不是定在。我当然有定在，我的身体、我的财产都是我的定在，但不是作为纯粹的我的定在。什么是纯粹的我？就是我的人格性，我可以用来担保的人格，这是必须用语言来表示的。"在任何其他的表现中，这个我都沉没到了现实性中"，我当然还有其他的表现。语言是一种表现，语言是我之成为我的定在的一种方式；但是在任何其他的表现中，我虽然也可以表现我，但是这个我都沉没到现实性中，它表现的并不是纯粹的我本身。唯有语言能够表达纯粹的我，君子一言驷马难追，言必信行必果，这都体现了我的纯粹的人格，它不被现实性所干扰；而其他的表现则是沉沦于现实性之中。"并存在于某种它可以从中退缩

---

① 　参看前面第 208 页以下。——丛书版编者 [中译者按：这里指丛书版页码，考证版为第 173 页以下，贺、王译本为第 206 页以下，参看编者所加的"器官的面相学含义"和"面相学含义的双重性"两个标题。]

回来的形态中"，用其他的方式，比如说用金钱，用财物，用行动，用表情，都可以表现自我，但都不是纯粹的我，而总是可以从中退出来的。钱物可以赔偿，行动可以补救，表情可以做各种解释，只有说过的话是不能反悔的，否则是损害自己的人格的。所以西方人在教堂结婚时，神父一定要双方都说："我愿意！"这相当于以人格担保了。"它已从它的行动中，正如从他的面相学的表达中那样，反思到了自身，并且让这样一个总是包含要么太多要么太少东西的不完全的定在、丧失了灵魂的摆在那里"，自我从自己的行动中反思到了自身，这正如从他的面相学的表达中反思自身一样，这种反思从现实性中、从定在中抽身退出，回到内在的意谓。我可以用我的行动或者用我的面部表情表达我的自我，但是这种表达总是具有双重性，即要么被外在的东西所遮蔽而变得模糊不清，要么从外在的东西退出，让定在作为一种失去灵魂的外壳而摆在那里。所以这种表达的外在的东西就是这样一种不完全的定在，它所包含的要么太多，要么太少。这句话后面有个德文丛书版的编者注，说明可以参看前面第208 页以下。我们在贺、王译本相应的地方，即上册第 206 页，读到这样的句子："语言和劳动都是外化的活动，个体在其中不再把自己保持和据有于自身中，而是让内在的东西完全走出自身以外，并使自己委身于他者。因此，人们既可以说这些外化的活动已将内在的东西表现得太多了，同样也可以说，他们将内在的东西表现得太少了；说**太多了**，——是因为在它们那里内在的东西突破了自己，没有留下它们与内在东西的任何对立；它们所提供的不仅是对内在的东西的一种**表现**，而且直接就是内在的东西自身；说**太少了**，——是因为语言和行动中的内在东西使自身成为另一种东西。"虽然这里也谈到了语言，但却是在面相学的层次上，也就是在说话的语气和表情这个意义上，而不是在语言自己的独特含义上来说的。在面相学层次上的语言与行动或劳动的表现一样，要么表现得太多，也就是自以为将内心的意谓全盘托出了，其实没有那么多；要么表现得太少，也就是觉得语言和行动完全没有表达内心的意思，其实也没有那么少。德文编者还引了拉松版的一个注释："参看席勒：'灵魂刚一说话，哎呀，灵魂已经不再是它了'，以及'我们的行为当它在我们的胸膛以内，还是我的；一旦离开它的出生地，离开在本心中的安全角落，被传递到生命的异乡，它就属于使任何人的艺术都无法接近的那些险恶的力量了。'"我要么完全沉没在现实性中，以为我表达出来的就是我想要表达的全部，毫无保留；要么完全不相信表达的现实性，而主张意在言外，回到内心不可言说的意谓。这两种情况都无法表达纯粹的我。只有前面讲的那种以形式本身为内容的、作为语言而有效准的语言，也就是以语言自己独特的含义出场的语言，才是纯粹的我本身的定在。当然，这是以语言本身的异化为前提的。虽然我从我的直接的行动和我的面相学的表达里面都可以反思到里面有一个自我，我可以说这都是我的自我，我的行动证明了我的本心，我用我的表情证明了我的内心；但是，如果你把它等同于内在的东西，就说得太多了，你把它完全区别于内在的东西，就说得太少了。这种行动和面相学的表达里面所包含的东西要么太多、要么太少，这样一种模模糊糊的状态是一种不完全的定在。我的行动也好，我的面相学的表情也好，实际上都丧失了灵魂。这是作为语言的语言与其他表现方式的不同之处，而作为语言的语言正是作为行动或表情的语言的一种异化。

但语言则把这个我在其纯粹性中包含着，唯有语言表述着**我**、表述着我自身。

"但语言则把这个我在其纯粹性中包含着"，语言包含着的这个我是纯粹的我，而不是面相学意义上的，或者沉没在现实性中的我。"唯有语言表述着**我**，表述着我自身"，这里进一步强调，只有语言能够把我自身表述出来，其他的都不行。当然这对我们中国人的理解来说有种文化障碍。西方人注重的是语言，我们中国人注重的是行动和表情。中国人平常好像不太用表情，是因为中国人太看重表情，不滥用表情。《论语》里面都规定了我们在什么场合下要用什么表情。在西方人看来我们中国人通常漠无表情,或者表情麻木。其实不是的,中国人很注重表情,当他需要用的时候,他就用,但他不滥用,用就要用足,相当于上面讲的承载得"太多"的情况。因为中国人认为表情是表现内心的,不能滥用。而西方人对表情是不太相信的,他可以用表情进行交际,但他们更相信的是语言,包括文字。对于中国人来讲,比表情更重要的是行动,所谓"听其言观其行"。你不要听他说什么,你要看他怎么做。至于说什么都无所谓,也可以什么都不说,或者说出来的东西不算数,属于上面讲的包含得"太少"的情况。王朔的小说《过把瘾就死》里面就讲到,杜梅反复问方言:"你到底爱不爱我?"方言说:"这还用说吗?"杜梅说:"不行,今天非要你亲口说出来,结婚这么多年了,你从来没有说过爱我。"方言说:"我不是用实际行动证明了吗? 我们是中国人,要有中国气派。"但杜梅不依不饶,逼着方言说出来,不说的话,就把刀架在他脖子上。最后方言在生死关头被逼着说了一个字:"爱。"这小痞子刚一说出这个字,脸就红了。中国人这个字是不能说的,一说就假了。实在要说,可以说"I love you!"这个可以,但一旦说汉语,就硬是不行。这是一个文化上的区别。所以我们不要奇怪,为什么黑格尔特别重视语言。唯有语言表述着我,表述着我自身。当然不是说在所有的层次上语言都表述着我,而是在语言的这样一个层次上面,在作为语言的语言这个层次上面,只有语言才能表达纯粹的我。在别的层次上,语言也有遮蔽性,如前面讲到的劳动和语言,都是有遮蔽性的。但在教化的现实性中,经过异化的语言是最有力的,只有它能够表述我自身。

我的这种定在作为定在,是一种在本身中具有我的真实本性的对象性。我是这一个我——但同样也是普遍的我;它的显现同样也直接就是这一个我的外化和消失,因而又是它在普遍性中的保持。

"我的这种**定在**作为**定在**",前面讲语言是纯粹自我本身的定在,非语言的那样一些表现所包含的只是一种不完全的定在,那么这里讲的就是完全的定在。完全的定在是什么样的呢? "是一种在本身中具有我的真实本性的对象性"，就是讲语言所表述的我的这样一种定在，也就是说出来了的这个我的定在，是一种在本身中具有我的真实本性的对象性。这个对象性所包含的我的真实本性，既不是太多，也不是太少，既是表达了我自己的真实本性，但是又是外化在一个对象上的。我说出来了，而且人家已经听到了，是这样一种对象性。"**我**是**这一个我**——但同样也是**普遍的我**"，这种定在所包含的内容既不太多又不太少，既是我的本性又是对象，它所体现的是我的这样一种辩证关系，即我是这一个和共相的统一。"这一个"和"普遍的"都打了着重号，它们的辩证关系在"感性确定性"章中就分析得很清楚了，而这里是在语言的异化将我的定在加以表述时再次体现出来。我的定在作为定在当然是这一个，我就是这一个，但同样也是普遍的我，为什么？是因为我的语言，它将这一个我异化成了共相。"它的显现同样也直接是**这一个**我的外化和消失"，这是感性确定性章中已经讲到过的，这里直接套用了。"这一个"一旦外化，一旦被指出来，"这一个"直接就消失了，就成了不是这一个，就成了另一个这一个了。"因而又是它在普遍性中的保持"，虽然它消失了，但它又保持下来了，或者说它被扬弃了；它的特殊性没有了，但它在普遍性中保存下来了，它成为了共相。我是这一个，他也是这一个，你也是这一个，所有的人、所有的"我"都是这一个，那么特定的这个我也在其中；但是我的特殊性、我的与众不同已经消失了，这时候所说的"我"是一个共相；但是我还是这一个，既然大家都是这一个，那么我也在其中被保持下来了，因而又是它在普遍性中的保持。这全是语言的功劳，在感性确定性中语言还只是外在地起作用，是通过"我们"去"说"它，"这一个"才发现自己变成了共相；而在这里则是语言本身在展示它的异化的效果。我不是被一个旁观者"说"，相反，我本身就是"说"，"这一个"我在它自己"说"的时候就成为了普遍的共相。

　　我在说出自己时，**被听到了**；它是一种传染，通过这种传染，它就直接过渡到了与那些把我看作定在的人的统一，它就是普遍的自我意识了。

从"这一个"到"共相"是如何跨过来的呢？"我在说出自己时，**被听到了**"，"被听到了"打了着重号。我在说出"我"的时候，被别人、被别的"我"听到了，或者说，我说出我来就是为了让人家听到。"它是一种传染"，别人听到了，他马上就把这个"我"认同为自己的"我"了，他马上就想到，我也有一个"我"，虽然我和你不同，但我们的"我"却相同，那你就把你的"我"传给人家了。"通过这种传染，它就直接过渡到了与那些把我看作定在的人的统一"，我在说出我的时候，被人家听到了，那么通过这种传染，它——也就是"我"，就直接过渡到了与那些人的统一，他们历来是把我看作一个特定的定在的，历来是与我完全不同、格格不入的。当我说出我的时候，那些把我当作定在的人就不再把"我"当作定在了，"它就是普遍的自我意识了"。我既然成了大家共同的"我"，那么对这个"我"的意识当然就是普遍的自我意识了，这种普遍自我意识把所有互相当成定在的我都统一起来了。可见我从这一个到成为共相，就是凭借我把"我"说出来并且被其他的我所听到，也就是凭借语言的本性，因为凡是语言都是要说出来给别人听的，它既是我自己内在的，同时又是表达在外的，与他人发生关系的，所以它又是有"传染性"的。当然正是由于这种传染性，由于我说出来与别人交流、让人家懂得，所以这个说出来的我就失去了它的个别性，而成为大家共享的普遍性的我了，它就不以我个人的意识为转移了，就此而言这是语言本身的异化。但这种异化正是语言的本性，它体现的正是自我意识的本性，所以凡自我意识肯定都是和语言不可分离的，对语言的忽视就是对自我意识的遮蔽。只有在语言上、在对话和交流中，人的自我意识才敞开了，才被照亮了。但正如海德格尔所说的，解蔽同时就是遮蔽，当语言和自我意识敞开自身、面向普遍的社会性的时候，它的那种个别性的"此在"（Dasein）也就被扬弃了，个人只不过是"常人"（das Man）而已。但是这种异化是不可避免的，也是必要的，否则就连"人"都没有。人实际上永远处在海德格尔所谓"通往语言之途"中。

535

——它被人**听到**时，它的**定在**本身就直接**沉寂**了；它的这种他在就被收回自身了；而恰好这个他在就是它的定在，是作为被自我意识到了的**现在**（Jetzt）的定在，当它在此存在时，它就不在此存在，它是通过这种消失而在此存在的。

[56]

"它被人**听到**时，它的**定在**本身就直接**沉寂**了"，本来人家就是通过听到而确认它，即这个"我"的定在的；但是一旦它被听到，它的定在本身就直接沉寂了，被听到的就不是它的定在了，被听到的就是一个普遍的我，它所发出的声音就不是代表它的定在了。"它的这种他在就被收回自身了"，它在别人那里的他在就被收回到了它自身，使自己成为了普遍的我，它自己的定在就沉寂了。但别人听见了，它同时就在别人那里存在，在别人那里存在就是在它自己中的存在，它自己也存在在别人那里。所以它的他在被收回自身，这导致它存在于别人那里，别人也存在于它这里。于是它意识到自己是一个社会性的存在，是别人的存在在它这里存在。它为什么要说，就是要说给别人听呀，如果没人听，它就不存在。萨特有一句话叫作"报上谈到我，故我在"。当然这是知识分子的一种自我感了，不过也有道理，就是说当别人谈论你的时候，你才在，如果谁都不理你，你就不存在了，如果谁见到你，都是视若无物，那你就不存在了。小孩子为什么要调皮捣蛋、要吵扰你干扰你，就是为了要证明他自己存在。就连挨打、挨骂都说明他存在，把他饱打一顿，他就满意了。就是人总要在别人那里自己才存在，这是人的自我的一种特点。"而恰好这个他在就是它的定在"，它的定在不是封闭的，不是内在孤立的，不是内心冥想的，而是他在，只有他在才是它的定在。"是作为被自我意识到了的**现在**（Jetzt），当它在此存在时，它就不在此存在"，这个话说得很别扭。作为被意识到了的现在，Jetzt，意为此时此刻，也相当于 da，当它在此存在时（da sein），它就不在此存在。前面曾提到，米兰·昆德拉有一本书叫《生活在别处》，我生活在我所不在的地方。这其实就是人的特点，动物就是生活在某一个此处，已经被限定了；而人总是生活在别处，他的"此在"（Dasein）本身就是"非此在"（Nichtdasein）。通俗地说，人总是生活在他尚未实现的理想中。人跟动物的不同就是他总是有他的追求，有他的可能性，有他还未实现的目标。所以黑格尔在这里讲：当它在此存在时，它就不在此存在。就像萨特说的，它"是其所不是，不是其所是"。存在作为它的所不是的东西而是、而存在，而不是作为它现在所是的东西，或者说，它是作为它将要成为的东西而存在的。存在主义的这些思想其实都是从黑格尔来的，不要听着很新奇，但追究一下，在黑格尔那里都有它的源头。"它是通过这种消失而在此存在的"，也就是通过它的不在此存在而在此存在的。如果它不消失，它连存在都不可能，它的存在就是这种自我消失的过程。

因此，这个消失本身直接就是它的保持；这是它自己对自己的认知，是它对自己作为一个已过渡到别的自我、被别人听到了的普遍自我的认知。

这是他的结论。"因此，这个消失本身直接就是它的保持"，它自己的定在消失了，但这个消失直接就是它的保持。它消失了，但别人听到了，被保存在别人那里了，而它作为别人中的一员，也就把自己保持住了，所以消失本身直接就是它的保持。"这是它自己对自己的认知"，这个经过消失的保持本身就是它自己对自己的认知。现在这个我已经不单纯是言说和表达自己，而是通过言说和表达来认识自己了。我是什么，我是一个消失的过程，我不是被固定在那里的定在，不是事物，人是活的，物是死的；但我消失于别人的我那里，所以我从别人的我那里又认识到了自己的我。我之所以是活的而不是死的，是因为我活在与别人的交往中，活在我消失了自己而保存于别人那里的这一过程中。我认识到了我的本质的社会性，就像马克思说的，人的本质在其现实性上是一切社会关系的总和。"是它对自己作为一个已过渡到别的自我、被别人听到了的普遍自我的认知"，是对什么样的自我的认知呢？不光是对"这一个"自我的认知，而是对普遍自我的认知，这一个自我已过渡到别的自我、成为了普遍的自我，因为我说的话被别人听到了，它就已经在别人那里被保持了。我的自我通过语言，通过我说出来被别人听到，它就已过渡到别的自我，已经过渡到一个普遍的自我。也就是说，这个自我的个别性已经过渡到了社会性，对这样一个社会自我的认知使我成为了对自我有认知的自我。所以语言在这里起到了一个关键性的作用，一个枢纽的作用。前面讲的都是语言在现实性中，在伦理世界中，作为神的法则和作为人的法则、作为命令以及在现实世界里最初表现出的建议，所起的工具作用，那些情况都还不是目前这种情况，目前作为教化的现实的语言，它是以语言的形式本身为内容的，语言已经脱离了它的其他内容和本质，它本身成为了自己的内容，本身成为了现实性，它从宾语变成了主语。下面要讲到，这种成为了主语的语言首先体现为一种权力话语。

精神之所以获得这种现实性，是因为作为精神而统一起来的那两端恰好直接具有这种规定性，即它们自为地就是自己的现实性。

"精神之所以获得这种现实性"，精神在这里获得了现实性，当然是通过语言。前面整个讲的就是在语言中，在现实性的语言中，个别的我成为了一种普遍的自我，也就是成为了现实的精神。这里讲到精神之所以获得这种现实性的原因，也就是语言之所以获得这种现实性的原因，"是因为作为精神而统一起来的那两端"，那两端也就是指国家权力和高贵意识，它们都是通过精神而统一起来的。因为那两端"恰好直接具有这种规定性，即它们自为地就是自己的现实性"，国家权力也好，高贵意识也好，它们都直接具有自己的现实性，并且是自为地具有自己的现实性，这两端要追求、要成就的就是这种现实性。国家权力肯定是现实的，它直接下命令；高贵意识通过它的服务也是现实的，高贵意识服务于国家，本身也具有了现实性。精神获得的这种现实性，也就是语言的现实性，它有两个基础，一个是国家权力是现实的，另一个是高贵意识也是现实的。那么语言在这里就具有了特殊的含义，跟以往的含义不一样了。

以前的含义本身还没有现实性,它本身还只是一种雄辩术、一种技巧,本身不具有现实的内容。而现在语言本身具有了现实的内容,语言所表达的这两端,高贵意识和国家权力,它们统一于语言,由语言将高贵意识和国家权力统一起来。由于高贵意识和国家权力都具有现实性,所以语言也具有现实性。语言的现实性通常认为是不存在的,我们常讲"皮之不存毛将焉附",语言好像是毛,而现实的国家权力才是皮,你必须依附于皮之上才能存在。这里似乎也有点这个意思,语言要想获得它的现实性,它必须依附于两端的现实性之上,一个是国家权力的现实性,另一个是高贵意识的服务的现实性,两者皆依附于权力,语言必须成为权力话语才有现实性。但这样一来,语言岂不又成了工具吗?其实并非如此。语言并不是依附于权力,语言本身就是权力,一切权力都是靠语言而发挥威力和效准的。精神在语言这里才获得了它的现实性。这两端处于对立中,但它们统一于语言。所以精神通过语言从那两端中获得了现实性之后,马上就把这个关系颠倒过来了。

<u>它们的统一分解为两个不可触碰的方面,其中每个方面对于另一个方面都是现实的、被排斥于对方之外的对象。</u>

"它们的统一",国家权力和高贵意识的统一,"分解为两个不可触碰的方面,其中每个方面对于另一个方面都是现实的、被排斥于对方之外的对象",不可触碰的,spröde,前面讲人格的原子时也讲到这个词,意味着原子的不可入性。每个方面都是现实地被排斥在对方之外的,因为两方面都是原子。国家权力作为一个原子,体现在国王或皇帝身上;高贵意识通过它的服务也成为一个原子,体现在贵族们身上。贵族和国王互相排斥,但它们通过语言又互相统一、互不可分,贵族服务于国王,而国王颁布荣誉给贵族,满足他们的高贵意识。它们在这种既排斥又统一的关系中都具有了现实性。所以我们应该把这两种现实性不是看作统一的基础,而是相反,看成由统一分裂而来的两个方面。

<u>因此,这统一是作为一个**中项**显露出来的,它被排除于两方面各自</u>

<u>为政的现实性之外，并与之相区别；它本身因而具有一种现实的、与它的</u>
<u>两方面区别开来的对象性，并且是**为它们**的，即是说，它是定在着的东西。</u>

　　"因此，这统一是作为一个**中项**显露出来的"，这统一即国家权力与高贵意识的统一，由什么来统一呢？由语言来统一，语言是一个中项。通过高贵意识对国家权力的那种山呼万岁的拔高，以及国家权力对高贵意识的表彰，从而使得这两者统一起来，使得这个国家稳定下来。所以这个统一是作为中项显露出来并起作用的。"它被排除于两方面各自为政的现实性之外，并与之相区别"，这样一种语言的统一性作为中项被排除在两方面的现实性之外，它对这两种各自为政的现实性是一种外在的统一作用，并不是根据双方的现实性而来的统一作用。这种语言已经超越于它们的现实性之外了，已经跟它们的现实性没有什么关系了。你说这个皇帝是伟大的皇帝，至于这个皇帝本身是不是伟大，这个不重要了，反正面对这个皇帝，你必须这样说。皇帝必须授勋封爵，哪怕被嘲笑为"养了一匹大跳蚤"，也无所谓。① 所以这种语言跟这两方面的现实性没有关系，它只以自我意识的纯粹自为存在的个别性进入到实存，而不纠缠于外在的那些现实性中。这种语言已经独立出来了，成了一些定式和套话，成为了意识形态的话语或者权力话语。"它本身因而具有一种现实的、与它的两方面区别开来的对象性，并且是**为它们**的，即是说，它是定在着的东西"，它本身具有一种现实的对象性，这现实对象与它的那两个方面是不同的，意识形态是一个独立的部门，并且是为它们的，也就是一方面为了国家，另一方面是为了贵族。所以它是一种正统话语，是一个国家里面的官方意识形态，它超越于两者之上，为了国家的稳定，为了各方面的协调。前面讲："在语言中，自我意识的**自为存在着的个别性**本身才进入实存，以至于它就是**为他的**存在"（见前一页码），这句话在这里得到了具体的说明。

---

① 参看歌德：《浮士德》第一部·书斋Ⅱ。

这精神实体本身进入到实存，只是由于它在自己这两方面获得了这样两种自我意识，这两种自我意识既把这种纯粹的自我作为**直接有效准的**现实性来认知，同样又从中直接认知到它只是通过异化的**中介**才是这样。　{277}

"**这精神实体**本身进入到实存"，"这精神实体"打了着重号，指由语言异化而构成的意识形态话语，它是一个统一的中项，独自具有一种现实性，现在它被称为"精神实体"了。或者仍然用前一页那句话来说，这种语言作为自我意识的自为存在着的个别性本身而进入到了实存。这个精神实体进入实存，"只是由于它在自己这两方面获得了这样两种自我意识"，精神实体是如何进入实存的呢？是由于它在自己这两方面，即国家权力方面和高贵意识方面，获得了两种自我意识。哪两种自我意识？"这两种自我意识既把这种纯粹的自我作为**直接有效准的**现实性来认知，同样又从中直接认知到它只是通过异化的**中介**才是这样"，这两种自我意识，也就是对国家权力和高贵意识这两方面的自我意识，一方面是把这种纯粹的自我作为直接有效准的现实性来认知，这就是对国家权力的意识。国家权力就是皇帝的纯粹自我直接有效准的现实性，他说一不二，一言九鼎，这是一个方面。但同时又有另一方面，这就是对高贵意识的认识，就是认识到前面那个现实性只不过是通过异化的中介才是直接有效准的，皇帝的一言九鼎只在于贵族的服从和服务，贵族通过高贵意识的异化的中介，也就是通过他们语言的异化所形成的意识形态，才使王权具有了现实性。国家权力要实存必须有个前提，就是要有一批贵族、一批具有高贵意识的人，通过自己语言的异化而使皇帝的纯粹自我具有直接的效准。有了这两方面的自我意识，这个精神实体就获得了自己的实存，因为这两种自我意识都是具有现实性的，但同时又都是具有精神性的。皇帝的权力是具有现实性的，因为他是直接有效准的；但同时他又是从纯粹自我出发的，而不是受制于外在事物的。同样，贵族是有精神性的，因为他将自己献身于代表国家权力的皇帝的纯粹自我的效

541

准，不惜使自己的语言异化为服务的语言；但同时又是有现实性的，他知道自己的服务只是使国家权力成为现实性的中介，他不能像皇帝那样为所欲为，但他能够通过自己现实的服务这个中介而使自己私下的现实性实现出来。语言的异化作为精神实体就是通过这两个环节而进入到实存中来的，精神实体由此就具有了双重的自我意识，即一方面意识到纯粹自我的现实效准，另一方面意识到语言异化的中介作用。

通过前者，诸环节被纯化为认知到其自身的范畴，从而纯化到这一步，它们就是精神的环节；通过后者，精神作为精神性而进入到定在。

"通过前者"，也就是通过对纯粹自我的现实效准的意识，"诸环节被纯化为认知到其自身的范畴"，诸环节也就是上面讲的这两个环节，一个是国家权力，一个是高贵意识，它们都被这种纯粹自我的现实性纯粹化了，超越了自己的世俗层次，而成为了认知到自身的范畴。黑格尔的范畴就是现实中的客观思想、客观概念。"从而纯化到这一步，它们就是精神的环节"，皇帝也好，贵族也好，他们都不再被当作现实的人与人的利害关系来看待，而是当作范畴的关系来考察了，也就是被考察他们所代表的精神环节了。我们从精神眼光来看待国家权力的各个环节，国家权力的各个环节都被看成是精神的环节，把其中物质的、利益的东西全都排除掉，只看它们的精神层次。"通过后者，精神作为精神性而进入定在"，后者也就是异化的中介作用了，我们通过这种异化的眼光来考察，精神是怎么样在定在中表现出它的精神性（Geistigkeit）的，或者说，怎么样把它的精神性实现在定在中的。前者是从皇帝的纯粹自我那里得到的启发，后者是从贵族的中介作用那里得到的启发。两者比较，皇帝所代表的国家权力是一个基础，贵族的高贵意识是服务于这个基础的；但高贵意识是国家权力本身运作的动力，它一方面维系着国家权力，但另一方面也隐藏着否定的力量，总有一天会导致它与国家权力的这个联盟的解体，而走向分裂的意识，这是后话。

——这样，精神就是中项，它以那两端为前提，并借助于这两端的定在而产生出来，——但它同样是在这两端之间奔突而出的精神整体，这整体将自己分裂为两端，并通过使每一端与整体发生这样的接触才在自己的原则中将每一端产生出来。

这就是刚才所讲的颠倒关系了。"这样，精神就是中项"，精神是通过双重自我意识的方式，既意识到纯粹自我的直接效准，又意识到它自身的精神性，而成为了中项。一个是直接的方式，一个是间接的方式，精神就是一个中项，它使两端结合起来、统一起来。"它以那两端为前提，并借助于这两端的定在而产生出来"，哪两端？一端是以皇帝为代表的国家权力，另一端是以贵族为代表的高贵意识，这中项就是借助于这两端的定在而产生出来的。这里有一个三段式：凡是为国家权力服务的都是精神；高贵意识就是为国家权力服务的意识；所以高贵意识就是精神。大前提的精神来自于国家权力，小前提的精神来自高贵意识，但它们都是同一个精神。这精神在语言异化的形式下就是官方语言，或者意识形态、正统话语，它作为一个中项，作为一种现实的精神，是借助于这两端的定在而产生出来的。这两端都有它现实的定在。国家权力有它的定在，高贵意识所产生的服务也有它的定在，这两端的定在产生出了这个精神的中项。"但它恰好同样是在这两端之间奔突而出的精神整体"，它由这两端的定在产生出来，但它一旦产生，又颠倒过来、反过来凌驾于两端之上，成为了统一这两端的精神整体。这两端表现为现实的定在，但作为一个整体它是普遍的，是精神性的，它不是仅仅局限于定在之中的。"奔突而出"，hervorbrechen，也可以翻译成"爆发出来"，或者"破坏而出"。"这整体将自己分裂为两端"，这整体高高在上，不再像每一端那样局限于它自己的定在，而是把它们当作自身的两个环节，当作由自身分裂出来的两端。"并通过使每一端与整体发生这样的接触才在自己的原则中将每一端产生出来"，现在这个整体才是这两端的产生者。虽然这整体要依赖于这两端，但是我们要把这两个定在都看成是由整体分裂出来的，要倒过来看。这已经有现代系统论或者解释学循环的意思了，整体和部分是有机统一的。诚然我们可以承认，如果没有这两端，整体就无从统一；但一旦统一起来，我们就必须把这两端看成是依赖于这个整体的环节。虽然整体是由个别的东西建立起来的，但一旦建立起来，这两端都要依赖于整体，整体才是两端之所以产生的原则。当然这个整体是由语言来承担的。今天讲到的这个现实性，是通过语言的异化产生的，语言在这种异化中才显露出了它本身的独特性，而不只是服务于其他目的的工具。

——这两端自在地已经被扬弃和被分解了，这就带来了它们的统一，而这统一乃是结合两者、交换两者的规定的运动，确切地说，是把这些规定在每一端中结合起来的运动。

"这两端**自在地**已经被扬弃和被分解了"，这两端：一端是国家权力，一端是高贵意识。"自在地"，就是客观上它们无形中已经被扬弃被分解了，在这种语言的统一性作用之下，它们不由自主地被扬弃被分解了。而恰好，"这就带来了它们的统一"，就是说，它们的统一是由于它们自在地被扬弃和被分解而产生出来的，当然一旦产生出来，就可以把它看作是一个包含两者在内的整体。从自在的方面看，这两端是自我扬弃自我分解的。国家权力已经自我扬弃自我分解了，在共和国的观念中，国家权力是为了全体公民的，包括贵族在内，所以共和时代的国家权力还是具有崇高的含义的，但它的这种抽象权力注定被扬弃，被争当皇帝的几个巨头所分解，被皇帝的个人专制所取代，从而走向帝制。同样，高贵意识也自在地被扬弃了，分裂为对某个皇帝的效忠，像布鲁图斯那样，在谋刺恺撒时体现出来的那种效忠于共和国的抽象理念的高贵意识，已经一去不复返了。现在的问题是忠于谁的问题，而不是忠于国家的问题。但正因为如此，这种情况就带来了双方的统一，就是谁都离不开谁了。原来在共和国中，这两方面还是松散的关系，国家并不在乎是否有高贵意识为它效忠，民主制下大批民众为了自己的私利可以投票来决定国家大事，而有高贵意识的人（如苏格拉底）只把这种意识当作一种私人生活方式，并没有形成一种国家意识形态和官方话语，反倒为国家法律所不容。但现在，由于双方的被扬弃和被分解，反而导致了这双方结成了一个统一体。国家权力绝对要靠高贵意识来为自己撑门面，否则就没有了合法性；而高贵意识也不再仅限于一种私人生活方式，而成了一种国家意识形态。"而这统一乃是结合两者、交换两者的规定的运动，确切地说，是把这些规定在**每一端中**结合起来的运动"，这个统一就是这样一种运动，它不是静止僵化的统一，而是运动。什么运动呢？就是结合和交换两者的规定。国家权力和高贵意识两者，我们把它们结合起来，并交换两者的规定，也就是把这两者的规定在每一端中结合起来，互相交换。在国家权力中结合了高贵意识的规定，国家权力既是支配或压迫人的权力，又以高贵意识作为自己的合法性支撑；而高贵意识既是一种高尚的服务精神，又是一种私人的生存策略，它利用国家权力来为自己谋利益。每一端中都有双方的规定，都把对方的规定和自己结合起来，而这是一个运动的过程，不是静止地摆在那里的。而且从自在的来看，国家权力和高贵意识各自都只有在对方中才有自己的定在，所以它们是被扬弃被分解的，但是又是在运动中互相结合的。

于是这种中介运动把这两端每一端的**概念**置入它的现实性中，或者说这中介使每一端**自在地**所是的东西成为了该端的**精神**。

"于是这种中介运动把这两端每一端的**概念**置入它的现实性中"，概念打了着重号。每一端都有它的概念，国家权力有它的抽象概念，高贵意识也有它的抽象概念，但是，通过语言的中介运动，把每一端的概念置于它的现实性中。概念是抽象的，如何实现出来呢？就是通过语言的中介，通过把对方的规定性纳入到自身之中，每一端的概念就成为了现实。国家权力通过高贵意识而支撑起来，具有了执行力；高贵意识通过为国家服务而实现自己。"或者说这中介使每一端**自在地**所是的东西成为了该端的**精神**"，自在地所是的东西也就是在概念上所是的东西。比如说国家权力自在地就是一种强制力、一种强权，强权本身并不是精神，但它通过中介纳入了高贵意识，它就成为了精神；高贵意识好像是个人的一种意识，与国家权力在概念上是不同的甚至对立的，但是由于它献身于国家，所以它摆脱了它的个人性，而成为了一种普遍的精神，成为了现实的精神，它凭借语言的中介而为国家服务。所以这中介使每一端自在地所是的东西，即它的概念成为了该端的精神。由于这两端在这种结合中都成为了精神，国家权力成为了精神，高贵意识也不再是个体的主观意识，而成为了一种精神，于是这种精神本身到底是什么，就从这两端中破块而出了。整个这一段讲的都是精神的现实性，但实际上这种精神的现实性作为两端的统一、作为一种运动的中介，说的都是语言。这个在前面已经讲到了，就是教化的现实性只发生于语言中。

[57]　　国家权力和高贵意识这两端由于高贵意识而被分解了，前者成了得到服从的抽象共相，但却是本身还不隶属于这共相的自为存在着的意志；——后者则成了对被扬弃的定在的服从，或者说成了自尊和荣誉的**自在存在**，——以及尚未被扬弃的纯粹自为存在，成了仍留在潜伏状态中的意志。

　　前面讲到精神的现实性，它是一个整体，其中包含两端，一端是国家权力，一端是高贵意识，并且作为一个整体，它通过语言的中介使得这两端达到了统一。但这两端中，高贵意识是积极活动的一方，因此这里说："国家权力和高贵意识这两端由于高贵意识而被分解了，前者成了得到服从的抽象共相，但却是本身还不隶属于这共相的自为存在着的意志"，这就是在详细分析这两端的关系？前面已提到了，这两端已经被扬弃被分解了，然后才带来了它们的统一，并且这统一是结合、交换两者的规定等等。那么国家权力和高贵意识这两端，是由于高贵意识而被分解的，因为在国家权力和高贵意识这两者之间，高贵意识是主动的，是制造分裂的一方。分裂成什么样了？前者成了得到服从的抽象共相，国家权力由于高贵意识为它服务，于是它就成了被服从的共相，成了静止的一方，但却是本身还不隶属于这共相的自为存在着的意志,也就是它本身落入了皇帝个人意志的手中。皇帝并不属于国家权力的共相,他以私人身份攫取了国家权力,从而整个国家不可避免地走向帝制。这就是高贵意识进入国家权力,而使得前者本身有了这样的分裂。国家权力被僭主或君主所篡夺,他们自称代表国家,其实在高贵意识看来,两者并不能相等。你服从国家,但还不等于服从君主的意志,中国人也讲,"从道不从君",忠君不等于爱国。"后者则成了对被扬弃的定在的服从",高贵意识成了对被扬弃的定在的服从,高贵意识是对国家这个定在的服从,但国家现在是被扬弃的定在,你要扬弃定在、扬弃你所服从的个人、皇帝,去服从抽象的国家。你着眼于国家作为一种抽象的共相去服从它,高贵意识要服从一个抽象的国家。"或者说成了自尊和荣誉的自在存在",就是说我为一个抽象的国家而服务,那么我就有自尊有荣誉,我作为贵族,作为一个有高贵意识的人,那么我的自在存在就是我的自尊和荣誉。"以及尚未被扬弃的纯粹自为存在,成了仍留在潜伏状态中的意志",高贵意识一方面它的自在存在就是自尊和荣誉,就是对抽象共相的服从或服务,但还有一方面呢,就是成了尚未被扬弃的纯粹自为存在,也就是自己的私利、私心、野心。一方面我为国家服务,我为此而自在地获得了荣誉尊严;但另一方面我还有自己的私心和野心,我自为地要满足我的意志和欲望,所以实际上我是为掌握国家权力的皇帝本人服务,在与他个人做交易。这种纯粹是我自己的自为存在尚未得到扬弃,只不过这时仍处于潜伏状态中。贵族一方面宣布忠君爱国,由此获得自己的自尊和荣誉;但另一方面又在内心潜伏有他的私心和野心。所以无论是在高贵意识这一方面,还是在国家权力那一方面,都陷入了分裂,这种分裂是无法调和的。君主代表国家、代表一种抽象共相,但他自己并不是抽象共相,他有他自己的自为存在的意志。贵族也是这样,他服务于国家,标榜自己的高贵意识,但他也有他自己的野心。

　　这两方面被纯粹化而成的这两个环节、因而是语言的两个环节,它们就是被叫作普遍福利的那种**抽象共相**，和在服务中曾经拒绝了自己那沉没于各种定在中的意识的**纯粹自我**。

"这两方面被纯粹化而成的这两个环节、因而是语言的两个环节"，这里点出了，这两方面其实构成了语言的两个环节。国家权力和高贵意识纯粹化出来的这两个环节，就是语言的两个环节，是语言自我异化、自我分裂的产物。哪两个环节？"它们就是叫作普遍福利的那种**抽象共相**，和在服务中曾经拒绝了自己那沉没于各种定在中的意识的**纯粹自我**"，"抽象共相"和"纯粹自我"都打了着重号，标明这就是所要考察的语言两环节。所以从国家权力和高贵意识中纯粹化出来的两个环节，一个是叫作普遍福利的抽象共相，这是国家权力的抽象共相，因为国家权力的合法性是建立在普遍福利或者说"人民利益"的概念之上的；另一个环节就是纯粹自我，这个纯粹自我曾经在服务中拒绝了沉溺于各种定在中的意识，也就是放弃了个人私利的考虑，牺牲了个人利益，成了"一个高尚的人，一个纯粹的人，一个脱离了低级趣味的人，一个有益于人民的人"。这里是两个环节，国家代表人民的利益这个抽象共相，这是一个环节；另一方面，贵族的高贵意识要表达的是纯粹自我的大公无私。前一方面是公德，后一方面是私德，这在语言中说出来是一回事情，但有这两个环节。

这两者在概念中是同一个东西，因为纯粹自我正是抽象共相，因而它们的统一就被建立为它们的中项了。

"这两者在概念中是同一个东西"，讲到为人民服务，当然就要大公无私了，不大公无私怎么能够为人民服务呢？你不是为自己的私利服务，是为普遍的利益服务，跟你坚持自己大公无私的做人原则是同一个东西。你大公无私就是为人民服务，为人民服务就需要大公无私。"因为纯粹自我正是抽象共相"，纯粹自我就是排除一切私人利益的考虑的那个自我，那正是一个抽象的共相，跟普遍的福利是一回事。"因而它们的统一就被建立为它们的中项了"，就是说，个人的私德和国家公德两者的统一就被建立为两者的中项了。这种统一是什么呢？就是前一句讲的语言，因为抽象共相和纯粹自我双方都是语言本身的两个环节,一个代表语言的普遍性,一个代表语言的个别性。一切语言如果我们撇开它的具体内容而从形式上来考察的话,就会发现它都具备这两方面的含义,即社会普遍的方面和私人意谓的方面,而这两方面虽然有内外之别,但表达出来都是同样的。所以语言凭借它的这种双重性而成为了对立双方的中项。

　　但是,**自我**只是在意识这一端上才是现实的——而**自在**则只是在国家权力这一端上才是现实的;

　　"但是",就是话题一转了,前面是讲它们统一的方面,这里就是讲双方不统一的方面。"**自我**只是在意识这一端上才是现实的,而**自在**则只是在国家权力这一端上才是现实的",这种纯粹自我只是你自己的纯粹自我,在意识这一端才是现实的,只是在你的主观意识里面才是现实的。而自在即客观存在,它只是在国家权力这一端上才是现实的。所以这两者还是对立的,一方面是自我,是自为的,是意识中的、主观的,另一方面是自在的,在国家权力这一端上是客观现实的。你的为国家服务不光是停留在主观愿望和想法上面,还要体现为实效,这是一个自在的事情,而不是自我意识里面的事情。

　　意识所欠缺的是,没有让国家权力不仅作为**荣誉**转移到它身上,而且现实地转移到它身上来,——国家权力所欠缺的则是,它没有被不仅作为所谓**普遍利益**来服从、而且作为意志来服从,或者说,并非它就是起决定作用的自我。

　　这里讲了两个欠缺。既然一方面自我只是在意识这一端上是现实的,而"自在"只是在国家权力这一端上才是现实的,一个是自在、一个是自为,这两者是对立的;那么在这种对立中,它们就各有欠缺。"意识所欠缺的是,没有让国家权力不仅作为**荣誉**转移到它身上,而且现实地转移到它身上来",这是意识方面的欠缺,就是没有使得国家权力不仅仅是它的一种荣誉,不只是高贵意识的荣誉感,而且要成为它的实权。从意识方面讲，就是缺乏这一点，它缺乏实权。高贵意识只有荣誉，但缺乏实权。贵族可以对国家提出建议，但只能获得荣誉而不能获得实权，这是高贵意识所欠缺的。"国家权力所欠缺的则是，它没有被不仅作为所谓**普遍利益**来服从、而且作为意志来服从，或者并非它就是起决定作用的自我"，这是国家权力方面的欠缺，它没有被作为意志来服从。它虽然被作为普遍利益来服从，但不是被作为意志来服从，因为国家权力只是个抽象共相，人们服从它，不是服从代表国家权力的某个人的意志。当国家权力还是一个抽象共相的时候，还不是由皇帝来代表的时候，那么我们服从国家权力就不是把它当作意志来服从，而是把它当作普遍利益来服从，就是服从它，对大家都有好处。这是在意识和国家权力相互分裂的情况之下，意志缺乏实权，而国家缺乏意志，这两方面都有欠缺。那么两方面的这一欠缺就呼吁出来一个皇帝，就是说这种意识不仅仅是高贵意识，不仅是荣誉，而且要成为国家的主宰。恺撒要的不仅仅是荣誉，而且是要手握重权，全部国家权力都掌握在他一个人的手中，他要求的是这个。而在这种分裂状态上，国家权力所欠缺的恰好是，它没有被不仅作为普遍利益来服从，而且也作为意志来服从。国家权力仅仅是呼吁，大家都要服从国家，这对大家都是有好处的，这种抽象的共相太软弱了。它必须要使全体公民把国家当作意志来服从，那就只有一个办法，就是推举出一个皇帝来，才能解决这个问题。但现在，大家服从国家权力是因为大家都能得到好处，而不是由于国家权力有一个至高无上的意志，不管有什么好处，皇帝的意志至高无上，哪怕你的利益遭到损害也得服从，不是这样的。抽象的国家权力就有这个毛病，它并非是起决定作用的自我。国家权力一旦成了起决定作用的自我，也就是有一个皇帝出来起决定作用，他的自我、他的意志就代表国家权力了。单纯的国家权力欠缺的就是这个。所以要把两方面结合起来，即把意识和国家权力结合起来，国家权力不应该只是一个抽象的共相，而应该由皇帝的意识和自由意志来代表，这个矛盾才能得到解决。在此之前，两方面都是有欠缺的，或者说，恰好是国家权力和意识双方的欠缺逼出了一个皇帝。罗马共和国为什么最后一步步走向帝制，一定要出来一个皇帝进行统治，只有以双方的这种欠缺作为前提才能解释，即一方面意识空有一个高贵意识的荣誉而没有实权，另一方面人们对国家权力不是当作意志来服从，而是当作普遍利益来服从。这就使得两方面是松散的，统一不了。为了使两方面统一起来，就要有一个起决定作用的自我，所以就逼出来一个皇帝，这里面有某种必然性。

国家权力尚处于概念中，而意识把自己纯化成了概念，这种概念的统一性是在以语言为其单纯定在、为其**中项**的这样一个**中介运动**里成为现实的。

从概念来看这两方面是统一的，即"国家权力尚处于概念中，而意识把自己纯化成了概念"。国家权力还是一个抽象共相，尚处于概念之中；而意识把自己纯化成了概念，高贵意识把自己纯化为了概念，高贵意识是一种荣誉，但它还很清高，还没有获得实权。但既然双方都是概念，它就具有概念的能动性，就要把概念的统一实现出来。国家权力和意识双方都在概念中，那么这种概念的统一是如何具体进行、如何实现出来的呢？"这种概念的统一性是在以语言为其单纯定在、为其**中项**的这样一个**中介运动**里成为现实的"，概念的统一由此成为了现实的统一。仅仅概念的统一还不是现实的统一，通过语言作为它单纯的定在，作为它的中项，在这样一个中介运动里，这种统一才成为现实的。我们前面讲了，双方都有这种欠缺，国家权力存在这种欠缺，意识也存在那种欠缺，这种欠缺是在现实层面的欠缺，但在概念上它们是统一的。在概念上，国家权力是一个抽象概念，而意识也是一个抽象概念。高贵意识仅仅是荣誉，国家权力则是一个抽象的共相，是一个抽象的普遍利益的共相。那么如何才能成为现实的统一，那就是通过语言，并且要以语言为其单纯定在、为其中项，形成一个中介运动。所以概念是通过语言的中介运动使得双方的统一成为了现实。

——不过这种统一在其两方面还不具有两个作为**自我**而现成在手的自我；因为国家权力只是被激活成了自我；因此这种语言还不是精神，不是像精神完全知道自己并说出自己那样的精神。

"不过这种统一在其两方面还不具有两个作为**自我**而现成在手的自我"，这种统一是双方的统一，一方面是国家权力，一方面是高贵意识，但在这两方面还不具有两个作为自我而现成在手的自我。虽然是两方面的统一，但两方面的统一并不具有两个自我，只有一个自我，这个自我是在高贵意识这一方面。"因为国家权力只是被激活成了自我"，国家权力本来并没有自我的，真正的自我还是高贵意识，国家权力只是被激活了，被高贵意识激活了。所以不存在两个现成在手的、两个并列的自我，在国家权力中唯一的只有一个自我，那就是高贵意识。"因此这种语言还不是精神，不是像精神完全知道自己并说出自己那样的精神"，既然不存在两个现成在手的自我，只有唯一一个自我，那么使它成为自我的那种语言就还不是精神，不像精神完全知道自己并说出自己那样的精神。只有在两个自我的交互关系中，语言才成为精神，而形成这种精神性的语言就是阿谀的语言，是贵族的自我对皇帝的自我所说出的语言。皇帝的唯我独尊的地位是由高贵意识的语言捧上去的，这种阿谀的语言才是真正的精神。但在此之前，在共和国之下的语言还不是像精神完全知道自己并说出自己那样的精神。在共和体制之下所流行的语言，那个时候还没有阿谀的语言，谁上台都是公民选出来的，是保民官，所以用不着阿谀，只要你凭自己的语言在公民大会上获得大家的拥护，那么你就能当头，但这个头是在共和体制之下选出来的。所以这个时候的语言还不是精神，它只是一种工具、一种手段，还不是一种意识形态。在帝制建立起来之前所通行的语言，还没有成为一种国家意识形态，所以这种语言就其本身来说还不是精神，还不是像精神完全知道自己并说出自己那样的精神。语言当然是精神才具有的，但语言本身成为精神，那是从阿谀的语言才开始的，把它当作一种意识形态建立起来，不仅具有一种逻辑作用，而且

具有一种政治作用,具有了统治的作用,这才成为了精神。下面马上讲
到阿谀的语言,才进入到了精神完全知道自己并说出自己的精神。

[1.阿谀] 高贵意识,由于它是自我这一端,它就显现为这种**语言**由
以出发的东西,通过这种语言,这一关系的双方把自己构形为赋有灵魂
的整体。

首先从高贵意识出发。"高贵意识,由于它是自我这一端",高贵意
识是主体的这一端,"它就显现为这种**语言**由以出发的东西","语言"打
了着重号。高贵意识显现为这种语言由以出发的东西,也就是这样一种
语言是由高贵意识发出来的,由贵族们发出来的。什么样的一种语言
呢?不是随便什么语言,而是这样的语言,"通过这种语言,这一关系的
双方把自己构形为赋有灵魂的整体",通过这种语言,关系的双方,也就
是国家权力和高贵意识双方,就把自己构型为一个有灵魂的整体。构形,
gestalten,也就是构成一个形态,在这个形态中,不再是双方外在地分离
和对立,而是成了一个有灵魂的整体,一个有自己意志的国家,这就是帝
国。这是由于高贵意识通过语言来为国家权力服务,而语言是精神的现
实性,它具有精神的现实性。通过语言把国家权力和高贵意识结合起来,
这样一个整体就是一个有灵魂的整体,就是一个精神的实体。它不再是
一大帮人在一起为了整体利益临时组合起来的,而是有一套制度、有一
套固定的语言方式,这就成了一个有灵魂的整体。是语言使得它们成为
了有灵魂的整体。

——不声不响地服务的英雄主义就变成了**阿谀**的**英雄主义**。 {278}

"不声不响地服务的英雄主义",那就是灵魂还在沉睡着的,大家只
是为了一个共同的目标即求得普遍的利益,而结合起来,一帮人按照以
普遍利益所制定的规矩,不声不响地为大家服务,任劳任怨、牺牲奉献,
在所不辞,这是一种英雄主义。这个时候用不着过多的语言,没有阿谀
的话,那么这种英雄主义在共和国阶段体现得最充分。我做事就是了,

不要说什么，也不要吹捧谁，反正大家都是为了利益。但这种不声不响的英雄主义，现在通过语言而变成了一种"**阿谀的英雄主义**"，这个时候就开始讲阿谀了。比如大禹治水，率领大家治理了洪水。本来大禹只是一个普通的贵族，被推举为众人的王、治水的领袖，其实是为大家服务；治水成功之后呢，大家抬举他，把他吹得比天还高。这个时候这个整体就变成了一个有灵魂的整体，整个民族就凝聚起来了，形成了中国第一个王朝"夏朝"。这里面就有阿谀了，而且必须有阿谀了，所以这个阿谀也不能完全看作贬义词，它也是形成一个民族的有灵魂的整体所必不可少的。本来是大家很自然地结合在一起，结果由于固定在语言上，就形成了一种制度，那么制度一旦形成就必须把它抬高，无限地抬高，以便大家无条件地执行，这就形成了一种阿谀的英雄主义。大禹本来是一个普通的英雄，结果变成了一个"皇帝"，成了我们后人心目中的圣王、圣人。

[58] 　　服务的这种言说着的反思构成着精神性的、自身分解着的中项，它不仅在自己本身中反思到自己特有的这一端，而且也回头到这个自身中去反思普遍强权的那一端，并且使这个只是**自在**存在的普遍强权成为了**自为存在**，成为了自我意识的个别性。

　　"服务的这种言说着的反思构成着精神性的、自身分裂着的中项"，服务的这种言说着的反思，本来是默默无闻的、埋头苦干的一种服务，但现在是通过语言来服务，一边服务一边还要说这种服务，所以是反思着的服务。阿谀的英雄主义要把这种服务在语言上反思出来、反映出来，我所做的事情，我要把它鼓吹为如何伟大、如何光荣、如何正确，这就是对服务进行言说着的反思。这种反思构成一种精神性的中项，一种自身分解着的中项。前面讲语言成了一种中介运动，构成了自我与国家权力的中介，它出于自身的精神性而自身分解为两方面，以便联系双方并构成双方的中项或中介。精神性的中介就有这种自身分解的性质，正因为如此它才能够成为中介。自身分解的中介就是它要对付双方，一方面它对付国家权力，另一方面对付自我。"它不仅在它自己本身中反思到自

己特有的这一端",就是说这个语言是自己反映在自身中的,这个语言是
我说出来的,这个万岁是我自愿喊出来的,所以是它自己使自己这一端
反映在自身中。"而且也回头到这个自身中去反思普遍强权的那一端",
我喊万岁的时候,普遍强权的那一端也反映在我自身中,也在这自身中
得到反思。我自愿喊出来是为了表示我服从国家强权,在我的喊声中,
国家的普遍强权就确立了。第一个喊出"毛主席万岁"的那个人也许是
出于真心的,但是你一旦喊出来,你就不能不喊了,它就成了强权。你一
旦喊出去,它就回头反映在你自身中,它就成了普遍的强权。它有一个
回头,它回头反映在自身中。"并且使这个只是**自在**存在的普遍强权成
为了**自为存在**,成为了自我意识的个别性",本来只是自在的强权,本来
这个强权它在那里,你不喊它,它也在那里,但它还是自在的,是不自觉
的。但你一喊,它就成了自为的强权了,它就意识到自己的强权了。而
且它就必须把自己作为强权来行使了,它就成为了一个自我意识的个别
性。这个强权本来是个普遍的东西,这个时候它已经成了个人的自为存
在,那就是成为了皇帝。现在你要拥护国家权力,就是要拥护这一个个人。

　　这样一来,自我意识就成了这样一种国家权力的精神,——即一个
权力无限的君主——;所谓**权力无限**,是说阿谀的语言把这种权力抬高
到它的被纯化了的**普遍性**;——这个环节作为语言这种已纯化为精神的
定在的产物,乃是一种纯粹化了的自身同一性;

　　先看这半句。"这样一来,自我意识就成了这样一种国家权力的精
神,——即一个**权力无限的君主**",国家权力本来是一种抽象的共相,这
个时候自我意识就成了国家权力的精神。国家权力意识到了自己,国家
权力有了自己的自为存在,它有了自我意识。本来国家权力是空的,是
一个普遍的抽象的共相。在共和国的时候,也有国家权力,但是没有谁
能说我就代表国家权力,所以那个时候,国家权力还没有达到自我意识。
而现在自我意识成了这样一种国家权力的精神,国家权力现在必须有一
个自我意识来代表,国不可一日无君,国家需要一个君王来代理。有了

这个君王，国家权力就有了精神；在此之前，没有君王的国家权力只是一部机器，它只是一种大家商定好的制度，它没有主观性，没有一个精神，没有一个自我意识的意志来代表它说话。但这个时候，自我意识成为了这样一种国家权力的精神，国家权力有了自我意识，有了它自己的独立的自由意志，那么它就是"一个权力无限的君主"了。什么是权力无限？下面就进行解释。"所谓权力无限，是说阿谀的语言把这种权力抬高到了它的被纯化了的**普遍性**"，经过阿谀的语言的抬举，把这种权力抬高了，抬高到一种纯粹精神的普遍性了。本来这个权力很现实的，是一种大家商定的制度，共和国、体制、惯例，这些都是很现实的；但是都是不纯粹的，虽然有普遍性，但是和具体的利益考虑混在一起，都是不纯粹的，现在我们把它抬高到至高无上的程度，超出一切利益之上，成了纯粹的、必须无条件服从的权力。君主的权力无限，没有什么能与它匹敌，没有什么能够限制它，这是至高无上的绝对的权力，那就是一种被纯化了的普遍性了。"这个环节作为语言这种已经纯化为精神的定在的产物，乃是一种纯粹化了的自身同一性"，这个环节，也就是国家权力了，国家权力的环节现在作为语言的产物，也就是作为已经纯粹化为精神的定在的产物，它在语言上已经固定下来，成为一种纯粹化了的自身同一性了。国家权力体现为皇帝，但只有语言这种精神的定在，才能将皇帝的权力提升到一种纯粹化了的自身同一性，而不是可以随着现实利益的考虑而被触犯、被贬损的。它就是自身同一的，它不需要别的东西来解释，也不服从任何其他的利益，它就是它。在此之前，罗马共和国时代，以及中国的春秋战国时代，国家权力还没有这样至高无上，那个时候，所谓叛国罪好像没有那么厉害，一个人甚至可以背叛国家，与其他的国家联合来打自己的国家，然后夺取政权，这个都有的。当然叛国罪也是罪，但那并不是罪大恶极，不是说一个卖国贼像后来这样成为最高的罪行。国家还没有至高无上，因为有很多国家嘛，你可以今天在这个国家，也可以明天在那个国家，尤其是古希腊的时候，那些城邦国家，你今天背叛这个国家，去

那个国家，然后又回到这个国家带兵打仗，都是可以的，无所谓。在城邦
共和国的民主体制之下，国家根本不是至高无上的。那么现在，由于这
种阿谀的语言把国家权力抬到了至高无上的位置，由于有皇帝代表的至
高无上的国家权力，这才把国家权力抬高了，它是权力无限的。为什么
是权力无限的，就是由于阿谀的语言把这种权力抬高到了它的纯粹普遍
性，没有任何具体的东西可以限制它、可以改变它、可以和它平起平坐。

　　——所谓**君主**，是说语言同样把**个别性**抬高到了顶点；就单纯的精
神统一性的这一方面来看，高贵意识所外化的那个环节是**它的思维**的纯
粹**自在**，是它的我本身。

　　"所谓**君主**，是说语言同样把**个别性**抬高到了顶点"，前面讲"所谓
权力无限"，这里讲"所谓君主"，这是对上述"权力无限的君主"的解析。
权力是共相，而君主是个别性，君主是一个人，那么语言同样把这种个别
性抬高到了顶点。一个凡人，语言把他抬高到了神圣不可侵犯，抬高到
了顶点。国家权力是至高无上的，君主同样也是至高无上的，因为朕即
国家，君主即国家。"就单纯的精神统一性的这一方面来看，高贵意识所
外化的那个环节是**它的思维**的纯粹**自在**，是它的我本身"，高贵意识为国
家权力服务，这种服务就是它的外化环节，也就是它的语言；但这个环节
有两面，一方面是单纯的精神统一性，另一方面则是这种服务的工作，即
语言的定在、它所形成的制度。而就前一方面来看，语言这个环节就是
它的思维的纯粹自在，是它的我本身。高贵意识通过它的语言，把自己
抬高到思维的纯粹自在、它的我本身，它已经超越一切现实之上，已经是
思维中的纯粹自在，是单纯精神上的自在，是它的我本身。这个我本身
当然就处于至高无上的君王的地位，是高贵意识本身的一种抬高到了顶
点的外化。每个具有高贵意识的人，思想中自在的都有这样一个环节，
就是想当皇帝。为什么大家都吹捧君王，把君王抬高到至高无上的地位
呢？就是因为每个人的高贵意识自在地本身就是一个潜在的皇帝，哪怕
他没有当成，他也是想当皇帝的。想当皇帝的人吹捧皇帝吹得最厉害，

喊万岁的人自己最想当万岁，当然他没有成功，没有办法，但是从他的思维的纯粹自在来说，这就是它的我本身。皇帝是人们吹起来的，人们为什么要吹起来，是因为人人都想当皇帝，只有先吹起来，他才有机会。所谓高贵意识，它的思维就在这个水平，高贵意识就是要吹捧出一个君王来，甚至于它自己就想当一个君王。即使没有当成，也把君王看作就是它的我本身，把君王的事当成自己的事，哪怕自己只有吃地沟油的命，也是"处江湖之远，则忧其君"。所以君王就是最高的高贵意识，就是实现出来的高贵意识；而其他人的高贵意识是没有实现出来的君王，是在纯粹自在中的君王，它骨子里是君王，有君王的思想，或者皇权思想；但是它自己没有实现，于是就去吹捧君王。

语言更确定地把平时只是**被意谓的东西**的个别性抬高到它的定在着的纯粹性，因为它给予了君主以特有的**名字**；这是因为它只是这种名字，在这名字中，个别的人与一切其他人的**区别**才不是**被意谓**的，而是被一切人所实际造成的；在这名字中，个别人就不再只在他自己的意识中，而且在一切人的意识中也**被看作**是一个纯粹个别的人了。

"语言更确定地把平时只是**被意谓的东西**的个别性抬高到它的定在着的纯粹性"，语言更加达到了一种确定性，就是把个别性抬高到了定在着的纯粹性。平时的那种个别性只是被意谓的，无法说出来也无法兑现的，每个人都会觉得自己是世界上唯一的，和所有别人都不同的，但如何唯一又说不出来，只是被意谓着。"被意谓"就是感性确定性里面的那种意谓，是与"这一个"相对立的"意谓"，只可意会而不可言传。每个人的个别性都是只可意会不可言传的，但是有了语言，就能使它达到这种确定性，也就是使它抬高到它的定在着的纯粹性，这种个别性的定在的纯粹性那就是皇帝。在能够说出来的个别性中，只有皇帝的个别性是最具个别性的，是唯一的个别性，皇帝的意志想干什么就干什么，为所欲为、颐指气使。每个人都想当皇帝，但都只是想想而已，只有皇帝通过语言而使这种意谓成为了定在，是最纯粹的个别性。"因为它给予了君主以特有的**名字**",君主的名字是特有的,是别人不能用的,在语言上已经表现出来了,它就是这个专名:恺撒。本来恺撒可以说是第一个罗马皇帝,但是他并没有以皇帝的名义,仍然还是以执政官的名义,他号称还是选举出来的,只是终身执政官而已。但是"恺撒"这个名字后来就成了皇帝的代名词,后来我们管皇帝就叫"Kaiser",就以这个专名来指称任何一位皇帝了。语言已经给了君主以特有的名字,这个名字就成为专用的了,只有皇帝能用,别人都不能用。这是语言的一个很鲜明的作用,就是你称呼皇帝什么名字,这有决定性作用。在当执政官的时候,可以随便叫什么名字;但从恺撒之后呢,就没有人能叫恺撒了,你要叫恺撒,就意味着你想当皇帝了。"这是因为只有在这名字中,个别的人与一切其他人的**区别**才不是**被意谓**的,而是被一切人所实际造成的",也就是语言把这个名字赋予了特有的意义,在这名字中,个别的人与一切其他人的区别才不再是自己内心被意谓的,而是公认的了。皇帝是最纯粹的个别的人,他与一切其他人有天壤之别,那么这个区别不是被意谓的,不是只可意会不可言传的,而是被一切人所实际造成的。怎么造成的? 通过"恺撒"这个名称造成的。有了这个名号,那么这个区别就明摆着了,这就是一种等级区别了,不是一种意谓中的区别。不是每个人都可以说,我把自己看成是最高的,那个不算数。皇帝确实是最高的,因为他处在那个最高等级上,一切人都把这个名字看作是至高无上的。其他人当然也是个别的人,但都不纯粹,都掺杂了其他那些别人也都可能有的性质,唯独皇帝、恺撒是独一无二的,因为只有他是权力无限的,他就靠这独一无二的无限权力而体现他的纯粹个别性。"在这名字中,个别人就不再只在他自己的意识中,而且在一切人的意识中也**被看作**是一个纯粹个别的人了",在这名字中,个别人就不再只在主观中,而且也在一切别人的意识中,被看作了纯粹个别的人。"被看作"打了着重号,为什么打着重号? "被看作"[gelt] 也可以翻译成"有效准",这句话也可以翻译成"在一切个别人的意识之中,也作为一个纯粹个别的人而有效准了"。我们在前面多处碰到这个关键词，什么什么有效准，亚历山大作为一个年轻人是行之有效的，那么妇女们就把这样一个年轻力壮的亚历山大看作是有效准的，也就是说话算数的。谁能够一言九鼎，说话算数？这个自己说了不算，要一切别人都认可。所以命名是很重要的，孔子也讲要"正名"，讲"名不正则言不顺，言不顺则事不成"，为政"必先正其名"，凡事都要正名，要有一个名号，这是有道理的。任何一个体制都要有一个名号、有一个名义，否则名不正言不顺，那你的位子是坐不稳的。"名字""命名"当然是一种语言了，它在这里起一个枢纽的作用。

于是通过这个名字，君主就完全从一切人那里分离出来、排除出来，成了孤家寡人；在这名字中，他就是原子，这原子对他的本质不能做任何传达，也不具有与他相同的东西。

这是进一步的阐明，就是他的名字只能他一个人用，他就是孤家寡人了。"在这名字中，他就是原子"，原子的本意就是不可入，"这原子对自己的本质不能做任何传达"。它不可入嘛，它的本质是什么，这是没办法知道的。在原子论那里，原子的本质再不能说了。所有的东西都可以用原子来说，包含事物、属性、色彩、声音，你都可以用原子的运动、原子的构成来加以解释；但原子的本身是如何构成的，那就不能说了，它里面不能传达出任何信息来。君主就是这样，孤家寡人，圣意难测，伴君如伴虎，他自己怎么想的，没有人能够知道、没有人能够掌握的。而他却能掌控一切，他不知道什么时候突发奇想，他就把你的头杀了，你不知道的。你算计不到他，掌握不了他的规律，因为他的本质不能做任何传达，"也不具有与他相同的东西"，也就是没有可以与他相类比的东西。在品级上面没有任何与他相匹配的东西，在性质上面，也没有任何与他相同的东西。如果有任何与他相同一的东西，那么你就可以沿着这个同一的东西去揣测他，但他没有。有时候他甚至要故意表现出与所有东西不同，这才能说明他的权威。不让人摸透自己的心思，这就是为君南面之道。

——因此，这个名字乃是自身中的反思，或者说是普遍权力**在自己**

本身内所拥有的**现实性**；普遍权力凭借这名字而是**君主**。

"因此，这个名字乃是自身中的反思"，既然不能传达出来，君主就只有在他自己内部才能反思自己，从外部你是看不出来他究竟是怎么想的。在君主名下所反映的只是他本人，而不是任何其他人的意见，他是至高无上的顶点，在他自身中是没有内容可说的，只是自身中的反思。正因为如此，"或者说是普遍权力**在自己本身内**所拥有的**现实性**"，这个名字就代表普遍权力，代表国家权力在自己本身之内所拥有的现实性。他的名字就有现实的权力，有现实的支配能力；但他是在自己本身之内具有现实的权力的，不借助于别的力量，他的意志由他自己所决定，不由任何外在的东西所决定。"普遍权力凭借这名字而是**君主**"，普遍权力也就是国家权力，国家权力凭借这个名字而成为君主。恺撒就代表国家权力，那么国家权力就由恺撒来代表，由君主来代表。

反过来，君主**这一个个别人**之所以知道**自己这一个个别人**即是普遍权力，乃是因为贵族们不仅准备为国家权力服务，而且环立于王座周围充当他的**仪仗**，并且他们永远向高居宝座的人**说**，他**是**一个什么人物。

"反过来"，前面是正着讲，这名字就是君主，是自身中反映的，他的心思是别人不能琢磨的，这才是至高无上的君主嘛。现在反过来讲，"君主**这一个个别人**之所以知道**自己这一个个别人**即是普遍权力"，这一个君主，就是说君主是一个特殊的人、一个特定的个人，他就是"这一个""这一位"。他知道他这一个个别人就是普遍的权力，就是整个国家权力。君主是一个"这一个"，他怎么能知道自己就是"普遍的"权力呢？他之所以知道自己就是这个国家权力，"乃是因为贵族们不仅准备为国家权力服务，而且环立于王座周围充当他的**仪仗**，并且他们永远向高居宝座的人**说**，他**是**一个什么人物"。个别成为了普遍，这是由贵族们的高贵意识造成的，是由于那些贵族们不仅仅时刻准备为他服务，而且不遗余力地吹捧他，向他山呼万岁。一个君王在别人喊他万岁之前，他还不知道自己是君王。当有人喊万岁，有人拜倒在他面前，他就知道自己是君王了。这一个个别的人之所以知道自己是一个普遍权力，乃是因为贵族们一方面准备为他服务，一方面环立于王座周围充当他的仪仗，并且永远对他"说"，他"是"什么样的人物。"说"和"是"都打了着重号，如同海德格尔所说的，语言是存在的家。只有说什么，你才是什么，所以这个"说"很重要，这个语言很重要，当不断地有人喊他万岁，他就意识到自己是君王了。一个枪杆子、一个笔杆子，笔杆子就是掌握语言，掌握意识形态。意识形态对一个人成为君王有决定性的作用，如果没有人喊万岁，如果没有人拜倒在他面前充当他的仪仗，他就只是一个个别的人，他不会意识到自己就等于国家权力，不会意识到自己从一个个别的人已经成为了一个皇帝。正是人家向他"说"，他"是"一个什么样的人，他才成为了一个什么人。

＊　　　　　＊　　　　　＊

上次我们讲到语言的异化，讲到阿谀这种语言的方式，阿谀的语言主要是为专制制度正名的，要建立一个名分。你要当皇帝，你凭什么名分，你不能单纯凭你的武力或什么，命名很有必要性的，名不正言不顺，名分是很重要的。所以阿谀的语言在历史发展中也是必要的，在发展到一定的阶段上，帝制必然替代以前的罗马共和国，共和体制已经名存实亡，或者是必然灭亡，这是一个必然趋势，谁也阻挡不了，在这种情况下就必须要有阿谀的语言出来建立一种意识形态。我们前面讲到，在共和体制之下所流行的那种语言还不是精神，因为那个时候的语言还不是两个自我的关系，而是贵族的自我对国家权力的关系，国家权力还没有自我意识。所以这个时候的语言还只是工具性的、逻辑性的语言，而不是阿谀的语言，因此它还不是精神，还不是一种国家意识形态。只有进入到帝制以后，建立起了阿谀的语言，不是直接为国家服务，而是为代表国家的皇帝个人服务，这才使得这种语言关系成为了精神性的关系，使得精神在其中完全知道自身并且以这种方式说出了自身。

以这种方式，他们的赞美语言就是使两端在**国家权力本身**中结合起来的那种精神；这种语言在自身中反思到那个抽象权力，并且赋予它另一端的环节，即有意志有决定作用的**自为存在**，以及由此而自我意识到的实存；或者说这样一来，这种**个别的现实的**自我意识就走到了这一步，即**确定地**把自己作为权力来**认知**。 [59]

"以这种方式"，以哪种方式呢？就是上次讲的最后一段，贵族们用一种意识形态巩固着王座，充当王座的仪仗。并且他们对坐在宝座上的人说，他是一个什么样的人物，不断地强化这种意识，用一种仪仗告诉君王你是一个什么人，这个时候帝制就建立起来了，这种帝国的皇权意识就建立起来了。"他们的赞美语言就是使两端在**国家权力本身**中结合起来的那种精神"，这就是精神了。他们的赞美语言就是精神，在此之前，语言还不是精神，在公民大会上所说的语言怎么说都是可以的，都不犯忌的，那个时候还不是精神。而阿谀的语言则建立起自己的一套规范，一套正统的话语，一种官话。正统的语言首要的就是赞美、就是阿谀，彰显君王的伟大光荣正确。"两端"就是高贵意识和君王，现在的国家权力是由这两端结合而成的，而贯穿其中的粘合剂就是赞美语言，或者说阿谀的语言。把贵族的高贵意识和皇帝结合在国家权力之中，就是靠这种语言，靠这种意识形态。"这种语言在自身中反思到那个抽象权力"，在这种语言本身中就可以反思到那个抽象权力，因为它是一种权力话语。官方语言是一种权力话语，意识形态是代表一种权力的。我们今天讲意识形态，什么叫意识形态？就是代表一种权力的语言，不是我们日常的语言，我们日常的语言就是平常的、散漫的，可以随时拿来用、拿来互相交流的。但赞美的语言是代表权力的。"并且赋予它另一端的环节，即有意志有决定作用的**自为存在**，以及由此而自我意识到的实存"，这就是皇帝的自我意识了。这种语言，不但是在自身中反思到了那个权力，而且赋予它另一端的环节，即有意志的、有决定作用的自为存在。皇帝就是这种语言的另一端的环节，因为赞美和阿谀都是冲着皇帝来的，这种语言赋予了皇帝决定作用,使他意识到了自己的实存。这个国家权力在原来那个共和国的形态之下,是一种自在存在,它自己不能自为,它需要别人去维护它。现在皇帝掌握了国家权力,凭借赞美的语言就赋予了抽象的国家权力以另一端的环节,即有意志的、有决定作用的自为存在,也就赋予了它执行力。国家权力要执行,靠什么?就靠语言。国家权力是靠语言来执行的,如果没有语言,没有文件,怎么执行?你不能每天派军队去打,你马上得天下不能马上治天下,你治天下必须有一套仪仗。当年刘邦以为马上得了天下就可以马上治理天下,后来底下的大臣建议他,你还得建立一套仪仗,建立一套"礼"、一套规范、一套宫廷话语。后来刘邦接受了,汉朝得以长治久安。人家知道你有军队了,所以你说的话就有权威,这种语言本身就是权力话语,它以武力作为后盾,它本身就有执行力,可以凭借意志力,颐指气使。语言赋予了抽象的国家权力以另一端的环节,另一端的环节就是主政者的自我意识,抽象国家权力的执行力就体现在语言身上,体现在这种赞美的语言、这种官方的语言、这种意识形态身上。国家权力本来是个抽象的权力,没有皇帝代表它,它就体现为公民大会的集体决议。公民大会是个什么东西呢?公民大会是个抽象的东西,是个机构,选出来哪个当执政官,那也是临时的,所以他也不能代表国家权力。而现在有赞美语言,那么你赞美谁,谁就代表国家,国家权力就不再是抽象的了,它本身由一个人的意志来代表,具有了它自身意志的执行力。这时国家就成了皇帝,或者说皇帝就成了国家,皇帝有意志,他的意志就成了国家的意志。在共和国体制下,国家本身是没有意志的,国家底下的人民才有意志,那么皇权制度建立起来之后,国家就有了意志,它体现在皇帝身上。"或者说这样一来,这种**个别的现实的**自我意识就走到了这一步,即**确定地**把自己作为权力来**认知**",这种个别的现实的自我意识,就是上面讲的有自己的意志和有决定作用的自我意识,以及有自我意识的实存,那就是皇帝的自我意识。现在他确定地认知了自己的权力,知道自己就是国家权力,到了皇帝这一步,这一点就确定了。在一般的执政官身上还不确定，他自身还不是权力，他只是权力的工具。共和国的权力是抽象的，权力交给了有权的人，但他自身还不是权力，这一点他还不确定；当他成了皇帝之后，他就能确定地知道自己是权力了。朕即是国家，我的意志就是国家权力，这一点已经确定下来了。

权力乃是自我的这样一个点，在其中，通过对内在确定性的外化而汇聚了许多的点。

"权力乃是自我的这样一个点"，权力原来是抽象的国家权力，现在把它凝聚为一个点，把它集中到一个人身上，我们叫中央集权。权力压缩成一"点"，这一"点"就是皇帝的自我。"在其中，通过对**内在确定性**的外化而汇聚了许多的点"，这一个"点"、这个自我已经确定地知道自己是权力了，他把自己作为权力来认知了，那么这就是一种确定性。他把确定自己就是权力的这样一个意识外化出来，你知道你自己是权力，你把它外化出来，通过这种外化而汇聚了许多的点，许多的点也就是许多的自我意识。也就是其他的自我意识都服务于他、凝聚于他，而形成一种君臣关系。皇帝和底下的大臣形成了这样一种关系，大家都汇聚到皇帝即中央集权周围，为他的权力服务。君臣关系是由这一点建立起来的，不是像以前那样，执政者是通过公民大会选举出来的，而是由一点，通过对他内在确定性的外化而确定的。谁当大臣，是由他的这种确定的意志来规定的。通过对内在确定性的外化而汇聚了许多的点。这就是皇权的建立。

——但由于国家权力的这种特有的精神在于，它凭借高贵意识在行动和思维中的牺牲而获得了自己的现实性和养料，所以国家权力就是自身**被异化了的独立性**；高贵意识、即**自为存在**这一端，就为它曾外化出去了的思维的普遍性收回了**现实的普遍性**这一端；国家权力就**转到了**高贵 {279}
意识手上。

"但"就是一个转折，前面是讲帝制的建立，皇帝凭借自己的内在确定性而分封、而授予其他的大臣以权力，把其他的人凝聚在自身周围。这是从皇帝自身来看的。"但"是从皇帝的依赖性这方面来看的，皇帝虽然具有他的意志，但他也需要其他人。"但由于国家权力的这个特有的精神就在于，它凭借高贵意识在行动和思维中的牺牲而获得了自己的现实性和养料"，国家权力虽然是由皇权独断专行的，皇帝就是国家权力，但你说话还是要有人听，你一个人当不了皇帝，你必须有一大帮人为你做牺牲，你的皇权才可能行使，否则你是成不了皇帝的。一个人要想成为皇帝必须要有一大批人为他服务。国家权力特有的精神就是指皇帝，皇帝是特有的精神，皇帝只有一个，也只能有一个；但它又是精神，也就是体现为与其他自我意识的关系。为什么是特有的？就在于它凭借高贵意识在行动和思维中的牺牲而获得了自己的现实性和养料，高贵意识在行动中为他做牺牲、在思维中放弃自己的人格而对他加以吹捧，为皇帝而行动，以皇帝的思维作为自己的思维，这样一来，皇帝的精神才能获得自己的现实性和养料。必须靠高贵意识来实现和维持，否则就无法维持，如果皇帝有一天众叛亲离，那他马上倒台。正因为有一批人为他做牺牲，所以他才当得下去。这是从另一方面讲的，前一方面讲皇帝颐指气使、独断专行，但是另一方面皇帝也要依赖一批贵族。"所以国家权力就是自身**被异化了的独立性**"，"被异化了的独立性"打了着重号。就是国家权力在皇权身上体现出来的实际上是被异化了的独立性。谁的被异化的独立性呢？就是那些贵族的独立性。本来贵族都有独立性的，但是他们把它异化在皇帝身上了。所以皇帝这个国家权力实际上就是被异化了的独立性，被异化了的独立性就不独立了，只有皇帝才是独立的。但是皇帝的独立性恰好是贵族们放弃自己的独立性所造成、所实现出来的。皇帝要达到最高的独立性，要有一大批人放弃自己的独立性，或者说要异化自己的独立性，把自己的独立性体现在皇帝的独立性上面。我自觉地为皇帝服务，这是我的独立性，当然已经不独立了，我为皇帝服务嘛；但是我自觉自愿的，所以是一种异化了的独立性，有一大批人自觉自愿地为他服务，是他们使得皇帝的独立性成为了现实。"高贵意识、即**自为存在**这一端"，高贵意识是自为存在的这一端，自为存在就是主动的这一端、行动的这一端。高贵意识在国家权力中，在皇权之下，它是自为存在的，它没有自在存在，它是一种行动，行动当然是主动的、是自为的。"就为它曾外化出去的思维的普遍性收回了**现实的普遍性**这一端"，高贵意识把它的行动和思维奉献给国家权力了，那么高贵意识一方面把自己的思维外化出去，不为自己所独有，而成了思维的普遍性；另一方面又由此收回了现实的普遍性这一端。他的思维中有一种普遍性，有一个理想，贵族们的高贵意识就是要把这种思维的普遍性在现实中实现出来，这就必须把自己思维的普遍性加以外化、加以表现，要说出来、要做出来，但这个行动的意志是要由皇帝来决定的。于是在皇帝身上，通过皇帝的意志，贵族们就为自己思维的普遍性收回了现实的普遍性这一端，也就是借皇帝之手而实现了自己的理想。你的主观的思维的普遍性还不现实，但是你为皇帝效力，它就成为了现实，你通过建议、通过服务、通过你的行动来实现你的自为存在。通过向皇帝建议、被皇帝所采纳，那么虽然你奉献了自己思维的普遍性，但是你收回了现实的普遍性，你就成了国家的栋梁，你就成了皇帝的左膀右臂。你本来只是自为存在的这一端，你现在获得了现实的普遍性这一端，但是如果没有皇帝，你的这个自为存在就是怀才不遇了。现在你加入到了现实的国家权力这一端去了。为什么是"收回了"？因为本来就是你在服务，是你在行动，皇帝不过是下一道命令，并不亲自动手。一切操作都是高贵意识完成的，思维的普遍性收回自己的现实普遍性是顺理成章的，只不过现在要借助于皇帝的命令和语言作为中介。国家权力是一端、高贵意识是另一端，以语言为中介，高贵意识的这种思维的普遍性在国家权力中得到了实现，高贵意识与国家权力就结合起来了。"国家权力就**转到了**高贵意识手上"，"转移到了"打了着重号。国家权力和高贵意识本来是两个不同的存在，一个是自在存在，一个是自为存在；而皇帝是自在自为的存在，是皇帝把国家权力交到了高贵意识手上,使这两者结合起来了。这种关系的转化有点像前面讲的主奴关系,主人命令奴隶为自己干活,结果通过劳动,奴隶成为了自己的主人,而主人倒成了寄生虫,可有可无。现在国家权力实际上操纵在高贵意识手中了,皇帝本人反倒成了被操纵的傀儡。整个国家权力就是由高贵意识支撑起来的,高贵意识和国家权力本来是对立的两端,这个时候就达到了统一。

国家权力只有凭借高贵意识才真正开动起来;在高贵意识的**自为存在**中,国家权力就不再是像它作为抽象的自在存在一端所显现的那样一种**惰性的本质**了。

这是对刚才这句话的解释,为什么说国家权力转移到了高贵意识手中呢? "国家权力只有凭借高贵意识才真正开动起来",高贵意识是国家的栋梁,国家权力只有凭借高贵意识才得以开动,高贵意识的特点就是为了一个崇高的目标而自我牺牲,这样一个国家才成为一个国家,才成为一种合法性。高贵意识讲究的是名正言顺,你把名分建立起来,一切都合理合法、合乎规矩,这样去行动才是高贵意识。所以高贵意识的服务不单纯凭借勇敢和力气,你完全凭借武力,那是不行的,你必须凭借合法性,这种合法性必须建立在高贵意识之上。为什么国家权力只有凭借武力才真正开动起来? 凭借武力你可以打天下,但是没有高贵意识你坐不来天下,你的国家开动不起来,它摆在那里是个死的东西。"在高贵意识的**自为存在**中",自为存在打了着重号,高贵意识在国家权力中的作用是积极的,它是自为存在的,它发挥着它的自为存在的作用,它是有为的。"国家权力就不再是像它作为抽象的自在存在一端所显现的那样一种**惰性的本质**了",国家权力有了高贵意识在其中起作用、在开动它,那它就不再是像它作为抽象的自在存在的一端所显现的那样一种惰性的本质。什么叫"作为抽象的自在存在的那一端",就是在没有皇帝之前,国家权力作为一种共和制的权力,那是抽象的权力。在共和制时候,国家权力是一种抽象的权力,它完全是被动的,没有一个人来代表。罗马共和国是谁？没有谁。谁也不能代表，执政官也不能代表，他不是皇帝，他只是临时的，是被选出来的。所以国家权力在那个时候是一种抽象的自在存在，它跟高贵意识是两端。一方面是抽象的国家权力，仅仅就它是一种权力而言，但是没有谁能代表它。而高贵意识是自为存在，是能动的，但是没有决定权，得服从公民大会的决议。一个是自在存在，一个是自为存在，那么现在两者结合起来了。在共和体制之下，国家权力是一种惰性的本质，任凭人们去把它捏成什么样子，你们去选执政官，上来一个执政官是什么样的，那国家权力就成了什么样的，上来另一个人，那国家权力就成了另一个样子。国家权力成了任人捏弄的一个惰性材料，它自己没有主动性，因为没有一个皇帝来代表它。没有任何一个人的意志可以说我就是国家权力，只有皇帝才能这么说。一旦有了皇帝，国家权力就不再是那样一种惰性的本质了。

　　——就其**自在**来看，**自身中反思的国家权力**，或者说国家权力成为精神这件事，不是指别的，就是指它已成为**自我意识环节**，就是说，它只是作为**已被扬弃了的**国家权力而存在的。

　　"就其**自在**来看"，这个自在前面讲了，它现在已经不再作为抽象的自在存在的一端而显现了。那么它的自在成为什么样的了呢？在这个时候，国家权力虽然已经不再作为抽象的自在存在的一端而显现了，但它还有自在的一方面，那么我们来看看在皇权之下，国家权力作为自在的来看是什么样的。"**自身中反思的国家权力**，或者说国家权力成为精神这件事"，这个时候，国家权力已经成为自身反思的了，已经有一个皇帝来代表它了嘛。在皇帝的自身反思中，他反思到他就是国家权力，这个时候，国家权力就有了自身反思，在此之前是没有的。在此之前，国家权力只是一个机构，它无所谓自身，它完全是一种抽象的惰性的存在、一种惰性的本质。而自身中反思的国家权力，则是在皇帝自身中反思到的国家权力，我就是国家，那么反过来，国家权力现在就成为精神了。在此之前国家权力还没有成为精神，国家权力只是一架机器，由人去操纵它，而由谁去操纵它，那是不一定的。这个国家权力本身就其自在的来说，它还不是精神。而现在它是精神了。国家权力成为精神这件事，"不是指别的，就是指它已成为了**自我意识**的环节"。成为了谁的自我意识的环节？国家权力已经成为了皇帝的自我意识的环节，它是皇帝的所有物，是皇帝的一面宝镜。只有在皇权之下，国家权力才有了自我意识，而自我意识也才拥有了国家权力作为自己的一个环节。"就是说，它只是作为**已被扬弃了的**国家权力而存在的"，这个时候，国家权力其实已被扬弃了，它只体现为皇帝的权力。皇帝当然是国家权力，但是本来意义上的国家权力已被扬弃了，它不再是公共权力，它是私人权力。国家权力本来是公共权力，现在已经变成私人权力了，所以在严格意义上，在自在的意义上，国家权力已经不存在了，只剩下皇帝的权力了。当然你要说皇帝就是国家，也可以说这就是国家权力，但这种国家权力是被扬弃了的。

因此它现在是这样一种本质，这本质的精神就在于接受牺牲和奉献，或者说，它作为**财富**而实存。

"因此，它现在是这样一种本质，这种本质的精神就在于接受牺牲和奉献"，这种作为皇权的国家权力是这样一种本质，它有了精神了，它的精神就在于接受牺牲和奉献。就是说那么多贵族去牺牲、去奉献，奉献给谁呢？就是奉献给它，它就是接受高贵意识的牺牲和奉献的主人，在这种意义上它就是精神。国家权力本来不是精神，是一种机构，一架机器；现在它由皇帝所代表，这个中心点集中了、汇聚了许许多多的点，许许多多的高贵意识为之做奉献、牺牲，使国家权力成为许多自我意识为一个自我意识服务的系统，因此国家权力也就成为了精神。它就是这样一种本质，这种本质的精神在于接受牺牲和奉献。"或者说，它作为**财富**而实存"，财富打了着重号。前面讲什么是财富，财富是许许多多人劳动的产物，就像那个"千人糕"的寓言所说的；现在国家权力作为财富而实存，也就是说有这么多的贵族为之服务，为之奉献和牺牲身家性命，所以皇帝同样会把国家权力看作一笔最大的财富。皇帝把权力紧紧抓在手中，他意识到这是一切财富的总闸门,所谓有了权就有了一切,失去权力就失去了一切。结果就是皇帝通过国家权力积累了大量的财富,有这么多的人为他卖命嘛,有这么多人为了他的利益而奋斗,都是因为他掌握了国家权力。所以国家权力作为许多牺牲和奉献的接收者,它就是作为财富而实存。当然它还是精神,有高贵意识在为它服务;但是作为实存来看,它就是财富,它不但积累了大量的财富,而且它本身就是财富,它就是皇帝的私产。皇帝的最大一笔财富,就是国家权力。我哪怕什么都没有,我有国家权力,那就是一笔最大的财富。有那么多的人为之卖命,还怕没有财富吗? 权力就是最大的财富,所以国家权力现在作为财富而实存。我们知道前面多次讲到,国家权力和财富构成两端。国家权力一方面与高贵意识构成两端,另一方面它跟财富也构成两端。从现实性方面来讲,国家权力和财富构成了两端。现在国家权力本身成为了财富。在皇权之下,国家权力成了皇帝的私产。当然在共和制之下,国家权力并不是财富,谁上台并不意味着他就要发财。保民官、执政官、元老院都没有把这个国家权力作为自己的财富,只有皇帝把国家权力当作自己的财富。这一方面指国家权力可以积聚大量的财富,另一方面指国家权力本身就是财富,是皇帝的私产。它作为财富而实存。

　　——国家权力虽然与它按概念来说总是要成为的那个财富仍然相对立并同时作为一种现实性而继续持存,但这个现实性的概念正是这种运动,即通过国家权力所赖以形成的那种服务和尊敬而向它的反面、向这权力的外化过渡。

　　这句话是解释上面那句话的。"国家权力虽然与它按概念来说总是要成为的那个财富仍然相对立",国家权力总是要与财富相对立的,哪怕按其概念来说它总是要成为财富的,但是国家权力和财富仍然是相对立的。国家权力最后总是要成为财富的,最后都是为了大家的利益,为了大家发财;但国家权力还是与财富相对立的,它本身还不是财富。"并同时作为一种现实性继续持存",并不是说没有财富,国家权力就不能现实的存在了，相反，它跟财富是相对立的，没有财富，它仍然作为一种现实性继续持存。一个清廉的政府，一个民主制下的小政府，它是非常清廉的，它基本上没有什么财富。在共和制下，国库经常面临亏空，面临着负债累累，但这样一种国家权力同时作为一种现实性继续持存着。虽然如此，"但这种现实性的概念正是这种运动，即通过国家权力所赖以形成的那种服务和尊敬而向它的反面、向这权力的外化过渡"，国家权力作为现实性存在着，它的概念就是这样的运动，它按照它的概念来说、按照它的本质来说，它必然要趋向一个方面的。也就是通过国家权力所赖以形成的那种服务和尊敬，即凭借高贵意识的那种服务和尊敬，包括那些阿谀的语言，向这权力的外化过渡。国家权力要外化出什么呢？当然是财富，它必然要向财富过渡，国家权力按照概念来说，总是要成为财富的。通过那种服务和尊敬，国家权力就向它的反面、向这权力的外化过渡，也就是向它的对立面财富过渡了。

　　因此，那个特别的、本身就是这权力的意志的**自我**，就通过对高贵意识的丢弃，而自为地成为了自身外化着的普遍性，成为了一种完全的个别性和偶然性，它被奉献于任何更强有力的意志之前；凡是这个自我所继续保留着的那种普遍承认的和不可分享的独立性，都是一个空名。

　　前面讲国家权力要成为它的外化，要过渡为财富，权和钱、权力和财产结合在一起，乃至于权力本身成为财产，国家权力被扬弃为财产。结果是权力成了皇帝的私产，有了权就有了一切，所以权力肯定要过渡为财产。权力肯定要寻租、肯定要导致腐败，权力肯定要追求财富，这是毫无疑问的，它要向它的外化过渡嘛。"因此，那个特别的、本身就是这权力的意志的**自我**"，国家权力的意志的自我，也就是皇帝，皇帝是作为国家权力的意志的特别的、唯一的自我。"就通过对高贵意识的丢弃"，既然国家权力都被扬弃了，服务成为对皇帝个人的效忠了，高贵意识也就被丢弃了，就走向腐败了。所以皇帝通过对高贵意识的丢弃，"而自为地成为了自身外化着的普遍性，成为了一种完全的个别性和偶然性"，抛弃了高贵意识,抛弃了以前的理想,抛弃了献身精神而追求财富,这样一来,皇帝就自为地成为了自身外化着的普遍性。皇权本来是一种普遍性,普天之下莫非王土,但是把这种普遍性外化出来,把它实现出来,就变成了有限的东西,就成为了一种完全的个别性和偶然性。本来是普遍的东西,国家权力具有普遍的价值,大家都去追求,它作为一个点吸引那么多的点来汇聚于它;但这种普遍性一旦外化出来,就成为了一种完全的个别性和偶然性。也就是说,谁能够掌握这种普遍的权力,将它实现出来,这完全是偶然的,只有一个人能够做到这点。"它被奉献于任何更强有力的意志之前",这种争当皇帝的斗争完全是凭借实力说话,完全显现为个别性和偶然性,哪怕你已经大权在握,一旦遇到一个比你更强有力的意志,那么这种个别性和偶然性就被奉献于这种意志之前。也就是说皇权本来是作为一种普遍性,但一旦外化出去,它就取决于力量的较量。面对一个更强有力的意志,当然这个意志后面是武力,如果遇到更强大的武力,那么你就屈居于他人之下,你的力量不够,那么你就只能俯首称臣。"凡是这个自我所继续保留着的那种普遍承认的和不可分享的独立性,都是一个空名",这个自我即使在俯首称臣时仍然继续保留着自己的高贵意识的普遍性,以及他的人格的不可分享的独立性,例如西方的贵族在皇帝面前的最高礼节也只是单腿下跪,没有五体投地的,他们保持着的最后的底线就是人格的独立性,这一点在乾隆皇帝时代的中西礼仪之争中已经突显出来了。但是这些只是一个空名。为什么是一个空名呢? 因为实际上皇帝的权力取决于武力,贵族对皇帝的效忠则取决于财富,高贵意识原先所标榜的那种为一个理想而自愿献身的高尚人格,其实已经沦落为一块遮羞布了。

　　所以,如果说高贵意识曾把自己规定为一种以**同一的**方式与普遍权力发生联系的东西,那么它的真理反倒在于,当它为普遍权力服务时,仍为自己保持着自己特有的自为存在,而当它真正舍弃自己的人格性时, [60]

573

却是对普遍实体的现实的扬弃和撕裂。

从前面顺理成章推论下来，既然国家成了这样一种军事独裁，已经成了完全凭借武力建立起来的权威，已经谈不上高贵意识，那么高贵意识成了一种什么情况呢？"所以如果说高贵意识曾把自己规定一种以**同一的**方式与普遍权力发生联系的东西"，前面已经讲过了，什么叫高贵意识？高贵意识就是"以同一的方式"与权力和财富发生联系，"同一的"打了着重号。这是辨别高贵意识与卑贱意识的一个标准，看你是否与客观现实保持同一。高贵意识认同普遍权力，也认同财富。所谓高贵意识就是把自己看作与普遍权力同一的，在普遍权力中看到了与自己同一的东西，在财富中也看到了与自己同一的东西。卑贱意识则是在普遍权力中看到了与自己不同一的东西，看到了与自己同一的反面。所以这里讲，高贵意识曾把自己规定为一种以同一的方式与普遍权力发生联系的东西。"那么它的真理反倒在于"，这种规定当它成为真理的时候，当这种观念与现实相符合的而成为了真理的时候，就成了相反的东西。"当它为普遍权力服务时，仍为自己保持着自己特有的自为存在"，也就是当它为皇帝的普遍权力服务的时候，实际上它跟这个普遍权力并不完全同一。高贵意识本来是跟普遍权力同一的，普遍权力跟我的本质是完全同一的，也就是我完全献身于普遍权力，我为国家服务、自我牺牲，这就是为我自己的本质服务。但是在现实中，它在为普遍权力服务的时候，它仍然为自己保持着特别的自为存在，它还保留着一点个人的独立性，而并没有全身心地投入服务中。也就是说它并不完全是为了普遍权力，它在自己的人格和普遍权力之间划出了界限，以保持自己的人格的相对独立。"而当它真正舍弃它自己的人格性时，却是对普遍实体的现实的扬弃和撕裂"，就是说一旦它把自己的人格都不要了，完全卖给皇帝了，这种做法反倒是对普遍实体的现实的扬弃和撕裂。它放弃自己的人格性，甘当皇帝的奴才，实际上损害了普遍实体，也就是损害了国家。换言之，当他要保持自己的高贵意识的身份时，他就和代表国家权力的皇帝不一致了,而这是违背高贵意识的本来的概念的;而当他想要保持和皇帝的一致性、在皇帝面前唯唯诺诺、奴颜婢膝时,他的高贵意识同样荡然无存,并且也只是保持了与皇帝个人的一致,而对普遍实体其实是一种摧毁。你在为皇帝服务的时候,你连自己的人格性都放弃了,那么这个国家实际上也受到损害,你维护的只是皇帝个人的权威,却扬弃和撕裂着这样一个普遍的实体。这是一个很吊诡的事情。

　　它的精神是一种完全不同一性的关系,一方面,它在自己的荣誉中保持着自己的意志,另一方面,在放弃自己的意志时,它一边异化着自己的内在东西、并自己同自己形成最大的不同一性;一边又借此使普遍实体屈服于自己,并使这个实体与自己完全不同一。

　　"它的精神是一种完全不同一性的关系",本来高贵意识是同一性的关系,就是在国家权力中看到自己的本质,所以我认同这个国家,我为它服务。但现在高贵意识从一种同一性的态度变成了一种完全不同一性的态度,也就是向自己的对立面转化了,转化为卑贱意识了。"一方面,它在自己的荣誉中保持着自己的意志",它还有荣誉感,觉得自己是高贵意识,想在自己的荣誉中保持自己的自由意志,不想像那些小人和奸佞之徒那样下作,这样一来,它就与代表国家权力的皇权保持着距离,不能像真正的高贵意识那样与国家权力同心同德、步调一致。因此它所保持的高贵意识只不过剩下一个空名,没有实际意义。"另一方面,在放弃自己的意志时,它一边异化着自己的内在东西、并自己同自己形成最大的不同一性",这是高贵意识本身的内在矛盾,因为高贵意识本来就要求人与普遍权力认同,放弃自己私人的意志,但结果却导致异化了自己的内在东西,使自己的意志完全寄托于皇帝身上,自己把自己内在东西、把自己的本心放弃了、异化了,从而形成了自己同自己的最大的不同一性。你放弃自己的意志甘当奴才,那么你就异化着自己的内在的东西,你强迫自己的内心去为一个异己的意志服务,奴颜婢膝、阿谀奉承,这就是自己同自己形成的最大的不同一性。同时,"一边又借此使普遍实体屈服于自己,并使这

575

个实体与自己完全不同一"，这个心机就更深了，做奴才可以借此使普遍实体屈服于自己，将国家大事玩弄于股掌之中。奸佞小人包藏祸心，通过完全放弃自己，百依百顺来讨得皇帝的欢心，从而进一步控制皇帝，借此使普遍实体屈服于自己并与它自己完全不同一。普遍实体完全成了这些小人手中的玩物和谋取私利的工具，它屈服于这些小人，那么普遍实体就与普遍实体不同一了，国家就变性了。国家就被这些奴才们、佞臣们所操控了，本来是为全体国民服务的，现在只为一小撮人服务了。这就走向了一种与国家权力完全不同一性的态度。这种不同一性的态度这里讲了三个方面：一方面在自己的荣誉中保持自己的意志，但却只剩下一个空名，与现实的权力不同一了；另一方面是放弃自己的意志，这又有两个结果，一个是奴颜婢膝，自己成为了奴才，为异己的权力服务，失去了高贵意识；另一个是成为了奴才以后，通过种种方式来控制主人、控制整个国家，使国家变性，使这个普遍实体与普遍实体自己完全不同一。

　　——显然这样一来，它这个由高贵意识在**判断**中所拥有以反对所谓的卑贱意识的规定性就消逝了，而卑贱意识也就由此而消逝了。卑贱意识已达到了自己的目的，也就是使普遍权力纳入到了自为存在之下。

　　"显然这样一来，它这个由高贵意识在**判断**中所拥有以反对所谓卑贱意识的规定性就消逝了，而卑贱意识也就由此而消逝了"，很明显，这已经不是高贵意识，在这里高贵意识与卑贱意识的区别消失了。它本来是高贵意识，但现在成了打着高贵意识的招牌，我为国家服务呀，哪怕我是当奴才也是为国家服务呀。那你跟卑贱意识有什么区别呢？所以，高贵意识用来反对卑贱意识的规定性就消失了，而卑贱意识也就跟着消失了。没有高贵也就无所谓卑贱了，最卑贱的奴才也可以宣称自己是高贵的，卑贱意识也就消失了。"卑贱意识已达到了自己的目的，也就是使普遍权力纳入到了自为存在之下"，小人得志，卑贱意识达到了自己的目的，使普遍权力纳入到了自为存在之下。小人控制了国家，对整个国家为所欲为，乃至于小人突然一夜之间，也许就从奴才变成了皇帝。这都

是当时的罗马帝国所走过的路程，里面充满了宫廷内斗，阴谋诡计、口是
心非、别有用心，在权力争夺中把自为存在的能动性发挥到了极致，将国
家权力玩弄于股掌之中。

一旦通过普遍权力而得到充实，自我意识就作为**普遍的善事**而实存
了，或者说，普遍权力就是那种本身对意识又是对象的**财富**。

"一旦通过普遍权力而得到充实，自我意识就作为**普遍的善事**而实
存了"，自我意识本来体现为高贵意识、体现为荣誉，但一旦通过普遍权
力得到充实，自我意识就作为普遍的善事而实存，也就是一旦自我意识
获得了权力，它就不再只是一种荣誉，而是成为了一种普遍的利益和恩
惠。善事、善行，就是做好事，普遍权力就成了一种做好事的能力。或者
说普遍权力就是最大的好事。自我意识掌握了普遍权力，那么它就作为
普遍的善事而实存了，自我意识就不再是空头的阿谀的语言、抽象的一
套话语或者高贵的意识，而是普遍善事。它要做好事，做好事对谁有好
处，这个另当别论。但是它是可以带来好处的。"或者说，普遍权力就是
那种本身对意识又是对象的**财富**"，普遍权力本身就成了财富，它本身
就是意识的对象，本身就是意识所追求的。自我意识一旦掌握了普遍权
力，一旦通过普遍权力得到充实，那么权力本身就成了意识所追求的对
象，那就是财富。我们刚才讲了，权力是最大的财富，有了权就有了一切。
自我意识一旦掌握了普遍权力之后，那么普遍权力本身就成了自我意识
所追求的对象，也就是成为了财富。

因为，财富虽然是一种屈从于意识的共相，但这共相通过这最初的
扬弃还没有绝对地返回到自我。

"因为，财富虽然是一种屈从于意识的共相"，前面讲过，所谓财富就
是由意识所掌握的共相。在财富中，体现了意识的自为存在，所以它已
经是屈从于意识的共相了。意识通过权力所掌握的财富已经不是一般的
财富了，而是由权力所带来的财富，例如俸禄和封赏。"但这共相通过这

最初的扬弃还没有绝对地返回到自身", 我已经不再是通过劳动来一般地获得财富了, 而是通过掌握权力和为权力服务而获得财富, 这是对财富作为共相的最初的扬弃。但是这种最初的扬弃还没有绝对返回到自我, 因为这个时候的意识仍然还是高贵意识, 当它刚刚通过权力获得财富的时候, 它仍然把这种财富看作是一种特殊的荣誉。它并不觉得自己就是为了财富才为权力服务的, 或者它争夺权力就是争夺财富, 那样就把它看得太低俗了。所以它在这种被权力所扬弃了的财富中并没有绝对地返回到自我。为什么没有返回自我?

　　——**自我**还没有以**作为自我的自身**为对象, 而是以**扬弃了的普遍本质**为对象。

　　"**自我**还没有以**作为自我的自身**为对象, 而是以**扬弃了的普遍本质**为对象", 注意三处打了着重号的地方。在用权力掌握财富的情况下, 自我还是以扬弃了的普遍本质为对象, 而不是以自我本身为对象。如果说, 国家权力是自我的自在的普遍本质的话, 那么财富经由国家权力作为对我的奖赏和俸禄交到我手中, 它现在只是扬弃了的普遍本质, 自我对它的追求只是对自己的扬弃了的普遍本质的追求, 它只是标志着我为国家权力服务有功, 但却还不是以自我的自己本身为对象。以自我的自己本身为对象必须要对这种扬弃了的普遍本质再加以扬弃,[①] 这与对财富作为共相的第一次扬弃是有层次上的不同的。因为这第二次扬弃实际上已进入到了分裂的意识, 高贵意识至此才彻底遭到了解构。作为掌握了财富的自我意识, 它只以作为自我的自己本身为对象, 它关注的不是怎样支配对象, 而首先是怎样支配自己, 看看我自己到底想要什么。所以它进一步的发展就是跳出世俗权力和财产这些异化了的或者被扬弃了的普遍本质, 站在一个更高的高度来审视这些现实事物的矛盾, 这就是后面

---

①　参看后面贺、王译本第 62 页, 谈到自我意识的"绝对的弹性"或伸缩性, 以及对自我扬弃"再加扬弃"。

要讲的"分裂的意识",也就是意识到自我本质上的分裂了。

　　<u>由于这对象刚刚形成起来,意识与对象所建立起来的是**直接的**联系,因而意识还没有显示出自己与对象的不同一性；它是这样一种高贵意识,它从已经变成非本质的共相那里获得它的自为存在,因而承认对象,并对行善者心怀感激。</u>

　　"由于这对象刚刚形成起来",也就是由权力所掌握的财产、财富才刚刚形成起来,高贵意识在服务中最初把所获得的财富看作是服务的一部分,甚至就等于服务本身,就像中国过去把为皇帝做事称之为"吃俸禄"一样。这时,"意识与对象所建立起来的是**直接的**联系,因而意识还没有显示出自己与对象的不同一性",高贵意识还保持着自己的高贵性。在对财富的这第一次扬弃中,意识还没有显示出自己与对象的不同一性,因为财富并没有被单纯看作就是享乐的对象,而是被看作服务的荣耀,我的财富就是我为国家服务有功的光环。也就是意识和它的对象这时还是同一的,高贵意识所认同的,一个是国家权力,另一个是财富,这两者还处于很好的协调关系中,都代表着我的普遍本质。高贵意识在国家权力中看到了自己的同一性和普遍本质,在财产中也看到了自己的同一性和普遍本质,虽然在后者中,这种普遍本质是已经被异化被扬弃了的,但这时它还没有意识到这一点。我占有这笔财产,我感到光荣,这时它还没有显示出自己与对象的不同一性。"它是这样一种高贵意识,它从已经变成非本质的共相那里获得它的自为存在,因而承认对象,并对行善者心怀感激",非本质的共相,也就是被扬弃了的共相。财富已经不再是原先那种由劳动所产生的、体现了人的本质的财富,不再是作为共相的财富,而是作为特殊的赏赐和封赏的财富,它自身的本质已经被扬弃了,它的本质寄生在国家权力这一普遍本质身上。而正因为如此,高贵意识就能够从它那里获得自身的自为存在,获得自己服务的动力,所以它还在自身的高贵性中承认这个对象,并对行善者也就是皇帝心存感激。皇帝给他的俸禄、奖励、荣誉,他要谢主隆恩,心怀感激,这表明他仍然对

权力和财富保持着高贵意识的认同，尚未意识到两者的矛盾以及与自己本身的矛盾。意识和它的对象这时还处于直接的联系中，还没有把自己与对象的不同一性发展出来。

{280}　　财富在其本身已经就具有自为存在的环节。财富不是国家权力的无自我的共相，或者说，不是精神的无倾向性的无机自然，相反，当国家权力凭借意志对抗那想夺取国家权力来供自己享受的意志、以巩固自己本身时，财富就是国家权力。

　　"财富在其本身已经就具有自为存在的环节"，就财富本身而言，也就是撇开权力的介入不谈，它已经具有自为存在的环节。财富本身就是通过劳动而形成的，它体现了人的普遍的自为存在这一共相。就此而言，权力对财富的支配实际上是把这一共相扬弃掉了，将财富当作了自身的附庸，用来赏赐那些有功之臣。但财富本身其实是有自己的自为存在的，它并不完全听命于权力的摆布。"财富不是国家权力的无自我的共相，或者说，不是精神的无倾向性的无机自然"，前面讲财富是一种被扬弃了的共相，在其中，自我还没有以自己本身为对象，所以它是附属于权力之下的。但这里讲，其实并非如此。财富在其自身已经具有自为存在的环节，它不是国家权力的无自我的共相，不是国家权力的任意支配的工具，也不是精神的无倾向性的无机自然，财富本身是有精神的。当人们把财富看作权力的附属物或光环时，往往忽视了对财富的获取正是争夺权力的背后的动机。财富不是精神的无机自然，精神的无机自然是无倾向性的，是可以由其他精神任意支配和利用的。这个在法权状态的情况下是这样。在法权状态下，财产被形式主义地看作精神的无倾向性的无机自然。但和国家权力相对而言的财富，它已经有了倾向性了。"相反，当国家权力凭借意志对抗那想要夺取国家权力来供自己享受的意志、以巩固自己本身时，财富就是国家权力"，财富就是国家权力，或者说，财富是国家权力的基础，国家权力不过是财富的精神表达。这一点，当国家权力凭借意志对抗那想要夺取国家权力的意志时看得最清楚。国家权力时刻提防的就是对权力的觊觎者，其实都是些对财富的觊觎者，是些追求财富的享受的人，国家权力只有制止了这些人的阴谋才能巩固自身。这个时候就表明，其实财富就是国家权力，争权夺利，夺利是争权的目的，财富这个时候就有了倾向性，它表现在对国家权力的争夺中。说到底，夺权是干什么呢？就要用所篡夺的这种权力来供自己享受。而反夺权是干什么呢？无非是保卫既得利益啊！国家权力要巩固自己，就是要巩固自己的既得利益，保卫自己的财富。这个时候财富就是国家权力，财富是有倾向性的，争夺国家权力就是争夺财富。所以说财富不是国家权力的无自我的共相，它不仅仅是一种生活资料，它就是国家权力。

　　<u>但由于财富具有的只是本质的形式，这种不是**自在的**、反而是被扬弃的自在的、片面的自为存在，就是个体在自己的享受中向自己本身的</u>　[61]　<u>无本质的返回。</u>

　　"但由于财富具有的只是本质的形式"，财富是国家权力，但它并不是本质的内容，它只是本质的形式，只是国家权力得以维护自身的一种形式。"这种不是**自在的**、反而是被扬弃的自在的、片面的自为存在，就是个体在自己的享受中向自己本身的无本质的返回"，作为一种本质的形式来说，它不是自在的，不是单方面就能够成为本质的。单独的一个财富还不是国家权力，它并非自在的就是国家权力，而只是把自己的自在的本质扬弃了之后，作为一种片面的自为存在，才成为国家权力的。前面讲财富就是国家权力，那是有一个前提条件的，就是当国家权力凭借意志对抗那想要夺取国家权力以供自己享受的意志，来巩固自己本身时，财富就是国家权力。所以财富就是国家权力是有前提的，不是在任何情况之下都是国家权力，并非自在地是国家权力，它只具有国家权力本质的自为的形式，而且是片面的形式。财富所具有的只是本质的形式，至于它由谁来掌握，这个它是不管的，它是可以为任何权力所掌握的，任何人都需要财富，也需要享受，它是扬弃了自在的、片面的自为存在。为什

么是片面的自为存在？追求财富者只看自己所需，只为自己所用，只把财富看作享乐的材料。"就是个体在自己的享受中向自己本身的无本质的返回"，财富从这样一种片面性来看，它就只是一种享受的材料。只有在维护国家权力，对抗其他想要夺权的人的享受意志的时候，财富才是国家权力。但财富从它的自为存在来看，它是一种个体在自己的享受中向自己本身的无本质的返回。就是个体仅仅是用财富来享受，你积累那么多财富，不就是为了自己的享受吗？但是你在这种享受中，在这种欲望的满足中，并没有实现自己的本质。你向自己的无本质返回，你返回了你自己、你的欲望，但是这个欲望并不是你的本质。你用财富满足你的欲望，这就是你的本质吗？肯定不是。你的本质还是国家权力。人是社会的动物，你用财富这样的形式来巩固国家权力，但就财富本身来说，就它的片面的自为存在而言，它还只是满足人的需要、人的欲望。你享受了它，你也达不到自己的本质，你跟一个动物没有区别。正因此，所谓重赏之下必有勇夫，国家权力才能利用财富这种形式来实现自己的目标。

　　因此，财富本身还需要被激发；而它的反思的这一运动就在于，它这个只是自为的存在将变成**自在自为的存在**，它这个已被扬弃了的本质将成为本质；这样，它就在自己本身之中获得了特有的精神。

　　"因此，财富本身还需要被激发"，被激发 Belebung，也可以翻译成被激发出生命、赋予它生命。财富是一个死的东西，你可以拿去享受；但你享受完了之后，你也返回不了自己的本质，你只是一个动物。因此财富本身还需要被激发，就是要超越它这种无本质的状态，超越这种片面的自为存在状态，要体现出它的社会性的本质来，成为社会生活中有生命力的能动的因素。"而它的反思的这一运动"，也就是财富本身既然需要激发，就要自我反思，或者说，从财富本身中激发出自我在自身中的反思，这个反思的运动是什么样的运动呢？"就在于，它这个仅仅是自为的存在将变成**自在自为的存在**，它这个已被扬弃了本质将成为本质"，仅仅是自为的存在，仅仅是你的欲望、你的需求，这一点必须被提升起来，使它成为自在自为的存在。不光是你的一时的需求,而且也是更高层次上的本质性的需求,不是局限于对物质享受的需求,而且是对超越物质需求之上的权力意志乃至于人格独立性的需求。仅仅是对物质享受的欲望,这是低层次的,对精神自由的欲望才是高层次的。财富不仅仅是供人享受的,而且它可以供人支配,至少可以让人摆脱对物质的依赖,以便超脱于世俗生活之上。这样一来,财富的这个被扬弃的本质就成为了本质,通过这第二次的扬弃,即对前一次扬弃的再扬弃,财富就绝对地返回到了作为自我的自我,"这样它就在自己本身之中获得了特有的精神"。财富本来是自然物,即使是社会的劳动的产物,也是为了动物性的生存和享受,它所具有的精神仅仅是社会协作的精神,还不是它自己特有的精神。而现在,财富本身成为了一种权力,它有可能使人提升到超越于动物性的自然本能之上,非功利和超功利地来看待自己的生活,因此敢于直面现实的矛盾冲突而不为所动,这才具有了自己特有的精神。

　　——由于前面对这种运动的形式作过分析,所以在这里对它的内容加以规定就行了。

　　这就是刚才讲的,为什么说财富具有的只是本质的形式呢? 财富本身是这样的,前面在谈到私有财产的法权状态的时候已经分析过这种形式主义。对此我们可以参看前面第 35 页这两段话:"法权的形式主义凭自己的概念是没有自己的特有内容的,它遇到的是一种杂多的持存,是占有物,它像怀疑主义那样,给这占有物打上使之能被称之为**所有物**的同一种抽象普遍性的印记",这种印记在法权中既有否定的价值,也有肯定的价值。"前者那种否定的价值在于现实的东西具有作为思维、作为自在共相的自我的含义,而后者的肯定价值却在于,现实的东西在范畴的含义中就是作为**一种得到承认的**、有**现实**效准的**我的**。——两者是同一个**抽象的共相**;……无论是外在占有物也好,还是精神或性格方面内在的富有或贫乏也好——都没有被包含在这个空洞的形式里,它与形式毫不相干。所以,内容属于一种**特有的力量**,这力量不同于形式的共相,

583

是一种偶然和任意性的力量。——因此，法权意识在自己现实的效准本身中反而经验到它的实在性的丧失和它的完全非本质性"。这两段话是在法权状态下讲的，讲到私人财产在法权状态下只考虑它的形式，不管你掌握的是什么内容。你的财产是精神财产还是物质财产？是一种纪念性的，还是你个人特殊的爱好，还是别人可以分享的？这些它都不管。它只管这个是不是你所拥有的。所以这里讲，"由于前面对这种运动的形式已经做过分析"，也就是在法权状态的形式主义那里已经做过分析，所谓"我的"是表明一种人格，但是一个空洞的人格，我们前面讲秋菊打官司，要给一个说法，什么叫"说法"？就是说要给出一个形式，至于他具体的伤害了我什么，我都不追究了，但是要给出一个说法。这就是在法权的形式上、人格上的形式主义，要维护我的人格的尊严。这些形式上面都做过分析了，在这里就不说了，"所以在这里对它的内容加以规定就行了"，下面要展开谈的就是个体人格在具体内容方面是如何表现自己的超越性和本质性的。

　　刚才我们讲了财富本身需要被赋予生命，需要被激发起来。财富原先在国家权力面前完全是一个被动的环节，当然你可以把国家权力也看作是一种财富，但是，如何把它的生命力、把它的自为存在环节激发起来，形成一种运动呢？财富如何凭借内部的生命欲望提升起来，并获得自己特有的精神呢？这样一个运动，不光是它作为人格的抽象形式方面，而且从它的内容方面，我们要来做一番考察。

　　因而高贵意识在这里并没有与那作为一般本质的对象发生联系；相反，高贵意识就是那个对它来说是异己之物的**自为存在**本身；它**发现**它的自我本身被异化了，成了一种它必须从另外一个固定的自为存在那里接受过来的对象性的固定的现实性。

　　"因而高贵意识在这里并没有与那作为一般本质的对象发生联系"，就是说，既然上面讲到了财富本身需要被激发，运动就在于它这个只是自为的存在成为了自在自为的存在,被扬弃了的本质变成了本质;因而这样一来,高贵意识在这里并不是与一个作为一般本质的对象发生联系,也就是没有与作为一般本质的财富发生联系。因为前面讲了,财富只是一般本质的形式,它在个体的享受中使个体向自己无本质地返回,这是高贵意识不屑一顾的。"相反,高贵意识就是那个对它来说是异己之物的**自为存在**本身",也就是说,高贵意识不是与一个异己的财富发生外在的联系,而就是这个财富本身的自为存在,财富在它这里具有自为存在的含义。虽然财富对高贵意识来说还是异己的,但却是有自己的主动性的。前面也谈到过,高贵意识"在财富中它看到的是,它给财富带来了自己的另一个本质方面,即**自为存在**方面的意识;因此,它同样把财富看作和自己有联系的**本质**,并承认自己所享受到的那种财富是善事,认为负有感激的义务"。① 但那是在"自然存在的异化"这个层面上谈的,而不是在现在这个"语言的异化"层次上谈的。在那里只是表明,财富的自为存在就在于它是每个人的劳动的产物,因此财富是一个施惠于人的"千手的施予者",每个享受财富的人都应该心存感激;而现在则是高贵意识在服务和建议中重新来看财富。服务和建议当然也是一种劳动,即所谓"脑力劳动",财富作为这样一种劳动的报酬具有更高层次的、"特有的"精神含义,它激活了财富中自然异化层面的那种自为存在,使它具有了精神的主动性,成为了对高贵意识的服务的一种奖赏。当然,这种奖赏的主动性不是来自于高贵意识自己,而是来自于异己的一方,所以"它**发现**它的自我本身被异化了,成了一种它必须从另外一个固定的自为存在那里接受过来的对象性的固定的现实性"。财富作为一种自为存在,作为一种主动的奖赏,来自于高贵意识所服务的对象,是高贵意识的服务使自己获得了这一奖赏;而正是在这一奖赏中,高贵意识发现它的自我本身被异化了。在没有获得奖赏的时候,它的服务不过是它的自我的外

① 见贺、王译本第51页,参看德文考订版第273页。

化活动，而奖赏使得这种外化活动变成了固定的现实对象，在财富上体现了它的服务的报酬和对等物。这时它才发现它的自我被异化了，成了一种固定的现实性，而这种现实性是它必须从另外一个固定的自为存在那里接受过来的，也就是必须从皇帝那里得到的。它现在才发现它的服务不再是它的自我的自愿活动，而是皇帝交下来的一项任务，是别人的事业，而它不过是皇帝所雇佣的仆从，皇帝代表国家权力对它的服务加以奖赏。所以财富已不仅仅是财富，不仅仅是作为一般本质的对象，而是作为它所获得的封赏，是它的一项荣誉。

　　它的对象是自为存在，因此是**属于它的**东西；但由于属于它的东西是对象，它同时直接就是一种异己的现实性，这种异己的现实性是特有的自为存在、特有的意志，即是说，它将一个异己意志的强权视为自己的自我，这意志是否愿意对它的自我放行，取决于这个意志本身。

　　"它的对象是自为存在，因此是**属于它的**东西"，高贵意识的对象，也就是财富，由于是自为存在，因此是属于它的。Seinige，属于它的，打了着重号。这是我们从旁观者来看是属于它的，如果就它自己来说呢，那就是"属于我的"（meinig），就是把它当作了我所应得的财产。我的对象是自为存在，因此是属于我的，因为是我的服务使它激活起来、自为存在起来的，它本身内部所具有的自为存在的环节被我激活了。"但由于属于它的东西是对象，它同时直接就是一种异己的现实性"，这个财富虽然属于它，但同时呢，直接地看也是对它异己的现实性，因为高贵意识本来并不是为了追求财富而去为国家权力服务的，它早已把一切财富置之度外，看作并非自己本质的东西。这又跟我自己不一样了，虽然它属于我了，但是，它又不等于我，它是一种"异己的现实性"。"这种异己的现实性是特有的自为存在、特有的意志"，它是另外一种自为存在，是另外一个意志，实际上也就是皇帝的意志。高贵意识通过自己这种异己的现实性，"将一个异己意志的强权视为自己的自我"。当它从皇帝那里接受这种赏赐的时候，它对这种异己的现实性感到皇恩浩荡，自觉地认同这个身在高位的人的意志，把这个异己意志的强权视为自己的自我。他的意志就是我的意志，我为他来考虑，我为他着想，我揣摩他的意思，把他的强权看作我的自我。但是，"这意志是否愿意对它的自我放行，取决于这个意志本身"，这个异己的意志、也就是皇帝的意志、权力的意志，是否会对它、对高贵意识的自我放行，完全取决于皇帝的意志本身，取决于这个权力意志本身。也就是说，高贵意识完全处于权力意志的支配之下，其实权力意志所赋予财富的这种自为存在本来是由它的服务所激活的，现在却成了它必须感恩的对象，成了异己的现实性。在这种意义上，财富对于它又是自在的，因而现在财富是自在自为的了，是外在于高贵意识而独立起作用的了。这导致了高贵意识最终的沦落。

自我意识能够抽象掉任何个别的方面，因此，它在受到所涉及的某一个别方面的束缚时，仍保持自己作为自为存在着的本质而被承认，并自在地有效。

"自我意识能够抽象掉任何个别的方面"，刚才上面讲的这些对象，这些属于它的财富和异己的现实性，如特有的自为存在和意志等等，这都是一些具体的内容；但是自我意识能够把这些个别的内容抽象掉，不管是异化也好、受控制也好、受支配也好，我都能够使自我意识从中抽身出来，跳出这些具体的内容。"因此，它在受到所涉及的某一个别方面的束缚时，仍保持自己作为自为存在着的本质而被承认，并**自在地有效**"，自我意识当然在权力意志中受到束缚，但是，它在受到任何束缚的时候，它都可以跳出来，仍然作为自为存在着的本质而被承认，并自在地有效，"自在地有效"打了着重号。前面也常常讲到有效准的东西、行之有效的东西，自我意识从自在的方面来说，从自身来说，它仍然是有效的，哪怕它受到权力异化的控制，哪怕受到强权的支配。它本身能够抽掉任何个别的方面，在受到束缚时，主观上仍然是承担一切的主体，客观上仍然是有效的行动者。自我意识本质上仍然是自为的，不是说它受到了束缚就什么也不能干了，就纯粹成为一架机器了。大家都还是承认，你哪怕是成为了机器上的一颗螺丝钉，你的自我意识仍然是有效的，你并不是一架机器，你是一个人，是你自己选择这样做的。当然这是从形式上来看，自我意识是抽象的，不管你受制于谁，自我意识其实是可以跳出来的，还是有决定权的，不是说为物所累、为权所累，你就一无所能了，你还是能够发挥自己的主动性的。这是一方面，自我意识的抽象方面、形式方面。

不过在这里，自我意识从它纯粹的最特别的现实性或它的"我"这一方面，把自己看作是在自己之外的，是属于一个他者的，它把自己的人格性本身看作是依赖于一个他者的偶然人格性的，是依赖于某一个瞬间的偶然、一个任意的偶然，或一个平时最不相干的情况的偶然的。

"不过在这里"，这个"不过"就是说，前面讲的当然对，但前面只是从形式上来看的，自我意识的确可以摆脱任何个别的具体内容；但我们在这里也可以从内容上来看它。在这种具体情况下，在为权力服务的时候，"自我意识从它纯粹的最特别的**现实性**或它的'我'这一方面，把自己看作是在它自己之外的"。也就是说，它的内容是异化了的内容，这种异化在这种情况之下呢，是从自我意识的最个别的现实性上把自己异化了，从它的纯粹的"我"（Ich）这一方面，作为一个绝对的个性、绝对的自我，而把自己异化出去，把自己看作是自己之外的一个对象了。在自我意识里面，这个"我"是最内在的，自我意识的根基就是有一个"我"；而在这里，自我意识是从它最深的根基上面把自己异化了。它从这一方面把自己看作是在自己之外的，"是属于一个他者的"。自我意识已经不属于"我"了，"我"已经不是"我的"了，"我"已经是别人的一个环节，是别人的一个工具，是属于一个他者的。"它把自己的**人格性**本身看作是依赖于一个他者的偶然人格性的"，人格性打了着重号。它连自己的人格性都寄托在别人的人格性上了，它依赖于上级、依赖于皇帝，依赖于皇帝的那种偶然的人格性。皇帝的人格性那是非常难测的，君心难测，皇帝现在起了什么念头，没有人知道。最优秀的奴才，就是最擅长揣摩皇帝的心思的，但就连这样的奴才也揣摩不到皇帝所有的心思。你可以揣摩到很多平常情况之下，一般而言人情之所难免的东西，但是他如果一时突发奇想，你怎么能够猜测到？这是猜测不到的。所以把自己的人格性看作是依赖于一个他者的偶然人格性，这个异化是最彻底的。"是依赖于某一个瞬间的偶然、一个任意的偶然，或一个平时最不相干的情况的偶然的"，我们刚才说了，一个最优秀的奴才，也预料不到一瞬间的偶然、任意的偶然和一个平时最不相干的情况的偶然。这三种偶然，一种是时间上暂时的，一种是自由意志的，一种是空间上外来的，都是你无法控制的。你自以为大致掌握了某种规律，但是一个最不相干的情况突然插入进来了，出乎一切人的意料之外，这你就不可能预见到了。所有这些偶然因素都可以影响到帝王的心绪、心情，以致影响他的意志，那你就揣摩不到了。一步揣摩不到，你就可能招来杀身之祸。所以你得处处小心，把所有的情况都考虑到。你必须围绕这一个人，把周围的情况都放在心里，察言观色，不断地揣摩，在一瞬间有千千万万个头绪，要你去掌握和作出判断，所以伴君如伴虎啊，很危险的啊。在帝王跟前是很危险的，你必须绝对地依赖于一个他者的人格，把自己的人格性完全地依附于他人的偶然性。这是从内容上看，当然形式上你仍然可以是抽象的、自由的，但是在内容上，你必须绝对服从于一个皇帝的意志。

——在法权状态中，凡是处于对象性本质的强权中的东西，都显现为一种可以抽象掉的、**偶然的内容**，这强权所涉及到的不是**自我本身**，相反，自我倒是得到了承认的。

"法权状态中"，就是前面讲的那种形式主义，也就是刚才讲的自我意识能够抽象掉任何个别的方面，就此而言，它是自由的。这是从法权状态上抽象地来说，我们可以一般地这样承认。从法权状态上自我意识可以在形式上抽掉一切内容。当然我们现在谈的已经不是法权状态了，已经是国家权力和高贵意识的关系，虽然像罗马共和国所奠定的那种法权状态在罗马帝国里也没有失效，但是更重要的已经不是这个东西了，已经是帝王的专制，在这方面层次更高了。"法权状态"还可以说是自然法，是自然规律，那还没有上升到精神。一个社会也有它的自然规律，那就是"法权"，我们按照这些规律去做就行了，就可以调节人和人之间的关系了。但是，到了皇帝专制建立起来以后，那又有另外一个层次上的内容。所以我们这里可以跟"法权状态"加以比较、加以对比，来说明我们现在所面对的这样一些内容的关系。形式上我们前面讲法权状态时已经讲了，现在要讲内容的时候，往往要和形式上的"法权状态"加以对比。"在法权状态中，凡是处于对象性本质的强权中的东西，都显现为一种可以抽象掉的、**偶然的内容**"，前面讲，法权状态不管内容，在对象性本质的强权中的那些东西都属于内容，比如说等级地位、贫富差距，这些都可以作为偶然的内容而抽象掉，那些我们不管，我们只管是否侵害到了私人财产和人格的平等，这是抽象形式上的平等。"这强权所能涉及到的不是**自我本身**，相反，自我倒是得到了承认的"，就是说，你有强权，比如说你是富翁，我是穷人，那么你就对我有强权、有强制力，但是这种强制力所触及到的不是"自我"本身，不是我的人格。相反，你再有钱，我再没有钱，你也必须尊重我的人格，在这方面你不能对我怎么样。我的破房子，风可以进，雨可以进，国王不能进。当然你可以采取别的方式，比如收买啊，出高价诱惑啊，引诱我去为你卖命，这是另外一回事情，那还要看我愿不愿意。我愿意卖命就卖命，我不愿意卖命，你再高的价钱我也可以不理你，你得尊重我的人格。"法权状态"处理的是这样一种关系，你们相互之间按照什么样的契约去约定的，那它不管，它只管你约定了之后，你们双方都得遵守，不遵守，就是侵害了人的人格。只要遵守了契约，在现实中强权起了什么作用，这个它不管。因为强权在法权状态下不涉及自我本身，不涉及人的人格，那是你们具体商量的事情。所以在这里自我倒是得到了承认的，在法权状态中这种自我人格的平等是得到承认的。这是讲的"法权状态"，下面则回到讲目前这个状态。

不过在这里，自我看出它所拥有的确定性，作为确定性是最没有本质的东西,看出它的纯粹人格性是绝对的无人格性。

在这样一种权力异化的状态之下,这跟"法权状态"已经很不一样了。"法权状态"是属于一种抽象形式的平等,而我们现在讲的是内容,它是向对立面转化的。"法权状态"可以说是符合形式逻辑的,而在它的内容方面呢,完全是一种辩证转化的关系。"不过在这里,自我看出它所拥有的确定性,作为确定性是最没有本质的东西",自我所拥有的确定性是什么呢? 就是人格性。人格性在法权状态中是确定的,人人平等,每一个公民在法律面前都是平等的。但现在,人格性作为确定性是最没有本质的东西,或者说是最空洞的东西。你跟他在法律上平等,实际上是绝对不平等的。你跟皇帝讲平等,在法律上没问题,但在实际上是绝对不平等的。所以从内容上,自我"看出它的纯粹人格性是绝对的无人格性",你把你的人格都放弃了,都从属于另外一个人格了,你还有什么人格呢? 当然这是你自愿的,在这个意义上,你还是具有你的人格性,但是那是空的。你自愿地使自己放弃了人格,那种人格性只是名义上的,实际上是丧失了人格性,是绝对的无人格性。

因此它的感恩的精神,既是对这种最深的被抛状态的感情,同样也 [62] 是那种最深的反叛的感情。

"感恩的精神"就是前面讲的,你给了我财富和荣誉,那我就感恩戴德。对于最高统治者,人们常常会用尽一切词汇来表达这种感恩之情,如"亲爱的父亲"之类。我们把自己彻头彻尾地抛给了这位伟大的父亲,毫无保留地由他去支配我们的一切,包括我们的生命。所以这种感恩的精神"既是对这种最深的被抛状态的感情"。感恩就是"被抛状态",就是你把自己的人格全部交给对方了,那你就"被抛"了,你不再拥有你自己了,你已经是国家的人、皇帝的人了。你是自己主动地抛弃了你自己,抛弃了自己的人格,你的感情也就是对这种"被抛状态"的感情。在这种情况下,他没有抛弃你,那你就感恩不尽了,但这不取决于你,而取决于他。所以你害怕被抛弃,你害怕被皇帝所抛弃,如果他抛弃了你,你就什么都没有了，一切都完了。这种"感恩的精神"其实也是恐惧的精神，所以由此也就生出另外一种恰好相反的精神，即它"同样也是那种最深的反叛的感情"。就是说，一方面是感恩戴德，但另一方面也是内心的一种反叛、一种叛逆、一种激怒、一种愤怒。为什么愤怒呢？因为按照法律，人人平等，人格上，你皇帝也是一个人，我也是一个人，你凭什么凌驾于我之上？虽然你给了我荣誉，给了我财富，让我感谢你；但是我却把一切连我的人格都交给你了，我在人格上就屈居于你之下了。因为按照法权来说，我们人格上是平等的，你给我再多的好处，也不能在人格上凌驾于我之上。饥者尚且不食嗟来之食，我凭什么要把人格都交给你来表示感谢？感恩本身就是被抛状态，一种被可怜的状态、一种被恩宠的状态、一种居下位被恩准而感激涕零的状态。但却一边感激涕零，一边形成怨恨，甚至图谋不轨，随时准备起来造反，这就导致了人格的这样一种分裂。这种分裂当然是有前提的，首先一个前提是确立了一个观念，就是人人本来是平等的。你皇帝能够上高位，不就是我们推举你、推你上高位的吗？你现在颐指气使、高高在上，你现在要我们把一切人格都奉献于你，这就不平等了。当然，如果这个前提不存在的话，也就不存在这样一种反叛之情，那就没有什么可反叛的，那就只有感恩了，那就只有当奴才了，做稳了奴才就是最大的幸福了。对这种人，我们就只有像鲁迅那样，"哀其不幸，怒其不争"了。但是如果有"法权状态"在前，那就不是这样了，如果人们心中都有一个"法权"或"权利"的观念，人格是平等的，私有财产不可侵犯，那虽然我感谢你，但是，不会把人格都交给你，否则心里就会有一种不平。这就是从财富里面所激发起来的一种自为存在。

由于纯粹的我直观到自己本身在自己以外、并且是支离破碎的，于是在这种支离破碎中，一切具有连续性和普遍性的东西，一切称为法则、善和公正的东西，同时都分崩离析和崩溃了；一切同一的东西都已解体，因为，现成在手的是**最纯粹的不同一性**，是绝对本质的东西的绝对非本质性，是自为存在的自外存在（Aussersichsein）；纯粹的我本身已绝对分裂了。

在这种一边感激涕零、一边图谋不轨的情况下,就产生了一种人格的分裂。"由于纯粹的我直观到自己本身在自己以外","纯粹的我"就是那个"我"(Ich),在它最纯粹的最深刻的人格性之中,却直观到自己本身在自己以外。我把自己本身交出去了,在自己之外,我依赖于另外一个人格,一个异己的人格。"并且是支离破碎的",它不由我支配了,它被人宰割,他要我干什么,我就得干什么,所以它是"支离破碎"的。"于是在这种支离破碎中,一切具有连续性和普遍性的东西,一切称为法则、善和公正的东西,同时都分崩离析和崩溃了",既然一切都要仰仗皇帝的鼻息来决定,皇帝的颐指气使、他的一时兴起,他要干什么就干什么,那就没有任何连续性和普遍性了,就无规律可循了。如果这样的话,一切称为法则、善和公正的东西,同时都分崩离析和崩溃了。"一切同一的东西都已解体",本来高贵意识就是对于国家权力和财富的认同,在对象中看到了与自己同一的东西;现在一切同一的东西都已经解体了,高贵意识的标准都被粉碎了。高贵意识和卑贱意识区别的标准本来就在于,你是否在对象中看到了与自己同一的东西。现在同一的东西全都粉碎了,高贵意识本身也就不存在了。"因为,现成在手的是**最纯粹的不同一性**,是绝对的本质的东西的绝对非本质性",现成在手的,就是我们现在所剩下在手中的,只有最纯粹的不同一性,完全的不和自己相同一,这就是极端的卑贱意识了。这是从一个极端掉到另一极端,即从绝对的本质的东西沦为了绝对非本质性。绝对的本质的东西,比如说最纯粹的自我,我的最深的人格性,本来都是绝对本质的东西,现在却成了绝对的非本质性。"是自为存在的自外存在",本来我为自己做事,我自己是独立的,我自己是自由的,拥有自己决定的能动性;而现在呢,我成了自外存在,我只存在于我的外面,在别人身上。所以"纯粹的我本身已绝对分裂了",这就是一种绝对的人格分裂的状态。这就已经向下面的一个阶段即"分裂的语言"过渡了。

{281}　　　因此，这种意识固然从财富那里收回了自为存在的对象性，并且扬弃了这种对象性，那么它不仅像前一个反思那样在概念上没有得到完成，而且它对它自身也是不满意的；这个反思，既然把自我本身当作一种对象性的东西来接受，它就是在纯粹的我自身中建立起来的直接矛盾。

　　从这种绝对的分裂，我们可以得出这种结论："因此，这种意识固然从财富那里收回了自为存在的对象性，并且扬弃了这种对象性"，就是自为存在这种高贵意识，它的自为存在、它的想干一番事业的这样一种活动，在财富那里收回了它的对象性。也就是它本来没有对象性的，只是一种理想，只是一种要服务的愿望；但现在它从财富那里收回了自己的对象性，它作为有功之臣，获得了大量的财富，它的自为存在有了相当的回报。并且扬弃了这种对象性，因为这些财富不仅仅是财富，也是荣誉，它代表我的业绩、我的政绩，它已经成为了我的光荣了，被我据为己有了。所以财富已经带有了我的精神的含义，不再仅仅是一个异己的对象了。固然如此，"那么它不仅像前一个反思那样在概念上没有得到完成"，这里有种转折的意思。"前一个反思"就是在"法权状态"中，在私有财产和人格性中，对于财产的这种反思，在概念上是没有得到完成的，它只是一种抽象的同一性，是不现实的，它把现实内容全部都抽掉了，所以它在概念上没有得到完成。而这里的情况也是同样的，也是在概念上未完成的。但两种未完成的含义不同，如果说前一个反思是因为法权的形式主义而导致了概念的空洞性，那么这里的这种反思则是由于内容上的偶然性而导致了人格的分裂和概念的分裂。"而且它对它自身也是不满意的"，法权的形式主义不令人满意是由于它不是一种完全的概念，它没有得到完成；而这里的反思对自身的不满意是从内容上来说的。为什么不满意？前面也已经讲了，本来纯粹的自我现在绝对地分裂了，它怎么可能满意呢？它已经被完全异化了。"这个反思，既然把自我本身当作一种对象性的东西来接受，它就是在纯粹的自我本身中建立起来的直接矛盾"，这个反思，也就是后面第二个反思，这个从财富那里收回自为存在的对象性的反思,它既然把自我本身当作一种对象性的东西来接受、来收回,那就不能拒绝它的内容,而这内容是与纯粹自我的形式绝对相冲突、相矛盾的。你固然可以通过前面那个反思跳出这些内容之上,来保持自我意识的同一性,来保持纯粹人格的一贯性;但是,你把自我本身又当作一种对象性的东西来接受了,那就又要考虑它的内容了。而一考虑到内容,那就是在纯粹的我本身中建立起来的直接矛盾了。当你考虑内容的时候,你想避开矛盾,但是你避不开,你本身已经陷入到矛盾中去了。于是你就在纯粹的我本身里面,在最深刻的我、纯粹的自我里面,建立起了直接的矛盾,也就是"我"和"我"的矛盾,我的人格性和我的人格性的矛盾。我的人格性已经被"我"外化为一个对象,已经由另外一个人格性、由皇帝来支配了,那它还是我的人格性吗?那就跟我的人格性完全相冲突、相矛盾了。

<u>但是作为自我,这种意识同时又直接超越于这个矛盾之上,它是绝对的伸缩性,这种伸缩性,对自我的这种被扬弃的存在再加扬弃,对它的被抛状态、也就是它的自为存在变成了对它异己之物的状态再加以抛弃,针对这种把异己之物本身接受下来的做法加以反叛,它在**接受过程**本身中是**自为的**。</u>

注意这个"但是","但是作为自我",就是说虽然这种反思已经陷入到了直接的矛盾,但是作为自我的意识"同时又直接超越于这个矛盾之上",这就又回到了第一个反思的立场,就是说尽管它陷入到了内容的矛盾之中,但是这个形式仍然可以超越于矛盾之上。"它是绝对的伸缩性",伸缩性 Elastizität,为什么叫伸缩性?它具有可大可小的包容性,你说还有矛盾,它又可以把这个矛盾包容进来,而它自身本来是单纯的,没有矛盾的。这个自我、人格性是人人平等的,在法权状态之下,本来是要避免矛盾的,要在逻辑上符合同一律的;但是,由于介入到了现实,充斥着现实的内容,它就陷入到了直接的矛盾中。但是作为自我呢,这种意识同时又跳出了这个矛盾,体现了它的绝对的伸缩性,也就是无论你发生什么矛

盾，它都仍然可以跳出来，因为事实上，人家还是承认它的。你不管怎么样出卖自己的自由，出卖自己的人格，还是你自己出卖的，还是你的自由意志。你做奴隶，也还是你的自由意志，你甘愿做奴隶，那能怪谁？你又不是一个物，你是一个人啊。凡是人都具有绝对的伸缩性，这个我们要掌握住，就是人总是要为自己负责的，没有什么人能摆脱自己的责任，人必须为自己的一切行为负责，因为他是自由的。"这种伸缩性，对自我的这种被扬弃的存在再加扬弃"，有了纯粹自我的这种伸缩性，它就可以来处理它自身的矛盾了，它具有这样的能力，即对自我的扬弃再加扬弃，对否定再作否定。你扬弃了自我，你把自己扬弃为一种外在的权力了，但是你仍然可以对这种外在的权力再加扬弃，回到自我。"对它的被抛状态、也就是它的自为存在变成了对它异己之物的状态再加以抛弃"，对它的被抛弃状态再加以抛弃。被抛状态是一种什么样的状态呢？就是它的自为存在变成了对它异己之物，这样一种状态。本来是它的自为存在，变成了一种它不认得的东西、变成了异己的东西，这样一种状态是出于意料之外的，是被它自己抛出去而变成这样的。我们经常埋怨命运如何不公，本来是我自己的东西，结果变成了反过来压迫我的东西、陌生的东西。但是，你可以对这种状态再加以抛弃啊。"针对这种把异己之物本身接受下来的做法加以反叛"，首先你把自己变成了异己之物，你又把这种异己之物接受下来，当作你的存在，对这种做法，你要加以反叛。"它在**接受过程**本身中是**自为的**"，在接受过程中，自我意识始终是自为的，你还是自由的，你还是自己决定的，怪不了别人。这就是最大的"伸缩性"，是自我意识的更高级的一种状态了。有了这种伸缩性，自我意识就可以来承担分裂的语言了，就可以把自身中的这种矛盾形之于语言、加以调侃，并给自我意识提升到超越一切现实矛盾之上的信仰和明见准备了前提。

* * *

好，我们上次讲到了高贵意识，在权力和财富的基础之上，尤其是在把财富当作权力或把权力当作财富这样的前提之下，人格开始走向了分裂。就是说，人格性在权力之下已经导致了分裂，人格性已经成为了绝对的无人格性。自我意识把自己的人格寄托在一个皇上、一个上级身上，形成了一种奴才的人格；形成奴才人格以后，由于财产的法权观念还在起作用，实际上又心有不甘，一边感激，一边图谋不轨。当自我意识从自己本身以外来直观自己，发现自己是破碎的，这就导致了一种对外部世界的"痞子精神"。也就是你把人格性寄托在一个偶然的异己的意志身上，但那个意志是为所欲为的，你的人格根本建立不起来；所以你就看穿了，所有的东西都无价值，一切善良的、公正的、有法则的东西全都崩溃了。那么这种情况实际上是由权力导致的，就是权力腐蚀人；权力不但腐蚀人，而且腐蚀整个社会。这样一种至高无上的权力对于整个社会都有腐蚀作用，一切善的东西、一切有价值的东西都被解构了。但是自我在这个矛盾之上，他能够超然物外，他具有一种绝对的弹性，因为人跟动物毕竟还是不一样的。所以，虽然他看到一切都是支离破碎的，他自己仍然能够跳出来，仍然是自为的。正因为如此，这样一种局面将不断地改变和扬弃自身，就像上次最后一句话所说的："这种弹性对自我的这种被扬弃再加扬弃，对于它的被抛状态……再加以抛弃"，它在这种过程中本身是自为的。我们今天要来读的这一段，就是从语言上来分析，在这样一种情况之下产生出了一种新型的语言。前面讲的那种具有精神性的语言就是阿谀，阿谀的语言是具有精神性的、意识形态性的，一开始是高贵意识体现出来的，但高贵意识经过权力腐蚀以后导致了分裂。这就是第二个小标题"分裂的语言"。

〔2. 分裂的语言〕 于是，由于这样一种意识的情况是与这种绝对分裂性结合着的，在它的精神中，它作为高贵意识被规定为与**卑贱**意识相反的那种区别就消失了，这两种意识就是同一种意识。

这是紧接着上面讲的，这种分裂，现实中的分裂和人格中的分裂，导致了高贵意识的分裂。"由于这样一种意识的情况"，就是前面讲的，自我的自相矛盾以及自我的弹性、自我的容纳性，"是与这种绝对分裂性结合着的"，那么在现实中呢，这种结合就导致了意识中的这样一种无区别性。现实既然分裂了，既然一切正义的东西，一切善良的法则都崩溃了，那就无所谓高贵卑贱了，大家都彼此彼此。在这样的意识的精神中，"它作为高贵意识被规定为与**卑贱**意识相反的那种区别就消失了，这两种意识就是同一种意识"。高贵意识和卑贱意识在这里就没有区别了。原来高贵意识是被规定为与卑贱意识相反的，高贵与卑贱那是天渊之别的，但在这样一种精神中，就把高贵意识与卑贱意识的区别抹杀了。高贵意识与卑贱意识达到了同一，高贵意识就是卑贱意识，那些成天阿谀的人是最卑贱的，自以为具有高贵意识的人是最有卑贱意识的。这个没区别主要指把高贵意识拉下来了，你没有那么高贵，也不要装得那么高贵。一切意识形态话语、权力话语都遭到了解构，被作为虚伪的语言而大加嘲弄。所以卑贱意识成为一个起点，从它里面就产生出分裂的语言，从卑贱的意识里面产生出一种分裂的意识，这个是后面要讲的很重要的起点。我们讲语言的异化、语言的教化，就要从这里找到起点。

　　——此外，以财富行善的那种精神，还是可以与那接受善行的意识的精神区别开来，并且应加以特殊地考察的。

　　"此外"，这里讲的另外一个话题，前面一句话讲的是高贵意识和卑贱意识；这里则是指，除了意识层面之外，"以财富行善的精神，还是可以与那接受善行的意识的精神区别开来，并且应加以特殊地考察的"。有两种精神，一种是施舍，另一种是接受施舍，还是可以区别开来的。虽然与卑贱意识相区别的那种高贵意识已经没有了，但行善的意识和接受善行的意识还是可以区别开来的，行善的意识虽然已经不是高贵意识了，但和接受善行的意识相比仍然处于高位，这两种意识是不一样的，这两种意识的精神也是不一样的。它们的位置、地位有区别，一个居高临下，一个在下承上；一个施予，一个接受。这种行善的精神还可以加以特殊地考察。

　　——以财富行善的精神，曾经是无本质的自为存在，是被奉献出去的本质。但通过它的施舍，它就成了**自在**；由于它已完成了自我牺牲的使命，它就扬弃了它那只为自己享受的个别性，并且作为已被扬弃的个别性，它就是**普遍性**或**本质**。 [63]

　　"以财富行善的精神，曾经是无本质的自为存在，是被奉献出去的本质"，这里用的过去式。把财富用来行善的精神，不是为了某种自己的本质存在，而仅仅是为了自为存在的行动。它是被奉献出去的本质，既然奉献出去，它的本质就不在自身了，把自己的本质奉献给一个对象了。也就是说，它的本质不在它自己而在外面，所以它自己是一个无本质的自为存在，一种自我牺牲，自我奉献。自我奉献不是为了它自己，自己是无所谓的，微不足道的，而是为了某个对象，一种外在的事业。例如我们通常说的"大公无私"，"大公"在它的外面，它自己没有私心，没有自己的本质需要，它只有这样一种自为存在的行为，所以说是奉献出去了的本质。"但通过它的施舍，它就成了**自在**"，虽然大公无私，它奉献出去了，但这件事情就成了一个自在的事业，它的这种奉献是有价值的，这里用的是现在时了。人们现在认为这种奉献是值得的，它自有价值，虽然自己什么都没得到，自己都牺牲了，但有"成仁"和"取义"的事业在，有自在的价值。我们常讲"仗义疏财"，把财产分出去给别人，自己的财产虽然没有了，但道义在，这是一种自在。"由于它已完成了自我牺牲的使命，它就扬弃了它那只为自己享受的个别性"，自我牺牲嘛，肯定把它那种自我享受的个别性扬弃掉了，它不是为了自己的享受。享受还在，但却是大家的享受，我成全了每个人的个别性，造福于人民。"并且作为已被扬弃的个别性，它就是**普遍性**或**本质**"，人民的利益那就是普遍性，民生、人民生活水平的提高，这就是普遍性或本质。所以，行善本来是自为存在的舍己行为，但这时由自为变成了自在，扬弃个别的享受而变成了普遍性的本质，而不仅仅是出于同情心或恻隐之心了。人民的普遍利益和享受是一项事业，我可以为之牺牲自己。

——它所施舍出去的，它所给予别人的，乃是**自为存在**。但它献出自己时并不是作为一种无自我的自然，作为一种大大方方奉献出来的生活条件，而是作为一种自我意识到的、自为地坚持着的本质；它不是被那接受它的意识作为自在消逝着的来认知的对于元素的无机权力，而是一种凌驾于自我之上的权力；这权力知道自己是**独立的**和**任意的**，同时又知道凡是它所施予出去的都是一个他人的自我。

这句话有转折了，前面都讲的大公无私、自我奉献、自我牺牲，崇高、高贵，曾经是那样的，或者它的出发点、初衷是高贵意识，因为"它所施舍出去的，它所给予别人的，乃是**自为存在**"。"但"，就是在转折，"它献出自己时并不是作为一种无自我的自然，作为一种大大方方奉献出来的生活条件"，你要从单纯财富这个层次上看，那当然他奉献出去就什么都没有了，白送别人了，自己什么也没捞着。作为一种无自我的自然，一种物质性的生活条件，也就是一些钱财和东西，这些东西并不要求回报，完全奉献了。但其实并不是如此。"而是作为一种自我意识到的、自为地坚持着的本质"，我的这种奉献有强烈的目的性、有强烈的主张的，是当作一种理想的事业来做的。"它不是被那接受它的意识作为自在消逝着的来认知的对于元素的无机权力"，这里讲的是施舍的意识而不是接受的意识，施舍和接受两者之间是有区别的。在接受的意识看来，你的施舍不过是自在消逝着的一种对于元素的无机权力，也就是老百姓只盯着施舍给自己的"实惠"，他们把你的施舍仅仅看作是你把支配这些物质元素的权力放弃了，为什么要放弃他们不管，只知道是一种自在消逝着的、无机的权力。无机的权力前面也提到过，第60页倒数第4—5行："财富不是国家权力的无自我的共相，或者说，不是精神的无倾向性的无机自然"，财富代表国家权力，但财富本身不是国家权力的无自我的共相，不是精神的无倾向性的无机自然。相反，财富就是国家权力，本身是带有意识形态的，不是说摆在那里谁都可以去吃去用的，而是一种有利于民生的救济政策。所以，以国家的名义施舍财富并不是简单的放弃一种无机权力，"而是一种凌驾于自我之上的权力"，财富被施舍出来，是作为一种凌驾于自我之上的权力，对施舍者来说不只是表明我这个人的乐善好施的性格脾气，而是一件国策，是一种国家权力的体现。对被施舍者也是如此，施舍并不是为了满足任何个人的要求的结果，而是自上而下地降临到个人身上的。所以，"这权力知道自己是**独立的和任意的**，同时又知道凡是它所施予出去的都是一个他人的自我"，国家权力当然是独立的和任意的，不受任何个人所干扰的，它施舍给谁并不由你决定，而是由它自己决定。所以它是一种凌驾于自我之上的权力，施舍者和被施舍者的自我都不能够影响到它。财富这个权力知道自己有独立性和任意性，因为它是由施舍者、由皇帝或统治者所掌握的，他想要施舍给谁就施舍给谁。它凌驾于他人之上，它的施舍是给他人以自我，或者说，他人的自我并非是自己独立的，而是由它通过这样一种施舍所给予的。在权力之下，我给你们以好处，你们的自由、你们的享受、你们的人格、你们的自我都是我给的，我养活了你们。这种善行就很霸道了。

　　——于是财富就和受惠者一起分有了被抛状态，不过在财富这里，代替反叛之心的是傲慢之气。

　　"于是"，前面这种情况导致的结果是什么呢，"财富就和受惠者一起分有了被抛状态，不过在财富这里，代替反叛之心的是傲慢之气"。被抛状态（Verworfenheit）就是财富被抛出来了，财富被施舍了，而同时受惠者也处于被抛状态中，连他们的自我都是财富抛给他们的。所以这样一种被抛状态是财富和受惠者所分有的，他们在被抛状态中处于两端，一方面是抛者，另方面是被抛者，抛者就是施舍财富的，被抛者就是接受财富的。财富抛给了他们，这样一种状态叫做被抛状态；而他们也由于这种被抛而被抛，连他们的自我都是被抛给的。被抛状态，海德格尔也用这个词，有没有联系，这里暂且不论。"不过在财富这里，代替反叛之心的是傲慢之气"，在这里有个区别，财富这一方是傲慢的，受惠者这一方则是有反叛之心的。虽然双方分有了被抛状态，不过在财富这里不是反叛之心，而是傲慢之气，言下之意是说，受惠者不是傲慢之气，而是反叛之心。不过这里还没讲，先讲这一方面，财富是傲慢之气，反叛之心后面还要讲到。

因为一方面它和受惠者都知道**自为存在**是一种偶然的**事物**；但财富本身就是这种偶然性，人格性就处在这偶然性的强权之中。

为什么财富是傲慢之心呢？"因为一方面它和受惠者都知道**自为存在**是一种偶然的**事物**"，自为存在是施舍的行为，这样一种施舍行为的存在是一种偶然的事物，取决于施舍者的任意。"事物"这里打了着重号，单从事物来看，它是偶然的，这一堆东西被放在这里是偶然的，对受惠者来说，它被施舍了这样一些东西是偶然的，这些财富被施舍给谁也是偶然的。这种施舍行为作为事物是偶然的，当然作为施舍之心可以说是道德的、有原则的，但施舍出来的东西是偶然的。你有这个心，但你施舍什么、施舍给谁以及什么时候施舍都是偶然的。凡是事物都具有偶然性，而观念里面才有普遍性、本质性。"但财富本身就是这种偶然性"，偶然性是由财富来决定的，虽然对施舍者和受惠者双方来说都具有偶然性，一方是决定的偶然性，另一方是被决定的偶然性。所以"人格性就处于这偶然性的强权之中"，在这种偶然性中，财富是一种强权，是一种偶然的权力，一种决定偶然的偶然。偶然是由它决定的，人格性就处在这偶然性的强权之中，你只能听凭这种偶然性起作用。你的人格性能不能存在都取决于这种偶然性，这种偶然性对人格性来说就成了一种强权，成了一种暴力、强制力。他现在不高兴，不愿意施舍，那你就得不到，你就得去巴结他，去乞求，还不一定能打动他。这就是偶然性的一种强权。财富这一方本身就是强权的偶然性，受惠者一方就是接收的偶然性，在这样一种偶然事物中，受惠者是听凭偶然事物支配的，而这个偶然性是由财富支配的，所以财富在这里成了一种偶然的强权。

这种傲慢之气以为通过一顿饭就养活了一个异己的我自身（Ich-selbst），并由此赢得了这个异己的自我出自最内在本质的折服，财富在这种傲慢之气中忽视了另一个自我的内心反叛；它忽视了对一切锁链的完全摆脱,忽视了这样一种纯粹分裂状态,对于这种分裂状态而言,由于在它看来自为存在的**自身同一性**成为绝对不同一的,则一切同一的东西、一切持存都被撕裂了,因而这种分裂状态就把行善者的意谓和观点做了最大的撕裂。

"这种傲慢之气以为通过一顿饭就养活了一个异己的我自身",财富的傲慢从哪里来？它是偶然性的决定者,大家吃吃喝喝,它来买单。当年罗马皇帝为了讨好大众,常常到了某个节日就大摆宴席,让大家喝酒狂欢,由皇帝买单。异己的自我自身,Ichselbst,这个词很少见,自我自身,但却是异己的,是被当作宠物养着的。"并由此赢得了这个异己的自我出自最内在本质的折服",给你们吃,给你们喝,让你们狂欢,你们就是我养活的,这就足以使老百姓心悦诚服了。其实皇帝的钱是哪来的？还不是从老百姓那里抽税得来的。他有的是财富来施舍,大家就高兴了,但是你吃了他的饭,你的自我就是被他养活的了。这是一个养活人民的政府,通过一顿饭,就养活了一个异己的我自身；但正因为这个我自身是异己的,所以那些人民其实都是异己的,都是图谋不轨的,于是皇帝必须要讨好拉拢他们,要用这种施舍来笼络人心。但与此同时,这些受惠者的人格也就被放弃了,你吃了人家的饭,你就不能砸人家的锅,就必须把人格寄托在人家身上,他就赢得了你的异己的自我出自最内在的本质的折服。皇帝的意图就是利用国家权力通过财富的施舍,使得异己的自我折服,而且是出自最内在本质的折服。他的本意就是这样的,你说他是仗义疏财、大公无私,这个就未见得,他的本心就是让异己的自我出自最内在的本质向这个政权屈服,服从于皇帝,我给了你们这么多好处,你们应该拥戴我。但是,"财富在这种傲慢之气中忽视了另一个自我的内心反叛",财富以为通过一顿饱饭就赢得了异己自我的心,当然不能说这样以为没有道理,它确实靠这样来笼络人心,很多老百姓都说它好；但这种傲慢之气忽视了另一个自我的内心反叛。这个异己的自我一方面感激涕零,另方面图谋不轨。所以当看到人民对之感恩戴德的时候,它却忽视了另一方面,即内心的反叛。为什么反叛?为什么要端起碗吃肉,放下筷子骂娘?就是说这块肉是你施舍给我的,但是好汉不食嗟来之食,你施舍给我东西,你却剥夺了我的人格。你以为给了我一顿好饭吃,我就得全心全意拥戴你啊,未见得,我可以反抗,可以被激怒。吃了一顿饭我反而被激怒了。你的财富是哪来的?还不是通过税收从我们身上剥夺去的嘛。托克维尔在《旧制度和大革命》一书中提出了一条规律,就是政府开始有利于大众的改革的时候,恰好是最危险的时候,是矛盾暴露最充分、人民最不满的时候,这被称之为"托克维尔定律"。这里讲的也是这个道理,因为统治者自以为开明慈善,"它忽视了对一切锁链的完全摆脱,忽视了这样一种纯粹分裂状态",这种内心的反叛实际上是要求对一切锁链的完全摆脱。就是说人下贱到这样一种程度了,下贱到要靠别人的施舍来度日了,那么这样一种卑贱意识就导致了要完全摆脱一切锁链,导致一种痛恨,痛恨这个没有尊严的世界,哪怕物质生活上可以过得去了,却活得没有尊严。你想通过给口饭吃就把我的口封住,没门。纯粹分裂状态是一个很重要的概念,前面讲分裂的语言,分裂的语言就是建立在这样一种分裂状态基础之上的,所以我们首先要考察这样一种分裂状态是如何形成的。就权力而言,不是它要分裂,恰好是它不要分裂,想笼络人心,却反而导致了这样一种分裂状态。"对于这种分裂状态而言,由于在它看来自为存在的**自身同一性**成了绝对不同一的,则一切同一的东西、一切持存都被撕裂了",自为存在也就是这样一种施舍的行为,自身同一性就是善,前面讲善和恶的区分,高贵意识和卑贱意识的区分,善就在于在对象里面看到了与自己同一的东西。那么这个自为存在的自身同一性,本来应该是善,谁都可以在里面看到自己愿意看到的东西,认同这样一种施舍的行为,但到头来,自身同一性成了绝对不同一的,好事变成了坏事,善变成了恶。这样一来,一切善的、持存不变的东西就都被撕裂了,都破碎了。为什么支离破碎,为什么具有联系性普遍性的东西、一切称之为法则善良公正的东西都分崩离析了？这个我们上次课已经讲到了，而现在在这里说明了它的原因，它的来龙去脉。"因而这种分裂状态也就把行善者的意谓和观点做了最大的撕裂"，意谓，Meinung，就是说不出来的意思，只可意会不可言传的意思；观点则是很明确的，可以说得出来的。但这两方面最大地撕裂了，词不达意，言不由衷，说出来的是冠冕堂皇、大公无私，没有说出来的则下流阴暗，包藏祸心。其实没有说出来的意谓倒是被大家猜到了，心照不宣了，而说出来的观点被大家抛弃了。

财富直接面临着这样一种最内在的深渊，在这个无底深渊中一切支撑物和一切实体都消逝了；它在这个无底深渊中看到的只是一种卑鄙下流的事物，一种嬉笑怒骂的游戏，一种随心所欲的偶然发作；它的精神是完全无本质的意谓，是精神丧失后所遗留的躯壳。

"财富直接面临着这样一种最内在的深渊"，财富也就代表着施舍财富的精神，或施舍财富的人。施舍者手握财富，准备去施舍，但它面临最内在的深渊，这个深渊就是人心，人心就是深渊。奥古斯丁曾说过，人心是一个无底深渊。你想要用财富去笼络人心，一时一会儿大概可以做到，但长久下去，人心会退出，甚至会以怨报德。人心没有底，也可理解为，人的欲望是一个深渊，欲壑难填，你再多的财富填下去，它也是没有底的、贪婪的，要了还想要，到最后你给不出了，它就要怨恨你。人心是无底的，是不断退缩的，你想要把它俘获进来，它表面上让你俘获，偷偷地又退到后面去了。所以"在这个无底深渊中，一切支撑物和实体都消失了"，没有什么硬邦邦的东西树立在那里。如果有支撑物的话，你就有了目标，就可以在支撑物上做点工作，把它也俘获进来，那就可以放心了。但没有，人心看不见摸不着抓不住，是没有实体性的。"它在这个无底深渊中看到的只是一种卑鄙下流的事物"，"它"也就是财富，我给了你们这么多好处，你们还不感谢我，还要反叛，那岂不是卑鄙下流嘛！"一种嬉笑怒骂的游戏"，你跟它来正经的，它跟你开玩笑，还要恶作剧。你好心好意的给他们财富，他们很快就挥霍掉了，还要骂你。"一种随心所欲的偶然发作"，不知道什么时候就要造反，这个是无法预料的。"它的精神是完全无本质的意谓，是精神丧失后所遗留的躯壳"，它的精神，即财富的精神，也就是用财富来施舍、来行善的精神，这样一种施舍的精神是完全无本质的意谓，没有本质依据，只是内心的一种模糊的意向，一种想当然自以为的意谓。说出来的好像是一种精神，大公无私、爱心奉献、为人民服务，但人民不感谢它而且怀疑它的动机，那么这种财富的精神实际上已经丧失了精神，只留下了躯壳，徒有其名。整个这一段就是在分析以财富行善的精神和接受施舍的精神，两者之间造成的一种分裂。这种分裂一方面在被施舍者那里造成了一种反叛意识，另方面在施舍者那里也造成了一种无本质的躯壳，把施舍者原来自以为高尚的动机抽空了，把它贬低了，只剩下表面上徒有其名的精神，这就成了一个虚假的精神。所以这两方面都体现了一种分裂的意识。从被施舍者来看，你给了它吃的喝的穿的，它还觉得亏了，因为它把它的人格出卖了，你想要它出卖人格，这个代价太大。所以它虽然接受了施舍，但心里在反叛，甚至摆脱了一切枷锁，一切说得出来的善、规矩、公正在它那里荡然无存。在施舍者这里也是一样，它面临一个无底深渊，其中没有一个是抓得住的东西，全是油腔滑调的东西，它的冠冕堂皇反而成了伪善，这就是分裂意识产生的根源。前面讲高贵意识和卑贱意识的区别消失了，产生了绝对分裂性，这里就分析这种绝对分裂性从何而来。

{282}　　正如自我意识当初在对待国家权力时有它自己的语言，或者说，正

[64] 如精神在自我意识与国家权力这两端之间曾经显露为一个现实的中项一样，同样，自我意识对待财富也有它的语言，但更多的情况下是，它的反叛有自己的语言。

　　"正如自我意识当初在对待国家权力时有它自己的语言"，也就是前面讲的阿谀的语言，自我意识是通过阿谀的语言来为国家权力服务的，

这种阿谀的语言当初是高贵意识。"或者说，正如精神在自我意识与国家权力这两端之间曾经显露为一个现实的中项一样"，这是同样的意思，精神这里就是指高贵意识，高贵意识通过阿谀的语言把自我意识和国家权力这两端结合起来。高贵意识和阿谀的语言都是中项，是用来结合自我意识和国家权力的。下面同样："自我意识对待财富也有它的语言，但更多的情况下是，它的反叛有自己的语言。"自我意识对待国家权力是阿谀的语言，对待财富通常都是反叛的语言，而且恰好相反，反叛的语言是由卑贱意识而来的，不同于阿谀的语言是由高贵意识而来的。高贵意识要通过阿谀把国家权力抬得很高很高，使自己也显得很高贵，我为国家服务，我是国家的人，身份自然就不同一般了。凡是带国字头的企业，那都是很高的。我们的茅台号称"国酒"，其他的酒厂都不同意，你带一个国字，那就比其他的都高一等了。所以凡是要带"国"头字的企业都需要中央批准，一般不允许用国字来标榜自己。只有"国学"例外，是未经批准而炒起来的，其实我们真正的"国学"应该是马克思主义，而不是什么儒学。高贵意识必须要用阿谀的语言来作为支撑，君主有至高无上的权力，这个是抬高国家权威的一种方式，国家权力如果没有这样一种方式，那就形不成高贵语言了，国家权力也就成了抽象的东西，大家谁都可以去代表。就像罗马共和国时代，任何一个平民都可以通过竞选成为保民官、执政官，当然需要一定的财产限制。这个国家权力就成了一个抽象的空名了，其实无人能够代表。但是有了阿谀的语言之后，那就有了一个具体的身份，只有地位高贵的人、贵族才能成为国家的首脑。自我意识对待财富当然也有自己的语言，但不同的是，这通常都是反叛的语言，大多数穷人，接受财富施舍的人，一提起财富就有气，就有仇富心理。

但使得财富意识到它的本质性并由此去夺取财富的那种语言，也同样是阿谀的语言，但却是不高贵的阿谀语言；——因为凡是它当作本质说出来的，它都知道这是奉献出去了的本质，而不是**自在地**存在着的本质。

607

　　"但使得财富意识到它的本质性并由此去夺取财富的那种语言，也同样是阿谀的语言，但却是不高贵的阿谀语言"，这个是解释上面的一句话。"不高贵的阿谀语言"，本来阿谀的语言是一种高贵意识的语言，高贵意识想要确立自己的高贵性，于是通过语言把这种高贵性抬高，这种语言就是阿谀的语言，它通过抬高一个国家权力来使自己获得某种高贵身份。但现在你面对的是财富，你对财富进行阿谀，使财富意识到它的本质性，意识到它的本质是给大家带来实惠，通过这种语言去夺取财富，这就是敲门砖啊。同样是阿谀的语言，皇帝请大家来吃饭，不管你有钱没钱，只要是罗马的公民，都可以来免费的吃喝看戏，于是群众都在下面欢呼"万岁"。当年拿破仑第三，即路易·波拿巴也是这样的，马克思在《拿破仑第三政变记》里面写到，他把士兵们们都召集起来，免费给吃的喝的，底下就欢呼"腊肠万岁"。拿破仑第三跟古罗马皇帝做的事一样，都是收买人心，让大家感恩戴德。但这是一种不高贵的阿谀语言，我吃了你的，喝了你的，欢呼腊肠万岁、啤酒万岁，是不是就抬高了自己的地位呢，恰好不是。这跟喊皇帝万岁是不一样的，喊皇帝万岁是攀龙附凤，抬高了自己，我是皇帝的左膀右臂，好不神气；而这里不一样，皇帝施舍给我们，我却喊腊肠万岁，这是不高贵的，虽然也是阿谀的语言。我面对的是腊肠，有什么高贵的呢，而且还不知足。这样一种阿谀的语言是不高贵的，"因为凡是它当作本质说出来的，它都知道这是奉献出去了的本质，而不是**自在地**存在着的本质"。财富的本质就是供人享受，我们得到了你的恩惠，我把感激之情用阿谀的语言说出来，感谢你给我一顿美餐，这是奉献出去了的本质。你的财富供大家享乐，你是奉献出去了，我把这一点当作本质说出来——我们享乐了，这本身也是奉献出去了的本质，我们奉献出去了自己的人格。我们享受了财富却奉献出了人格。因为这种享受是有一次没一次的，要看施舍者的喜好，所以它不是自在地存在着的本质，就是说，不是那种客观的、不由人任意支配的本质，不是那种可以当作法则来遵守的本质。这种本质仅仅是自为的，就是凭你的喜好而施舍出去的那种本质。财富是这样的，当然国家权力不是，国家权力是自在的，不管你皇帝的喜好如何，国家权力总在那里。一个国家必须是有权力的，财富则可有可无，一个国家可以是很富裕的，也可以是很穷的，人民可以得到实惠也可以什么都没得到。财富的施舍不是自在存在着的本质，所以这个本质虽然说出来了，但并没有牢固的根基。

但是阿谀的语言，像前面提到过的那样，是一种还带有片面性的精神。

像前面提到的那样，可以参考贺、王译本第 59 页，整个这一页几乎都在讲这个，比如倒数第 7 行："因此，那个特别的、作为国家权力的意志的**自我**，就通过它对高贵意识的丢弃，而自为地成为自身外化着的普遍性，成为一种完全的个别性和偶然性，它被奉献于任何更强有力的意志之前；这个自我所继续保有的那种普遍承认的和不可分享的独立性是一个空名。"讲的就是，这种阿谀的语言虽然造成了皇帝至高无上的地位，但这个地位最后成了一个空名。为什么成为一个空名？因为皇权落于谁手最后取决于武力的较量，取决于军事力量，这是一种军事独裁，阿谀的语言只不过是一种意识形态，是一种装饰和粉饰，它可以跟这种皇权的实力结合在一起，但也有可能被其他更有实力的人所取代。那你这个皇帝就徒有其名了，你手下的一个将军也比你更强大，阿谀的语言脱离了实力只是一个虚名。所以说，阿谀的语言是一种带有片面性的精神，所谓"皮之不存毛将焉附"，意识形态依附于实力之上，如果没有实力做基础，意识形态只是一个空名。所以这种语言是一种漂浮的东西，依赖于底下的实力，前面已经讲了这个道理。意识形态虽然是一种精神，但带有片面性，是一种表面的、吹出来的精神。阿谀总是夸大其辞的，总是把一种世俗的东西抬得很高很高，好像很神圣，但实际上它的根基还是很世俗的，也就是军事力量的对比。你的实力强，就当得起这种阿谀的语言；而如果实力不强，这种阿谀的语言就是空的。

因为这种精神的两环节虽然是那通过服务的教化而被纯化为了纯粹

实存的**自我**以及权力的**自在存在**。

　　"因为这种精神的两环节虽然是那通过服务的教化而被纯化为了纯粹实存的**自我**以及权力的**自在存在**"，这里打了句号，其实这句还没完，"虽然"后面还有"不过"。虽然精神的两环节，一个是纯粹实存的自我，一个是权力的自在存在，这两个环节通过服务的教化，即高贵意识服务于国家权力这种教化，而被纯化成了一种纯粹实存的自我，也就是皇帝的自我，和权力的自在存在。皇帝的自我是一种纯粹实存的自我，它不是说一个国家权力空洞抽象地摆在那里，而是由皇帝来代表、来执行行政上的权力。以及权力的自在存在，皇帝代表的权力就是自在存在了，这个权力总在那里，但由谁来代表却不一定，可以由这个人来代表，也可以由那个人来代表，但总要有一个皇帝来代表。所以通过纯化以后呢，就有一方面是纯粹实存的自我，也就是不是这个或那个人的实存，而是一般的纯粹实存，不管是谁，总要有一个皇帝的自我来做决断；另一方面是权力的自在存在，也就是说皇帝的自我所代表的是一个自在存在的权力，而不是他个人，皇权是自在的，由谁来代表则是偶然的。国不可一日无君，必须要有一个皇帝国家才存在。所以皇权、权力是自在存在的，帝制就是这样的，就是精神有两个环节，通过服务的教化，这两个环节可以抽象为一方面是纯粹实存的自我，另方面是权力的自在存在。"虽然"如此，但后面接上了一个转折"不过"。

　　不过，在纯粹概念中，单纯**自我和自在**，即前一个纯粹自我和后一个纯粹本质或思维，这两者是同一个东西，这样一个纯粹概念——即双方之间发生着交互作用的那个统一性，却并不在这种语言的意识中；

　　先看这半句。"不过"，语气一转，就是虽然一般讲的皇帝在这个结构里是纯粹的自我，国家权力则是自在存在，但是"在纯粹概念中，单纯**自我和自在**，即前一个纯粹自我和后一个纯粹本质或思维，这两者是同一个东西"。从纯粹概念来看这两者是一个东西，一方是单纯自我，另一方是纯粹的本质或思维，但都统一于一个概念中，为什么说后一个是"纯粹本质或思维"呢？因为实在的存在就是皇帝，皇帝是实存，而国家权力呢只是一种抽象的本质，只存在于思维中、观念中。皇帝代表着国家权力，但皇帝本人就是实存，"朕即国家"；而它所代表的国家权力反倒只是一种思维。你看到皇帝就想到这就是国家权力了，没有另外的国家权力，忠君就是爱国。所以国家权力是个抽象的东西，它是一种思维，皇帝则是很具体的。所以这里有两个环节，单纯自我是实存的，国家权力是自在的，它是本质也是思维。但这两个环节在纯粹概念中又是统一的，只不过这个纯粹概念并没有被上述语言所意识到，也就是说，"彼此之间发生着交互作用的那个统一性，却并不在这种语言的意识中"。也就是说，这种不高贵的阿谀语言，这种吃了一点东西就喊万岁的语言，还没有意识到这两者的统一性。这种阿谀的语言只是接受施舍的财富，吃了一顿美餐，但对皇帝与国家权力之间统一性的关系并没有意识到。这就是这种阿谀语言的片面性，没有在这两个方面的相互作用中意识到它们的统一性。这种概念它还没有意识到这两者就是一个东西，并不觉得皇帝就是权力，权力就是皇帝。它把皇帝只是看成一种财富，它有钱，有的是钱，所以可以施舍，但它所代表的国家权力在这种阿谀的语言中并没有反映出来。这样一种喊万岁的语言其实并没有反映这样的统一性，那么这就很成问题了，既然皇帝和权力的统一性没有被意识到，那么皇帝就谁都可以当，国家权力不一定要由这个皇帝来代表，或者说谁都可以来当皇帝，只要能给我们带来实惠，我们就拥护。这种阿谀的语言就成了这样一种片面的语言。

　　这一对象对于这种意识来说还是与自我相对立的**自在**；或者说，**对象**对它来说并不同时就是自己的**自我**本身。

　　"这一对象"，在此指国家权力。国家权力"对于这种意识来说还是与自我相对立的**自在**"，就是说，在这种阿谀的语言的意识中，皇帝的自我和国家权力还是分裂的，皇帝并不等于国家权力，他只不过是占据了国家权力的位置。这样一来就很危险了，任何一个贩夫走卒如果是这样的意识,都可以产生"彼可取而代之"的念头。皇帝的权威因此而不存在了,国家就处于改朝换代的动荡之中,服从于一盛一衰的所谓"周期律"。所以这样一种阿谀的意识是心口不一的,随时图谋不轨,它是一种分裂的意识。分裂的意识里面的阿谀语言跟原来高贵的语言不太一样,原来高贵的语言倒是有一种认同性,我为皇帝服务就是为国家服务,因为国家就是我的自在的本质,所以我变得高贵了,为此我可以自我牺牲,可以把我的人格都交出来。这是前面一种语言,它是一种高贵的语言。现在这种语言,它是一种不高贵的语言,它只是对皇帝个人的阿谀,而不考虑国家,所以皇帝这种阿谀的语言就成了一个空名。其实最初恺撒、奥古斯都都没有称帝,还只是称终身保民官,他们都知道其实皇帝那种语言是空的,他们是实际上的皇帝;时候到了水到渠成就可以称帝;但你没有那个实力,称帝也没用,随时可能被人剥夺。

　　——但分裂性的语言乃是这整个教化世界完全的语言,是这整个教化世界的真实的实存着的精神。

　　前面讲的是不高贵的阿谀语言,这还是一种阿谀语言,还没有把这种分裂的反叛精神用自己的语言表达出来;而当我们把这种反叛的精神用自己的语言表达出来,那就是一种分裂性的语言了。所以前面讲自我意识对待财富也有自己的语言,但在多数情况下它的反叛也有自己的语言,这就是分裂的语言。而"分裂性的语言乃是这整个教化世界完全的语言",这是和前面讲阿谀的语言只是片面的语言相对照而言的。阿谀的语言是片面的语言,它没有意识到自我与国家权力的统一性,它不具有两者统一的概念;而分裂性的语言虽然是分裂的,其实已经意识到了这种统一性,所以是整个教化世界的完全的语言。到了分裂的语言这里,我们才对整个教化世界有了一个统一的语言,完全的语言也就是统一的语言。分裂的语言把这双方统一起来了,一方是自我,一方是自在,这个自在可以是权力也可以是财富,不管是权力还是财富,它们跟自我在分裂的语言里达到了统一。所以它是完全的语言,不是片面的倾向一方的。

歌颂、赞美、阿谀都是倾向一方面而隐藏另一方的;分裂的语言则把双方都说出来了,它"是这整个教化世界的真实的实存着的精神"。阿谀的语言总有它片面的一方面,把它另一方面给遮蔽了,好像只有一方面实存;但分裂的语言把双方的实情都揭示出来,体现了整个教化世界的真实的精神。

对自己的被抛状态加以抛弃的反叛应归于这种自我意识,它直接就是绝对分裂性中的绝对自我同一性,是纯粹自我意识与它自己的纯粹中介。

分裂性的语言也就是反叛的语言,前面讲了,反叛也有自己的语言。那么这种反叛是"对自己的被抛状态加以抛弃的反叛",也就是力图走出自己的被抛状态,即否定之否定,它"应归于这种自我意识,它直接就是绝对分裂性中的绝对自我同一性"。反叛要对自己的被抛状态加以抛弃,它已经意识到自己的被抛这样一种卑贱的地位了,它要对这种卑贱的地位加以抛弃,要打破一切枷锁冲出来,这就是反叛。所以反叛应当归于这样一种自我意识,这种自我意识直接就是绝对分裂中的绝对自我同一性。我已经被绝对分裂了,我的人格性已经被解构了,人家把我看得一钱不值,人家以为通过一顿饱饭就可以收买我的人格,因此我的人格是绝对分裂的。但在这种绝对分裂中,当我意识到这一点,我就有一种绝对的自我同一性,我把这种绝对分裂纳入我的自我意识的统一性中,这就是反叛。通过反叛这种被抛状态,我达到绝对的自我同一,这种自我意识"是纯粹自我意识与它自己的纯粹中介"。这种反叛活动是纯粹自我意识与它自己的中介,自我通过自由的反叛而回到了纯粹的自我意识。我回到了我自己,而且由于我是通过反叛、通过这个纯粹的中介而回到我自己的,所以这个我自己就是纯粹的我自己、纯粹的自我意识。这个反叛是我和我的对象之间的纯粹中介,之所以是纯粹的,就在于它不是另有所图的,它是为反叛而反叛,它不能忍受自己的人格性的被抛。我可以意识到我的这种被抛状态,同时借助于反叛从这种被抛状态中返回到自身，重新树立起自我，使我破碎的自我在更高层次上达到重新整合。所以在反叛中我有一种分裂性的语言，如鲁迅讲的"不为顺世和乐之音"，其实这是最全面的，既不阿谀，也不自轻自贱，既不赞颂别人，也不出卖自己，这是对全面人格性的恢复。

它是自同性判断的同一性，在其中同一个人格性既是主词又是宾词。

"它"，也就是上述纯粹的自我意识，"是自同性判断的同一性，在其中同一个人格性既是主词又是宾词"。自同性判断，des identischen Urteils 这里翻译成自同性判断，identisch 本来是同一性，同一性判断在逻辑上就是同语反复了，A=A 就是同一性判断。但在前面我们已经把 Gleichheit 翻译成同一性了，这里要区分一下，所以翻译成自同性判断，其实就是同一性判断。它是自同性判断的同一性，"我就是我"这种判断里面的同一性，当然，这种同一性已经不是静止的同一性，不是形式逻辑里面的同一性判断 A=A，而是"我就是我"。不同之处在于，"我就是我"是一个能动的过程，是一个反叛的过程，而不是一个静止的抽象的同一性。"我就是我"意味着当我被抛而即将不是我的时候，努力要成其为我。所以这里的两个"我"其实是同一个我的自我分裂又自我同一的过程，同一个人格性既是主词又是宾词，因为它自己做自己的主词，又自己做自己的宾词。黑格尔这里的自同性判断的同一性跟形式逻辑的同一性命题是不一样的，这种区别最早是由康德提出来的，他认为"我的一切表象都是我的表象"并不是一个分析命题或同一性命题，而是一个先天综合命题，是由自我意识的本源的综合统一能动地建立起来的。后来很多人都搞错了，以为可以凭借形式逻辑的同一律来解释人格的同一性，其实是不对的。人们都忽视了，形式逻辑的同一性里面是没有能动性、没有反叛性的。黑格尔讲的这样一种自同性判断有反叛性在里头，有否定性即自否定在里头，是一种能动的同一性，形式上虽然和形式逻辑的同一性命题一样，但他是从内容上来理解的。所以这种判断不是用一个系词"是"把主词和宾词双方联系起来，而是判断的自我划分、自我分裂。比如德文"判断"

一词，Urteilen——Ur 就是原始，teilen 就是划分。黑格尔把判断这个词的意思理解成"原始划分"，后来在《逻辑学》里专门讲了这个问题。所以它这里讲的自同性判断与形式逻辑中的同一性判断是不一样的，形式上是一样的，但内容上完全不一样。人格既是主词又是宾词，主词和宾词是相互转化的，不是相互等于。如果用符号来表示的话，A 是不等于 A 的，然后才能等于 A。首先要不等于，要自我划分，才能够达到自我返回的自同性。黑格尔虽然用的是形式逻辑的术语，但理解是完全不一样的。

但是，这种自同性判断同时又是无限判断；因为这个人格性已绝对分裂为二，主词和宾词是完全**漠不相干的存在者**，彼此各不相涉，没有必然统一性，甚至每一方都是一个特别的人格性的权力。

"但是，这种自同性判断同时又是无限判断"，无限判断，前面已经好几次遇到这个概念了。无限判断就是主词和宾词完全没有关系的判断，如"钢笔不是骆驼""精神不是绿的"这样一些主词和宾词相距无限遥远、完全扯不上边的判断。"因为这个人格性已经绝对分裂为二"，从最卑贱的到最高贵的已经绝对分裂为二，没有可比性，找不到共同的平台了。这里是讲分裂的语言和分裂的意识，虽然达到了同一个人格的自同性，但并没有将主词和宾词双方通过过渡而融合起来，而是体现为双重人格或分裂的人格。"主词和宾词是完全**漠不相干的存在者**，彼此各不相涉，没有必然统一性"，在分裂的语言的这种自同性中，统一完全是偶然的，双方碰到一起，虽然我用同一个态度来对待它们，但它们完全漠不相干，甚至可以说势不两立。同样都是我，但这个我要反叛，首先是反叛自己，"甚至每一方都是一个特别的人格性的权力"。一方面是皇帝或财富的权力，一方面是底下反叛的权力，每一方都想要成为独立的权力，反叛的权力也在梦想有朝一日成为皇帝。但两者之间没有必然的统一性，完全势不两立。所以分裂的语言是最全面的语言，从皇帝的语言到最底层草民的语言都包含在内。皇帝的语言它也知道，甚至每个人心中都有一个当皇帝的梦，但这个梦跟现实却有着天渊之别。虽然我就是我，但这个我跟那个我是截然不同的，我是分裂的，我心比天高命如纸薄，我想当皇帝，但现在只是一个草民，我唯有反抗的意识。但这种反抗的意识比阿谀的意识要高得多，阿谀的语言一味眼睛向上、拍马屁，自己什么也不是，但反叛的语言自己就是一个人了，像一个人了。我们说项羽那样的人像一个男子汉了，他敢于对秦始皇说"彼可取而代之"；你光是像刘邦那样说"大丈夫当如是"，那还是一种阿谀的语言，羡慕的语言，而项羽的语言才是一种反叛的语言。但它在这里是一种分裂的意识。

自为存在以自己的**自为存在**为对象，它把自己的自为存在作为一个完全的**他者**同时又直接作为**自己本身**来拥有，——把自己作为一个他者拥有并不是说这个他者会有一个别的内容，相反，其内容就是以绝对对立和完全特别而漠不相干的定在为形式的这同一个自我。

[65]

"**自为存在**以自己的**自为存在**为对象"，自为存在现在不再以别的东西为对象了，以前它要么以国家权力、要么以皇帝为对象，要么以财富为对象，现在在分裂的意识里面自为存在以它自己的自为存在为对象，因为它达到了纯粹自我意识。"它把自己的自为存在作为一个完全的**他者**同时又直接作为**自己本身**来拥有"，这在纯粹自我意识中不足为奇。纯粹自我意识就是把自己看作一个他者，同时又把这个他者作为自己本身来拥有，它可以随时跳出自身，又随时从对象上回复自身。"把自己作为一个他者来拥有并不是说这个他者会有一个别的内容"，纯粹自我意识现在已经跳出一切具体内容了，它的他者既不是国家权力，也不是财富，也不是任何外在的事物。"相反，其内容就是以绝对对立和完全特别而漠不相干的定在为形式的这同一个自我"，这个他者的内容是什么内容呢？也就是我自己啊，但它采取了与自己绝对对立的定在的形式，这个定在是完全特别的，而且是与我漠不相干的。这就是分裂的语言的情况，我可以讲这讲那，这些内容都与我漠不相干，甚至绝对对立，好像是在讲在我之外的某种事情，但其实它们都是表现同一个我的形式，它们的真正内容都是我。我为什么要说它们，无非是表现自我，或者说是"图个嘴巴快活"，只要不认真涉及内容，这都没有问题。只是对听众来说，这些内容都是些什么乱七八糟的东西，简直无法理喻。

——因此，教化的这个实在世界的、在自己的真理性中**意识到**自己的形式和自己的**概念**的精神，在这里就现成在手了。

"因此，教化的这个实在世界的、在自己的真理性中**意识到**自己的形式和自己的**概念**的精神，在这里就现成在手了"，在反叛的意识和分裂的意识中，精神就现成在手了，精神就在场了，vorhanden 就是现成在手。什么样的精神现成在手了？就是教化的实在世界的精神，这个精神现在在自己的真理性中意识到了自己形式和自己的概念。自己的形式是什么？就是那种体现出反叛的意识的分裂的语言；自己的概念是什么？就是把极端对立的双方统一在一个自我意识中的概念，虽然这种统一还没有体现出必然性，只是一种偶然的集合，但至少它们都集合到同一个自我之下来了。这就是教化的实在世界的精神，是由语言所体现的教化的现实，前面都是这一教化的过程，但那些精神都是有片面性的，都是未完成的。在阿谀的语言里面，精神是未完成的，教化是未完成的，当然这是教化的开始。所以前面讲，阿谀的语言也有它正面的意义，它建立起了国家的权威，有它教化的意义，但这个教化是不完全的。只有在反叛的时候，这个教化才完全了，它把正反两面全都考虑进来了。这是教化在现实世界中的完成，是"自身异化了的精神；教化"下面的小标题"教化及其现实性王国"的阶段性成果，它是在这样一种分裂性的语言、反叛的语言中完成的。

我们刚才讲到分裂的语言和分裂的意识，或反叛的意识，这个比阿谀的语言和高贵的意识要深刻得多，更加全面得多，它能够把整个教化世界的精神都顾全到。所以这就是教化世界、也就是在世俗生活中的教化的完成。下面这一段是专门讲这个教化过程的完成。

这个精神，就是现实和思想的这种绝对而普遍的颠倒和异化；是**纯粹的教化。**

"这个精神"，就是前面讲的现成在手的精神，这个教化世界的实在的精神，或者在自己的真理性中意识到自己的存在和概念的精神。这样一种精神"就是现实和思想的这种绝对而普遍的颠倒和异化；是**纯粹的教化**"，前面的都是对教化的铺垫，都是形成教化的过程，包括阿谀的语言，高贵的意识，包括皇帝的权力和财富，等等。高贵意识把皇权推崇到无以复加的无限的高度，而底下隐藏着的是卑贱的意识和反叛的意识，是现实和思想的普遍的颠倒和异化。现实是皇帝的权力，思想是抽象的国家权力；现实是财富的施舍和被施舍，思想是反叛和分裂的意识。现实和思想的绝对而普遍的颠倒和异化在分裂的语言中达到了纯粹的自我意识，纯粹自我意识连判断的主词和宾词都发生了颠倒。这种绝对而普遍的颠倒和异化就是纯粹的教化，就是说，通过反叛的意识和分裂的语言，我对这个社会已经看透了，我们说"看破了红尘"，从上到下、从皇帝到底层民众，他们相互之间的那种心态，我都看透了。高贵意识随时可以变成空名，底层民众随时可以反叛，每个人心里面都瞄准了皇帝的那个位置，都想取而代之，都想夺取权力、财富，上上下下我都看透了，而这就是一种现实的教化。当我们把这一切都看透了以后，就在现实中受到了教化，就把自己提升到了现实世界之上，这就是纯粹的教化。前面的那些都是为了教化而做的工作，也可以说是教化的过程，而最后达到的是纯粹的教化，这就是分裂意识。

在这种纯粹教化世界里被经验到的是：无论权力和财富的**现实本质**，还是它们所规定的**概念**善与恶，还是善的意识和恶的意识、高贵意识与卑贱意识，统统没有真理性；毋宁是，所有这些环节都同样地在另一个环节中颠倒自身，每一环节都是它自己的对方。

"在这种纯粹教化世界里被经验到的是"，注意这个"被经验到的"，因为精神现象学是"意识的经验科学"，这个地方又谈到经验了。经验到了什么？经验到这样一种情况："无论权力和财富的**现实本质**，还是它们所规定**概念**善与恶"，打了着重号的"现实"和"概念"在这里是对照着说的，就是刚才所讲的，这个精神就是现实和思想的这种绝对而普遍的颠倒和异化，一个是现实，一个是思想，在现实方面怎么样，在思想方面怎么样。比如皇权是国家权力的现实本质，而在皇权之前，在共和时代，国家权力还没有现实本质，还只是一个概念或抽象的本质，有了皇帝以后就可以有一个现实的人来代表权力，就体现了它的现实本质；财富是现实本质，但财富也有它的意图，有它的自为存在，财富是带有倾向性的。权力和财富的现实本质，以及它们所规定的概念，就是善和恶的概念。这个前面已经讲了很多了，权力也好，财富也好，它们既可以被当作是善，同样这种善也可以被转化为恶，这就全凭它们的概念而定，只有用概念的转化才能把它们把握住。"还是善的意识和恶的意识、高贵意识与卑贱意识，统统没有真理性"，不管是现实的善恶还是善与恶的意识，也就是高贵意识和卑贱意识，这些东西都没有真理性。为什么没有真理性？因为"毋宁是，所有这些环节都同样地在另一个环节中颠倒自身，每一环节都是它自己的对方"，所有的环节都是一对一对的，权力与财富的现实本质和它们的规定概念，善和恶，高贵意识和卑贱意识，这都是一对一对的，它们都向自己的对立方转化，这些环节都同样在别的环节中颠倒自身，所以单独来看，每一个环节都没有真理性。这就是在教化世界里所经验到的，也就是经验到了这样一些颠倒，而这就是纯粹的教化。

　　——普遍的权力，由于它通过个体性原则取得了自己的特有的精神性，它就是**实体**，它把自己特有的自我只是作为实体的名字来接受，而且由于实体是**现实的**权力，这普遍的权力反而是毫无力量的、自我牺牲着的本质；{283}

　　先看这半句。"普遍的权力"，也就是国家的权力，"由于它通过个体性原则取得了自己特有的精神性，它就是**实体**"，前面已经讲了，普遍的国家权力如果不由一个具体的人来代表，它就是一个空名，或者说是抽象的概念。在共和国时代，可以由保民官来掌握这个权力，但保民官是由民众选出来的，而且随时换来换去，并不能代表国家权力。现在它通过个体性原则取得了自己的特有的精神性，那就是皇权，通过皇帝的个体性原则，皇帝是独一无二的，孤家寡人，他的意志就代表着国家权力。国家权力原来还不是实体，还没有自己特有的精神性，它是一个抽象的规定，每个人都为之而献身，但它没有自己特有的精神性，它只是一个普遍的抽象概念。现在，有了皇帝作为代表的国家权力就是一个实体了。这个普遍权力把自己特有的自我，也就是代表它的皇帝，只是作为实体的名字来接受，比如说"恺撒"，皇帝的名字可以代表这个实体；但这个普遍权力只是把皇帝的名字当作实体的名字来接受，后来的皇帝一旦即位，都自称为"恺撒"，结果恺撒（Kaiser）就不再只是一个人的名字，而是皇权实体的名称，是所有皇帝的称号了。"而且由于实体是**现实的**权力"，"现实的"打了着重号。代表实体的皇帝凭实力说话，所以皇帝的权力是现实的，皇帝是能执掌国家权力的，他使得国家权力不再是一个空名，而成为了实体；但正因为如此，"这普遍的权力反而是毫无力量的、自我牺牲着的本质"，国家权力成了一个任凭各个有实力的皇帝轮流占据的位子，它本身是毫无力量的，在一群如狼似虎的皇帝面前，它只有自我牺牲，由着他们去占领。

——但是这种被奉献出来的、无自我的本质，或者说，这种变成了事物的自我，其实倒是本质向自身的返回；它是**自为存在着的自为存在**，是精神的实存。

"但是这种被奉献出来的、无自我的本质，或者说，这种变成了事物的自我，其实倒是本质向自身的返回"，普遍的权力是自我牺牲着的本质，但是它同时又是向自身返回的本质。虽然它被奉献出来，好像已经没有了自我，或者说，它的自我已经变成了事物，变成了"如此多娇"的"江山"，它躺在那里让人去占领，然而正是这个变成事物了的自我在"引无数英雄竞折腰"。一代又一代的皇帝，所追求的不就是这个政权吗？

可见国家权力的诱惑力有多么大！这就表明，这个无自我的本质才是真正的本质，而历史上那些来来去去的皇帝反而成了过客，他们对国家政权的争夺正好体现了普遍权力向自身本质的返回。"它是**自为存在着的自为存在**，是精神的实存"，前面也讲了，自为存在以自为存在为对象，国家权力看起来好像是一个抽象的事物，一个无数人追求的对象，或者一个高高在上的位置，但其实它才是自为存在着的自为存在，也就是由那些活着的英雄们不断激励着的活的存在。所以它是精神的实存，实存（Existenz）也就是活生生的存在、生存，这就是历史。这句话点明了，国家的普遍权力和皇帝的现实权力之间，那种主动和被动的关系发生了颠倒，这样一个过程是很有意思的。现在，皇帝反而是被奉献出来的、无自我的本质，他才是被牺牲、被世界精神所利用的，普遍的精神利用他的野心和穷奢极欲的本能欲望，而来成就自身的精神事业。换言之，皇帝是普遍权力用来对人的精神进行教化的工具，或者说是普遍精神用来自我教化的工具。比如拿破仑的野心就是这样一种工具，他甚至也有点意识到自己的这样一种历史使命，觉得天将降大任于斯人也，历史在这个结构点上注定要由我来完成，至于我在这个事情里面究竟得到了什么，这倒无所谓，我就是要干一番事业。他就是自为存在着的普遍权力的自为存在，实际上是一种牺牲，为历史而奉献自身。英雄造时势，实际上时势也造英雄，时势到某个时期就在呼唤英雄，每一个英雄在这个时势中尽量发挥自己的潜力，发挥自己的自为存在，把历史体现为自为存在着的自为存在，历史则利用人的野心来造就历史的发展和进步。黑格尔的历史观在这里体现得非常明显，历史就是一个教化的过程，这是通过现实权力和普遍权力的互相颠倒而实现出来的。当然，除了在现实中的颠倒之外，还有在思想上的颠倒，前面讲的是现实方面，下面再讲思想方面。

　　——同样，这些本质的即**善**的和**恶**的**思想**，都在这个运动中颠倒自身；凡是被规定为好的都是坏的；被规定为坏的都是好的。

　　本段第一句说："这个精神就是现实和思想的这种绝对而普遍的颠

倒和异化；是**纯粹的教化**"，所以要谈纯粹教化，首先谈现实的颠倒和异化，然后谈思想中的颠倒和异化。前面是讲在现实中，皇帝拼命地去夺取自己的利益，实现自己的野心，结果自己变成了历史的工具，这是一种现实的异化。那么这里讲，在思想上也是这样，"这些本质的**善**的和**恶**的**思想**，都在这个运动中颠倒自身，凡是被规定为好的都是坏的，被规定为坏的都是好的"。好坏颠倒，也可以翻译成善恶颠倒，凡是被规定为善的都是恶的，凡是被规定为恶的都是善的。

　　这些环节的每一个的意识，在被作为高贵意识和卑贱意识来评判时，在其真理性中，反而同样也是这些规定的应有含义的颠倒，高贵的意识就是卑贱的和被抛弃的意识，这正如被抛状态翻转成自我意识的最有教化的自由的高贵一样。

　　"这些环节的每一个意识，在被作为高贵意识和卑贱意识来评判时，在其真理性中"，如果你不是抽象地评判，而是在其真理性中、在它的富有内容的主客关系中来加以评判的话，"反而同样也是这些规定的应有含义的颠倒"。本来这些规定的应有含义是严格区分开来的，高贵的绝对不是低贱的，但现在，应有的含义颠倒了，高贵的就是卑贱的，"高贵的意识就是卑贱的和被抛的意识"。"被抛弃的"verworfen，也可以翻译成"道德败坏的，堕落的"。高贵意识难道不卑贱吗？那么样的拍马屁，阿谀奉承，阿谀的语言不是很卑贱吗，当然它的目的是使自己也抬高自己的身价，但恰好暴露出它是卑贱的和被抛的，或者是道德败坏的。"这正如被抛状态翻转为自我意识的最有教化的自由的高贵一样"，一方面，高贵意识成了卑贱的；另一方面，被抛的翻转成自我意识的最有教化的自由，显得高贵了。禅宗讲"翻俗为雅"，最俗的东西就是最雅的东西，熟悉中国传统文学的都知道，翻俗为雅其实最难做到，几句大白话，但境界非常高。这里也是，被抛状态就是堕落到底层的状态，最卑贱的，在反叛意识、分裂意识里面体现出来的那就是最为草根的、最无奈最绝望的卑贱意识，但恰好它翻转成自我意识的最有教化的自由，它看透了一切，什么都经历过，什么都了解，什么都看破了。身居高位的人往往看不清自己，觉得自己是个人物，但最底层的人往往一眼都看出来了，那些东西都是虚假的，我一句话就可以揭穿。鲁迅说过，有谁从小康堕入困顿的，在这途中可以看见世人的真面目。这些人反而是最有教养的；那些号称最有教养的高贵的贵族是没有教养的，因为他们很片面，他们只知道溜须拍马，一接触到底层，就一无所知。所以底层的卑贱者处于一种自由的状态，来去自由，上下贯通，无牵无挂，整个世道他都看透了，他这时就处于一种人性的高贵之中；而高贵意识则成了人性卑贱的体现，变成了伪君子。王朔的小说里面从来不描写那些身居高位的角色，都是底层的小人物，但都是真小人，比伪君子更高贵。黑格尔这里则常举《拉摩的侄儿》为例子，用这样一种方式来体现高贵和低贱的互相转化。这种转化并不是彼此彼此，而是有一个方向，它是走向卑贱意识和分裂意识的，这个方向才是纯粹教化的方向。分裂意识，或反叛意识，是整个现实中的教化阶段最后得出的结果，是在社会生活中的纯粹的教化。意识到所有这一切都会互相颠倒，这个只有卑贱意识才能达到，高贵意识是意识不到的。高贵意识高高在上，以为自己可以永居高位，世世代代这样传下去；卑贱意识则看出，你们传不了几代，到一定时候会垮台的，而你们这些王公大臣们一旦垮台，会比老百姓更卑贱。最后的成果，是看透了一切的分裂意识。

——从形式方面看，一切事物，**就其外在而言**，同样也是对它们**自为**所是的东西的颠倒；而凡是自为所是的东西，在真理性中又并不是这种东西，而是某种不同于它想要的另外的东西，存在反倒是它自身的丧失，而自身异化反倒是自我保持。

"从形式上看"，黑格尔从刚才讲的内容中跳出来了，前面讲到国家权力、财富，卑贱意识和高贵意识，以及它们的相互转化颠倒，都是置身于具体的现实社会生活里面加以经验的。而现在则跳出来，从形式上看，看一般而言有什么规律。"一切事物，**就其外在而言**，同样也是对它们**自为**所是的东西的颠倒"，这是一般事物的辩证法。如果跳出具体的内容，来讲一讲一般的规则、法则，都是这样的，从形式上看可以确立这样的一条原则。"而凡是自为所是的东西，在真理性中又并不是这种东西，而是某种不同于它想要的另外的东西"，就是凡是自己去追求的东西，就其外在而言并不能直接达到，而是得出了相反的结果，根本不是最初想要的。这就是在真理中所显现出来的一般法则，从外面来看你会发现一切都弄颠倒了。当然从内在而言，其实是这里面是一脉相承的，但实现出来是颠倒的。一切自我意识的同一性、一贯性都表现为自我颠倒。你想要做什么，你做成的东西就恰恰是你的反面，就是颠倒的东西，你想要做的东西做不成，做成的东西却是原来根本不想做的，你当初反对的东西恰好是后来自己做的，当初想要追求的东西后来拼命去反对。一切事物都是这样，这是一个普遍的规律，即异化的规律。凡是自为所是的东西要真正实现出来，不光是你的观念，这观念要跟外在的对象符合、跟现实符合，所以它在真理中就导致异化。所以"自为存在反倒是它自身的丧失，而自身异化反倒是自我保持"，你以为你在实现自身，其实你失去了自我；而当你以为你丧失了自我，其实你恰好保持了自我，或者说，这恰好就是你的真我。其实你要做的就是这件事情，在这样的异化过程中，恰好你的自我也保持下来了，这就是你本质的一种实现，只不过你也许并没有意识到而已。当然这是内在的方面。而就其外在的方面，来说是丧失了自我，你得到的是异己的结果；就其内在的方面，却是一贯下来了，你是连续的，并没有断裂，这就是"扬弃"。看起来好像是被抛弃了，但实际上是保存下来了，或者说通过抛弃而保持下来了。自身异化反倒是自我保持。这是一般形式原则。

　　——因此，凡是现成的东西都是这样的东西：所有的环节彼此都在行使着某种普遍的正义，每一环节不但在自己本身进行异化，同样也把自己想象 ① 成自己的对方，并以这种方式使自己颠倒过来。

[66]

---

① "想象"，原文为 einbilden，注意它与"教化"（bilden）的词根联系。——中译者

"因此，凡是现成的东西都是这样的东西：所有的环节彼此都在行使着某种普遍的正义"，正义，Gerechtigkeit，又译公正。所有环节彼此都在行使着某种普遍的正义，为什么彼此？因为这些环节之间都在互相斗争、互相冲突。普遍的正义就是对这些冲突的调节、摆平。"每一环节不但在自己本身进行异化，同样也把自己想象成自己的对方，并以这种方式使自己颠倒过来"，这里讲的跟古希腊的阿那克西曼德的名言几乎是一个意思。阿那克西曼德说：万物在时间的秩序中不公正，所以受到命运的惩罚，并且彼此互相补足。我猜想黑格尔行文至此，心里想到的就是阿那克西曼德的这句话。万物在时间的秩序中不公正，万物就相当于他这里讲的"凡是现成的东西"，它们在时间中肯定要发生冲突，打破秩序，就会有不公正，所以它们彼此都在行使着普遍的正义，普遍的正义也就是恢复秩序、恢复公正。如何恢复公正呢？就必须使不公正者受到惩罚，并且双方相互补足，这就是他这里讲的，每一环节都不但在自己本身进行异化，而且还把自己构想成对方，这样使自己颠倒过来。我以自己作为手段把自己异化出去，我成为对方，对方也成为我，我和对方也就摆平了。这本来就是自我意识自身的结构，也就是万物的结构，这里讲的还是一般事物的辩证法。

——但是真实的精神正是绝对被分离的东西的这种统一，确切地说，真实的精神本身正是通过**无自我的**这样两端的那种**自由的现实性**，作为它们的中项才达到实存的。

刚才讲的是普遍的法则，这里则把这个普遍的法则应用到真实的精神，即我们现在谈到的自身异化的精神。"真实的精神正是绝对被分离的东西的这种统一"，自我意识就是这样一种情况，把自己绝对分离开来但同时又统一起来。前面讲过，什么叫自我意识，自我意识就是绝对的被分离、同时又意识到这种分离不是分离。"真实的精神本身正是通过**无自我的**这样两端的那种**自由的现实性**，作为它们的中项才达到实存的"，什么是无自我的两端？当自我把自己异化出去的时候，这个自我的对象是异己的、无自我的；而自我本身也失去了自身，它的自我已经寄托在对象身上，因而也是无自我的；所以异化使对象和自我这两端都表现为无自我的，而这一异化过程本身恰好又是自由的现实性。所以真实的精神通过无自我的两端的这种自由的现实性而实现出来，成为实存，是因为它就是这两端的"中项"，也就是说，自我和对象都是真实的精神这个中项的两端，真实的精神就是从自我出发把自己异化为对象又回复到自身的过程。这过程通过自由的现实性在其中推动而把两端结合成一个动态的整体，它体现了真实的精神在实存中的运动。在其中，两端之间的互相颠倒、互相异化是绝对必要的，否则真实的精神就失去了生命和实存。

　　<u>这种精神的定在就是普遍的**言说**和分裂性的**判断**，在这种言说和判断面前，那应当作为本质和作为整体的现实各项而有校准的一切环节，都陷于瓦解，而且，这言说和判断同样也在跟自己玩自我瓦解的游戏。</u>

　　"这种精神的定在"，也就是上面所达到的精神的实存，"就是普遍的**言说**和分裂性的**判断**"，言说和判断分别都打了着重号。精神定在的这样一个过程就是普遍的言说，前面讲阿谀的语言是一种片面的精神，而分裂的语言是一种完全的、全面的精神，也可以说是一种普遍的言说。和分裂性的判断，判断就是原始的划分，前面讲了，这个跟形式逻辑的自同性判断是不一样的，是一种分裂性的判断，不是简单的 A=A，而是自我分裂的。精神的定在一方面要表现为语言，另一方面要有判断，要形成一种分裂的意识，分裂的意识表现为一种普遍的言说，一种分裂的语言，或者说，分裂的意识表现为分裂的语言，其结构就是分裂的判断。"在这种言说和判断面前，那应当作为本质和作为整体的现实各项而有校准的一切环节，都陷于瓦解"，这个前面已经讲了，凡是固定的一切规定都瓦解了，高贵意识不成其为高贵意识，卑贱意识不成其为卑贱意识，善不成其为善，恶也不成其为恶，全都瓦解了。本来这各项环节都是作为本质的，牢不可破的，作为整体的现实各项而应该有校准的，是能够用来衡量现实生活的一切标准、概念，现在它们都陷于瓦解了。"而且，这言

说和判断同样也在跟自己玩自我瓦解的游戏"，自己也在瓦解自己。由于看破了红尘，所以说出来的没有一句正经话。王朔讲"一点正经也没有"，一切都是在做游戏，都是在调侃。王朔的痞子文学就是这种风格，没有一句正经话，所有的话都是带有讽刺性、调侃性的，无论是他板着脸说的，还是嘻嘻哈哈说的，都不是正经话。这种言说和判断，同样也在跟自己玩自我瓦解的游戏，它自己就把自己解构了。如王朔在《动物凶猛》中，在写到最关键的时候，两个人在餐桌上为了一个女人要打起来了，突然不写下去了，他说我现在很抱歉，要跟大家交代一下，前面所说的全是谎话，但没办法，语言有自己的规律，我说到这里不得不把这个谎说下去，所以下面大家姑妄听之，我下面又要开始撒谎了。就是这样的风格，非常典型。

因此这种判断和言说是真实的东西和不可遏制的东西，同时又是征服一切的；这就是这个实在世界里**唯一真正**值得关注的事。

"因此这种判断和言说是真实的东西和不可遏制的东西，同时又是征服一切的"，因为它已经到底了，它已经看破一切了，所以它是势不可当的。王朔的那种解构一切也是势不可挡的，现在在中国没有一个人可以抵挡这种痞子文学，只好把他撇在一边，不去理他。他的这种痞子文学确实是非常锋利的，你再装得正儿八经，他一句话就把你解构了，你就正经不起来了。因为现实中确实没有什么东西是正经的，凡是在台上装模作样、装得正儿八经的，都是滑稽可笑的，他自己在作报告、脸上装得很正经的时候心里也在笑，而且所有的人都在底下偷偷地笑。所以这个东西是势不可当和不可遏制的，同时又是征服一切的。王朔的语言和痞子腔甚至都渗透到许多作家的文学里去了，我们现在打开很多好的作品，常常可以看到有王朔的影子，他已经征服了一切。"这就是这个实在世界里**唯一真正**值得关注的事"，我们真正要关注的恰好是这种痞子文学，不能用"我是流氓我怕谁"一句话就把痞子文学打发了，那你就太轻看这样一种精神了。在实在世界里，要讨论教化的现实性王国，唯一值得关注的就是这样一种分裂的意识，这样一种反叛的意识、卑贱的意识。你要不卑贱，哪里高贵得起来？真正的高贵是建立在这种卑贱之上的，没有这个垫底，你的高贵是假的，是道貌岸然的。这就是唯一值得关注的事，因为它是辩证法的精髓。

这世界的每一部分在这里都能使自己的精神得到表达，或者说，使自己借助于精神而被言说，并说出它是什么。

"这世界的每一部分在这里都能使自己的精神得到表达"，这就是这种分裂的语言的全面性，从上到下，从皇帝到草民、到痞子，每一部分都能够使自己的精神得到表达。身居高位的人也许不用这种语言，但他心里是这样想的。底层痞子才能立足于卑贱意识说话，全面地表达世界精神。"或者说，使自己借助于精神而被言说，并说出它是什么"，只有借助于这种反叛的意识才能使自己的精神得到表达。反抗的意识才是真精神，哪里有压迫哪里就有反抗。并说出了它是什么，它是什么？它是口无遮拦的自由人，它是一个独立人格，一个能够反叛的人。这才是真精神，其他的都不是精神，而是伪精神。

——诚实的意识把每一个环节都当成一种持久不变的本质性，它是未受教化的无思想性，它不知道它同样也在做着颠倒的事。

"诚实的意识把每一个环节都当成一种持久不变的本质性"，前面讲的是反叛的意识、分裂的意识，这个地方与此相对照，是诚实的意识。诚实的意识也可以理解成天真的意识，质朴的意识，后面还会讲到质朴的、朴直的意识。这种意识把每一个环节、每一个概念都当成持久不变的，所谓坚持原则不动摇，小心翼翼、循规蹈矩，守住自己不变的本质。但其实，"它是未受教化的无思想性，它不知道它同样也在做着颠倒的事"，它迟早会被自己所颠覆，走向另一个极端。而它不知道这一点，说明它还未受到起码的教化，缺乏思想性。我们骂王朔是流氓、痞子，无非是觉得自己很纯洁，觉得自己很诚实，而他没一句话是正经的，我们在他面前有种优越感。我有返身而诚的本心，我觉得自己是纯洁的，永不变色的，你们都蜕化变质了，都堕落了。诚实的意识把每一个环节，不管是高贵也好卑贱也好，都当作持久不变的本质而划分得清清楚楚，告诫自己千万不能堕入到卑贱，要保持自己的高贵和崇高理想。现在这个社会人心不古，知识分子渴望堕落、解构崇高，我们要坚守住，要"以笔为旗"，打出坚守的旗号。而实际上这些人是未受教化的，不懂这个时代，不懂这个世界的辩证本质，以为人可以永远保持"清洁的精神"，其实是幼稚的精神，长不大的精神。所以，黑格尔对诚实的意识是带有批判性的，这种诚实的意识听起来好像很高尚纯洁，但实际上是未受教化的。我们九十年代的文学就是要回到这种诚实的意识，所谓"寻根文学"，就是回到我们最初的未受污染的根。未受污染其实就是未受教化，无思想，处于婴儿的沉睡状态。但是这种诚实的意识不知道它同样在做着颠倒的事，比如说"文革"，那么多的红卫兵，都是很纯洁的青少年，都是很诚实的，都是狂热的拥护某个理想，心甘情愿为之献身，但他们做的事情恰好是颠倒的，他们造成了国家的浩劫。诚实的意识没有经过辩证的训练，没有受过现实的磨练，没有受过教化；而"文革"就是一次深刻的教化。经过"文革"以后，我们受到了教化，所以才有王朔，在"文革"前是不可能有王朔的，王朔也是"文革"教化出来的。所以王朔是有教养的，不要以为王朔是痞子，在中国的这些老百姓中，王朔是最有教养的，王朔说的都是普通大众的底层语言，但是他们比那些身居高位的人有教养得多，比那些纯情的知识人也有教养得多，这些知识人直到今天还在一味标榜自己内心的诚实和纯洁，不知道反思。

但分裂意识则是颠倒的意识，而且这颠倒是绝对的颠倒；在分裂意识那里占统治地位的是概念，概念把那些在诚实性看来彼此相距很远的思想都聚拢在一起，因而这种分裂意识的语言是富于精神的。

前面讲的是没受过教养的诚实的意识，这里分裂的意识又是与之对照而言的。"但分裂的意识是颠倒的意识，而且这颠倒是绝对的颠倒"，只有颠倒的意识才是受过教养的意识，而且这种受过教化的分裂的意识是绝对的颠倒。所谓"绝对的颠倒"就是对颠倒的颠倒，是颠倒本身，不是说看到这个世界颠倒了，就在那里埋三怨四，怨天尤人，那个颠倒还不是绝对的颠倒，而只是被动的颠倒。很多诚实的意识也看到了颠倒，但仍然想要保持清白，与之拉开距离，拒腐蚀永不沾。但分裂的意识是投身于时代的潮流，以颠倒自居，是绝对的颠倒，以颠倒的态度去颠倒。"在分裂意识那里占统治地位的是概念"，什么是概念呢，就是不是站得远远的与现实切割，真正的概念要把现实纳入进来，能够用我的思想去把握现实，这就是概念。概念是主动的，不是被动逃避的，因而它是具有统一性的。"概念把那些在诚实性看来彼此相距很远的思想都聚拢在一起，因而这种分裂意识的语言是富于精神的"，geistreich 本来的意思是机智的、风趣的，但从词根来说可译作"富于精神的"，是嬉笑怒骂皆成文章的。王朔的小说之所以津津有味，那些语言使人开怀大笑，为什么？充满了风趣机智，这就是富于精神的。拉摩的侄儿也是这样，从来不板着脸说教。把这种机智跟诚实的意识相对照，黑格尔的倾向性非常明显。

下面编者所加的小标题"3.教化的虚假性"位置放错了，不应该插入这里，而应该放到第 69 页第 3 行以下；而且应该修改成"3.分裂意识的虚浮性"，不是一般教化的虚假性，教化还有其他阶段尚未讨论，如信仰和明见，还有启蒙，而这里只是涉及分裂意识这种教化的虚浮性，分裂意识只是教化的外在现实阶段，是教化的丰富内容之一。从所谈的内容来看，在目前这个地方还未到对分裂的意识的这种教化作用进行反思和扬弃的时候，而正是还有待于进一步展开的阶段，前面只是规范了它的形式，而下面恰好要展示的是它的具体内容。所以我说这个小标题放错了位置。

因此，精神涉及到和关于它自己本身的那种话语的内容，是对一切概念和一切实在性的颠倒，是对它自己和对别人的普遍欺骗；而且正因为这一点，说出这种欺骗的话的那种恬不知耻，乃是最大的真理。

这句话实际上是说出了自我意识的自欺本质。我有一篇文章专门讲

到自我意识的自欺本质,① 当然不仅是自欺,而且是自欺欺人,但自欺欺
人首先是自欺。"精神涉及到和关于它自己本身的那种话语的内容,是
对一切概念和一切实在性的颠倒,是对它自己和对别人的普遍欺骗",精
神的自我意识所涉及的内容是对一切概念和一切实在性的颠倒,这在话
语上、在分裂的语言上体现出来了。精神的关于它自己的内容,一旦说
出来的话,都在颠倒自身,是对它自己和对别人的普遍欺骗,是自欺欺
人。正如前面讲的,这样一种分裂的意识、分裂的判断和言说,不但对一
切东西进行瓦解,而且也在自己跟自己玩自我瓦解的游戏。自我瓦解,
也就是对自己也在瓦解,对自己也好对别人也好,都是一种普遍的欺骗。
"而且正因为这一点,说出这种欺骗的话的那种恬不知耻,乃是最大的真
理",在他人看来这是恬不知耻,其实这是说出了真相。一般人平时都在
遮遮掩掩,害怕说出来不好见人,只有本身已具有分裂的意识的人才敢
于捅破这层窗户纸,说出真的谎言,这乃是最大的真理。现在说出这种
欺骗的话不是为了骗人,而正是为了揭示出这些话是骗人的。以前人们
被骂作流氓很羞耻,现在被骂作流氓恬不知耻,为什么不知耻? 是因为
承认自己是流氓的人绝不是流氓。

　　这种话语就是这样一位音乐家的癫狂状态,"这位音乐家曾把三十
种各式各样风格的咏叹调,意大利的,法兰西的,悲剧的,喜剧的,都杂
拌在一起,混合起来;他忽而使用一种深沉的低音,一直沉到地狱,忽而
又捏住嗓子以一种假音撕裂长空,……忽而狂暴,忽而安详,忽而专横,
忽而嘲讽。"② 　　　　　　　　　　　　　　　　　　　　{284}

　　这是一段《拉摩的侄儿》中的引文,中译本可以看江天骥、陈修斋、
王太庆先生译的《狄德罗哲学选集》第275 页,这里讲的音乐家,就是拉
摩的侄儿。书中描写了拉摩的侄儿的分裂的意识的各种无厘头的表现。

────────────

① 见拙文:《论"自我"的自欺本质》,载《世界哲学》2009 年第 4 期。
② 此段引自狄德罗:《拉摩的侄儿》,参看中译本、江天骥、陈修斋、王太庆译,商务印书
　　馆 1981 年版,第 275 页。——中译者

下面还有引用：

[67]　　——对于那宁静的意识、即对于那真心诚意把善与真的旋律置入这些声音的同一性亦即一个音符中的那种意识看来，这样的话语显得是"明智和愚蠢的一堆废话，是同样多的高超和低劣、既有正确思想又有错误观念、既是完全的情感倒错、卑鄙下流，又是彻底的坦率真实的一种混合物。

这个引号中还没有完。"宁静的意识"，也就是诚实的意识，未受教化的、天真的意识。对于这种意识，"即对于那真心诚意地把善与真的旋律置于这些声音的同一性亦即一个音符中的那种意识看来，这样的话语显得是'明智而愚蠢的一堆废话……'"，这是对分裂意识的一种描述，借用拉摩的侄儿之口说出来。其实拉摩的侄儿跟王朔有很多相近的地方，当然也有区别，我们后面还要讲到。这里说诚实的意识把善与真的旋律置入同一个音符中，也就是黑白分明的单向思维，这种幼儿式的单纯很难理解拉摩的侄儿那种复杂的思想，其中明智和愚蠢、高超和低劣、对和错、卑鄙和真诚，都混在一起，互相抵消，成了一堆"废话"。但是，这些难道不真实吗？在现实生活中正是这样的，一切真假对错都是互相渗透、互相依赖的，拉摩的侄儿以天才的领悟能力看出了这一点，只是没有能够清理它们。我们再看下面的引用：

宁静的意识将不可抗拒地进入到所有这一切高低音调中，遍历感情的全部音阶，下至最深的蔑视和鄙弃，上至最高的钦佩和感动；在后者中将糅合进某种可笑的情调，使这些感情的性质变味"；[1] 而前者则凭借这些感情的坦率而本身将拥有一种和解的气氛，凭借其令人震撼的深刻，将拥有那赋予自己以精神的、所向披靡的锋芒。

这一大段引用，德文版编者有个注，说在引号中是黑格尔根据《拉摩的侄儿》好几处地方的大意引用和改写的，所以这个引号是不能信的，找

---

[1]　以上引号中为黑格尔根据《拉摩的侄儿》中好几处地方的大意引用和改写的。——丛书版编者

不着原文的。其中只有一句话是原文，可以对上，其他都不是。德文编者有一个很长的注释，把他哪句话出自哪一页都列出来了，但都不是逐字逐句地完全对得上的，只是大致有那么个意思。"宁静的意识将不可抗拒地进入到所有这一切高低音调中，遍历感情的全部音阶"，也就是说，诚实的意识是守不住自己的城池的，它不可避免地要被推入这一自我异化、自我否定的进程，经历其中所有的阶段，从最低的到最高的层次都必须经历。这里关键的地方是后面这句话——"在后者中将糅合进某种可笑的情调"，"后者"也就是最高的钦佩和感动，当他感到钦佩和感动的时候，就掺入某种可笑的东西，调侃几句，使感情的性质变味。本来是很真诚的，真诚得一塌糊涂，最后来一句调侃，使这些感情的性质全都变味了。"而前者则凭借这些感情的坦率而本身将拥有一种和解的气氛"，"前者"就是"下至最深的蔑视和鄙弃"，当它表现出最深刻的蔑视和鄙弃的时候，突然又加入一点和解的气氛，将心比心。比如，虽然这家伙坏到这个程度，我根本看不起他，但也值得同情，我要是他在他那个位置，可能也像他一样。这就表现出一种和解的气氛，可恨之人必有可怜之处。"凭借其令人震撼的深刻，将拥有那赋予自己以精神的、所向披靡的锋芒"，它的特点在于令人震撼的深刻，赋予自己所向披靡的锋芒。这样一种分裂的意识是很强悍的，也是黑格尔所推崇的，当然它也有它的毛病，后面要讲到。总而言之，通过这样一种分裂的意识，我们进入到精神辩证法的异化和颠倒进程，这是那种非辩证的思维方式、那种宁静的意识、诚实的意识所无法把握的。所以我们现在通过教化从那里超越出来，进入到了一种更高的层次。最后这句话用了将来时，"将糅合""将拥有"，后面要展开的就是这样一种分裂的意识，分裂的语言。分裂的语言将要有什么作用，这里已经有所暗示了。

＊　　　　　＊　　　　　＊

我们上次最后一段，跟大家念了一下，引的是《拉摩的侄儿》里的两段话。狄德罗《拉摩的侄儿》这书非常富有机智的,里面体现了拉摩的侄儿的一种精神状态,黑格尔对这个非常感兴趣,把它当作分裂的意识或分裂的语言的一个代表。分裂的语言在教化的阶段上占有一个非常重要的位置。从古罗马帝国建立以来,西方经过中世纪一直到近代,基本上它的精神就是处于教化这样的阶段,让西方人的精神受到一种训练。这种训练当然是很痛苦的过程,里面交织着高级的东西和低级的东西、理想和现实,交杂着痛苦和幸福。最开始的时候呢,都有一套一套阿谀的话语来做粉饰,但从某一天开始,这个粉饰的大厦就崩溃了,体现为以拉摩的侄儿为代表的分裂的意识。当然不只是拉摩的侄儿,他只是最典型的标志。古罗马晚期其实就已经有这种语言了。古罗马晚期产生了很多讽刺诗和喜剧,很多智者哲人对当前的现实冷嘲热讽。到了基督教里面,有一种虚无主义的情绪,对现实生活整个是否定的,对现实生活中那些冠冕堂皇的大话都是解构的。而近代以来,从文艺复兴薄伽丘、拉伯雷这些讽刺大师一直到拿破仑时代,虽然拿破仑仍然是皇帝,仍然是传统的精神在起作用,但经过了这样一个过程,现代世界的精神开始兴起了。黑格尔在《历史哲学》里面讲:"有人这样说过,'现代世界'在现实方面的创始人是恺撒,现代世界精神和内在的生存在奥古斯都皇帝时代已经展开了。"奥古斯都,也就是屋大维,是第一个实际上的皇帝。恺撒还不是,他还是执政官,号称是民选的执政官;奥古斯都则宣布自己是终身的执政官,实际上就是皇帝了。现代世界精神和内在的生存在奥古斯都时代就已经展开了,在黑格尔生活的时代也就是 18 世纪末,仍然是这种精神在统治着西方人的精神世界。《拉摩的侄儿》的主人公敲响了这样一个时代的丧钟。我们上次讲到的最后一段:"因此,精神涉及和关系到它自己本身的那种话语的内容,是对一切概念和一切实在性的颠倒,是对它自己和对别人的普遍欺骗,而且正因为这一点,说出这种欺骗的话的那种恬不知耻乃是最大的真理。"揭示了现代世界精神的这种无耻、卑鄙才是最大的真相。然后引了《拉摩的侄儿》中的话:"他曾把三十种各式各样风格的咏叹调，意大利的，法兰西的，悲剧的，喜剧的，都杂拌在一起，混合起来；……"等等。一个人说话为什么要拉开这么大的距离，说明这种分裂的意识是第一个全面的教养。他什么都懂，什么都看透了，从上到下，天上地下，高贵和卑鄙，他全都经历过。你不要想骗他，他已经老谋深算，饱经世故。从罗马帝国到法国大革命以前的封建时代，这种意识形态在拉摩的侄儿这里被彻底解构。以前还有阿谀的语言，还有服务的英雄主义、高贵意识这些东西来装点，现在一切全都成了泡沫。他说"对于那宁静的意识，即对于那真心诚意把善与真的旋律置入这些声音的同一性即一**个**音符中的那种意识看来，这样的话语显得是'明智和愚蠢的一堆废话……'"宁静的意识指的是非辩证的、比较朴素天真的诚实的意识，面对各种尖锐的矛盾而不为所动，仍然热衷于善与真的旋律，仍然想保持这种同一性，保持一个音调的主旋律。在这种诚实的意识看来，这些废话中混合着"同样多的高超和低劣，既有正确思想又有错误观念，既是完全的情感倒错卑鄙下流，又是彻底的坦诚真实"，其实拉摩的侄儿已经有一种辩证思维了，他看出对立的两面都是向对方转化的，当然这还是一种消极的辩证法。消极的辩证法看到了对立面的相互转化，但是还找不到一个支点。而宁静的思维就是与此相反的非辩证思维，还是坚持原来那些静止的原则，这种天真的、非辩证的意识在这样的话语面前不知所措。然而"宁静的意识将不可抗拒地进入到所有这一切高低音调中，遍历感情的全部音节，下至最低的蔑视和鄙视，上至最高的钦佩和感动"，宁静的意识必将不知不觉地被拉进辩证法的旋涡。注意这个"遍历感情的全部音节"，就是你跟着他走，感情的全部音阶一个一个都经过，实际上是对你的一种系统的教养。宁静的意识实际上是未受教化的、单纯的朴素意识，那么经过这种分裂意识的教养，让你从下到上遍历一切感情的音阶，听一听拉摩的侄儿的话，你就会有所感悟了。上至最高的钦佩和感动，但在其中"将糅合进某种可笑的情调"，当你一味钦佩和感动的时候，你突然发现这是一个笑话，它实际上是带有讽刺的，你要真的钦佩和感动，你就上当了。下至最低的蔑视和鄙视，但同时"凭借这些感性的坦率，而本身将拥有一种和解的气氛"，它蔑视和鄙视你，其实是一种和解态度，它不是你的敌人，而是为你好，是对你抱有一种同情的理解的。而这种同情的理解"凭借其令人震撼的深刻拥有那赋予自己以精神的、所向披靡的锋芒"，这种同情的理解不是廉价的，而是震撼人心的，是穿透一切的。这是黑格尔从《拉摩的侄儿》里面体悟到的时代精神。这种时代精神跨度很大，从罗马帝国到法国大革命前夕，甚至包括拿破仑时代，这样一种时代精神都在拉摩的侄儿这里遭到了一种解构。这也正是黑格尔非常欣赏《拉摩的侄儿》的原因。《拉摩的侄儿》中那些对话已经表明，时代精神已进入到了辩证法时代，已经使一千年来那些看似牢不可破的伦理啊、法权啊，统统都颠倒了，而这种体现了辩证法的颠倒结构才是真相。当然这种辩证法还是消极的，狄德罗的思想里面已经具有相当多的辩证法，但他还没能够将之统一起来进入到一种积极辩证法，这也是他的一种缺陷，我们下面还要谈到的。总而言之，进入到了辩证法的层次，超出了原先那种知性的机械性，这是时代精神的一大转变。这样一种分裂的意识，也就是辩证的意识，究竟应该如何评价，下面将在与单纯意识的比较中来凸显它的高明之处。

如果我们对照这种明知自己混乱的话语来考察一下那种对真和善的**单纯意识**的话语，那么后一种话语跟有教养的精神的那种坦率的和意识到自身的雄辩相比只能算是单音节的话语；因为单纯意识不能向有教养的精神说出这精神自己所不知道和说不出的任何东西。

"如果我们对照这种明知自己混乱的话语来考察一下那种对真和善的**单纯意识**的话语"，明知自己混乱的话语，也就是故意的分裂的话语，它知道自己是混乱的，它就是故意要这样说。把这种分裂的意识和那种单纯的意识对照一下，后者就是单纯地意识到真和善，直接的、简单的、天真的对真和善的意识，也就是非辩证的，还没有走向分裂的朴素意识。"那么后一种话语跟有教养的精神的那种坦率的和意识到自身的雄辩相比"，这是讲的分裂的话语了。分裂的话语滔滔不绝，左右逢源，是一种雄辩，怎么说都有道理，听起来荒谬绝伦，但到处都可以讲出道理来。不明白的以为他在强词夺理，一片歪理，但仔细一想，他说得还对，他口无遮拦，你不知道问题出在哪里，这就是有教养的精神。坦率的就是不要遮遮掩掩，丢开你的伪善，做所谓"真小人"。"意识到自身的"，我说了什么话自己知道，单纯的意识就不一定了，单纯的意识在说出了那些真、善的美好的词汇的时候，并不知道自己在说什么，那只是些美好的词语而已。它不知道这些美好话语的意义何在，这只是一种习惯。但是经过教养的精神就不一样了，它看穿了这些大话后面实际上空空如也，什么都没有。这些大话与它相比，"只能是单音节的话语"，单音节上一段话里已经讲到了，就是真心诚意的把善与真的旋律置入这些声音的同一性即一个音符中。单纯的意识是非辩证的意识，是同一性的意识，把真和善这些主旋律放到一个音符、唯一的旋律中，那么这种单纯的意识跟有教养的意识比只能是一个音节的话语，其实根本不成其为话语。"因为单纯意识不能向有教养的精神说出这精神自己所不知道和说不出的任何东西"，因为，单纯意识说了很多话，但在有教养的精神看来都是陈词滥调，没有什么新东西。这种单纯的意识相当于知性，知性就是讲抽象的大道理；而有教养的意识已经进入到了消极的理性，把一切知性概念都解构了，暴露出它背后的辩证本性来。所以单纯的意识对有教养的意识所说出的所有东西，有教养的意识都已经知道，而且比单纯的意识说得更好，更有新意。

　　如果它超出自己的单音节范围之外，那么它所说的就只不过是有教养的精神所说的同样的东西，但它在这样说的时候还加上了一件蠢事，即以为自己说出了些什么新颖的和另外的东西。

　　"如果它超出自己的单音节范围之外，那么它所说的就只不过是有教养的精神所说的同样的东西"，单纯的意识说了很多，它所说的都是有教养的精神已经说过的；但如果单纯的意识超出自己的单音节范围之外，当然它的主旋律是单音节的，但它有时候突发奇想，单纯的意识有时候也走邪路，这样说出的东西，在他自己看来就是有些大逆不道的，有些心虚的。当然它也可以为自己辩护，说这些都是我的突发奇想，你们不要当真，我一时想到，马上就会改邪归正；但它没有想到，这些东西就是有教养的精神所说的同样的东西。"但它这样说的时候还加上了一件蠢事，即以为自己说出了些什么新颖的和另外的东西"，也就是说单纯的意识虽然偶尔也能说出与有教养的精神同样的东西，但不同的是，它同时还加上了一件蠢事，以为自己去探险了一下，走了邪路。其实并没有，其实这就是它所说的这些主旋律底下真正包含的东西。如果从有教养的眼光来看，这其实还是原来的那些话，单纯的意识并没有走邪路，相反，这才是正路必然要走的方向。你不要局限于那些抽象的大道理，要看这些大道理在现实中怎样表现的，它的背后隐藏着什么东西。你以为你说出了背后的东西就是天才，就是突发奇想，就像拉摩的侄儿，拉摩的侄儿以为自己是天才，其实他所说的东西都是有教养的精神本来就应该说出的东西。拉摩的侄儿在说出那些话的时候觉得自己是离经叛道的，觉得因为自己有个性才能说出那些话，这其实说明他的个性还不到位。这里包含有对拉摩的侄儿的一点批评，指出他其实还是单纯的意识，只是走了一点邪路。他自以为说出了一些新颖的东西，但实际上他没有认真对待这些东西，他自认为自己在胡说八道，说明他骨子里还停留在知性的那种单纯意识的水平上。他实际上已经进入到了辩证法阶段，但他的意识的根基仍然是知性。所以为什么是"消极的辩证法"呢？按照黑格尔的说法，消极的辩证法就是一种以理性的方式体现出来的知性，或者还停留在知性范围内的理性，而不是真正的理性的理性，即思辨的、积极的辩证法。就像康德发现了二律背反，却把它看作只是对纯粹理性的一种"训练"，是为了让纯粹理性得到锻炼，并没有自己积极的意义。消极的辩证法仍然用善恶对立那一套来衡量，但是没有办法，他看到一切现实都糟透了，所以就冷嘲热讽，表现出对现实的极度不满。当然他不说出来，表面上好像是装疯卖傻；但实际上内心是非常单纯的。① 否则就不会发疯，就会很冷静地看待这个世界。他之所以疯疯癫癫，就是因为觉得在这个世界上一无所恃，跟他理想中的大道理完全背道而驰，所以就采取一种激烈反叛的态度，这个里头已经讲到了，拉摩的侄儿的意识骨子里还是单纯的意识，但已经超出了单音节范围之外，已经说出了有教养的精神所说的内容；如果它不做蠢事，而是认可所说的内容，视之为真正的真理，那么它就会进行更深入的反思，反思到自己的根基，这就提高了一个层次。就进入到下一个层次，即信仰和明见了。

甚至它的这些无耻的、卑鄙的音节，也都已经就是这种愚蠢了，因为有教养的精神说出这些音节是就它们自己本身说的。

"甚至它的这些**无耻的、卑鄙的**音节，也都已经就是这种愚蠢了"，单纯的意识已经自以为说出了些什么新颖的和另外的东西，包括这些原来认为是无耻的、卑鄙的音节。上面一段话已经提到了，说出骗人话的恬不知耻乃是最大的真理，如果你意识到这种恬不知耻是最大的真理，那就是有教养的精神了。但是单纯的意识说出无耻的卑鄙的音节时包含有愚蠢，包含什么愚蠢呢？ 就是说，他说出无耻卑鄙的这些话是用来骂人的，实际上表明了他自己的一种不屑一顾的态度，并不认真对待这些话。"因为有教养的精神说出这些音节是就其本身说的"，有教养的精神说出无耻的卑鄙的音节，是就这些话本身来说的，而不是就这些话作为我的一种蔑视的态度、一种骂人的话来说的。所以像拉摩的侄儿的那种表述，虽然他也讲无耻的卑鄙的，但并没有把它当作真理；虽然他说出来已经是真理了，但他骨子里仍然视之为一种骂人的话，表达一种怨气。你们把这些美好的东西都败坏了，所以我就用无耻的卑鄙的音节来骂你们。但有教养的人就看出来，这些无耻的卑鄙的音节本身是真理，是就其本身，就其自在的、本来的、现实的内容来说的。现实中就是你们说的卑鄙

① 王朔也是如此，他其实是一个非常单纯、非常纯情的作家。

无耻的东西，这些才是真理。所以有教养的人说出这些来呢，是别有深意的；单纯意识和拉摩的侄儿说出这些话来，只是一种骂人的话而已，只是批判性的，而没有看到现实本身的真相。所以这里是通过分裂意识和单纯意识的比较来突出分裂意识受到的教养，它的教养是比单纯的意识要高了，但拉摩的侄儿还处在二者之间，虽然他已经是分裂意识，但骨子里仍然没有摆脱单纯意识的出发点。

　　如果说，这种精神在它的话语里把一切单一音调的东西加以颠倒，是因为这些自身同一的东西只是一种抽象，但在它们的现实性中却是在其自己本身的颠倒，如果说，朴直的意识与此相反，以在此唯一可能的方式捍卫善良和高贵，亦即捍卫那种在其外在表现中保持其自身同一的东西，——

　　这里有两个"如果说"。前一个"如果说"："这种精神在它的话语里把一切单一音调的东西加以颠倒，是因为这些自身同一的东西只是一种抽象，但在它们的现实性中却是在其自己本身的颠倒"，就是有教养的精神会那些单一音调、那些主旋律的东西加以颠倒，是因为这些自身同一的东西只是一种抽象，只是些大道理。自身同一的东西，善就是善，恶就是恶，善就是永恒的善，恶就是永恒的恶，非此即彼。但在它们的现实性中却表现为自己本身的颠倒，一接触到现实，你就会发现，所有这些东西一旦实现出来，就成了颠倒，善就变成了恶，恶反而是善。这是有教养的精神在它的话语里面把单一音调的东西加以颠倒的原因，是因为现实的东西本身就是颠倒的。就是说他们的话语颠倒并不是故意要说反话，也不是要骂人。拉摩的侄儿在这一点上就有点不到位，他就是故意在说反话。他并不是看到了现实中实际是颠倒的，当然他已经说出这一点了，但他的态度还不到位。所以我们说拉摩的侄儿所说的已经是有教养的话语了，但是这种有教养的话语还不彻底，还有单纯的意识在里面垫底，不成为有教养的态度。那么真正有教养的话语把这些东西加以颠倒是大有深意的，背后是有现实根据的。第二个"如果说"是讲朴直的意识，

gerade 就是"直的",直线思维的意识是朴直的,实际上也就是单纯的、憨直的意思,不会拐弯的。这种意识与有教养的意识相反,"以在此唯一可能的方式捍卫善良和高贵,亦即捍卫那种在其外在表现中保持其自身同一的东西"。有教养的意识是非常复杂的,脑子里面不知道拐了多少弯,而朴直的意思呢,你给它一个棒槌它就当针(真)了。朴直的意思与有教养的意识相反,它不愿意被颠倒,不愿意向对立面转化,不愿意走向反面,而是坚持它的原则,不愿意改变。它"一根筋"地捍卫善良和高贵,而且认为这种捍卫只有唯一可能的方式。什么样的方式呢?

　　也就是不让这种东西由于跟恶的东西**相连接**或与之**相混淆**而丧失自己的价值;因为否则的话,恶的东西就会是善的东西的**条件**和**必然性**,而立足于这一点的就会是自然的**智慧**了;① —— 　　[68]

　　这前后两个"——"之间就讲的是这种唯一可能的方式。朴直的意识以唯一可能的方式来捍卫高贵和善良。以什么样的方式呢?就是把善的东西和恶的东西隔绝开来,"也就是不让这种东西由于跟恶的东西**相连接**或与之**相混淆**而丧失自己的价值"。朴直的意识,直线式的思维,为了捍卫善良和高贵,首先要把善恶绝缘,这就谈不上颠倒了。就是说,你既然攻击我的善的东西,我就要把善的东西隔绝保护起来,坚守善的东西,回到善的东西,把恶的东西抛弃,这样就保持善的价值了。"因为否则恶的东西就会是善的东西的**条件**和**必然性**",这里是用的虚拟式。"条件"就是比如你要实现善的东西,你就要首先做恶事,你必须要干很多坏事才有好的结果,为了达到善的目的可以不择手段,而且必须不择手段。你要实现一个和谐自由的社会你就必须要采用暴力和阴谋。"必然性"就是说恶的东西是善的东西的结果,善的东西必然导致恶,你对他太好了对他没有好处,你如果对他抱有善心,最后必然会产生出恶来。而"立

---

① 黑格尔这里有关世界的善恶平衡的看法可能是指罗比耐(Jean Baptisté Rene Robinet,1735—1820)的观点,参看其《论自然》。——丛书版编者

足于这一点的就会是自然的**智慧**了"，这不是人的智慧，而会是自然的智慧。"自然智慧"这里德文版有个注：黑格尔这里有关善恶平衡的看法可能是出自法国哲学家罗比奈。罗比奈是法国唯物主义者（1735—1820），他有一本书《论自然》，提出了一种唯物主义的观点，认为我们人类以为善的东西和恶的东西有严格的区分，其实大自然的智慧自会让善恶达到平衡，甚至会把恶的东西当作善的东西的条件和必然后果。但这样一来善与恶的区分就失去其价值了，所以朴直的意识要保持善的东西的价值，就不能让善和恶有任何关联，而必须把它们严格区分开来。前面讲了两个"如果说"，前一个讲的是有教养的精神的看法，第二个讲的是质朴的意识的看法，也就是未经教养的精神的看法。如果是有教养的精神，它的话语是立足于现实；如果是没有教养的精神，它的同一句话是依赖于唯一可能的方式，就是把抽象的善和恶割裂开来的方式，下面是讲这两种看法的交织。

那么，这种朴直的意识，通过它曾以为是矛盾的说法而不过借此以一种平凡的方式把精神话语的内容总括在一起了，而这种平凡的方式，由于它使高贵和善良的**反面**成为了高贵的和善良的**条件**和**必然性**，却无思想地以为说出了什么别的东西，而不正是这样的话：被称为高贵的和善良的东西从其本质上说就是它自己的颠倒，正如反过来恶的东西就是那优秀的东西一样。

前面讲有教养的精神是怎么样看的，质朴的精神又是怎么样看的，以前面两个"如果说"为前提，现在把它们综合起来看，"那么，这种朴直的意识，通过它曾以为是矛盾的说法而不过借此以一种平凡的方式把精神话语的内容总括在一起了"。朴直的意识曾经以为是矛盾的说法，朴直的意识有时候突发奇想，有时候走上了歪门邪道，有时候疯疯癫癫，就像拉摩的侄儿那样，我说出来的东西都是自相矛盾的，一会儿高，一会儿低，没个定准，或者王朔讲的"一点正经都没有"；但其实不过是借此以一种平凡的方式，把精神的话语内容总括在一起了。平凡的方式也就是平庸的方式，也就是知性的方式，实际上，它跟底下精神的内容是相关的。正是由于这种平凡的、知性的方式没有能力把握辩证法的精神内容，它才显得是那么支离破碎、颠三倒四、疯疯癫癫，但它底下恰好是有丰富的精神内容在作怪。你以为是矛盾，以为是荒诞不经的，以为是废话，以为说了这么多都是在发神经，实际上却把精神话语的内容都总括起来了。虽然是以一种平凡的方式、知性的方式，跟不上你的思想，你的思想已经到了辩证的层次了，已经到了消极的理性层次了，却还在用知性的方式把精神的内容总括起来，当然就显得疯疯癫癫了。从知性的眼光来看，你那些话都是疯疯癫癫、没有正经、不能当真的，但实际上，在有教养的精神看来，那才是真话。朴直的意识曾以为自己说出来的东西都是不靠谱的，但我为什么要说呢？因为我有才啊，因为一切天才都是疯疯癫癫的。所以他就把这些自以为是矛盾的说法滔滔不绝地说出来了，其实你说的是大白话，没有什么疯疯癫癫，就是说出了真相，只不过是以一种平凡的方式、而不是以有教养的精神本来应该用的深刻的方式说的。你还没有深刻到那种程度，但是你的话语有巨大的张力，一般人承受不了，不知道你要说什么，你是把张力极大的内容总括在一起了，显示出其中极其尖锐的矛盾和冲突。"而这种平凡的方式，由于它使高贵和善良的**反面**成为了高贵和善良的**条件**和**必然性**，却无思想地以为说出了什么别的东西"，就是刚才讲的，由于把恶的东西看作善的东西的条件和必然性，就以为自己说出了罗比耐的唯物主义观点，而将善与恶的价值区别全都取消了。其实并非如此，而只是由于它这种平凡的方式，它把自己说出来的东西里面的精神教养掩盖住了。它没有意识到自己说出来的"正是这样的话：被称为高贵的和善良的东西从其本质上说就是它自己的颠倒，正如反过来恶的东西就是那优秀的东西一样"。这就是从积极的辩证法来理解的精神教养了，经过这种教养才能看出，被称为高贵和善良的东西从本质上来说就是它自己的颠倒。你从抽象的字眼来看，当然它是永恒的，永远同一的，是单音节的，但从本质上来看，一旦进入本质,它就是它自己的颠倒。而反过来,恶的东西就是那优秀的、出类拔萃的东西。从本质论的层次上看,恶的东西会颠倒为善的东西,善的东西也会颠倒为恶的东西。但那种停留于存在论水平的平凡的方式的毛病就在这里,虽然是大白话,它很直白,但它不深刻,它以为自己用这样一些话说出了一些别的东西,故意离经叛道,以表现自己的天才、悟性,表现大自然的智慧等等;但实际上它说出来的是一些实话,就是说高贵善良与恶是相互转化颠倒的,无非是这样的精神话语。有教养的精神就会看出来,你所说出的这些无非是些实话。不过,拉摩的侄儿毕竟已经以一种双关语的方式把这两方面结合在他的那些惊世骇俗的话语中了,字面上的超出常人理解的疯话暗示着底下的深意,尽管还没有直截了当地说出来,但经得起咀嚼,是向积极的辩证法的一种过渡。这是对拉摩的侄儿这样一种分裂性意识的定位,即介于知性和积极的理性之间,但还没有正式展开批判,后面讲"分裂意识的虚浮性"才找出了这种矛盾的根源。

{285}　如果单纯意识用优秀的东西的**现实性**来代替这种无精神的**思想**,也就是通过它在一个构思出来的事件甚至一件真实轶事的**榜样**中提及这优秀的东西的**现实性**,从而显示这优秀的东西并不是空名,而**是现成在手**的,那么,这颠倒行为的**普遍的**现实性就与整个实在世界处于对立中,于是在这实在世界中,那个榜样只构成完全个别化东西、某个**样子货**(Espèce)而已;而把善良与高贵的定在陈述为一件个别的轶事,不论是虚构的或是真实的,都是对善良与高贵所能说出的最令人痛苦的话。

"如果单纯意识用优秀的东西的**现实性**来代替这种无精神的**思想**","现实性"和"思想"都打了着重号。就是说,不仅是有教养的意识关注现实中的善与恶,而且单纯的意识有时也看出了,优秀的东西在现实中也是存在的,并且也可以用这种现实性去代替那种无精神的思想。我们前面已经讲到，这种平凡的方式无思想地以为说出了什么别的东西，前面单纯的意识都是局限于这种平凡的方式，局限于这种无精神的思想，不看现实而在抽象的思想、概念里转来转去，坚持善的东西和恶的东西绝对不能混淆。但现在，如果单纯意识也意识到自己的毛病就是不接触现实，现在反其道而行之，不再执着于抽象的概念了，还是来看看现实，用优秀的东西的现实性来代替无精神的思想，"也就是通过它在一个构思出来的事件甚至一件真实轶事的**榜样**中提及这优秀的东西的**现实性**，从而显示这优秀的东西并不是空名，而**是现成在手的**"，"榜样"和"现成在手"都打了着重号。你要坚持高贵的东西、善的东西，至少你必须构思你这个东西体现在什么事情上面嘛，你想出一个榜样出来，举例说明，这空洞的思想体现在什么上面。比如说，体现在一个什么样的理想人物身上，讲出一个例证来，不论是一个构思出来的事件还是一件真实轶事的榜样。比如说雷锋，我们不是有雷锋好榜样吗，生于某一年，还拍了那么多照片，留下了那么多日记。你谈优秀的东西不要单提及抽象的概念，什么为人民服务，照顾老人弱者，你提一个榜样出来。现在我们有一个榜样了，在历史上找出了一个人，我们就用这个榜样来说明优秀的东西并不是空名，而是现成在手的。"那么，这种颠倒行为的**普遍的**现实性就与整个实在世界处于对立中"，这种做法对单纯的意识来说是一种颠倒，原来是完全从一种抽象的空洞思想出发，现在要从现实性出发，这就是一种颠倒行为。原先是从概念出发，坚持抽象概念的纯洁性；而现在我不再是空洞的概念了，我举例说明，现在有一个模范榜样，我把他抬出来，这就比那种空洞的说教有说服力得多。所以，单纯的意识有时候也意识到这一点，它就改弦更张，颠倒它的做法，不再从空洞的概念出发，而是从现实的榜样出发，通过不管是一个构思出来的假典型还是一个真实的典型，来树立一个优的标本，以显示优秀的东西不是空名而是现成在手的。但是，这种颠倒行为一旦要普遍实现出来、推广开来，就会与整个实在世界处于对立中。你想通过树立榜样而让整个实在世界都向他学习，你以为这样一个榜样具有普遍的现实意义，每个人都可以学它，那就会与整个实在世界处于对立中。整个实在世界不会因为你一个两个榜样而变好，恰好相反，你的榜样站在一边，整个实在世界站在另一边，你想要所有的人都变成雷锋，就与整个实在世界处于对立中。整个实在世界不会因为你推出一个榜样就都变成雷锋，你的榜样只是个别的例子。"于是在这实在世界中，那个榜样只构成完全个别化东西、某个**样子货**而已"，之所以要把雷锋提出来作为榜样，恰恰说明雷锋这样的个别例子太少了，只是个别例证，甚至只是做样子的。这种大家都做好人好事的号召免不了最后落入形式主义，实在世界不会因为你号召学雷锋就真的所有人都做好事；相反，大部分人会以此为借口不去做好事，说"我又不是雷锋"，"你以为我是雷锋啊？"你那个榜样只构成完全个别化东西，成了某种样子货而已。这个"样子货"前面第43页已经提到了：法语里的"样子货"是一切绰号中最可怕的一个，因为它标志着平庸，表示着最高程度的蔑视。《拉摩的侄儿》中译本里把这个词翻译成"贱人"，如果有一个人学雷锋学得太过分了，人家就会说他是"贱人"，反而看不起他，认为他只是一个样子货而已，也就是俗话说的"现积极"甚至"假积极"。"而把善良和高贵的定在陈述为一件个别的轶事，不论是虚构的或是真实的，都是对善良与高贵所能说出的最令人痛苦的话"，你越是学这些榜样，就越是令人痛苦，说明你这个社会雷锋很少嘛。一个好的社会不会提倡学雷锋，只是一个大家都很憋气的社会才有人提出学雷锋，这是最令人痛苦的事情。黑格尔也很幽默的。

　　——最后，如果单纯意识要求这整个颠倒的世界归于瓦解，那么它并不能要求**个体**脱离这个颠倒世界，因为住在木桶里的第欧根尼都是被这颠倒世界制约着的，而且对个别人的这种要求恰恰就是那被看作是恶的事情，这就是**把自己作为个别人**来操心。

　　前面讲的一个是单纯意识，单纯意识从抽象的思想出发；一个是颠倒过来，从现实性出发，树立一个榜样来展示优秀的东西；现在这是第三个层次了:"最后,如果单纯意识要求这整个颠倒的世界归于瓦解"。单纯意识看到完全从抽象的思想来断善恶不行,用榜样来示范也不行,这种示范恰好说明整个世界都是颠倒的,于是单纯意识最后就会提出一种要求,即希望这整个颠倒的世界归于瓦解,就是让这个世界灭亡吧,让这个世界见鬼去吧。"那么它并不能要求**个体**脱离这个颠倒的世界",你对这个颠倒的世界发出谴责,诅咒它灭亡,但并不能要求个体摆脱这个世界,你自己还住在这个颠倒世界里面。你说要这个世界灭亡,你自己怎么办呢? 你首先自己灭亡啊? 但你首先还住在这个颠倒世界里面,你不能诅咒颠倒世界的瓦解。"因为住在木桶里的第欧根尼都是被这颠倒的世界制约的",第欧根尼大家都知道,犬儒派的代表。犬儒派愤世嫉俗、保持自己清高,怎么才能保持自己清高呢? 拒绝这个世界的一切,连房子都不住,而住在木桶里。他所有的家当就是一个喝水的杯子,后来发现一只狗在河边舔水喝,于是把杯子也扔了,杯子也是文明社会的。但他还是要住在木桶里面,否则没地方避风啊,下雪了怎么办? 木桶不也是文明社会的东西吗? 所以他还是受这个社会的制约,你不能脱离这个世界,无法做到真正的清高。所以它不能要求具体的个体摆脱这个世界,"而且对个别人的这种要求恰恰就是那被看作是恶的事情",你要求这个人摆脱这个世界、保持自己的清高,这甚至是恶的,是不道德的。这就是黑格尔的看法了,为什么是恶的事情? "这就是**把自己作为个别人**来操心",你一个人保持自己的清高,摆脱整个世界,那岂不是自私嘛。你以为独善其身是道德的,独善其身恰好是不道德的,把自己作为个别人来操心。"把自己作为个别人"都打了着重号,你只操心个别人,不关心所有其他人,那恰好是不道德的,被看作是恶的事情。

但是,如果所针对的是普遍的**个体性**,脱离颠倒世界的这个要求就不能有这样的含义,即要求理性重新放弃自己已经达到了的那种精神性的、有教养的意识,使它的诸环节已展开了的财富跌回到自然本心的单纯性,回落到荒蛮状态和接近于动物性意识的那种被称为天性、也称为 [69]

纯洁无辜的状态；①

　　我们先看这半句。"但是，如果所针对的是普遍的**个体性**"，个体性这里打了着重号。前面讲，把自己作为"个别人"（Einzelne）来操心，那是恶的事情，是不道德的；但反过来，如果所针对的是普遍的个体性，情况则不同。就是说个体性 Individualität 在黑格尔心目中是普遍的，个体性不等于个别性。只从个人出发，只求个人独善其身，那是不道德的；但如果针对的是普遍的个体性，如果你要提出普遍的每个人都能遵守的目标，不是独善其身，而是在这个到处充满邪恶的世界里维护每个人的个体权利，要让大家都能够作为个体性提升到真正的善，要摆脱这样一种邪恶、颠倒，那么，"脱离颠倒世界的这个要求就不能有这样的含义，即要求理性重新放弃自己所已经达到了的那种精神性的、有教养的意识"。就是说，在这种情况下，你要摆脱这个颠倒的世界就并不意味着要否定人的整个教养，"使它的诸环节已展开了的财富跌回到自然本心的单纯性，回落到荒蛮状态和接近于动物性意识的那种被称为天性、也称为纯洁无辜的状态"。这种含义对于我们深受庄、禅思想影响的中国人是太熟悉了，好像人的本性在进入到教化世界之前是好的，进入教化世界就变坏了，所以要抛弃有教养的意识，回到原始本能。黑格尔则认为，不能采取这样的方式来摆脱颠倒世界，他这里实际上是针对当时像卢梭这样一批人，卢梭主张回到原始状态，当然这实际上是行不通的。也就是说，如果我们要求的不是个人的独善其身，而是要求整个社会的风气人人都能够保持个体的独立性，那就不能采取寻根、回到原点的方式。仅仅采取回到原点、复归于婴儿和原始自然状态的寻根方式，那是没有出路的。

---

① 黑格尔这里是暗示卢梭的要求，即要回到单纯的、原汁原味的伦理，如同这伦理在人类自然状态中曾经实存过的那样，据说这一要求甚至在伏尔泰那里也遭到了拒绝。参看卢梭：《论科学和艺术是否有助于敦风化俗?》（1750），《卢梭全集》第13卷，1782年，第33、37、50、59页；及伏尔泰致卢梭的公开信（30.8.1755），《伏尔泰全集》第55卷，1784年，第238页。——丛书版编者

要求理性重新放弃已经达到的那种精神性的、有教养的意识，使它的诸环节的已展开的财富跌回到自然本心的单纯性，那么这些已展开的财富是什么？科学和艺术。卢梭的成名代表作《论科学艺术是否有助于敦风化俗》，认为科学和艺术是伤风败俗的，所以应当取消科学和艺术，让人们回到原始状态，回到在森林里打猎游荡的那种生活方式，回到动物性意识的那种被称为纯洁无辜或天真无邪的状态。这就是历史退化论，主张开历史的倒车，这是黑格尔所不赞同的。虽然摆脱颠倒的世界是一个正当的要求，但是你不能采取开倒车、寻根的方式，而必须采取前进的方式，就是说，对于精神已经达到的那种有教养的方式，包括拉摩的侄儿体现出来的分裂的意识，你不能放弃，而是要在这个基础上再往前跨进一步。

　　相反，这种瓦解的要求，只能在有教养的**精神**本身上进行，即要求精神摆脱它的混乱而作为**精神**返回自身，获得一种更高的意识。

　　这是黑格尔的正面观点。"这种瓦解的要求"，也就是要求这整个颠倒的世界归于瓦解，这种要求"只能在有教养的**精神**本身上进行"，"精神"打了着重号。有教养的精神本身是一个继续前进的平台，你已经经过了，就不能退回去，不能在这个平台之下，而只能在它之上来进行。我们今天也面临这种情况，我们经过了改革开放，经过了王朔，经过了一连串的启蒙思想，我们如果现在把它撇在一边，觉得改革开放是一种污染，我们要反思启蒙、抛弃启蒙，退回到"文革"或更早的蒙昧状态，回归到传统文化，把我们已经达到的新文化全部抛弃，这个是行不通的。卢梭所设想的路已经证明是行不通的，我们今天的这条路要倒退回去也是行不通的。薄熙来想要行一行，结果摔得粉身碎骨。只能在有教养的精神本身的平台上更上一个台阶，你的精神已达到了分裂的精神、分裂的意识，分裂的意识要比以前的意识高得多，我们经过了这么多历史性的灾难才达到分裂的意识，你能说抛弃就抛弃啦？回到野蛮状态或蒙昧状态是没有出路的，我们要寻根只能寻到精神上去，不要寻回到原始状态，那种无精神的朴素意识，那个是没有出路的。否则就会从头开始，历史再来一个循环，全体人民再遭受一次灾难，那历史就没有进步了。我们只立足于有教养的精神本身，"即要求精神摆脱它的混乱而作为**精神返回自身**"，"精神"又打了着重号，是想强调从精神出发而回到精神。只能在精神已有的基础上前进而不能倒退，精神的返回自身不是倒退回原地，这和自然物不同。我们知道精神的一个重要特点是时间性，时间一去不复返，时间不能倒流。精神的历史一旦发生，它跟自然界是不一样的；自然界的改变还可以还原，一张桌子可以搬到左边，第二天你觉得不对可以搬回到右边，可以摆回原地，一点问题都没有；但精神不行，精神一旦成长你就不能遏制它，不能强行再使它回到原地，就像小孩子长大之后不能再让他回到童年，那是做不到的。所以精神经过了教养以后是不能再倒退回去的，只能往前走，继续往前走才是回到精神。现在中国人大部分也已经意识到这一点了，我们要退回到文革那种幼稚状态已经不可能了。虽然有人会很怀念，就像我们每个人都会怀念自己的童年和少年时代，但我们都知道我们已经不是儿童了，童年一去不复返了。你想想可以，但真的要退回去那就是笑话了，如果不是笑话那就是很残忍了。所以，如果你觉得现在这种精神真是太混乱了，要求摆脱精神的这种混乱，那么我们就要找到新的方向，王朔代表着我们的梦已经醒了，但梦醒了以后往哪里去，这是我们真正要思考的。王朔还没有思考到这一点，也可以说，中国人都还没有思考到这一点。很多人梦已经醒了，但是都还不知道往何处去。往何处去？往自身去。每个人作为精神要返回自身，获得一种更高的意识，这才是我们的出路。所以，黑格尔是把分裂意识作为一个必经的阶段来看的，并给了它极高的评价；但同时也指出它是必须要超越的阶段。像拉摩的侄儿那样一种混乱的阶段是必须要超出的。用什么来超出？用精神本身来超出。你要寻根的话，只能寻到精神本身，寻到你自身内部，寻到人性的根基。

下面这一段前面应该有个小标题，前面的小标题"教化的虚假性"应该移到这里来, 并且改成"分裂意识的虚浮性", 这个我们前面已经提示过了。原来作"虚假性", 但应该是虚浮, 不是虚假。分裂的意识不是虚假性, 而且也不是教化的虚假性, 应该是"分裂意识的虚浮性"。

[3. 分裂意识的虚浮性] 但实际上精神已经自在地完成了这件事。

第三个小标题是"分裂意识的虚浮性", 这是改过了的。原先那个小标题有两处不对: 第一, 这里不是讲教化的虚假性, 教化后面还有, 在分裂意识后面还讲了很多, 还有信仰、启蒙等等, 还有一大堆内容没讲, 怎么现在就发现它的虚假性了呢? 所以不是教化的虚假性, 而只是教化中的分裂意识这个阶段的虚浮性。再一个, 它也不是虚假性, Eitelkeit 前面我们已经见到过, 我们有时翻译成自负, 自大或夸大, 虚有其表, 就是太夸张了。拉摩的侄儿那些话太夸张了, 虽然已经很有教养了, 但这种教养有些夸张, 所以翻译成"虚浮性"。上一段最后讲, 精神要摆脱它的混乱而作为精神返回自身, 这种混乱就是由分裂意识的虚浮性而造成的混乱, 现在要排除混乱而返回精神自身了。"但实际上精神已经自在地完成了这件事", 也就是精神已经自在地返回自身了, 但它还没有自觉地意识到这一点, 因为它还没有对自己这种虚浮性加以反思。所以下面就开始进行这一番反思。

自我意识到这种混乱并表述着自身的这种意识分裂, 既是对定在又是对整体的混乱和对自己本身的嘲笑; 这嘲笑同时也是这整个混乱状态的还在倾听着自身的尾声余响。

"自我意识到这种混乱并表述着自身的这种意识分裂", 这种意识分裂也就是分裂的意识啦, 前面讲到这种分裂的意识已经意识到自身了。并且表述着自身, 它已经说出来了, 而且是有意说的。拉摩的侄儿说的那些话都是他故意说出来的, 不是无意中说出来的。他故意这样说, 表明他知道自己在说什么, 并且表明自己的立场还是立足于一种单纯的意识, 还是立足于知性之上, 他以此表示愤慨、表示叛逆, 这已经不是高贵的意识了，而是一种卑贱意识、反叛意识。这种意识分裂，"既是对定在又是对整体的混乱和自己本身的嘲笑"。是对定在、也就是对他涉及的某个特定的存在的嘲笑，又是对整体的混乱的嘲笑，故意把这么多乱七八糟的东西放在一块儿，既是对每一件事物的嘲笑，也是对这整体混乱的嘲笑。当然，同时又是对自己本身的嘲笑，是一种自嘲，这更说明了他是有意识地、自觉地这样做的。一个是定在、具体的事物，一个是整体的混乱，整个世界都颠倒了，不光是一时一地；再一个呢是自己本身。拉摩的侄儿就是对自己本身也抱有一种嘲笑，一种自嘲，"我卑鄙、我下贱、我无耻"，他经常这样说，当然这里面就有一种自嘲；甚至当他又说自己很有同情心，自己是个好人，当他说这些的时候也是一种自嘲，或者说更加是一种自嘲。当他说自己是好人的时候，有一种自嘲；当他说自己卑鄙无耻的时候，却有一种坦率真诚。"这嘲笑同时也是这整个混乱状态还在倾听着自身的尾声余响"，不管是嘲笑世界还是嘲笑自身，都说明他已经开始努力摆脱这种混乱，在努力倾听自身，说明他还处于混乱状态之中，但这个混乱状态已是强弩之末，这个世界已近尾声，即将瓦解但还没有瓦解，还留有余音。所以这种嘲笑还是旧世界的余响，是传统观念的尾声。也就是说拉摩的侄儿还没有彻底地超越，他还留存有一种虚浮性，他的教养还没真正到位。如果到位的话，就不会嘲笑了，这有什么好嘲笑的呢，事情就是这样的，没什么可笑的。之所以觉得可笑，是因为觉得事情不该是这样的，却竟然是这样了，说明你本来还有一种单纯的意识，一种朴直的意识，认为善就是善、恶就是恶，但现在善恶颠倒，于是你就带有一种嘲笑，包括对自己。把"善的变成了恶的，恶的变成了善的"视为可笑的，不是视为正常的，这说明你的观念还在旧世界里面，是旧世界的尾声余响，还在倾听自身。你耳朵里回响的还是旧世界的那种已经快要消失的单一的声音，你的骨子里还是单音节的。所以由此带来一种虚浮性。

——对一切现实性和一切确定概念的这种自我倾听的虚浮性（Eitelkeit），是实在世界对自己本身的双重反思：一重是在意识的**这个自我**亦即**这一个**中的反思，另一重是在意识的纯粹**普遍性**中或在思维中的反思。

"对一切现实性和一切确定概念的这种自我倾听的虚浮性，是实在世界对自己本身的双重反思"，前面讲拉摩的侄儿对一切现实性和一切确定概念，包括对他自己，都带有一种嘲笑。这种嘲笑实际上是一种自我倾听，我在听我自己内心深处的那样一种单纯意识的声音，一种单音节的声音，我立足于那样的单音节，才能嘲笑现在的这样一种混乱。但这种自我倾听的虚浮性说明它还是单音节，只不过这个单音节本身里面包含有双重反思，这在前面、也就是这段第一句就讲了："但实际上精神已经自在地完成了这件事"，就是在单音节的倾听之中已经有了对自己的双重反思了。哪双重反思？"一重是在意识的**这个自我**亦即**这一个**中的反思，另一重是在意识的纯粹**普遍性**中或在思维中的反思"。上一段已经讲了，就是你既不能个别人独善其身，也不能以一个榜样来要求普遍的个体性摆脱这个混乱世界，但是你已经提出这种反思了，就是普遍的个体性可以区别于这个世界，你已经有了这样一种尝试，虽然不成功。不成功就是说，你想要个人清高那是做不到的，再一个呢，你想要整个社会都按照一个榜样模式摆脱这样一个颠倒世界，而回到原始天真状态去，这也是做不到的。虽然这两件事都做不到，但里面已经包含双重反思了，一重是在意识的这个自我亦即"这一个"中的反思，就是前面讲的独善其身。我已经想到了，我可不可以独善其身呢？这个世界如此的颠倒，这个世界活该灭亡，我能不能独善其身？另一重是在意识的纯粹普遍性中或在思维中的反思，前面也讲到了普遍的个体性，就是这个社会人人都能在精神上提升到普遍性，这就是在思维中的反思。在思维中的反思就不局限于某一个个别性了，而是一种意识的纯粹普遍的个体性。这种反思当然不能采取卢梭的方式，但可不可以采取别的方式呢？前面讲了，这种瓦解的要求只能行之于有教养的精神本身，即要求精神摆脱它的混乱而作为精神返回自身，获得一种更高的意识，这是一条正路。其实在分裂的意识里面已经在干这件事情，就是已经在做两个层次的反思：一个是个体层次的反思；一个是对普遍性的反思。虽然我们做不到独善其身，也做不到回到原始状态，但这种反思还是有价值的。

　　按照前一方面，那回到自身的精神，是把眼光投入到现实性的世界，并且还把这个世界当作它自己的目的和直接内容；但按照后一方面，它的目光一部分只是指向自己本身，并且否定地对待现实性的世界，一部分则脱离开现实世界转向了上天，这现实性世界的彼岸就是它的对象。

　　"按照前一方面"，就是反思到了自己这一个自我，我这一个孤独的个体，按照这一方面来说，"那回到自身的精神，是把眼光投入到现实性的世界，并且还把这个世界当作它自己的目的和直接内容"，这是前一个反思。按照前一种反思，它是反思到自己的这一个自我，是返回到自身的精神；但我回到我自己，并不是独善其身，而是把眼光投射进现实性的世界。我并不躲避这个世界，而是首先立足于回到我自身，然后把我的眼光投射进我的现实世界，并且还把这个现实世界当作自己的目的和内容，这相当于艺术创作中所谓"用自己的眼光看"。我回到自己本身的精神，用自己的眼光去照亮现实性的世界，并且把现实性世界当成自己的目的和直接内容，目的是从实践方面说的，内容是从认识方面说的，都是指向现实世界的。从笛卡尔以来，自我意识和主体性的独立就不是为了独善其身，笛卡尔的我思不是独善其身，康德的先验自我意识也不是独善其身，而是把自己的眼光投射进现实性的世界，把这个世界当作自己实践和认识的对象来看待，除此而外它没有别的内容。这就是后面要讲的"明见"或者"洞见"，Einsicht，翻译成洞见更好理解，贺先生他们翻译成"识见"有些别扭，复杂化了，其实应该相当于理智直观，也就是笛卡尔所谓的"清楚明白"，就是用自己眼光去洞察这个世界，一眼看穿，evident。这个现实世界看起来好像是非精神的，但是你如果有眼光、有明见，就可以看出实际上它后面是有精神的，表面上混乱不堪，好像趋于瓦解，但实际上处于我的自我之内,是我自己的目的和直接内容。它不是在自我之外,如果在自我之外,我就可以任随它怎么瓦解都与我无关,我就可以独善其身了,但实际上不是的。我有一种眼光,我把它投射到现实世界,把这个世界当作自己的目的和直接内容,来整顿、整理这个世界。这个世界已经混乱了,我们把它加以整理,把这个世界当作自己的目的和直接内容,这个世界就是我造成的。你要说它混乱那也是我造成的,我怎么造成的?按照康德的说法,就是纯粹理性的幻相。你要求太高,要求把握自在之物,于是就导致了自相矛盾,导致了二律背反等等。这是你造成的,这就解释了这个世界的混乱。从笛卡尔到康德,这都属于洞见,都是立足于自我意识的哲学来整顿这个世界,来为自然立法。"但按照另一方面",也就是按照纯粹的普遍性思维方面来说,"它的目光一部分只是指向自己本身,并且否定地对待现实的世界",因为它是一种纯粹的思维,一种普遍的个体性,所以它的目光有一部分就指向自己本身,指向自己的个体性思维,而把外面现实世界当作不纯粹的、感性的东西加以否定。前面是立足于自己这一个,把现实的世界当作自己的目的和内容,还没有否定它,而是把现实世界纳入自身之内,像笛卡尔和康德所做的,把自然界、对象世界纳入为自己的内容;但是现在,按照普遍的个体性这方面来说,那么这种精神就要否定地对待现实世界,只关心自己的纯粹思维和思维的普遍性。笛卡尔的"我思"和康德的先验自我都是这种思维的普遍性,理性心理学则由此确立起个体的理性灵魂,它必须和现实的物质世界划清界限。这个灵魂跟外界都没有关系,跟整个现实世界都没有关系,整个现实世界在灵魂面前都等于无,这就树立起了灵魂的独立性。然后,"一部分则脱离开现实性世界而转向了上天,这现实性世界的彼岸就是它的对象",纯粹思维的另一部分则干脆离开现实世界而转向上天,那就是信仰了。你这个灵魂虽然把一切现实性世界都当成虚无的,但毕竟还纠缠于现实世界中,但思维既然已经是纯粹思维了,那就没有什么可以妨碍你完全离开现实性的世界,转向天上、转向彼岸。返回到自身的精神现在把彼岸当成了自己的对象、自己的家园,当成了真正的现实世界。此岸的生活都是虚假的,都是临时的,都是在做样子演戏,真实的生活在来世,这就是信仰。基督教的信仰就是这样形成的。所以,近代从分裂的意识发展出两支,一支就是明见或洞见,就是掌握现实世界的规律,清理现实世界的混乱,造成了对现实世界的纯粹理性态度、科学的态度;另外一支就是新教的思想,认为现实世界都是虚无,只有两个东西是真实的,一个是自我的灵魂,一个是灵魂向往的彼岸世界、上帝,对上帝的信仰、对彼岸的信仰。所以从分裂的意识里最后分裂出这两支,我们可以看出这里头的联系。当然基督教信仰从古罗马时代就已经开始了,但一直到近代马丁路德以后,黑格尔认为才真正凸显出了它的本质,它真正的、纯粹的形态,这也是路德的观点。正像分裂的意识从古罗马也已经开始了,但它真正的形态是在拉摩的侄儿那里才典型地体现出来的。而拉摩的侄儿的分裂的精神里面包含有它必然发展的方向。这样,一方面是明见,对现实世界要看透它,洞见到它的本质其实是精神;另一方面是撇开现实世界,执着于自己的灵魂以及彼岸,这就是信仰。所以明见和信仰的话题已经提出来了。

好,刚才已经讲到了分裂意识的虚浮性。分裂意识已经是非常全面的教养了,它跟朴直的意识、单纯的意识相比,已经大大跨进了一步,我们必须在这个基础上往前进,而不能退回到单纯的意识、朴直的意识,这是黑格尔的一个基本倾向。当然他又指出来,分裂的意识有它固有的虚浮性,这虚浮性主要就体现在,它在对自己的双重反思中还是没找到根基。前面已经讲了,要么立足于自我,要么立足于普遍的个体性,但都没有跨出去。然而已经在做这个工作,已经自在地在完成这件事,就是分裂的意识在它的虚浮性中升华自身。所以对一切现实性和一切确定概念的这种虚浮性,是实在世界对自己本身的双重反思,一方面是反思到自我这一个,另方面反思到普遍性或者思维。前一方面精神回到自己,建立起了一种明见；后一方面就是建立起了一种信仰。下面就从反思的这两方面逐个加以分析。

从返回自我那一方面看，一切**事物**的**虚浮性**是这自我**固有的虚浮性**，或者说，它就**是**虚浮的。

"从返回自我那一方面看，一切**事物**的**虚浮性**是这自我**固有的虚浮性**，或者说，它就**是**虚浮的"，从返回自我那一方面看，在分裂的意识里面我们看出，一切事物的虚浮性都是自我固有的虚浮性。万物都是虚空，但是万物之所以是虚空是因为我自己是虚空。"或者说，它就**是**虚浮的"，"是"打了个着重号，"它"这里指自我。也就是说，自我本身就是一种虚浮的存在，不虚浮它就不存在了。这种虚无主义，把万物都看作是虚浮的，万物都在变动不居，都在向自己的对立面转化，万物都没有固定的价值，这就是一种虚无主义了；但它不仅仅是客观的虚无主义，而且还是、并且本质上是一种主观的虚无主义，因为我也没有固定的价值，我自己也是虚浮的。

它是自为存在着的自我，这自我不仅懂得评判一切和议论一切，而且它还懂得富于机智地把现实性的那些固定的本质，以及判断所建立起来的那些固定的规定在它们的**矛盾**中说出来，而这种矛盾就是它们的真理。

"它是自为存在的自我"，自我本身就是虚浮的存在，从根子上说这是因为它是自为存在的。这种虚浮的存在表现在什么地方呢？就是它自己没什么固定的东西，它是存在，但这存在是一种自为存在，是不断变动积极行动的存在。这自我不是可以看得见抓得着的一个确定的东西，而是一种活动、一种行动，它是中空的、能动的。"这自我不仅懂得评判一切和议论一切，而且它还懂得富于机智地把现实性的那些固定的本质，以及判断所建立起来的那些固定的规定在它们的**矛盾**中说出来"，这自我因为是自为存在的，因为它自身是空虚的，它本身是虚无的、虚浮的，所以它不仅懂得评判一切和议论一切，而且还懂得把现实规定中的矛盾

657

说出来。它面对现实世界，把眼光投射到现实世界里去。它为什么把眼光投射到现实世界？因为它本身是自为的。它本身是一个虚无，是一只眼睛，眼睛不能直接看见自己，只能看世界。它看自己什么也看不到，但看世界能把整个世界当作自己的目的和内容，所以它知道评判一切和议论一切。"富于机智地"，——geistreich，geist 就是精神，reich 就是丰富的，按字面上翻译就是富于精神的，——把现实性中那些固定的本质说出来，而且还把那些矛盾说出来，哪些矛盾？判断所建立起来的那些固定的规定的矛盾。现实性的那些固定的本质是客观的，而判断建立起来的固定规定是主观的，客观的也好、主观的也好，都是固定的；而自我现在懂得把它们的矛盾都富于机智地说出来，也就是把这些矛盾置于幽默和调侃之中。这就是《拉摩的侄儿》里面体现出来的那种机智、那种诙谐幽默，都体现得淋漓尽致。王朔也是这样，他的很多议论、很多表达充满了机智，那些语言现在已经成为国语中很重要的一个成分，很多人的文章里都可以看出某种"王朔风"。"而这种矛盾就是它们的真理"，这种矛盾其实是现实性的固定本质以及判断的固定规定的真理，所以说出这些矛盾就是说出了这些主客观规定的真理。康德曾经把"二律背反"这样一些矛盾当作"幻相的逻辑"，把那些固定的范畴当作是"真理的逻辑"，实际上后者只是确定性而已，幻相的逻辑才真正是它们的真理性。在拉摩的侄儿的自我这里，这样一些机智风趣地表达出来的矛盾才是各种主客观规定的真理。从返回自我那方面看，它之所以能把这些真理说出来，是因为它自己什么也不是，所以它就有了无所不包的容量；如果它自己还有一点什么固定的规定，它就不具有这些容量了，它就会是受局限的了。

　　——从形式方面看，它懂得一切都是自身异化的：**自为存在**与**自在存在**分离，被意谓的东西及目的与真理分离；而与这两者分离的又是**为他存在**，预定的标准则与本来的意谓和真实的事情及意图相分离。

　　"从形式方面看"，前面讲的是从内容看，从自我加以议论的对象和所做的判断、也就是客观现实规定以及主观判断的规定来看，揭示出了各种各样的矛盾,在这种矛盾中说出了它们的真理。这是从内容方面来看。至于从自我的形式方面看,自我"懂得一切都是自身异化的",万物都在自身异化中,而这种自身异化采取的形式是:"**自为存在与自在存在分离,被意谓的东西及目的与真理分离**",自为存在和被意谓的东西、目的为一边,自在存在和真理为另一边,两相分离。自为存在也就是被意谓的东西,你心目中的目的,你想要的东西,它们与自在存在,与真实的东西本身分离,自为的存在不是自在的存在,你自己想要做的事情跟客观上做出来的东西是分离的。"而与这两者分离的又是**为他存在**",这两者,也就是自为存在和自在存在,或者说意谓和真理,在此之外它们又还与为他存在相分离。也就是这两者都还限于自我自身,限于它的意图和它做出来的事情,而未涉及他者;而他者又是另外一维,就是你的意图也好,做出来的事也好,与他人、与别的事物有什么关联? 这也是分离的。"预定的标准则与本来的意谓和真实的事情及意图相分离",预定的标准,Vorgegebene,也就是预先作出的规定,必须按照去做的规则,与在做这件事时的内心真正的意谓、与真实的事情即意图相分离。提出来要这样做,但是怀着怎样的心情和意图去做,这还不是一回事,也许是别有用心。当精神返回自我时,这个自我固有的虚浮性体现在所有这些的分离之上,也就是分裂的意识体现为这样一些分裂,自为存在、自在存在、为他存在都是分裂的,行为的预定标准与本来的意谓和意图、与真实的事情也是相分离的。

　　——因此,它懂得正确地把每一个环节都针对另一个环节说出来,　{286}即一般地把一切环节的颠倒说出来;它更是很好地懂得什么是每个环节之为它所是的东西,不论这个环节会得到怎样的规定。

　　"因此,它懂得正确地把每一个环节都针对另一个环节说出来","它"就是这个自我,意识返回到自我,自我懂得正确地把每一个环节都针对另一个环节说出来,也就是说出每个环节的相对性。说出每一个环节的时候都要针对另一个环节,都要考虑到另一个环节,它们都是相互关联、相互反映的，不要孤立地说出每一个方面，而要看到两个方面，看到对立面，把每一个环节都针对另一个环节说出来。"即一般地把一切环节的颠倒说出来"，一切环节都在向自己的对立面颠倒。"它更是很好地懂得什么是每个环节之为它所是的东西，不论这个环节会得到怎样的规定"，每一个环节作为它所是的东西恰好是颠倒的，它是这个东西又不是这个东西，而是相反的东西。不管你怎么规定它，你规定它是善，它就成了恶；你规定它是恶，它就成了善，这种颠倒才是每个环节真正所是的东西。这就是返回到自身的意识，在这里，所有它所意识到的对象都是分裂的、颠倒的，不论这个环节怎样规定，它都会向自己的对立面转化。

[70]　　　由于它对实体性的东西是按照**不一致性**和它在自身中一致起来的**矛盾**这方面来认识的，而不是按照这种**一致性**方面来认识的，所以它非常善于对实体性的东西做**评判**，但却丧失了**把握**它的能力。

　　"由于它对实体性的东西是按照**不一致性**和它在自身中一致起来的**矛盾**这方面来认识的，而不是按照这种**一致性**方面来认识的"，简化一下，就是对实体性的东西是从不一致性方面来认识的而不是从一致性方面认识的。对于实体性，对于那实实在在的东西，分裂的意识的这个自我只看到了不一致性和矛盾性，只看到了互相冲突这一方面，而不是从一致性方面来认识。"所以它非常善于对实体性的东西做**评判**，但却丧失了**把握**它的能力"，它从实体的矛盾性方面很容易对实体性的东西做出评判，可以随意地指手画脚，因为它只看到了它不一致的方面。在实体性的东西已经表现出不一致和矛盾冲突的时候，指出这种矛盾和不一致是很容易的，但要能够把这种不一致的矛盾把握住却是不容易的。分裂的意识由于热衷于到处指出这种不一致，沾沾自喜地沉浸于这种评判中，反而丧失了把握这种不一致的能力。把握，fassen，抓到一起，统合到一起，但分裂的意识善于分而不善于合，不善于从总体上把握矛盾，这就还欠一个层次。它在事物的对立统一中只看到了对立和矛盾，而撇开了统一的方面，那它就只善于对实体性的东西做判分，却丧失了把握它的能力。这是分裂的意识的一个方面，就是回到自身、反思到自身、反思到自我这一方面，这一方面是致力于从分裂的方面、对立的方面、矛盾的方面来看待实体性的东西，而缺乏一种统合的能力。

————这种虚浮性此外还需要一切事物的虚浮性，以便从事物那里给自己提供对自我的意识，因此它自身产生出这一切事物，并且是承载这些事物的灵魂。

"这种虚浮性此外还需要一切事物的虚浮性"，"此外"，也就是除了前面讲的它自己的虚浮性，自我已经意识到它自己的虚浮性，但是还需要一切事物的虚浮性。既然你要把对象世界作为你的内容，你是虚浮的，那么一切事物也必须是虚浮的。你能够把一切事物加以划分，你还需要一切事物本身的可划分性。它如果不让你划分，固定在那里，那就成了自在之物了，那你就把握不住它了。康德的自在之物就是不让你把握，但现在分裂的意识已经确立自己是虚无，它可以把握一切，不让它把握的东西就不存在，凡是存在的东西都可以把握，那么你所把握的这些事物本身还需要有一种虚浮性。"以便从事物那里给自己提供对自我的意识"，就是说事物本身不能抗拒你，它的这种虚浮性使它能够成为你能对自己的自我形成意识的手段，对象的虚浮使得自我的虚浮反倒实在起来了。你如何才能意识到自我呢？还是从事物本身是可划分的、可对立的、可矛盾的，也就是从对象本身的虚浮性，来证实你自己的这种虚浮性，来反映出你自身的虚浮性，来达到你对自身虚浮性的自我意识。也就是需要一种客观的映证你才能看见你自己，你单就自己来看自己是看不见什么的，但你从自己所把握的内容、也就是这样一个客观世界上看到了某种虚浮性，你由此就可以看到自己了。客观世界是你的一面镜子，你的虚浮性只有在客观世界的虚浮性上才可以反映出来，才能使你达到自我意识。所以一切事物的虚浮性是你的自我的一种客观映证，客观的反映。"因此它自身产生出这一切事物，并且是承载这些事物的灵魂"，既然客观事物是你的镜子，那么它的所有的形象就都是你所产生的，客观事物上你所看到的形象都是你所产生的,因此"它",也就是这个自我,本身产生出了一切事物。所有的意识都是我所产生的,那么这个我就是承载这一切事物的灵魂了。这就是"万物皆备于我"和"万法唯心"的道理。

　　权力和财富都是自我努力追求的最高目的;自我懂得让自己通过舍弃和牺牲把自己教养成为共相,进而占有共相,并且在这种占有中就有了普遍有效性;权力和财富是两种现实的被承认的力量。

　　"权力和财富都是自我努力追求的最高目的",为什么这里突然又提到了权力和财富呢? 因为前面讲到需要一切事物的虚浮性,那么我们首先要把权力与财富解决掉。你面对现实世界,你看到了现实世界本身的虚浮性,而且现实世界本身的确就是虚浮的,那么这个虚浮性首先要从权力和财富这两个方面来看。因为在教化的世界里最重要的两个方面一个是权力,一个是财富,这两者都是自我努力追求的最高目的。"自我懂得让自己通过舍弃和牺牲把自己教养成为共相,进而占有共相",也就是我懂得通过舍弃和牺牲去体现权力和财富,前面讲了,权力是通过服务意识而获得的,财富是牺牲自己供人享受的,在这一过程中自我受到了教化,使自己成为了共相,并占有了这种共相,也就是懂得了把权力和财富作为共相来拥有,而不仅仅是为了满足自己个人的野心和欲望。"并且在这种占有中就有了普遍有效性",这样你掌握的权力和财富才可以用来治国平天下,使自己的行为具有了普遍有效性。这样自我才能够成为共相,成为普遍的自我,才能够提升为高贵意识,提升为普遍的善。自我通过舍弃和牺牲把自己教养成共相,这个共相是我占有的,它不再是从上面限制我的,而成了我自己的占有物。我自己成为了一个超越于权力和财富之上的共相,我自己的标准就成了一个普遍的有效的标准。这样一来,"权力和财富是两种现实的被承认的力量"。你对待权力和财富的态度就是你对待现实的态度,当你使权力和财富成为共相时,它们才能现实地被承认,你也才能对现实有种支配的力量。尽管如此,这些力量仍然是虚浮的。

　　但是自我的这种效准本身是虚浮的,而且正是由于自我夺取了权力和财富,所以它知道它们都不是什么自身本质(Selbstwesen),相反,它自己倒是它们的权力,而它们本身则是虚浮的。

　　"但是自我的这种效准本身是虚浮的",自我的这种权力和财富的效准本身是虚浮的,本身没有什么内容。自我为什么牺牲、为什么舍弃,为什么要掌握权力和财富并使它们发挥效力,必须要有一个目的,否则它们毫无意义。自我为什么要这样做,无非是为了在它们之上确证自己的自我,体现它超越于所有的权力和财富之上,用对象的虚浮证明自己的实在。而这样一来,权力和财富本身的虚浮性就显现出来了,在自我面前,它们的效准都是过眼烟云。"而且正是由于自我夺取了权力和财富,所以它知道它们都不是什么自身本质",我们每个人都拼命夺取权力和财富,但只有那种成功者才深深地懂得,权力和财富是多么的不重要,多么的虚浮,它们都不是自身本质。"相反,它自己倒是它们的权力,而它们本身则是虚浮的",真正重要的正是自我,是掌握权力和财富的主体或人格。当然自我的这种重要性也只有在权力和财富上才反映出来,但它毕竟超越于它们之上,而它们本身是虚浮的。这就从权力和财富的对象上印证了前面所说的,一切事物都是虚浮的,由此使自我产生出对自身的自我意识,以便把自己看作一切事物的灵魂。自我是比权力和财富更高的一种权力,它可以夺取、也可以舍弃权力和财富,有了权力和财富以后,它就可以舍弃它们,它就可以表明它自己是它们的主人,而它们则是虚浮的。就是说权力和财富本身没什么意思,我争权夺利,争夺到以后我可以说它们本身是虚浮的、没有意义的,这恰好体现出我是凌驾于它们之上的,这就是一种教养。你拼命地去打拼,追求权力和财富,你追求到了,追求到了你可以抛弃它们,这就是一种有教养的表现。

　　自我在这样占有它们时本身又超脱于两者之外,这是自我用充满机智的语言所描述出来的;因此,这种语言乃是自我的最高兴趣,也是整体的真理;在这种语言中,这一个自我,作为这个纯粹的、既不属于现实的

规定也不属于思维的规定的自我，于是就自己成为精神的、真正普遍有效的自我了。

　　"自我在这样占有它们时本身又超脱于两者之外"，当然你没有占有的时候谈不上超脱，底层穷人是不能说这种话的，只有你占有了权力和财富这两者时，你本身才能超脱于两者之外。而这种超脱，"这是自我用充满机智的语言所描述出来的"，充满机智的语言，或者说充满精神的语言，也就是分裂的语言，像《拉摩的侄儿》里面的那些语言，充满着机智。"因此，这种语言乃是自我的最高兴趣，也是整体的真理"，你要回到自我，最高的兴趣是什么呢？就是这种语言。这种语言是整体的真理，不是片面的真理，不是站在高贵的意识一边，也不是站在卑贱意识一边，而是整个教养都表现在这语言里面，没有界限。我白手起家，好不容易才占有了权力和财富，从最高的情感到最低的情感，我遍历了整个情感的音调、阶梯，各种各样情感，世态炎凉，人情冷暖，都在里面，所以它是整体的真理，是自我这一生的最高兴趣。"在这种语言中，**这一个**自我，作为这个纯粹的、既不属于现实的规定也不属于思维的规定的自我，于是就自己成为精神的、真正普遍有效的自我了"，在这样一种分裂的语言里面，这一个自我，"这一个"打了着重号，分裂的语言所体现的是自我的个性，是作为纯粹的"这一个"的自我。它已经超越于对自我的现实的规定之上；也不属于自我的纯粹抽象的思维规定，不是那种理想主义的自我。既不是同流合污，沉沦于现实的争权夺利，也不是凌空蹈虚，不食人间烟火，那种朴直的自我、单纯的自我，也不是的。既不是同流合污的，也不是单纯的自我，于是它就自己成为精神的自我，成为真正普遍有效的自我了。经历过这样的教化以后，自我变成了精神的真正普遍有效的自我，即在精神的领域里面普遍有效的自我，这就是受过教化的自我。注意这里强调"充满机智的语言"是"自我的最高兴趣"，只有"在这种语言中"，这一个才成为了精神的普遍有效的自我。为什么一定要通过语言表现出来？分裂的意识必须体现在分裂的语言上面，因为分裂的意识不说出来，那就只是意谓,那就是未定型的东西。只有说出来了,哪怕跟你的意谓是分裂的,哪怕你原来没想表达这个意思,但你就表达出来了这个意思。原来拉摩的侄儿是想表达自己的不满,自己的天才,自己的才气,他的确是才气横溢的,本来只是这个目的。但一说出来,所表达的就是客观的真理,那是不以你个人意志为转移的。你经过教养,你应该知道你说出来的是真话,你没有说出来的意谓其实是微不足道的,没有说出来就没有意义,不管你如何强调本心的诚实,也是无意义的。因此,所谓诚实的意识是语言的大敌,一旦形之于语言,一旦说了出来,里面已经包含伪善了。一个人被说成是个"老实人",那是很可耻的,比如拉摩的侄儿,他早就过了那个阶段,你要说他是个老实人,那他是会觉得不舒服、觉得丢人的。他不标榜自己的内心,他只看重说出来的效果。

这个自我就**是**一切关系的自身分裂的本性,和对一切关系的有意识的分裂;但只有作为反叛的自我意识时它才知道它固有的分裂性,并且在对自己的分裂性的这种认知中,它已经把自己直接提升于分裂性之上了。

"这个自我就**是**一切关系的自身分裂的本性","是"打了着重号。这个自我"是"什么呢,是一种什么存在呢? 它的存在就是一切关系的自身分裂的自然本性。这个自我就是一切关系的本性,本性,Natur,什么本性? 自身分裂的本性,这就是自我。自我是什么? 自我什么也不是,自我只是一切关系的自身分裂,这种分裂是一切关系的本性,或者说,一切关系的灵魂。所谓灵魂就是自我分裂、自我否定的东西。所以这个自我就是这个本性,它什么也不是,它只是一种自身分裂;但恰好这种自身分裂就是它的"是",它的存在,它的本性就是这种东西。"和对一切关系的有意识的分裂",这里加了一层,不光是分裂,而且是被意识到的分裂,自我不但是一切关系的分裂,而且是意识到的分裂。这就是自我意识。自我意识无非是意识到这种分裂。"但只有作为反叛的自我意识时它才知道它固有的分裂性",就是说这种分裂在日常生活中,人人都在分裂着，但只有作为反叛的自我意识，它才知道自己的分裂性。像拉摩的侄儿，他说出那些话来是作为一种反叛的意识，作为一种叛逆的精神，他是整个世界的一个叛徒。他对谁都不满、都看不惯，对谁都要讽刺几句，在这个时候他才知道自己的自我意识固有的分裂性。反叛当然还是出于一种单纯的意识、质朴的意识，他看不惯嘛，他心中的善恶标准被摧毁了，所以感到不满，善恶不分，道德沦丧了，所以他要解构这个世界。只有这时他才知道自己的分裂性。分裂的意识最初就是通过反叛的意识、卑贱意识，通过"我是流氓我怕谁"这样一种愤激之辞才能意识到的。当然也可能意识不到，也可能到最后还觉得自己是真诚的。王朔就是这样，当他说自己是流氓的时候，他是最真诚的，是另外一种真诚，比单纯意识要高得多。你说自己是好人的时候，你恰好是在说假话；说自己是坏人的时候才是最真诚的，这就是反叛的意识，要颠覆一切善和恶、真和假的标准。拉摩的侄儿也有这方面，他也有朴直的意识在里头，他感到不满才说出来，愤世嫉俗，反叛的天才。但实际上用不着那么激动嘛，你说出来的是大实话，是真理。真理在你的反叛意识中变得如此诡异，如此不可思议，那只是因为你们的眼光还停留在单纯意识、诚实意识水平上，包括王朔和拉摩的侄儿，都还没超出这个层面。但实际上，由于意识到自己的分裂性，他们应该超出这个层面了。"并且在对自己的分裂性的认知中，它已经把自己直接提升于分裂性之上了"，当自我进入到分裂性的意识和分裂性的语言中，进入到对自己的分裂性的认知中，当它在反叛中意识到自己的分裂性时认识到这种分裂是自己的固有分裂，它就已经把自己提升到分裂性之上了，已经超越于分裂意识、已经看出分裂意识本身的虚浮性了。直接提升于分裂性之上，就是说，王朔也好，拉摩的侄儿也好，他们其实已经超越于分裂意识之上了，但他们还没有自觉。只有在看破了世道之后，更进一步地确立起自己的纯粹自我，那才进入到了更高的层次。这更高的层次可以看作是否定之否定，因为它是从第一种自我的虚浮性出发，经过了现实世界的虚浮性，万物皆空，万物都充满了矛盾,最后又回复到最初的出发点,这样一个纯粹自我才是真正超越万物之上的。

在前一种虚浮性中,一切内容都成为一种再也不能加以肯定把握的否定的东西;那肯定的对象只不过是**纯粹的我本身**,并且分裂了的意识**自在地**就是已返回于自身的自我意识的这种纯粹自身同一性。

这就回到了起点。"在前一种虚浮性中",前一种虚浮性就是前一页这一段开头讲的:"从返回自我那一方面看,一切事物的虚浮性是这自我固有的虚浮性,或者说,自我就**是**虚浮的",这是它的出发点。分裂的意识返回自我,这是它的一个方面,前面已经讲到了自我意识的双重反思,一方面在意识的自我中反思,一方面在意识的普遍性中反思,现在我们讲的就是意识在自我中反思,即返回自我,返回到了前一种虚浮性。这是经过对象世界的这种分裂性回到了自我的分裂性,所在前一种虚浮性中,"一切内容都成为一种再也不能加以肯定把握的否定的东西"。前一种虚浮性经过对一切事物的虚浮性的否定,那么一切内容,就是现实世界,权力和财富,都成为一种再也不能加以肯定把握的否定的东西了,整个世界都被否定、被虚化了。"那肯定的对象只不过是**纯粹的我本身**",剩下唯一能够肯定的东西就是纯粹的我本身,这是在更高的层次上面回到了前一种虚浮性,即自我的虚浮性,但这时自我已经成为纯粹的我本身,它不再是虚浮的,而是唯一肯定的对象了。一切事物的虚浮性来自自我的虚浮性,那么当我回到虚浮性的时候,这个虚浮性就不再是虚浮的了。当我从整个世界的虚浮性回到自我的虚浮性,我就不再虚浮了,而是肯定的对象。肯定的对象只不过是纯粹的我本身,"并且分裂了的意识**自在地**就是已返回于自身的自我意识的这种纯粹自身同一性","自在地"打了着重号。这种回到自身的我就已经是肯定的我了,已经不再是虚浮的了,而是自在地就是纯粹的自身同一性了。这个自我经过否定之否定以后,已经自在地返回到自身,回到了同一性。前面讲,虚浮的自我所考察的只是从它的不一致性方面和矛盾方面来认知实体性的东西,它只看到实体性东西的矛盾这一方面，而没有看到同一性这一方面。但经过了否定之否定，它回到了同一性这一方面，虽然分裂的意识自己还没有意识到，但它自在地已经回到了自我意识的纯粹自身同一性。而回到自身同一性，它就已经进入到了明见，而且已经给信仰提供了基础，因为信仰的前提就是必须要有纯粹自我的自身同一性，它首先要成为一个灵魂。我们讲，真正的信仰首先要有一个灵魂从现实中独立出来，然后你才能向往一个彼岸的上帝，那个上帝纯粹是你的思想物，是你思想中指向的对象，跟现实世界无关。只有当你从现实世界中独立出来，树立起了纯粹自身同一性，认可了一个非物质的灵魂之后，你才能够面向彼岸世界。同样，明见或者洞见也是，只有在这种自我的纯粹同一性基础之上，你才能够凭借自己的纯粹精神的眼光对现实世界加以看透。不是看破红尘，看破红尘你就逃避了，而是面对现实世界看出它内在的规律，用自我意识给它立法，建立起对现实世界的明见。这就是下一个标题"b. 信仰与纯粹明见"所谈的问题。当然主要谈信仰，谈信仰是怎样产生的；然后谈明见，谈明见就已经过渡到启蒙了。这些就是下一次课要讲的内容。

德汉术语索引

(所标页码均为德文《黑格尔全集》考订版第9卷页码，即本书边码中大括号里的数字；凡有两种译法的词均以"/"号隔开，并以此分段隔开页码；原文中出现太多的词不标页码，只将字体加粗)

A

Abgeschieden 孤独的 / 各自为政的 261, 265/275, 276

Abgrund 深渊 251, 281

Absolute 绝对

Abstrahieren，Abstraktion 抽象

Ahnung 预感 247

Allgemein 普遍的，普遍

Allgemeine 共相

Anderes 他者 242, 246—248, 280, 282

Anderssein 他在 255, 276

Anerkennen 承认 246, 248, 249, 255, 256, 259, 261, 262, 258, 272, 274, 275, 279, 280, 286

Anlage 禀赋 248

Anschauung 直观 238, 239, 247, 270, 271, 280

an sich 自在

Antigone 安提戈涅 255

Arbeit 劳动 243, 246, 265, 270

Art 样子 268

Äther 以太 266, 270

Atom 原子 260, 262, 278

auffassen 统握 249, 266

Aufheben 扬弃

Aufklärung 启蒙 240, 266

Aufopfern 牺牲 239, 249, 269, 270, 272, 274, 275, 278, 279, 281, 283, 286

Auftreten 出场 243, 248, 251, 256, 276

Ausdruck 表现

Äußere 外在的东西

Äußerung 外化 264—268, 274—276, 278, 279

Außersichsein 自外存在 280

汉德词汇对照表

（按照汉语拼音字母顺序排列；凡有两个译名的分别在两处重现并带上另一译名。）

A

哀伦妮 Erinnye

爱 Liebe

安提戈涅 Antigone

B

卑贱的 niederträchtig

被抛状态 Verworfenheit

被发现的 vogefunden

本能 Instinkt

本土的 Heimisch

本心 Herz

本性 Natur

本质 Wesen

本质性 Wesenheit

彼岸的 jenseitig

必然性 Notwendigkeit

辩证法，辩证的 Dialektik, dialektisch

表现 Ausdruck

表象 Vorstellung

宾词 Prädikat

禀赋 Anlage

不公正 Unrecht

不可触碰的 spröde

不同一性 Ungleichheit

不幸的 unglücklich

C

才具 Fähigkeit

财产 Eigentum

财富 Reichtum

差异性，差别 Verschiedenheit

承认 Anerkennen

677

诚实的 ehrlich

持存 Bestehen

尺度 Maß, Maßstab

秩序 Ordnung

抽象 abstrahieren, Abstraktion

出场 auftreten

淳朴性 Gediegenhet

此岸 Diesseitige

存在 Sein

存在者 Seiende

D

大小 Größe

单纯，单纯性 einfach, Einfachheit

当下，当下在场 Gegenwart

道德，道德的 Moralität, moralisch

德行 Tugend

第欧根尼 Diogenes

点截性 Punktualität

颠倒 Verkehrte

癫狂 Verrücktheit

定在 Dasein

斗争 Kampf

独立性 Selbständigkeit

端 Extreme

对象 Gegenstand

对象性 Gegenständlichkeit, gegenstänlich

多数性 Vielheit

E

恶 Böse

恶 Schlecht

阿谀 Schmeichelei

偶然性 Zufälligkeit

F

法律 Gesetz

法权 Recht

法则 Gesetz

反讽 Ironie

反叛 Empörung

反思 Reflexion

范畴 Kategorie

放弃本质 Entwesung

非法性 Rechtlosigkeit

分裂为二，分裂 Entzweien

分裂状态，分裂性 Zerrissenheit

否定 Negation, negativ

富于精神的 geistreich

G

概念 Begriff

感觉 Empfinden

感情 Gefühl

感性的 Sinnlich

高贵的 edel

革命的 revolutionär

个别 Einzeln

个体，个体性 Individuum Individualität

个性 Charakter

各自为政的 Abgeschieden

根据 Grund

公共的 Öffentlich

公民 Bürger

公正 Recht

公正判决 Gericht

工具 Werkzeug

共同体 Gemeinwesen

共相 Allgemeine

构形 gestalten

孤独的 Abgeschieden

观察 Beobachten

关系 Verhältnis

贯通 durchdringen

规定性 Bestimmtheit

规律 Gesetz

国家 Staat

H

含义 Bedeutung

行会 Zusammenkunft

和解 Versöhnung

话语 Rede

怀疑主义 Skeptizismus

环节 Moment

混沌 Chaos

火 Feuer

J

激发 beleben

激活 begeisten

激活作用 Begeistung

基地 Boden

家神 Penaten

假象 Schein

价值 Wert

健全的 gesund

建立 setzen

建议 Rat

僵死的 tot

交互作用 Wechselwirkung

教养，教化 Bilden

家庭 Familie

诫命 Gebot

经验 Erfahrung

精神 Geist

巨无霸式的 ungeheur

聚合体 Masse

绝对 Absolute

君主 Monarch

K

可笑场面 Komische

肯定的 Positiv

空虚，空洞 Leere

恐惧 Furcht

快乐 Lust

L

劳动 Arbeit

类 Gattung

利益 Beste

理性 Vernunft

力 Kraft

力度 Energie

力量 Macht

立法 Gesetzgeben

例示 beiherspielen

联系 Beziehung

连续性 Kontinuität

良知 Gewissen

灵动的 beseelend

灵魂 Seele

伦常 Sitte

伦理，伦理的 Sittlichkeit, sittlich

M

满足 Befriedigung

美 Schön

矛盾 Widerspruch

民族 Volk

命令 Befehl

命运 Schicksal

明见 Einsicht

面相学 Physiognomik

漠不相干 gleichgültig

目的 Zweck

N

内容 Inhalt

内在的东西 Inneres

能动性 Tätigkeit

奴隶 Knecht

P

判断 Urteilen

平等 Gleichheit

平衡 Gleichgewicht

评判 Beurteilen

普遍的，普遍 Allgemein

朴直的 gerad

Q

欺骗 Betrug

启蒙 Aufklärung

器具 Gerätschaft

气 Luft

强制力，强权 Gewalt

情感 Empfindung

情况 Umstände

情欲 Leidenschaft

情致 Pathos

区别 Unterschied

权力 Macht

权利 Recht

确定性 Gewißheit

全体 Ganze

R

人格，人格性 Person, Persönlichkeit

认识 Erkennen

认知 Wissen

任意 Willkür

荣誉 Ehre

S

善 Gute

善事 Wohltat

善行 Wohltun

上帝 Gott

审核 Prüfen

深渊 Abgrund

生命 Leben

施舍 Mitteilung

实存 Existenz

实践 Praktische

实体，实体性的 Substanz, substantiell

实在性 Realität

事情本身 Sache selbst

事物 Ding

始基性的 elementarisch

受封者 Vasall

属性 Eigenschaft

水 Wasser

思维 Denken

思想 Gedanke

斯多葛主义 Stoizismus

死 Tod

所有物 Eigentum

T

他在 Anderssein

他者 Anderes

弹性 Elastizität

特殊 Besondere

同一性 Gleichheit

统一性 Einheit

统握 auffassen

透明的 durchsichtig

土 Erd

推论 Schließen

W

外化 Äußerung

外在的东西 Äußere

为他的，为他者 für anderes

尾声余响 Verklingen

物 Ding

物质 Stoff

无法无天 Frevel

无机的 unorganisch

无限，无限性 Unendliche, Unendlichkeit

我 Ich

我的 Mein

我们 Wir

我自身 Ichselbst

武器 Waffen

X

牺牲 Aufopferen

现成在手的 vorhanden

现实的，现实性 wirklich, Wirklichkeit

享受 Genuss

消逝 Verschwinden

幸福 Glückseligkeit

幸运 Glück

信仰 Glauben

形态 Gestalt

形式 Form

形式主义 Formalismus

行动 Handlung

行为 Tun

行为业绩 Tat

虚浮 Eitelkeit

虚无，虚无的 Nichts nichtig

血亲关系，血缘亲属 Blutverwandtschaft

血缘 Blut

Y

验证 Bewährung

扬弃 Aufheben

样子 Art

样子货 Espèce

以太 Äther

意识 Bewußtsein

意谓 Meinung

意义 Sinn

意志 Wille

异化 Entfremdung

异己的 fremd

义务 Pflicht

英雄主义 Heroismus

应急 Nothülfe

永恒 Ewige

游走 herumtreiben

优秀的 Vortreffliche

有机的 organisch

有效准的 geltend

游戏 Spiel

语言 Sprechen, Sprach

预感 Ahnung

欲求 Begehren

欲望 Begierde

元素 Element

原始的 ursprünglich

原子 Atom

原则 Prinzip

运动 Bewegung

Z

糟糕场面 das schlechte Schauspiel

战斗 Kampf

战争 Krieg

这一个 Dieses

真实的东西，真实 Wahre

真理 Wahrheit

整体 Ganze

正当的东西 Rechte

正义 Gerechtigkeit

政府 Regierung

直观 Anschauung

直接性 直接的 Unmittelbarkeit, unmittelbar

知觉 Wahrnehmung

知性 Verstand

智慧 Weisheit

志向 Richtung

中介 Vermittelung

中项 Mitte

主人，主宰 Herr, Herrschaft

主体，主词 Subjekt

自然 Natur

自身本质 Selbstwesen

自同性 Identität

自外存在 Außersichsein

自为 für sich 自我 Selbst

自我保存 Selbsterhaltung

自我意识 Selbstbewußtsein

自由，自由的 Freiheit, freie

自在 an sich

宗教 Religion

组织 Organisation

罪过 Schuld

罪行 Verbrechen

尊重 Pietät

作品 Werk

后　记

　　本卷的主要内容是谈伦理和教化。这是一个目前中西文化比较热门的话题，也是我们中国人了解西方文化的一个极为重要的窗口。西方人的人性、西方人的精神究竟是怎么样的？它的来龙去脉如何？通常人们习惯于追溯到中世纪基督教精神，其实还有一个更加根本、更带本质性的根源，就是古希腊罗马文明。黑格尔被海德格尔和其他人直呼为"希腊人黑格尔"，他对希腊罗马文化有极其深厚的学养和洞察一切的哲学眼光，这种眼光，至今还很少有人能够超越。尤其是黑格尔对古代的家庭、社会和城邦的理解，对法权状态及国家和财富的关系的分析，几乎处处都包含着真知灼见。这些部分我们常常可以对照着恩格尔的名著《家庭、私有制和国家的起源》来读，使精神现象历程和客观历史进程相互印证，这样更有助于我们对西方文明起源的把握。我在本卷中尽一切努力去捕捉字里行间偶尔透露出来的一星半点有关希腊神话、文学和历史事件的蛛丝马迹的信息，来解读那些极为艰深的思辨关联，有时甚至自己也觉得恐怕有过度诠释之嫌，但也没有别的办法。对待这样一部几乎全是哑谜的著作，哪怕有一点过度诠释，也总比完全不能进入要好，所以我只能两害相权取其轻了。另一个角度就是在本卷中，我也更加频繁地从中西文化比较的角度来阐发书中的要义，特别是那些明显具有"西方特色"的观念和范式，感觉许多晦暗不明的地方可以透进一抹亮光，甚至有时会有豁然开朗之感。当然这样做的目的还不仅仅是为了理解黑格尔，同时还带有我历来所主张的中国传统文化自审和自我批判的意思。这种自我批判并不一定是说西方文化比中国文化更好、更先进，而是想让国人体会到我们自身文化基因中的缺环，以应对我们今天面对西方文化时所遭遇到的困境。这实在是一种非常细致的思想文化的清理工作，在这方面，黑格尔的这部巨著堪称一部不可多得的教科书，当然前提是，必须把它读懂读透。

　　本卷快要杀青时，不幸我 92 岁高龄的母亲在长沙过世，我和妻子当天赶赴长沙，料理后事。母亲一生坎坷，九死一生，轰轰烈烈，晚年由我大妹照顾，无微不至，正所谓大难不死，必有后福，去世时没有任何痛苦，一觉睡去，没有醒来。我常想，如果我能够活到这个年龄，我想做的事情恐怕也就能够做得差不多了，只是后面的精力肯定不如现在，不可能一直保持高效率，所以还得努力赶在前面多干点活。

　　本卷在下册中可能是最长的一卷，共包含有 16.5 次课。参与整理这些讲课录音的人员有：王永全 (7.5 次)、何力 (2 次)、刘一 (2 次)、鲍华杰 (2 次)、周雪峰 (1.5 次)、彭超、王超、罗鑫 (各 0.5 次)。在此对他们付出的辛勤劳动特别致以衷心的感谢！

邓晓芒

2016 年元月 10 日